U0529712

本书得到四川省高校人文社会科学重点研究基地——社区矫正研究中心
重点项目"《社区矫正法》修改问题研究（SQJZ2021-03）"资助

社区矫正理论与实务研究 第6卷

Research on the Theory and Practice of
Community Correction

肖乾利　王夏玮　主编

法律出版社　北京

图书在版编目（CIP）数据

社区矫正理论与实务研究. 第6卷 / 肖乾利, 王夏玮主编. -- 北京：法律出版社, 2025. -- ISBN 978-7-5244-0326-5

Ⅰ. D926.74

中国国家版本馆 CIP 数据核字第 2025XZ6187 号

社区矫正理论与实务研究（第6卷）
SHEQU JIAOZHENG LILUN YU SHIWU YANJIU
(DI-6 JUAN)

肖乾利 王夏玮 主编

责任编辑 许 睿
装帧设计 汪奇峰

出版发行	法律出版社	开本	710毫米×1000毫米 1/16
编辑统筹	司法实务出版分社	印张 31	字数 538 千
责任校对	李慧艳	版本	2025年6月第1版
责任印制	胡晓雅	印次	2025年6月第1次印刷
经　　销	新华书店	印刷	保定市中画美凯印刷有限公司

地址：北京市丰台区莲花池西里7号（100073）
网址：www.lawpress.com.cn　　　　　　　销售电话：010-83938349
投稿邮箱：info@lawpress.com.cn　　　　 客服电话：010-83938350
举报盗版邮箱：jbwq@lawpress.com.cn　　 咨询电话：010-63939796
版权所有·侵权必究

书号：ISBN 978-7-5244-0326-5　　　　　　定价：128.00元

凡购买本社图书，如有印装错误，我社负责退换。电话：010-83938349

自　序

"法律的生命不在于逻辑,而在于经验。"一部法律的生命力、权威性,以及立法目的是否实现,需要通过法律实施效果体现。正如德国著名法学家耶林所言,"目的是全部法律的制造者,每条法律规则的产生都源于一种目的"[1]。在现代治理理论视域中,法律实施效果的评估是构建国家治理体系的重要内容,也是衡量治理能力现代化的科学依据。[2] 抽象的制度文本也只有在实践层面得到应用以及在运行空间中接受检验,才能凸显自身的价值与存在的问题。笔者曾在《社区矫正法》实施一周年之际,撰写《〈社区矫正法〉实施效果考察》(以下简称《考察》)一文刊发于《宜宾学院学报》2021年第4期,对《社区矫正法》施行一年来所取得的成效与存在的问题进行了梳理。基于当时的疫情背景、施行时间短暂等因素,《社区矫正法》施行成效与问题显现均不充分。为此,在《社区矫正法》施行即将5周年之际,在四川省高等学校人文社会科学重点研究基地——社区矫正研究中心举办"中国式现代化进程中的基层治理理论与实务研究"学术研讨会暨2024年年会并集辑之际,笔者拟力图再次评估其实施效果,以此为《社区矫正理论与实务研究》(第6卷)之自序。

一、《社区矫正法》实施成效有目共睹

正如《考察》一文所指出的,《社区矫正法》施行以来,社区矫正的合法

---

[1] [美]E.博登海默:《法理学:法律哲学与法律方法》,邓正来译,中国政法大学出版社1999年版,第109页。

[2] 参见莫良元、张加林:《法律实施效果评估制度建构问题研究》,载《学海》2022年第2期。

性危机得以解除、矫正机构陆续设置、社会力量积极参与、检察监督及时跟进，重新犯罪率常年保持在 0.2% 以下，取得了显著的社会效果与法律效果。[1] 伴随《社区矫正法》的施行，理论界绝大部分学者高度认同恢复性司法理念，"社区矫正是以惩罚性为基础、以恢复性为核心、注重罪犯重返社会的刑事执行制度"[2] 已经成为理论界的通说。截至目前，社区矫正运行机制已经基本确立、具有相对独立的执法机构已经基本建立[3]，社区矫正中心的升级改造已全面推进，全国已基本实现了"一县一中心"[4]。手机定位和电子定位装置定位是基层常用的两种信息化核查手段。《社区矫正法》在肯定信息化手段的同时规定了电子定位装置的使用范围与审批权限，进一步保障社区矫正对象的隐私权，彰显了社区行刑的谦抑性。

有关社区矫正的配套规章不断制定与完善。不少省份颁行了社区矫正细则。如上海、河南、福建、湖北、安徽、四川、贵州等省市制定了《社区矫正实施细则》，使社区矫正工作有了各自的地方标准，增强了日常监管、帮扶教育的可操作性，明晰了各部门的执法权限与法律责任。部分省市《社区矫正实施细则》的规定还具有开创性。如福建省关于"履行生态修复协议"的规定，[5] 四川省关于社区矫正工作人员"尽职免责"的规定。[6]《山东省社区矫正实施细则》对调查评估所涉及的"社会危险性""对所居住社区具有不

---

[1] 参见肖乾利、吕沐洋：《〈社区矫正法〉实施效果考察》，载《宜宾学院学报》2021 年第 4 期。

[2] 王顺安：《从刑罚执行到刑事执行——谈对社区矫正性质的认识》，载《河南司法警官职业学院学报》2020 年第 2 期。

[3] 省、市、县三级社区矫正机构建成率分别达到 100%、97%、99%。参见贾晓文：《我国社区矫正工作面临的挑战与对策》，载《河南司法警官职业学院》2024 年第 1 期。

[4] 参见王春霞：《社区矫正法实施三年来检察机关提出书面纠正意见 26 万余件》，载新浪网，https://finance.sina.com.cn/jjxw/2023-07-06/doc-imyztiis9021347.shtml。

[5]《福建省贯彻〈中华人民共和国社区矫正法〉实施细则》第 42 条第 4 款规定，涉及生态修复案件被宣告缓刑的社区矫正对象应当履行生态修复协议，参与生态环境保护活动。人民法院、人民检察院因社区矫正对象未有效履行生态修复协议而发出生态修复令的，县级社区矫正机构应当对该社区矫正对象进行教育，依法依规予以处罚或者提出撤销缓刑建议。

[6]《四川省社区矫正实施细则》第 196 条规定："对社区矫正工作人员追究法律责任，应当根据其行为的危害程度、造成的后果，以及责任大小予以确定，实事求是，过罚相当。社区矫正工作人员依法履职的，不能仅因社区矫正对象再犯罪而追究其法律责任。"

良影响"作出具体界定,增强了实务中的可操作性。[1]

社会力量的介入、帮扶工作也取得显著成效,有58万人次社区矫正对象接受了就业或就学指导。[2] 一些地方实现了社区矫正对象心理帮助的全覆盖,[3]既减轻了社区矫正机构的工作负荷,又实现了专业的事由专业的人实施。

与此同时,检察监督及时、有效跟进。检察机关在对交付执行、监督管理、收监执行、脱管漏管等重点环节实施法律监督的同时,积极维护社区矫正对象的合法权益。截至2023年6月,最高人民检察院发布了3批社区矫正法律监督典型案例。这些典型案例,不仅针对社区矫正机构实施监督,也对交付执行的其他部门,诸如人民法院进行了监督,如第三批典型案例的案例四。[4] 在维护社区矫正对象合法权益,特别是经常性跨市县经营活动、执行地变更等方面做了不少努力。诸如,针对涉海涉渔矫正对象"出海请假难、监管监督难、教育帮扶难"等问题,最高人民检察院部署开展涉海涉渔社

---

[1] 《山东省社区矫正实施细则》第10条中规定,县级社区矫正机构应当对调查材料进行综合分析评估后,出具评估意见。评估意见应当对犯罪嫌疑人、被告人或者罪犯的社会危险性和对所居住社区的影响作出评价。根据需要,可以对犯罪嫌疑人、被告人或者罪犯是否适合社区矫正提出意见。……具有下列情形之一的,可以视为具有社会危险性:(1)扬言或者预备实施新的犯罪的;(2)企图自杀或者逃跑的;(3)可能对被害人、举报人、控告人实施打击报复的;(4)曾在社区矫正期间被收监执行的(因积极治疗、病情好转被收监执行的除外);(5)以犯罪所得为主要生活来源的;(6)有吸毒、赌博、暴力倾向等恶习的;(7)加入非法社团、组织的;(8)具有其他危害社会情形。具有下列情形之一的,可以视为对所居住社区具有不良影响:(1)所在村(居)民委员会、工作单位或者就读学校根据其一贯表现情况认为不适合社区矫正的;(2)家庭成员、监护人或者近亲属不具备监管条件的;(3)拒不认罪悔罪或者犯罪前一贯表现较差或者犯罪行为影响恶劣的;(4)没有固定住所或者提供的住所证明材料明显不符合实际情况的;(5)没有固定生活来源的;(6)拟决定或者批准暂予监外执行的罪犯,保证人不具备保证条件的;(7)其他具有不良影响的情形。

[2] 参见《社区矫正法实施三年来58万人次社区矫正对象接受就业或就学指导》,载千龙网,https://china.qianlong.com/2023/0705/8065139.shtml。

[3] 如四川省宜宾市江安县社区矫正机构,通过与社会心理服务中心签订心理辅导合作协议,由心理专家团队"一对一"开展"线上心理测评+线下心理矫治",实现社区矫正对象入矫、矫正中、解矫心理帮扶全覆盖。

[4] 2023年6月,最高人民检察院发布第三批社区矫正法律监督典型案例,其中一起为原法院审判人员未按照法律规定履行社区矫正交付执行职责,构成玩忽职守罪被依法追究刑事责任,最后被判处有期徒刑6个月,缓刑1年,成了1名社区矫正对象。这已经并非第一例审判人员因未依法履行社区矫正交付职责而被追究刑事责任的案例,此类案例还有如一法院副庭长因未依法办理暂予监外执行和送达文书被判玩忽职守罪,这也警示我们,无论是社区矫正工作人员,还是其他社区矫正工作的参与者,都要依法履行职责,否则就可能因此承担责任。

区矫正监管执法和法律监督工作,实现矫正对象"出得去、稳得住、有收入"。2021年5月到10月,最高人民检察院在京津冀、广东大湾区、海南自贸港、成渝双城经济圈及社区矫正检察工作开展较好的地区,部署开展涉企业社区矫正对象赴外地生产经营请假活动法律监督试点工作,着力解决涉企业社区矫正对象请假外出监管问题。最高人民检察院发布的《"十四五"时期检察工作发展规划》还明确要求,要探索对社区矫正机构巡回检察。2023年5月,最高人民检察院还下发《社区矫正巡回检察试点工作方案》,部署在黑龙江、江苏、福建、河南、湖南、广西、四川、甘肃等8个省以及重庆市开展为期6个月的社区矫正巡回检察试点工作。[1] 一些地方,检察机关还邀请人大代表、政协委员、人民监督员及具有相关专业知识的特邀检察官助理等参与巡回检察。

二、《社区矫正法》施行中的问题不容忽视

社区矫正蕴含惩罚性与恢复性双重价值。《社区矫正法》和《中华人民共和国社区矫正法实施办法》颁行以来,社区矫正工作进入了法治化阶段,但仍然存在理想与现实的强烈反差。实践中还存在诸多问题:譬如,宣传报道中仍然大量使用"社区服刑人员"等不规范用语,以及仅把社区矫正作为应对特定轻罪(危险驾驶罪,帮助信息网络犯罪活动罪,寻衅滋事罪,掩饰、隐瞒犯罪所得、犯罪所得收益罪等)的治理手段,导致社区矫正的进出口通道被堵塞。一方面,该进入社区矫正的未能进入。如因缠访而构罪,本可宣告缓刑的却被判处了实刑;本可假释进入社区矫正的,却因社区民众、地方政府不接受假释人员侵扰社区生活的个案,监狱、法院等具体承办人员不愿意承担责任,矫正部门不愿意承担风险,罪犯家属不愿意作为保证人等,使监狱服刑罪犯的假释程序难以走完。另一方面,不该进入(滞留)社区矫正的而进入(滞留)。诸如,实务中的老病残暂予监外执行罪犯、连续恶意怀孕女性等矫正对象,难以收监执行,则是典型体现。前述现象的存在,意味着

---

[1] 巡回检察是指检察机关根据法律规定行使检察监督权,对监管场所或者重要、特殊的刑事执行场所,定期或不定期进行检察的一种监督形式。巡回检察与派驻检察都是检察机关对刑事执行的全过程行使检察监督权的方式,但是派驻检察主要以日常、全天候检察为主,而巡回检察则是定期或者不定期开展,开展的次数比较少,往往是需要的时候或者是按照上级院的部署安排开展。

社区矫正的理念、价值和功能均没有完整发挥。以至于有人认为,《社区矫正法》的实施在总体上偏离了立法目的。[1] 尽管笔者以为不至于那么悲观,但是以下问题亟待重视与研究。

(一) 社区矫正相关理论研究、理念认知问题

基于社区矫正在我国试点、施行时间不长,缺乏理论储备,社区矫正相关理论研究,尤其是学界对社区矫正概念、适用范围(剥夺政治权利犯、附条件不起诉未成年人是否适用社区矫正)、社区矫正是否是刑罚执行等问题至今也未达成共识,难以对社区矫正实践发挥理论指导作用。

在理念认知方面,《社区矫正法》立法理念具有前瞻性,但现实中难以遵循。如该法第42条采用"社区矫正对象"称谓,而且拒绝遵循矫正部门所倡导的"制服效应",在淡化"监督管理"基础上加强"教育帮扶";禁止全员适用电子定位装置。前述举措折射立法者坚持对轻缓罪犯的去标签化,彰显对社区矫正对象的人文关怀和对其复归社会的期待。但目前实践难以跟上立法节奏。原因是普通民众难以接受犯罪的人不送往监狱服刑的现实、社区矫正机构基于职业风险防范难以放弃"监管中心主义"思维惯性等。

(二) 立法供给不足,让社区矫正机构凸显被动

立法供给不足,既有刑事法律的不合理限制问题,也有《社区矫正法》的缺陷问题。在刑事法律方面,《刑法》第100条规定的"前科报告制度",形式上未对社区矫正对象就业实施限制,但实质上为用人单位戴着"有色眼镜"选择劳动者提供了条件,造成对社区矫正对象的隐形就业歧视。一些地方甚至还对矫正对象子女的就业、就学实施限制。[2] 上述限制,既违背罪责自负原则,也不符合《宪法》关于"公民的基本权利和义务"规定的原则和精神。在受到刑罚处罚后还要背负一生的"延伸刑罚"的制约,也有失公正。[3]

---

[1] 参见何显兵:《社区矫正合规模式的制度偏离与匡正》,载《江西社会科学》2023年第10期。
[2] 一些地方对涉电诈矫正对象的近亲属,特别是未成年子女,实施了一些惩戒措施。如2020年,某地针对涉电诈人员提出了"十个一律"的措施中规定,凡是参与电信网络新型违法犯罪嫌疑人的子女,一律在城区学校就读时予以招生入学限制。2023年5月,某地发布涉诈重点人员惩戒措施,其配偶、父母、子女暂停享受大病保险补助政策和医保财政补贴,并且要"严审其子女就学资格……一律不得就读城区学校"。
[3] 参见刘小楠主编:《反就业歧视的策略与方法》,法律出版社2011年版,第148页。

从《社区矫正法》来看，基于立法原因，社区矫正机构的执法权限与手段严重不足。例如，《社区矫正法》第30条赋予社区矫正机构在社区矫正对象失联时拥有追查权，但是未明确具体的追查权限和追查方式。当社区矫正机构追查到社区矫正对象时，能否对社区矫正对象进行人身控制并带回居住地？如果社区矫正机构请求公安机关协助后、警察出警前，社区矫正对象又逃跑，应如何处置？法律对上述问题均未予以明确。又如，社区矫正对象执行地的确定，《社区矫正法》赋予了社区矫正决定机关决定"执行地"的权力，而没有赋予社区矫正机构提出异议的权力，既不符合权力制衡原则，也容易导致社区矫正决定机关在执行地审核方面产生简单化、利益化现象，让社区矫正机构凸显无奈与被动。实践中，有的人民法院没有核实"经常居住地"就以"户籍地"为经常居住地而下发执行通知。社区矫正对象一到户籍地社区矫正机构报到，就提出变更执行地申请。因多种原因若变更执行地不成功，会极大影响社区矫正对象接受矫正的积极性和配合度，给社区矫正工作带来极大的消极影响。

从地方性规范文件来看，还存在社区矫正执法标准不统一的问题。各个省市之间甚至同一个省域之内不同地区、不同县区之间，社区矫正执法标准也不统一。实践中，如果社区矫正对象基于与社区矫正监督管理无关的事项而受到行政处罚，如因嫖娼而被行政拘留，社区矫正机构能否因此对其提请收监，各地实施细则的规定不尽一致。浙江省与四川省的实施细则的规定，就存在差异。浙江省的社区矫正实施细则就明确规定此种情况要提请收监，而四川省的实施细则却无此规定。为此，一位执行地在四川省的社区矫正对象，因正当理由前往浙江省内但发生嫖娼，应作何处理？这一问题值得研究。此外，各省出台的实施细则，多存在有意无意增加监督管理的内容、自我扩权、任务层层加码等问题。

由于立法缺乏衔接，《治安管理处罚法》第三章"违反治安管理的行为和处罚"中，没有规定违反《社区矫正法》等监督管理规定的行为和处罚标准，导致社区矫正机构对屡屡违反监督管理规定的社区矫正对象难以提交公安机关给予治安管理处罚。

由于立法的滞后与不明晰，实务中忽视和挤压社区矫正对象权利的现象仍在相当范围内存在。如经常要求社区矫正对象到矫正机构报到，对学习和劳动时长的强制性要求又通过"网上学习积分"和"公益活动签到"等形式得以复活,对完不成任务的矫正对象实施训诫、警告;个别地方社区矫正机构要求社区矫正对象每天签到4次,其中一次还是凌晨。[1] 前述监管、教育、核查措施,既增大了社区矫正工作人员的工作负荷,也是对社区矫正对象正常工作与生活的过度干预,且对于某些在特殊环境(如矿山井下、易燃易爆、石油化工等无手机信号或禁止携带手机的工作场所)工作的社区矫正对象来说是难以做到、不切实际的。

(三)机构、队伍建设严重滞后

机构设置方面,根据《社区矫正法》第8条第3款的规定,"地方人民政府根据需要设立社区矫正委员会"。但由于是"根据需要设立",全国无法形成统一做法,往往各地自成体系。目前,全国绝大多数省、市、县(区),乃至乡镇(街道)成立了社区矫正委员会。但各地委员会设立架构、组织层级、功能作用各不相同。总体而言,社区矫正委员会的"议事协调"作用发挥不明显。

基于社区矫正执法人员人手不足,在编制未增加的情况下,一些地方进行了队建制试点、社区矫正官试点。笔者通过调研发现,在试行片区管理的队建制中,片区内的多个司法所原所监管社区矫正对象的工作全部转移到专事社区矫正执法中队的工作人员身上(通常就3人左右)。一个社区矫正执法中队所监管的社区矫正对象通常在100人以上。一旦发生脱漏管或重新犯罪,社区矫正执法中队工作人员的职业风险与责任无疑会更凸显。与此同时,队建制试点通常都依据向上级或编办的请示而设立,没有法律或政策支撑。在编制未增加的情况下,组建社区矫正队建制,不仅会削弱司法所从事其他司法行政的力量,还会将风险与责任转移到社区矫正执法中队的工作人员等少数人身上,将增加这部分人的职业风险。

如何协调执法和社会属性,既不偏离执法轨道,又能有效发挥社会帮扶效果,做到执法与帮扶的有机统一,是社区矫正官试点的背景之一。在现实中,社区矫正官既是司法局工作人员,也是社区矫正工作的刑事执行者,还

---

[1] 参见陈卫军、裴海锋:《宜阳县检察院"三三二一"巡回检察监督社区矫正工作》,载《河南法制报》2021年11月17日,第14版。

是社区矫正对象的教育帮扶者,往往集多种身份于一身,极其容易发生角色冲突。社区矫正官在调查评估工作中,扮演的是处于中立地位的调查评估员的角色;刑事执行和监督管理活动中,社区矫正官大多是执法中队的领导或执法队员;教育学习活动中,社区矫正官是教育者;帮扶活动中,社区矫正官扮演的是"救助者"角色;心理矫治活动中,社区矫正官又要扮演"心理矫治师"的角色。多种角色于一身的社区矫正官,是否存在"心有余而力不足"的情形。同时,笔者以为,要想获得和检察官、法官等相对应的"身份标识",没有法律作为支撑恐怕是难以实现的。

(四)教育学习的虚化

正如德国刑法大师李斯特所言:"再社会化刑罚的执行应注重社会教育。"[1] 社区矫正工作人员通过组织教育学习,借此消除社区矫正对象的再犯罪因素,激活其内心善意,恢复良知,重新做人,这是社区矫正的核心和逻辑起点,即"惩罚为恢复,监督为回归"。

但基于教育学习规范的供给不足、可操作性不强,以及组织教育学习的队伍薄弱、专业性不强等因素,在"稳定是首要目标"考核机制下,为避免社区矫正对象脱漏管或重新犯罪而被倒查追责,社区矫正工作人员普遍存在"重监管、轻教育,重处罚、轻矫治"的心态,教育学习在实践中呈现"说起来重要、做起来次要、忙起来不要"的虚化状态。在教育学习的精准性与实效性方面存在严重的虚化现象。缺乏教育学习规划、缺乏教育学习大纲、缺乏教育学习教材编写与指定,也没有教育学习方法与手段的建议,更没有教育学习效果评估指标等体系性设计,一切均显得"任性"。从媒体的公开报道来看,《社区矫正法》施行以来,尚没有关于社区矫正对象教育学习大纲以及教育学习读物(教材)编制或出版的报道。在社区矫正教育学习领域,几乎处于体系松散状况。

笔者通过调查 S 省社区矫正对象来看,初中及以下的有 28514 人,占 62.4%;大专及以上仅有 6514 人,只占 14.2%。这说明多数社区矫正对象的受教育程度不高。调研中还发现,部分农村区县的社区矫正对象还存在 10%—20% 的文盲或半文盲,如何针对此类群体实现教育学习的针对性与

---

[1] [德]李斯特:《德国刑法教科书》,徐久生译,法律出版社2006年版,第9页。

有效性,目前还缺乏思路。社区矫正已然延及农村,但城市与农村存在诸多差异。城市是"陌生人社会"而农村是"熟人社会"、城市是"规则社会"而农村是"情感社会",特别是在人户分离语境下外出务工的社区矫正对象需要变更执行地、需要跨市县经常性活动时,如何将农村地区具有的邻里守望、乡村伦理、礼治秩序等优势与社区矫正有机结合,探索适合农村地区的教育学习模式,是亟待解决的议题。

(五)检察监督何去何从

检察监督到底应从严或从宽,实践中存在不统一的做法。有的检察机关通过制发检察建议要求从严审批请假,有些检察机关通过制发检察建议强调人文关怀、不能把社区矫正搞成"第二监狱"。让社区矫正工作者陷入了深深的困扰,无所适从。

如何做实刑事执行检察监督,护航刑事诉讼"最后一公里"?实践中,全国各地对社区矫正的检察监督模式不一,有的实行派驻检察、有的设立检察官办公室,更多的是不定期巡视检察,对同样的违法行为,有的是发"纠违通知",有的是提检察建议,还有的仅仅是口头提出纠正。个别地方检察机关为片面追求纠正违法数量,竟凭空制造违法情形向社区矫正机构提出"纠正意见"。"为配合考核而纠正"而非"因违法而纠正"的应对心态严重削弱了纠正违法的监督效果。

尽管最高人民检察院作出调整优化检察业务考核评价机制的重大决策,明确提出"一取消三不再"[1],但一些地方仍然将制发"纠违通知""检察建议",以及对渎职犯罪追责情况作为刑事执行监督的考核指标。

《社区矫正法》施行前,就有过能否将检察机关定位为既是社区矫正的"参与者"又是"法律监督者"的争论。[2]《社区矫正法》施行后,各地在监督过程中也出现了一些偏差:要么无从下手,放弃监督;要么矫枉过正,过度注

---

[1] "一取消三不再",是指取消一切对各级检察机关特别是基层检察机关的不必要、不恰当、不合理考核,不再执行检察业务评价指标体系,不再设置各类通报值等评价指标,不再对各业务数据进行排名通报。

[2] 参见游支红、许泽:《社区矫正检察监督的思考——以 E 市为参考》,载《法制博览》2019 年第 35 期。

重对矫正对象重新犯罪结果的责任追究。[1] 从监督对象看,侧重于对社区矫正机构每半年一次的"例行性监督"以及派驻监督、巡回监督,而对公安机关、人民法院是否认真贯彻《社区矫正法》,则缺失制度性的监督规定。虽然,也有过监督,但毕竟是少数,其监督的重点依然紧盯社区矫正机构及其工作人员,有捏"耙柿子"之嫌。

三、《社区矫正法》实施的几点建议

(一)树立刑罚人道理念,加强社区矫正对象的权利保护

社区矫正是国家刑事执行与基层治理的有机融合,国家在追究社区矫正对象刑事责任的同时,也负有帮助社区矫正对象重返社会的责任。随着刑事理念的进步,国家在刑事执行过程中的角色也随之变化,国家对犯罪不应是绝对的"命令—服从"关系,而发展成为一种法律上的权利义务关系。为此,国家应树立"共建共治共享"的社会治理理念。[2] 社区矫正机构更应理性对待社区矫正对象,克服以报应为主题的重刑主义,而树立刑罚人道理念;社会公众也应消解偏差性认知而重塑认同理念。

在社区矫正对象权利保护方面,我们有许多工作要做。诸如,未成年社区矫正对象的手机上该不该装"在矫通"的问题。根据一些省份《社区矫正实施细则》的规定,所有社区矫正对象在社区矫正机构报到时,均应安装"在矫通",因特殊原因不能安装的,应当经市级社区矫正机构报省级社区矫正机构。但对未成年社区矫正对象安装"在矫通"的问题值得探讨。基于未成年社区矫正对象的身份对社会公众是保密的,判决不公开、判决书不上网、矫正宣告不公开、矫正活动与成年人分别进行,这些制度的建立都是为了保护其个人信息不泄露。如果强制未成年社区矫正对象在手机上装"在矫通",会增大未成年社区矫正对象身份暴露的风险。让他每天打开签到、看视频、学课件,很难不引起同学以及其他关系较近的人的注意。一旦因为"在矫通"暴露了身份,那么国家用好几部法律辛苦构筑的未成年人犯罪记录封存制度将毁于一旦。

---

[1] 参见张荆:《〈社区矫正法〉的立法意义与执法难点》,载《犯罪研究》2020年第4期。

[2] 参见李光勇:《社区矫正人员帮扶现状、困境与对策调查研究》,载《中国刑事法杂志》2013年第4期。

再如，已经在欧美国家时兴的被遗忘权，同样值得我们思考。被遗忘权，又称删除权，指信息攸关者要求信息发布者将与其有关的信息删除，以便达到"被遗忘"于传统社会或互联网世界的效果。尽管欧盟和美国都将被遗忘权限定于民事领域，但被遗忘权本身即源于刑事法律中准许罪犯被定罪和监禁事实不被公开的权利。[1] 对于人类而言，遗忘一直是常态，记忆是例外。而在数字时代，遗忘成了例外，记住则成了常态。倘若中国的罪犯或社区矫正对象，提出这个问题我们该怎么应对？这非常值得我们思考，这里不仅涉及平等就业问题，当然还涉及权利保护问题。我们是否也应该忘记矫正对象的过去，懂得宽恕。正如南非图图大主教在曼德拉当选总统以后所说：没有宽恕就没有未来。我国《个人信息保护法》第47条对公民个人信息保护也作了规定。[2] 虽然不同法域的法律文件对被遗忘权的定义不同，但归根结底都是允许当事人"拥有遗忘不完美过去的权利"。不恰当的、过时的、继续保留会导致社会评价降低的信息，显然不利于社区矫正对象回归社会。

（二）完善相关立法与规定

在《治安管理处罚法》修订完善之际，应该将有关社区矫正的内容囊括其中，尤其是在第三章"违反治安管理的行为和处罚"中应增加社区矫正对象违反监督管理规定的行为和处罚标准。同时，应细化相关规定，便于操作。如《社区矫正法》《中华人民共和国社区矫正法实施办法》均未对社区矫正对象的脱管、漏管作出界定。2016年最高人民法院、最高人民检察院、公安部、司法部联合制定的《关于进一步加强社区矫正工作衔接配合管理的意见》对脱管、漏管作出区分界定，但未进一步明确脱管的认定主体、认定标准、司法行政机关追查权限以及技术手段的应用等问题。在目前社区矫正

---

[1] 1994年比利时一医生因醉驾造成2人死亡，比利时《晚报》作了报道，后医生被定罪判刑。2008年该报将其过去的新闻档案数字化，也包括这篇报道。这时，医生起诉要求编辑删除文章中自己的名字，理由是其已经服完刑期，社会不应再要求其付出代价。最终获得法院的支持，责令《晚报》删除医生名字。2014年被遗忘权在欧盟被写入了法律。

[2] 《个人信息保护法》第47条规定，有下列情形之一的，个人信息处理者应当主动删除个人信息；个人信息处理者未删除的，个人有权请求删除：(1)处理目的已实现、无法实现或者为实现处理目的不再必要；(2)个人信息处理者停止提供产品或者服务，或者保存期限已届满；(3)个人撤回同意；(4)个人信息处理者违反法律、行政法规或者违反约定处理个人信息；(5)法律、行政法规规定的其他情形。法律、行政法规规定的保存期限未届满，或者删除个人信息从技术上难以实现的，个人信息处理者应当停止除存储和采取必要的安全保护措施之外的处理。

工作实践中,由于人员配备、技术手段、经费保障等,司法行政机关在查找脱管、漏管人员上难度较大,有必要进一步明确脱管、漏管的具体适用标准。

尽管目前修法还不成熟,《社区矫正法》毕竟才施行五年,但通过相关解释或者完善细则的方式可以解决一些具体的问题。诸如,对《中华人民共和国社区矫正法实施办法》第46条第1款第5项"其他违反有关法律、行政法规和监督管理规定,情节严重"情形中的"其他"事项,可以作出解释,以解决实践中一些亟待明确的问题。特别是在破坏生态环境犯罪案件,被告人因认罪认罚认赔,被判处缓刑进入社区矫正领域后,拒不履行生态修复与赔偿协议时,通过对前述"其他"事项的解释与细化,将社区矫正对象收监执行。笔者认为,当社区矫正机构发现涉生态修复的缓刑犯矫正对象,具有下列情形的,可以向人民法院提出撤销缓刑建议:未履行生态修复义务,有关部门发出生态修复令后仍不履行,情节严重的;未履行生态修复义务,受到司法行政机关3次警告,仍不改正的;再次实施破坏生态环境资源的行为,违反相关法律法规,情节严重的;法律法规规定的其他情形。前述设计,可以在社区矫正恢复性与惩罚性价值之间实现切换。

(三) 加强队伍建设

机构、编制问题在地方都是红线,没有中央政策支持,靠地方报告和协调难以推动,需要中央层面的协调与定调。《社区矫正法》实施后,许多地方司法行政机关找到编制部门要求依法设置机构并配备编制,得到的回应最多是上级编办没有相关文件,无法解决。有少数地方虽然解决了机构问题,但不能解决编制,要求在司法行政自己内部调剂。为此,中央层面设置社区矫正委员会,协调机构设置与编制事宜。此外,在社区矫正工作人员严重不足,因编制问题又难以补充的当下,可以尝试引入"辅警"机制。在宽严相济的刑事政策之下,社区矫正对象的数量会越来越多,仅凭社区矫正执法人员是无法完成社区矫正管理工作的,我们可以借鉴公安机关的警务辅助人员制度,在有正式编制的社区矫正执法人员开展社区矫正工作的同时,配备一定数量的辅助人员予以协助,比如执法助理员,让其成为社区矫正执法人员的补充力量,享有最基本的执法权,协助社区矫正工作。

(四) 实现教育帮扶的针对性、有效性

《社区矫正法》第40条提出了通过"公开择优购买"和"项目委托"的操

作路径让社会组织参与教育帮扶工作。但实践中,教育帮扶还存在单方意志的"强制灌输"、忽视职业技能培训等问题。我们认为教育帮扶应采用项目化方式操作。可以将教育帮扶分为认罪悔罪矫正、家庭关系修复、人际关系修复、理财能力培养、经济生活矫正等项目[1]。同时,借鉴他国较完善的市场化、产业化运作机制,将低风险社区矫正对象委托给热心公益的企业乃至民营矫正机构实施监督与帮扶,对接受矫正对象的企业以及民营矫正机构给予税费减免。此举既能解决社区矫正对象的就业,又能避免社区矫正对象外出务工产生的难以管控问题。鉴于当前社会重视证书、重视学历的实际,社区矫正机构可以与职业技术院校共建职业教育体系,将社区矫正对象送往职业技术院校培训,取得相关学历与证书。此举既可保障社区矫正对象种类繁多的就业需求,又能缓解司法行政部门自建职业教育软硬件的欠缺。[2]

(五)加强智慧矫正建设

人手不足的问题,也可以通过科技赋能解决。把智慧矫正的重点放到办公自动化、信息化和跨部门信息交换上来。搭建全国统一的社区矫正信息共享平台:公检法司等部门应打破部门"信息垄断",实现社区矫正信息共享。可以在政法委或社区矫正委员会的协调统筹下,在公安机关大数据平台基础上,构建全国统一、公检法司等部门共享的社区矫正信息平台,设定刑事案件不同阶段不同部门的权限,实现网上移送、情况通报、预警提示、全流程监督等功能。2021年,中央政法委印发《关于充分运用智能化手段推进政法系统顽瘴痼疾常治长效的指导意见》,强调加快推动跨部门大数据办案平台建设,打破数据壁垒。可以此为依据,建立法院、公安机关、检察机关、司法行政机关数据共享中心,促进数据共享常态化、制度化、规范化,从根本上打破数据壁垒。

(六)检察机关追责不应过于严苛

我们认为,检察机关作为法律监督者,不是社区矫正机构,不应越位直

---

[1] 参见梅义征:《社区矫正、社区治理与社区安全》,上海人民出版社2020年版,第46页。
[2] 参见周健宇:《社区矫正人员教育帮扶体系比较研究》,法律出版社2020年版,第136~138页。

接参与社区矫正对象的监管、帮教乃至心理矫治。一些地方探索的"嵌入式"社区矫正检察监督模式[1],认为只有将检察权如同"楔子"一样插入被监督权力流程之中,方可保障监督的强制力。通过向社区矫正机构派驻检察官,深入社区矫正各执法环节,以"旁观者"身份实施同步监督。虽然能及时发现问题、及时提出纠正意见,但在基层刑事执行检察人员普遍不足且短期难以改变的境况下,难以复制推广。

当前的社区矫正检察监督,急需构建尽职免责制度。实践中有一种动向,从结果倒推原因。只要社区矫正对象重新犯罪,或者被拘留、强制戒毒就启动责任倒查机制,并基于档案或者管理不规范给予相应处理,让社区矫正执法人员承担刑事责任。上述"逆向倒推"思维做法忽略了社区矫正的社会性、开放性特征,"重新犯罪"与"玩忽职守行为"之间,既不具备相当因果关系说的"行为足以发生结果",也不符合客观归责理论"结果发生是因行为人所制造的不被法律容许的风险"。

社区矫正渎职犯罪领域,社区矫正工作人员虽然对社区矫正对象有一定人身管控手段,由于矫正对象处于开放社区,这些管控手段难以排除或者阻止其"重新犯罪",或者说这些管控手段对"重新犯罪"缺失防范(或者控制)能力[2]。特别是互联网时代,犯罪不受时间和空间的限制,能预防矫正对象不去外地犯罪,无法预防他在本地犯罪。能预防矫正对象实施强奸、杀人犯罪,无法预防他在互联网上实施电信诈骗、组织卖淫犯罪等。

为此,可以通过建立社区矫正工作人员权力清单、职责清单,做到职责明确、执法留痕、过程规范,以建构"尽职免责"机制。只要社区矫正工作人员基本履行了监管职责,社区矫正对象的偶发性犯罪,教育学习、公益活动中突发疾病或意外事件等情形,社区矫正工作人员应当免责。这里的免责,不仅应免掉刑事责任,也应免掉行政责任。

为此,基于社区矫正工作人员的执法环境,需要一个由若干要素构建的出罪保障机制,需要建构社区矫正执法人员"尽职免责"机制。在建构时:第

---

[1] 参见贾永胜:《打造嵌入式社区矫正检察监督新模式》,载《检察日报》2019年6月23日,第5版。

[2] 参见但未丽:《社区矫正执法人员玩忽职守罪认定偏差与匡正》,载《法律适用》2020年第22期。

一,厘清职责。制定社区矫正执法人员权力清单、职责清单,让社区矫正执法人员明晰自身职责以及履职依据。第二,制定标准。应有一个可操作、可量化、可考核的执法标准,让社区矫正执法人员知晓履职尽责的边界、深度以及考核问责的尺度,这是"免责"的避风港。四川省率先在《社区矫正法》施行后制定《社区矫正调查评估规范》这个地方标准,有助于社区矫正执法的规范化与标准化,这一模式值得肯定与推广。第三,程序规范。在报告、外出、执行地变更、禁止令执行、警告、收监执行等每一个执法环节,应有规范的执法流程。第四,执法留痕。做到登记有表格、谈话有笔录、宣告有文书等全程留痕。只要社区矫正执法人员基本履行了监管职责、监管标准、程序规范,并有证据支撑,社区矫正对象的偶发性犯罪,我们认为,就应当免除社区矫正执法人员的法律责任。笔者强调的是,基于权责一致,只要社区矫正工作人员恪守职责,执法流程、执法文书规范,"尽职免责"不能仅仅免除刑事责任,也应免除行政责任。

结　语

在刑罚轻缓化背景下,社区矫正对于维护社会和谐稳定、节约国家刑罚执行成本、推进法治中国建设具有重要意义。如何既要树立管理权威,让社区矫正对象服从规则、实现内心唤醒,又要保障社区矫正对象的相关权利;既要符合相关国际公约,又要构建自主体系或本土化特色的社区矫正,是当下理论与实务部门值得思考的问题。作为社区矫正工作人员,如何做到组织放心、社会认同、群众满意,同时自己又尽职免责,规避执法风险。笔者以为需要社区矫正相关部门的各个层次的共同努力。诸如,高层(司法部以及增设的中央层面社区矫正委员会、中央政法委等)重在协调解决编制、机构、待遇、职业晋升等问题。中层(省、市矫正机构、社区矫正委员会、政法委员会等)重在解决智慧矫正,实现政法各部门工作无缝衔接和信息互联互通(尤其是横向互通);协调监狱、戒毒"互帮共建"民警到地方参与社区工作。基层(区县社区矫正机构、社区矫正委员会、政法委员会等)重在利用好购买服务,解决人手不足问题。相信在大家的共同努力下,在党的二十届三中全会提出"建立轻微犯罪记录封存制度"引领下,中国式现代化社区矫正篇章一定会大放异彩。

本书得以顺利出版，首先，要感谢宜宾学院法学与公共管理学院领导的全力支持与帮助，特别是动用学科建设经费支持召开学术年会与出版论文集。其次，要感谢全国各地高校和实务部门专家学者的奉献与赐稿，正是你们长期的支持，我们的《社区矫正理论与实务研究》系列丛书才得以延续出版。再次，要感谢社区矫正研究中心王小丽、叶辉、葛惟翰、娄崇等同事，以及李亚欣、吴迪、柯欣琪等同学的辛苦校对。最后，感谢法律出版社许睿编辑的大力支持，使本书得以按计划出版。

本书在许多方面还存在不足，真诚希望能得到专家学者与实务部门领导的批评与指正！

肖乾利

2025 年 1 月 17 日

于宜宾学院社区矫正研究中心

目 录

领导讲话	3	四川省社区矫正工作的实践与思考
		——在宜宾学院社区矫正研究中心论坛上的讲话
		向　军
理论研究	9	人民法院参与未成年人社区矫正的困境与纾解
		——兼谈司法审判职能之延伸
		姚毅奇　黄雯莉
	25	社区矫正中人际信任关系的建构
		连春亮
	35	公安机关社区矫正工作既往经验与未来发展
		陈金荣　陈　利
	48	社会治理现代化与社区矫正：机理、问题与路径
		李　悦
	57	社区矫正基层实务工作中的突出问题
		王志亮　王东萌
	70	宽严相济刑事政策下社区矫正制度发展研究
		——以社区矫正适用范围为中心
		赵　跃　王　聪
	79	轻罪人员社区矫正减刑激励制度构建与可行性分析
		戴宇彤　闫君卉

	89	智慧社区矫正：法理逻辑、风险检视与路径选择
		王斯彤
	104	协商型犯罪记录封存的制度构建
		——以社区矫正为视角
		葛惟翰
	114	轻罪立法扩张视域下我国前科制度的反思与改进
		徐浩源
	126	社会治理视域下社区矫正复权制度构建
		王轶众
	141	乡村振兴视域下地域性犯罪治理新范式
		黎青林
	154	审前社会调查及其存在问题剖析
		刘 蔚
机构队伍建设	163	优化社区矫正专门执法队伍建设　助力基层治理体系现代化
		萧楚薇
	170	基于心理契约的社区矫正工作者队伍建设
		连春亮
	180	我国社区矫正电子定位监管适用的困境及纾解
		陈立立
	189	司法社工人才队伍建设路径优化研究
		陈鹏悦

教育帮扶	195	**社区矫正帮扶问题研究**
		——《社区矫正法》基础上的延伸
		肖乾利　尤　美
	210	**社区矫正心理矫正模式实务研究**
		——基于 M 省社区矫正基层工作数据分析
		江世杰　莫黄泰　黄文辉　欧阳子瑶
	236	**排斥与认同:生态系统视角下社区矫正对象身份建构研究**
		付　珣
	248	**社会工作视角下罪错青少年教育帮扶体系构建路径的研究**
		雷大霞
	256	**老年社区矫正对象教育帮扶问题研究**
		——基于司法行政案件分析
		张红艳
未成年人社区矫正	275	**未成年人社区矫正中监护人责任问题探究**
		赵豫宁　陈　珊
	282	**从嵌入式走向合作式:社区矫正新模式下未成年人社区矫正社会支持网络的构建探究**
		李秋嬗
	293	**未成年人社区矫正工作问题研究**
		符明月
	307	**标签理论应用于未成年人社区矫正工作的思考**
		明　秀　刘　薇

社会力量介入

319 社区矫正工作创新路径与社会力量融合问题研究
高 航　杨 健

329 社区资源整合对戒毒矫正人员社区矫正的影响
陈鹏悦

334 社区矫正小组废止论
孙 毅

344 律师介入社区矫正路径研究
岳璐洋

355 论社区矫正视域下的"枫桥经验"引入与基层司法治理之融合
董浩晴　马臣文

实证与比较研究

369 我国社区矫正工作实施细则的比较研究
——基于 22 个省（区、市）政策文本的分析
顾晓浪

383 社区矫正对象平等就业权保障的现状及对策研究
王淑君　李海滨

397 县域社区矫正工作存在的问题与对策的实证调查
——以沿海某县社区矫正工作为例
朱建炉

412 基层社区矫正入矫机制研究
杨兴富　刘家晨

检察监督

425 社区矫正检察监督的功能价值与路径优化
尹洪威

435 **未成年人社区心理矫正检察监督问题与对策**
　　　陈金荣

444 **未成年人社区矫正检察监督现代化探究**
　　　宋　伟

456 **社区矫正检察监督优化路径研究**
　　　杨宇鹏

465 **暂予监外执行案件听证程序研究**
　　　刘林玲

领导讲话

四川省社区矫正工作的实践与思考
——在宜宾学院社区矫正研究中心论坛上的讲话

向 军*

结合会议主题,从3个方面与大家分享我省社区矫正工作的实践与思考。

一、坚持法治思维,持续深化社区矫正四川实践

近年来,我省全面贯彻落实《社区矫正法》,不断完善社区矫正工作体制机制,探索创新社区矫正运行模式和监管教育方式方法,社区矫正持续安全稳定。

(一)制度机制"成体系"

2021年四川省实现省、市、县(区)三级社区矫正委员会全覆盖,2022年实现社区矫正机构全覆盖。四川省党委政府统一领导、司法行政机关主管、专业机构具体实施,职能部门协作配合,社会力量广泛参与运行机制日趋成熟。强化制度建设,在《社区矫正法》框架下形成以《四川省社区矫正实施细则》为主线,《四川省社区矫正执法文书格式》《四川省社区矫正档案管理办法》《四川省社区矫正机构刑事执行权力清单》为基础,《社区矫正调查评估规范》等地方标准为支撑,《四川省刑罚交付执行工作指引》等多项制度配合具有四川特色的"1+3+5+N"社区矫正工作制度体系。

(二)队伍建设"更规范"

结合我省实际,探索"专职、专业、专责"社区矫正队伍建设,已推动100个县(市、区)探索形成了"队建制""片区执法"等工作模式。推行社区矫正执法证件制度,社区矫正机构工作人员全员持证上岗、亮证执法。先后9批次选派监狱戒毒人民警察976人次参与社区矫正工作。3400余名专业社会工作者通过政府购买服

---

* 四川省司法厅二级巡视员、社区矫正管理局局长。

务、遴选聘用加入社区矫正工作队伍。"专业执法者＋选派民警＋社会工作者"的社区矫正工作队伍规模日渐成势，形成了专业化队伍建设的"四川模式"。2020年以来，持续开展案件评查、"大培训"、"大比武"、"实务大讲堂"等活动，队伍业务能力和执法规范化水平进一步提升。

（三）监管执法"成效显著"

健全优化安全风险分析研判制度，强化监管措施和制度落实，常态化开展安全隐患排查整治，严格日常监管，突出重点管控。组织开展档案交叉检查和专项排查整治，促进规范执法，提升监管质效。各地积极加强与公安机关、乡镇街道等协作，形成工作合力，确保重点时段安全稳定。

（四）教育帮扶"走深走实"

2020年以来开展"一县一品牌"创建活动，打造特色教育帮扶品牌18个，先后启动多项教育活动，形成具有四川特色的"道德教育铸新魂、法治教育立新行、感恩教育塑新我"的"三新"教育品牌。以"三基地"建设推进社会力量参与，建成教育基地695个，公益活动基地1379个，就业基地459个，发动社会志愿者协助参与社区矫正，帮扶率达206%。针对未成年开展精细化矫正，设立未成年专门矫正场所和教育培训基地。近几年社区矫正对象中多人被认定立功、重大立功，教育帮扶效果明显。

（五）智慧矫正"持续赋能"

四川省实现县级社区矫正中心全覆盖，并命名省级规范化中心56个，在此基础上，开展"智慧矫正中心"建设，建立39个场所管理制度，推进中心提档升级。截至2024年12月31日，全省累计完成和启动"智慧矫正中心"建设146个，启动建设率79%。2016年建成并持续优化省社区矫正一体化平台，实现业务全程网办。积极推动信息化运用，综合使用技术手段，加强社区矫正对象信息化核查。

二、坚持辩证思维，客观分析面临的形势和挑战

近年来，四川省社区矫正对象主要呈现以下特点：

特点一：社区矫正对象"数量增长快"与"分布不平衡"并存。《社区矫正法》实施以来，四川省在册社区矫正对象持续增长，2024年比2023年增长约5%。与此同时，全省社区矫正对象分布不平衡的情况突出，主要集中在经济社会较为活跃的城市城镇。

特点二：社区矫正对象基本情况呈现"四个稳定"和"两个变化"。"四个稳定"

是指:《社区矫正法》实施以来,一是社区矫正类型保持总体稳定。在册4类矫正对象中,缓刑占绝大多数。二是对象性别比例保持稳定,男性占相对多数。三是对象主要年龄段分布保持稳定。中青年占相对多数。四是对象户籍比例保持稳定,农村户籍占相对多数。"两个变化"分别为:一是社区矫正对象文化程度逐年提高。二是未成年社区矫正对象数量有所增加。

特点三:新型网络犯罪占比较大。就社区矫正对象罪名来讲,新型网络犯罪增幅明显。

另外,四川省重点社区矫正对象人数较多,监管压力大。

以上就是目前四川省社区矫正对象的基本情况。四川省社区矫正从试点到规范,探索出了从体制机制到队伍建设,到具体措施再到场所及信息化建设的各种经验,也取得了许多成绩。但随着执法司法要求越来越高,加之四川省持续增长的社区矫正监管压力,基础保障滞后、规范化水平不高的矛盾已经较为突出,不能较好适应社区矫正高质量发展的要求。具体表现有:

一是队伍力量比较薄弱。全省现有社区矫正机构工作人员人数不足,多数地方依然主要依靠委托司法所开展社区矫正工作,专业机构作用发挥有限。无论是公务员还是辅助聘用人员,因身份、待遇、工作压力等,人员流动性较大,法学、教育学、心理学、社会工作等专业人员占比还较低。

二是规范化水平还不高。在社区矫正执法工作中,涉及外出审批、报告、实地走访等环节,存在不细致、不规范、走形式的情况。

三是社会力量参与不足。当前,一方面,各界对社区矫正工作认识不足、配合不力。群众对社区矫正相关法律法规不够了解,参与度和配合度不高,加大了矫正工作的难度。另一方面,当前社会参与的主要方式是志愿者和社会工作者,参与的积极性不高,参与人员结构单一,没有统一的理念和规范的内容,激励奖励和保障机制也未建立,鼓励社会参与还有差距。

四是教育帮扶形式化。目前,社区矫正教育的方式以集中授课和单独座谈为主,缺乏区分性与层次性,无法针对不同类型的矫正对象提供个性化教育方案。文化教育、职业培训、适应生活教育等开展不足,教育内容单一化。教育形式以集体教育为主,个别教育欠缺,甚至将个别教育等同于个别谈话。分类教育上只是简单区分严管、普管和宽管,没有相对应的有效措施。

除了以上4个方面,还有基础保障不足的问题。四川省工作经费标准已经多年没有增长,且有些地区仍然不能及时、足额保障。另外,还在一定程度上存在工作衔接不畅,比如社区矫正对象被采取强制措施后告知的问题,检察机关脱管认定问题,法院调查评估意见采信率低的问题。没有统一的队伍着装,也影响了社区矫正工作的职业认同和执法规范严肃的形象。

总的来说,当前最关键的是顶层设计的不足,导致社区矫正的性质和理念与实践工作存在冲突。比如,现行《社区矫正法》仅规定了《社区矫正法》的立法宗旨、社区矫正的适用范围和社区矫正工作的原则目标,未明确定义社区矫正的概念。又如,关系到机构设置的体制机制问题,涉及规范执法的全国统一文书、着装问题和部门衔接问题等,都不是省级以下能够从根本上解决的。再如,社区矫正对象如何规范称呼社区矫正工作人员、没有统一的社区矫正标志标识等问题,以上这些都还需要调查研究和建议呼吁,找到理论和实践更加契合的方法路径。

三、坚持系统思维,推进四川省社区矫正高质量发展

做好社区矫正工作,要坚持系统思维和整体谋划,坚持监督管理和教育帮扶相结合、专门机构和社会力量相结合,进一步夯实责任、做实机制、落实举措。重点围绕以下几个方面开展工作:

一是提升风险管控能力。规范开展调查评估,加强评估衔接,提升调查评估的质量和采信率。压实工作责任,落实安全风险分析研判制度,常态化开展隐患排查。

二是提升规范化执法水平。持续健全更新制度规范体系。严格落实监管措施,重点解决社区矫正对象不遵守规定,以及外出审批不严格等问题。加强档案管理,落实《四川省社区矫正档案管理办法》。

三是做实做细教育帮扶。坚持分类分段与集体个别教育相结合,不断深化四川省"三新"教育。积极开展就业帮扶,帮助有需求的矫正对象完成学业、提升学历等。加强同高校、专业机构的研究合作,编制社区矫正教育大纲。培育孵化引入专业力量参与教育帮扶,做好心理健康、就业就学、困难帮扶等工作。

四是加强基础保障支撑。将社区矫正中心建设和智慧矫正建设一体推进,推动中心建设提升档次。不断优化省级一体化平台,加强部门间信息互通和数据共享。积极争取与财政部门建立社区矫正经费动态增长机制。

五是提升队伍专业化水平。大力推动"三专"队伍建设,推动县级社区矫正机构实体化运行。持续开展社区矫正工作人员业务培训,技能比武等,提升业务能力和水平。鼓励各地进行队伍着装探索,为全省统一服装提供经验。

理论研究

理论分册

人民法院参与未成年人社区矫正的困境与纾解
——兼谈司法审判职能之延伸*

姚毅奇** 黄雯莉***

摘 要：人民法院肩负预防和矫治未成年人犯罪的重要职责，其作为未成年人社区矫正工作的启动者、参与者、撤销者，在发挥教育和矫治未成年犯及预防再犯可能性上有着举足轻重的作用。然而，面对专门法律规定阙如、社区矫正调查评估程序不规范、司法审判职能延伸不畅通等诸多制约因素，要突破当前困境，人民法院应明确其少年司法之职能定位，积极探索参与未成年人社区矫正工作的新路径。并从刑事一体化视域对立法、司法及机制建设上分析，着力健全完善"政法办案一条龙"体系，在法治轨道上推进犯罪治理体系和治理能力现代化。

关键词：未成年人；社区矫正；司法职能；犯罪治理；积极履职

引 言

党的二十届三中全会对"强化未成年人犯罪预防和治理"作出重要部署，保护未成年人是法治的神圣天职和使命。[1] 当前，我国未成年人犯罪呈现低龄化、手段暴力化、犯罪类型集中化之特点，[2] 尤其是2018年"河南鲁山未成年人强奸案"、

---

* 基金项目：2024年国家社会科学基金青年项目，项目编号：24CFX087。
** 作者单位：福建省漳州市中级人民法院。
*** 作者单位：福建省漳州市芗城区人民法院。
〔1〕 参见李林：《完善推进法治社会建设机制》，载《中国法学》2024年第5期。
〔2〕 参见袁红丽、宋丽红、董亚楠：《未成年人社区矫正实践与制度研究》，载《中国法治》2024年第7期。

2024年"邯郸三名初中生杀人埋尸案"等一系列未成年人恶性犯罪事件的发生，[1]以及涉网络犯罪问题突出。[2] 据最高人民法院公布的统计数据，2021年至2023年，人民法院共审结未成年人犯罪案件73,178件，判处未成年人罪犯98,426人，占同期全部刑事罪犯的2%~2.5%，近三年，未成年人违法犯罪数量总体呈上升趋势。[3] 且随着轻罪时代的到来，未成年犯缓刑适用之扩张更加仰赖社区矫正的规范与执行。人民法院肩负维护未成年被害人合法权益以及预防、矫治未成年人犯罪的双重职责，强调审判既要成为对失足未成年人惩戒处罚的公堂，又应作为挽救教育的课堂。[4] 故需准确定位人民法院在未成年人审判及社区矫正工作中的职能，并从刑事一体化视角检视分析其中存在的困境及缘由，着力探索优化人民法院参与未成年人社区矫正的路径，以延伸司法审判职能促推"六大保护"[5]，让"政法办案一条龙"与"社会支持一条龙"[6]有效衔接与融合发力，这不仅是人民法院在新时代积极履职的重要体现，也是人民法院积极参与国家治理、回应社会关切的必然要求。

一、人民法院参与未成年人社区矫正工作现状及困境之检视

我国设立第一个少年审判法庭以来，已经过40多年的沉淀，少年司法在这其中也取得了一定的成效。而少年司法改革具有矫正机构先行的特点，犯罪矫正机构有未成年犯管教所（原少年犯管教所）、未成年人社区矫正（始于2003年试点），还有严重不良行为矫正机构即专门学校（原工读学校）。其中，未成年人社区矫正从本质上讲是国家纠正、治理未成年人犯罪的重要体系之一，其以"最有利于未成年

---

[1] 参见肖乾利、王高兴、王刚:《社会力量参与未成年人社区矫正路径研究》，载《安徽警官职业学院学报》2024年第3期。

[2] 未成年人实施抢劫、盗窃、暴力伤害犯罪的，有近六成曾长期沉迷网络，未成年人受网络不良信息影响产生犯罪动机的占比较高。

[3] 参见《最高法：对未成年人严重犯罪该惩处的依法惩处》，载人民网，http://yn.people.com.cn/n2/2024/0417/c361322-40812936.html。

[4] 参见《未成年人保护法》。

[5] 未成年人的六大保护，即家庭保护、学校保护、社会保护、网络保护、政府保护、司法保护。参见《未成年人保护法》（2024年4月26日施行）。

[6] "政法办案一条龙"又称"司法一条龙"多称为"办理未成年人刑事案件配套工作体系"，其基本内涵是指办理未成年人案件的公安、检察、法院、司法行政部门在刑事司法程序的全过程中形成相互配套衔接的工作机制。而"社会支持一条龙"（狭义）亦称"社会一条龙""社会帮教一条龙""未成年犯罪社会化帮教预防体系"，其基本含义是指应当整合社会资源，建立少年司法的社会支持体系。

人"这一原则为重要实践面向,关注未成年人的身心健康发展。[1] 未成年人社区矫正需要人民法院广泛参与,从社区矫正制度试点改革(2003年)到《社区矫正法》实施(2020年),法院履职虽积累了一定经验,但也面临一些困境及制约因素,这既有立法配套滞后或缺失、运行程序不规范之制约,也有法院机构、机制建设以及少年司法法治环境问题之所在,这些需要多维度的检视梳理。

(一)未成年犯缓刑、减刑、假释的专门法律规定阙如

我国的少年立法,主要以散见性立法为主,目前针对未成年人的全国性专门立法仅有《未成年人保护法》及《预防未成年人犯罪法》,但该两部法律均属综合性社会福利法范畴。而多数涉及未成年犯的原则性规定均依附于其他法律中,且未见与成年犯区别的相关规定。关于未成年犯的缓刑、减刑、假释规定即属此类情况。对未成年人进行刑事处罚缺失专门法律规定,不符合当前一以贯之的"教育为主,惩罚为辅"之原则。就缓刑制度而言,其在未成年犯中的适用,不仅体现人道主义关怀,且与刑法谦抑性原则契合。[2] 司法实践中,对未成年犯适用缓刑的条件并不宽宥,司法实践中存在缓刑适用率不高及对未成年犯保护不足的现实问题。且已满14周岁未满16周岁的未成年人犯8种应当承担刑事责任罪名适用缓刑的空间极小。至于域外少年司法制度比较上,域外的缓刑种类大致可分为暂缓宣判制和暂缓执行制,[3] 有利于充分保障未成年犯的合法权益。我国相关规定,除了附条件不起诉之外,目前仅针对未成年犯规定了保留犯罪记录的暂缓执行刑罚制度。此种模式下,即使未成年犯被宣告缓刑,其被贴上的犯罪标签在很长一段时间内也很难抹去,未成年犯将面临保护不足、难以重新复归社会正常生活的现实难题。

再者,从减刑、假释制度上看,无论是实质要件,还是程序设计上均未体现有别于成年犯的规定,亦造成未成年犯减刑、假释制度的纸面化。关于未成年人减刑假释的适用规定,体现于《最高人民法院关于办理减刑、假释案件具体应用法律的规

---

[1] 参见彭文华、袁小玉:《我国未成年人社区矫正制度:反思与重构》,载《南京航空航天大学学报(社会科学版)》2024年第1期。
[2] 参见张素敏:《未成年犯缓刑制度司法适用误区与匡正——以H省Z市所辖法院审判实践为分析样本》,载《河南司法警官职业学院学报》2021年第4期。
[3] 参见屈耀伦:《我国缓刑制度的理论与实务》,中国政法大学出版社2012年版,第198页。
暂缓宣判制是指法院对涉嫌犯罪的未成年人定罪量刑后,附条件地暂缓宣告其罪或其刑,若在缓刑考验期内未发生特定事由,便不再宣告对其判处的刑罚;暂缓执行制是指对被判定刑期的少年犯有条件地进行社区矫正,包括保留犯罪记录的暂缓执行缓刑与消除犯罪记录的暂缓执行缓刑两种。

定》第19条之中,[1]相对严苛的界定使未成年犯符合减刑适用大打折扣。在程序设计上,最高司法机关就减刑、假释的办理程序出台司法解释文件,均未就未成年犯的办理作单列规定给予更大适用空间。

（二）未成年人社区矫正调查评估的程序不规范

《社区矫正法》第18条对社区矫正调查评估进行明确规定,[2]该项规定适用于未成年人与成年人。未成年人社区矫正调查评估是指对可能判处社区矫正的未成年人,由社区矫正决定机关调查收集未成年人的社会背景、生活经历等个人信息,并对此进行评估形成报告。[3]该报告是未成年人是否适用社区矫正及进入社区矫正后适用何种矫治方案的依据。然而实践中,存在社区矫正机构调查不规范导致调查报告的意见没有被法院采纳,同时,也存在法院审查严谨、决定采纳与否的问题。特别是在司法资源紧张等多因素的影响下,存在未启动未成年人社区矫正调查评估程序,以法院为主依据刑事案件社会调查报告[4]及未成年人的庭审表现及悔罪态度,来决定未成年人是否适用社区矫正的情况。由于"两个报告"涉及《刑事诉讼法》与《社区矫正法》程序适用以及侦查、检察、审判、社区矫正部门工作衔接的问题,程序不规范、流程脱节会导致适用缓刑不一,显然不利于对未成年犯进行个性化的矫治,也可能使部分未成年人丧失社区矫正的机会。

（三）未成年人审判工作延伸受到制约

未成年人"六大保护"原则以及40多年少年司法经验告诉我们,对于未成年人的审判工作,不仅需对涉罪未成年人的行为进行有别于成年犯的考量与法律评价,更需要关注判后如何对其进行教育与保护的问题。因此,对未成年人的审判工作,除了与其他类型案件相同的常规流程外,在试点地区还围绕教育、保护这一核心问题形成一系列以裁判为支点却不止于裁判的颇富特色的审判延伸工作机制。然而碍于社区矫正作为刑罚执行方式之一在刑事诉讼环节处于末端,且未成年人社区

---

[1]《最高人民法院关于办理减刑、假释案件具体应用法律的规定》（法释[2016]23号）第19条第1款规定:"对在报请减刑前的服刑期间不满十八周岁,且所犯罪行不属于刑法第八十一条第二款规定情形的罪犯……应当视为确有悔改表现。"

[2]《社区矫正法》第18条规定,社区矫正决定机关根据需要,可以委托社区矫正机构或者有关社会组织对被告人或者罪犯的社会危险性和对所居住社区的影响,进行调查评估,提出意见,供决定社区矫正时参考。

[3] 参见刘威、黄婧、朱玥:《未成年人社区矫正调查评估程序正当化建构》,载《河南司法警官职业学院学报》2022年第3期。

[4]《刑事诉讼法》第279条规定,公安机关、人民检察院、人民法院办理未成年人刑事案件,根据情况可以对未成年犯罪嫌疑人、被告人的成长经历、犯罪原因、监护教育等情况进行调查。

矫正规定的依附性、工作的滞后性,虽然《社区矫正法》及《中华人民共和国社区矫正法实施办法》规定了人民法院9项职责,但是,最高人民法院自2018年起在省级以下人民法院推进内设机构改革,近半数未成年人专门审判业务庭也因此司改政策被撤销或以其他形式被合并或替代,未成年人审判工作在组织机构不健全、履职保障不到位的情形之下是很难大有作为的,其审判职能延伸更是大打折扣。而且,与其他类型案件相比,未成年人审判延伸工作很大部分与案件的实质裁判质量无直接关联性,在法院同行看来颇有不务正业的嫌疑。[1] 故在多重因素制约与影响下,未成年人审判工作延伸不顺畅,甚至出现逐渐被淡化、被边缘化的危机。

二、人民法院参与未成年人社区矫正职能定位之厘清

未成年人的健康成长是社会和谐稳定的基石,对于罪错未成年人这一群体来说,需要司法的力量给予特殊引导与保护,以使罪错未成年人有效复归社会。人民法院参与未成年人社区矫正工作是人民法院延伸司法审判职能的方式之一,亦是人民法院做实融入未成年人"六大保护"体系的有力体现。[2] 然而人民法院参与未成年人社区矫正存在诸多制约因素,应当剖析制约因素成因并突破当前困境,秉承少年司法之理念,结合司法审判职责和《社区矫正法》之规定厘清人民法院职能定位。

(一)人民法院参与未成年人社区矫正的制约因素之分析

对于人民法院在参与未成年人社区矫正工作中存在制约因素并出现困境,更多的是从司法机关自身的视角出发,同时结合犯罪治理和社会治理维度加以分析。当前,未成年犯罪虽有极端恶性案件发生,但更多涉及的是普通刑事犯罪,特别是我国进入轻罪时代新阶段,轻罪刑法规制有其内在法治逻辑与时代必然,需要构建相应治理体系,并转变刑事治理理念。[3] 面对大量轻罪未成年犯社区矫正的工作重任,人民法院如何克服困难并发挥司法职能需要深入分析。

1.预防性少年司法理念不明

对未成年犯的相关规定均依附于其他法律规定之中,源于自始至终在立法层

---

[1] 参见姚建龙:《少年法院的学理论证与方案设计》,上海社会科学院出版社2014年版,第121页。

[2] 参见常晖:《履职激励理念下少年审判延伸工作绩效考核"四阶法"——指标·运作·应用·规制》,载《公民与法(审判版)》2024年第7期。

[3] 参见肖乾利、王小丽主编:《社区矫正理论与实务研究》(第5卷),法律出版社2024年版,第3页。

面和司法实践均未确立预防性少年司法理念的核心地位。如表现在立法层面上，《刑法》与《刑事诉讼法》对于未成年人犯罪刑罚目的的表述不统一。《刑法》明确其立法目的是惩罚犯罪，保护人民，虽现行《刑法》对未成年人犯罪与刑罚作出区别性对待，但相关规定仍受制于刑罚惩罚犯罪的目的制约。[1] 而现行《刑事诉讼法》明确规定以"教育、感化、挽救"的方针对待未成年人犯罪。可见，对于未成年犯适用刑罚的立法目的在于预防、教育，而惩罚仅为次要目的。"刑事政策对刑事立法的指导作用不言而喻，两者通过指导与被指导而获得统一。"[2] 当前的刑事政策站在教育、预防、矫治未成年人犯罪的立场，主张对犯罪未成年人予以从宽处理，刑事立法的报应性立场与刑事政策并非始终步调一致，故应建立契合该刑事政策的相对独立的未成年人犯罪刑罚体系。

然而，在司法实践中，出现报应论和教育论两种针锋相对的实务观点。报应论者认为对业已犯罪的未成年人判处、执行刑罚，可通过提高违法成本对不稳定分子给予警戒，从而最大限度地发挥刑罚的一般预防功能。[3] 相关研究数据显示，[4] 报应论者对于刑罚的惩戒和震慑功能期望过高。教育论者则认为刑罚的本质是教育而非惩罚，对未成年犯应当以保护主义处分为主导，以追究警戒设施内刑事制裁为例外。[5] 然而，法秩序统一的缺陷，无论是报应论者还是教育论者各执一词，司法理念不一，宽严相济刑事政策执行不力，由此影响到人民法院对未成年人刑事案件审判，而刑事司法又制约行刑效果，作为刑罚执行措施的社区矫正也在所难免。

2. 社区矫正调查评估缺乏权威性

未成年人社区矫正调查评估程序不规范的主要制约因素，源于法律强制性规定的缺位和法律属性的不明确。首先，法律强制性规定缺位。虽然从《刑法修正（八）》规定"依法实行社区矫正"，到《社区矫正法》要求对社区矫正对象进行审前调查评估，但《社区矫正法》采"可以"而非"应当"之表述，缺乏配套具体解释，难免

---

〔1〕 参见庄乾龙、安文霞：《刑罚目的观视野下的未成年犯矫正》，载《预防青少年犯罪研究》2024年第4期。

〔2〕 孙国祥：《论司法中刑事政策与刑法的关系》，载《法学论坛》2013年第6期。

〔3〕 参见孙国祥：《保护与惩罚：未成年人犯罪刑事政策之选择》，载《江苏行政学院学报》2005年第3期。

〔4〕 研究显示，只有11.6%的人表示惧怕监狱。参见刘娜：《未成年人犯罪刑罚设置的向度选择》，载《青少年犯罪问题》2019年第4期。

〔5〕 参见程玉敏、周荣瑾：《未成年人人文矫正：理念、因由与实践模式——基于对未成年犯管教所的调查访谈》，载《河南司法警官职业学院学报》2023年第4期。

弱化法律规定的强制性、权威性。作为需要接受特殊矫治的群体，对未成年人的社区矫正应当明确强调审前调查评估程序的启动，方能为人民法院适用社区矫正提供参考性依据，并为人民法院后续进行社区矫正提供针对性方案。其次，根据调查评估作出的社区矫正调查评估报告的法律属性未予明确，导致司法实践中调查评估报告在刑事审判程序中的适用存在差异。根据各地出台的地方性司法文件可知，例如山东、湖北等地，将调查评估报告作为法官量刑以及是否适用社区矫正的参考依据，而福建、浙江等地则将报告视为证据之一，需在庭审中宣读并接受质询。[1] 故调查评估报告法律属性不明、评估质量高低不一，导致缓刑适用的差异，一定程度不利于审判中对未成年人合法权益的保护。

3. 司法制度和司法资源自身的局限性

足够的司法资源供给可更好地保障法律执行。然而，法院司法资源自身的局限性成了影响其参与未成年人社区矫正工作良性开展的一个原因。现实中，地方法院受理案件数量居高不下，案多人少矛盾持续加剧，"5＋2""白＋黑"办案模式已成为多数法院的工作常态。法官员额制改革遗留问题没有得到解决，部分业绩考核指标偏离司法实际，导致部分法官认为把好自己办案业绩指标才是关键，社区矫正工作理应由社区矫正机构负责，如过多参与未成年人社区矫正反而"劳而无功"。因此，消极懈怠的情绪在参与社区矫正工作中油然而生，阻碍了人民法院参与未成年人社区矫正的进一步开展。

再者，法院内设机构职责不一以及法院审判职级、职能交叉的问题也影响缓刑犯减刑的办理，不利于未成年人社区矫正。按照案件管辖规定，一般是基层法院刑事审判庭（或少年庭）作出适用缓刑的判决，决定对未成年人进行社区矫正，而在办理减刑、假释等案件时，则是由中级法院审判监督庭负责，社区矫正机构、基层法院、中级法院部门之间缺乏工作衔接。更令人不解的是，"缓刑一般不减刑"司法解释与《中华人民共和国社区矫正法实施办法》规定冲突。[2] 故在司法实践中法院对于缓刑的未成年犯减刑几乎是"零办理"，加之无规范性司法文件指引，社区矫正机构提出缓刑犯减刑建议则陷入"零作为"的尴尬，由此直接影响到未成年人社区矫

---

[1] 参见谭京生、赵德云、宋莹:《北京市法院未成年人刑事案件社会调查报告工作的调研及建议》，载《青少年犯罪问题》2010年第6期。

[2] 《最高人民法院关于办理减刑、假释案件具体应用法律的规定》（法释〔2016〕23号）第18条第1款规定，被判处拘役或者3年以下有期徒刑，并宣告缓刑的罪犯，一般不适用减刑。《中华人民共和国社区矫正法实施办法》（2020年7月1日施行）第5条规定，人民法院依法履行以下职责：……（8）根据社区矫正机构提出的减刑建议作出裁定。

正的实施效果。

（二）人民法院在未成年人社区矫正中的职能定位

在厘清人民法院于社区矫正中的职能定位前，有必要对社区矫正的含义予以明晰界定。因《社区矫正法》文本中并无社区矫正之定义，长期以来，对社区矫正的概念界定就有狭义和广义两种说法。相较于狭义说只将社区矫正局限于社区执行刑罚这一范围，广义说在适用对象、适用时间上更具多样性、周延性，不仅包括已被定罪量刑的罪犯，还包括尚未进行审判程序的犯罪嫌疑人，甚至包括存在犯罪风险但尚未着手实施犯罪的人及刑满释放人员。[1] 从适用时间来看，广义说则涵盖了审判前及审判后的全流程。从犯罪预防和治理的角度出发，将人民法院作为国家审判机关在未成年人社区矫正中的职能定位，在法律框架内置于广义说的语境下来考量，则更能发挥营造良好法治和社会环境的重要作用。

1. 人民法院是未成年人社区矫正的启动者

刑事审判是刑事执行的基础，人民法院依法对罪犯判处管制、宣告缓刑、裁定减刑假释、决定部分暂予监外执行。人民法院依法履行其刑事审判权，决定对未成年犯进行社区矫正，人民法院把握第一道关口。刑事执行是刑事审判具体内容的实现，对符合社区矫正的未成年犯适用非监禁刑罚，并将生效裁判移送执行，以确保未成年犯顺利进入社区矫正流程。因此，人民法院作出的裁判文书是开启社区矫正的入口，故人民法院在社区矫正中扮演启动者、决定者的角色。

2. 人民法院是未成年人社区矫正的参与者

社区矫正工作试点以来，一直由司法行政机关（社区矫正机构）负责该项工作的管理、组织和实施。与司法行政机关的主导者身份不同，人民法院在社区矫正职责分工中先是裁判者而后是以"参与者"介入之。然而，人民法院参与社区矫正工作是其积极融入社会治理、积极履职，发挥其在教育和改造罪犯方面的职能作用的重要体现，对未成年犯的社区矫正更是如此。因此，人民法院参与的广度和深度不应仅限于《中华人民共和国社区矫正法实施办法》第5条规定的前8项职责，而应在第9项"其他依法应当履行的职责"中积极延伸审判职能，通过与公安、检察、社区矫正机构的协调配合，共同促进未成年人社区矫正的长足发展。

3. 人民法院是未成年人社区矫正的撤销者

依照《社区矫正法》及相关法律规定，人民法院对社区矫正对象符合法定情形

---

[1] 参见侯佳、孙敏：《人民法院参与社区矫正之困境及路径选择——以A市B区法院司法实务为研究对象》，载《湖南社会科学》2016年第2期。

应予撤销缓刑、假释或对暂予监外执行对象予以收监,应当作出裁定或决定。此规定亦适用于社区矫正未成年犯,故人民法院在未成年人社区矫正中的又一职责即为撤销者。人民法院行使审判权并非一判了之,其不仅承担决定未成年犯是否适用社区矫正的职责,还需在社区矫正执行过程中对违反法律规定的社区矫正对象作出处理。经社区矫正机构提请并查明属实后,再次行使裁判权,依法作出裁定撤销缓刑、假释,或对具有《刑事诉讼法》规定的应当予以收监情形的社区矫正对象决定予以收监执行。

(三)人民法院参与未成年人社区矫正的法律价值考量

作为法律的价值判断,法律公正性是核心,社会秩序维护功能和社会权益保障功能亦是重要组成部分。社区矫正是社会治理方式和治理体系的一种重要形式,社区矫正在发挥教育和矫治未成年犯,预防该群体再犯可能性方面有着举足轻重的职能作用。人民法院作为社区矫正的决定者,依法判处未成年犯适用非监禁刑最重要的目的亦是教育和预防未成年犯再次犯罪,以维护社会的和谐稳定。因此,人民法院参与未成年人社区矫正的作用和意义是至关重要的。

1. 符合国家亲权理念并彰显司法人文关怀

国家亲权理念的主体是国家,核心是亲权。为社会成员提供安全有保障的社会环境,是国家这一社会管理者、宏观政策制定者不可推卸的责任和义务。[1] 国家亲权理念随着时代的变迁、理念的深化,已不同于最初仅适用于民法领域之内涵,而是推广涉及少年利益的社会、刑法等领域。该理念倡导通过调整未成年人成长环境,矫正其性格缺陷来处理未成年人的犯罪行为。[2] 保护未成年人的健康成长,是国家作为亲权人的根本诉求,而惩罚只是行为人因犯罪被科处得到报应的一种手段。因此,人民法院是执掌国家审判权的机关,人民法院以方法适度、目标聚焦之优势参与到未成年人的社区矫正中,坚持教育为主、惩罚为辅的原则,是宽严相济刑事政策的执行者,彰显国家亲权理念和司法人文关怀。

2. 符合少年司法规律并体现恢复性司法功能

坚持未成年人利益最大化、特别保护以及全面保护3项原则是少年司法制度的核心理念。围绕这3项原则,在未成年人犯罪问题上,需跳出审理成年人犯罪的思维惯性,从心理和生理特征分析、评价未成年人的犯罪行为,以回归关爱下一代的理念去发现和解决问题;在未成年人犯罪预防方面,要立足于使未成年人更好地融

---

[1] 参见朱胜群:《少年事件处理法新论》,台北,三民书局1976年版,第13页。
[2] 参见张鸿巍:《儿童福利法论》,中国民主法制出版社2012年版,第90页。

入社会、修复破损社会关系。[1] 同时，随着少年司法制度对恢复性司法理念的吸收，更加强调在少年审判中应当力促当事人以和解的方式化解深层次矛盾，以达到国家、受害人、被告人三者利益的平衡，以修复受损的社会关系和秩序。在社区矫正广义概念的语境之下，少年司法不仅要做到对未成年人准确定罪量刑以保障未成年人权利义务的行使，也要更加关注未成年犯人格的重塑与未成年犯生活环境之改善。这与少年司法制度的发展规律不谋而合，亦是少年司法与"社会支持一条龙"协调整合的表现。

3. 契合司法职能定位并发挥积极履职作用

习近平总书记指出，社会治理的最好办法，就是将矛盾消解于未然，将风险化解于无形。[2] 要贯彻落实好这一政策要求，人民法院需要立足和延伸审判职能，力争将未成年人犯罪治理防范在先、发现在早、处置在小。因为，除了审判执行与公正效率这一永恒主题外，将审判工作纳入社会管理的大环境中，以凸显司法审判对社会引导、示范、评价及规制功能，也是人民法院积极探索推进社会管理创新的方式之一。[3] 面对未成年人的审判工作，不可"就案办案"，应根据个案情况开展审判延伸工作，不断提升案件办理的法律效果和社会效果。与之相应，近年来最高人民法院回归重视少年司法并出台相关司法文件，[4] 提出要在惩防并举上下更大功夫，以积极履职贯通融合家庭、学校、社会、网络、政府等涉未成年人保护与犯罪防治工作。

三、人民法院参与未成年人社区矫正工作之制度完善路径

在"少年司法"淹没于"刑事司法"，缺失独立"少年司法"体系的中国语境之下，我们需要谨慎思考并找寻实现对涉罪未成年人保护和社会防卫的平衡点，以及

---

[1] 参见上海市长宁区人民法院课题组：《少年司法的探索和展望——以上海市长宁区人民法院少年法庭40年发展为样本》，载《青少年犯罪问题》2024年第4期。

[2] 《一站解纷争：贡献司法为民的中国智慧》，载中国法院网，https://www.chinacourt.org/article/detail/2021/02/id/5817186.shtml。

[3] 参见姚建龙：《中国少年司法的历史、现状与未来》，载《法律适用》2017年第19期。"政法办案一条龙"又称"司法一条龙"，多称为"办理未成年人刑事案件配套工作体系"，其基本内涵是指办理未成年人案件的公安、检察、法院、司法行政部门在刑事司法程序的全过程中形成相互配套衔接的工作机制。而"社会支持一条龙"（狭义）亦称"社会一条龙""社会帮教一条龙""未成年人犯罪社会化帮教预防体系"，其基本含义是指应当整合社会资源，建立少年司法的社会支持体系。

[4] 参见《最高人民法院关于加强新时代未成年人审判工作的意见》（法发〔2020〕45号）、《最高人民法院关于全面加强未成年人司法保护及犯罪防治工作的意见》（法发〔2024〕7号）。

如何让涉罪未成年人重返社会等问题。[1] 加强新时代人民法院未成年人审判工作,要坚持"教育、感化、挽救"方针和"教育为主、惩罚为辅"原则。秉承刑事一体化思维,在刑法运作一体化上做到刑事法律活动的各个阶段及其效果互相作用、互相协调,从而形成一个有机统一、动态平衡的系统。[2] 审判机关从裁判定罪量刑到参与未成年人社区矫正恰是走刑事一体化路径,也是少年司法与社会治理的"政法办案一条龙""社会支持一条龙"体系贯通的体现。

(一)健全与未成年人社区矫正有序衔接的法律制度

建立针对未成年人特殊的司法设施和程序设计,以摆脱像对待成年犯罪人那样的惩罚范式,实现对未成年人的教育、保护和更生的目标。[3] 以此为目标设立的少年司法体系体现的最重要的一点在于,在以独立的少年司法制度为核心的引领之下,构建行刑社会化之社区矫正工作的协同机制,以及权益保障和教育优先理念的矫正性少年法体系。

1.强化预防性少年司法理念的核心地位

基于以上对于涉及未成年人缓刑、减刑、假释等原则性规定之问题分析,可知我国当前对未成年人犯罪治理体系是一种基于未成年人犯罪只是一种特殊犯罪类型的理论预设而错误地沿袭传统刑法的报应主义思想和犯罪治理模式。[4] 为匡正此思想及模式,需要强化预防性少年司法理念在少年法体系中的核心地位。该司法理念的核心要义主要体现于以个别化原则为基础、以风险纾解为中心、以刑事裁判为补充。[5] 所谓个别化原则为基础,就是无论是以治安、行政还是刑事手段制裁犯罪未成年人,均应当综合考虑犯罪未成年人年龄、心理、生活状态、犯罪动机等因素,以设计合适的罪错矫治方案;所谓以风险纾解为中心,即为了从源头上减少未成年人的犯罪诱因,应当强调通过社会、学校、家庭齐发力帮助未成年人在社会环境中树立正确的人生观、价值观;所谓以刑事裁判为补充,即强调刑事手段非必要不启动,一旦启动亦需要充分考虑最大限度降低给犯罪未成年人带来的消极后果。

---

[1] 参见肖乾利、王高兴、王刚:《社会力量参与未成年人社区矫正路径研究》,载《安徽警官职业学院学报》2024年第3期。
[2] 参见储槐植:《刑事一体化论要》,北京大学出版社2007年版,第151页。
[3] 参见丁相顺:《当代少年司法制度的发展与改革》,载《人民论坛》2020年第14期。
[4] 参见张婷:《德国未成年人犯罪预防的社会法路径及其借鉴》,载《中国刑事法杂志》2024年第4期。
[5] 参见王雪梅:《权利冲突视域下儿童最大利益原则的理解与适用》,载《政法论坛》2022年第6期;刘艳红:《网络时代社会治理的消极刑法观之提倡》,载《清华法学》2022年第2期。

与之相应,社区矫正这种非监禁刑罚执行措施更应将预防性少年司法理念融入其中。

2. 完善未成年人缓刑适用制度

相对而言,未成年犯的缓刑适用率低,源于对未成年犯适用无区别于成年犯的缓刑条件。然而,依法对犯罪未成年人适用缓刑,具有节约司法资源、杜绝"监狱亚文化"影响、契合缓刑立法目的等价值优势。立足我国本土实际,设置专门适用于未成年人的缓刑条款,是应然之举。刑罚轻缓化走向是一种趋势,可以在理论上探索,对于部分罪名被判处5年有期徒刑以下刑罚的未成年人可以宣告缓刑。当前我国仅适用保留犯罪记录的暂缓执行刑罚制度模式,未来,可以在对缓刑考察条件的限制性规定进行完善的同时,考虑引入附条件不保留犯罪记录的暂缓执行模式,即在缓刑考验期的未成年人,悔罪态度良好、积极配合改造的,在适用缓刑的同时,可消除未成年犯的犯罪前科记录。如此,既有利于他们更积极地配合改造、复归社会,也更符合社会公众的心理预期。

3. 改进未成年人减刑假释工作机制

完善未成年人的减刑假释工作机制,是在贯彻宽严相济刑事政策的大背景下,提高未成年犯改造质量的方式之一。建立常态化的未成年人减刑假释工作机制,避免减刑、假释制度的纸面化,亦需从放宽实质要件、完善程序设计方面入手。在实质要件方面,鉴于未成年犯大多是初犯、偶犯、胁从犯的实际,首先,提请最高人民法院废止《最高人民法院关于办理减刑、假释案件具体应用法律的规定》(以下简称《减刑假释规定》)中"缓刑一般不减刑"之条款。其次,对未成年犯符合减刑的认定条件加以修改,即对《减刑假释规定》中"确有悔改表现"的认定予以放宽,对"可以适当放宽"的表述修订为"应当适当放宽"。再次,对减刑的起始时间也应当作相应的调整,将《减刑假释规定》中针对减刑起始时间晦涩、抽象的表述由更加明确的分段递进式表述予以替代。[1] 如此,将有助于统一减刑的裁判尺度,有序扩大未成年犯的假释适用范围,无疑能在一定程度上降低司法成本。最后,针对《刑法》第81条第2款设置的假释的禁止性规定,可以探讨适当放宽适用涉未成年犯,以顺应现行世界通用的少年司法准则的精神——《联合国少年司法最低限度标准规则》第28

---

〔1〕 参见杨木高:《完善未成年犯减刑假释制度的思考》,载《犯罪与改造研究》2020年第12期。有学者建议,将减刑的起始时间修改为:不满5年有期徒刑的,执行10个月后应当减刑;5年以上10年以下有期徒刑的,执行1年以后,应当减刑;10年以上有期徒刑的,执行1年6个月后应当减刑;判处无期徒刑的,实际执行满2年的,应该减刑。

条之规定。[1] 此外,在运作层面与效率上,建立健全"一案一报"和"限时呈报"的减刑、假释之办理机制,以有效维护未成年犯的合法权益,提高未成年犯教育改造的积极性。

(二)规范未成年人社区矫正调查评估程序

社区矫正机构按照程序作出调查评估报告,可直接反映未成年犯是否有人身危险性及再犯可能性,以及宣告缓刑对所居住社区是否有重大不良影响。全面客观的评估意见有利于人民法院依法精准量刑,并提高未成年人社区矫正效果。因此,针对审前调查评估程序及评估意见质量的存在问题,应当予以规范、完善,并加强与未成年人刑事案件社会调查的衔接。

1. 未成年人社区矫正调查评估的前置

《社区矫正法》并未对未成年人这一特殊群体在社区矫正调查评估方面作有别于成年人的具体规定,而是统一以"可以委托……进行调查评估"规定之。司法实践中,对每个社区矫正对象均进行调查评估也有实操之难处。然而,考虑到对未成年人确有必要进行特殊保护,且矫治方式也应有别于成年人,除了轻微犯罪判处拘役适用缓刑之外,应作出"应当进行调查评估"的强制性规定,以契合国家亲权理论和儿童利益最大化原则的精神指引。

2. 调查评估报告法律功能属性的明确

调查评估报告的法律属性,直接决定调查评估报告在庭审中所处的角色和适用的司法证据规则。在立法未明确规定调查评估报告法律属性的情况下,理论界存在"非证据说""证据解释说""评估意见说"3种观点。笔者赞同第三种观点,调查评估报告是根据询问、走访熟悉未成年人的社会群众后,将未成年人的个人情况、家庭背景、犯罪后表现等情况进行总结评估的报告,调查人员作出的评估意见,带有对未成年人是否适用社区矫正的预测而非确定的事实,故应定性为评估意见而非证据。因此,案件进入审理程序后,应针对调查评估报告在庭审中实质性审查,即对该调查评估报告与涉罪未成年人的关联性、合法性进行实体审查,对调查评估过程进行程序审查,并在庭审中引导控辩双方针对评估报告进行质证。

---

[1] 《联合国少年司法最低限度标准规则》(1985年)第28条规定,有关当局应尽最大可能并尽早采用从监禁机关假释的办法。有关当局应当对从监禁机关假释的少年给予帮助和监督,社区应予充分的支持。

3. 未成年人刑事案件社会调查与社区矫正调查评估之衔接

在刑事诉讼中,适用《社区矫正法》的社区矫正调查评估与适用《刑事诉讼法》针对未成年人的刑事案件社会调查,虽二者的调查内容各有侧重,但本质上具有一致性,故二者在一定程度上存在竞合。按照刑事诉讼特别程序规定,公检法机关均可成为未成年人社会调查的启动主体,亦可委托有关组织和机构进行,而社区矫正调查评估明确由社区矫正机构或相关组织负责。未成年人的社会调查与社区矫正调查评估均具有较强的专业性,且涉及面较广,故需要具备心理学、法学、社会学等综合知识的专业人员参与其中。鉴于二者的竞合性,笔者认为,法院可将刑事案件社会调查报告送交社区矫正机构征询意见,包括是否进行社区矫正的补充意见。此举不仅可节约资源,提高效率,而且有利于调查内容的一致性、延续性,在确保调查报告质量的同时,也最大限度地保障未成年人的合法权益。

(三)优化人民法院参与未成年人社区矫正的工作机制

以未成年人司法权为核心,具备司法性质特征的相对完备机制,是少年司法行稳致远的重要保障,故人民法院应克服内部机制自身短板,最大化发挥机构职能,需把握未成年人社区矫正工作的特殊性,从机构、人员、管理三方面进行内部机制的优化,并开展符合少年司法规律的改革试点。

1. 健全少年审判机构(团队)的设置

1984年上海市长宁区人民法院成立少年法庭以来,在2018年之前的很长一段时间里,各地法院曾如火如荼地效仿并建立专门的少年审判法庭,但是,随着内设机构改革的雷声响起,许多法院尤其是基层法院将专门少年审判机构予以撤销或合并。适时正本清源,2020年12月24日实施的《最高人民法院关于加强新时代未成年人审判工作的意见》中,重新强调"未成年人审判工作只能加强、不能削弱",就人民法院可根据工作需要在机构数量限额内设立专门办理未成年人案件的审判模式作出规定。据此,司法实践中存在4种少年审判机构的组织形式,即少年刑事案件合议庭、少年刑事案件审判庭、少年综合案件审判庭(少年家事审判庭)、少年案件指定管辖庭。[1] 然而,历经多次变动使"热爱少年法庭工作的大有人在,安心少年法庭工作的人却寥寥无几"。因此,有必要将少年审判机构(团队)以更加统一的形式予以固定、推广,通过稳定的建制重拾各级人民法院对少年审判工作的重视,以期在社区矫正中更好地发挥少年审判专业化职能的作用。

---

[1] 参见陈超:《日韩少年法及其中国借鉴》,载《中国人权评论》2013年第2期。

2. 少年司法能力提升与部门协同形成合力

在专门的少年审判机构（团队）建设后，注入强有力的审判力量，也是人民法院重视参与社区矫正工作的重要体现。常言术业有专攻，未成年人社区矫正的特殊性，决定了其需要吸纳具有心理学、社会工作学等专业知识的人员加入审判团队中。对内应提升少年审判团队综合能力，对外强调政法机关的司法协同，同时，还需加强"社会支持一条龙"体系建设，从中国共产主义青年团、中华全国妇女联合会、中国关心下一代工作委员会、工会、学校等组织的工作人员中选任具备青少年教育学、心理学知识的人员作为人民陪审员，参与未成年人犯罪的案件审理及后续的延伸工作，以建立和培养专业化、职业化、精英化的少年审判队伍为抓手，提升人民法院参与未成年人社区矫正工作的积极性。以上举措，恰好与2024年11月中国共产主义青年团中央牵头最高人民法院、最高人民检察院、司法部联合出台的《关于加强新时代预防青少年违法犯罪工作的意见》同频共振，相辅相成。

3. 规范法院内部机制与在法律框架内试点改革

首先，健全法院内部科学管理制度，在少年庭业绩评价上不能仅以办案数量进行考核，应将社会调查、心理疏导、法庭教育、延伸帮教、法治宣传等纳入绩效考核范围，[1]让法官专注于少年司法工作。其次，在破解未成年人社区矫正方面存在的判前和判后负责机构不同而导致的流程无序、处理方式混乱的局面，可在人民法院内部试点设立社区矫正小组，归口管理判后工作衔接，办理减刑、假释、暂予监外执行案件及回访帮教等工作的协调沟通，要求有精通少年审判的法官参与其中。最后，可以在法律授权范围内试点改革，鉴于原审基层法院对被告人适用缓刑情况熟悉且与属地社区矫正机构交流联系方便，可以将未成年人的办理缓刑之减刑的相关工作授权基层法院先行审查后再提交中级人民法院集约办理作出裁定。待条件成熟时，再通过修改法律规定，明确统一由基层法院办理。

结　语

在推进国家治理体系和治理能力现代化的语境下，人民法院要发挥"公堂"与"课堂"的作用，对未成年人权益要坚持双向保护，既要依法保障未成年被告人合法权益，又要依法保护未成年被害人权益。在惩防并举上下功夫，积极参与未成年人社区矫正工作，是积极履职并做实未成年人司法保护和犯罪防治的重要体现。特

---

〔1〕 参见《最高人民法院关于加强新时代未成年人审判工作的意见》（法发〔2020〕45号）。

别是力克当前诸多制约因素,应始终秉承少年司法"教育为主、惩罚为辅"的理念,以案件办理促推社会治理现代化,坚持在法治化、制度化建设轨道上推进,充分发挥少年司法及社区矫正工作的职能作用,助力平安中国、法治中国建设。

社区矫正中人际信任关系的建构*

连春亮**

摘　要：社区矫正工作者和社区矫正对象之间建立良好的人际信任关系，是做好社区矫正工作的前提和基础。目前，在社区矫正的人际关系中，存在人际信任危机、社会角色冲突，主观动机偏差和法律规定障碍等问题。人际信任关系的影响因素包括认知评价、心理状态、互动行为、个性特征、行为规则、能力、可信赖性、经济利益、社会认同和自我实现等，社区矫正工作者和社区矫正对象在人际交往中都有一个内部心理参照标准和期望预期。因此，要充分认知社区矫正中人际信任关系的本质属性，以社区矫正工作者和社区矫正对象的心理动机和心理需要为动因，建构相对稳定的、良性的人际信任关系。

关键词：社区矫正；社区矫正工作者；社区矫正对象；人际信任关系

在社区矫正工作中，建立良好的、友善的、真诚合作的人际信任关系，是做好社区矫正工作的前提和基础。从社区矫正参与主体的外部形式看，由于社区矫正参与主体具有多元化特征，因此，社区矫正中的人际关系也呈现多种类型和多个层面。但是，从社区矫正实际工作内容看，最基础的和最为重要的是社区矫正工作者和社区矫正对象的人际信任关系。因为二者的关系既是刑事法律关系，也是管理和被管理的关系，既是教育和被教育的关系，也是帮扶和被帮扶的关系。不同性质、不同价值取向的关系形态和关系属性，决定了建立社区矫正中人际信任关系的复杂性。

---

* 国家社会科学基金项目：全国哲学社会科学办公室2021年度一般项目"自由刑执行衔接机制研究"（批准号：21BFX010）中期成果。

** 作者单位：河南司法警官职业学院。

一、社区矫正中人际信任关系存在的问题

社区矫正中,社区矫正工作者是刑事法律的执行者、社区矫正秩序的管理者和维护者、社区矫正对象的教育帮扶者,扮演多重身份和角色;社区矫正对象则是法律惩罚的对象、被教育帮扶的对象和社区矫正工作者监督管理的对象,因此,法律意义上,社区矫正工作者和社区矫正对象是相互对立又相互联结的矛盾体,因而要建立彼此之间的人际信任关系存在很多障碍和问题。

(一)人际信任危机

社区矫正工作中的人际信任危机,是指在社区矫正工作中,社区矫正法律法规、制度规范和行为准则不能得到切实遵守,社区矫正工作者和社区矫正对象之间、社会公众和社区矫正对象之间等彼此缺乏最基本的诚实、信任、真诚,以及合作行为的诚意和期待,因而导致人际关系紧张、冷漠和失信的现象。从社会公众层面来看,由于犯罪行为对于社会安全和秩序的危害,以及对社区矫正对象"罪犯"身份的恐惧、排斥和歧视,因而产生对社区矫正对象的不信任心理。对于社区矫正工作者而言,基于社区矫正对象的过往犯罪历史、不诚信的行为和社区矫正中的不良行为,因而推导出社区矫正对象未来行为的不可信性,怀疑社区矫正对象的行为动机。对于社区矫正对象来说,其过往的犯罪行为已经失去了让人们信任的基础,在社会排斥和歧视的环境条件下,会产生抗拒心理,因而不相信社会公众和社区矫正工作者的"助人"善意和诚意,面对犯罪受到刑罚惩罚的人生挫折和社区矫正的现实环境,在心理上会产生"瀑布效应",致使自己对社会、对前途、对人生等出现心态失衡。在社区矫正中,社区矫正对象身份的变化,使之产生心理压力,在行为方式上,感到悲观失望、焦虑不安、无所适从;在思想观念上,出现价值错位、精神颓废、理想迷失、信仰动摇,世界观、人生观、价值观发生改变,对社区矫正工作者的监督管理和教育帮扶行为常常会猜疑、担心、紧张和多虑。

(二)社会角色冲突

在社会生活中,每一个人都要按照社会规范的要求扮演一定的社会角色,"角色承担者按其特定的地位和所处的情景,遵循角色期待所表现出来的一系列角色行为"[1]。在社区矫正中,不论是社区矫正工作者,还是社区矫正对象,都要扮演适格的社会角色。但是,在建构社区矫正人际信任关系的过程中,由于角色扮演的

---

[1] 朱智贤主编:《心理学大词典》,北京师范大学出版社1989年版,第348页。

冲突会成为人际信任关系的障碍。"当一个角色扮演者同时处于两个或更多不同的地位,并要进行相互矛盾的角色扮演时而引起的角色与角色之间的矛盾冲突现象。"[1]社区矫正工作者的角色冲突主要表现在:作为刑事执行者要按照法律法规的规定和制度规范的要求对社区矫正对象实施监督管理,又要扮演教育者的角色,对社区矫正对象进行矫正教育,同时又要以工作人员的身份协调政府和社会资源,对社区矫正对象实施适应性帮扶活动。社区矫正对象的角色冲突则更为明显,主要表现在:一是作为家庭成员的角色,要承担起作为妻子或丈夫的责任,作为儿子或女儿要承担起对父母的责任,作为父母要承担起对子女的家庭责任。二是作为因违法犯罪受到法律惩罚的"罪犯",必须接受法律的惩罚,并为此承受社会公众的歧视和排斥。三是作为社区矫正对象必须接受监督管理和矫正教育。多重角色在同一时段需要及时地切换和转变,否则会产生角色冲突,即"个体所承担的各种角色同时指向个体提出各种要求,或个体所承担的某一角色内部所规定的各种行为规范之间不相容,从而使个体感受到时间或精力分配上的矛盾状况"[2],这势必会引起社区矫正对象角色适应紧张和角色扮演混同,并导致角色行为失序。

(三) 主观动机偏差

动机是"能引起、维持一个人的活动,并将该活动导向某一目标,以满足某一个体需要的念头、愿望、理想等"[3]。动机支配外在行为,激发兴趣和热情,可以激励人的积极行为。在社区矫正的人际交往中,社区矫正工作者和社区矫正对象之间能否建立起良好的信任关系,关键是看彼此之间的交往动机,尤其是社区矫正对象的交往动机,如果社区矫正对象是基于接近、归属、合作、互惠、认可、友善、诚信、悔过、进步等交往动机,则易于建立良善的人际信任关系。在社区矫正实际工作中,交往动机偏差是人际信任关系存在的主要问题之一。首先,社区矫正工作者对《社区矫正法》的立法精神理解不透,对社区矫正的核心工作任务把握不准,认为社区矫正工作就是对社区矫正对象严格管理活动,社区矫正对象既然是"罪犯",就应该把刑罚惩罚置于核心地位,因而出现了工作动机偏差,直接阻碍了与社区矫正对象的有效沟通和友善交往。其次,社区矫正对象的认知偏差。大多社区矫正对象对于社区矫正机构和社区矫正工作者的交往动机产生怀疑和猜忌,对社区矫正工作者友善的交往行为,社区矫正对象由于法定的身份和社区矫正的环境,易产生动机

---

[1] 朱智贤主编:《心理学大词典》,北京师范大学出版社1989年版,第349页。
[2] 朱智贤主编:《心理学大词典》,北京师范大学出版社1989年版,第349页。
[3] 朱智贤主编:《心理学大词典》,北京师范大学出版社1989年版,第119页。

归因偏差,认为社区矫正工作者是不怀好意、动机不纯、另有所图,对社区矫正工作者的善意沟通和帮扶行为产生拒斥、敌意、阻抗心理。应该说,在社区矫正工作者和社区矫正对象的交往初期,即入矫阶段,社区矫正对象由于对社区矫正的不了解、不信任,对社区矫正工作者建立良好人际信任关系的动机普遍存在猜忌心理。在猜忌心理支配下,社区矫正对象对社区矫正工作者的信任状态常常处在观望期,并且观望期越长,对社区矫正对象教育帮扶的负面效果越大。

(四)法律规定障碍

法律障碍是社区矫正中建立人际信任关系的独特之处。法律障碍的前提是社区矫正对象是正在接受法律惩罚的对象,是法律意义上的"罪犯",而社区矫正工作者的社区矫正行为是履行法定的职责。一般来说,在建立人际信任关系的过程中,彼此交往的双方信息沟通和情感交流的内容涉及两个方面,一是基于工作内容的信息沟通和情感交流;二是私人之间的信息沟通和情感交流。通过彼此交往的不断了解和加深,从而建立深厚的感情,增加彼此的信任。但是,在社区矫正的人际交往中,无论是工作关系,还是私人之间的交往,都必须保持一定的边界,不能超越法律法规的规定。从工作关系来看,社区矫正工作者对社区矫正对象的信息核查、监督管理、考核奖惩、提请撤销假释、撤销缓刑、暂予监外执行的收监执行、提请逮捕、教育帮扶等活动,是《社区矫正法》规定的执法行为,是社区矫正工作者必须履行的职责,因此,决不能在这些活动中以个人情感为主导,为社区矫正对象的违法违纪行为开绿灯、行方便,甚至违反法律的规定乱作为。从私人交往关系来看,不管社区矫正工作者和社区矫正对象私人关系如何融洽、感情如何好,都是建立在社区矫正工作关系基础上的,都必须遵守社区矫正工作的规章制度和行为准则,不能逾越规章制度的红线,特别是不能以建立信任关系为由,彼此之间有经济上和其他利益上的往来。比如社区矫正工作者和社区矫正对象合作进行商业活动、社区矫正工作者收受社区矫正对象礼品和金钱、社区矫正工作者委托社区矫正对象办私事等。

二、社区矫正中人际信任机制的要素分析

人际信任关系既是一个不断变化的动态结构,又是一个相对稳定的静态结构。在社区矫正人际信任机制的架构中,不同的学者从不同的研究视角,建构出不同的人际信任机制模型,研究了不同机制中包括的要素。在本文中,结合社区矫正人际信任的特性,选择4种机制所包含的要素进行分析。

（一）人际信任的心理结构机制的要素分析

人际信任的"心理结构包括认知评价、心理状态、互动行为、个性特征、行为规则和人员共六个方面"[1]。人际信任"具有明显的利益期待和责任分享"。社区矫正中人际信任关系的建立,社区矫正工作者和社区矫正对象彼此的认知评价是前提,在交往沟通过程中,双方都要对对方进行调查了解,以便评估对方是否可信任、是否可靠,在人际交往中的风险因素有哪些等。特别是社区矫正工作者对社区矫正对象的认知评价直接影响监督管理的级别、矫正方案的制定和人际交往的方式。心理状态是人际交往的内在动力,社区矫正工作者和社区矫正对象彼此之间如果对自己的社区矫正交往行为感到安全,对对方放心,受到了对方的尊重,就会从内心支持这一行为。社区矫正工作者和社区矫正对象能否建立人际信任关系的关键,在于双方的互动行为。作为社区矫正工作者必须依照制度规范和社区矫正对象实时互动,而社区矫正对象能否和社区矫正工作者积极互动,取决于诸多因素,在社区矫正交往中,社区矫正对象从内心接受社区矫正工作者,愿意把自己的喜怒哀乐向社区矫正工作者倾诉,而社区矫正工作者又耐心地予以倾听,充分理解社区矫正对象对人生挫折的感受,了解社区矫正对象所面临的问题,愿意和社区矫正对象共同合作,帮助社区矫正对象克服困难,走出困境,期望社区矫正对象在社区矫正中努力接受教育,服从监督管理和教育帮扶。这样,社区矫正工作者和社区矫正对象之间就能建立起相互依赖的信任关系。在个性特征要素中,主要与双方的特定的个性特征密切相关,"诚实、真诚、责任、忠诚、宽容、善良是产生信任的最重要个性特征"[2]。对于社区矫正工作者而言,在社区矫正中有强烈的责任感和使命感,对社区矫正工作乐观向上,关心社区矫正对象的成长和进步,包容社区矫正对象的缺点,以宽容心真诚对待社区矫正对象,都是增进社区矫正对象信任感的积极要素。行为规则对社区矫正工作者和社区矫正对象的交往行为具有规制作用,一般说来,诚实守信、言行一致、信守承诺,是建立良好人际信任关系的重要因素。至于社区矫正中人际信任的人员要素是法定的,主要是社区矫正工作者和社区矫正对象。

（二）"ABCD信任模型"机制的要素分析

"ABCD信任模型"是一个帮助人们建立人际信任的模型,由美国管理大师肯·布兰佳(Ken Blanchard)提出。这一模型指出建立人际信任需要4个条件,即

---

[1] 韩振华、阳柳青:《信任的心理结构》,载《心理学探新》2013年第1期。
[2] 韩振华、阳柳青:《信任的心理结构》,载《心理学探新》2013年第1期。

有能力、可信赖、善沟通、靠得住。[1] 这种机制在社区矫正的应用中,更多的是对社区矫正工作者的要求。要提升社区矫正工作者和社区矫正对象的人际信任水平,社区矫正工作者应做到:一是社区矫正工作者必须具有丰富的经验、解决实际问题的能力等,这是获得社区矫正对象信任的基础。二是社区矫正工作者要养成值得社区矫正对象信赖的人格品质,为人要正派,严格保守不应向外透露的秘密,真诚地对待社区矫正对象,尊重社区矫正对象的人格。三是善于沟通和协调,善于解决社区矫正对象的思想困惑、心理问题,善于聆听社区矫正对象思想烦恼,对社区矫正对象的不幸事件具有同情心,能够带领社区矫正对象克服挫折,走出困境。四是能够成为社区矫正对象可依托的朋友。可靠性是建立人际信任关系的重要原则。社区矫正工作者工作中能够坚持原则,说到做到,信守承诺,敢于对社区矫正对象负责,对自己的言行负责。

(三)"三重驱动"人际信任机制要素分析

我国研究者张含宇"结合经济、社会和心理等因素构建了三重驱动的人际信任机制模型:有限理性与经济利益驱动下的信任、社会认同驱动下的信任以及自我实现驱动下的信任"[2]。其中,经济利益、社会认同和自我实现等因素的相互配合、相互影响,共同构成了人际信任关系的庞大体系。经济利益要素是"按照传统经济学的假设,个人是具有经济理性的,他追求自我利益的最大化"[3]。当社区矫正中的交往行为能够给社区矫正对象带来充分的经济利益时,就会变为与社区矫正工作者交往的驱动力量,增加社会交往的吸引力。社会认同要素是社区矫正对象融入社会或融入社区矫正整体的关键要素,社区矫正对象只有被社区矫正工作者和其他社区矫正参与主体所接受和认可,才能实现社区矫正的基本目标。所以,社区矫正对象社会归属感越强,越渴望得到社区矫正工作者的认同,就会调整思维模式和行为方式,以获得社会的认可。对于社区矫正工作者,价值追求是从事社区矫正工作的本质属性。从本性上讲都有自我实现的需求,实现自我价值的愿望越强烈,就越会强化自我道德的完善,就越能实现人际信任和维持人际信任关系。"三重驱动"人际信任机制认为,这3种驱动都不能独自长期支撑人际信任关系,而是需要3种要素相辅相成、相互作用和相互影响,任何一种要素的缺失,都会破坏人际信任

---

[1] 参见孙巧真:《基于"ABCD信任模型"的高校辅导员人际信任水平提升策略》,载《太原城市职业技术学院学报》2020年第2期。

[2] 张含宇:《三重驱动的人际信任机制》,载《西安交通大学学报(社会科学版)》2006年第3期。

[3] 张含宇:《三重驱动的人际信任机制》,载《西安交通大学学报(社会科学版)》2006年第3期。

的格局。

(四)期望匹配的人际信任机制要素分析

韩振华博士将期望分为过程期望和结果期望,指出"在双方互动之初,人们就根据自己的需要和目的形成一种结果期望,并伴随产生实现这种结果的过程期望。人们在不断地将他人的行为与自己的期望匹配比较的过程中引起信任感,期望匹配可能是人际信任产生的内部机制"[1],并提出了人际信任的"期望匹配"模型。在"期望匹配"机制中,提出了"内部心理参照""过程期望""结果期望"3个重要的概念。认为人际信任关系在建构过程中有一个内部心理参照标准,符合标准则易于建立信任关系;否则,难以建立信任关系。过程期望则是在人际交往过程中遵守法律法规、制度规范、行为规则的预期。结果期望则是对人际交往的目的是否达到的预先评估。在社区矫正的人际信任关系建构中,社区矫正工作者和社区矫正对象对社区矫正工作和交往的对方都有一个是否信任对方的"内部心理参照标准",对方适格,则获得信任;否则,就会处于观望或不信任的状态。同样的道理,在社区矫正工作中,彼此双方都希望按照规定办事,如果过程期望与结果期望二者能够匹配一致,社区矫正工作者和社区矫正对象就会增强彼此的人际信任关系,反之亦然。

三、社区矫正中人际信任关系的建构路径

在社区矫正的具体工作中,人际信任关系建构还存在诸多问题和障碍,因此,有必要充分认知社区矫正中人际信任关系的本质属性,以及社区矫正工作者和社区矫正对象在人际信任关系中的重要作用,需要以社区矫正的特定环境为建构人际信任关系的基点,以社区矫正工作者和社区矫正对象的心理动机和心理需要为动因,才能建构起相对稳定的、良性的人际信任关系,为社区矫正工作奠定坚实的基础。

(一)依法规制社区矫正中人际信任关系的边界

社区矫正中的人际信任关系是一种在刑事执行中建立的特定关系形态,在建构过程中受制于法律法规的规定,因而会产生法律障碍,具有法律规定的边界性特征。区分人际信任关系的边界,可以把握人际信任关系实质,更好地指导建立适格的人际信任关系。社区矫正人际信任的边界限定,可从以下几个方面加以区分。

---

[1] 韩振华:《人际信任的影响因素及其机制研究》,南开大学2010年博士学位论文,第112~113页。

第一,法律的理性信任和情义的感性信任。在社区矫正的语境中,法律的理性信任主要是指社区矫正工作者对社区矫正对象的信任关系是建立在法律法规、制度规范的规定之上的,是以双方的法律关系、法律运行规则为基础的。社区矫正工作者对社区矫正对象认知、判断和角色期望,都是以法律的规定为出发点的,社区矫正对象的"罪犯"身份是建立信任关系的核心。情义的感性信任是指社区矫正工作者和社区矫正对象在经过一定时间的接触和交往后,在彼此相互了解基础上,基于情感、友情、信用、亲情、依赖、善良、信誉、服从、承诺等的认知,并由此产生情感联结,从而建立起来的人际信任关系。法律的理性信任和情义的感性信任的最大区别在于人际信任关系的出发点是不同的,前者是"法律规定",具有边界性特质;后者是"情感投资",具有互惠特质。

第二,工具性信任和认知性信任。工具性信任,又称功利性信任,是指社区矫正工作者和社区矫正对象建立人际信任关系是基于法律规定的行为规则和扮演的社会角色的需要,从合作和协调的人际信任关系中可以获得期望的利益。在这里,人际信任关系只是交往双方实现利益最大化的工具。认知性信任是社区矫正工作者和社区矫正对象在充分了解的基础上,通过对双方过去的表现和可靠性的评估,以一定的理由而选择予以信任。在这里,"一定的理由"是人际信任决策的依据,双方在人格、能力、经历、职业、处境、观念、兴趣、信仰等方面的相似性,都可以成为认知信任的理由。因此,认知性信任是以"理性计算"和"相互交换"为出发点的。在工具性信任和认知性信任中,虽然都有"相互交换"的特质,但是,"相互交换"的形式是不同的,前者只是利用的"工具",后者则是建立在"一定的理由"和"理性计算"基础上的。

第三,人格性信任和制度性信任。人格性信任是指在社区矫正工作者和社区矫正对象的长期交往中,社区矫正对象通过对社区矫正工作者的人品、道德、学识、能力等的认可、崇敬和赏识,所形成的具有情感皈依、尊重感和信任感的人际信任关系。很明显,人格性信任是传统人际信任关系的内核,突出"关系本位",重视人格特征,强调对社区矫正工作者人格的道德考量,建立信任关系的基础是以自我为核心,以情感联系为纽带,以已掌握的信息为前提,具有人格化、个体化和特殊化的色彩。制度性信任是指社区矫正工作者和社区矫正对象人际信任关系的建立,是以法律法规、社区矫正规章制度、行为准则等为限制和约束的认同与期待的一种信任形态。很明显,制度性信任是社区矫正中人际信任关系的根本,是以权利为本位的,是在对共同遵守的法律原则、制度规范、行为准则等理性评判基础上形成的,体现的是平等的契约精神,是社区矫正人际信任关系构建的基本准则。人格性信任是传统的人际信任关系,属于熟人信任和品格信任,而制度性信任则是规则信任和契约信任,二者是性质不同的人际信任关系形态。

(二)尊重社区矫正对象人格,保障其合法权益

《社区矫正法》第4条第2款规定:"社区矫正工作应当依法进行,尊重和保障人权。社区矫正对象依法享有的人身权利、财产权利和其他权利不受侵犯,在就业、就学和享受社会保障等方面不受歧视。"尊重不仅是建立良好人际信任关系的先决条件,而且也是法定的要求。对于社区矫正对象而言,由于犯罪受到法律的惩罚,不仅是自己的法定身份发生了变化,而且受到了社会公众的否定性评价,内心渴望得到别人的尊重,惧怕自己的合法权益受到损害。在这样的情况下,社区矫正工作者对社区矫正对象人格的尊重,并依法保障其合法权益,会使社区矫正对象发自内心地感动,感到格外的亲切。因此,社区矫正工作者对社区矫正对象的人文关怀,追求社区矫正的公正、人权、平等、秩序等价值,在社区矫正中弘扬人文精神、人文思想和人文素养,将社区矫正对象置于社区矫正的主体地位,尊重其人格和尊严,才能使社区矫正对象产生归属感、亲切感、尊重感和信任感,才会赢得社区矫正对象的尊重,从内心服从监督管理和教育帮扶,自觉遵守社区矫正的规章制度和行为准则,在行为上和社区矫正工作者保持一致,从而建立起良好的人际信任关系。

(三)遵循价值中立原则,尊重和悦纳社区矫正对象的价值选择

价值中立原则,也叫价值无涉原则,是指在社区矫正过程中,对社区矫正对象的观察分析、矫正教育、心理矫治、社会帮扶、人际交往等活动中,社区矫正工作者应排除自己的主观好恶,不将自己的价值观念和价值选择作为衡量社区矫正对象的标准或者对社区矫正对象的心理行为随意作道德标定。价值无涉原则要求社区矫正工作者站在价值中立的立场上,冷静地不带任何有偏见的、情感的观点,客观地对待社区矫正对象对社会无害的价值观念和价值选择,理性地应对和建构与社区矫正对象的人际交往关系。

之所以强调价值中立原则,是因为社区矫正工作者在社区矫正的人际交往中,在如何看待社区矫正对象,如何看待社区矫正对象的犯罪现象,以及社区矫正对象行为方式偏离社会主流文化的问题上容易"价值涉入"。所谓"价值涉入"是指社区矫正过程中,社区矫正工作者把自己的价值观和道德倾向直接带入人际交往活动中,从而使社区矫正工作者戴上"有色眼镜"去看待社区矫正对象,给社区矫正对象贴上"坏人"的标签;将社区矫正对象的犯罪和偏离社会主流文化的行为方式视为

一种非文化现象,只讲犯罪与文化的异质对立,不讲犯罪与文明的同质关系。[1] 在社区矫正的人际信任关系建构中,因为社区矫正对象先赋性地被法律规定了身份,与社区矫正工作者交往具有抵触心理。社区矫正工作者的价值中立意味着宽容和包容,意味着理解和悦纳,意味着彼此之间的人格平等,意味着对社区矫正对象行为方式的积极期待,能够使社区矫正对象摒弃抵触情绪,拉近社区矫正工作者和社区矫正对象的心理距离,积极地和社区矫正工作者进行沟通和互动,对社区矫正工作者产生依赖感,增加信任感。

(四) 坚守"助人自助"的工作目标,恢复和发展社区矫正对象的社会适应功能

社区矫正工作以"教育帮扶"为核心内容,所遵循的就是坚守"助人自助"的工作目标。"助人"是帮助社区矫正对象和关心社区矫正对象的活动,既包括对社区矫正对象物质帮助的过程,也包括文化知识教育、政治思想教育、心理矫治、职业技能教育等帮助的过程。通过对社区矫正对象进行帮助,增强他们的自主性和独立性,达到社区矫正对象的自我成长和自我发展,最为关键的是社区矫正工作者要站在社区矫正对象的角度考虑社区矫正对象的生存和发展问题,要以人为本,体现人文关怀的精神,保障社区矫正对象的合法权益,充分挖掘和发挥社区矫正对象自身的潜能,尊重社区矫正对象的价值观念、兴趣、信仰、个性特点等,要给予社区矫正对象心灵和精神的支持,不仅"授人以鱼",而且"授人以渔",激活社区矫正对象领悟力、创造性和自决能力。"自助"是指社区矫正对象通过社区矫正多元参与主体的帮助,最终实现自强自立和自助自主。由此可知,"助人自助"是社区矫正工作者对社区矫正对象心灵的关照和唤醒,体现的是对社区矫正对象的真诚和悦纳,使社区矫正工作者和社区矫正对象在"助人自助"环境中,创造出和谐、健康的人际交流氛围,使社区矫正对象的精神境界和"心智品质"得以升华,人格得以健全、发展和完善,获得友谊、尊重和信赖。社区矫正工作者通过帮助社区矫正对象走出刑罚惩罚的心理阴影,恢复社会生活的自信心,在回归社会后,能够顺利融入社会、适应社会。

---

[1] 参见张峰、连春亮:《行刑与罪犯矫治社会化研究》,群众出版社2007年版,第42~43页。

公安机关社区矫正工作既往经验与未来发展

陈金荣*　陈　利**

摘　要：《社区矫正法》是社区矫正工作的里程碑,该法明确规定了公安机关的工作范围以及法律责任,理顺了司法机关各司其职的理念。通过回溯公安机关社区矫正的历史沿革,总结既往社区警务对社区矫正的经验,明确公安机关在社区矫正工作中的职责,比较公安机关与司法机关的社区矫正工作,分析《社区矫正法》实施后公安机关存在的主要问题,提出加强组织领导,完善社区矫正工作协作共助机制;暂予监外执行,细化看守所留所社区矫正的流程;全程融入矫正,参与社区矫正工作协作每个环境;搭建协作平台,构建社区矫正工作协作警务制度等解决问题路径的思考。

关键词：社区矫正;公安机关;工作方法

2020年7月1日施行的《社区矫正法》是完善刑罚执行、推进国家治理体系和治理能力现代化的一项重要制度,对社区矫正中的公安机关的工作范围以及法律责任等作了明确规定,社区矫正工作在执法规范化、教育专业化、监管智慧化上持续发力,维护了社会和谐稳定大局,公安机关伴随始终,其中也浸沁着基层民警的心血。公安部门要履行法律赋予的职能,与司法行政机关密切配合,做好矫正对象的监督管理。

---

*　作者单位:河南省新郑市人民检察院。
**　作者单位:江西省南昌市人民警察学校。

一、公安机关社区矫正的历史沿革

（一）理顺公安机关执行刑罚的关系

众所周知，自中华人民共和国成立后，法治建设有一个从无到有逐渐完备的过程，公安机关一直是主要的刑事执行机关，执行限制和剥夺人身自由的刑罚。对社区矫正对象的管制、缓刑、假释、剥夺政治权利和监外执行在1979年、1997年的《刑法》和1979年、1996年的《刑事诉讼法》、1995年的《人民警察法》中都规定由公安机关执行。虽然在实践中，这种执行体制对于教育矫正罪犯、维护社会稳定也发挥过积极作用，但对于公安机关是否应当作为这5种罪犯监督管理的执行主体，或者说对于公安机关是否应当承担刑事执行职能一直存在较大争议。[1]"墙内"的死缓、无期徒刑和有期徒刑由司法行政机关负责执行，"墙外"的管制、缓刑、假释和监外执行等由公安机关负责执行，不利于执刑关系捋顺，不利于统一管理、教育、改造和调查研究制定法规等工作。[2] 1983年6月30日，根据公安部、司法部《关于贯彻执行中央将劳改、劳教工作移交给司法行政部门管理的若干规定》，劳改、劳教工作全部移交给司法行政部门管理，由此公安机关不再负责监禁刑的执行。尤其是在20世纪90年代，随着刑事执行一体化理论的兴起，此争议更加强烈。因为，刑事执行一体化的主要内容就是要求将由人民法院和公安机关行使的刑事执行权统一交由司法行政机关行使。

我国社区矫正工作从2003年开始，历经试点、扩大试点、全面试行、全面推进、依法实行等阶段，从无到有从小到大，社区矫正工作发展快速，效果明显。2012年1月10日，最高人民法院、最高人民检察院、公安部、司法部联合印发《社区矫正实施办法》，于2012年3月1日正式实施，标志司法行政机关正式全面接管社区矫正人员的监管教育，社区矫正移交司法机关，对公安机关的刑事执行权和职责范围在实质上是较大程度的松绑，且理顺了司法机关各司其职的理念。

2020年7月1日起施行的《社区矫正法》和《中华人民共和国社区矫正法实施办法》进一步推进和规范社区矫正工作：明确规定了各司法机关在社区矫正工作中的职能，细化了法院、检察院、公安机关、监狱管理机关、社区矫正机构的职责分工，构建了科学高效的社区矫正执法体系。

---

[1] 参见刘东根：《公安机关与社区矫正——兼论社区矫正执行机构的构建》，载《中国人民公安大学学报（社会科学版）》2006年第3期。

[2] 参见郑可悌：《刑事法律执行体制改革初探》，载《东方论坛（青岛大学学报）》1998年第1期。

(二)既往社区警务对社区矫正的经验

社区警务是当今世界各国警务改革的基本方向,体现了重在防范、重在治本的预防控制犯罪战略和警民合作维护治安的思想。新中国成立之初,辽宁省四平市铁东区东盛派出所就开始传承为辖区群众挑水的扁担精神;20世纪60年代诸暨枫桥产生"小事不出村,大事不出镇,矛盾不上交"的枫桥经验,毛泽东同志为此指示"要各地效仿,经过试点,推广去做"。其中,5年内99.15%刑满释放人员通过社区帮扶矫正,顺利回归社会;至20世纪八九十年代,以江西省南昌市筷子巷派出所邱娥国同志为代表的社区民警走街串巷,服务社区百姓,其中就包含对社区矫正人员的关爱。虽然社区矫正在不同的历史时期其名称、表现形式各有差异,但是社区矫正的底层逻辑是:社区矫正工作是维护社区稳定、治安稳定的重要抓手,是派出所工作的重要考核指标;社区民警的后面有一个强大的派出所和公安机关,是以面的方式来帮扶社区矫正人员个体以及家庭,维护社会稳定,司法所目前更多的是社区矫正工作人员点对点的对社区矫正对象个体进行服务。在20世纪90年代之前,我国基层警务实践中就蕴含丰富的社区警务思想,2000年中央决定在全国城市推行社区改革,2002年公安部、民政部联合发布《关于加强社区警务建设的意见》,要求各地公安、民政部门要密切配合,根据城市社区建设的进程统筹社区警务工作。根据社区警务的要求,社区要建立社区警务室,实行一社区一警制或者一社区两警制、一社区多警制。在社区居委会中,由派出所推荐一名社区民警,通过居民群众选举进入社区居委会领导班子,以利于社区治安综合治理工作的组织和协调。社区警察与社区的融合达到一个新的高度,社区矫正成为社区警务战略中在组成部分。

公安机关在社会管理中发挥极为重要的作用。社区矫正场所的开放性使公安机关的社会管理与社区矫正管理活动产生众多交叉关系。从维护社会治安角度看,在相应公安机关辖区内的矫正对象应是公安机关的重点监控对象,且当矫正对象违反有关社会管理规定时,公安机关有权对矫正对象实施行政处罚。矫正对象的户籍、档案等重要身份证明事项都与当地的公安机关有着紧密的联系。司法行政机关在管理社区矫正过程中与公安机关发生联系是必然的,特别是司法所与派出所之间的关系更为紧密。公安机关掌握大量的社会管理资源,在针对社区矫正对象的管理活动中,如果出现社区矫正对象的脱管或漏管甚至出现违法犯罪时,可以充分利用公安机关的优势资源,以协助司法机关。

既往的工作中,派出所社区民警作为社区矫正的执法主体,必然行使相应的监督管理权。监督管理是社区矫正的工作任务之一,是指社区矫正机构及其工作人员依照法律、法规及其他相关规范,运用科学的手段和方法,对社区矫正人员的行为、状态等进行监视、督促和安排组织等一系列活动的总和,是保证社区矫正人员依法履行服刑义务,防范社区矫正人员重新违法犯罪的重要手段。[1] 公安机关对社区矫正工作有一整套翔实具体可行的操作规范。全国各地公安局根据开展社区矫正工作的要求,明确公安派出所在社区矫正工作中的职责,规定派出所配合社区矫正工作的方法。如2003年4月7日上海市公安局治安总队根据市委政法委开展社区矫正试点工作的要求,拟订印发《公安派出所配合社区矫正工作规定(试行)》,该文件规定,公安派出所应建立与街道社区矫正工作小组的联系制度。确定一名民警为社区矫正工作联络员,定期向社区矫正工作小组了解矫正对象情况,协助管段民警做好有关法律文书的制作和转递工作。公安派出所在社区矫正工作中负责矫正对象执行开始(期满)的宣布、迁居的审核、减刑及撤销法律手续的办理等,包括以下方面。

1. 执行开始的宣布。矫正对象放回社区后,公安派出所应于放回当日,向矫正对象宣布《监督管理通知书》,明确矫正对象在被监外执行期间必须遵守的有关规定,并告知由社区矫正工作小组负责日常监管教育。宣布时应通知社区矫正工作小组人员、矫正对象家属、居住地居委干部或居民代表到场。

2. 执行期满的宣布。矫正对象执行期满前,公安派出所应根据社区矫正工作小组提供的书面鉴定意见,报分县局审核并分别签发《解除管制证明书》《恢复政治权利证明书》《缓刑期满证明书》《假释期满证明书》。被暂予监外执行对象刑期届满的,公安派出所应通知原服刑的监狱、看守所按期办理释放手续。

矫正对象执行期满之日,公安派出所应当向矫正对象本人宣布,并发给《解除管制证明书》《恢复政治权利证明书》《缓刑期满证明书》《假释期满证明书》。宣布时应通知社区矫正工作小组人员、矫正对象家属、居住地居委干部或居民代表到场。

3. 迁居的审核。矫正对象需要迁居的,公安派出所应了解迁居理由和迁居地址,进行审核后报分县局审批。经分县局批准后,原执行地公安派出所应及时通知社区矫正工作小组和迁入地公安派出所,转递有关法律材料复印件;对象户籍同时迁出的,有关档案材料应于1个月内转递。迁入地公安派出所负责继续对迁居矫正

---

[1] 参见高贞主编:《社区矫正执行体系研究》,法律出版社2017年版,第3页。

对象的执行,同时应及时通知社区矫正工作小组,落实日常社区矫正工作。

4. 减刑。矫正对象(暂予监外执行对象除外)在执行期间符合减刑条件的,公安派出所应当根据社区矫正工作小组出具的有关材料做好初审,报经公安分县局审核同意,提出减刑建议,书面报请市中级人民法院审核裁定。对被裁定减刑的矫正对象,公安分县局应通报原判决人民法院和原服刑的监狱、看守所。

5. 收监。矫正对象在执行期间违反有关监督管理规定的,公安派出所应当根据社区矫正工作小组出具的有关材料进行初审,报经公安分县局审核同意后,制作《提请撤销缓刑建议书》或《提请撤销假释建议书》,向原判决或裁定人民法院提请撤销缓刑或假释。

矫正对象放回后,公安派出所应建立监管罪犯档案,并将对象基本信息登记在治安信息系统派出所应用平台。矫正执行期满后,管段民警应及时将对象转为重点人口第四类予以列管。矫正对象在矫正期间发现有违法犯罪嫌疑的,公安派出所管段民警应根据嫌疑性质,及时予以查证控制。

由此可见,以上海市公安局治安总队为代表的公安机关,对社区矫正工作有一整套翔实具体可行的操作规范。

(三) 比较公安机关与司法机关的社区矫正工作

比较公安机关与司法机关的社区矫正工作细节,可以品出端倪。过去,公安机关由于任务过于繁重,没有足够的警力和注意力投入社区矫正执行工作中,对社区矫正配合往往兼顾不及,实际上流于形式,教育和管理工作很难得以真正地施行,执行效果无法令人满意。主观上,由于是"兼管"所以社区矫正执行在名目繁多的公安工作中一直被认为是不属于公安机关的主业的"兼管"工作,确实是"力不从心",一定程度上存在轻视的态度,无法为社区矫正提供更多的力量保障。

1. 从机构设置上分析,长期以来公安系统没有建立专门负责社区矫正执行的机构和有效的工作机制,社区矫正是公安机关设在公安部治安局下属的,基层基础工作指导处负责的各基层公安局派出所,各地基本上都是由基层派出所社区民警"兼管"执行工作,普遍存在执行人员不固定、岗位责任不明确、对罪犯监督、矫正制度不规范等问题;司法部则构建了由社区矫正司负责监督检查社区矫正法律法规和政策的执行工作;指导、监督对社区矫正对象的刑罚执行、管理教育和帮扶工作;指导社会力量和志愿者参与社区矫正工作到各省、市、县完备的司法社区矫正体系。

2. 与公安机关没有固定场所,一直将社区矫正分散在各基层派出所相比,司法机关的社区矫正场所建设，根据所承担任务的侧重点不同，不同时期的名称各异，早期的有：首家着重集中教育和过渡性住宿安置、技能培训社区服刑、刑满释放人员基地"北京朝阳区阳光中途之家"，有种植园功能区的"北京大兴区阳光中途之家"，江苏省偏重教育矫正帮扶的各县（市、区）的"社区矫正管理教育服务中心"，浙江省、江西省偏重监督管理的"社区矫正监管指挥中心"等。之后，在司法部的推动下，各省市、自治区如火如荼地进行社区矫正中心的场所建设，设施完备、人员充足、信息化程度高，正在走规范化、专业化的提档升级之路。[1]

3. 就教育体系而言，以中央司法警官学院设置矫正系及专业为骨干，全国各省司法警官职业技术学院大多设有相关专业，而从包括中国人民公安大学在内的全国各公安院校复建至今，基本没有开设过社区矫正专业及相关课程。与公安机关几乎没有高级别的社区矫正培训不同，司法机关时常举办各种各类不同层级的社区矫正培训，如 2019 年 9 月举办全国社区矫正教育管理培训班，司法部副部长出席并讲话，社区矫正管理局局长做开班动员并授课。

二、《社区矫正法》实施后公安机关存在的主要问题

公安机关将社区矫正工作依法移交司法机关后，确实减轻了派出所基层民警的工作压力，同时也出现了一些公安机关矫枉过正的负面问题。

1. 对社区矫正工作的重要性认识不足。一是公安机关及其职能部门组织学习宣传《社区矫正法》和《中华人民共和国社区矫正法实施办法》不广泛、不深入，以至于有的民警尚不了解《社区矫正法》和《中华人民共和国社区矫正法实施办法》的内容，社区群众更不知晓社区矫正工作实质，导致社区矫正工作社会认知度不高；二是有的村民和社区居民对社区矫正的认识还很不够，对矫正概念、内容、意义知之很少，对将社区矫正对象放在社区进行教育改造有抵触情绪，甚至比较排斥，在入户走访调查、收集证据时难以得到群众的认同和有关部门的配合。

2016 年 10 月 24 日，福建省龙海市人民检察院指控公安局石码派出所港口社区警务室副主任郭某强，对工作严重不负责任，违反公安机关办理刑事案件程序规定及社区矫正相关制度，即思想认识不足引发的玩忽职守。按照《公安机关办理刑事案件程序规定》[2]的规定进行侦查活动时应当核查犯罪嫌疑人前科信息；《福建

---

〔1〕 参见郭健：《关于加强县（区）社区矫正中心建设的调研思考》，载《犯罪与改造研究》2017 年第 4 期。

〔2〕 参见 2012 年 12 月 13 日发布的《公安机关办理刑事案件程序规定》。

省社区矫正实施细则(试行)》[1]第9条规定,公安机关应及时依法对违反治安管理规定和重新犯罪的社区矫正对象作出处理;《〈福建省社区矫正实施细则(试行)〉补充规定》[2]第35条规定,侦查机关发现社区矫正对象涉嫌违法犯罪的,应在立案之日起的3个工作日内通知其居住地司法行政机关。郭某强于2015年1月发现林某系该案犯罪嫌疑人及林某有前科记录后,未对林某的前科判决情况进行核实,因而没有发现林某系社区矫正人员在缓刑考验期限内重新犯罪,从而没有按照规定对林某及时采取强制措施,也没有按照规定通知林某居住地的司法行政机关,导致林某在缓刑考验期限内于2015年6月11日又犯故意伤害罪、2015年9月17日又犯强奸罪,致使人民利益遭受重大损失。[3]

2. 协作不够。职能部门之间的配合、衔接工作需进一步加强。司法行政机关是具体组织实施部门,法院、检察院、公安、民政等部门分工负责,密切配合,共同做好社区矫正工作。大量的社会治安和刑事侦查工作已经让公安机关疲惫不堪,部分派出所或警察对于需要进行协助的社区矫正工作会出现消极不作为甚至故意推诿责任的情形,公安机关与司法职能部门间的配合协作、信息互通、共享平台以及工作对接、反馈的长效工作机制未有效落实,公安、司法行政资源未能有效整合和统筹。如在社区矫正对象的监管上,当有些社区矫正对象不服从管理需公安机关配合时,因种种原因而难以落实。

3. 沟通不畅。实际操作中衔接、配合的不够。在现行法律框架下,公、检、法需要结合自己的职责制定开展社区矫正工作实施意见,明确工作目标,细化工作职责,部署工作任务,规范实施,依法履行职能。仍然需要公安机关对社区矫正的通力合作,只有协调好与司法机关的关系,社区矫正才能获得有力的支撑。派出所与司法所之间对矫正对象的有关信息来源的非同时性容易造成工作衔接上的误差。另外,从实际管控的紧密程度看,公安对矫正对象的现实情况了解不如司法所人员,从维护社会治安的角度看,需要司法所的实时情况报告。但在异地矫正对象中又会出现相反情况,基层司法所缺乏顺畅、快速的渠道获知外地矫正对象的情况。

4. 传承不顺。社区矫正法律性、政策性、专业性要求高,由于已移交了社区矫正这项工作,过去公安机关一些好的做法没有能够形成制度固定下来,老民警"传

---

[1] 参见2012年11月15日发布的《福建省社区矫正实施细则(试行)》,已失效。
[2] 参见2014年11月28日发布的《〈福建省社区矫正实施细则(试行)〉补充规定》,已失效。
[3] 参见龙海市人民检察院以龙检诉刑诉[2016]591号起诉书。

帮带"过程中也出现断档的现象,公安机关充分发挥自身特点参与社区矫正,协助社区矫正顺利实施特有优势弱化。

三、公安机关在社区矫正工作中的职责

从《社区矫正法》颁布实施来看,公安机关在社区矫正中地位与职责的规定与《刑法》《刑事诉讼法》《人民警察法》等法律、法规所规定的公安机关对社区矫正对象的监督考察职权相比,一是新增执行逮捕、追捕职能,《社区矫正法》第47、50条规定,"人民法院……决定逮捕的,由公安机关执行""被裁定撤销缓刑、假释和被决定收监执行的社区矫正对象逃跑的,由公安机关追捕……";二是收监执行主体不同,《社区矫正法》第49条规定,人民法院、公安机关对暂予监外执行的社区矫正对象决定收监执行的,由公安机关立即将社区矫正对象送交监狱或者看守所收监执行。第48条规定,由公安机关负责移送。三是新增到场处置,《社区矫正法》第31条规定,社区矫正对象正在实施违反监督管理规定的行为或者违反人民法院禁止令等违法行为,制止无效的,应当立即通知公安机关到场处置。其实公安机关在社区矫正中已调整了职权范围,由监督考察基本演化为纯粹程序性的配合,包括对看守所留所服刑罪犯拟暂予监外执行的也更多的是公安机关内部的程序,不涉及矫正操作。根据《中华人民共和国社区矫正法实施办法》第7条之规定,公安机关依法履行以下职责:

(1)对看守所留所服刑罪犯拟暂予监外执行的,可以委托开展调查评估;

(2)对看守所留所服刑罪犯拟暂予监外执行的,核实并确定社区矫正执行地;对符合暂予监外执行条件的,批准暂予监外执行;对符合收监执行条件的,作出收监执行的决定;

(3)对看守所留所服刑罪犯批准暂予监外执行的,进行教育,及时通知并送达法律文书;依法将社区矫正对象交付执行;

(4)对社区矫正对象予以治安管理处罚;到场处置经社区矫正机构制止无效,正在实施违反监督管理规定或者违反人民法院禁止令等违法行为的社区矫正对象;协助社区矫正机构处置突发事件;

(5)协助社区矫正机构查找失去联系的社区矫正对象;执行人民法院作出的逮捕决定;被裁定撤销缓刑、撤销假释和被决定收监执行的社区矫正对象逃跑的,予以追捕;

(6)对裁定撤销缓刑、撤销假释,或者对人民法院、公安机关决定暂予监外执行

收监的社区矫正对象,送交看守所或者监狱执行;

(7)执行限制社区矫正对象出境的措施;

(8)其他依法应当履行的职责。

各省、市、自治区公安厅局结合各地实际情况,陆续会同省法院、省检察院、省司法厅联合制定出台了《社区矫正工作实施细则》,以立法方式明确公安机关在社区矫正中的职责,强调加强公安机关在社区矫正过程中的积极配合与协作。全国各地社区矫正工作虽然在具体文字表述上有所差异,但基本内容一致,即都规定司法行政部门负责具体组织实施开展社区矫正工作,公安机关负责协助配合司法行政部门依法加强对社区矫正对象的监督考察,对违反监督、考察规定的社区矫正对象,根据具体情况依法采取必要的措施;对重新犯罪的社区矫正对象,及时依法处理。

四、解决问题路径的思考

(一)加强组织领导,完善社区矫正工作协作共助机制

坚持党的绝对领导,实行党委政府统一领导、司法行政机关组织实施、相关部门密切配合、社会力量广泛参与、检察机关法律监督的领导体制和工作机制,这是社区矫正工作的一条基本经验。《社区矫正法》施行以来,为保障社区矫正工作有效开展,成立了社区矫正工作领导小组,形成了党政府统一领导,司法机关牵头组织实施,法院、检察院、公安等部门协调配合,社会各界广泛参与的领导体制和工作机制。"警矫对接"实行以司法局为主、公安机关配合协作,不仅将社区矫正人员纳入公安工作重点管理人员,还将社区民警吸纳为社区矫正小组成员,开展对社区矫正人员的奖惩、走访、追查、收监等工作;建立社区矫正联席会议制度。对社区矫正过程中出现的新问题、新情况及热点、难点等问题,定期由区政法委牵头,组织法院、检察院、公安局、司法局等单位参加"社区矫正联席会议制度",协调解决社区矫正过程中出现的问题,有效提高社区矫正工作质量。

公安机关必须转变"重打击,轻预防"的传统工作思路,实现"打防并举,预防为主"。公安机关应将对管制、缓刑等的监督管理与犯罪预防、治安管理紧密结合起来,以社区警务战略的发展为契机,强化警力下沉、警务前移,适当增加基础警力和社区警察的数量,增强社区警察与社区的联系和对社区的控制,并将社区矫正作为社区警察的工作职责之一。这需要对从事社区矫正的社区警察、辅警和有关群众进行培训,使之具备完成执行工作所必备的素质。同时,也要制定和完善现有的管

制、缓刑等的监督管理法律、法规，对具体的执行措施、方法、程序、考核内容、奖惩条件、法律监督等都作出详细、系统、可操作性强的规定。[1] 所以，必须进一步提高认识，转变观念，充分认识开展社区矫正工作的重要性。在推进社区矫正工作过程中，要统一思想，提高认识，深刻领会此项工作的重要意义。要正确理解社区矫正的性质和目的，认识其法定性、长期性、权威性和严肃性。要准确把握社区矫正的关键环节，坚持以人为本，突出"重在矫正"，把切实提高矫正质量、增进社会稳定作为工作的首要任务。

(二) 暂予监外执行，细化看守所留所社区矫正的流程

《社区矫正法》对看守所留所服刑罪犯拟暂予监外执行的有明确规定，各地公安机关对符合暂予监外执行条件的，批准暂予监外执行；对符合收监执行条件的，作出收监执行的决定。

看守所留所的矫正对象，遇有在看守所无法治愈的重大疾病等，根据保外就医的相关条件，需要暂予监外执行的，公安机关可以委托开展调查评估、进行病情鉴定，评估单位为省级指定医院。

对病情鉴定符合暂予监外执行条件的，看守所召开所务会研究讨论并征求驻所检察机关的意见，结果公示3天，再由看守所所长签字后将材料报监管支队党委，监管支队党委会研究讨论后经支队长签字，材料报地市级公安局分管监管工作的局领导签字，再转由法制支队开具《暂予监外执行通知书》。

对看守所留所服刑罪犯批准暂予监外执行的，进行教育，看守所同时与居住地或户籍所在地司法所沟通，核实并确定社区矫正执行地，及时通知并送达法律文书，将罪犯《暂予监外执行通知书》一份通知书移交司法所，同时抄送一份至司法所所在地派出所，依法将社区矫正对象交付执行。

(三) 全程融入矫正，参与社区矫正工作协作每个环节

贝卡里亚在《论犯罪与刑罚》一书中所言："随着人类心灵在社会状态中的柔化和感觉能力的增长，如果要保持客观与感受之间的稳定关系，就应该降低刑罚的强度"[2]。由于长期受重刑观念的影响，过分依赖监禁刑，忽视非监禁刑，全流程参与，公安机关对社区矫正工作涉及的过程全覆盖。

第一，参与对社区矫正对象入矫和解矫的执行。社区矫正对象的交接标志刑

---

[1] 参见刘东根：《公安机关与社区矫正——兼论社区矫正执行机构的构建》，载《中国人民公安大学学报（社会科学版）》2006年第3期。

[2] [意]贝卡里亚：《论犯罪与刑罚》，黄风译，中国法制出版社2005年版，第54~55页。

罚执行的开始,解矫则是刑罚执行的结束。在矫正对象入矫交接时,协助社区矫正的民警应在现场协助司法所工作人员完成交接手续,及时了解掌握矫正对象的基本情况,会同司法所工作人员对矫正对象进行入矫教育谈话,督促矫正对象完成入矫登记;在矫正对象解矫时,民警应到场参加司法所组织的解矫仪式,提出要求和希望,保障社区矫正刑罚执行地顺利结束。

第二,参与矫正个案地制定、实施和调整。民警长期从事社区工作,有对重点管理人员和社区矫正对象进行个案矫正的成功心得,因此在矫正个案的制定过程中,民警必须参加并要根据了解和掌握的矫正对象的基本情况,提出针对性的矫正意见和具体的矫正措施,供司法所矫正小组集体讨论。矫正个案制定后,民警要监督个案的实施,对矫正效果及时进行评估,对矫正个案中存在的问题及时提出修改和调整意见,以便发挥最好的矫正效果。

第三,协助司法所工作人员开展日常的管理教育工作。民警要根据教育工作计划的安排,充分发挥自己"三课教育"的专长,组织社区矫正对象开展认罪悔罪教育、法律常识教育、公民道德教育和形势政策教育等内容的集体教育活动,有针对性地开展个别教育和心理健康教育活动,协助司法所工作人员组织监督社区矫正对象进行集体性公益劳动等。同时,还要协助司法所工作人员落实对矫正对象监督管理的各项措施,如走访矫正对象的家庭,向矫正监护人布置监管任务等,确保刑罚的有效执行,维护社会稳定。

第四,协助司法所工作人员对社区矫正对象的管理教育情况进行考核,提出奖惩考核建议。民警协助司法所工作人员组织好对矫正对象每月一小结、每季一评比的考核工作,根据矫正对象的实际表现情况,对照奖惩考核办法和计分考核规定的相应条款,提出自己的考核建议,并说明理由。民警的考核建议应作为决定给予矫正对象行政奖惩、建议司法奖惩的重要参考。

第五,公安机关协助对社区矫正对象采取强制措施、对重新犯罪的矫正对象依法处理、抓捕脱逃监控的矫正对象。矫正对象因违反社区矫正管理教育规定受到治安处罚时,民警要协助公安机关对矫正对象依法采取强制措施,保证社区矫正刑罚执行活动的严肃性。

(四)搭建协作平台,构建社区矫正工作协作警务制度

多部门参加,搭建社区矫正警务协作平台,加强公安机关同社区矫正工作的协作配合。例如,派出所在与社区的关系、利用社区资源、影响社区事务等方面具有明显优势:第一,联系群众、依靠群众的群众路线是我国派出所工作的重要原则、工

作方法和优良传统。第二,派出所工作内容中的收集掌握情报信息、人口管理、治安管理、犯罪预防、安全防范、服务群众等都与社区密切相关。第三,派出所有丰富的警务资源。包括企事业单位内部的保卫组织、以治保会为代表的群众自治性治安防范组织、公安机关指导下的各种群众性治安联防组织、以保安服务公司为代表的保安服务业。这些辅助警察力量具备一定的法律知识、专业技能和工作经验,可以成为公安机关完成社区矫正的重要力量。

社区矫正工作不但涉及很多警种,而且涉及治安、出入境、法制等职责。针对目前在社区矫正工作中警务协作配合,结合实际,形成制度化规定。

1. 联席会议和联络人制度。各市、县(区)公安局法制部门、治安部门、出入境管理三部门确定一名联络人联系社区矫正相关工作。每月定时由县级社区矫正中心召集召开联络人会议。市、县(区)两级公安局与司法局每半年要召开一次联席会议。

2. 违法犯罪信息交换制度。定期查询通报社区矫正对象信息,做到行动轨迹动态掌握。各市、县(区)社区矫正机构每季度定时汇总整理本辖区在矫社区矫正对象台账,提交公安机关协助批量查询矫正对象外出、住宿、跨区域动态轨迹等情况,并反馈市、县(区)社区矫正机构,作为市、县(区)社区矫正机构对社区矫正对象的监管依据。

司法局社区矫正中心每周将《社区服刑人员违法犯罪信息查询表》通报给当地各市、县(区)公安局法制部门。由各市、县(区)公安局法制部门进行信息比对,如有发现社区矫正对象被行政拘留、收容教育、强制隔离戒毒、采取刑事强制措施等情况,3天内,公安机关法制部门前将相关情况书面通报给各市、县(区)司法局社区矫正中心。

3. 社区矫正对象限制出境制度。进一步规范社区矫正对象限制出境报备与出入境证件管理。公安机关对通报备案对象所持有因私出入境证件情况应及时通报社区矫正中心,各市、县(区)司法局要求新入矫社区矫正对象将有效出入境原件限期内交由社区矫正中心统一保管,并签订保管协议。对拒不上交或有其他无法上交情形的,社区矫正中心书面提请出入境证件签发机关予以宣布作废,并将出入境证件宣布作废情况告知当事人。从而彻底堵上社区矫正对象持有效证照外逃的漏洞。

及时查找反馈失联社区矫正对象行踪,做到"失联对象及时追查"。社区矫正机构发现矫正对象失去联系,通过联系本人、家属亲友、走访有关单位和人员仍查找不到的，及时通知公安机关协助查找，公安机关应当协助追查，并及时向社区矫正机构反馈查找情况。

4.社区矫正对象收监制度。对故意逃避管理、具有重新犯罪苗头倾向的社矫对象安排专人实施教育矫治，对排查出来的违反监督管理规定的社区矫正对象，按照监管规定和违规情形及时给予相应处罚。同时，动态调整管理对象等级，加强分类重点管理，最大限度降低监管风险隐患。明确社区矫正对象被撤销缓刑、假释和收监执行的由公安机关负责收监执行，社区矫正对象在逃的，由社区矫正机构书面通知公安机关追捕。

5.日常工作警务协作制度。建立完善社区矫正信息共享机制，要求基层公安派出所与司法所应建立日常协作机制，定期进行信息交换和工作协作，做到"违法情况实时共享"，公安机关依法实时通报社区矫正对象矫正期间被治安管理处罚、被采取的强制措施以及违法犯罪记录等情况，共享社区矫正工作动态信息，实现信息共享，业务协同。公安机关与司法行政机关加强日常警务协作，对社区服刑人员矫正对象实施治安管理处罚、教育矫正、查找追查、信息查询、列入重点人口管理等工作进一步予以规范。公安局与司法局联合建立社区矫正协作督查机制，每年联合进行社区矫正警务协作督查。

十年磨砺风雨铸，征尘未洗再出发。当前，国家正在全面推进依法治国战略，《社区矫正法》颁行五年，我们紧紧抓住这一时代契机通过创新理念、分类管理、精准施教、智慧矫正建设，努力探索社区矫正教育管理工作新路子，打造社区矫正工作"公安特色品牌"。求木之长者，必固其根本；欲流之远者，必浚其泉源。让法治的阳光照亮新生之路，让社区矫正工作在推进国家治理体系和治理能力现代化进程中发挥新优势、彰显新作为。

社会治理现代化与社区矫正：机理、问题与路径*

李 悦**

  摘　要：社会治理现代化是中国式现代化的应有之义，社区矫正制度在社会治理现代化中具有非常重要的地位与作用，如何处理好二者之间的逻辑关系，是社区矫正值得研究的问题，其机理主要从人的可塑性、刑法惩治犯罪的功能等分析，但其更深层次的目的在于预防犯罪；坚持源头治理，化解社会风险，提高基层治理能力。社区矫正仍然面临许多现实困境与难题。解决这些难题需从法律体系的完善、社会参与力量、智能社区矫正等方面入手，预防和减少犯罪，积极推进社会治理现代化。

  关键词：社区矫正；社会治理现代化；困境问题；路径方法

  随着我国社会的发展与转型，我国的犯罪结构发生了显著变化，严重暴力案件数量下降，但轻微犯罪案件的占比却大幅度上升[1]。据统计，全国检察机关起诉严重暴力犯罪从1999年的16.2万人下降至2023年的6.1万人，占比从25.1%降至3.6%。在这样的背景下，社区矫正作为一种非监禁刑执行方式，对于社会治理现代化具有极为重要的意义。2024年7月，党的二十届三中全会审议通过了《中共中央关于进一步全面深化改革、推进中国式现代化的决定》。完善社会治理现代化体系，是犯罪治理和社会治理的现实需求，有助于推进中国法治现代化，服务于中国式现代化的总体目标。作为一种帮助矫正犯罪心理和行为的工作机制，社区矫

---

  * 基金项目：四川省高等学校人文社会科学重点研究基地社区矫正研究中心项目"智慧社会语境下社区犯罪行为矫正工作研究"（项目编号：SQJZ202402）阶段性成果。

  ** 作者单位：四川轻化工大学。

  [1]　参见靳高风、张雍锭、赵洪洋：《2023—2024年中国犯罪形势分析与预测》，载《中国人民公安大学学报（社会科学版）》2024年第40期。

正是预防违法犯罪的有力抓手。2003年7月10日由最高人民法院、最高人民检察院、公安部、司法部联合印发的《关于开展社区矫正试点工作的通知》中也明确规定了将符合社区矫正条件的罪犯置于社区内,通过专门的机构来帮助其回归社会。2020年颁布的《中华人民共和国社区矫正法》(以下简称《社区矫正法》)第2条中,明确规定:"对被判管制、宣告缓刑、假释和暂予监外执行的罪犯,依法实行社区矫正。"但在社区矫正过程中,社会治理现代化与社区矫正的机理是什么?采取何种路径与方法来实现?是当前社区矫正过程中必须探究与思考的问题。

事实上,针对社区矫正与社会治理现代化问题,国内许多政府部门及学者进行了一定的研究。目前,全国共计有18个省、自治区、直辖市颁布了社区矫正实施细则[1],个别省份虽然没有出台社区矫正实施细则,但其出台了更加细致的规范性文件[2]。康树华以历史为线索对2003年前的社区矫正进行了综述,重点是对国内外社区矫正的发展脉络及重大理论价值进行研究,社区矫正最早在20世纪三四十年代就欧美等发达国家兴起,主要采用的矫正方法为身体治疗和心理治疗,采取的形式多样[3]。国内在20世纪50年代中期起,建立了少年矫正制度,主要是通过社会帮教制度来完成。在重大理论问题上,提出了四条理论根据,即认为人是可以改造的。教育改造犯罪者,既是改造客观世界的历史需要,也是改造人类社会本身这一伟大事业的组成部分。社会主义人道主义是社区矫正的另一个理论根据。刑法学、犯罪学和刑事执行法学的原理是社区矫正制度的法学理论根据[4]。刘晓梅、颜心茹对社会参与力量与社区矫正修复社会关系问题进行了研究,提出面对不同类型的主体,需采用专业的手段,由专业的人员因人而异展开矫正工作,让矫正对象回归社会,进而修复破裂的社会关系[5]。著名的法学家陈兴良教授提出了宽严相济的刑事政策来治理犯罪的策略,对于犯罪较轻的犯罪人员尽可能采用非监禁化措施,采用社区矫正方式来完成[6]。程应需对社区矫正的概念和性质进行了

---

[1] 18个省份:安徽、北京、福建、甘肃、广东、广西、贵州、江西、河南、湖南、江苏、辽宁、宁夏、山东、山西、陕西、上海和四川。

[2] 如浙江省出台了《社区矫正调查评估办法》,湖北出台了《社区矫正对象分类管理办法》。

[3] 主要有家中监禁制、周末拘禁制、劳动释放制、学习释放制、归假制。其中劳动释放制是指让犯人到监狱外劳动的制度,接受这种处遇的人,白天到监狱外面的劳动场所工作,除了雇主以外无人知道其是犯人,晚上回到监狱。归假制,这是一种给予正在服刑的犯人一定的假期,让其回家度假的制度。

[4] 参见康树华:《社区矫正的历史、现状与重大理论价值》,载《法学杂志》2003年第5期。

[5] 参见刘晓梅、颜心茹:《社会力量参与社区矫正修复社会关系的探析》,载《天津法学》2020年第3期。

[6] 参见陈兴良:《宽严相济刑事政策研究》,载《法学杂志》2006年第2期。

研究,提出了社区矫正的概念,即社区矫正是将罪犯放在社区里进行矫正教育,在社会团队和民间组织以及社会志愿者的协助下,有效地利用社会资源开展对罪犯矫正教育工作的新型矫正方式。程应需认为,社区矫正是对犯罪人的保护管束和保护观察措施,具有限制人身自由的保安处分的性质[1]。王顺安对社区矫正理论进行了研究,基本概念上梳理了社区、矫正、社区矫正的内涵和外延。在性质方面,认为具有变化发展和不确定性。对国外社区矫正的历史脉络及基本理论进行了分析。在理论上,重点论述了刑罚、刑事政策、经济性选择、社会思想基础等内容。李艳报道了昆明西山区社区矫正治理新格局,对该社区在交通违法犯罪采用社区矫正的方法进行了介绍[2]。张鑫对我国轻罪问题进行了研究,认为对轻罪的立法模式及范围应当限定在刑法第四、五、六章,处置政策应当坚持"宽严相济"中的"轻轻"政策,即轻罪轻处、轻罪轻罚[3]。

从上述的研究可以看出,当前社区矫正问题一直是法律界的一个热点问题,当前的许多研究提供了一些理论与方法,但对社会治理现代化与社区矫正背后的机理、方法和路径还需结合犯罪形势的变化、法律制度的规范等,进一步深入挖掘与研究,深化理论研究,且把理念与实践相结合,以便更好地为社区矫正提供理论与实践支撑,为国家安全治理能力现代化提供保障。

一、社会治理现代化与社区矫正之间的运行机理

依据《社区矫正法》相关内容,社区矫正主要是适用于犯罪情节较轻的罪犯[4],且社区矫正的目的是提高教育矫正质量,促进社区矫正对象顺利融入社会,预防和减少犯罪。这说明,社会治理现代化与社区矫正之间是一个完整的社会系统工程,这二者之间是相互联系、相互作用的,需要理解背后的行动规则和原理,才能真正做好社区矫正工作。

(一)人具有可塑性,人是可以改造的

世界上的万事万物都在发展变化,我们需要用发展的眼光来看待周围的人与

---

[1] 参见程应需:《社区矫正的概念及其性质新论》,载《郑州大学学报(哲学社会科学版)》2006年第4期。作者还对当前流行的一些观点进行了分析,提出社区矫正的性质不是刑罚执行活动,不是社会工作。社区矫正的目的是防卫和防止犯罪人在社区上重新犯罪,并提出了保安处分的概念。

[2] 参见李艳:《构建社区矫正治理新格局》,载《云南法制报》2024年8月30日,第8版。

[3] 参见张鑫:《我国轻罪问题研究》,兰州大学2008年博士学位论文,第58~70页。

[4] 参见《社区矫正法》第2条适用范围,对被判处管制的、宣告缓刑的、假释和暂予监外执行的罪犯,依法实行社区矫正。

事。人作为生物体,作为社会关系的总和,其思想和行为在不断的变化,任何人的价值观念和行为方式,都具有时代的特征,且处于矛盾运动之中。人为什么会走上违法犯罪的道路?显然不是天生有,而是在某种意识的影响下或支配下,进而走上犯罪的道路。走上犯罪道路后,人会变好吗?答案显然易见,会变好,也许会更坏。在内外环境的影响下,在某种意识的影响下或支配下。走上犯罪道路后,人可以重塑吗?在主观世界的运动中,人处在环境的变化中,良好环境的导向使人具有成功重塑的可能,不好环境的刺激可能会让犯罪者重新走上犯罪的道路,甚至进行更严重的犯罪。而社区矫正制度,正是为了创造一个良好的改造环境,预防与减少犯罪。

(二)源头治理的矫正方式

社区矫正法主要针对是四种类型的轻型犯罪,这一治理模式从源头上化解了犯罪动机。对于一个正常人来说,触动了法律,构成了轻罪,需要外界条件的冲击,从大量的轻罪案件来看,轻罪发生的根源在于在外部客观条件的刺激下,一时冲动而为。当然,轻罪的本质是具有较轻的社会危害性,应当接受相应惩罚的行为。学者王太奇也认为:"轻微刑事案件取决于犯罪人行为社会危害程度的轻重和人身危险性的大小。其基本特征是行为人的行为已触犯刑律,符合进行刑事评价之要求,但较之严重犯罪,犯罪性质或者情节轻微,处刑较轻可免予刑事处罚。"[1]对于此类型的犯罪,采用社会矫正方式,可以有效地预防其再次犯罪,通过分流罪犯而使很多罪犯不受监狱的负面影响[2],导致再次犯罪或犯重罪,且能够有效地实现从源头上进行管制,减轻监狱拥挤状况,有利合理配置社会资源,降低行刑成本,增进社会和谐,达到标本兼治的目的。

(三)法预防犯罪的基本功能

法是预防犯罪,减少犯罪。社区矫正的法理依据是刑法学、犯罪学和刑事执行法学。社区矫正制度作为执行法律处罚系统,是刑事司法和刑事司法体系的后续工程。一个人触犯了法律,就应当受到相应的处罚,在改造的过程中被剥夺或限制一定程度的自由权,这体现了法律的严肃性和强制性,但我国刑事处罚的根本目的是预防违法犯罪,减少犯罪,把犯罪分子教育好、改造好。当前,刑法立法意义上的预防,并非古典刑法意义上的借助剥夺罪犯的行为能力与再社会化来实现,它要解

---

[1] 王太奇:《论轻微犯罪刑事政策的适用》,郑州大学2004年硕士学位论文,第1~4页。
[2] 监狱学表明:监狱对于监狱中服刑的罪犯的负面影响主要有犯罪传染、名誉损害、标签效应、身心受损。其中标签效应是指在监狱服刑的经历会在罪犯身上打上深刻的"罪犯"的烙印,使他们在内心深处把自己看成一名罪犯,有很大的消极影响。

决的不再仅仅是道德困境,而是社会困境,旨在使刑法成为尽量减少风险的主要预防性工具[1]。因此,采用社区矫正的手段与方法,对社会治理现代化是一个较好的方法,体现了一个国家法治的文明程度。

(四)基层治理现代化的时代要求

目前,我国的传统犯罪结构正面临解体,轻罪案件在犯罪中的占比不断增加[2],社会风险系数升高。在这样的背景下,我国的立法理念向预防性立法理念转变,在司法层面上,办案理念向"宽严相济"革新,为顺应时代及国家治理现代的时代要求,犯罪治理之路也需要变革。风险刑法把公共政策意义上的国家管理植入罪责范畴,强调预防的必要性。在这样的背景下,紧跟时代的步伐,采用新型的治理模式,才能有效化解社会安全风险。

二、社区矫正在社会治理现代化中的困境与难题

自2003年起,我国的社区矫正工作走过了21年,作为一项推进国家治理体系和治理能力现代化的重要制度,取得了许多有益的成果。2020年7月1日颁布实施的《社区矫正法》是规范社区矫正工作的专门法,是中国特色刑事法律制度的重要组成部分,对维护社会稳定、提升国家治理能力和治理水平具有非常重要的地位与作用。但从《社区矫正法》的具体内容来看,该法仍然存在一些遗憾[3],仍然面临着下面的一些困境与难题。

(一)轻罪概念尚未达成共识,社区矫正适用范围受限

关于社区矫正制度,在《社区矫正法》中已明确了适用于四种类型的人员,这四类人员主要是轻罪人员。从犯罪学及《刑法》规定上看,对什么是轻罪这一概念没有进行规定[4]。在界定过程中,何为较轻的社会危害性。学理上也没有达成完全统一的认识,但有很多专家对轻罪的概念从刑法规范角度进行了定义,如李邦友、姚兵认为,"考虑到我国特有的立法定量模式和法律结构,轻罪应当是指法定刑为3年或3年以下有期徒刑的犯罪。"[5]张鑫认为,当前轻罪的概念存在许多争议,对于轻罪概念应该从多个维度进行思考,此概念具有丰富的外延,且轻罪概念是一个动

---

[1] 参见姜涛:《社会风险的刑法调控及其模式改造》,载《中国社会科学》2019年第7期。
[2] 参见龚逸:《犯罪治理理念的嬗变及路径构建》,载《犯罪与改造研究》2024年第8期。
[3] 参见王顺安、李红梅:《纪念〈社区矫正法〉实施一周年暨〈社区矫正法〉历史意义及适用问题研讨会观点综述》,载《中国司法》2021年第9期。
[4] 参见曾军翰:《法治现代化语境下的社会治理现代化》,载《人民论坛》2023年第9期。
[5] 李邦友、姚兵:《刑事和解模式研究》,载《法学杂志》2006年第6期。

态的体系化事物,不是一个单一的概念或制度,轻罪体系应该包含着刑事类、行政类和民事类轻罪体系[1]。轻罪概念的争议,将给社区矫正制度带来一定影响,因为《社区矫正法》与轻罪的概念紧密相关,其界定的范围直接影响着《社区矫正法》的适用范围,导致《社区矫正法》的适用范围相对较窄。

(二)刑罚强制、惩罚性有所削弱,社区安全风险增高

社区矫正方式降低了有关刑罚措施的强制性和惩罚性,减弱了相关刑罚的威慑功能[2]。社区矫正适用于四类轻罪,虽然是轻罪,但同样对社会具有危害性,只是危害性相对较小,并且极少部分人有可能再次犯罪。在社区矫正过程中,矫正对象具有较大的行动自由,在客观上具备从事危害社会活动的可能性,可能增加社区居民的安全风险。当然,任何一部法律都有一个完善与规范的过程,只有在具体的实施过程、国情等条件下,才能凸显出其存在不足,进而进行完善。

(三)配套措施不完善,不利于社会治理现代化的推进

从当前的实际来看,社区矫正的配套措施还不完善,主要表现在以下几个方面:一是没有建立统一的信息管理系统。人工智能、大数据推进了国家治理现代的能力,社会治理现代化及社区矫正的现代化水平,必须建立相应的数据库系统,方能对其有效管理。但从当前的情况来看,战略层面的数据库系统没有建立,无法实现跨区矫正,更无法实现社区与各部门之间的对接,导致无法及时有效的管理轻罪信息及社区矫正对象的信息。

二是缺乏专业团队,无法进行长效监督。社区矫正工作都需要专业知识做背景,需要专业的心理学、法学等知识做基础。从目前社区矫正工作的实际来看,从事社区矫正工作涉及多个部门[3],力量相对分散。且从事社区矫正工作的人员有专职,有兼职,专业团队相对缺乏,这会导致社区矫正计划无法成功实施,许多创新手段无法运行。在监督方面,我国的法律明确规定,实施社区矫正的专门机关是公安机关,但公安机关本身行政、司法职能的繁重,可能导致社区监督工作的监管不足,还没有形成建立完善的监督机制,在一定程度上影响了社区矫正工作的质效。

三是社会力量在社区矫正工作中的参与度与协作效果尚需进一步提升。尽管有社会工作者与社会志愿者的参与,但在实际工作中,他们的专业优势未能得到充分发挥。社会工作者在一些地区面临工作任务繁重、专业培训不足、职业发展空间

---

[1] 参见张鑫:《我国轻罪问题研究》,苏州大学 2018 年博士学位论文,第 39 页。
[2] 参见吴宗宪:《社区矫正导论》(第 2 版),中国人民大学出版社 2020 年版,第 16 页。
[3] 我国的社区矫正人员主要有专业人员和非专业人员。

有限等问题,导致其工作积极性与专业水平受到影响。社会志愿者的组织管理与培训也存在不足,志愿者队伍的稳定性与服务质量参差不齐,难以形成持续有效的社会支持力量。在部门协作方面,虽然有相关规定明确各部门的职责,但在实际工作中,司法行政机关与其他部门之间的信息共享、工作衔接仍存在不畅之处,影响了社区矫正工作的整体协同效果。

三、社区矫正方式融入社会治理现代化路径与方法

我国在社会治理现代化方面已经形成了一系列的现有路径,其中刑事政策的运用发挥着重要的引领作用。宽严相济刑事政策是我国基本的刑事政策之一,在社会治理现代化中体现为"轻轻重重"的理念,即对于轻微犯罪,采取轻缓的处理方式,注重教育、感化和挽救。然而,现有社会治理现代化路径在实践中虽然取得了一定的成效,但也存在一些问题,效果有待进一步提升,有必要对现治理路径进一步完善,加强各治理方式之间的协调配合,形成更加科学、高效的社会治理现代化体系。在提升过程中采用社区矫正方式是一个社会系统工程,必须综合考量多种因素,从多个维度,采取相应的方法与途径进行治理,提高其治理质效。

(一)转变治理理念,从治罪走向治理,发挥社区矫正的治理功能

加强社会治理现代化是推进国家治理体系和治理能力现代化的应然要求,是回应社会现实需求、优化司法资源配置、促进社会和谐稳定的客观需要。随着社会的发展与司法理念的进步,刑罚的局限性逐渐显现,单纯依赖惩罚无法有效解决犯罪背后的社会问题。社区矫正制度是社会治理现代化的重要方式,特别是在轻罪数量持续升高的背景下,积极发挥社区矫正制度的优势,在实施过程中,需由治罪走向治理,发挥社区矫正治理功能,修复犯罪行为对社会、受害者和犯罪者的影响,重建良好的社会关系和运行机制。

(二)构建社会治理现代化法律体系,为社区矫正提供完善法律保障

在具体实施过程中做好顶层设计,当前,我国已经出台了《社区矫正法》,各地也出台了相应的下位法和规范性文件,但相关配套性、兼容性法律目前仍有空白,因此,未来有必要进行相应的论证,为社区矫正工作提供完备法律支撑。

(三)完善社会力量参与制度,为社区矫正提供多元力量支撑

社会力量广泛参与是社区矫正工作的显著特征。我国社会力量参与社区矫正工作取得了明显成效,新形势下,进一步完善社会力量参与社区矫正的法律制度,是完善我国非监禁刑罚执行制度,健全社区矫正制度的客观需要。用法治保障社

会力量的参与权利,用法治完善社会力量的参与程序,用法治提升社会力量的参与热情,为社区矫正法治化进程筑牢坚实基础。

一是社区是兼具公共性、关联性与非正式组织性等多重属性的社会生活共同体,社区矫正植根于社会有机体的最基本单元,社区居委会是社会力量中的基层群众自治性组织。

二是专业社会组织参与。社区矫正工作的成效很大程度上取决于工作人员的专业素质,目前,我国社区矫正工作人员队伍存在法律专业知识有限、相关经验不足等问题,难以满足社区矫正工作的复杂性和专业性要求。为了提升社区矫正工作的质效,一方面,可以加强专业培训,定期组织社区矫正人员进行系统培训,提升社区矫正人员的专业素质。另一方面,通过政府购买服务的方式,由第三方服务机构协助社区矫正机构开展心理辅导、教育帮扶等社区矫正活动。

三是有关部门指导、沟通、协调社会企业、劳务中介机构参与,遴选企业建立过渡性安置基地,为社区矫正对象安置就业提供过渡性就业渠道。

四是志愿者参与。建立以综治专干、社区民警、社区矫正专职工作者和职业技能培训人员为主体的社区矫正志愿者服务队伍,聘请懂法律、教育、心理学知识的专业人员和热心社会教育工作的人员加入志愿者队伍中,充实基层工作力量。

五是社区矫正委员会成员单位参与。协调公、检、法、民政、教育、人社、卫健等部门协同参与社区矫正工作,共同解决社区矫正对象学习、就业、经商、务农、医疗、社会保障等困难问题,共同消除重点人员可能发生的风险隐患。充分发挥各部门的职能优势,全力帮助社区矫正对象顺利融入社会,生活步入正轨。

(四)构建社会治理现代化体系,实现社会治理现代化与社区矫正一体化

完善社会治理现代化体系,实现社会治理现代化与社区矫正一体化,在实施过程中,可以从以下五个方面入手:一是在实体上,依法准确把握轻罪与社区矫正之间的界限,把二者有机融合在一起,把一些轻微犯罪纳入社区矫正之中,完善违法与治理之间的界限。二是在程序上,完善轻罪与社区矫正之间的衔接机制,涉及刑法、刑事诉讼法、社区矫正法等多个法律领域,需要确保这些法律之间的相互衔接与配合,形成有机的整合。三是政策理念上,准确把握宽严相济刑事政策,进一步明确轻罪与社区矫正之间的适用范围、标准和程序。四是在社区矫正治理上,借鉴"枫桥经验",化解矛盾、维护公平正义。五是建立社区矫正现代化信息平台。在构建时,需整合公安、检察、法院、司法行政等部门,将犯罪嫌疑人、被告人以及社区矫正对象的基本信息,纳入其中。同时,还应包含社区矫正过程中的监管信息,如矫

正人员的日常活动轨迹等,以及社会支持信息,实现数据的全面共享与动态管理。通过这一信息平台,各部门及时更新与查询有关信息,精确地掌握其行为及行动轨迹,为后续的起诉、审判和矫正工作提供依据。在此基础上,利用大数据技术、人工智能技术,对平台的海量数据进行挖掘与分析,对重点人员进行实时监测,发出早期预警,为社区矫正和社会治理现代化提供科学决策依据。

结　语

社会治理现代化,社区矫正制度我国社会治理现代的重要组成部分,这二者之间是紧密联系在一起。但从当前的实际来看,我国已经取得一定成效,但在法律法规、实践模式与工作机制等方面仍存在问题。现有治理路径虽有成效,但在政策执行、协调配合等方面存在不足,这二者之间存在许多困境与难题,面对这些困境与难题,我们需要从多个维度来进行设计,从治理理念、法规制度设计、社会力量参与、提升工作人员的专业素养和综合能力、社会治理现代化体系等方面入手,充分利用人工智能、大数据等现代技术,实现精准矫正与智能化管理,全面构建社会治理现代化中社区矫正制度的完备体系,为矫正方案的制定与调整提供科学依据,为国家安全治理现代提供有力支撑。

社区矫正基层实务工作中的突出问题

王志亮*　王东萌**

摘　要:《社区矫正法》实施以来,虽然社区矫正工作得以进一步发展,但是社区矫正基层实务工作也存在一些问题,发展受到制约。社区矫正基层实务工作存在社区矫正对象对社区矫正本质认识错误的问题,社区矫正的调查评估工作存在公检法机关推卸责任、权威性不足的问题,社区矫正的实质制度流于形式、监督管理不规范、教育帮扶走过场,社区矫正基层实务工作繁重与工作人数、业务能力、物质保障严重不平衡的问题。通过对以上问题的分析研究,以期抛砖引玉,为完善社区矫正制度提供借鉴。

关键词:社区矫正;基层实务;突出问题

21世纪初,缓刑犯、假释犯、管制犯、暂予监外执行犯的刑罚执行工作,由公安部门转交司法部门,整合称为社区矫正,历经从定点试行到全国试行再到全面推进的20多年发展,在规范方面从社区矫正政策升华为《社区矫正法》,极大地推进了社区矫正工作的开展,也是我国近年来立法中最大的成就之一,使社区矫正取得诸多成就。基层实务工作怎样呢?笔者于2022年2月至8月在某社区矫正局进行为期半年的调研工作,亲身参与到现场的社区矫正基层实务工作,参与社区矫正对象的个体谈话教育58次,参与调查评估工作32次,访谈社区矫正对象80余人,同法官、检察官座谈4次,对社区矫正基层实务工作进行了较为全面深入的零距离接触。应该以实事求是的态度看待社区矫正基层实务工作,我国开展社区矫正基层实务

---

*　作者单位:广州商学院法学院。
**　作者单位:云南司法警官职业学院。

工作的时间较短,成熟完善短期内绝不可能一蹴而就,现在正处于初创显露问题的逐渐成长过程中,所以必须直视存在的突出问题。

一、社区矫正对象主观认识存在问题

《社区矫正法》刻意回避社区矫正的执行刑罚本质属性,导致社区矫正基层实务工作在一定程度上忽视本身应有的行刑惩罚功能,从而使社区矫正对象主观认识存在问题。

(一)社区矫正对象错误认识社区矫正本质

1. 错误认识社区矫正实践。基于《刑法》的罪刑法定原则、罪责刑相适应原则,犯罪与刑罚之间存在法定的前因后果的因果联系,奠定社区矫正实践存在运行的法定基础。社区矫正实践本来是在社区执行刑罚的实践,从社区矫正对象的角度讲,则是其在社区的服刑实践。一般常态下,社区矫正对象能够认识到自己犯罪行为的危害性,能够珍惜社区矫正的悔改机会,参加社区矫正的主动性较强,态度谦恭。有的社区矫正对象,虽承认社区矫正是行刑惩罚,但仍抱有"忍一时风平浪静"的态度,接受社区矫正,收敛自己的不当行为,以希求能够平安渡过社区矫正过程,融入社会常态生活,这种看法最普遍,且人数最多。但是,实践中社区矫正对象对社区矫正实践也有错误认识,这属于刑法学中的行为人认识错误理论:一则误认自己的犯罪行为是合法行为,二则误认法院裁判的刑罚不是刑罚。

根据刑法学认识错误论来看,社区矫正对象错误认识社区矫正的情形主要有3种,一是误认自己的犯罪行为不是犯罪,二是误认法院裁判的社区矫正不是刑罚,三是误认社区矫正与监狱的区别。相比之下,误认自己的犯罪行为不是犯罪的社区矫正对象为数最少,这种现象极为少见;误认法院裁判的社区矫正不是刑罚的社区矫正对象虽然为数极少,但这种错误认识最突出,无论对判决是否满意,时常伴有不当言行;误认社区矫正与监狱区别的社区矫正对象极个别,即使承认社区矫正是行刑惩罚改造,但没有认清社区矫正区别于监狱行刑的不同,而主动要求收监,因为错误地认为长痛不如短痛或监狱条件更好。社区矫正对象错误认识社区矫正,并不影响社区矫正基层实务工作的进行,应采取针对性的教育改造,纠正其错误认识。

2. 不够尊重社区矫正基层工作人员。相对来讲,社区矫正工作的权威性、强制性,社区矫正基层实务工作人员的尊严,仅次于军队、公安,而等同于监狱人民警察,无论如何都应受到尊重。普遍而言,出于最基本的"人在屋檐下,不得不低头"

的心理作用,社区矫正对象一般会尊重社区矫正基层实务工作人员。但在实践中某些社区矫正对象错误认识社区矫正,不会仅停留在思想意识上,而且会自然延续在对待社区矫正基层工作人员的态度上。尽管这类人较少,也应引起重视,这种现象难以避免,其根源在于人的本性不愿受管束。

有的社区矫正对象,认为交了罚金就没事了,随意戏称社区矫正基层实务工作人员"帅哥、美女、老弟、老妹",全无工作的严肃性可言。更有少数社区矫正对象不认罪、不服管,甚至个别矫正对象找关系"勾兑"领导,以期得到额外的照顾。有的与社区矫正工作人员联络感情,赠送礼品,进行腐蚀拉拢。有的不认罪,又因刑期较短而不想申诉,在社区矫正期间言行上表露出不满,不遵守规定,不按时打卡和报到,大错不犯,小错不断,甚至抵触或挑衅社区矫正基层实务工作人员。

(二)社区矫正对象错误认识自身

1. 社区矫正对象错误认识社区矫正与监狱的区别。现在,社区矫正成为区别于监狱且与之并行不悖的一种行刑模式,因而具有诸多区别于监狱行刑的特质。第一,行刑环境相异,社区矫正是在自由社会之中,监狱行刑是在监狱的封闭环境内。第二,行刑方式相异,社区矫正基层实务以零星散放为工作方式,监狱行刑以集中关押为工作方式。第三,行刑活动运行基础相异,社区矫正采取个体运行基础,监狱行刑采取集体运行基础。第四,工作期间两大群体关联方式相异,社区矫正基层实务工作人员不会始终与社区矫正对象相处,监狱基层警察始终与犯罪服刑人相处。第五,服刑人的活动模式相异,社区矫正对象的个人活动、家庭生活、社会活动有些方面基本不受社区矫正的影响,监狱里的犯罪服刑人的个人工作、家庭生活、社会活动完全受到监狱行刑的制约影响。

2. 社区矫正对象错误认识自身法定身份。正因为社区矫正与监狱的区别,社区矫正对象不进监狱而仍在社会服刑,不仅不穿囚服,而且依旧生活工作在自由开放的社会中,行为自由基本不受影响,且活动空间依旧;加之犯罪处刑较轻的相当一部分人,在判决前未被看守所羁押,对犯罪的刑罚惩罚体验感不充分,尤其对监狱行刑根本就没有体验。所以,有些社会矫正对象认为,社区矫正与监狱差别不大,没有把自己当成犯罪服刑人。为什么社区矫正对象会错误认识自身法定身份呢?原因在于:其一,思想根源在于刑法学的错误认识,由误认自己的行为不是犯罪为先导,推演出误认法院裁判的社区矫正不是刑罚、误认社区矫正不是刑罚执行,得出误认自己不是在社区服刑的结论。其二,客观依据在于《社区矫正法》有意淡化社区执行刑罚的本质属性,致使社区服刑人的称谓被社区矫正对象取而代之,更加坐实了自身法定身份的错误认识。

出于错误认识自身法定身份的误判,社区矫正对象不把自己视为社区服刑人,所以摆不正自身的法定角色,进而社区矫正基层实务的法规制度进不了他的"法眼",不符合社区矫正法规制度要求的行为自然不时流露出来。有的社区矫正对象,对社区矫正满不在乎,不请假就外出或去外地办事等,不遵守外出请假的规定。有的不按要求到司法所报到,理由是"忘记了"。有的在参加集体教育中随意拨打或接听手机,无视纪律规定。从角色理论来讲,社区矫正对象错误认为自己不是社区服刑人的角色,而以社会公民的角色自居,为表明自己正常公民的归属感,所以在实践中做出与其法定角色要求不符的种种行为。

社区矫正对象作为社区服刑人为何出现以上现象呢？社区矫正对象是在社区服刑的,那么就以社会学的角色理论进行分析。社会学的角色理论认为,角色个人的社会地位且为社会关系的外在形式,意蕴三方面的内容：其一,社会地位特指社会关系中的位置；其二,社会身份指特定社会角色的识别标记；其三,社会期望指应有行为规范和行为方式的共识。社区矫正对象的正式角色是在社区服刑的犯罪人,处于社区中被行刑惩罚改造受保护的社会地位,但是某些社区矫正对象并不认同具有识别标记功能的社区服刑人的这个社会身份,这就意味着社会期望的应有行为规范和行为方式的共识没有达成,因而就会做出不符合社区矫正法规要求的种种不当行为,即属于角色理论中的角色"自我反应与角色差异的现象"。角色理论认为,角色与角色行为应该一致,之所以不一致,是因为"存在领悟角色与实践角色之间的差异",其根源在于社区矫正对象自身的主观认识问题,即角色内冲突"是指角色承担者按照一定期望和规范要求去实践角色过程中,由这一角色身份的各种期望和规范要求而产生的行为矛盾和冲突"[1]。

社会矫正其实就是在社会中改造犯罪服刑人,从社会学的角度来讲,就是进行再社会化。再社会化,实质上就是行为导向,其实就是意识导向,包括他人导向、自我导向,他人导向则通过暗示、感染、诱导、制约等方式进行,自我导向需要不断调整。在社区矫正对象的社会化过程中,通过他人导向,引起自我导向,只有落实到自我导向,再社会化才能取得效果。有的社区矫正对象再社会化效果大,有的则再社会化没效果,这是为何呢？原因就在于,以效果为标准划分,再社会化可分为真实再社会化与虚假再社会化,真实再社会化是指在程序与实体方面均能实际进行

---

[1] 庞树奇、范明林主编：《普通社会学理论》,上海大学出版社2011年版,第142页。

的再社会化,虚假再社会化是指仅在程序方面而无实体方面的实际进行的再社会化。对于社区矫正而言,只有社区矫正机关及其工作人员与社区矫正对象均积极进行再社会化工作,尤其是社区矫正对象真正投身再社会化,那么定能取得再社会化效果,因为社区矫正机关及其工作人员是再社会化的促成力量;如果只有社区矫正机关及其工作人员单方进行努力的再社会化工作,而社区矫正对象无动于衷或虚与委蛇或对立抵触,那么这样的再社会化肯定没有什么效果,因为社区矫正对象本人没有进行再社会化的内化,只能是空的流程。

二、社区矫正调查评估工作问题

社区矫正实施前的调查评估,应该由法院在审理犯罪案件过程中与审理犯罪一体进行并在判决前作出结论,本身就是法院审理犯罪案件工作的内容之一,但在实际上存在问题。

(一)调查评估归属问题

1. 回避责任。《社区矫正法》第18条规定,社区矫正决定机关根据需要,可以委托社区矫正机构或者有关社会组织对被告人或者罪犯的社会危险性和对所居住社区的影响,进行调查评估,提出意见,供决定社区矫正时参考,居民委员会、村民委员会等组织应当提供必要的协助。由于缺乏工作的协同机制,当调查评估工作需要当地派出所民警或社区人员参加时,他们往往以工作忙予以推辞,对于相关部门回避责任的做法,《社区矫正法》并无相应规制,因而社区矫正机构往往只能自己单干。法院、检察院、监狱、公安机关委托调查评估时,往往找不到可以被委托的社会组织,况且社会组织在实践中只是协助角色,到头来还是委托县级社区矫正机构;而县级社区矫正机构很少自己开展工作,只能再将调查评估工作交给司法所完成。一级推一级的做法,直接导致调查评估的专业性不足、水平不高。

2. 越俎代庖。当调查评估工作结束后,社区矫正工作人员分别到当地派出所和居委会盖章,这样通过正式的官方程序办理,以示合规合法并获得官方认可。以上两个基层机构对调查评估结果通常没有异议,社区矫正基层实务工作人员在得到派出所和居民委员会、村民委员会授权后,自行盖章并签署同意的意见。可见,调查评估工作自始至终是由社区矫正工作人员单方完成的。从某种角度上讲,根据《社区矫正法》的规定,法院、检察院、监狱、公安机关属于调查评估工作的法定主体,可再细分为实施主体、委托主体两类。进一步讲,什么情形下应自行调查评估,什么情形下可委托调查评估,《社区矫正法》完全没有规定,由此就给调查评估工作的回避责任、越俎代庖留下"合法"的可乘之机。为何说委托调查评估是回避责任、越俎代庖呢？

《刑法》明确规定犯罪概念、危害行为、危害结果、危害行为主体、危害行为主体的故意或过失，这些事项究竟是否存在及存在情形如何，需要公安局依法侦查，需要检察院依法提起公诉，需要法院经由法定程序审理确定，这些法定程序步骤由《刑事诉讼法》规定。《刑法》规定犯罪概念及犯罪构成，从刑法学理论来看，由犯罪概念落实到犯罪构成包括犯罪客体、犯罪行为、犯罪主体和犯罪主观方面四要件，具体反映犯罪行为侵害的对象及程度、犯罪行为的危害性程度、犯罪人的人身危险性程度。《刑事诉讼法》规定确认犯罪的诉讼程序，以刑事诉讼法学理论来看，是否构成犯罪，尤其是犯罪行为的危害性程度、犯罪人的人身危险性程度，只能由法院这个法定机关按照《刑法》规定的标准、《刑事诉讼法》规定的程序进行审理，审理包含调查评估。以上所述说明，本该法院应做的工作却委托出去实属回避责任，被委托者则属于越俎代庖。

（二）调查评估效果问题

1. 社区矫正基层实务工作人员调查评估权威不足。社区矫正决定机关委托社区矫正机构或者有关单位，调查评估被告人或者罪犯的社会危险性、对所居住社区的影响，作出被评估对象是否符合社区矫正条件的结论。根据法律规定，需要当地派出所民警或社区人员参加时，他们往往以工作忙予以推辞，调查评估结束后，社区矫正基层实务工作人员分别到当地派出所和居民委员会盖章以取得官方认可的程序，完成这道程序就表明以上两个机构完全同意，实际上社区矫正调查评估工作完全由社区矫正基层工作人员单方完成。由于进行调查评估人员普遍没有受过相关专业教育，就等于该人员不是专业人员，而且没有专业标准，所以调查评估权威不足。

社区矫正基层实务工作人员本身的权威性不足，导致调查评估中只凭当事人口头言辞作为证据，例如，调查住所时，顶多看一下房产证或租房合同即下结论。社区矫正基层实务工作人员调查评估中会遇到许多问题，认定住所是较为常见的问题。有的矫正对象开钟点房作为自己的居所，有的男性社区矫正对象将工作人员带进女性宿舍指认为自己的住处企图蒙混过关。调查邻居时，邻居往往不配合，普遍不愿说实话真话，或直接说不了解，因为担心说实话真话有伤邻里之间的和气，大家都抱着多一事不如少一事的心态，免得日后遭报复。上述现象表明，由于社区矫正基层实务工作人员开展调查评估的权威不足，难以确保调查评估结论可靠。

2.法院不够重视调查评估结果。实际工作中法院不够重视调查评估结果,往往评估结果还没作出,就宣告了社区矫正的判决决定,随即社区矫正对象就来司法所报到了。例如,一位8岁小女孩遭受亲生父亲虐待,司法所调查评估结果认为不宜判决社区矫正,但法院仍判决小女孩的父亲社区矫正,只是下达禁止令要求他不再虐待女儿。还有的情况是,社区矫正基层实务工作人员在面对多个调查评估意见需要出具时,往往鉴于社区矫正对象爆满的客观事实,无论是否符合条件,一律作出不符合条件的调查评估结论;而法院则径行判决社区矫正,根本无视调查评估结果。

3.司法所不愿多接收社区矫正对象。出于本所及自身利益考虑,面对符合条件的社区矫正对象,司法所工作人员也不愿意接收。尤其是临近春节期间,法院要将全年积压的未审理案件尽快结案,于是出现年终"扫案"的速决案件现象,直接导致判决社区矫正的人数猛增。按照常规刑事司法流程,社区矫正对象的人数也必定猛增,司法所怎么办呢?在不能按规定的配比及时增加基层实务工作人员的情况下,毫无疑问司法所的工作量也必定随之增加,甚至不堪重负。出于安全管理的考虑,因为司法所不希望再增加社区矫正对象,所以存在即使符合条件也不愿或无力接收的情况。例如,某监狱一位犯罪服刑公民符合假释条件,法院裁判后,办理所有相关手续过程中,在最后与该服刑人户籍所在地的司法所联系时,被告知他们司法所人手少、忙不过来,无法再接受社区矫正对象,就这样该犯罪服刑公民最终没有能够获得假释。

三、社区矫正的实质制度流于形式

社区矫正基层实务工作以在社会上零星散放社区矫正对象为实质制度,这是行刑工作便宜当事人原则在社会自由环境里的贯彻落实,但效果大打折扣,存在许多问题。

(一)社区矫正监督管理两极分化

1.对社区矫正对象的监督管理过于宽松。社区矫正监督管理社区矫正对象,本质上属于社区行刑监督管理,本应严格依法监管,然而在实践中却未能完全做到。对某些社区矫正对象的监督管理过于宽松,有的社区矫正对象善于运用人脉资源,为了得到优待,千方百计与社区矫正工作人员攀关系套近乎;有的利用自己的工作便利宴请全部社区矫正工作人员以联络感情;有的利用地缘关系套近乎,最终在法律法规面前让自己得到额外的照顾。例如,要求普管的社区矫正对象每周到司法所报到一次,而有的社区矫正对象却可以一个月或更长时间内报到。尤其是女性暂予监外执行的社区矫正对象故意多次怀孕逃避收监,社区矫正机构虽能有效认定病情复诊,但缺乏有效措施办法,此类社区矫正对象也不能收监。

2. 对社区矫正对象的监督管理过于严苛。社区矫正监督管理社区矫正对象,本质上属于社区行刑监督管理,本应严格依法监管,然而在实践中却时有出现敢越雷池一步的现象,对某些社区矫正对象过于严苛。何以导致严苛呢? 以下情形充分给出了答案。有的社区矫正对象性格偏执,不尊重社区矫正基层实务工作人员,用言语顶撞挑衅;个别社区矫正基层实务工作人员将不满情绪带到工作中,随意改变监督管理社区矫正对象的级别,将不服从管理的社区矫正对象从普管升级为严管,将严管的社区矫正对象从每周报到3次提高至天天到司法所报到,结果导致双方矛盾激化,每次见面都发生争吵,社区矫正对象甚至扬言要杀掉刁难他的社区矫正基层实务工作人员,社区矫正基层实务工作人员则强烈表示要将社区矫正对象收监执行。

(二)社区矫正教育走过场

1. 社区矫正教育重视形式超过内容。社区矫正基层实务工作要求,社区矫正对象每月提交一次思想汇报,每月一次集中教育并提交一份学习体会,每季度提交一次个人小结,如扫黑除恶专项斗争知识问答等。而实际上许多社区矫正对象自己不亲笔写思想汇报,而是直接从网上摘抄,所以经常出现雷同现象,甚至有的也不用心摘抄,竟将获奖感言当成思想汇报提交。除此之外,老病残社区矫正对象要按时完成学习任务,明显力不从心,更不可能完成网上学习任务。为何出现此种情况呢? 这是因为,《社区矫正法》第36条针对社区矫正对象的教育,既规定"法治、道德等教育"的内容分类,也规定"根据其个体特征、日常表现等实际情况,充分考虑其工作和生活情况,因人施教"的分类教育原则,然而这个"因人施教"的对象分类原则非常笼统,没有列出普遍的"妇孕未老病残"一级分类。所以,在社区矫正教育实践中,统一要求明显忽视"因人施教"的原则精神,超出"老病残"社区矫正对象的行为能力。

2. 社区矫正对象的矫正方案千篇一律。表面上看,实践中每一位社区矫正对象都有社区矫正方案,内容无非包括该社区矫正对象的心理、身体健康情况、对法律法规的学习、工作情况及社会交往情况等。实际上,由于缺乏专业人才并人手紧缺,司法所针对所有社区矫正对象确定的矫正方案内容几乎面面俱到且基本上是一个模板;而且,每个人的方案从确定到实施程序步骤相同,难以做到一人一策或分类教育。社区矫正方案内容,普遍包括入户访谈了解、每月一次集中学习、每月入户走访一次、按时报到、遵守社区矫正人员义务、积极参加公益活动等几个方面,人人相同且无任何差别。[1] 既然社区矫正是多元主体共同参与社区行刑改造的司法实践活动,当然可以考虑引入被害人参与,全国各省市做出了积极有益的探索。例如,广东省积极打造社区矫正未成年人六个一措施模式,落实组建一个矫正小组,量身定做一个矫正方案,上好入矫第一课,强化一对一心理辅导,开展一系列主题活动,编制一套专门教材等。江苏省南通市崇川区社区矫正机构积极探索女性社区矫正对象损害修复新模式,针对女性社区矫正对象犯罪类型特征以及女性固有的注重家庭、关注情感等心理特点,由政府购买服务,引入专业化社会组织项目化运作。云南省社区矫正局与交警总队合作采用定制项目模式,针对醉驾社区矫正对象,开展社区矫正交通安全教育试点工作。

3.社区矫正对象参加的社会公益活动有限。按照《社区矫正法》第42条的规定,社区矫正机构可以根据社区矫正对象的个人特长,组织其参加公益活动,修复社会关系,培养社会责任感。而在实践中社会公益活动极其有限,总体开展不够充分,主要是受制于社会公益活动岗位的数量有限和设置不固定。所以,实践中社会公益活动仅仅浮于表面,难以走深走实,也难以实现修复社会关系、培养社会责任感。例如,不仅社会交通方面的公益活动有限,而且社区矫正基层实务工作人员还担心社区矫正对象在交通执勤中出现意外导致人身伤害的赔偿问题。

(三)工作刻意过度留痕本末倒置

1.社区矫正基层实务工作刻意留痕。现在,为应对各个层面的监督检查,司法所全力以赴且过于注重台账、档案的建设工作,工作内卷现象非常突出,势必挤占开展日常工作所必备的精力、时间和内容。某司法所有5名文盲半文盲的社区矫正对象,大多年纪较大,60岁以上的空巢老人占多数,自己书写困难,即使有人代书也往往不知所云。例如,一位身体偏瘫的社区矫正对象,半年时间无法拿笔,为保证档案资料的完整,只能由他的儿子和工作人员代笔补齐资料。一位70多岁的社区矫正对象,已经糊涂且口齿不清,不会使用智能手机,无法上交材料。检察院对司法所进行监督检查,发现上述情况,于是认为社区矫正基层实务工作存在不足,建议社区矫正基层实务工作人员去学习手语,以便用手语与该社区矫正对象进行交

---

〔1〕 参见王东萌、余蕊娅:《社区矫正的理想与现实——基于Y省Z司法所社区矫正工作的研究》,载《社区矫正理论与实务》2023年第1期。

流,从而完成其思想汇报。[1]

2. 检察院检察监督僵化。检察院依法对社区矫正基层实务工作进行法律监督,发现存在问题,则依法提出纠正意见,以确保社区矫正基层实务工作的合法性,这是制度设计的应有之义,但实践中存在矫枉过正之嫌。有的检察院未设置社区矫正监督专门人员,实行谁方便谁监督的随意应付办法,明显存在临时"拉郎配"的情况,只是在照搬法条式的机械监督,缺乏专业化、制度化。在对某司法所检查工作中,检察院要求社区矫正对象的档案痕迹资料必须齐全,包括每月一次的思想汇报和心得体会、法律文书的签字必须是在编社区矫正工作人员。由于该所在编人员只有所长一人,还常被乡镇政府安排开展其他专项工作而不在岗,因此签字不规范的纠正违规通知不断下发,可见检察院的监督工作实在太过僵化和不人性化。由于社区矫正对象的偏瘫舌瘫是近期所患,他本人也不懂手语,而针对司法所无法解决的问题,检察院却提出纠违的建议要求整改是"一刀切"、"甩锅式"的要求,对此社区矫正机关根本无从整改。

对于方兴未艾的社区矫正事业,检察院应当结合社区矫正基层实务工作的客观实际,提出切实可行的建议,鼓励社区矫正基层实务工作人员,使之领悟职业荣誉感和自豪感,而不是因责任过重让人望而却步。诚如一位正在办理辞职的社区矫正工作人员所言,为挣每个月 2000 元的工资,还得冒着因脱管漏管而可能触犯《刑法》影响自己和孩子前途的风险,不划算。实事求是地讲,基层社区矫正机构或司法所无法管控实践中的某些困难和问题。例如,禁止社区矫正对象出入境的管理属于边境控制事项,由公安机关列为保密范围,司法所无法掌握社区矫正对象的出入境情况,只能口头要求。对社区矫正机关及其工作人员的要求过高而超出职责范围,其结果是越干问题越多,如履薄冰,人人自危,从而导致为不出事宁可少干事的不作为状况。各种管理制度的制定,应当挤掉水分,适当降低标准,回到"做得到,行得通"的理性设计上来。

四、社区矫正的基础制度难以支撑

社区矫正工作量与人员数量、职业能力、物质保障严重不匹配,制约司法所社区矫正基层实务工作的正常开展。

---

[1] 参见王东萌、余蕊娅:《社区矫正的理想与现实——基于 Y 省 Z 司法所社区矫正工作的研究》,载《社区矫正理论与实务》2023 年第 1 期。

(一)社区矫正基层实务工作责任重大

1.社区矫正基层实务工作人力保障不足。社区矫正基层实务工作的落实开展,以针对社区矫正对象为核心,越是基层越需要人手,因为社区矫正对象零星分散在各自生活和工作的具体微观环境里。而社区矫正基层实务工作人员的配置,越到基层越紧缺,如同后方司令部的人员数量远远超过前线战斗队的人员数量。以某省社区矫正管理局为例,社区矫正基层实务工作人员与社区矫正对象按照1∶10的标准配置,某司法所仅仅为1∶20,离规定的标准相去甚远。截至2021年年底,省、市、县(区)三级专门从事社区矫正在编的工作人员仅有300多人,社区矫正机构工作人员与社区矫正对象的监管比例为1∶90。社区矫正力量薄弱,县级社区矫正部门只有1~2名工作人员。目前,全省129个司法所中无人所、一人所大量存在,显然基层工作基础不扎实。某区司法局2010年成立社区矫正科时,社区矫正对象仅有40余人,2017年以来增加了10倍,在矫人员达到500余人,却只增加了2名辅助人员。

社区矫正对象剧增,工作人员疲于应付,加之工作上的疏忽大意,导致50多名社区矫正对象没有及时办理入矫手续而脱管,其中一名在矫的未成年人在社区矫正期间因实施抢劫犯罪而被刑事拘留,通过责任倒查,该社区矫正科科长被以玩忽职守罪判处一年有期徒刑,一名社区矫正基层实务工作人员被以玩忽职守罪判处6个月有期徒刑、缓刑一年,该二人到他们自己曾经工作的司法所接受社区矫正,真是滑稽至极。值得深思,有犯罪则追责不待言外,需要反思上级保障不到位的问题,亡羊补牢犹未为晚,否则必定挫伤社区矫正基层实务工作人员的工作积极性,损害社区矫正基层实务工作人员队伍的稳定及业务能力的提升。[1]

2.社区矫正基层实务工作人员素质不高。社区矫正基层实务工作人员素质不高,主要表现为与社区矫正基层实务工作所要求的法律知识、专业水平和工作能力差距较大。诚如裁判员不熟悉比赛规则,无论运动员如何按规则比赛,也难以保证比赛公正进行,难以使运动员、观众心服口服。少数社区矫正基层实务工作人员秉承刑罚朴素的报应主义理念,简单地认为对社区矫正对象态度严厉才能彰显正义,于是工作态度常常表现出横、冷、硬的僵直面孔,对有疑问或不服管的社区矫正对象,只得靠哄、压、吓、诈等非法律手段。

那么,面对社区矫正基层实务工作人员素质不高的状况,社区矫正对象能有何

---

〔1〕 参见王东萌、余蕊娅:《社区矫正的理想与现实——基于Y省Z司法所社区矫正工作的研究》,载《社区矫正理论与实务》2023年第1期。

反应呢？懂法的社区矫正对象，如曾有法官、检察官、律师等身份背景的则会据理力争，指出其法律知识或法律规定的盲点。工作人员则为保全颜面，不仅反唇相讥，而且随意作出反制措施，随意增加不配合工作的社区矫正对象的报到次数，要求社区矫正对象每天报到一次，或者在规定的严管期3个月期满后超期继续严管。这样一来，因为管理方式简单粗暴，所以容易造成双方的矛盾冲突升级。

3. 社区矫正基层实务工作人员薪资待遇过低。社区矫正基层实务工作人员绝大多数系政府购买服务招聘的劳务派遣人员，以政府公益性岗位标准，其工资普遍被定为最低档。例如，2021年云南省全省社区矫正基层实务工作人员平均薪资为2623元（含保险公积金），最低为1350元，昆明地区工作人员月薪为2600元，社区矫正机构劳务派遣人员的待遇大大低于同地区辅警。少数社区矫正基层实务工作人员，由于工资待遇低，在"堤内不足堤外补"的错误观念影响下，甚至做出了收受社区矫正对象物品、接受吃请的违纪违法行为。

较低的薪资待遇很难吸引留住高素质的社区矫正基层实务工作专业人才。昆明市司法局2010年曾下发招聘社区矫正基层实务工作人员的通知，要求本科以上学历，法律专业、心理学、社会学专业优先，当时甚至还有几名律师考入，他们充满信心地期待社区矫正基层实务工作的前景，但过低的工资待遇导致他们工作不满半年便纷纷离职。即使大专学历的社区矫正基层实务工作人员也很难留住，昆明市某区司法局社区矫正基层实务工作人员的工作周期在半年左右。这种现象，绝不是个别地方才有，其实在全国是很普遍的。

(二) 社区矫正基层实务工作财物保障不到位

1. 社区矫正基层实务工作经费保障不到位。社区矫正工作经费虽列入预算，但因财政困难等，并未实际拨付社区矫正基层实务工作经费，多数市、县（区）仅靠省级财政下拨经费维持基本工作运行。例如，某司法所社区矫正基层实务工作经费只有省级财政按照社区矫正对象每年人均补助的1000元发放，县区级地方财政负责发放社区矫正基层实务工作人员的工资，此外，别无其他经费。由于办公经费紧张，学习、宣传资料都难以保证人手一份。经费不足必然买不起必要的工作设备装备，有的地方入户核查、调查评估、走访没有公务用车，只得开私家车来完成工作任务，入户核查时为减少对社区矫正对象的不利影响，工作人员一般没有制服穿，也没有配备任何警械具，危险程度可想而知。笔者曾随社区矫正基层实务工作人员入户到一间出租屋，核查犯有故意伤害罪的社区矫正对象，发现其两臂刺满青龙，次日得知该社区矫正对象因发现漏罪被批准逮捕。入户的工作人员感到有些后怕,假如该矫正对象做出鱼死网破的报复行为,两名女性工作人员面临的职业风险无法估量。

2. 社区矫正基层实务工作场地配备严重不足。按照相关规定,司法所应当拥有工作场地、监督管理区,具体包括宣告室、谈话训诫室、信息采集室,教育帮扶区包括教育培训室、心理咨询室、宣泄室等业务功能室,但对于主城区寸土寸金的办公场所,特别是政府在没有新建、改扩建的情况下,在老旧办公楼里办公,很难满足司法所的社区矫正工作用房的需求。如某司法所办公条件非常简陋,仅有一间20多平方米的办公室,谈话、宣告、训诫等都只能在同一间办公室里进行,环境拥挤嘈杂。由于无宣告室,入矫宣告和解矫宣告均无法进行,为确保档案资料的完整,只好在司法所门口进行入矫宣告的摆拍,打印出来后存档,即表明完成入矫和解矫的宣告。[1]

总之,《社区矫正法》体现了我国新时代刑罚执行的时代特色,使社区矫正工作走上了法治道路。但也应看到,由于社区矫正工作的各项保障不够充分,公检法配合协调关系不顺等问题,极大地影响了社区矫正工作的顺利开展。指出问题,才可能进而研究问题,才能有助于从制度上解决问题,才能有力促进社区矫正工作这一朝阳事业顺利开展,充分凸显社区矫正工作在国家治理中的积极作用。

---

〔1〕 参见王东萌、余蕊娅:《社区矫正的理想与现实——基于Y省Z司法所社区矫正工作的研究》,载《社区矫正理论与实务》2023年第1期。

宽严相济刑事政策下社区矫正制度发展研究
——以社区矫正适用范围为中心

赵 跃* 王 聪**

摘 要：中国的刑事政策趋向宽缓化，这源于将"宽严相济"的原则作为基本刑事政策以来，在其"宽"的一面，提出的符合当前时代犯罪结构重大变化的新理解。即由"轻罪从宽"到"轻罪更轻"的转变。表明了刑罚诉求在预防和控制犯罪的同时，逐渐重视平衡与保护犯罪人人权的关系。以蕴含人道等时代价值的社区矫正制度在中国应运而生，正是落实"宽严相济"刑事政策，缓解传统刑罚弊端的直接体现。随着犯罪结构的转变，以社会化和轻缓化深化的视角为整体的改革方向，着眼于提高社区矫正为中心非监禁刑适用率，从刑事实体法和刑事程序法方面，建议扩大适用社区矫正对象范围，以期完善社区矫正制度。

关键词：宽缓化刑事政策；社区矫正；非监禁；人权保障

一、问题的提出

当代中国社会的转变，在很大程度上表现为从单一的政治国家结构，向政治国家与公民社会两个独立部分并存的社会结构演变。在二元型社会结构中，国家权力的行使更加受到法律规定的限制，其直接结果是公民权利得到了更好的保护。为此，推动了刑事政策的"宽缓化"进程。

2004年首次提出了"宽严相济"的刑事政策，这标志着我国长期秉持国家本位主义刑法观开始发生转变，迈出了向市民本位主义刑法观过渡的重要步伐。在市

---

* 作者单位：四川轻化工大学。
** 作者单位：四川省宜宾市叙州区人民检察院。

民刑法、人本刑法的理念影响下,对犯罪行为实行"区别对待",因此,在刑法和刑事诉讼法中首次明确指出了对"管制、缓刑、假释、暂予监外执行"这四种情况的人实行社区矫正,而后又制定了专门的《社区矫正法》。对于轻缓罪犯,采取宽容态度,推动监督管理与教育矫正双延伸,帮助其更好地融入社会。

随着犯罪结构变化,新时期宽严相济刑事政策的"宽"从"轻罪的宽"向"轻罪更轻"转变。[1] 由于当下中国对于轻罪并未形成统一的规定,面对我国违法行为是行政制裁与刑事制裁结合的二元治理模式,这就可能因轻罪立法导致犯罪圈扩大。为此,提升司法宽恕度与社会包容性,有必要从实体和程序上考虑出罪设置,就显得尤为必要,进而有助于深化和完善先有的社区矫正制度。

二、宽缓化刑事政策对社区矫正的影响

(一)宽严相济的刑事政策是基石

"刑事政策"(kriminalpolitik or criminal policy),自18世纪末由费尔巴哈首次提出,该概念已衍生出众多不同的定义。[2] 在中国,目前普遍接受的观点是:刑事政策是基于对犯罪现象客观规律认知的深度与广度,所提出的旨在预防和控制犯罪的、有目的且合理的原则、规划或行动方案[3]。其核心本质在于预防与控制犯罪。

纵观中国刑事政策,自1949年中华人民共和国成立,经历了从"镇压与宽大相结合"到"惩办与宽大相结合",再到实施"严厉打击刑事犯罪活动"(以下简称"严打[4]")的转变过程。特别是改革开放以来,伴随剧烈的社会转型,面对突然严峻的社会治安形势和维稳压力,公共权力决策机构为了立竿见影地遏制犯罪猛增态势,选择用严厉打击的刑事政策来控制犯罪。这直接导致了监狱大量短期自由刑的增加,使监狱执行压力变大,罪犯之间交叉感染严重,刑罚的教育、改造功能得不

---

[1] 卢建平:《以犯罪现象之变"再定位"刑法治理》,载《检察日报》2022年5月25日,第3版。
[2] 李斯特认为,刑事政策是"国家借助于刑罚以及与之相关的机构来与犯罪作斗争的、建立在对犯罪原因以及刑罚效果进行科学研究基础上的原则的整体。"[德]冯·李斯特:《论犯罪、刑法与刑事政策》,徐久生译,北京大学出版社2016年版,第212~213页。刑事政策"指立法者根据各个国家的具体情况而采取的预防犯罪、保护公民权利的措施"。[法]米海依尔·戴尔玛斯马蒂:《刑事政策的主要体系》,卢建平译,法律出版社2000年版,第1页。
[3] 陈兴良:《中国刑事政策检讨》,中国检察出版社2004年版,第53页。
[4] 陈兴良:《刑法的刑事政策化及其限度》,载《华东政法大学学报》2013年第4期。

到很好的发挥,不利于罪犯复归社会,再次犯罪的概率也扩大。为此,2004年[1]科学发展观和全面构建社会主义和谐社会理念的指导下,在全国政法会议上首次就"宽严相济"的刑事政策,予以清晰的表达[2]。强调"区别对待",根据不同实际情况予以差异化罪刑处置。虽然其"宽"不仅指对轻罪的宽,也指对重罪的宽,但由于受犯罪与责任的约束,重罪不可能存在过多从宽空间。根据"两高"发布的规范性文件中关于"宽"的适用条件[3],这些犯罪行为的社会危害性相对较低,多数具备刑法规定的从轻或减轻处罚的情节,因此,对这类犯罪施以较轻的刑罚是可以实现刑罚的预期目的。

由此可见,宽严相济刑事政策中的"宽",其核心在于保护公民的基本权利。而社区矫正,作为行刑社会化的一种执行方式,自2002年被引入中国以来,经历了从试点、扩大试点至全国推广的逐步发展阶段。其适用对象主要是那些人身危险性较低、虽触犯法律但社会危害性相对不严重的犯罪行为人。相较于监狱环境,社区提供了更为自由的空间,有助于减轻轻罪犯人的社会隔离感,促进他们更好地融入社会,降低再犯风险。社区矫正通过较为宽松和缓的惩罚管理措施,使犯罪人能够怀抱改正错误和重返社会的积极预期,从而自发地做出改变,实现有效的犯罪控制。2020年7月1日《中华人民共和国社区矫正法》的正式生效实施,标志着社区矫正作为一种非监禁刑事执行制度,通过将符合条件的犯罪分子置于社区内进行教育矫治,既避免了犯罪分子间的交叉感染,又保持了矫正对象与社会的联系,便

---

[1] 2004年,随着《宪法》的修正"国家尊重和保障人权"写入了我国《宪法》,人权保障意识得到空前提升。

[2] 2004年12月的中央政法工作会议上首次提出:贯彻宽严相济的刑事政策,一方面必要须要坚持"严打"方针不动摇,对严重刑事犯罪要依法严厉打击,什么犯罪突出就重点打击什么犯罪,要在稳准狠上和及时性上全面体现这一方针;另一方面,要充分重视依法从"宽"的一面,对轻微违法犯罪人员,对失足青少年,要继续坚持教育、感化、挽救的方针,有条件的可适当多判一些缓刑,积极稳妥地推进社区矫正工作。

[3] 最高人民法院关于贯彻宽严相济刑事政策要求,宽严相济刑事政策中的从"宽",主要是指对于情节较轻、社会危害性较小的犯罪,或者罪行虽然严重,但具有法定、酌定从宽处罚情节,以及主观恶性相对较小、人身危险性不大的被告人,可以依法从轻、减轻或者免除处罚;对于具有一定社会危害性,但情节显着轻微危害不大的行为,不作为犯罪处理;对于依法可不监禁的,尽量适用缓刑或者判处管制、单处罚金等非监禁刑。

最高人民检察院关于贯彻宽严相济刑事政策要求,全国检察机关坚持全面把握、区别对待、严格依法、注重效果的原则,在依法严厉打击严重刑事犯罪的同时,对未成年人犯罪案件、因人民内部矛盾引发的轻微刑事案件、轻微犯罪中的初犯和偶犯等依法从宽处理,做到当宽则宽、该严则严。实施宽严相济的刑事司法政策,有利于惩治和预防犯罪、化解社会矛盾,最大限度增加和谐因素、减少不和谐因素,为构建社会主义和谐社会提供有力司法保障。

于矫治其反社会意识,促使其真心悔过。这不仅是宽严相济刑事政策宽缓精神的直接应用,也完全符合我国转型期的社会现实需求。

(二)宽缓化刑事政策是完善

社会现实的结构变迁决定了法律规范的发展。正如马克思所言:"社会不是以法律为基础,而是法律应该以社会为基础[1]。"以 1999 年至 2019 年为例,检察机关起诉的严重暴力犯罪从 16.2 万人降至 6 万人,年均下降 4.8%[2];2010 年至 2019 年,公安机关立案的刑事案件中,2010 年故意杀人罪占比 0.22%、故意伤害罪占比 2.93%、强奸罪占比 0.56%,经过 9 年时间,稳中下降,到 2019 年故意杀人罪占比 0.15%、故意伤害罪占比 1.75%、强奸罪占比 0.70%(略有回升),但危害性大的严重暴力犯罪比例总体呈下降趋势[3]。与此同时,新类型犯罪增多(尤其以轻微罪居多),危险驾驶罪增加最为明显,扰乱市场秩序犯罪增长 19.4 倍,生产、销售伪劣商品犯罪增长 34.6 倍,侵犯知识产权犯罪增长 56.6 倍[4]。

刑事犯罪呈现"重罪重刑双降[5],轻罪轻刑双升[6]"趋势,有学者认为中国正步入轻罪时代[7]。然而,"轻罪"定义在刑法体系中尚不明晰,存在多种划分标准。从检察办案角度看,轻罪案件包括三年以下有期徒刑、拘役、管制、单处附加刑或免刑,突破了法定刑三年的限制,构建轻罪入刑后的有效出罪机制,并扩大及优化社区矫正制度的适用范围。这一趋势不仅为监狱行刑与社会内处遇的有效衔接

---

[1] "在全面依法治国的时代,中国刑法正在告别重罪重刑的小刑法,逐步走向犯罪圈不断扩大而刑事制裁日渐轻缓与多样的大刑法。从 1979 年刑法到 1997 年刑法,再到《刑法修正案(十一)》出台,刑事法网不断增大,而网眼愈加细密。"参见卢建平:《轻罪时代的犯罪治理方略》,载《政治与法律》2022 年第 1 期。

[2] 张军:《最高人民检察院关于人民检察院适用认罪认罚从宽制度情况的报告——2020 年 10 月 15 日在第十三届全国人民代表大会常务委员会第二十二次会议上》,载《检察日报》2020 年 10 月 17 日,第 2 版。

[3] 2002 年至 2016 年,我国的重刑率呈现持续下降的趋势,自 2002 年的 25%,2015 年的 9.37%,下降到 2016 年的 8.01%。数据来源:最高人民法院发布的历年《全国法院司法统计公报》。

[4] 张军:《最高人民检察院关于人民检察院适用认罪认罚从宽制度情况的报告——2020 年 10 月 15 日在第十三届全国人民代表大会常务委员会第二十二次会议上》,载《检察日报》2020 年 10 月 17 日,第 2 版。

[5] 根据最高人民法院的统计惯例,判决有罪的罪犯中,被判处 5 年以上有期徒刑以上的罪犯称为重刑犯,重刑犯在所有罪犯中的比率即为重刑率。以此对比,"严打"时期的重刑率最高,达到 47%,1995 年为 45%,1996 年为 44%,2002 年、2003 年均下降到 22% 左右,数据来源:最高人民法院发布的历年《全国法院司法统计公报》。

[6] 卢建平:《轻罪时代的犯罪治理方略》,载《政治与法律》2022 年第 1 期。

[7] 卢建平:《轻罪时代的犯罪治理方略》,载《政治与法律》2022 年第 1 期。

创造了重要机遇,也为未来制定专门的《刑罚执行法》提供了现实基础与可能性,以期完善我国的刑事执行体系。

三、宽缓化刑事政策对社区矫正的再发展

(一)社区矫正司法效果的反思

由前所述,我国的社区矫正,是贯彻宽严相济的刑事政策,推进国家治理体系和治理能力现代化的一项重要制度,虽然社区矫正制度源自国外,但却是立足我国国情和长期刑事司法实践,逐步发展起来的非监禁的刑事执行制度[1]。易言之,我国的社区矫正制度是在宽严相济刑事政策的推动下应运而生的,司法效果已表明这是一项中国特色的低成本、高效益的刑事执行制度。相较于监狱,社区矫正的人均执行成本仅为监狱的十分之一,且社区矫正对象的再犯率一直维持在全国不到0.2%的极低水平。[2] 以上海为例,截至2019年,该市已有7个区域实现了社区矫正对象零再犯的记录。[3]

但在司法实践中,本就狭窄的适用范围,实际适用更受限。随着"认罪认罚从宽"被确立为刑事诉讼法的重要原则,以及最高人民检察提出坚持"少捕慎诉慎押"的刑事司法政策以来,据《全国法院司法统计公报》,[4]2017—2021年缓刑人数逐年上升,从34.8万人增至44.4万人,显示犯罪治理积极成效,缓刑适用率有所提升。但缓刑的适用具有主体特定性,例如,职务犯罪在某一时期的缓刑率高达约60%,相比之下,其他普通刑事犯罪的缓刑率则明显较低。[5]

低的假释率,以经济发展先进的江苏省为例,2013年假释案件超6000件,假释率已近8%,到2022年已不足百件,假释率已远低于1%,降至近三十年最低值。虽然相比全省的减刑案件同样也在大幅减少,但是二者2013年全省减刑案件与假释

---

[1]《社区矫正法》第1条规定,为了推进和规范社区矫正工作,保障刑事判决、刑事裁定和暂予监外执行决定的正确执行,提高教育矫正质量,促进社区矫正对象顺利融入社会,预防和减少犯罪,根据宪法,制定本法。

[2] 参见王爱立、姜爱东:《中华人民共和国社区矫正法释义》,中国民主法制出版社2020年版,第21页。

[3] 参见上海市司法局网,http://sfj.sh.gov.cn。

[4] 参见《全国法院司法统计公报》,载 http://gongbao.court.gov.cn/Details/a6c42e26948d3545aea5419fa2beaa.html,最后访问日期:2024年3月7日。

[5] 参见张明楷:《应当提高缓刑的适用率》,载《人民法院报》2015年6月3日。

案件的比值为6∶1,2016年为22∶1,2022年扩大至116∶1。[1] 尽管2018年司法部要求扩大假释率后,该两年假释率有所提升,但司法实践中监狱仍多依赖减刑,形成"减刑为主、假释为辅"的格局。另外,从假释的适用具体情况来看,原判刑期5年以下罪犯假释率持续上升,自2018年起过半,而无期徒刑罪犯假释率为零。这表明刑期越长,假释难度越大,因长刑犯人身危险性通常较高。

成年人管制刑的适用比例极低。2013年,全国范围内被判处管制刑的成年人数量为14641人,仅占所有判决人数的1.27%。而到了2019年至2021年,这一数字分别降至5860人、3908人、3139人,占比更是分别锐减至0.35%、0.25%、0.18%。[2] 由于立法上的规定,监外执行对象主要是老人、妇女及患病等特殊犯罪人,自然其适用率并非普遍现象。

近五年来,全国法院一审刑事案件数量从2014年的102.3万件增至2019年的129.7万件,增长了26.8%。[3] 尽管这些轻罪案件被纳入刑事诉讼程序,但其无罪判决率却持续保持低位,从2016年至2020年,无罪率依次为0.09%、0.13%、0.09%、0.08%及0.07%。[4] 鉴于轻罪案件社会危害小、罪责轻,犯罪嫌疑人易认罪悔过、快速融入社会、修复社会关系,轻罪案件的处理应充分利用社区矫正这一开放性处遇。

(二)社区矫正适用范围的扩大

与西方"一元化"刑事制裁不同,我国采用行政与刑事"二元化"制裁模式。我国犯罪界定需"立法定性+定量",即行为需符合犯罪构成且具有一定社会危害性。而西方多采用"立法定性+司法定量",对轻微犯罪常通过"程序出罪"处理。据统计,美国约有95%的轻罪案件是通过辩诉交易在治安法官首次听证会上得到解决的。[5] 这被比作"漏斗式"司法体制,显示一元化制裁下,司法流程筛选犯罪、排除非罪,有效分流轻微违法。[6] 相比我国二元制裁模式,违法行为一旦入刑,非罪排

---

[1] 参见《江苏高院关于假释制度适用情况的调研报告》,载人民法院网,https://www.chinacourt.org/article/detail/2023/11/id/7665821.shtml。

[2] 参见《中华人民共和国最高人民法院公报》,载 http://gongbao.court.gov.cn/Details/a6c42e26948d3545aea5419fa2beaa.html,最后访问日期:2024年3月7日。

[3] 参见中华人民共和国最高人民法院官网,https://www.court.gov.cn/index.html,最后访问日期:2024年11月。

[4] 参见《中国法律年鉴(2016—2021)》。

[5] See Alexandra Natapoff, *Misdemeanors*, 11 The Annual Review of Law and Social Science. 255, 259(2015).

[6] 参见何荣功:《轻罪立法的实践悖论与法理反思》,载《中外法学》2023年第4期。

除难度大。加上犯罪结构的转变,扩大程序性非罪排除路径越发必要。尤其是刑事制裁已从惩罚转向预防、教育与改造并重。[1] 如醉酒驾驶,大量人员被贴上犯罪标签,影响生活工作,加剧社会矛盾。所以,应当继续完善现行社区矫正制度,充分发挥其在轻微犯罪治理中的关键作用。为了进一步完善和扩大社区矫正的适用范围,建议从实体法和程序法两个角度进行综合考虑。

在实体法层面,我们可以从以下两个方面进行改进:

(1)扩大管制刑的适用范围。现行《刑法》中管制刑适用范围窄,适用频率低,且缺乏具体执行内容和足够的惩罚性。为解决此问题,建议扩大管制刑适用范围至危险犯、法定犯、过失犯及轻微故意犯罪,[2] 并在刑法中增加"社区劳动"或"公益活动"等执行内容,以促进服刑人员履行社会责任,实现警示教育效果。

(2)进一步拓宽缓刑的适用范围。为提升缓刑适用性,应调整判定标准,综合考量犯罪情节、悔罪态度及个人背景,评估缓刑后再犯风险。同时,完善社区公益劳动规定,强化缓刑义务,如道歉、赔偿及参与公益劳动,避免社区矫正形式化。针对法官因预测风险难而不愿适用缓刑的问题,建议建立社区矫正机构主导的缓刑风险评估体系,为法官提供裁判支持,并加强法官依法履职保障,确保公正裁判。

(3)适当地考虑放宽假释的适用范围。该制度原本主要适用于长期自由刑,但部分国家已扩展至短期自由刑,如《日本刑法》第30条允许对拘留犯适用假释,[3] 从而将3年以下有期徒刑的犯罪纳入轻罪范围,为假释提供了可能。相较于重罪,轻罪的性质较轻,司法机关在假释时对轻罪的顾虑较小,更具实施性。为预防假释人员再犯,刑法可考虑增设假释期内的禁止令。[4] 值得注意的是,我国司法部对假释态度明确,目前假释罪犯比例仅为2%,远低于国际50%—70%的水平。我国未来可考虑提升假释的适用,尤其是在审查标准上,可以进一步明确化。

在程序法上建议将现有的酌定不起诉、附条件不起诉等犯罪嫌疑人考虑纳入

---

[1] 参见王牧:《中国社会化行刑措施的体系性完善》,载《社会科学战线(刑法学研究)》2020年第9期。

[2] 参见卢建平:《微罪立法之提倡》,载《河南警察学院学报》2023年第3期。

[3] 参见马克昌:《外国刑法学总论》,中国人民大学出版社2009年版,第463页。

[4] 参见张永强:《规范与进路:预防本位下刑法禁止令之定性》,载《西南政法大学学报》2013年第5期。

社区矫正的范围。提高酌定不起诉率。非监禁处罚即表明罪行轻微、危险性低,对部分缓刑、定罪免刑案件适用酌定不起诉实为合理,却反映出其价值在一定程度上被忽视。关于扩大附条件不起诉适用对象的建议。随着我国犯罪结构轻刑化,建议将附条件不起诉适用范围从未成年人扩展至最高刑为3年有期徒刑、拘役、管制或单处罚金的成年犯。检察机关应综合评估,对犯罪情节轻微且不需要判处刑罚或可免刑罚的案件适用相对不起诉;[1]若需特殊预防,则适用附条件不起诉。附加条件分为修复性(如道歉、赔偿、义务劳动等)、矫治性(如治疗、培训)和限制性(如禁止进入某地、会见某人)三类。另外,可以考虑构建暂缓判决制度。[2] 这一制度针对主观恶性低且有悔罪表现的个人,提供暂缓判决的机会,并让他们参与社区矫正。其间设定考验期及相应监管制度,考验期满若未违法,可考虑定罪免罚或仅处罚金。鉴于建议扩大社区矫正适用范围,为推动其发展,适时修订《社区矫正法》。

四、结　语

中国自试点并推广社区矫正至2020年7月1日《社区矫正法》实施,其立法与司法实践证明了社区矫正作为司法改革关键,体现了宽严相济政策,与转型期社会背景契合。尽管自试点以来已取得显著成效,但司法实践中仍面临适用率偏低及适用对象范围有限的问题。在当前犯罪态势整体趋向轻微、社会对法治水平要求日益提升的背景下,旨在进一步优化宽严相济刑事政策中"宽"的方面。

此外,刑事处分的本质虽在于惩罚犯罪,但其最终目的应与预防犯罪的效果相协调。单纯适用刑罚并不等同于能有效预防犯罪。刑法理论与刑事政策均将预防犯罪作为刑罚的核心目的,强调刑罚的适用必须建立在具备预防犯罪效果的基础之上。对于罪行轻微且无须特殊预防的罪犯,不应判处刑罚。否则,不仅无法强化公众的规范意识,反而可能引发公众对刑事立法的质疑。

因此,我们必须重新审视针对轻微犯罪的制度安排,特别是在犯罪门槛降低、犯罪领域扩大后,如何有效应对犯罪发生及完善刑罚机制。宽严相济的刑事政策需程序与行刑机制紧密配合,辅以完善的诉讼程序和执行救济措施。轻罪犯人可

---

〔1〕 参见陈瑞华:《轻罪案件附条件不起诉制度研究》,载《现代法学》2023年第1期。
〔2〕 参见陈岚:《非犯罪化视野下我国暂缓判决制度构建的再审视》,载《理论月刊》2020年第11期。

能经历短期监禁后重返社会,或通过社区矫正等方式受训、受罚及教育。在此背景下,要进一步实现犯罪人的重新社会化以及行刑的社会化,应减少羁押或监禁,探索监禁刑替代措施,并扩大社区矫正范围,克服短期自由刑弊端。

轻罪人员社区矫正减刑激励制度构建与可行性分析

戴宇彤* 闫君卉**

摘　要：社区矫正制度试点实施以来，相较于其他刑事司法制度发展时间较短，为适应我国刑罚结构轻罪化的变革，必须做出应有之变。本文尝试提出轻罪人员的社区矫正减刑激励制度，探讨减刑激励制度的理论构建，包括增设社区服务刑，减刑激励制度的适用范围限定，减刑激励制度评估设置；在理论方案的基础上，研究减刑激励制度的实践方案，包括完善减刑激励制度法律基础，完善减刑激励制度工作衔接机制，提高社会参与度；对减刑激励制度进行可行性分析，存在缓解社区矫正工作人员管控压力，对社区矫正基础设施需求低，不受限于城乡资源差异等优点，同时也存在社区矫正机构与司法行政机关无法负担成本，司法资源紧张，评估机制执行困难，主观性强，社区矫正工作队伍建设滞后等缺点。所以，减刑激励制度的设置目前还不适应我国社区矫正现状，可行性不高。

关键词：社区矫正；减刑激励制度；制度构建

一、问题的提出

以重刑化为特征的传统犯罪体制正在发生的由"重罪—轻罪"的犯罪结构发展到"重罪—轻罪—微罪"的犯罪结构使轻微犯罪所造成的社会危害性与轻微犯罪人员承担的刑事责任不匹配，数量急速增长的轻微犯罪群体则对接收较多轻罪人员的社区矫正机构以及社区矫正制度提出了更高的要求。[1] 社区矫正制度是分担监

---

* 作者单位：四川省筠连县人民检察院。
** 作者单位：西南医科大学法学院。
〔1〕 参见梁云宝：《中国式现代化背景下轻微犯罪前科消灭制度的展开》，载《政法论坛》2023年第5期。

禁压力、实现案件分流管理,将轻微犯罪人员置于社区中进行矫治教育,使轻罪人员避免与社会脱节,为犯罪人提供重新回归社会的机会,降低再犯可能性的制度。[1] 该项制度是轻罪人员回归社区的重要教育环节,但轻罪人员不断增多,轻罪人员矫治教育积极性较低,社区矫正工作压力大,管控难度系数上升等问题屡见不鲜。

在社区矫正制度环节中增设轻罪人员的减刑激励制度是缓解社区矫正工作压力的新方式。减刑激励制度要求在《社区矫正法》中增设社区服务刑,为轻罪人员设置定量社区服务刑,对于参与额外社区服务刑的轻罪人员按照贡献等级设置减刑条件,减刑条件达标并且获得社区矫正决定机构的审核评估后,对该轻罪人员作出减刑决定。

在理论层面,减刑激励制度的评估关键在于对减刑激励制度适用何种轻罪范围以及效力限定,确定减刑激励机制在轻罪人员再犯后的程序设置。社区矫正机构也应当为减刑激励制度设置合理的分级设置与评估设置,并确定社区矫正决定机关作为减刑激励机制的最终审核决定机关。

在实践层面,首先,应当完善《社区矫正法》中关于减刑激励制度的法律基础,参考原有的社区矫正考核奖惩制度制定减刑激励制度的细则,在《社区矫正法》中详细规定减刑激励制度的程序、适用范围、效力等问题,并给予地方一定的自由设置权,结合地方社区矫正情况制定地方性法规规章。其次,应当完善社区矫正和减刑激励制度的工作衔接,加强社区矫正机构与司法机关、行政机关以及其他社会组织的工作联系,建设社区矫正工作平台,在平台中设置减刑激励评估部门。减刑激励制度的推行还需要提高个人及社会组织的参与度,让经济发达地区与经济欠发达地区根据经济情况分别选择合适的社区矫正制度与减刑激励制度的工作模式。完善原有的购买社区矫正服务模式与设置社区矫正服务协会模式,在其中加入减刑激励评估环节,减少减刑激励制度实行成本。最后,由社区矫正决定机构对社区矫正服务机构移送的减刑激励评估表及证明材料进行最终审核,并对该轻罪人员是否减刑以及减刑数额作出决定。

对社区矫正中减刑激励制度的可行性进行分析,本文将分析减刑激励制度对社区矫正机构、工作人员以及矫正对象的优点以及缺点,考量减刑激励制度在我国社区矫正工作现状中是否可以设置的问题。

---

[1] 参见吴宗宪:《我国〈社区矫正法〉的重要价值》,载《中国司法》2020年第2期。

二、社区矫正减刑激励制度理论方案

（一）增设社区服务刑

减刑激励制度的评估是以社区服务为主要内容的,但我国《刑法》中管制是主刑中唯一的社区刑种。2020年我国《社区矫正法》施行后,社区矫正执法主体和管理中增加了教育帮扶内容,并没有实质上增加我国的社区刑种,在社区矫正中作用有限。[1] 我国在社区矫正试点期间增设的社区服务惩罚性义务并未在《社区矫正法》中正式确立,《社区矫正法》第42条规定组织社区矫正对象参加"公益活动"中的"公益活动"并不是惩罚措施,在立法层面,对于社区矫正基本认识较为模糊。我国学术界和实务界已经有提出增设社区服务刑和管理措施的建议。例如,2019年全国人民代表大会常务委员会在审议《社区矫正法》过程中,立法代表提出在我国设立社区服务刑的建议。[2] 社区服务刑类似于俄罗斯的社区劳动刑种,即强制性社会公益劳动刑。由法院根据罪犯犯罪的程度设定劳动时间,要求罪犯在社区的改造中心居住,并在社区进行服务劳动,限制罪犯一定的人身自由。我国社区矫正工作中可以增设类似的社区服务刑,将社区服务劳动上升为社区服务刑,在劳动服务中进行矫治教育。该社区服务刑可以作为减刑激励制度的评估内容,根据轻罪人员在法院设定的劳动时间及劳动强度外进行额外的社区服务劳动的数额及表现来确定轻罪人员是否可以减刑。

（二）减刑激励制度的适用范围限定

减刑激励制度适用范围的设置应当为被判处管制、缓刑、假释或者被暂予监外执行并需要参与社区矫正的犯罪人员中的轻罪人员。我国正处于"重罪—轻罪"的犯罪机构过渡时期,对于减刑激励制度的设置不能包括全部社区矫正对象。对于需要参与社区矫治教育的犯罪人员,减刑激励制度的适用不能保证其再犯可能性降低,容易造成社区矫正工作的混乱,对于矫正对象的管控能力也会进一步降低。因此笔者认为,减刑激励制度的适用主体应当是社区矫正对象中的轻罪人员,即被判处有期徒刑一年以下的犯罪人员,以此来作为减刑激励制度适用的过渡。

---

[1] 参见刘强:《论我国社区刑罚及社区矫正管理制度的改革与完善——主要基于对俄罗斯的借鉴》,载《中国法治》2023年第7期。

[2] 参见王爱立、姜爱东主编:《中华人民共和国社区矫正法释义》,中国民主法制出版社2020年版,第217页。

若轻罪人员因减刑激励制度被提前释放，且犯新罪时仍在原本的刑期内，则应当取消减刑激励制度所减刑期，按照数罪并罚原则判处其应有刑期，该轻罪人员也不应当在减刑激励制度的适用范围中；在原本刑期内发现漏罪的，也应当参照缓刑、假释期间发现漏罪的规定来处理；若新罪与旧罪符合累犯规定，应当按照累犯规定处理。

（三）减刑激励制度评估设置

减刑激励制度的评估设置可以以社区矫正的部分评估设置为镜鉴。

社区矫正的评估主体主要为中立的第三方专业评估机构，但社区矫正效果评估主体的专业素养、工作态度等的差异导致评估主体素质参差不齐，社区矫正效果的评估也很少涉及社区矫正工作人员，评估主体并不完整。

减刑激励制度的评估主体应当以社区矫正工作人员为主，以中立第三方专业社区矫正评估机构为辅，评估主体需要在社区矫正工作中进行减刑激励条件评估，并将评估结果及时移送至社区矫正服务机构或司法行政机关。

社区矫正的评估内容主要针对社区矫正个案及措施目标的实现，欠缺对整个矫正工作效果的评估。[1]社区矫正效果评估指标不准确，将无关的指标加入社区矫正效果的评估中，例如，有的学者认为要从决定前的危险评估、入矫后的分类评估、矫正中的需要评估和解矫前后的回归评估等方面架构社区矫正效果评估体系。[2]危险评估作为矫正效果评估的重要内容，其中主观罪过的评估指标系犯罪时主观恶性的体现，作为静态指标并不能适应社区矫治教育中犯罪人员主观的动态变化；社区矫正效果评估的指标并不全面，主要是通过罪犯危险评估量表从社区矫正对象的人身危险性和社区矫正期间的表现方面着手，即犯罪前、犯罪中、犯罪后社区矫正对象的表现，社区矫正对象的家庭情况、教育情况、婚姻状况、精神状况、人际关系、违法犯罪史、认罪态度等因素。[3]但很少考量社区矫正对象在社区矫正教育中的具体表现以及人际关系情况等产生变化的动态因素。

减刑激励制度在评估内容中，应该在评估轻罪人员社区劳动服务数额及质量后，还应当参考社区矫正机构给出的社区矫正效果评估表，从重新犯罪率、刑罚成

---

[1] 参见武玉红：《社区矫正管理模式研究》，中国法制出版社2011年版，第276页。

[2] 参见孙文红：《我国社区矫正效果评估体系的评价与重构》，载《社会科学辑刊》2015年第5期。

[3] 参见张雍锭、张学超：《我国社区矫正效果评估及其制度构建研究》，载《公安学研究》2022年第5期。

本、社区居民对社区矫正的感受、对犯罪被害人的调查、对社区矫正对象感受的调查、矫正项目的有效性、社区矫正机构设置和人员配备等7个方面考察。[1] 关注社区矫正对象在社区劳动服务中的动态变化，及时考察社区矫正对象的人际关系变化情况。并将轻罪人员社区劳动服务数额和质量以及上述7项按照它们对社区矫正对象实施犯罪发挥的作用不同以及对减刑激励评估影响不同，配置不同的权重。其中，应当以轻罪人员进行的社区劳动服务数额和质量为主要评估因素。

减刑激励制度的设置还应该考虑减刑激励评估机关。笔者认为，减刑激励机制评估机关应当为作出社区矫正决定的司法机关。行政机关虽然具体执行社区矫正工作安排，但是行政机关对于减刑机制并不专业，将社区矫正中减刑激励评估交给作出社区矫正决定的司法机关，专业性可以得到一定的保证，同时材料移送也可以在上文所述的社区矫正工作衔接平台上进行。

三、社区矫正减刑激励制度实践方案

（一）完善减刑激励制度法律基础

完善减刑激励制度必须从减刑激励制度的底层基础，即社区矫正制度出发。2011年《刑法修正案（八）》中明确了社区矫正的法律地位；2012年3月《全国人民代表大会关于修改〈中华人民共和国刑事诉讼法〉的决定》较完整地设置了社区矫正的对象和社区矫正机构；2019年12月28日，第十三届全国人民代表大会常务委员会第十五次会议通过《社区矫正法》并于2020年7月1日正式生效。[2] 截至2019年年底，全国累计接受社区矫正的对象数量达到了478万人，累计解除社区矫正的对象达到了411万人。[3] 全国矫正机构共有2800多个（县级），社区矫正工作者10万余人。[4] 虽然社区矫正制度的法律规定以及实践经验不断完善，但关于轻罪人员在社区矫正期间的减刑激励制度方面少有涉及。

与社区矫正期间减刑激励制度相关联的是社区矫正工作中对社区矫正对象的考核奖惩制度。例如，《江苏省社区矫正工作实施细则》中对社区矫正对象的考核奖惩的详细规定，但只涉及对社区矫正对象的整体考核，并未有针对社区矫正对象

---

[1] 参见刘强主编：《社区矫正制度研究》，法律出版社2007年版，第76页。
[2] 参见高一飞、贺毓榕：《我国社区矫正制度的回顾与展望》，载《中国司法》2020年第8期。
[3] 《司法部：累计解除社区矫正对象411万，再犯罪率0.2%》，载新浪新闻，https://news.sina.com.cn/o/2019-12-28/doc-iihnzhfz8877602.shtml。
[4] 《全国社区矫正机构2800多个 社区矫正工作者超10万人》，载搜狐网，https://www.sohu.com/a/218527929_660595。

参与教育矫正的细化考核。[1] 以江苏省内部分司法局、社区矫正机构制定并推行的社区矫正对象"积分考核制"为例，该考核制度对提高社区矫正对象矫正效果方面并没有实质提升，考核制度仍然局限于社区矫正机构内部，对于社区矫正对象的奖励机制也局限于实物奖励。而不涉及社区矫正对象本身所应当被执行的期限。社区矫正的减刑激励制度本身所具有的优势就在于将轻罪人员的社区矫正与轻罪人员所被执行的期限相关联，对社区矫正对象形成初始推动力，通过奖惩机制引导轻罪人员内生参与动力，以此来提升社区矫正效果。

推行减刑激励制度应当及时完善减刑激励制度的法律基础，考虑到《宪法》《刑事诉讼法》制定及修改程序的严格性，笔者认为社区矫正激励制度应当与社区矫正制度其他部分相适应，在《社区矫正法》中详细规定减刑激励制度的程序、适用范围、效力等问题，完善社区矫正法律体系，并辅以地方性规定，在《刑事诉讼法》《社区矫正法》等上位法的指导下制定契合地方特色的减刑激励机制。在一定程度上避免了《宪法》与《刑事诉讼法》不便灵活变通的缺点，结合多层级法律法规完善减刑激励机制的制度基础，融合地方社区矫正实践情况，在后续完善相关法律法规时也可以使其适应司法实践的变化。

（二）完善减刑激励制度工作衔接机制

社区矫正制度涉及公安机关、检察院、法院以及行政部门、社会保障部门等多个执行主体，多元主体有助于对社区轻罪人员进行多方位的矫正评估与矫正教育，但是多元主体的出现也让减刑激励机制的推行出现困难，各主体之间权责不明、互相推诿、越权现象屡见不鲜。[2]

完善减刑激励制度工作的衔接机制，在实践层面需要多方主体的合作互通，必须在思维层面意识到工作衔接机制的重要性。社区矫正工作主要有审前调查评估阶段、接收阶段、矫正阶段等数个环节。审前调查评估阶段为社区矫正工作的前置条件，由社区矫正决定机关委托社区矫正机构或者有关社会组织对被告人或者罪犯的社会危险性和对所居住社区的影响进行调查评估；[3] 接收阶段由人民法院通知有关司法行政机关做好罪犯的接收工作；矫正阶段的主要主体为社区矫正机构，

---

[1] 参见李坚、黄志农、易小蔷：《积分奖励制度对社区矫正对象矫中教育效果的影响研究——以姑苏区矫正对象为例》，载《社区矫正理论与实践》2024年第2期。

[2] 参见哈洪颖、马良灿：《社区矫正组织关系的实践困境探析》，载《福建论坛（人文社会科学版）》2018年第5期。

[3] 参见《社区矫正法》第18条。

由社区矫正机构具体负责罪犯的矫正教育活动。其中减刑激励制度主要体现于矫正阶段,这也是社区矫正工作的主要部分。社区矫正的重点在于再社会化,本着恢复性司法的理念,社区矫正机构没有被法律赋予刑事强制措施的权力。[1] 社区矫正机构无法获得刑事强制力措施意味着社区矫正机构权力有限,对于矫正对象的管制能力不足。增强社区矫正管制能力,推行社区矫正的减刑激励机制根本在于加强社区矫正机构与公安机关、检察机关、法院以及其他社会组织的衔接与配合。

社区矫正机构应当依据矫正对象的实际情况采纳与社区矫正工作相适应的审前调查评估意见,提高采纳与社区矫正机构观点不同的评估意见的可能性。例如,河南省 X 县社区矫正中心作出审前调查评估意见的适用率约为 70%。[2] 在接收阶段,社区矫正机构应当及时与人民法院以及司法行政机关进行沟通,做好接收矫正对象的准备工作,同时在此阶段设置减刑激励机制评估环节,将矫正对象在社区矫正机构报到表现计入其中。在矫正阶段,社区矫正机构应当与司法机关、居民委员会以及其他社会组织建立社区矫正工作平台,在平台上进行社区矫正教育情况数据移送,利用大数据、人工智能等技术实时更新矫正对象减刑激励奖惩情况,并定时进行结算。

(三)提高社会参与度

减刑激励机制的推行,需要在目前社区矫正工作的基础上提高个人及其他社会组织的参与度。我国社区矫正目前的模式大概有上海模式(通过政府出资建设专门负责社区矫正工作的民办非企事业单位的团体)、宁波模式(七大路参与社区矫正服务工作,社区协会辅助司法局进行社区矫正工作,性质上为司法局的派出机构)以及珠海模式(政府通过购买已经存在的社区矫正社会组织服务的方式开展社区矫正工作)。减刑激励制度的施行势必会增加社区矫正工作的负担以及成本,因此笔者认为,可以在全国范围内整体上提高社会组织的参与度。在经济发达的地区,政府可以采用购买高质量社区矫正服务机构,在减刑激励制度程序细则清晰的基础上,通过外包的方式发挥社区矫正机构的作用。社区矫正决定机关在收到社区矫正机构的减刑激励评估表后应当再次审核材料的真实性,并依据相关细则作出是否减刑决定。在经济欠发达的地区,司法行政部门可以与社区矫正服务机构或者其他社会组织合作设置专门的社区矫正协会,辅助司法行政部门进行社区矫

---

[1] 参见司绍寒:《试论〈社区矫正法〉的意义与不足》,载《犯罪与改造研究》2020 年第 8 期。
[2] 参见张浩若:《社区矫正工作存在的问题及对策——以河南省 X 县社区矫正中心为例》,载《中共郑州市委党校学报》2022 年第 1 期。

正工作以及减刑激励评估,并在该社区矫正服务协会设置调查、接收、管理、教育、评估部门,定期开展工作考核,保证该社区矫正服务协会专业水平的不断提高。

四、社区矫正减刑激励制度可行性分析

(一)减刑激励制度的优点

1. 缓解社区矫正工作人员管控压力。社区矫正制度建设的初衷是让罪犯更好地融入社会,[1]但是社区矫正宽松的执行方式决定了其产生管控力不足的缺点。《社区矫正法》第29条对社区矫正对象的监管作出了相关规定,符合一定条件的社区矫正对象经县级司法行政部门负责人批准,可以使用电子定位装置,加强监督管理。[2]但是在司法实践中普通监管措施仍然无法对矫正对象进行有效监管,例如,X县社区矫正中心要求社区矫正对象签署《接收手机定位监管承诺书》,但实践中由于手机故障、矫正对象缺乏自觉性等,对社区矫正对象的管控力有限。[3]

因此,推行减刑激励制度有利于从根本上提高矫正对象的社区服务积极性,减少社区矫正对象在宽松的社区矫正机制中寻找漏洞,违反社区矫正规制措施。同时,减刑激励制度的推行有利于社区矫正工作人员进一步掌握矫正对象的动态实际情况,便于社区矫正工作人员的管控,缓解社区矫正工作人员的管控压力。

减刑激励制度的推行从根本上提高了矫正对象参与社区服务劳动的积极性,矫正教育效果在一定程度上得到强化,而矫正对象在高强度的社会服务中也可以获得劳动技能经验,帮助轻罪人员回归社会。

2. 对社区矫正基础设施需求低,不受限于城乡资源差异。由于城乡经济与基础设施差异较大,城乡地区对于社区矫正工作的实践差异较大。城市社区矫正以教育帮扶为主,例如,B市多采用"中途之家"的形式开展社区矫正工作,对于矫正对象开展统一的法治教育与心理矫治,对于女性、未成年人等特殊群体开展有针对性的分类教育,在解除矫正前进行就业指导、人际关系等方面的教育,并聘请心理医生开展心理辅导工作。[4]城市社区矫正工作重视信息化技术与社区矫正工作的结合,例如,上海市杨浦区通过数据模型的运用和大数据信息平台的建设,使得社

---

〔1〕 冯卫国:《行刑社会化研究:开放社会中的刑罚趋向》,北京大学出版社2003年版,第173页。
〔2〕 参见《社区矫正法》第29条。
〔3〕 张浩若:《社区矫正工作存在的问题及对策——以河南省X县社区矫正中心为例》,载《中共郑州市委党校学报》2022年第1期。
〔4〕 参见新华社:《北京成为中国首个社区矫正中途机构全覆盖的城市》,载中央人民政府网,https://www.gov.cn/jrzg/2011-07/09/content_1902752.htm。

区矫正工作在大数据的支持下更加信息化和规范化,防止矫正对象违规外出。[1]农村的社区矫正工作仍以司法所为主,由于大部分农村经济发展较差,矫正措施较为单调,社区矫正工作人员专业化水平参差不齐,对于大数据等高新技术与社区矫正工作的结合程度低,也无法完善社区矫正基础设施。

减刑激励制度的推行在便于社区矫正工作的施行与矫正对象的管控的同时,也可以以较低的成本调动轻罪人员的社区劳动服务积极性,对于社区矫正的基础设施需求较低,且减刑激励制度的推行相较于其他措施,不受限于城乡资源差距。

(二)减刑激励制度的缺点

1. 社区矫正机构与司法行政机关无法负担成本,司法资源紧张。社区矫正工作队伍建设的基础是社区矫正工作人员。司法行政机关作为各地社区矫正工作的主要负责机关,截至2019年9月,全国司法所共有4万余个,工作人员10余万人。轻罪人员数量的上升使社区矫正工作接收犯罪人员的数额也持续上升,相较于轻罪人员的数量,司法所与工作人员的数量很难承受正常社区矫正工作的压力。基层行政司法系统由于基层任务繁杂、力量薄弱等,不能充分体现公权力部门之间的相互配合、相互制约的立法精神。减刑激励制度的推行需要更多的司法行政工作人员,原有的司法行政工作人员的工作强度势必会增加,传统司法工作的繁重使司法资源紧张的问题难以解决,减刑激励制度很难从传统司法审判工作与司法行政工作中分得足够的工作人员与司法资源。减刑激励制度的推行还需要在社区中建设社区矫正集中管理场所,对于经济欠发达地区而言,没有足够的经济成本投入减刑激励制度的建设中。

2. 评估机制执行困难,主观性强。减刑激励制度的评估机制理论虽然具有可行性,但是在司法实践中执行困难较多,减刑激励机制在司法实践中并无先例可循,对于减刑激励机制的评估指标与评估内容仍停留在理论层面。且减刑激励机制的评估主体虽然有社区矫正矫正效果的评估为参考,但是司法机关工作人员作为评估主体,难以避免个体化差异与主观价值判断的影响,且减刑激励制度的评估程序并未明确,实践中只能参照社区矫正评估的经验开展减刑激励机制试点工作,随意性较强,准确性不高。

3. 社区矫正工作队伍建设滞后。减刑激励机制本身作为社区矫正工作的组成部分,同社区矫正的性质相同,涉及法学、教育学、社会学等多元学科领域,仅仅套

---

[1] 参见《杨浦区社区矫正用上大数据,防止矫正对象违规外出》,载新民网,https://news.xinmin.cn/2023/04/08/32356056.html。

用社区矫正效果评估的模板式方案,产生的减刑激励评估结果并不准确,对于社区矫正对象的矫治教育收效甚微。社区矫正工作本身需要不同类型的工作人员参与,[1]对工作人员的专业素养要求较高,但是大部分社区矫正工作人员并非复合型人才,在作减刑激励评估时无法准确地将法律与社会学、心理学等学科结合运用。减刑激励机制评估虽然也可以由社区矫正服务志愿者辅助评估工作,但是实践中社会志愿者的参与往往流于形式,并没有详细的章程对该类工作人员进行规制。

五、结语

综合上述理论与实践方案以及可行性分析,减刑激励制度在我国社区矫正现状中可行性较低,仍需要完善相关程序与制度构建。但是我国轻罪人员的数量不断增多,社区矫正工作压力也随之上升。减刑激励制度的提出是对缓解社区矫正工作压力,提高社区矫正管控能力的新尝试,探讨减刑激励制度的评估内容与适用范围,在理论层面上研究减刑激励制度的构建方案,为减刑激励制度的实践方案提供理论基础。在形成实践方案后,积极探讨减刑激励制度的可行性有利于进一步完善社区矫正制度体系,充分发挥社区矫正对我国刑罚轻缓化发展的积极作用,节约司法资源,为轻罪人员回归社会提供新路径。

---

[1] 参见申黎明:《基层司法行政工作存在的困难和对策——以河南省为例》,载《中国司法》2019年第10期。

智慧社区矫正:法理逻辑、风险检视与路径选择

王斯彤*

摘　要:依托大数据进行社区矫正信息化平台建设以及全要素监管改革是大数据赋能司法工作的必然选择。然而,智慧矫正工作同样面临诸多潜在挑战,尤其表现为人工智能参与社区矫正的定位模糊、数据滥用诱发隐私危机、算法偏见弱化社区矫正效果、算法参与社区矫正的可解释性存疑及社区矫正人文关怀减损风险等。基于此,当前需妥善处理好公正价值与效率价值、个体人权与公共利益和主观要素与客观要素等3层关系。首先,明确人工智能技术在社区矫正工作中的"辅助"地位;其次,严格数据搜集路径、强化社区矫正算法审查机制;再次,社区矫正算法可解释性的细化;最后,重视社区矫正对象权利且遵守伦理准则,在规制风险的同时不断挖掘人工智能技术在社区矫正工作中的应用潜力。

关键词:人工智能;社区矫正;算法审查;算法解释;算法伦理

一、问题的提出

为深入贯彻习近平总书记关于网络强国的重要思想,推进社区矫正工作高质量发展,司法部在2019年、2021年先后发布《关于加快推进全国"智慧矫正"建设的实施意见》《关于开展"智慧矫正中心"创建工作的通知》,提出要充分利用人工智能、大数据等现代信息技术对传统社区矫正工作进行智慧矫正的改造。智慧矫正是指在信息化时代运用人工智能技术、数据分析技术等现代化手段与社区矫正工作相结合,打造具备定位监管、远程督查、在线教育等功能的社区矫正体系[1],对

---

* 作者单位:广西警察学院。

〔1〕 参见陈婧:《以智慧法务助推司法行政信息化建设》,载《人民论坛》2020年第5期。

促进社区矫正对象重返社会具有重要的现实意义。目前智慧矫正工作在我国处于初级阶段,学界对智慧矫正的研究成果主要集中在技术应用价值和应用困境上。袁建涛认为,统筹推进"区块链+社区矫正"需要从推动区块链监管立法、贯彻落实《社区矫正法》、建设统一的信息化平台等3个方面着力[1];付立华强调大数据应用于司法社会治理领域的必要性,并提出从搭建社区矫正大数据平台、利用大数据开展循证矫正、利用算法实现社会帮扶智能推荐和构建社区矫正方案智能推荐系统实现社会治理智能化水平的提升[2];谭庆芳、陈雪松认为,采用大数据技术中的虚拟周界、轨迹跟踪、数据共享、数字画像将解决监管工作中的指膜欺骗、人机分离等问题[3]。总体而言,学界对于智慧矫正的研究主要围绕人工智能技术及大数据技术的运用,现有不足是对智慧矫正发展过程中的法理逻辑和风险检视不够深入。基于此,本文拟从价值、经验、规范和理论4个维度分析智慧社区矫正适用的法理逻辑,检视智慧社区矫正适用定位、隐私和算法等的风险,妥善处理好公正价值与效率价值、个体人权与公共利益和主观要素与客观要素等3层关系,并提出人工智能在社区矫正工作中的规制路径,以期能有效提升矫正的科学性、智能化和人性化水平。

二、智慧社区矫正适用的法理逻辑

相较于传统的社区矫正工作,智慧社区矫正依托大数据、人工智能、物联网等先进技术,构建定位监管、远程督查、在线教育等社区矫正体系,使矫正工作更加规范化的同时,也能够高效节约司法资源。另外,基于域外智慧社区矫正的有益参考、智慧矫正规范文本的解读以及犯罪学理论的支撑,智慧社区矫正具有进一步适用的可行性与必要性。

(一)价值维度:提升社区矫正实效的现实需要

从目前各地开展智慧矫正的情况来看,智慧矫正相对于传统矫正,能够有效增强矫正效果、辅助科学决策和实现社会公平。首先,智慧矫正有助于增强矫正的效用性。智慧矫正利用数据分析和人工智能算法,对矫正对象进行个性化的风险评估和需求分析,通过分析个体的犯罪历史、社会关系、心理特征等因素,能够比较准

---

[1] 参见袁建涛:《区块链在社区矫正中的运用:探索实践和政策建议》,载《邵阳学院学报(社会科学版)》2020年第4期。

[2] 参见付立华:《大数据推动社会治理迈向"社会智理"——以社区矫正领域为例》,载《山东师范大学学报(社会科学版)》2022年第4期。

[3] 参见谭庆芳、陈雪松:《大数据环境下社区矫正监管模式创新研究》,载《河南司法警官职业学院学报》2019年第1期。

确地评估矫正对象的再犯风险,并提前预测可能出现的问题和难题,有助于矫正机构和社区工作者针对不同的矫正对象进行差异化的干预和管理措施,提高矫正的针对性和有效性。其次,智慧矫正有效辅助科学决策。智慧矫正采用数据驱动的方法,通过收集和分析大量的矫正数据,可以获取更全面、准确的信息。这些数据可以包含社区矫正对象的个人信息、犯罪历史、社会背景、心理评估等方面的数据,对制定矫正方案具有重要的参考价值。通过智慧矫正技术,工作人员可以快速访问、整理和分析这些数据,从而更准确地评估和预测犯罪风险,辅助制定科学决策。最后,智慧矫正有利于实现社会公平。智慧矫正通过数据分析和决策支持,可以方便社区矫正工作人员更好地了解资源的使用情况和需求,减少资源浪费和不平等现象。如此,可以使社区矫正工作的效率性和公正性得到提高,实现资源共享和优化资源配置,使资源在不同地区得到更均衡的分配,实现社会资源的公平共享。

(二)经验维度:智慧社区矫正的有益参考

20世纪80年代初,电子监控技术在美国被率先应用于社区矫正领域,由此推动电子监控、互联网、区块链、人工智能等各类现代信息技术形式赋能社区矫正,催生社区矫正技术治理研究不断发展。[1] 美国在智慧矫正方面非常注重多元化技术的应用,电子监管设备、GPS定位、智能监控系统等的广泛应用,提高了监管效果和安全性。电子监管设备包括电子脚铐、手铐和脚环等,这些设备可以实时监测被矫正人员的位置和行动,确保他们遵守相关规定和限制[2];GPS定位通过使用全球定位系统技术,可以实时追踪被矫正对象的位置;智能监控系统则利用先进的摄像头和传感器技术,可以对矫正对象进行实时监控和录像。多元化技术的应用为美国智慧矫正提供了更灵活和有效的手段,促进了矫正目标的实现。另外,在使用数据分析和技术来改进矫正结果方面。美国往往利用大数据和机器学习技术,对矫正对象进行风险评估和预测,并根据个体特征和需求制定个性化的矫正计划。加拿大智慧矫正则以"公众保护、再犯预防和矫正对象重建"为核心理念,其注重通过风险评估和预测,以及个性化的矫正计划,帮助矫正对象改变行为并降低再犯率。此外,加拿大也重视矫正后的社会支持和重新融入,以确保矫正对象成功回归社会。

---

[1] 参见蒋红军、张艳红、廖依倩:《技术重塑身份:智慧矫正何以有效——以C区"区块链+社区矫正"应用平台为例》,载《中国公共政策评论》2022年第1期。
[2] 参见吴真:《社区矫正中使用电子监控的理论与效果分析》,载《犯罪研究》2018年第2期。

（三）规范维度：智慧矫正规范的体系解读

党的十九大明确了建设"网络强国、数字中国、智慧社会"的战略部署，我国将进一步提升信息化水平，推动经济社会的现代化转型。党的战略部署将为智慧矫正的发展提供强有力的政策支持和发展环境，推动矫正工作更加科学、有效地服务于社会安全和罪犯的改造。2018年司法部召开全系统网络安全和信息化工作电话电视会议，提出"数字法治、智慧司法"建设的重要部署，并把"智慧矫正"列为重要内容之一。随后，广州成为最先开始启动全国智慧平台的城市，之后上海、成都也纷纷开始建立。2019年颁布的《社区矫正法》第5条明确规定国家支持社区矫正机构提高信息化水平，运用现代信息技术开展监督管理和教育帮扶。随后，最高人民法院、最高人民检察院、公安部、司法部联合出台了《中华人民共和国社区矫正法实施办法》，该办法在《社区矫正法》的基础上进一步细化了信息共享的规定，要求部门之间依照法律规定建立并完善社区矫正信息交换平台。此外，2019年司法部印发了《关于加快推进全国"智慧矫正"建设的实施意见》，提出推动社区矫正工作从人工管理到网上管理，从数字管理到智能化管理，全面提升社区矫正工作现代化水平，并从指导思想、基本原则、主要任务、实施步骤和工作措施等方面对智慧矫正进行了进一步的明确。该意见中把智慧矫正的7个试点省市增加到10个，进一步扩大智慧矫正的试点范围。[1]

（四）理论维度：智慧矫正的犯罪学理论支撑

传统社区矫正的犯罪学理论基础主要有标签理论、社会约束理论、个别化理论和复归社会理论等，其中个别化理论和复归社会理论更直接地指导了人工智能如何在社区矫正工作中发挥作用，特别是在制定个性化矫正方案和支持矫正对象成功复归社会方面。这两个理论强调了矫正过程中对个体差异的关注和支持矫正对象社会融入的重要性，与人工智能技术在社区矫正中的应用目标无疑高度契合。

第一，个别化理论。个别化理论由近代刑法学者李斯特提出，李斯特对于刑罚制度的主张是运用处遇制度对罪犯进行针对性的对待。该理论不仅是把犯罪预防作为出发点，而且是将罪犯的人身危险性作为依据。[2] 在社区矫正工作中，这一理论强调对矫正对象的干预和矫正措施需要根据个体的特定情况来制定，以确保矫正计划的有效性。而人工智能技术能够通过分析个体的行为模式、心理状态、背景信息等大量数据，提供个性化的教育、心理辅导和技能培训等矫正方案，从而有助

---

[1] 参见吴尧：《浅论智慧矫正中心之建设》，载《泰州职业技术学院学报》2021年第5期。
[2] 参见马克昌主编：《刑罚通论》（第2版），武汉大学出版社1999年版，第508页。

于实现更为有效的矫正结果,减少再犯的可能性。

第二,复归社会理论。复归理论认为对罪犯进行教育矫治的最终目标是使经过改造的犯罪人有效复归社会,实现有效的社会接纳和融入,不再对社会造成威胁,从而保障社会秩序的最终恢复。[1] 该理论聚焦于帮助矫正对象在矫正结束后顺利重新融入社会,以降低再犯风险并促进矫正对象成为社会的积极成员,矫正过程需要提供必要的支持,如就业援助、教育机会、心理健康服务等。人工智能可以在这一过程中发挥重要作用,通过智能系统匹配合适的就业机会,提供个性化的教育培训资源以及监控和评估个体的融入进度,从而促使矫正对象顺利重返社会。

三、智慧社区矫正适用的风险检视

随着人工智能赋能社区矫正,带来了矫正效果的提升和犯罪预防的突破。然而,人工智能也对社区矫正的定位、权利保护、应用等方面产生一定的冲击,进而放大这些冲击所造成的风险。

(一)智慧社区矫正适用的定位模糊

目前在人工智能赋能社区矫正背景下,智慧矫正能够通过移动智能终端、矫正人员信息平台把矫正对象的犯罪类型、家庭情况、社会危害、悔罪表现等各方面的信息录入并归纳分类,并对这些特征性数据进行归纳处理,通过智能化分析比对,结合社区矫正工作的相关法规、案例,智能化制定矫正措施及矫正方案。如成都市青白江区司法局依托四川省社区矫正一体化平台,建立社区矫正对象基础信息库、生物特征数据库、动态矫正方案库,嵌入自助报到签到、"青心助矫"心理测评、"新我"在线教育、远程视频会见等系统,实现接收报到、智能监管、指挥调度、心理测评、教育帮扶、案件评查等全业务全流程"一网通办"。但在这个过程中容易产生人工智能融入社区矫正的定位模糊的问题,过度依赖技术可能带来一些风险和挑战。首先,可能导致责任的不明确和分散。由于人工智能决策通常是由算法和模型自动完成的,如果出现决策错误或不公正,实际上很难追溯到具体的责任人。这种模糊定位可能导致责任逃避和追责困难。其次,可能导致"人"的角色被忽视。过度依赖技术可能导致人工智能和算法完全成为社区矫正中的主导力量,而忽视了"人"的角色。人工智能是技术理性发展的产物,也是技术理性的化身,它按照"外在的本质和规律"运作,它是"必然性"链条上的纽结,是"机械的、冰冷的物的世界"

---

[1] 参见许福生:《刑事政策学》,中国民主法制出版社2006年版,第345页。

的"物神"[1]。人工智能虽然能够处理大量数据和进行复杂的分析,但它仍然缺乏人类的判断力、情感和灵活性。过度依赖技术可能导致对人性化和个体化需求的忽视,矫正过程变得冷漠、机械化,无法提供针对个案的背景和特殊情况制定和修改矫正计划。最后,可能导致矫正流程过于标准化。过度依赖技术会导致社区矫正工作的流程过于自动化和标准化,忽略了重要的人际互动和监督环节。社区矫正工作更多需要的是人工干预和社会支持,才能帮助罪犯重新融入社会,而过度依赖技术就会削弱这种共情性的重要元素。此外,技术的漏洞或故障也可能导致矫正过程的中断或不稳定。因此,明确人工智能参与社区矫正的角色定位势在必行。

(二)数据滥用诱发隐私危机

随着技术的不断发展,智慧矫正中的数据收集和分析也日益成为现实。上海市依托市大数据中心,与市公安局、市高级人民法院、市监狱局建立了相关社区矫正数据衔接和共享机制,将判决、采取强制措施以及暂予监外执行人员数据与社区矫正人员信息数据整合,通过一体化大平台系统实现了网上数据推送,织密社区矫正监管网络。智慧矫正信息化系统通过采集与社区矫正相关的大量数据,利用微信平台、电信运营商平台等大数据进行分析处理,并把结果应用于工作的各个环节,来提供数据支持和决策辅助。数据来源涉及业务数据、相关平台共享信息的政务数据、通信行为搜索行为相关的通信数据、微信、QQ等社交软件的社交数据、淘宝京东等平台的消费数据以及交通出行的出行数据等海量的数据信息。如果不加以妥善管理和监管,由于人工智能具备与现实世界进行物理性交互的能力,因此它侵害隐私不仅会造成人们精神痛苦,还会造成严重的人身和财产损害。[2] 智慧矫正系统使用个人的敏感信息、犯罪记录、心理评估结果等数据来评估和监控矫正对象。如果这些数据被不当地获取和使用,将对个人隐私造成严重影响。一方面,社区矫正对象的个人身份信息、风险数据被泄露,可能影响社区矫正对象个体的就业机会,导致收入减少或失去工作机会,也可能导致矫正对象在金融和贷款方面面临限制或困扰。另一方面,智慧矫正系统包含了社区矫正对象的敏感信息和心理评估结果,当这些信息被泄露时,个人可能面临严重的心理和情绪压力,产生羞愧、恐惧、不安和社会排斥的感觉,同时可能面临人身攻击、恶意嘲笑和负面评价等,这将

---

[1] 参见龙文懋:《人工智能法律主体地位的法哲学思考》,载《法律科学(西北政法大学学报)》2018年第5期。

[2] See Ohn Frank Weaver, *Robots Are People Too: How Siri, Google Car, and Artificial Intelligence Will Force Usto Change Our Laws*, Praeger, 2014.

对社区矫正对象的自尊心和心理健康产生负面影响。

因此必须促使信息隐私权逐渐从消极防御的权利向积极利用的权利转化,强调个人对自己信息的控制和利用。[1] 首先,智慧矫正中涉及的数据包括个人身份信息、犯罪记录、心理评估、治疗记录等敏感信息。上述个人数据的滥用可能导致个人受到歧视、个人权益受侵害,使矫正过程不再公正和平等。其次,数据滥用还可能导致个人隐私泄露的问题。如果未能保护好这些敏感数据,就会增加黑客攻击的风险,使个人信息被泄露。这不仅违反了个人的隐私权,也可能导致个人面临身份盗窃、金融欺诈等风险。最后,数据滥用还可能引发社区矫正对象个人信任和社会认可的问题。如果社区矫正对象对智慧矫正中的数据滥用感到担忧,他们可能对参与矫正流程产生不信任,导致产生抵触情绪,可能影响社区矫正的最终效果。

(三)算法偏见弱化社区矫正效果

目前,我国在智慧矫正中利用多种算法来提高矫正效率和准确性,主要包括机器学习算法、图像识别算法和数据挖掘分析算法等。其中机器学习算法用于分析矫正对象的行为模式,预测矫正对象未来行为的可能性及评估矫正效果,包括决策树、随机森林、支持向量机和神经网络等;图像识别算法通过卷积神经网络(CNN)等技术进行人脸识别、活动监控以及异常行为检测,用于监控矫正对象的行动和确保矫正对象遵守社区矫正相关规定;数据挖掘分析算法通过大数据分析技术,如聚类分析、关联规则学习等,找出矫正对象中的潜在风险群体,或是评估某些矫正措施的有效性。尽管这些算法能够有效提升社区矫正的效率和效果,但算法其实并不完美,因为它可能会导致算法偏见。算法偏见分为运行规则自带偏见和输入数据中的偏见,贯穿整个过程。[2] 导致出现算法偏见的原因有多个,其中一个重要原因是算法训练数据的偏倚,也就是训练数据中存在不平衡或歧视性的样本,那么训练出来的算法可能会对不同个体作出不公平或歧视性的决策。算法偏见表现在对不同群体作出不同判定或决策的情况,比如一个智能量刑系统可能会对某些种族或社会经济背景的人更严厉地判定刑罚,这种不公平对待会剥夺个体的公正和平等权利。如美国"威斯康星诉卢米斯案"中,卢米斯提出威斯康星州法院使用"风险评估工具"的智能量刑系统把他的再犯可能性危险等级定为"高风险"。然而,卢米

---

〔1〕 参见王利明:《隐私权的新发展》,载《人大法律评论》2009年第1期。
〔2〕 参见岳平、苗越:《社会治理:人工智能时代算法偏见的问题与规制》,载《上海大学学报(社会科学版)》2021年第6期。

斯认为这一评估结果并没有充分的依据，并且可能受到系统中的数据和算法的偏见影响。他请求美国联邦最高法院对此作出裁决。然而，最高法院拒绝受理该案，原因可能是最高法院无法确定该风险评估工具的结果是否具有充分的参考性。[1]因此，该案体现了算法歧视的问题，即在智能量刑系统中，数据和算法的偏见可能导致对个体作出不公正的风险评估，从而影响司法决策的公正性和中立性。这凸显了在使用人工智能和算法决策系统时需要谨慎审视其公正和可靠性，并确保系统的设计和实施不会产生歧视和不公正的结果。

算法偏见容易导致不平等与歧视、加剧社会分化和剥夺人们的机会和权益，特别是在社区矫正中，会严重弱化社区矫正的效果。如果智慧矫正系统中存在算法偏见，会导致不公平和不合理的结果，从而削弱社区矫正的公正性和可行性。一方面，算法偏见可能导致对不同人群的不平等对待。如果矫正系统中的算法对某些特定群体有偏见，比如种族、性别、社会经济地位等，就可能导致不公正的结果，导致某些特定群体可能会被过度监督或受到严格的限制，而其他群体则可能得到宽容和优惠，这无疑将大大削弱社区矫正的公正性和平等性。另一方面，算法偏见可能导致矫正决策的错误判断。如果算法不准确地评估了个体的风险和需求，就会导致系统作出错误的矫正决策。例如，算法可能错误地将某些低风险的个体标记为高风险，或者将某些高风险的个体标记为低风险，从而使矫正计划无法根据个人的实际情况进行定制化，最终导致无法达到矫正目标。

（四）算法参与社区矫正的可解释性存疑

可解释性指的是算法决策的透明程度，即能否理解和解释算法对个体的分类、评估或推荐依据。算法的可解释性，本质上是一个实现人类对机器决策监督的技术方案。[2]如果算法的可解释性存疑或者出现自动化决策不透明的情况，可能导致"算法黑箱"问题。在社区矫正工作中，利用算法进行矫正措施的调整，同时对社区矫正工作的区域性质进行前瞻研判，从而有效配置矫正资源，适时调整矫正政策。算法往往通过使用大量的个人数据和复杂的模型来作出矫正决策，由于算法的复杂性和内部的非线性转换，算法决策过程更像是黑盒子，甚至开发人员也无法

---

〔1〕参见江溯：《自动化决策、刑事司法与算法规制——由卢米斯案引发的思考》，载《东方法学》2020 第 3 期。

〔2〕参见周翔：《算法可解释性：一个技术概念的规范研究价值》，载《比较法研究》2023 年第 3 期。

识别或解释其决策背后的逻辑原理,其输入层与输出层之间就出现了"黑箱"[1]。智慧矫正系统使用大数据和机器学习算法来预测罪犯的再犯风险,并根据这些预测结果制定相应的后续处罚或监管措施。然而,由于算法的复杂性和机密性,可能会导致智慧矫正系统的决策变得不透明,甚至无法解释。这种情况下,社区矫正对象往往无法理解算法是如何使用他们的数据和特征来作出决策的,也无法解释为何被归类为某个风险等级,也无法对系统的决策进行合理的诉求或上诉。这种"算法黑箱"问题可能引发信任危机,人们会对智慧矫正系统的公正性和可靠性产生怀疑,并对矫正决策结果的怀疑和质疑,社区矫正对象会担心算法是否受到偏见和歧视的影响,他们可能无法理解为何被判定为高风险或被施加特定的矫正措施。这种不透明性可能破坏了矫正对象对矫正系统的信任,大大弱化矫正对象积极参与改造的动力。

（五）社区矫正人文关怀减损风险

社区矫正工作涉及对被矫正个体的情感和人际交互的理解和处理,这是人工智能系统相对薄弱的地方。社区矫正工作必须倾听和理解被矫正个体的意见、反馈和情况。[2] 智慧矫正的教育矫正阶段目前使用移动互联、AI 人机交互和大数据分析等智能化技术手段对社区矫正对象实施精准教育帮扶,如内蒙古赤峰市司法局打造的"智慧矫正"一体化平台,根据生成的矫正方案,依据矫正对象年龄、罪名、家庭情况、分类管理等级等,自动从 9 类 1600 多个教育资源中选取学习内容自动生成教育清单,每周通过 App 进行推送课程。然而,智慧矫正系统主要依靠大数据和算法来进行罪犯的犯罪风险预测和管理,而这些算法有时候并没有考虑到个体的性格、教育背景和心理状态等人文因素。系统仅仅关注从历史数据中提取的模式和特征,而忽视了罪犯作为人的独特性和复杂性,它无法真正理解社区矫正对象的表达和需求,只能基于预先定义的模式和数据进行决策,所以人工智能系统往往难以理解和体察矫正对象的情感状态,也无法提供真正的人际交互。社区矫正工作必须考虑到人的尊严和人权的保护,人文关怀是矫正过程中至关重要的一环。它强调对罪犯的个体需求和康复的关注,以帮助他们重新融入社会、实现改造。然而,智慧矫正系统缺乏道德和伦理考量,无法充分保障这方面的需求,可能使人文关怀被机械化或简化处理。系统可能更加注重罪犯的历史犯罪记录和风险预测

---

〔1〕 参见郑志峰:《人工智能时代的隐私保护》,载《法律科学(西北政法大学学报)》2019 年第 2 期。

〔2〕 参见魏斌:《浅谈社会支持理论在社区矫正中的应用》,载《中国司法》2021 年第 8 期。

值,而忽视了罪犯的情感诉求、心理健康和个人成长的需求。这种机械化的处理方式可能导致矫正过程的冷漠化,使罪犯感到其被异化为数字或案例,而非被理解和关怀为个体。

四、智慧社区矫正适用的理念形塑

一方面,风险与机遇无疑是相对应的,尽管存在上述风险,但不能因此而否定或放弃人工智能技术在社区矫正工作中的运用;另一方面,只要对事前概念的"风险"继续有效控制、在管理中把好风险关口前移,就能预防和避免作为事后概念的"损失"的发生。[1] 人工智能技术在社区矫正中的运用也是如此,通过充分认识风险,加强对人工智能技术的规制,才能有效把风险放置于可控范围。针对上述风险需要具体处理好以下3组关系。

(一)公正价值与效率价值的二元平衡

人工智能在社区矫正工作中需要处理公正和效率的关系。一方面,必须确保公正价值的实现。公正是社区矫正工作的核心价值观之一,它强调对所有个体的平等和公正对待,避免对特定群体的歧视或偏见。在运行人工智能社区矫正系统时,必须确保其算法和决策过程是公正的,不偏袒任何特定群体。另一方面,也要进行效率价值的考量。效率是人工智能背景下社区矫正工作的另一个重要价值。通过使用智能算法和大数据分析,社区矫正系统能够更快速、更准确地进行风险评估和矫正决策,提高矫正效果和减少人力资源的投入。然而,在追求效率的同时,必须确保不损害公正原则,避免任意降低个人权益或造成不公平的结果。同时,为了确保公正和效率的平衡,人工智能背景下的社区矫正系统的设计和实施应该充分考虑各方的参与和监督,包括社区成员、矫正机构、法律专家、技术专家等各方的参与,以确保系统能够在符合伦理和法律要求的前提下进行运作。建立独立的监督机制,对系统的运行和决策进行监督和评估,及时修正和改进系统的不足之处。只有确保矫正决策公正,不偏不倚,考虑个体特点和需求,但同时也要高效运作,提高社区矫正的效果和成本效益,确保公共利益的实现。

(二)个体人权与公共利益的合理兼顾

人工智能在社区矫正工作中需要处理好个体的人权与社会公共利益之间的平衡。一是人工智能下的社区矫正系统在处理犯罪行为时,必须始终尊重和保护公

---

[1] 参见张琴、陈柳钦:《风险管理理论沿袭和研究趋势综述》,载《中国证券期货》2008年第10期。

民个人的人权,包括个人隐私、数据保护和合法权益等方面。人工智能必须始终遵循透明和合法的原则,确保决策和操作过程不侵犯公民个人的基本权利。二是人工智能下社区矫正系统的目标是保护和提升社会的公共利益,涉及对社区的安全和秩序的维护,减少犯罪率和保护受害者。在追求公共利益的同时,需要确保措施的必要性和合理性,避免滥用权力和导致不公正的结果。三是人工智能下社区矫正系统的设计和实施必须充分考虑来自社会多元利益的不同声音。通过广泛的社会对话和参与,可以更好地了解各方的需求和担忧,并在系统设计和决策中充分考虑这些因素,需要确保被矫正个体的人权受到尊重和保护,同时也要对社区的公共利益和安全负责,不能以牺牲个体权益为代价,以达到个体人权和公共利益的平衡。

(三)主观要素与客观要素的双重考量

人工智能在社区矫正工作中需要处理主观要素和客观要素之间的关系。首先,必须认识到主观要素的重要性。主观要素是指涉及人类情感、判断和价值观的因素。在社区矫正中,每个案件都有其独特的情境和背景,需要综合考虑每个社区矫正对象的个体差异、犯罪动机和社会环境等主观要素以及矫正工作者的专业判断和经验等。其次,客观要素的准确性具有同样重要的地位。客观要素是指通过数据和事实进行量化和分析的因素。人工智能可以利用大数据和算法来识别模式和生成预测,提供客观的风险评估和决策支持。客观要素可以提供客观标准和可重复的方法,降低主观偏见和误判的风险。最后,必须做好主观要素和客观要素综合考量与权衡。在社区矫正工作中,主观要素和客观要素并不是互相排斥的,而是需要综合考虑和权衡的,社区矫正工作相关决策必须基于客观的数据和算法,减少主观因素的影响,但也需要考虑到个体的独特情况和需求,避免对所有个体一概而论。社区矫正系统可以利用客观数据和算法来辅助决策,同时也需要考虑主观因素的影响,以确保决策的全面性和公正性。这就可以通过利用人工智能技术进行数据驱动的风险评估,同时结合矫正工作者的专业判断和审慎决策来实现。

五、智慧社区矫正适用的完善路径

随着科技的迅速发展和应用,智慧矫正作为一种创新的矫正手段正逐渐引起广泛关注。它利用人工智能、大数据分析、算法模型等技术,为矫正工作提供了新的可能性和工具。然而,智慧矫正技术的应用还存在一系列挑战,为了最大限度地发挥智慧矫正的潜力,我们需要探索适用的完善路径,以确保智慧矫正在法律、伦理和社会方面的可行性和可持续性。

（一）坚守人工智能在社区矫正中的"辅助"地位

人工智能各项技术目前尚处起步阶段，无法胜任复杂的法律思维工作。[1] 同时，为实现友好人工智能的建设目标，最好的状态是让人工智能成为人类的好助手。[2] 因此在社区矫正中，人类必须明确自身主体地位，人工智能在社区矫正中扮演辅助的角色，而不是取代人类决策和判断的权威。虽然算法和人工智能技术可以提供数据分析和预测能力，提高社区矫正工作的效率和准确性，但在矫正决策方面，社矫工作人员的专业知识、经验和判断仍然至关重要。人工智能在智慧矫正中扮演辅助地位而非主体地位。虽然人工智能技术在智慧矫正中具有诸多优势和应用潜力，但它应该作为辅助工具来帮助和增强矫正工作的效果，而不应取代人类专业人员的职责和决策权。首先，人工智能在矫正过程中的应用主要是基于算法和数据的分析和预测。尽管算法可以帮助预测社区矫正对象的行为和再犯风险，但它们无法考虑到人类的认知、际遇和情感等复杂的人文因素。人工智能往往只能依据先验知识和历史数据进行推断和决策，而对于社区矫正对象个体的特殊情况和需求可能存在盲区。最终的决策仍然必须由社区矫正工作人员深入考虑矫正对象的背景信息、个体情况和矫正目标之后做出专业判断。其次，智慧矫正中的决策和行动需要综合考虑多种因素，包括社会价值观、伦理道德和矫正目标等，这些因素涉及广泛的专业知识和道德判断，而人工智能无法具备人类专业工作者的判断力和悟性，因此必须由人类决策者即社区矫正工作人员来进行评估和权衡。此外，智慧矫正过程中涉及多方合作和沟通，包括矫正人员、心理健康专家、矫正对象家属等，而社区矫正工作人员能够更好地理解和回应社区矫正对象的个性需求和情感诉求，提供面对面的关怀和支持，而人工智能无法替代这种人际关系和交流。

总之，人工智能在社区矫正中应被视为一种辅助工具，人类决策和判断的权威在社区矫正行为中是不可替代的。社矫工作人员需要负责社区矫正的决策和行为，并在决策的专业性、伦理道德、风险管理和责任承担等方面发挥关键作用。人工智能的参与范围应由社矫工作人员决定，特定的任务和领域可以给予人工智能更大的参与空间，以提高效率和准确性，如数据处理、信息分析、资源分配等，但必须受到明确的限制和条件，需要在一定领域和任务范围内进行。

---

[1] 参见华宇元典法律人工智能研究院编著：《让法律读懂人工智能》，法律出版社2019年版，第150页。

[2] 参见李高协、齐润发：《人工智能法律主体地位思辨》，载《人工智能》2023年第4期。

(二)严格数据搜索路径

由于智慧矫正系统通常会涉及大量个人敏感信息,维护数据安全和隐私保护至关重要。为保护社区矫正对象和利益相关者的合法权益,人工智能在社区矫正中的应用需要建立严格的数据搜索路径。首先,建立合法合规的社区矫正数据采集和使用机制。确保在数据采集过程中遵循适用的法律法规和伦理准则。进一步明确规定使用矫正数据的目的、法律依据、采集方式和范围,并确保取得相关社区矫正对象的知情同意。同时,制定明确的矫正数据使用和共享政策,设立权限管理机制,只允许相关社区矫正工作人员访问特定的数据内容。其次,加强数据存储和传输的安全性。确保采用安全的存储设备和加密技术,保护社区矫正数据的机密性和完整性。在数据传输过程中,应采取安全的网络通信协议,以防止数据泄露和非法访问。再次,建立严格的社区矫正数据访问和审计制度。限制对敏感矫正数据的访问权限,并建立审计日志,记录每次访问和修改数据的信息,以便进行追溯和核查,有助于防止非法操作和滥用权限,同时提供数据追踪的可靠依据。最后,加强对智慧矫正系统的监管和评估。建立专门的监管机构或委员会,负责监督智慧矫正系统的数据使用和管理。定期进行安全审查和隐私评估,以识别潜在的风险和问题,并及时采取纠正措施。如此,人工智能才能在社区矫正中发挥积极的作用,并确保决策的公正和准确。

(三)强化社区矫正算法审查机制

为了确保人工智能在社区矫正中的合理应用,应建立且不断强化算法审查机制,以确保其公平、透明和合规运行,避免算法偏见的发生。进一步强化算法审查机制应从以下方面着手:一是完善数据采集和处理,确保在智慧矫正系统中使用的数据集是多样化和有代表性的。数据采集应广泛涵盖不同族群、性别、年龄和社会背景的社区矫正对象。同时,应仔细审查数据的质量,避免数据存在歧视性或倾向性。同时,应对数据采集和处理过程进行审查,确保算法所使用的数据是均衡、准确和无偏向的。二是进行算法模型训练,应审查智慧矫正系统的算法模型训练过程,确保训练算法的数据集不含有偏见和歧视性的特征。社区矫正审查人员还应检查算法模型的正则化、规范化和去偏差处理等技术手段,以确保模型在处理数据时不会引入新的偏见或歧视。三是建立算法公平性评估,应定期对智慧矫正系统的算法公平性进行评估。评估过程应包括对算法结果的影响因素进行分析,重点应包括模型的构建、训练数据的选择、特征处理和选取方法、算法公平性和性能评估等方面,确保算法不会对特定群体进行歧视,并使用公平性评估指标来衡量算法的公平性,并根据评估结果提出改进建议。社区矫正是一个复杂而动态的领域,算法的应用和效果会随着时间的推移发生变化。因此,审查机制应该能够跟上科技和法律的发展,定期审查和更新算法,以确保审查机制与社区矫正的需求和改变相适应。强化社区矫正算法的审查机制是确保人工智能在社区矫正中合理应用的重要举措,通过建立全面的审查体系,进行多方面、独立、透明的算法审查,可以确保算法的合法性、公正性和透明度,并提高社区矫正的效果和公信力。

(四)细化社区矫正算法的可解释性

细化社区矫正算法的可解释性可以解决算法"黑箱"问题,增强算法的透明度和可解释性。这意味着算法应该能够清晰地展示社区矫正的决策和推理过程,使人们能够理解为何作出这样的决策。在智慧矫正算法的设计中,应优先考虑使用解释性模型,解释性模型提供了直观解释和理解的决策过程,有助于增强算法的可靠性和可解释性,如决策树、逻辑回归、朴素贝叶斯和支持向量机等模型都具有较高的可解释性,能够提供直观解释和理解的决策过程,选择不同类型的解释性模型可以提供更多的观点和解释方式,从而增强算法结果的可解释性。相比之下,"黑箱"模型如深度神经网络可能在解释性上存在挑战。因此,选择更易解释的模型能够使算法结果更具可靠性和可解释性。在此基础上,引入可解释性评估指标可以客观衡量算法模型的可解释性。例如,特征的重要性排序、模型复杂性指标等可以用来量化模型的解释性。通过定量评估指标的引入,可以帮助选择更具解释性的模型,并对不同模型的解释性进行比较和优化。为了提高智慧矫正算法的实时性和可解释性,可以考虑使用在线学习技术,使解释性模型能够根据实时数据进行更新和调整。这样可以确保算法模型能够及时反映和理解新的情况和规律,从而提供更准确和可靠的矫正决策解释。可解释性细化还应考虑在不同的利益相关者之间进行沟通和协商。社区矫正涉及多个利益相关方,如从业人员、社区矫正对象和社区居民等,因此社区矫正算法的解释性应该能够满足不同利益相关者的需求和期望,以促进对算法应用的共识度和接受性。总之,为了提高人工智能在社区矫正中的可信度和可接受性,社区矫正算法的可解释性需进行细化,包括使输入和输出的可理解、解释决策的逻辑、具备可验证性等,并考虑不同利益相关者之间的沟通和协商。

(五)重视社区矫正对象权利且遵守伦理准则

智慧矫正应该为社区矫正对象提供人文关怀和支持,促进他们的改造和重建。除了监控和预测犯罪行为之外,智慧矫正还应该提供相应的社会资源,帮助社区矫正对象重新建立社交关系、获得教育和就业机会,从而降低再犯率。一方面,做到倾听和尊重,重视社区矫正主体及相关者的声音和意见,倾听他们的需求和关切,尊重他们的权利和尊严;另一方面,保证多元社会力量的参与,确保在人工智能系统的开发和应用过程中,包括社区矫正专家、社会学家、伦理专家、社区代表和社区矫正对象在内的多元团队的广泛参与,确保各种观点和经验得到充分考虑,促进系统的公正性。智慧矫正的目标是帮助罪犯重新融入社会,而不是剥夺他们的权利和尊严,因此应该重视社区矫正对象的个人权利,包括隐私权、自由权、自尊心等,确保对社区矫正对象的隐私进行保护。同时,智慧矫正必须遵守伦理规则,确保公正性和合法性,不仅要保护社区矫正对象的权益,还要避免对矫正对象进行不当的操控和歧视。进一步明确规定使用智慧矫正的条件、范围和限制,确保智慧矫正正确、公正、透明地应用。

六、结　语

基于现代信息技术的智慧矫正是为了更好地落实《社区矫正法》而采取的一项创新举措,通过应用现代信息技术,智慧矫正在社区矫正领域提供了新的方式和解决方案,以促进矫正工作的有效实施和罪犯顺利重返社会。在此背景下,本文从价值维度、经验维度、规范维度和理论维度深入分析智慧社区矫正适用的法理逻辑。从智慧矫正工作的过程来看,同样面临诸多潜在风险,尤其表现为人工智能参与社区矫正的定位模糊、数据滥用诱发隐私危机、算法偏见弱化社区矫正效果、算法参与社区矫正的可解释性存疑及社区矫正人文关怀减损风险等。基于此,当前应需妥善处理好公正价值与效率价值、个体人权与公共利益和主观要素与客观要素等3层关系,采取明确人工智能技术在社区矫正工作中的"辅助"地位、严格数据搜索路径、强化社区矫正算法审查机制、细化社区矫正算法可解释性和重视社区矫正对象权利且遵守伦理准则等措施应对风险。诚然,智慧矫正尚处于探索阶段,在理论和实践层面仍有许多问题值得深入探讨,比如如何建立透明、公正的智慧矫正治理机制、如何制定智慧矫正的伦理规范等,在未来将进一步对这些问题展开研究。

协商型犯罪记录封存的制度构建
——以社区矫正为视角

葛惟翰[*]

  摘　要：犯罪记录封存制度是犯罪人复归社会的制度保障，但我国的犯罪记录封存制度还不完善。表层原因是犯罪记录封存制度的配套规范供给不足、类型化程度低，而深层原因在于犯罪人复归社会缺乏科学评估和有效协商，无法根本解决民众的顾虑。在试点之初，应当秉持审慎的态度，社区矫正作为非监禁的刑罚处罚措施，可以在适用对象、执行主体、技术赋能等方面为犯罪记录封存制度提供借鉴和供给。在依靠社区矫正评估的前提下，构建以犯罪人自愿主动提出为前提，以造成的社会危害性为根据，以社区矫正的再犯评估结果为参考，构建协商性犯罪记录封存制度，并主张先试点、后推广的方案，帮助犯罪人复归社会。

  关键词：犯罪记录封存；社区矫正；司法改革；技术赋能；类型化

  "犯罪记录封存"是指对于被宣告有罪或者判处刑罚的犯罪人员，在刑罚执行完毕后，符合一定条件时，关于该人的犯罪记录不再对第三人公开。[1]这被认为是犯罪人复归社会的一项重要权利。

  早在20世纪，我国学者就已经关注到犯罪记录封存的相关问题。[2]随着时代的变迁和人权保障的法治精神深入人心，犯罪人如何复归社会是学界研究的重大

---

[*] 作者单位：宜宾学院法管学院。
[1] 参见李玉萍：《犯罪记录制度初探》，载《法律适用》2010年第12期。
[2] 参见孙韶平、李文军：《有条件地消灭前科（污点）》，载《青少年犯罪问题》1995年第5期；张晋清、傅清河：《试谈我国刑法中的前科》，载《法学杂志》1985年第5期；曾芳文：《前科浅谈》，载《人民司法》1986年第1期；胡鹰、喻文莉：《复权制度探讨》，载《法学研究》1993年第4期。

热点问题，以"犯罪记录封存""前科消灭""复权制度""犯罪附随后果"[1]等为关键词在知网检索，可以查阅到上千篇论文，以此为主题的学术活动更是数不胜数。尽管学界普遍认为，犯罪记录封存制度有保障人权和维护司法公正、减少社会对立、落实宽严相济的刑事政策、帮助犯罪人复归社会、防止对近亲属的不当影响等诸多优势，但在立法层面，我国关于犯罪记录封存的相关立法可谓静默。目前我国的犯罪记录封存制度还十分不完备，基本只存在针对未成年人的犯罪记录封存。[2]直到党的二十届三中全会审议通过《深改决定》，明确提出"建立轻微犯罪记录封存制度"作为完善中国特色社会主义法治体系的重要举措。

为何犯罪记录封存制度在我国探讨多年却迟迟未能出台，在终于被提上立法日程的当下，又应当如何解决犯罪记录封存制度中适用面狭窄、类型化程度低的问题，这是学界的热点问题。本文拟转变以往的研究角度，以社区矫正制度为视角，借鉴社区矫正制度中的有益经验，寻求协商性司法的理论供给，提供一种具有落地可能性的协商性犯罪记录封存制度构建思路，以帮助犯罪人复归社会。

一、困境探析：我国犯罪记录封存制度为何难产

我国关于犯罪记录封存制度的探讨早已有之，但犯罪记录封存制度的完善迟迟未能落地，究其原因，既在"法内"，也在"法外"。"法内"是表层原因，即我国缺乏犯罪记录封存制度的配套规范，而"法外"是根本原因，即犯罪人复归社会的过程缺乏评估和协商机制。只有分析"法内"和"法外"的原因，才能回答我国为何难以构建犯罪记录封存制度，以及未来改革的方向。

（一）表层原因：犯罪记录封存制度的配套规范不足

犯罪记录封存制度起源于法国的复权制度，如今全世界已有30多个国家和地区构建了各式各样的犯罪记录封存制度。而我国犯罪记录封存制度的构建还存在以下三大缺憾。

---

[1]"犯罪记录封存""犯罪附随后果""前科消灭""复权制度"等概念并不相同，但是都关注犯罪人如何复归社会的问题，所以在内容上存在交叉。

[2]《刑事诉讼法》第286条规定，犯罪的时候不满18周岁，被判处5年有期徒刑以下刑罚的，应当对相关犯罪记录予以封存。犯罪记录被封存的，不得向任何单位和个人提供，但司法机关为办案需要或者有关单位根据国家规定进行查询的除外。依法进行查询的单位，应当对被封存的犯罪记录的情况予以保密。

首先，《刑法》规定了犯罪记录报告义务，[1]这是犯罪记录封存的根本弊端。这使成年犯罪人即便是轻微犯罪也要背负严重的犯罪附随后果，导致了犯罪人难以回归社会，不能正常就业，进而再次犯罪，激化社会矛盾，陷入恶性循环之中。这被认为是犯罪后果与附随后果"头重脚轻"，出现的"倒挂现象"[2]。有学者指出，尽管这一规定在一定程度上可以弥补我国犯罪记录制度的漏洞，发挥预防犯罪的功能，但在我国建立统一的犯罪记录信息库后，就应予以修正。[3]

其次，我国关于犯罪附随后果的相关规范是范围极其广泛、体系十分凌乱的。有学者在考察我国犯罪附随后果的现状后指出，我国犯罪附随后果存在体系性危机，事项广泛、数量繁多，呈现上升趋势，关于职业禁止相关的规定就涉及几十部法律规范，在司法实践中，绝大部分缺乏明确的适用标准。[4] 总之，犯罪记录封存制度并非仅存在于刑事法中，而是整体法规范下的系统性问题。

最后，改进幅度有限，难以解决现实问题。2021年，公安部发布了《公安机关办理犯罪记录查询工作规定》，对犯罪记录查询的主体、程序和期限进行了一定程度的优化，形成了犯罪记录规范化的查询机制。但是，有学者指出，当有关单位可以无限期查询相关人员的犯罪记录时，实际效果会大打折扣。[5] 2022年，最高人民法院、最高人民检察院、公安部、司法部联合发布《关于未成年人犯罪记录封存的实施办法》也进一步完善了未成年人相关的犯罪记录封存制度，但仍存在适用范围有限、制度衔接不畅等问题。

总之，尽管我国社会各界高度关注犯罪人复归社会的问题，但在规范层面仍然障碍重重，依然存在法律规范设置不合理、类型程度低、改动有限等问题。法律规范不完善虽然是表面原因，但这并不意味着不重要，因为"法治"是依法治理，法律规范供给不足是犯罪记录封存制度难以落地的直接原因。

(二)根本原因：犯罪人复归社会缺乏评估和协商

透过现象看本质，会发现"法内"原因是由"法外因素"决定的。

---

[1]《刑法》第100条规定，依法受过刑事处罚的人，在入伍、就业的时候，应当如实向有关单位报告自己曾受过刑事处罚，不得隐瞒。犯罪的时候不满18周岁被判处5年有期徒刑以下刑罚的人，免除前款规定的报告义务。

[2] 参见李思远：《论轻微犯罪记录封存制度的构建》，载《清华法学》2024年第6期。

[3] 参见方涛：《刑事一体化视野下前科消灭制度的本土化构建》，载《河南财经政法大学学报》2024年第6期。

[4] 参见刘炳君：《论犯罪附随后果制度的反思与限缩》，载《西南政法大学学报》2024年第3期。

[5] 参见严磊：《信用社会建设背景下犯罪前科的泛化及其应对》，载《温州大学学报》2024年第2期。

首先,在宏观层面,我国是一个注重重罚、信仰报应的国家。我国关于犯罪记录的记载,最早可以追溯至春秋时期,[1]历代帝王普遍崇尚和迷信重刑,认为严酷的刑罚可以解决一切问题。[2]而根据实证研究,惩罚的确定性和严厉性确实可以对犯罪有显著的威慑作用。[3]因此,我国长时间没有动力推进犯罪记录封存制度的完善。其次,在中观层面,社会资源是十分有限的。尽管前科对于犯罪人而言是一种"恶害",剥夺了他们平等就业的机会,但是相较于运气、资源、出身等非人为可改变的因素,这似乎是一种更为合理的资源分配方案。所以,刑罚(监禁刑)不仅在物理上区隔了犯罪人和普通民众,而且犯罪附随后果还可以剥夺犯罪人及其近亲属的竞争机会。因此,认为应当保留犯罪记录的声音在网络平台上并不鲜见。最后,在微观层面,民众对犯罪人具有畏惧感,始终认为犯罪人在刑罚执行完毕后仍会重新犯罪,是身边的"不稳定因素",大量关于犯罪再犯恶性案件的新闻报道又加深了民众的印象,从而导致民众在心理上抵触接纳犯罪人复归社会。

尽管不少学者已经意识到上述问题,但是仍局限于认为这是一种难以改变的社会心理,所以只在形式上构建附条件的犯罪记录封存制度,忽略或逃避追问更为本质的问题。事实上,民众对于犯罪人有畏惧感的原因有二:其一,对于犯罪人的处遇缺乏分级和类型化。中国自古有"盗亦有道"的说法,民众当然可以认识到犯罪人与犯罪人之间可能存在不同,但是无法在生活中辨识出他们之间的差异,加之民众对犯罪人的观察视角极为有限,只能通过新闻媒体、官方通报等少数途径了解相关情况,这样的观察会带来片面的认知,形成"信息茧房"。其二,在司法实践中存在"一罚了之""一放了之"的现象,对犯罪人的矫治不科学、不全面。缺乏对犯罪人再犯可能性的科学评估,类型化程度很低,往往只在经验上作出大致的判断,甚至还会造成"交叉感染",在客观上出现了"放虎归山"的现象。

综上所述,片面认为民众不够宽容的思路是行不通的,犯罪记录封存制度的构建涉及社会防卫和犯罪人人权保障的价值权衡。当各个主体难以形成共识、诸多价值难以通约时,理想状态下可以使用协商方式解决,对于犯罪记录封存而言也不例外。关于犯罪记录封存制度构建上形式与实质的问题,社区矫正制度为犯罪记录封存制度的协商和评估提供了一个可供参考和衔接的模板。

---

[1] 参见全荃:《我国犯罪记录制度体系化研究》,黑龙江大学2021年博士学位论文,第29页。
[2] 参见梁若然:《中国古代法律"重刑轻民"现象之探讨》,载《中共宁波市党校学报》2008年第4期。
[3] 参见陈屹立、张卫国:《惩罚对犯罪的威慑效应:基于中国数据的实证研究》,载《南方经济》2010年第8期。

二、可行分析：社区矫正对犯罪记录封存的制度供给

社区矫正制度与犯罪记录封存制度存在诸多相似之处，它们都是在反思古典报应刑论的基础上，企图挽救、教育犯罪人。同时，他们都肩负防卫社会的基本功能。基于此，社区矫正制度对犯罪记录封存制度的供给是各个层面的，为解决上述形式和实质的原因，这里主要探讨适用对象、评估效果上的衔接与供给问题。

（一）适用对象：社区矫正与犯罪记录封存的对象交叉

适用对象是犯罪记录封存制度中最为核心的部分。社区矫正制度对犯罪记录封存制度的供给也可以分为形式和实质两个层面：在形式层面，社区矫正与犯罪记录封存制度的适用对象存在交叉关系，而实质层面，犯罪人形象已经发生了深刻变化，可以引导民众对罪行轻微的犯罪人有所改观。

根据《刑事诉讼法》第269条的规定，社区矫正的适用对象是被判处管制、宣告缓刑、被暂予监外执行、被裁定假释的罪犯。除了对监外执行、被裁定假释的罪犯存在人道主义、缓解狱政管理压力等考虑因素外，对判处管制、宣告缓刑的犯罪人则在很大程度上是因为他们犯罪行为较为轻微，不需要被判处监禁刑。这与《深改决定》中"轻微犯罪记录封存"中的"轻微"不谋而合。

在规范意义上由于我国《刑法》并未规定何为"轻罪"，所以对于"轻微"的认识，学界存在"形式轻罪""实质轻罪"等不同立场，向下又可分为"法定刑说""宣告刑说""综合标准说"等观点。[1] 这些观点存在形式和实质、单一标准与综合标准的不同，但是无论采取何种观点，被判处管制、缓刑的犯罪人都在实质上属于犯罪轻微的类型。而且，社区矫正是非监禁的刑罚处罚措施，避免了监禁刑中可能存在的"交叉感染"。因此，在犯罪记录封存制度的构建上，可以以社区矫正的适用对象为试点对象。

在实质层面，对被判处管制、宣告缓刑的犯罪人有条件地封存犯罪记录也更容易为社会所接受。因为随着时代的快速发展，犯罪人的形象也已经发生了深刻变化。第一，在积极刑法观的引导下，刑法所需要保护的法益日益增多，出现了不少"帮助行为正犯化""预备行为实行化"的罪名，犯罪圈的扩张，使过去部分只是行政违法的行为人变成了负担刑责的犯罪人。第二，经济犯罪、网络犯罪的增多，与以往的暴力恶性犯罪存在明显差异。因此，犯罪人的形象已经与以往出现了较大差

---

[1] 参见张勇：《轻罪的界定标准与分类治理》，载《社会科学辑刊》2024年第2期。

别。第三，我国的犯罪出现了"双升双降"[1]的趋势，轻罪俨然占据了犯罪的主体部分，刑事治理面临重大考验。

上述变化会造成两个显著的影响：其一，在民众的观感上，犯罪人将不再是凶神恶煞、十恶不赦的模样，不少经济犯罪、过失犯罪的犯罪人，会让民众觉得值得同情，这是轻微犯罪人被社会接纳的重要因素。其二，行政机关、司法机关也有理由和动力将部分轻微犯罪的犯罪人复归社会，这将实质地推动犯罪人"再社会化"的进程。

综上所述，社区矫正的主要对象是犯罪行为轻微、社会危害性较低的犯罪人，这与《深改决定》中所要求的"轻微"高度重合，所以犯罪记录封存制度的适用对象可以从未成年人扩张至社区矫正人员。另外犯罪人形象的转变，也增加了社会民众的可接纳程度，行政机关、司法机关也有能力、经验和动力帮助他们复归社会。所以，完全可以将社区矫正中被判处管制、缓刑的人员作为犯罪记录封存制度的试点对象。

（二）体系移植：三方评估与技术赋能下的矫正效果

民众观念的转变不仅需要宣传和灌输，更重要的是犯罪人回归法秩序，成为社会安定的一分子。2003年我国开始探索社区矫正制度，在20多年的时间里，已经在评估经验、技术应用等方面取得了不少成熟的经验，可供犯罪记录封存制度借鉴，甚至可以直接衔接。

首先，社区矫正和犯罪记录封存制度的执行主体可以使用同一套班子，有实务人士指出，既然社区矫正工作由司法行政机关承担，那么司法行政机关对前科消灭的考察也更具有经验和中立性，可以设置司法行政机关为主、公检法机关参与，社区、单位为辅的犯罪记录封存考察小组。[2] 这样的制度安排实际上不过是社区矫正模式的变体，即行政机关为主、司法机关参与、社区单位协同的三方评估。这样做的优势还在于"精兵简政"，一方面，有社区矫正经验的司法行政机关可以会同其他部门、主体对犯罪人的各项指标作出科学评估；另一方面，也可以减少各部门之间工作对接上可能出现的错误和资源浪费。

其次，我国社区矫正快速发展的20年，也是信息技术飞速发展的20年，"智慧

---

〔1〕 "双升双降"指的是轻微犯罪数量与轻刑率上升、严重暴力犯罪数量与重刑率下降。参见卢建平：《轻罪时代的犯罪治理方略》，载《政治与法律》2022年第1期。

〔2〕 参见朱聚红、苏丽萍、吴柳青：《轻罪惩治视角下犯罪记录封存制度的构建》，载《人民检察》2024年第1期。

矫正"在全国各地的兴起,极大地提高了矫正的质量和效率。"智慧矫正"中互联网、云计算和物联网等先进技术完全可以为犯罪记录封存制度赋能。例如,在犯罪人回归社会后,不仅可以对其进行回访,对其人身危险性作出科学评估,还可以远程为其提供相关的技能传授、信息提供等技术支持。笔者曾撰文指出"智慧矫正"可能存在一些风险,但这些困难并非完全不可克服。[1] 对于技术的应用应当采取审慎的态度,但"技术保守主义"并不可取。总之,"智慧矫正"的技术不应当仅在社区矫正阶段被应用,同时也应服务于犯罪记录封存制度。

最后,社区矫正制度对犯罪记录封存制度的供给不会出现"水土不服"的现象。如果一味地借鉴外国的经验,会发现我国的司法体制、法治文化与外国存在明显差异。所以,笔者认为我们可以在思想上吸取外国的有益经验,如"协商性司法""恢复性司法""教育刑论"等理念,但在具体制度的构建上,应当充分考察我国本土的法律资源,我国的社区矫正制度是在中国本土逐步摸索、发展起来的,值得借鉴。

在本文所构建的图景中,随着犯罪人的形象变化和主体、技术的支撑,犯罪人复归社会似乎并不存在实质的障碍,居民和犯罪人仿佛可以和谐共处,但事实上却存在相反的情况。有学者指出,社区矫正存在失控风险,熟悉受矫人员越轨行为的邻居可能出现对受矫人员污名化的现象,社区矫正人员的存在也可能导致社区安全感和凝聚力的降低。[2] 那么既然社区矫正制度本身还存在问题,又如何可以供给犯罪记录封存制度呢?针对这一问题,笔者认为,制度的借鉴并不以另一个制度的完美为前提,而且也并不存在绝对完美的制度,只存在相对合理的制度。社区矫正的效果虽然还存在问题,但是相对于犯罪记录封存制度,已经有了相对长足的发展,特别是《社区矫正法》实施以后,这一问题得到了学术界和实务界的共同关注,诸多地区都取得了相当不错的成绩。

综上所述,犯罪记录封存制度可以在社区矫正制度的基础上构建,社区矫正和犯罪记录封存的对象具有交叉关系,在试点初期,可以先将完成社区矫正、表现良好,经评估不具有再犯可能性的犯罪人作为犯罪记录封存的对象。在主体上,社区矫正和犯罪记录封存制度可以共用一套班子。在技术上,社区矫正可以为犯罪记录封存制度的评估、回访、帮教等提供支持。以帮助犯罪人回归社会,当他们重新获得社会的信赖和认可后,可以转变民众观念,实现良性循环。总之,社区矫正制

---

[1] 参见吴之欧、葛惟翰、李陈浩:《智慧矫正的潜在风险及完善路径》,载《中国法治》2024年第5期。

[2] 参见蔡禾、王帅之:《论城市社区矫正对社区凝聚力的影响》,载《学术月刊》2021年第2期。

度可以在形式和实质两个层面对犯罪记录封存制度提供支持,并具有可操作性和可行性。

三、制度设计:协商性犯罪记录封存制度的构建思路

改革需要"摸着石头过河",不宜在具体设计上急于求成,否则容易造成社会情绪的反弹。上文已经较为详细地论证了社区矫正制度与轻罪犯罪记录封存在适用对象上存在交叉,在评估内容上值得借鉴甚至可以直接套用,那么在犯罪记录封存的试点规划和具体构建上,则应以审慎的态度,构建协商性和类型化的犯罪记录封存制度。

(一)试点规划:犯罪记录封存制度的协商模式

根据沟通性刑罚理论,刑罚的正当性根据既不在于单纯的报应,也不在于预防犯罪的现实效果,而是通过与行为人、被害人和社会公众的沟通确证社会基础行为规范的效力,从而维系社会共同体的存续。[1] 笔者认为,犯罪记录封存制度构建的根本难题在于民众的排斥这一非规范要素,因此构建合理的协商模式极为必要。犯罪记录封存制度的协商者包括犯罪人、被害人、国家和其他民众(包括企业)。

在犯罪记录封存的协商中,犯罪人作为犯罪记录封存的直接受益人,自然也应当是最重要的主体。一方面,犯罪人应当担负服从矫正、参与帮教活动、及时完成评估等多项任务;另一方面,在满足条件后,犯罪人可以主动向执行机关申请封存犯罪记录。主动申请本身即协商的一种方式,如果采用法定消除模式,看似节约了社会资源,但犯罪人对此将不会有所感知,缺乏沟通的过程,会导致回归社会的效果下降,沟通程序本身即意义所在。

在犯罪记录封存的协商中,被害人应当有听证和表达意见的权利。尽管如拉德布鲁赫所言,国家已经发动刑罚权代替被害人施行了"报复",但根据"协商性司法"的观念,应当组织犯罪人和被害人再次沟通,一方面可以弥补被害人的心理创伤,另一方面可以使犯罪记录封存制度更好地推行。

国家作为犯罪记录封存协商的引导者,一方面应当完善法律规范,避免诸法规的内部冲突,另一方面需要投入大量的人力、物力。事实上,目前社区矫正存在的诸多问题中,被提及最多的往往是缺乏专业的团队,这需要国家资源的倾斜。同时,在犯罪记录封存制度实施后,还需要尽到及时审批、规范保密等义务。

---

[1] 参见王钢:《刑罚、沟通与刑事责任年龄》,载《中国刑事法杂志》2024 年第 4 期。

民众(包括企业)在犯罪记录封存的协商中也可以有所作为。犯罪记录封存制度的构建不仅可能为民众提供一种重新审视犯罪人的视角,使他们正确认识犯罪人,同时民众的意见将会得到充分的表达,这也可以为犯罪记录封存制度本身的更新提供新的素材。当犯罪记录封存制度实施后,符合条件的犯罪人将被免除犯罪记录报告义务,那么企业也将无偏见地接纳他们,为无再犯可能性的犯罪谋得相同的竞争机会,不仅可以帮助他们复归社会,也是社会资源的合理配置。

另外,犯罪记录封存制度的构建不宜在试点之初就全面铺开,我国在司法资源上也存在发展不平衡的局面。笔者认为,应当首先在社区矫正较为发达的地区,率先推行局部的犯罪记录封存,在取得良好的社会效果后,再进一步清理法律规范上的障碍,最终在全国推行。

总之,各个主体之间的沟通协商应当有序、理性地进行,制度的试点应当循序渐进。只有如此,犯罪记录封存制度的构建才可能真正帮扶希望复归社会的犯罪人,提升刑事治理水平,促进社会进步,而不应异化为某些犯罪人逃避责任的工具。

(二)具体构建:犯罪记录封存制度的类型化展开

犯罪记录封存制度的构建是一个体系性的问题,它涉及数10部不同的法律规范,笔者认为,犯罪记录封存制度可以同社区矫正一样,颁布"犯罪记录封存法",并在此基础上,修改其他法律规范,从而实现法秩序内部的统一。犯罪记录封存制度的构建应当包含对象、模式、评估方案等几个方面,并做必要的类型化处理。

第一,在犯罪记录封存的对象上,前文已经论述了犯罪记录封存的主体和社区矫正中被判处管制、宣告缓刑的主体具有交叉关系,应当以他们为试点的主体。另外,《社区矫正法》和我国现行的犯罪记录封存制度都关注到了未成年人的问题,并已有一定的法律规范供给。笔者认为,未成年人和成年人相区分的思路是正确的,未成年人犯罪治理更侧重于教育与矫正,而成年人犯罪治理更侧重于惩罚和威慑,这是因为未成年人的心智尚未完全成熟,其刑事责任能力与成年人不同。所以,未成年人犯罪记录封存的指导原则是"应封尽封",而成年人则是附带条件的封存。另外,成年人和未成年人的区分还可以有针对性地对二者予以帮教,对于成年人,应当以再就业为主旨,尽可能减少犯罪记录对其就业的影响,并在条件许可的情况下,提供相关的技能培训,而未成年人的矫治仍然是以学校教育为主,消除入学方面的障碍。

第二,在犯罪记录封存的模式上,我们应当摒弃"一刀切"的做法,并不是所有完成社区矫正的对象都不会再次犯罪,也并非所有人都愿意并有能力承受回归社会的自由。因此,社区矫正和犯罪记录封存制度的执行主体只需要尽到主动告知的义务,至于犯罪人是否愿意封存其犯罪记录,需要本人自愿、主动提出,并且如果再犯,应取消其再获得犯罪记录封存的资格,这也在一定程度上弥补了一般累犯条款对这类犯罪人没有威慑力的缺陷。

第三,在犯罪记录封存的评估方案上,本文认为可以由两方面组成:一是客观违法层面的社会危害性;二是主观责任层面的再犯可能性。对于社会危害性的评估是以犯罪行为和犯罪后果为主要评估对象的,故意犯罪和过失犯罪、暴力型犯罪和平和型犯罪等应当有所区别,表现形式是审前形成的评估、判决理由等。对于再犯可能性的评估则可以分为3个部分,矫正前的品格证据、社区矫正中的再犯可能性评估和完成社区矫正以后的回访考察评估等。这里需要特别注意某些案件中的可责性问题,对于部分案件犯罪人同时也是受害人的情形,在评估中应当予以充分考虑。至于客观违法层面和主观责任层面在评估中的占比,本文认为应当根据具体情况具体分析,因为这分别体现了报应和预防的双重功能,在复合刑论下难以偏废。对于符合犯罪记录封存条件的成年人,可以附带时限地封存其犯罪记录,以激励其正常回归社会。

综上所述,犯罪记录封存制度的构建不应是单向度的,而应当予以丰富的类型化,至少要在对象、模式、评估方案上有所区别,这样才可能发挥出犯罪记录封存制度的实际价值。

结　语

随着犯罪记录封存制度被纳入立法轨道,我国刑事治理将迎来新的发展机遇。该制度的改革与推行,将有效促进犯罪人的社会复归,减轻社会对立,提升司法公正,从而大幅提高我国刑事治理水平。通过对社区矫正制度的借鉴和衔接,我们能够节约更多司法资源,更加精准地识别犯罪人的再犯风险,为犯罪记录封存提供科学依据。协商机制的引入,不仅有助于修复社会矛盾,构建社会共识,也是对社会资源的合理配置。面对挑战,我们应以壮士断腕的决心,坚定推进制度改革,确保法律规范的合理性和实效性。通过试点推广,逐步完善,将有望实现刑事政策的宽严相济,为构建和谐社会奠定坚实基础。

轻罪立法扩张视域下我国前科制度的反思与改进

徐浩源*

摘　要:我国前科制度之反思与改进因轻罪立法扩张之时代必要性而生。当前,我国正处于经济社会转型升级的关键时点,轻罪立法的犯罪治理模式具有充分的正当性根据。与此同时,肯定轻罪立法的正当性也是反思与改进我国现行前科制度的基础和前提。前科制度本身具有两面性,既有一定的积极意义,也存在很大的法治悖论。构建中国式现代化轻微犯罪前科消灭制度是一项系统复杂的工程。首先,在立法模式的选择上要符合中国国情;其次,要细化充实前科消灭需满足的基本条件;再次,为实现公共利益与个人利益之间的平衡,前科消灭制度要有一定的限度;最后,要探索前科消灭制度与社区矫正及社会帮教制度的有效对接机制等相关配套制度。

关键词:轻罪立法;轻罪扩张;前科制度;前科消灭;社区矫正

一、问题的缘起

2011 年出台的《刑法修正案(八)》将醉驾行为入刑,标志我国刑事立法实践由此开始进入轻罪化时代。随着现代社会的飞速发展和全球风险社会的来临,出现了越来越多的值得刑法保护的新型法益。为维护国家安全和社会安定,守护人民的幸福与安宁,从《刑法修正案(八)》到《刑法修正案(十二)》颁布实施的这 10 余年间,我国刑法之扩张趋势日趋明显,刑法在社会治理中的参与度显著提高,并逐渐由事后法向事前法转变。易言之,轻罪时代的刑法最突出的表现形式是在立法

---

* 作者单位:中国共产党荥经县委员会党校。

上频繁增设新的轻罪和在司法上大量适用新增设的轻罪。[1]

然而,这种意图通过降低犯罪入罪门槛来强化刑法治理社会功效的方法模式,势必会导致刑案数量的不断攀升和犯罪人数的急剧增长,在不经意间给社会安定和谐的大好局面埋下了潜在危险和巨大隐患。因为在当前轻罪时代的背景下,大量触犯轻罪名而受过刑的人其社会危害性和人身危险性本身较小,却由于他们人生一时的小错误而被永久性地贴上了罪犯的标签。受我国现行前科制度的影响,轻罪人员在刑罚执行完毕后复归社会存在相当大的阻力和障碍。这些人不仅自己易遭到社会的歧视,难以再升学、再就业、再发展,而且还要连累其亲属家人,影响其家庭成员的正常生活。以至于有的轻罪人员在绝望中会产生报复社会的反法敌对情绪,从而踏上再次违法犯罪的道路,甚至还敢触犯更重的罪。

由此可见,犯罪前科极为严苛的附随后果给社会的有效治理带来了明显的负作用。改善有轻罪前科人员的社会处境,加快促进其复归社会俨然已成为新时代犯罪治理一项重大且迫切的课题。

二、刑事治理现代化下轻罪扩张的必要性及其正当性根据

(一)轻罪扩张是适应我国现代社会治理需求的必然选择

法律是社会实践的映射,刑法对犯罪的治理应当遵从和服务于社会现实生活的客观规制需要。在刑法罪名体系健全,并且社会犯罪结构又处于稳定状态的国家,刑事立法当然不宜太过活跃。相反,在刑法罪名体系尚不够健全,并且社会犯罪结构正发生快速变化的国家,则更适合采取较为积极的刑事立法,以不断提升社会的治理水平和效能。[2] 当前,我国正处于经济社会转型升级的关键时点,刑法罪名规制体系尚存有诸多漏洞缺陷,对法益的保护也不够完整周延。鉴于此,立法上在一定限度范围内的轻罪犯罪圈扩张就理所当然成为合乎中国国情、符合中国实际的一种应然方向与必然选择。

必要的轻罪扩张并不损及刑法的谦抑性。难以认为犯罪化程度越低的国家刑法就越谦抑,犯罪化程度越高的国家刑法就越不谦抑。因为降低犯罪化程度本身

---

[1] 参见罗翔:《轻罪时代刑法的解释立场——以竞合论为视角》,载《比较法研究》2024年第4期。

[2] 参见蔡淮涛:《积极刑法观视域下我国轻罪化的理论解构与规制路径》,载《天津师范大学学报(社会科学版)》2023年第4期。

不是一个优点。[1] 比方说,某部刑法的罪名数量虽少但重罪比例却极高,那么这样的刑法显然是有悖刑法谦抑性原则的。既然如此,也就不能认为当下我国正在持续进行的轻罪立法因罪名的泛化而损害了刑法的谦抑性抑或破坏了刑事法治。申言之,一部刑法中罪名数量的多寡并不能成为界定这部刑法质量好坏的判断标准,一个国家究竟应采取何种刑事法治治理为宜,要根据特定的历史时期该国所处的时代背景和社会情势来决定。对于社会主义现代化建设进入新阶段的当代中国而言,适度的轻罪立法具有历史进步性和极为深刻的时代必需性。

(二)轻罪立法的正当性根据探析

随着时代的发展和社会的进步,人们的利益只可能会变得越来越多。[2] 我国当前社会的主要矛盾表现为人民日益增长的美好生活需要和不平衡不充分的发展之间的矛盾,反映了时下我国民众需要保护的利益正处于不断增长的态势。[3] 为防止刑事立法与社会生活变迁的脱节,刑法规范完全有必要随着变动的社会实际审慎增设一定数量的轻罪。作为现下我国犯罪治理机制的重要实践,轻罪立法的犯罪治理模式具有充分的在理论上与现实中的正当性根据。

适当增加轻罪立法,有助于降低我国的重刑比例,舒缓重刑化立法特点,从而纠偏我国重罪重刑的立法倾向,使刑法典的整体结构更趋于合理;[4] 深入推进轻罪立法,可以更好地对犯罪进行纵向分类和分层治理,促进犯罪治理的精细化发展和立法技术的规范化改造;科学配置轻罪立法有利于更为积极地通过现代法治的方式,有效治理互联网与数字经济时代下的社会边缘问题与新型犯罪问题;坚持推进轻罪立法有利于贯彻宽严相济的刑事政策,因为轻罪立法本身就是一种宽严有度理念的产物;拓展扩大轻罪立法,弥合了劳动教养制度废除以后,刑事制裁与行政制裁之间的结构性断层,是后劳动教养时代行政制裁与刑事制裁有效衔接的合理选择。[5]

突出加强轻罪立法,有利于减少和避免行政处罚行为对公民人身自由的恣意处分,贯彻法治原则和实现人权保障。[6] 在当下实行政府主导经济社会发展的中

---

[1] 参见张明楷:《轻罪立法的推进与附随后果的变更》,载《比较法研究》2023年第4期。
[2] 参见张明楷:《增设新罪的观念——对积极刑法观的支持》,载《现代法学》2020年第5期。
[3] 参见张红昌:《积极刑法观下的轻罪立法研究》,载《吉林大学社会科学学报》2024年第1期。
[4] 参见储槐植:《走向刑法的现代化》,载《井冈山大学学报(社会科学版)》2014年第4期。
[5] 参见梅传强:《论"后劳教时代"我国轻罪制度的建构》,载《现代法学》2024年第2期。
[6] 参见刘寅超:《轻罪立法的积极扩张及其省思》,载《南京航空航天大学学报(社会科学版)》2024年第4期。

国,行政权居于强势地位是一个不争的事实,而司法权则处于相对劣势地位。[1] 在这样权力分配不均的情形下,如果仍不限缩行政权而将大量值得刑罚处罚的社会危害行为排除在刑事诉讼之外,代之以作为非司法机关的国家行政机关直接处理,不仅会提高国家行政处罚权被滥用的风险,并且也违反了程序正义和正当程序保障的现代法治理念。毕竟,"只有法官或者被授权履行司法职能的司法官员才有权决定剥夺自由"。因此,轻罪立法通过将较为严重的一般违法行为纳入犯罪化的法治轨道,对部分行政处罚权进行司法改造,进而在一定程度上限制行政机关的权力是符合法治原则和有利于人权保障的。

落实践行轻罪立法能够较好地培养公民的守法意识,建立更加井然有序的社会秩序。[2] 一般而言,多数严重的犯罪通常都是由一个个细小的恶行日渐演变而成的。"治小恶而防大害"不失为一种刑事治理现代化条件下值得提倡的犯罪治理策略。轻罪立法方式通过制裁突破道德底线的轻微不法恶行,向公众传递"勿以恶小而为之"的观念,以此来促使民众对自己的越矩行为加以克制,引导全社会形成自觉学法尊法守法的良好氛围。这有助于充分发挥刑法的行为规范功能,实现积极的一般预防。

轻罪立法可以避免司法机关将轻罪社会危害行为当作重罪处理,有利于实现司法正义和公平公正。如果不增设较轻的高空抛物罪和妨害安全驾驶罪,司法机关就很容易会将此种行为认定为更重的以危险方法危害公共安全罪。如若不设立较轻的催收非法债务罪,司法机关就会很草率地将这一行为认定为更重的寻衅滋事罪。[3] 由此观之,倘若在刑法的罪名体系中,轻罪设置过少,非但不会提高轻判率,反而更容易导致重刑治微恶的刑罚扩张倾向。

(三)轻罪立法与我国现行前科制度省思的内在联系

轻罪扩张的立法模式与有关我国现行前科制度的省思之间有着紧密相连、不可分割的内在关联。这里特别需要强调说明的一点是:肯定轻罪立法的正当性是反思与改进我国现行前科制度的基础和前提,如果否定了轻罪立法的正当性根据,那么在重罪刑法的视角下,无论再怎么样批评和指责我国现行前科制度都是徒劳

---

[1] 参见刘寅超:《轻罪立法的积极扩张及其省思》,载《南京航空航天大学学报(社会科学版)》2024年第4期。

[2] 参见陈小彪、刘柏宏:《轻罪扩张的现实困境与应然路径》,载《四川警察学院学报》2022年第3期。

[3] 参见张明楷:《轻罪立法的推进与附随后果的变更》,载《比较法研究》2023年第4期。

无功和枉费心力的。换言之,只有在犯罪的社会危害性和罪犯的人身危险性均较小的轻罪者身上才有可能会出现所谓严重的犯罪附随后果问题,而对于那种情节恶劣、罪行较重的重刑犯来说,则几乎无所谓犯罪附随后果严重性问题产生的空间和余地,这是实现刑法预防犯罪目的(特殊预防)之应然要求和必要对策。

三、轻罪时代背景下我国现行前科制度之检视

(一)前科制度的概念辨析及积极价值

就刑法意义上的前科概念而言,目前理论界尚未达成一致的共识。一种观点认为,所谓前科,是指一个人以前曾因犯罪被法院宣告有罪的法律事实。另一种观点则认为,前科是指一个以前曾因犯罪被法院定罪判刑而受过刑事处罚的法律事实。前者被称为有罪宣告说,其观点的核心要义在于定罪后科刑与否不影响前科的成立;[1]后者则被称作定罪科刑说,关键在于定罪和科刑二要素,缺一不可。

相比之下,笔者更赞同后一种观点定罪科刑说的主张。该说以刑事处罚为必要,将前科概念的基本内涵限制在了一个合理的范围之内。然而,有罪宣告说就没有类似的限制条件,有罪宣告说对前科一词的概念界定过于扩大了前科适用主体的范围,易引发犯罪标签效应放大泛化的问题,不利于国家的长治久安与社会的和谐稳定。

此外,在笔者看来,对于某一法律概念的界定,应当反映出社会生活的真实面貌,并体现最普遍的社会文化心理。定罪科刑说才是更符合社会大众朴素的法感情和刑法观的。当我们说某人有犯罪的前科,民众往往既关心此人犯了什么罪,也关注此人判了什么刑,一个没有被判刑的犯罪,不值得引起人民的广泛担忧和社会的不安情绪。

任何制度的存续都有特定的原因和条件,前科制度亦概莫能外。因而,在对前科制度进行批判性思考之前,有必要认识和理解前科制度的正面效应与积极意义。

首先,基于前科主要面向未来,针对未然之罪的性质,可将前科制度归入保安

---

[1] 参见党日红:《前科制度研究》,载《河北法学》2006年第3期。

处分的范畴。[1] 如此一来,前科制度就具有了防卫社会的合目的性;[2]其次,犯罪本质二元论主张社会危害性和人身危险性是犯罪的两大特征。其中,人身危险性评价较为主观抽象,难以准确判断。前科制度的应运而生则为人身危险性判断引入了更为客观具体的要素,该制度能够较好地充当前罪行为人人身危险性的客观考察评估机制。[3] 再次,前科制度将有犯罪记录的人和没有犯罪记录的普通人相区分,有助于提高刑罚的威慑作用,使潜在犯罪人不敢越雷池半步。[4] 又次,前科作为一种酌定的量刑情节,能够起到有效弥补法定量刑情节刑罚量上不足的作用。最后,以客观存在的犯罪前科记录表明有前科的人与某种身份或职业的要求不符,不只是单纯为了惩罚和预防犯罪,还在于强化这种特定身份或职业的严肃性、纯洁性和荣誉感,进而提升该社会群体人员的整体素质。

（二）我国现行前科制度的现状分析

前科制度是每一名触犯刑法的犯罪人都迈不过去的一根红线。当前,我国前科制度的刑事立法表现形式仍主要体现在1997年《刑法》修订之初设立在《刑法》第100条[5]当中的前科报告制度。尽管这一前科报告制度属于典型的无盾条款,也即该条内容既不涉及定罪,也不牵涉量刑,[6] 但是,该制度对前科人员不加区分地要求其承担完全相同的前科报告义务并不妥当,特别是在这种不论罪质一刀切的情况下,不可避免地会陷入"轻罪后果实际不轻"的犯罪治理窘境。

前科制度虽未规定为刑罚,但实则已产生了不亚于刑罚效果的效果。根据《刑法》第100条的前科报告制度,前科人员需承担永久的前科报告义务,而在这种前科报告义务履行完毕后,又将会产生包括开除公职、从业禁止、吊销执业许可证、限制积分落户等在内的一系列后续惩罚措施,并伴随前科者的整个余生。更为糟糕的是,对前科人员的前述惩罚还会波及前科人员无辜的近亲属,即所谓的前科株连

---

[1] 参见刘夏、张贺:《论轻罪前科消灭制度的建构》,载《衡阳师范学院学报（社会科学版）》2024年第2期。

[2] 参见刘夏、张贺:《论轻罪前科消灭制度的建构》,载《衡阳师范学院学报（社会科学版）》2024年第2期。

[3] 参见方涛:《前科制度的理论根据、正当化限度及应对路径——以轻罪时代为背景》,载《河南警察学院学报》2024年第4期。

[4] 参见邓勇胜、于润清:《轻罪化治理下前科消灭制度的构建》,载《犯罪与改造研究》2024年第6期。

[5] 《刑法》第100条第1款规定,依法受过刑事处罚的人,在入伍、就业的时候,应当如实向有关单位报告自己曾受过刑事处罚,不得隐瞒。

[6] 参见徐立、成功:《轻罪时代前科制度的内在诟病及其应对》,载《河北法学》2023年第5期。

问题。如一些前科人员的子女在参加一些需要政审的考试中难过政审关。

固然,自由刑与资格权利的限制属于不同性质的制裁方式,二者本来是不能够直接比较的。但是,将极其短暂的自由刑与一定资格或权利的终生性乃至族灭性剥夺相比,毋庸置疑,当然是后者的制裁后果要严重得多。因此,在轻罪化治理的立法背景下,我国现行前科报告制度机制弊端越发凸显。

(三)轻罪立法语境下我国既有前科制度存在的刑事法治悖论

第一,轻罪前科制度违背责任主义的刑法基本原则。在现代刑法的视野下,刑事责任首先是客观责任而非主观责任,是个人责任而非团体责任。坚持罪责自负的责任主义原则是刑罚正义的基本要求。[1] 基于责任主义原则,任何人只为其本人实施的行为负责,而无须为他人的行为承担不利后果,刑事责任具有鲜明的人身专属性。据此看来,"一人坐牢,影响三代"的前科制度,就如同是对古代连坐制度的复辟,严重违背了现代法治国家的罪责自负精神。[2]

第二,轻罪前科制度有违刑罚比例原则。前科制度是一种保安处分制度,具有防卫社会的合目的性。与此同时,前科制度在性质上也是一种刑罚处罚的延续。[3] 从必要性和均衡性的角度来看,轻罪前科制度的适用已远远超出特殊预防必要性的范围,过度保护了社会公共利益,也不当损害了轻罪前科人员的应有权益,因而有违刑罚比例原则。[4]

第三,轻罪前科制度违反罪责刑相适应的刑法基本原则。罪责刑相适应原则要求:刑罚的轻重应当与犯罪分子所犯罪行和承担的刑事责任相适应,做到重罪重罚、轻罪轻罚和罚当其罪。作为一种刑罚处罚的延续,轻罪前科制度的设置同样应与犯罪分子所犯罪行和承担的刑事责任相当。然而我国时下的前科制度并未区分轻罪前科与重罪前科,而是采取轻重罪"无差别""一刀切"式的前科报告制方式,无形中导致了罪与罚之间关系失衡的不合理现象。[5]

第四,轻罪前科制度背反罪刑法定原则的初衷和本意。刑罚是最严厉的法律制裁。受罪刑法定原则的约束,刑法上除生命刑外的其余全部主刑都有着明确恒

---

[1] See Anton-Hermann Chroust & David L. Osbom, *Aristotle's Conception of Justice*, Notre Dame Law Review, Vol. 17:2, p. 136(1942).

[2] 参见徐立、成功:《轻罪时代前科制度的内在诟病及其应对》,载《河北法学》2023 年第 5 期。

[3] 参见徐立、成功:《轻罪时代前科制度的内在诟病及其应对》,载《河北法学》2023 年第 5 期。

[4] 参见刘夏、张贺:《论轻罪前科消灭制度的建构》,载《衡阳师范学院学报》2024 年第 2 期。

[5] 参见黄颖:《轻微犯罪视域下前科消灭制度构建研究》,载《河北法律职业教育》2024 年第 9 期。

定的期限。按理来说,在一个法治的社会中是不容许有比刑罚更加严厉的法律制裁存在的,而我国现阶段正在推行的前科制度恰恰却破坏了这种法治要求,由于前科处罚并未受"法无明文规定不处罚"的严格限定,因而,其无疑终将架空罪刑法定原则而成为一种过当的惩罚。

综上所述,立足责任主义、罪责相适、罪刑法定及比例原则等刑法理论基础,必须要对轻罪化治理的历史新方位下我国既有前科制度说"不"。而想要从根本上彻底跳出以上刑事法治的悖论怪圈,笔者认为,最佳的出路和办法是尽快完善立法供给,建立健全中国式现代化轻微犯罪前科消灭制度。

四、中国式现代化轻微犯罪前科消灭制度的立法构建

(一)轻罪前科消灭制度的指导思想及其立法模式的选择

党的二十届三中全会审议通过的《深改决定》明确提出要建立轻微罪记录封存制度。党中央作出的这一重大决策部署为完善我国轻罪犯罪治理体系,构建中国式现代化轻微犯罪前科消灭制度提供了科学指引和行动指南。[1]

当前,域内刑法学界与实务界关于轻微犯罪前科消灭制度的本土化研究尚处于一个较为初级的阶段,但放眼域外,则有不少国家在立法上都已规定了较为成熟的前科消灭制度,这为构建属于我国的轻微罪前科消灭制度提供了有益参考。然而,囿于世界各国在历史传统、立法理念和文化观念上的较大差异,不同的国家采取的前科消灭制度立法模式各异,主要有3种较为典型的立法模式:一是刑事诉讼法立法模式,如《法国刑事诉讼法》在第八编"犯罪记录"中专门规定了前科消灭的具体程序;二是制定单独的前科消灭法模式,如英国于1974年颁布实施的《前科消灭法》;三是由刑法典直接规定前科消灭制度模式,如《俄罗斯联邦刑法典》第86条对犯罪前科消除作了细述。

相较之下,笔者主张,现阶段我国轻微犯罪前科消灭制度的立法宜采取以俄罗斯为代表的刑法典直接规定模式。理由如下:首先,轻罪前科消灭虽涉及部分程序性问题,但就其本质而言仍系刑事实体法(广义)刑罚论上的内容,仍属于一种刑法制度,故不宜采刑事诉讼法立法模式。其次,前科消灭的程序启动必然从属于前科消灭的实体内容,故亦不宜采取刑事诉讼法立法模式,否则将有损刑法体系的完整统一。最后,制定单独的前科消灭法模式在当前和今后一段时期我国轻微犯罪前

---

[1] 参见王充:《轻微犯罪问题的三个思考维度》,载《中国应用法学》2024年第5期。

科消灭制度尚未发展成熟之前，既不现实，也没必要，因为容易导致该法与刑事实体法的脱节，故同样不宜采取前科消灭制度单独立法模式。一言以蔽之，在我国，采取由刑法典直接规定前科消灭制度的立法模式更为合理可取。

（二）轻微犯罪前科消灭须满足的基本条件

轻微犯罪前科消灭的适用主体，应同时涵盖成年人与未成年人，面向全体有轻微犯罪前科的人。这是贯彻刑法平等原则的必然要求。尽管刑法平等原则并不排斥对成年人犯罪和未成年人犯罪在定罪和量刑时进行合理的区别对待，但是成年人犯罪也并非完全怙恶不悛、不可饶恕，不能太过离谱地对二者予以差别化看待，将成年人轻微犯罪前科的消灭制度化，能够和我国既有的未成年人犯罪记录封存制度相得益彰，符合刑法平等原则的精神实质。

轻微犯罪前科消灭的刑度条件，应限于轻微犯罪的法定刑度。毫无疑问，刑罚是犯罪轻重的度量衡，因而以刑法对某种犯罪规定的法定刑之轻重作为犯罪轻重的标准是无可厚非的。尽管我国《刑法》没有明文规定何谓轻罪和微罪的具体条款，但值得注意的是，晚近以来我国刑法学界对此问题的学理探讨始终从未停歇。笔者较认同"法定最高刑是三年有期徒刑的为轻罪"[1]和"法定最高刑是一年有期徒刑、拘役、管制或者单处罚金等附加刑的为微罪"[2]的观点。据此，轻微犯罪前科消灭的刑度条件就是针对被判处法定最高刑在3年以下有期徒刑、拘役、管制或者单处附加刑的犯罪。

轻微犯罪前科消灭的罪名条件，笔者认为，针对当下我国轻微犯罪前科消灭制度实践经验的匮乏，因而，对该制度的把握更宜求稳而非求全。在制度建构的前期，应当先从司法实践中较为高发多发的少数几个轻微犯罪入手，如可暂以帮助信息网络犯罪活动罪、醉酒型危险驾驶罪为试点罪名，先观察一段时间该制度运行后的适用效果和社会反响，待时机比较成熟的时候，再考虑将其循序渐进地推广适用于刑法典中的其他轻罪名。

轻微犯罪前科消灭的时间条件，指的是前科消灭必须要经过的一定期间。笔者认为，前科消灭的时间长短应当根据我国《刑法》第三章"刑罚"的立法实际，并结合具体的前科犯罪事实上所执行的刑种类型和刑度轻重按照一定的比例来确

---

[1] 参见周光权：《转型时期刑法立法的思路与方法》，载《中国社会科学》2016年第3期。

[2] 参见王与萱：《微罪扩张背景下犯罪附随后果的规范与限缩》，载《山东青年政治学院学报》2024年第2期。

定。具体地讲，就是对于被判处拘役、管制或单处附加刑的犯罪者，设定1年的前科考验期；对于被判处一年以下有期徒刑的犯罪者，设定2年的前科考验期；对于被判处一年以上3年以下有期徒刑的犯罪者，设定2~5年原判刑期1倍以上的考验期。

轻微犯罪前科消灭的实质条件是判断前科人员能否成立前科消灭的核心要件。它是指前科人员在刑罚执行完毕后，在前科消灭考察期内的表现情况，即前科者在规定期间是否真心悔罪，有无痛改前非。值得一提的是：这里所讲的"刑罚执行完毕"不仅指自由刑执行完毕，也应当包括缓刑考验期进行完毕。有学者以为"前科消灭的实质条件是前科人员没有再犯新罪"[1]。亦有学者主张"前科消灭的实质条件除了没有再犯新罪外，还要求前科人员没有实施其他严重的违法行为"[2]。笔者赞成后一种内容更为充实的观点，但其仍有待完善。依笔者之见，轻微犯罪前科消灭的实质条件应包括积极条件和消极条件两个方面，其中，消极方面的内容即为前科人员在前科消灭考察期内既没有再犯新罪也没有实施其他严重的违法行为，积极方面则是前科人员在前科消灭考察期内要认真遵规守法，积极改过自新，并获得其居住地所在社区或村民委员会出具的书面情况证明。

轻微犯罪前科消灭的程序条件，又称前科消灭的主要方式，主要有法定消灭、申请消灭和裁定消灭。法定消灭是指当前科人员完全符合前科消灭的相关条件时，前科自动消灭。申请消灭是指经过法定的考验期间后，在符合法律规定的前科消灭实体条件下，前科人员可向法院提出消灭前科的申请，法院进行详尽审查后依法宣布撤销其前科。裁定消灭是指司法机关根据行为人的相关前科事实情况，主动行使职权，裁定其前科消灭。笔者认为，申请消灭给前科人员带来了一系列烦琐无用的程序性负担，因为经申请后，前科是否真正消灭，不是申请者所能决定的，最终的决定权掌握在裁定者手中。因此，申请消灭在本质上是一种低效的裁定消灭。我国应建构兼具法定消灭与裁定消灭的轻微犯罪前科消灭制度。一方面，法定消灭有利于减少司法机关恣意用权的可能。另一方面，裁定消灭可在法律预留的框架中保留一定的灵活性和机动性。[3] 根据前文关于前科消灭时间条件的制度预

---

[1] 房清侠：《前科消灭制度研究》，载《法学研究》2001年第4期。
[2] 马克昌主编：《刑罚通论》（第2版），武汉大学出版社1999年版，第715页。
[3] 参见徐立、成功：《轻罪时代前科制度的内在诟病及其应对》，载《河北法学》2023年第5期。

设,对于被判处拘役、管制或单处附加刑的犯罪者以及被判处一年以下有期徒刑的犯罪者适用法定消灭程序,而对于被判处1年以上3年以下有期徒刑的犯罪者则适用裁定消灭程序。

(三)前科消灭制度的限度及其配套规则的完善建议

事实上,前科消灭并非对前科人员的绝对袒护,而是在合理限度内帮助其较好地回归社会,实现在公共利益与个人利益之间的调和与平衡。这里需要特别注意以下两点:其一,不能因为前科的消灭而冲击或弱化我国现行较为适宜的累犯制度。如果某人因故意犯罪而被判处有期徒刑以上的刑罚,前科消灭后,在规定期限内故意再犯应当判处有期徒刑刑罚之罪的,则能够较为充分有力地说明其并未真心认罪悔罪,改邪归正,故理应按我国《刑法》有关累犯的规定从重处罚。其二,鉴于累犯和惯犯较高的反社会人格和再犯罪倾向,因此,这两类罪犯应当被排除在轻微犯罪前科消灭制度的范围之外,对于二者来说,适用前科消灭制度只会助长累犯和惯犯犯罪的嚣张气焰。

构建中国式现代化轻微犯罪前科消灭制度既要注重刑事实体立法探索与司法实践方面,同时也需要相关配套制度与保障机制的完善,以保证这一制度能够行稳致远。换言之,轻罪前科消灭制度的构建如果是仅仅依靠国家立法机关和司法机关的力量显然是远远不够的,要想持久、稳定、彻底地消除轻罪前科对前科人员的生活带来的消极影响,亟待社会力量与国家力量的共同配合,由"国家"本位模式向"国家—社会"双本位模式过渡转变。对此,本文提出了以下3点建议:

首先,坚决遏制我国前科制度朝着低层级和无序化方向的扩张。社会各行业以及各用人单位应当尽快着手纠正和清理过去设置的一些不合理、不规范的前科细化规定,特别是那些能够产生前科株连效应的非规范性文件,应当科学评估前科行为与前科人员自身及其家庭成员之间的关联程度,制定有利于促进社会良性发展的行业准入规则。

其次,缓和对前科事实的非规范性评价。诚然,人是富有感情的动物,社会性是人的根本属性。因此,在构建前科制度消灭的时代召唤下,亟待为传统的社会道德规范注入新的价值内涵,要通过革新后的社会道德规范正确引导民众,树立不歧视罪犯的意识,并不断增强思想认同和情感认同。

最后,社区矫正、社会帮教制度的配合。社区矫正和社会帮教制度注重对社会关系的修复和矫正对象的融入,是恢复性司法理念与人道主义刑罚理念的鲜明体现,与构建完善中国式现代化轻微犯罪前科消灭制度高度契合。展望未来,我国宜积极探索创新轻微犯罪前科消灭制度与社区矫正及社会帮教制度的有效对接机制,适时扩大社区矫正和社会帮教制度的对象范围,将轻微犯罪前科消灭考察期的人员纳入其中,从而为部分有前科的人构架起一座更能够复归社会的金桥。

社会治理视域下社区矫正复权制度构建

王轶众*

摘　要：社会治理视域下，复权制度在犯罪治理方面作用凸显，社区矫正对象重归社会不仅要面对犯罪标签依然存在且被社区、应聘单位进行反复确认之境况，还会触发株连家庭成员犯罪附随之机制，社区矫正功能尚不能解决犯罪标签化以及犯罪附随制裁所产生的问题，催生了构建社区矫正复权制度的现实必要，同时复权制度功能与社区矫正制度立法目的相契合，全面施行复权制度试点，具有实现的可能性。故而，在厘定犯罪附随制裁体系前提下，明确社区矫正复权模式、适用对象、权利范畴以及适用条件，构建社区矫正复权制度框架，通过申请和撤销复权之规定实现社区矫正对象再社会化与动态监督。社区矫正复权制度将迈出实现复权制度的第一步，对未来我国实现经济腾飞，国家强盛、依法治国具有重要意义。

关键词：社区矫正复权制度；犯罪标签化；犯罪附随制裁；复权制度试点

一、社区矫正复权制度的提出

（一）何为复权制度

复权是指法律主体因除权原因消失而恢复原有的权利与资格，属于权利范畴。[1]而复权制度不仅规定在英美法系中，还在大陆法系的刑事立法中有所体现，但在具体规定上略有差异。从文义解释角度，"复"，失权后的赋予；"权"，则因范围

---

* 作者单位：华北理工大学人文法律学院。
〔1〕参见程骋：《前科消灭背景下我国复权制度的构建》，载《江汉论坛》2023 年第 7 期。

大小而产生不同解释。笔者认为可将复权划分为:狭义复权模式、复权模式以及平权模式3种类型(见表1)。

表1 狭义复权、复权以及平权模式比较

内容	狭义复权模式	复权模式	平权模式
权利恢复范围	资格刑	资格刑以及各类资格罚	资格刑以及各类资格罚
犯罪记录是否封存	否	是	是
犯罪记录是否抹除	否	否	是
实现形式	定向恢复被剥夺的权利与资格	定向恢复被剥夺的权利与资格、犯罪记录封存	定向恢复被剥夺的权利与资格、犯罪记录抹除

1. 狭义复权模式

狭义复权模式,是指犯罪人实施犯罪后依据刑法被剥夺权利或者资格后,法院依法宣布提前恢复其被剥夺的权利与资格。[1] 因此,狭义复权应当将复权定位在以剥夺或限制相应权利与资格内容的资格刑范围内。资格刑代表刑法特殊预防的功能以及刑罚多样化的制度设计,在资格刑丰富的国家体现尤为明显。采取狭义复权模式的代表国家主要有德国和瑞士,其中瑞士有5种附加刑,例如,不得担任公职、驱逐出境以及监护权剥夺等,并且针对每一项都单独设置复权条款。[2]

2. 复权模式

复权模式相较于狭义复权模式主要区别在于不仅局限于恢复犯罪人被剥夺的特定权利,更是包含了除资格刑以外的其他资格罚,比如,企业担任领导职务的权利、从业资格以及享有国家政策福利的权利等。犯罪人如何顺利回归社会作为复权模式的出发点,目的是在刑罚执行完毕后尽可能化解犯罪人回归社会的阻碍,对犯罪记录进行封存。但应当注意的是复权并不当然等同于犯罪记录封存,犯罪记录封存也并不意味着犯罪事实的消失,犯罪记录封存仅是将记录犯罪之载体置于保密状态,封存行为并不会改变之前犯罪行为的客观存在,同时犯罪记录也仅是犯罪人能顺利回归社会,实现社会权利恢复之手段。采取复权模式的代表国家主要有:英国、美国以及巴西,以《巴西刑法典》为例,除了特别规定的犯罪外,大部分犯

---

[1] 参见张伟珂:《刑事复权制度研究》,载《北京警察学院学报》2014年第3期。
[2] 参见《瑞士联邦刑法典》,徐久生、庄敬华译,中国方正出版社2004年版,第21页。

罪人可在刑罚执行完毕2年后申请复权,并且复权后有罪记录也将会被置于保密状态。[1]

3. 平权模式

《现代汉语词典》对"平权"一词的解释为,"权利平等没有大小之分"[2]。一方面,平权模式意味着犯罪人被剥夺的权利恢复;另一方面,平权模式也代表犯罪记录的抹除。平权法律后果包含两个层面:一是涵盖复权模式下法定权利以及社会权利的恢复,二是法律评价的改变,犯罪记录抹除意味着在法律层面将犯罪人视为从未犯罪之人。[3] 我国犯罪记录消除与平权模式存在共性,张明楷教授指出前科消灭与平权可以说是同一问题。[4] 复权模式与平权模式相比,平权模式特殊之处在于犯罪记录的客观存在,进而影响后续对累犯与再犯的法律认定。采取平权模式的代表国家有日本和法国,例如,《法国刑法典》认定复权是恢复有罪判决剥夺的所有权利,同时注销犯罪记录,前科不再加功于后续处罚。[5]

(二)何为社区矫正复权制度

社区矫正复权,是指被判处管制、宣告缓刑以及裁定假释的罪犯在社区矫正期间满足复权条件,在刑罚执行完毕后可申请对犯罪记录予以封存。社区矫正是与监禁矫正相对应的刑罚执行方式,同时也是避免在监禁过程中罪犯间的深度或交叉感染、以牙还牙报应性惩罚局限性所做出的理性选择。实践中,社区矫正帮助罪犯顺利回归社会的奖励机制缺失,未将社区矫正对象作为社区矫正主体,同时罪犯重归社会仍需面对犯罪标签化被社区、应聘单位反复确认之境况,严重打击矫正对象的积极性。

基于此,社区矫正复权制度为矫正对象提供了一个主动改造并获得社会尊重的机会。"尊严是生存于社会、群体中的人类主体的需求与渴望,是人之为人的根本;对于社会来说,能否给社会成员提供一个享有充分尊严的环境是判断社会正义的重要尺度。"[6]因此,消解社区矫正对象犯罪意识的关键是促进他们以尊重他人

---

[1] 参见《巴西刑法典》,陈志军译,中国人民公安大学出版社2009年版,第25页。
[2] 中国社会科学院语言研究所词典编辑室编:《现代汉语词典》(第6版),商务印书馆2012年版,第1001页。
[3] 参见高长见:《轻罪制度研究》,中国政法大学出版社2012年版,第267页。
[4] 参见张明楷:《外国刑法纲要》,清华大学出版社1999年版,第439页。
[5] 参见《法国新刑法典》,罗结珍译,中国法制出版社2003年版,第47~48页。
[6] 李柯柯:《指向人的"尊严"的教育正义何以可能?》,载《现代教育论丛》2019年第6期。

的方式赢得自尊。[1] 社区矫正复权制度不仅是一种法律奖励机制,而且通过矫正主体地位变化以及主动和被动相结合的复权矫正工作促使犯罪人在矫正过程中赢得他人尊重、降低对犯罪身份认同感,为重归社会做好积极的心理准备。

二、构建社区矫正复权制度证成

(一)社区矫正复权制度之必要性

1.社区矫正复权制度有利于修复公民被侵犯的基本权利

中间监狱首创于爱尔兰,又可称其为监狱与社会之间的中途岛,使犯人有机会与社会接触,逐渐适应未来社会生活,中途岛工作人员不仅要积极组织犯人学习技术,还让其出狱后找到工作以免重新犯罪。我国社区矫正机构形式上发挥与中间监狱相同的功能,但犯罪附随后果使社区矫正为使犯罪人重归社会的教育帮扶化为泡影,生存权是为所有人权主体所普遍享有且不可剥夺的基础和前提性人权类型,[2]刑释人员所携带的犯罪标签会被当成污点,成为公司、企业拒绝用工的理由,生存权难获保障,同时在现行法律体系下,关于犯罪附随制裁相关法律规定按效力高低排序,最高到法律,最低到不构成规范性法律文件,犯罪后果种类繁多依据散乱,侵犯公民基本权利的现象屡见不鲜。[3] 因此,通过构建和应用社区矫正复权制度,在法律层面为弱者提供帮助,进而使其可充分行使法律权利和享有资格,也具备实现个体自由和尊严的能力与资格。[4]

2.社区矫正复权制度与社区矫正目的相契合

《社区矫正法》第 1 条概括了社区矫正教育帮扶,预防犯罪再次发生的立法目的。社区矫正教育帮扶是为了使犯罪人能够认识其行为错误,并提供心理、职业技能等方面的帮助,使其能顺利回归社会。一般预防是以制定、适用刑罚的方式来防止犯罪的发生;特殊预防是为了对犯罪分子适用刑罚,防止其再次犯罪,[5]而现实中,人们通常将一个人是否会再次犯罪与其是否受过刑事处罚建立起来,而前罪与再次犯罪搭建的联系本就缺乏逻辑性,更难以说明再犯这一核心问题,由此并不能

---

[1] 参见徐太军、陈文:《社区矫正柔性治理实施路径探析——以四川省合江县经验为例》,载《西华师范大学学报(哲学社会科学版)》2020 年第 4 期。

[2] 参见胡杰:《生存权的基本意蕴及其当代展开》,载《法治现代化研究》2023 年第 5 期。

[3] 参见邹子铭:《轻罪扩张背景下的犯罪附随后果研究》,载《法学杂志》2023 年第 6 期。

[4] 参见胡玉鸿:《弱者权利保护基础理论研究》,商务印书馆 2021 年版,第 11 页。

[5] 参见叶小琴:《个别下调法定最低刑事责任年龄条款的适用路径》,载《苏州大学学报(法学版)》2023 年第 4 期。

达到特殊预防之效果。[1]刑释人员重归社会面对罪犯标签依然存在且被家庭、社区进行反复确认，不仅会强化所犯前罪在刑释人员内心的正当性，更有甚者会发生越轨行为。这种情形在被判处管制、宣告缓刑的罪犯中尤为明显，因为这类罪犯本身对于刑事处罚的概念性不强，加之其未被关入监狱，对自己行为的认识更多停留在犯错层面，重归社会后犯罪标签会对其心理造成极大冲击。构建社区矫正复权制度不仅与社区矫正教育帮扶犯罪人重回社会、防止犯罪再次发生的目的相契合，还利用法律激励的方式，通过失权—复权阶段化矫正工作，对罪犯进行复权考核，达到复权标准犯罪人会经历从失权状态到复权状态的过渡。因此，构建社区矫正复权制度与《社区矫正法》立法目的相契合。

3.社区矫正复权制度与罪责刑相适应原则相衔接

现行刑法体系下呈现既严又厉的效果，从适用条件角度来看，现行犯罪附随后果的适用对象大多不区分故意与过失、重罪与轻罪[2]，对犯罪性质、类型以及刑罚亦不加限制[3]，一概将其论为"曾受刑罚处罚的人"予以施加相同附随后果本就是对罪责刑相适应原则的违反；从附随后果角度来看，刑法并未设定附随期限，终身背负罪名对犯罪人来说过于严苛。构建社区矫正复权制度能够打破无论是轻罪还是重罪统一犯罪附随的僵局，同时失权—复权阶段又为犯罪附加了犯罪附随后果的期限。另外，以社区矫正体系下构建复权制度为试点，能为日后全面构建复权研究提供参考与借鉴。

（二）社区矫正复权制度可被法律体系容纳

1.社区矫正复权制度构建之合理性

一方面，《社区矫正法》第1条确立了社区矫正存在的意义，犯罪人仍然是社会的成员，只是由于种种因素其犯了错，但不能因此否定他们作为社会组成部分的事实，应该帮助他们改正错误，从而使他们更好地回归社会。犯罪附随制裁和犯罪标签在一定程度上阻碍刑释人员的社会化，社区矫正的教育帮扶作用未能充分发挥出来，而构建社区矫正复权制度能给予积极改造的犯罪人员重返社会的希望，同时也与社区矫正制度设计相契合。

---

[1] 参见孙晶晶：《对我国犯罪附随后果立法实践的审视与重构》，载《江苏警官学院学报》2023年第3期。

[2] 参见李若愚、孟令星：《法定犯时代背景下犯罪附随后果的解构和重建》，载《湖北警官学院学报》2021年第1期。

[3] 参见彭文华、傅亮：《犯罪结构变迁背景下犯罪刑事治理的目标与路径》，载《中国人民公安大学学报（社会科学版）》2023年第2期。

另一方面,2012年《刑事诉讼法》第一次规定了有关犯罪记录封存制度,2022年最高人民法院、最高人民检察院、司法部以及公安部联合制定的《关于未成年人犯罪记录封存的实施办法》第13条规定被判处管制、宣告缓刑、假释或者暂予监外执行的未成年罪犯由社区矫正机构对犯罪记录进行封存[1],不难看出未成年犯罪记录封存工作开展至今在有关犯罪记录封存工作上,社区矫正机构已有多年经验。因此,构建社区矫正复权制度具有合理性。

2. 不适宜在《刑法》体系下构建复权制度

复权制度不宜纳入刑法体系内。一方面,虽轻罪在所有犯罪占比大,但重罪犯依然存在,不论是从犯罪后对社会的影响还是从人身危险性上来说,盲目采取复权制度可能会造成社会恐慌,阻碍社会治理;另一方面,风险刑法本质上是一种预防刑法,这要求对安全刑法持审慎态度,既要接纳,也要防控被裹挟的风险。[2]这意味着《刑法》谦抑性要求在适用其他法律可以解决矛盾冲突的情况下,不可轻易将《刑法》作为社会治理的工具。另外,社区矫正复权制度设立与刑法部门是否存在冲突可采取试点方式逐步验证,若贸然将复权制度安插在刑法体系中,势必会影响法律部门之间的平衡。

(三)社区矫正复权制度具备实现之可能性

刑罚理论中有很形象的说法——监狱鸟(prison bird),将出狱后的犯人比作一只小鸟,在监狱这个鸟笼中反复出入。正因为监狱封闭性会促使罪犯和外界脱节,而监狱盲从性则要求罪犯绝对地服从,体制化监狱生活以及犯人习惯被奴役,导致在监狱中待得越久越是难以融入社会,一旦厌烦和不适应的感受出现,就会觉得社会缺乏温暖和关爱,最终会再次犯罪以求能返回监狱。而《社区矫正法》第10条、第11条规定,社区矫正机构不仅要配备具有法律等专业知识的专门国家工作人员,还应配备具有心理、教育社会工作等专业知识或实践经验的社会工作者,第12条规定社区、学校以及家庭都应当参与到帮助犯罪人顺利回归社会的过程中。因此,相较于监狱单一体制化生活,社区矫正不论从人员配备上还是从执行方式上,都更有利于罪犯改造。另外,社区矫正机构由政府领导,与人民法院、人民检察院以及公

---

[1] 最高人民法院、最高人民检察院、公安部、司法部《关于未成年人犯罪记录封存的实施办法》第13条规定,对于被判处管制、宣告缓刑、假释或者暂予监外执行的未成年罪犯,依法实行社区矫正,执行地社区矫正机构应当在刑事执行完毕后3日内将涉案未成年人的犯罪记录封存。

[2] 参见孙道萃:《微罪的积极刑法治理之塑造》,载《苏州大学学报(哲学社会科学版)》2024年第4期。

安机关相互联系,同时又有社区内多方主体参与,社区矫正机构为犯罪人搭建了一座司法惩罚与回归社会的桥梁,其双向链接的天然优势不仅在社区矫正复权制度实施过程能满足多方主体参与保证复权结果的公正性,还能为罪犯顺利回归社会提供合适的出口。

受长期报应刑文化的影响,我国普通民众形成对犯罪人的刻板印象,认为刑释人员会对自身生活社区有较大人身威胁,从而产生社会排斥。[1] 目前轻型犯罪在所有犯罪中占有很大比例,最高人民法院工作报告中提到,2023年,针对危险驾驶罪,全国各级法院收案4557.4万件,结案4526.8万件,同比分别增长15.6%、13.4%,刑事一审案件收案数量占据首位。[2] 轻罪时代来临,社会上将会出现越来越多坐过牢的、曾经服过刑的人,虽然我国整体犯罪率比较低,但面对刑满释放人数越来越多地进入社会中的现状,轻型犯罪的附随惩罚和犯罪标签化导致曾经犯过罪的人很难回归社会。人与人之间最重要的是彼此的尊重,在尊重的基础上才能建立信任,法律的一个重要目标就是要培育社会信任体系。现阶段构建刑释人员与其他人的信任体系,不仅需要全社会的参与,更需要法律干预。虽然报应刑文化根深蒂固,但社区矫正地以犯罪人所居住的社区为单位为刑罚执行地,借助社区矫正机构与社区的关联之优势构建社区矫正复权制度,不仅能将社区矫正教育帮扶作用最大化发挥,还对未来我国实现经济腾飞,国家强盛、依法治国具有重要意义。

三、社区矫正复权制度构建之前提

复权对应失权,本文所要讨论的是社区矫正复权制度构建,这意味着复权制度构建应当以合理犯罪附随制度体系为基础,从立法层面出发,修正犯罪附随制裁是构建科学合理复权制度的前提。

犯罪附随制裁的定性上,理论学界有"保安处分"、"行政处罚"以及"资格刑罚"3种学说,[3] 不论理论学界如何对犯罪附随制裁进行定性,其实质上都是对权利的限制与剥夺。从现代法治理念出发,限制、剥夺公民的权利要符合比例原则。

---

[1] 参见强音:《犯罪标签理论在我国刑事法视野的价值体现》,载《河南社会科学》2013年第7期。

[2] 参见《最高人民法院工作报告》,载人民网,http://politics.people.com.cn/n1/2024/0315/c1001-40196636.html。

[3] 参见王瑞君:《我国刑罚附随后果制度的完善》,载《政治与法律》2018年第8期。

比例原则主要由正当性原则、必要性原则以及狭义比例性原则3个子原则构成。[1]首先,犯罪附随制裁应当符合正当性原则,即附随惩罚目的与手段应具备关联性,这意味着剥夺或者限制犯罪人权利不仅要起到惩罚的目的,更应当具有预防犯罪的目的。其次,犯罪附随制裁应当符合必要性原则,即为惩罚犯罪、预防犯罪再次发生而采取刑罚附随惩罚的,需注重附随惩罚时间以及范围的适当性,避免对犯罪人的权利造成过分侵害。最后,犯罪附随制裁应当符合狭义比例原则,即在惩罚犯罪行为的同时,需注意对犯罪人基本权利的保护,尽量维持惩罚与保护之间平衡状态。综上,若要建立社区矫正复权制度,应当在以下几个方面作出调整。

(一)犯罪株连亲属规定之废除

从历史演进来看,我国古代株连制度是彼时信息科技极度不发达的大家族时期的产物,统治者通过权力下放实现社会控制,构建稳定的权力运行金字塔。[2]

以家族本位为前提,将家族视为一个单位,并试图以家庭内部成员的荣辱与共来达到规制犯罪与维护社会秩序的效果;以亲属为预防犯罪的筹码,采取株连效应倒逼近亲属检举犯罪换取不处罚,起到了节约司法资源的作用。现代化社会治理都普遍采取责任自负原则,这意味着仅能对违法犯罪者本人进行非难。[3] 现实中在犯罪附随后果笼罩下,无论是故意或过失犯罪,还是被判轻罪或重罪,对犯罪人本人未来社会化以及近亲属未来参军、升学、就业等方面都将会是灭顶之灾。对犯罪者的惩罚却与其未来重归社会以及近亲属未来的工作生活相挂钩,这种无形的连环枷锁无疑是对刑法罪刑自负原则的违背。罗翔教授认为,新社会防卫论认为,不能以牺牲个人来保护社会,不能专靠惩罚来保护社会。[4] 贝卡利亚认为,刑罚目的不仅应阻却罪犯未来再次犯罪,还应当发挥威慑作用。从因果论角度上来看,他认为刑罚为了消灭犯罪所获得的利益。"罪二代"一词的产生正是源于连坐性制裁,强行将独立个体与家庭内他人犯罪行为并联,这种做法在某种程度上意味着对刑法惩罚与预防作用的不自信,而不自信根源在于社会包容度有待提高以及社会信任体系的脆弱。

因此,抑制前科制度的株连效应,既是构建社区矫正复权制度之前提,又是对

---

[1] 参见范进学:《论宪法比例原则》,载《比较法研究》2018年第5期。
[2] 参见郑延谱:《罪责自负原则——历史演进、理论根基与刑法贯彻》,载《北京师范大学学报(社会科学版)》2014年第4期。
[3] 参见张明楷:《刑法学》,法律出版社2011年版,第71页。
[4] 参见罗翔:《犯罪附随性制裁制度的废除》,载《政法论坛》2023年第5期。

法律分配正义和罪责自负原则的坚持。[1]

(二)就业限制与犯罪前科关联之构建

作为犯罪附随制裁之一,就业限制虽为公司企业罩上一层保护膜,但由于就业限制对象的抽象化,企业仅以"受过刑事处罚"或者"被法院追究过刑事责任"为拒绝理由,等于将刑释人员再一次推向社会的对立面。

就业被认为是社会与人之间联系和依赖的桥梁,罪犯的再社会化进程若因为各种因素而被阻断,那么其可能采取更为消极的方式来回应社会。发泄内心不满情绪的可能性会增加,使刑法预防、教育改造功能相左。

因此,构建就业限制与犯罪前科之间关联性,即就业限制与犯罪所剥夺的权利或资格相适配。若不分罪名、不分轻重一概打击,压缩刑满释放人员的生存空间会阻碍其再社会化。

四、社区矫正复权制度框架与内容

(一)社区矫正复权模式之选择

1. 平权模式暂与社区矫正体系不适配

我国长期以来,社会通常给予犯罪道德谴责或对重罪、死罪给予绝对排斥的态度,社会中对于罪犯的宽容、怜悯、帮助以及救助的文化比较欠缺,因此,不具备对前科消灭制度进行法律移植的社会土壤。虽然在近些年来理论学界针对前科消灭制度构建的问题呼声很高,但贸然在《刑法》或者《社区矫正法》体系下构建平权制度,即规定犯罪记录抹除,意味着会架空《刑法》中累犯、再犯的规定,相应从重处罚规定则将变成"沉睡条款",会引发后续相关法律规定的一系列调整。前科消灭举措会降低社会其他成员的犯罪预期成本,由此可能会强化潜在犯罪者实施犯罪的动机,不利于实现警示、教育一般公众的刑罚目的。因此,若要在社区矫正体系下设定平权模式,应采取循序渐进的方式为宜。另外,长期以来,犯罪附随后果是处置犯罪的传统措施与当然结果,被认为是处罚的一部分,[2]贸然消除犯罪记录很难被社会接纳。

综上所述,可采取先以构建社区矫正复权制度为基础逐步过渡到可被法律体系所容纳和社会所接纳的平权模式。

---

[1]《最高人民法院工作报告》,载人民网,http://politics.people.com.cn/n1/2024/0315/c1001-40196636.html。

[2] Murray B M, *Are Collateral Consequences Deserved?*, Notre Dame L. Rev, 2019, p. 95.

2. 确立社区矫正复权模式

法律激励的实现模式主要包括3类：权利模式与义务模式、奖励模式与惩罚模式、助力模式与阻力模式。[1] 复权作为法律激励的实现模式，权利的恢复自然不能无条件获得。因此，笔者认为，可以将社区矫正复权制定实现设定为失权到复权这一阶段。

刑法发挥惩罚作用的同时更重要的是改造犯罪人，监狱会使刑法改造功能大打折扣，在监狱高墙中经历多年体制化的人，将其直接抛向街头并指望他能重回社会做回模范公民是很难的。《社区矫正法》第1条[2]明确指出了社区矫正工作的目的，虽发挥使判决、裁定以及决定的正确执行作用，但实际上承担了帮助犯罪人改过自新重回社会的功能。因此，在社区矫正体系下适用复权模式，一方面，社区矫正对象社会危害性、主观恶性较小，具有悔罪表现，无须采取监禁的方式强化惩罚效力；另一方面，复权制度利用奖惩机制，即罪犯在社区矫正过程中同时满足时间条件、考核标准以及附加条件，定向恢复犯罪人的权利，完成"去犯罪标签化"，社区矫正帮扶教育目的性与复权制度功能相契合，均是为了破除犯罪人回归社会之桎梏。

(二) 社区矫正复权制度适用对象

依据《社区矫正法》的规定，适用社区矫正的对象是被判处管制、宣告缓刑、裁定假释、暂予监外执行的犯罪人，但由于社区矫正复权过程中需要社区矫正机构的正向引导，严格把控罪犯在社区矫正复权各个阶段的考核，同时发挥犯罪人主观能动性，在满足社区矫正时间条件以及复权考核标准或者附加条件时，即可向社区矫正机构提出复权申请。综上，笔者认为社区矫正复权制度适用对象应当为被判处管制、宣告缓刑以及裁定假释的罪犯，不能将暂予监外执行的罪犯纳入其中，具体理由如下：

第一，《暂予监外执行规定》第5条规定，罪犯依法被法院裁定暂予监外执行的主要有：需要保外就医、怀孕或哺乳的妇女以及生活不能自理3种情形。一方面，对于罪犯来说，适用暂予监外执行是政策关怀的一种方式，暂予监外执行的罪犯与其他监禁犯相比已经受到了优待；另一方面，从社区矫正复权制度适用方面上来说，

---

[1] 参见丰霏：《法律治理中的激励模式》，载《法制与社会发展》2012年第2期。
[2] 《社区矫正法》第1条规定，为了推进和规范社区矫正工作，保障刑事判决、刑事裁定和暂予监外执行决定的正确执行，提高教育矫正质量，促进社区矫正对象顺利融入社会，预防和减少犯罪，根据《宪法》，制定本法。

暂予监外执行对象通常为需要治病、哺乳以及需要他人照料的人，因而无法满足社区矫正复权考核的时间条件以及复权考核标准。

第二，《刑事诉讼法》第 268 条规定适用暂予执行的条件消失且刑期未满的，人民法院作出予以收监的决定并将法律文书送达执行机关，这意味着被人民法院裁定暂予监外执行的罪犯在监外执行条件消灭后刑期未满的仍需重返监狱，若将其纳入社区矫正复权范围内，会产生社区矫正复权制度与《刑事诉讼法》之间法律规范的冲突，造成法律体系的混乱。复权制度构建以社区矫正为试点，可为日后将暂予监外执行罪犯在内全面开展复权制度提供借鉴。

（三）社区矫正复权权利范畴

犯罪附随制裁的产生在一定程度上与未构建失权范围有关，应当明确社区矫正复权的权利范畴，首当其冲应考虑社会治理的现实需求，同时复权也并不意味着任何人的任何权利都能重新恢复，因此，笔者认为应当将具备特殊身份的罪犯复权范围进行一定程度限缩，主要包括：国家工作人员、现役军人犯罪以及违背职业要求的犯罪两种。

一方面，国家公职人员、军队人员犯罪后复权限缩。军队人员、人民法院或者人民检察院的公职人员、公安部门的工作人员等，因其群体所具备的国家公职属性，并且就职前或者入伍后受到过系统培训，同时司法部门有严格的准入门槛，例如法律职业资格证。无论是故意、过失犯罪以及社会危害性与人身危险性的大小，都理应按照超越普通人的法律注意义务进行严格要求，知法犯法的行为是不能与普通人的一时糊涂或者冲动的犯罪行为相提并论的。《罗马尼亚刑法典》第 155 条规定复权不恢复因犯罪而被解除的职务、原有的军队服役资格以及军衔。[1] 因此，无论从社会治理角度上，还是从国家公职人员廉洁性以及部队军纪方面上，都应将公职人员以及军队人员犯罪后权利恢复的范围限缩，即限制恢复公职、部队服役的权利。

另一方面，违反职业要求犯罪后复权限缩。违反职业要求的犯罪人"利用职业便利实施犯罪或者实施违背职业要求的特定义务的犯罪"不仅严重破坏社会秩序，同样也损害了正常的职业秩序和职业形象，损害了相关职业的合法从业者的就业权利。[2] 例如，《刑法》中规定非国家工作人员受贿罪、职务侵占罪、负有照护职责人员性侵罪等。陈兴良教授将实施违背职业要求的特定义务的犯罪理解为实施亵

---

[1] 参见《罗马尼亚刑法典》，王秀梅、邱陵译，中国人民公安大学出版社 2007 年版，第 47～49 页。
[2] 参见彭夫：《论刑法中从业禁止规定的理解与适用》，载《刑法论丛》2016 年第 4 期。

渎职责的犯罪,[1]亵渎职责的行为一旦做出,会对职业秩序造成不可逆的影响。因此,应当对违反职业要求的犯罪人复权权利范围进行一定限缩,限制犯罪人再次进入该行业。

(四)社区矫正复权适用条件

1.时间条件

期限的存在可以使人形成对目标生活的期待,根据维克托·弗鲁姆的"效价—手段—期望"理论,"期望是指一个人根据以往的经验,在一定时间里希望满足自身需要的一种心理活动"[2]。

域外复权制度关于时间条件的设定分为比例制和定期制两种方式。比例制要求犯罪人复权期限应当占失权期限一定比例,例如,《德国刑法典》规定复权期限应当占被剥夺资格或权利的一半刑期;定期制是指依据刑罚种类进行规定复权期限,例如,《日本刑法典》规定被判处监禁以上刑罚执行完毕或被赦免的,复权期限为10年。理论学界有观点认为复权制度时间条件采取比例制较为合理,因为定期制下,无论被适用资格刑的犯罪人,其资格或权利被剥夺期限是长是短,都统一适用一个复权的时间标准,没有体现区别对待的精神,有失公正。[3] 针对判有附加资格刑犯罪人来说可采取增设狭义复权条件,在下文附加条件会进行介绍。因此,笔者认为,社区矫正复权时间条件应当采取定期制。于判处管制、宣告缓刑以及被裁定假释的罪犯而言,应当为其设定以具体的执行刑为基础划定失权至复权阶段的考验期。这意味着管制犯、缓刑犯以及假释犯在其刑期内在遵纪守法的前提下,虚心接受教育改造,达到社区矫正复权阶段考核标准且依法经有关机关审核通过,在社区矫正考验期结束后,应当对其犯罪记录予以封存。

2.考核条件

以美国与意大利为例,《美国量刑指南》中规定若犯罪人能够清楚地证明他或她在实施该剥夺资格的罪之后已经完成改造,并使社会上公众相信其不会对社会造成伤害,可向有关部门或者所在地组织或机构提出申请,法院可以恢复其资

---

[1] 参见陈兴良:《〈刑法修正案(九)〉的解读与评论》,载《贵州民族大学学报(哲学社会科学版)》2016年第1期。

[2] 毛江华、廖建桥等:《辱虐管理从何而来?来自期望理论的解释》,载《南开管理评论》2014年第5期。

[3] 参见胡鹰、喻文莉:《复权制度探讨》,载《法学研究》1993年第4期。

格。[1]《意大利刑法典》第179条第2、3款规定若有实际的和持续的证据表明被判刑人行为端正的,则允许复权。[2] 笔者认为,美国和意大利刑法典针对刑释人员具体的复权申请条件未具体规定,即回归社会风险评估,同时还要求刑释人员在申请复权时自证无社会危害,其复权制度存在不合理性。因此,应当构建社区矫正复权制度考核条件。

社区矫正复权考核可分为社区矫正工作和复权考核两种方式。社区矫正考核可参考《湖南省社区矫正实施细则》《广东省社区矫正实施细则》中相关教育帮扶与考核评估内容,但鉴于行政机制运行存在巨大惯性,公设收容机构很容易异化为集中管控的场所,它的直接风险是扶助作用归零,[3] 而复权考核条件可以弥补社区工作的形式化。

复权考核应包含形式和实质两个标准。形式标准要求犯罪人在社区矫正期限内弥补其犯罪行为所侵害的法益,即强调犯罪人弥补法益的过程性。例如,因非法狩猎或者盗伐林木而被判处管制或者被宣告缓刑的犯罪人在社区矫正期间可担任当地护林员每周固定3次巡护森林,加强对森林的火灾管理、野生动物以及生态系统的保护;因危险驾驶或者交通肇事而被判处管制、被宣告缓刑的犯罪人在社区矫正期间可担任交通协管员,每周3次参与城市交通拥堵治理。实质标准要求犯罪人在达成复权考核形式标准的前提下,获得社区矫正机构以及所在社区内的一致同意。这意味着犯罪人不仅要将法益弥补的工作过程完成,同时还需获得社区矫正机构以及所在社区的认同。设置形式与实质双重标准有利于犯罪人在弥补法益的工作中认识其行为危害性,而且拓宽了犯罪人获得社会认同感的途径。

3. 附加条件

附加条件是针对某些特殊情形而增设的额外事项。社区矫正复权附加条件是指除主刑以外还被判处附加刑的犯罪人不仅需在社区矫正期限内满足时间条件、达到复权考核标准,还需将附加刑执行完毕。

判处主刑是犯罪人违反《刑法》规定而应当负的主要责任,而判处附加刑是因为犯罪人的犯罪行为对当事人、当地治安或者当地财产造成了一定影响。社区矫正机构负责对犯罪人主刑执行以及帮扶改造,而附加刑则需要人民法院和公安机

---

[1] 参见吕忠梅总主编:《美国量刑指南——美国法官的刑事审判手册》,法律出版社2006年版,第388页。

[2] 参见《意大利刑法典》,黄风编译,法律出版社2007年版,第68~69页。

[3] 参见王利荣:《刑释人员复权制度集成的实践逻辑》,载《人权研究》2024年第3期。

关执行,而社区矫正复权制度是在社区矫正体系下构建的,因此,对于判处附加刑的犯罪人的复权考核,不能与未判处附加刑的犯罪人一概而论,在社区矫正期间满足时间条件、达到考核标准仅代表其社区矫正阶段性表现,不能代替或者覆盖附加刑的执行结果,例如,因滥伐林木行为被判处管制并处罚金的犯罪人在社区矫正期间满足时间条件、达到复权考核标准,但未如数缴纳罚金,因而其不具备申请社区矫正复权的条件。

综上所述,针对主刑以外还有其他附加刑的犯罪人应当满足上述两个必要条件,同时将附加刑执行完毕方可申请社区矫正复权。

(五)社区矫正复权的实现

1. 社区矫正复权申请

结合我国实践,社区矫正复权程序启动应当采取申请方式。失权到复权阶段分为一般和特殊两种情形。一般情形下,对于没有被判处资格刑的犯罪人而言,在满足社区矫正复权启动的时间条件并且达到复权阶段考核标准的,可向其居住地的人民法院提出申请,法院对其提交的相关证明文件进行复权审查,必要时人民检察院派员到场监督,邀请负责社区矫正的国家工作人员到场说明情况。若满足复权阶段考核条件,人民法院可作出予以复权决定,反之予以驳回。另外,人民法院需将复权决定抄送公安机关负责执行。特殊情形下,针对被判处资格刑的犯罪人,应当同时满足社区矫正复权时间条件、复权考核标准以及附加条件才具备向人民法院申请复权的资格。

通过失权人本人向人民法院提起复权程序,实质上强化了"去犯罪标签化"的过程,即从犯罪人申请到人民法院作出予以复权决定的过程能使刑释人员降低对其犯罪身份的认同感,同时激发权利主张思维,为其顺利回归家庭和社会做好积极心理准备。欧洲国家确立了"原谅原则",即建立一种带有仪式感的矫正机制。在刑罚执行完毕后,经犯罪人申请,司法当局向犯罪人出具矫治完成证书。[1] 不论是"去犯罪标签化"的过程还是证书获得的结果,都是为犯罪人松绑顺利回归社会做好前期工作。

2. 社区矫正复权的撤销

社区矫正复权制度作为法律激励实现模式通过设定时间条件、复权考核标准以及附加条件,希冀犯罪人完成"去犯罪标签化",顺利回归社会,为了维护社区矫

---

[1] 参见魏麟:《犯罪标签理论的再发展及其当代价值》,载《辽宁公安司法管理干部学院学报》2023年第4期。

正复权制度初衷,同时谨防犯罪人复权后滥用权利行为,应当规定将社区矫正复权的撤销作为该制度之保障。

域外规定复权撤销制度代表性国家有意大利与罗马尼亚,例如,《意大利刑法典》第180条规定了撤销复权三要素:复权后7年内实施犯罪、犯罪人主观心态为故意、依法应判处2年以上有期徒刑或者其他重大刑罚。《罗马尼亚刑法典》第176条规定复权后发现漏罪的,应当撤销复权。笔者认为,《意大利刑法典》复权撤销条件过于宽松可能会影响社会的治理,而《罗马尼亚刑法典》关于撤销复权条件不够全面,因此,关于社区矫正复权撤销可参照我国缓刑撤销之规定,即社区矫正复权后又犯新罪或者发现漏罪的,经由人民法院依据《刑法》第69条进行判决,同时作出予以撤销社区矫正复权的决定。一旦决定生效,刑释人员不可再次提出复权申请。

结　语

武侯祠中上下联写道:能攻心则反侧自消,从古知兵非好战,不审势即宽严皆误,后来治蜀要深思,刑法起源于兵法,但兵法的最高境界是不战而屈人之兵,攻心为上。因此,刑法作为一种惩罚措施并不是越重或者越轻越好,而是要平衡惩罚不法和保障人权两个价值,不审势则会宽严皆误。罪犯的改造不应该从惩罚结束的地方开始,社会有责任给罪犯一个机会,证明罪犯有能力再次成为一个守法、自立的社会成员,但考虑到社会对刑释人员宽容、怜悯以及帮助的文化欠缺,在社区矫正体系下试行复权制度可为日后全面施行复权制度提供经验与借鉴。

乡村振兴视域下地域性犯罪治理新范式

黎青林*

摘　要:党的二十届三中全会强调"城乡融合发展是中国式现代化的必然要求"。地域性犯罪是推进乡村全面振兴、促进城乡共同繁荣发展过程中的"顽瘴痼疾"。文章从地域性犯罪内涵与特征出发,通过实证研究的方法,归纳 L 县地域性犯罪的特征与治理困境,提出坚持标本兼治的源头治理、宽严相济的综合治理、共建共享的协同治理、对症下药的精准治理、科技赋能的数字治理,以期为寄生于"乡土中国"的地域性犯罪治理提供参考。

关键词:地域性犯罪;乡村振兴;治理;新范式

地域性犯罪作为一种嵌入与寄生于"乡土中国"网络关系之中的犯罪形式,是推进乡村全面振兴、促进城乡共同繁荣发展过程中必须面对和解决的难题。它不仅是刑事犯罪类型化、专业化的逻辑延伸,其背后的城乡发展不平衡、区域发展不平衡、基层社会失范、个别群体边缘化、亚文化野蛮生长等问题,是"高质量发展的突出短板在县,薄弱环节在镇,最艰巨最繁重的任务在农村"[1]的一个客观缩影与真实写照。党的二十届三中全会对"健全推动乡村全面振兴长效机制""完善社会治安整体防控体系……依法严惩群众反映强烈的违法犯罪活动"作出改革部署,[2]为更好地回应人民呼声、地方需要和时代需求,有必要构建地域性犯罪治理之新范式。

---

* 作者单位:广东省罗定市人民检察院。
〔1〕 参见《关于实施"百县千镇万村高质量发展工程"促进城乡区域协调发展的决定》。
〔2〕 参见《中共中央关于进一步全面深化改革　推进中国式现代化的决定》。本文关于党的二十届三中全会的引用均来源于此。

一、逻辑起点：地域性犯罪的内涵与特征

地域性犯罪（又称地缘性犯罪、地域性外流犯罪、地域性职业犯罪），并不是一个专业的犯罪学用语或刑法学用语，但类型犯罪地域化是客观存在的现象，[1]并且属于社会治理难题。有学者认为，地域性犯罪指以相对封闭的特定社会关系为纽带，以相对固定手段从事特定类别犯罪，并具有明显地域性特征的犯罪活动[2]。也有学者认为，地域性外流犯罪是指由建立在特定地缘关系基础上的人员组成的群体于较长时间范围持续地流动在其他地区实施带有某种特定标签属性行为的违法犯罪活动[3]。有研究认为，地域性职业犯罪群体是指以一定的地域、亲缘关系（亲戚、同学、同乡等）为纽带，纠合、流窜实施的以侵财为主要犯罪目的，犯罪手段（包括犯罪预备、作案时间、作案工具、作案过程、侵害目标等）带有一定地域性特点的犯罪团伙[4]。结合上述概念，地域性犯罪具有以下两个区别于普通犯罪的行为特点与危害特性。

（一）犯罪行为特点

1. 身份的地域性。犯罪行为人的户籍地集中在某个县（区）乃至某个乡镇，是以地缘、亲缘、血缘、业缘为纽带而聚合的熟人群体。套用费孝通《乡土中国》的"差序格局"理论，这"是一根根私人联系所构成的网络"[5]。以地域为划分，可以分为内生源头型犯罪与外流输出型犯罪。前者以地域为基地实施犯罪。外流输出型犯罪则是异地流窜作案模式，在流出地和流入地之间反复、不定期流动，"打一枪换一个地方"。"人往高处走，水往低处流"，区域发展不平衡、不充分是地域性犯罪输出的主要动因，跨区域空间流动盲区是地域性犯罪输出的载体与动力。同时，"偷的是外地人，骗的是外乡人"，这往往不会给犯罪人带来负面社会评价，不会影响犯罪人在户籍地的道德名声，甚至被视为有能力、有面子、有声望，无形中将犯罪行为合理化、去罪化，消除了罪恶感和心理障碍，从而获得内心平衡与道德支撑。甚至有

---

[1] 参见王红敬：《社会治理能力现代化视域下地域性外流犯罪治理》，载《江西警察学院学报》2022年第1期。

[2] 参见王政昱、王广艺、傅鑫龙：《当前打击地域性职业犯罪的问题与对策》，载《江苏警官学院学报》2018年第2期。

[3] 参见王红敬：《社会治理能力现代化视域下地域性外流犯罪治理》，载《江西警察学院学报》2022年第1期。

[4] 参见肖益茂：《地域性职业犯罪群体治理探究——以福建省三明市为例》，载《云南警官学院学报》2016年第6期。

[5] 费孝通：《乡土中国》，天地出版社2020年版，第47页。

的地方势力、宗族势力让国家工作人员充当"保护伞",帮助逃避打击、逃避侦查打击。

2. 行为的职业性。地域性犯罪以某种类型犯罪活动为业、为生,多次实施、反复参与,手法具有同构性、行为具有反复性,并且不停地追求更高的专业化水平,作案手段不断翻新和升级,因而被贴上类型化标签。例如湖南省耒阳市为主的技术开锁入室盗窃犯罪。美国犯罪学家萨瑟兰在《职业盗窃犯》提出,职业盗窃犯以盗窃活动为职业,具有"以盗窃为职业""每一个盗窃案件都经过周密的计划""拥有特殊的技术和技巧""移动性""有限的盗窃犯罪类型""组织内部充满了真诚、了解、意气相投和不出卖朋友的诚实行为原则""通过对老一辈职业盗窃者的学习才能获得"等7个特征。[1]

主体身份的地域性、同质性与犯罪行为的职业性、专业性相互促成、互相补充,相辅相成,共生演化。专业犯罪技术(方法、工艺、步骤)的学习和传授,不像正常的技术可以公开途径获得,需要言传身教,因此高度依赖熟人、亲戚、朋友之间的信任,以"熟人"为纽带进行"传授",同时伴随技术门槛越高、专业性越强,地域性垄断特征就越明显。

(二) 危害特征分析

1. 亚文化:地域性犯罪之破窗效应。"恶是善的缺失",地域性犯罪之所以能够形成,在于社会主流文化对群体成员的控制力量与免疫力不足,背后是谋生手段有限、就业形式单一、精神源头失灵、道德净化功能褪色、基础教育薄弱、读书无用论盛行、基层治理不力等"社会失范"问题。犯罪是模仿的产物,在周边亲友犯罪致富的"示范效应"下,人们见怪不怪、不以为然,产生"笑贫不笑抢盗骗"的扭曲心理、畸形欲望,并且在接触和交往过程中自然习得。按照破窗理论,如果一个社区允许一个破碎的窗户保持毁坏状态,那么将表明该社区根本不在乎自己的财产[2],像一个病毒或"带菌个体"在非线性传播、变本加厉,引发的社会危害、负面社会影响、恶性循环态势将更突出,成为自我循环的文化现象。当这种犯罪亚文化在一个地区形成猖獗之势,会有强大的示范效应与强烈的暗示性,必然加剧了受教育程度低的人群对这种违法犯罪产生趋之若鹜的心理,并对下一代教育和合法劳动产生日渐冷漠的态度。正如社会学家指出,长期或广泛的越轨现象能从多个途径导致社会

---

[1] 参见吴宗宪:《西方犯罪学史》(第2版),中国人民公安大学出版社2009年版,第925~926页。
[2] 参见[美]劳伦·M.巴罗、罗纳德·A.鲁福、索尔·阿拉姆布拉:《犯罪侧写:理论与实践》,郑雁生译,知识产权出版社2022年版,第206页。

功能失调。[1] 人创造了文化,文化也塑造了人,人是文化的产物。地域性犯罪从个体到群体发展的过程中,亚文化是一个不可缺少的因素。[2] 亚文化是一种"病态"现象,既然是存在的,就应该面对它、治疗它,犯罪治理的过程就是主流文化去争夺、占领阵地的过程,要运用中华优秀传统文化及社会主义核心价值观,不断地挤压亚文化的生存空间、净化生存土壤,而不是熟视无睹、视而不见地任由它四处横流。

2. 污名化:地域性犯罪之外在引发。在法律层面,罪责自负是现代刑法的重要原则。但在道德层面,由于地域性犯罪主体呈现明显的地域化特征,犯罪行为又具有职业性、输出性,再加上宣传、传播的放大,由个体到群体,由个人到地方,自然而然地贴上侮辱性、贬抑性的标签,导致"地域污名化",获得"受损身份",需要"乡土社会"共同体中的每一个人来承担。"污名"(stigma)一词源于社会学家欧文·戈夫曼的著作《污名——受损身份管理札记》[3]。原指一种具有惩戒和侮辱性的,起到提示或区别作用的身体标记,后不断衍生、拓展到了更为普遍的各种惩戒性、侮辱性、贬抑性的视觉指称和话语指称,如傻子、"某南骗子"等说法,这种歧视与偏见完全忽略了个体差异,导致对整个群体的歧视和株连。这种难以摆脱的"身份受损"之"地域黑",轻则会使人感到不愉快,重则会产生排斥和歧视行为,使受污名者处于被社会排斥的弱势状态,影响区域协调发展,危及文明社会的建设。"知耻近乎勇",需要对地域性犯罪进行理性反思,着力消除地域歧视、地域偏见、地域攻击等负面印象,在"去污名化"过程中,重建地域荣誉感、找回地域优越感,这才是在"差异困境"中冉冉升起的积极景象。

二、实证分析:广东省 L 县地域性盗窃犯罪的特征与治理困境

(一)特征分析

民间流传,广东省 L 县有粤菜师傅[4]、制毒师傅[5]、偷油师傅三大出名师傅。

---

[1] 参见[美]戴维·波普诺:《社会学》(第10版),李强等译,中国人民大学出版社2007年版,第235页。

[2] 参见王嘉:《地域性犯罪人员重新犯罪问题研究》,载《云南警官学院学报》2016年第4期。

[3] 参见[美]欧文·戈夫曼:《污名——受损身份管理札记》,宋立宏译,商务出版社2009年版,第6页。

[4] 例如,L县金鸡镇以"厨师之乡,金鸡报晓"为创建定位。

[5] 例如,L县于2021年被列为省级毒品问题严重地区,因新精神性物质 γ-羟基丁酸(俗称"傻仔水")泛滥成灾被南方都市报等媒体报道。

偷油师傅、油耗子即本文研究的地域性犯罪。2020年,广东省公安厅将L县列为"盗销燃油犯罪输出地"重点整治地区。[1] 2023年,L县政府印发《打击整治盗销燃油违法专项行动方案》,继续强调"严厉整治本地盗销燃油违法犯罪输出突出问题"。以"L县、盗窃罪或抢劫罪、柴油、高速或国道"为关键词在"中国裁判文书网"进行检索,L县地域性盗销燃油犯罪具有如下特征:

1. 主体特征。一是地缘性强。犯罪主体以L县龙湾—泗纶—黎少镇沿路一带为主,[2]以乡情亲情、血缘地缘为维系纽带,传帮带特征明显。二是多为累犯、盗窃惯犯,例如杜某某、沈某某等盗窃案,杜某某,户籍所在地广东省L县,曾因犯抢劫罪于2010年被佛山市中级人民法院判处有期徒刑3年6个月,因犯盗窃罪先后于2013年被佛山市顺德区人民法院判处有期徒刑1年6个月,于2015年被仁怀市人民法院判处有期徒刑1年,于2016年被佛山市禅城区人民法院判处有期徒刑9个月,于2019年被广西贺州市八步区人民法院判处有期徒刑9个月。这些罪犯反侦察能力强、抗审讯意识强,交代问题避重就轻,血缘地缘关系形成的"关系链"和"信任链",又使共犯之间攻守同盟、难以突破。研究表明,职业盗窃犯有共同的情感、情操、行为,一个职业盗窃犯受到最严厉的刑罚的威胁时,也绝不能出卖同伙。[3]

2. 手段特征。一是隐蔽性极强。实施盗油时通过戴鸭舌帽、手套、口罩、纱网、放遮阳板等方式进行伪装遮掩,不在现场留指纹、足迹、DNA等客观信息。沿途交替使用假车牌,且不带手机或以对讲机进行沟通。二是工具专业化。作案车辆加固底盘、增加减震,拆除后排座椅,安装大容量储油气囊。使用裁纸刀、鹰嘴钳撬开油箱盖,以大功率抽油泵,极短时间内抽空大货车油箱,一夜之间可进入多个服务区作案。三是暴力性。一旦被发现不惜一切代价疯狂逃窜,遇到拦截往往以暴力应对、明火执仗。如梁某某盗窃罪一审刑事判决书反映,"两名被告人分别持镀锌管等凶器对朱某利等人进行威胁以抗拒抓捕"。又如,邓某某、邱某某抢劫罪案反映,"邓某某为抗拒抓捕,拿起黑色弹簧刀对追捕的警察挥舞,其行为已构成抢劫罪"。再如,(2018)粤53刑终××号刑事裁定书反映,"为了逃避上述货车司机的追打、围截,左某把车开到对向车道边的辅道逆向逃跑,在连番倒车、前进的过程

---

[1] 参见努努:《警情环比下降90%!云浮警方"飓风181号"集群战役成绩斐然》,载广东省公安厅官网2020年7月27日,http://gdga.gd.gov.cn/jwzx/jwyw/content/post_3052947.html。

[2] 参见云浮市罗定市公安局:《L县打击整治盗销燃油违法犯罪"大扫除"专项行动掀起强大攻势》,载云浮市罗定市公安局官网2023年4月23日,http://www.luoding.gov.cn/yfldgaj/gkmlpt/content/1/1689/post_1689735.html#2476。

[3] 参见吴宗宪:《西方犯罪学史》(第2版),中国人民公安大学出版社2009年版,第926页。

中将被害人刘某4撞倒并卷进车底继续拖行致其当场死亡"。

3.行为特征。一是作案目标为停放在服务区或省国道边的大货车。货车司机是外地人、有物流任务、人生地不熟,更倾向于选择隐忍不报案。"息事宁人"的被害沉默,既导致大量隐案、犯罪黑数,又助长了嚣张气焰。二是跨区域流窜作案。"兔子不吃窝边草",不在本市作案,以免暴露行迹,主要流向两广粤语地区作案,流出地主要包括:广东肇庆、佛山、中山、广州、深圳、东莞,广西梧州、贺州、玉林、贵港、南宁。例如张某某、林某某盗窃案,流窜到广西贵港市、来宾市寻找作案目标车辆;沈某某、杜某某盗窃案,先后窜到广西扶绥县、陆川县、灵山县的辖区内。吕某某、蓝某某盗窃案,以广州市增城区、广东省东莞市为盗窃目标地。三是通常二人作案。一人驾车望风、操控抽油开关,一人下车实施盗窃,背后又存在有分有合的犯罪团伙。例如陈某某、沈某1盗窃案,被告人沈某1、沈某2、陈某某、辛某某、何某某从L县驾乘作案车辆到佛山市××区狮山镇桃园路××附近山岗,分成两组去佛山市三水区盗窃柴油。

4.链条特征。形成了组织、盗油、收购、存储、改(修)车辆、制(购)假车牌、销售等环节在内的产业链条,相互依附,又彼此独立,呈现出产业化分离、手段专业化、分工精细化、利益链清晰独立的特征,既提高犯罪效率,又分散犯罪风险。例如,盗窃柴油犯罪嫌疑人只负责盗油,出发前到某树根底下即有改装车辆供应,其本人也不知道谁提供车辆,如查获时都会扣押一系列假车牌,但是犯罪嫌疑人基本供述不出假车牌的来源。销赃渠道门槛低,如下游非法购销柴油,改装一辆加油车、购置一把加油枪,再将非法收购的油品以低于市场价销售就可获得丰厚的回报,低成本的投入,稳定而高额的收益,使犯罪分子甘冒犯罪风险而长时间作案,甚至被查处后再犯罪率高。每个链条背后又有复杂的社会问题,每个环节都反映出社会治理的难点和堵点。例如,车辆背后是混乱的二手车交易现状,如报废车买卖、变相抵押放贷、租车两头诈骗等。柴油背后是成品油市场乱象,如《成品油市场管理办法》2020年7月1日废止后,无证经营由谁来监管的问题。

(二)治理困境分析

1.数据孤岛致游离在治理之外。犯罪数据(数量、关系、特征、规律和趋势)是犯罪治理逻辑展开的起点。但实践中犯罪统计数据多头、多段、零散、片面、平面,缺乏系统、全景、立体的视角,遮蔽了犯罪深层次原因,蒙蔽了真问题,限制了解释力,进而影响犯罪治理的走向,加剧了问题的漠视感。例如,笔者在写本文时到公安机关调取相关数据无果,再加上中国裁判文书"断崖式下跌",故缺乏定量数据的支撑,很难获得真实、全面的样本以窥全貌。值得一提的是,当前关于农村犯罪尤其是区域性农村犯罪的实证研究匮乏,以思辨主义为主要研究方法,缺乏以实证方法(真实的数据、真实的案例、横纵向比较等)去回答"是什么""为什么""怎么办"三大问题,隔靴搔痒、文过饰非,造成治罪与治理、政策与决策之间"两张皮""双失效"境地,[1]无法成为一种"知识性治理",只能是凭借国家强权的单向度管制。

2.区域沟壑致治理结构裂解。区域发展不平衡是地域性犯罪产生的动因,更是地域性犯罪治理的难点。地域性犯罪存在"输出地""流入地"跨区域之点多、线长、面广之复杂特性,主体、行为、后果、管辖权分处不同区域,这必然造成"输出地:案不在本地,与己无关之冷漠"与"流入地:源不在本地,鞭长莫及之无奈"相互交织之结构性症结。再加上"多一事不如少一事"之人之常情,固守"耕好自己的一亩三分地",导致地域性犯罪长期处于就案办案、案结了事的状态,治理无从说起、无从做起。跨区域、跨省域的打击与治理,必然面临观念不同的阻力、利益格局的困扰、协同机制的缺失、冗长繁杂的程序等问题,需要依靠纵向层级节制和横向联动配合才能发挥出制度优势,这对于基层而言,唯有望洋兴叹。

3.衔接不畅致治理效果重复。盗窃犯罪治理是一项系统工程,需要执法机关、行政机关的通力配合,方才可以打通任督二脉,形成长效治理格局。从现状看,存在"单兵作战""各敲各的锣,各打各的鼓"的尴尬局面,未建成多方参与、齐抓共管的联动机制,部门协作关系未形成,资源得不到有效整合和充分利用等问题。一是过度强调公安机关专项的打击与震慑,不仅在内部出现"科层耗散",在外部呈现执法成本与收益失衡,陷入一阵风式"运动式"陷阱,出现"打击—反弹"之猫捉老鼠式循环。例如以"L县+盗窃+柴油"等为关键词在百度搜索,相关的宣传报道均为公安机关,无检察院、法院、行政部门乃至市委市政府的视角,可见缺乏通过政治、经济、法律、文化、教育等综合手段进行系统治理,公民、行业主体参与犯罪治理更无从谈起。二是"重刑事打击,轻行政执法",在行政执法与刑事司法衔接之间出现行政处罚断档,存在"真空"地带。例如在盗窃燃油案件中,普遍存在无证驾驶、使用套牌车、驾驶报废车、买卖报废车、非法改装车、非法存储买卖成品等违法行为与背后的监管乱象,公安机关往往只重视刑事打击,没有依法处理或者依法移送处理。同时行政执法与刑事司法活动之间的信息壁垒、行刑程序分割,亦制约了全链

---

[1] 参见李大槐:《检察机关全面贯彻总体国家安全观的实践和思考》,载《中国检察官》2023年第1期。

条治理成效的提升。

4. 回归困难致治理目标偏离。惯犯、累犯、再犯率高是地域性犯罪的典型特征,他们遭受多次打击,依然"屡犯不改",不愿意放弃"老本行",反而费尽心机研究如何降低风险、提高作案技术,为什么呢? 一是司法片面性。司法更倾向于定罪量刑的片面程序性处理,忽略了内化的教育规训与对回归社会的鼓励。加上监狱改造又不具有针对性,且效果不佳。监狱者恶地也,历来存在"黑染缸""传习所"的问题,有"交叉感染、近墨者黑"的效果,从"单面手"变成"多面手",犯罪意识和专业犯罪技能更高。二是标签化。标签化是犯罪行为人发生再犯、成为累犯的一个重要因素,初次越轨→被标签化→负面认知→再次越轨→惯性犯罪→动力定型,不断恶性循环。标签化容易摧毁一个人重新建立的自信心,然后产生很深的自我否定,并且走回以前的老路,成为"生涯犯罪人"。三是社会支持系统不足,安置帮教"困像"渐显。除了《监狱法》[1]、《反有组织犯罪法》[2]有安置方面的原则性规定,其他相关规定散见于各种政策性、规范性文件,这些文件位阶低、条文粗陋,甚至相互抵牾,使安置帮教工作机构无所适从。安置帮教工作属于"齐抓共管"的领域,缺乏一个日常专责机构,使安置帮教工作常常处于消极冷淡的副业地位,造成"谁都有责,谁都不负责"的尴尬局面,影响了刑释解矫人员快速精准获得安置帮教[3] 四是物以类聚。对于边缘群体而言,到处是阴影。正如"谁都跳不出自己的文化","生于斯、长于斯、死于斯",犯罪分子也难以彻底逃脱地域之"人际圈""关系网""利益链""引力场"。长出毒树之果,土壤因素不可忽略。

三、路径优化:乡村振兴视域下构建地域性犯罪治理新范式

虽然《乡村振兴促进法》全文没有提及"犯罪"的打击与治理,但是要达到"产业兴旺、生态宜居、乡风文明、治理有效、生活富裕"的总要求,必须做好犯罪治理工作,这是重要基础。中共中央、国务院《关于学习运用"千村示范、万村整治"工程经验有力有效推进乡村全面振兴的意见》(2024年1月1日)强调"建设平安乡村"。党的二十届三中全会提出"聚焦建设更高水平平安中国……创新社会治理体制机制和手段,有效构建新安全格局"。同时,地域性犯罪治理必须兼顾全面性与系统

---

[1]《监狱法》于1994年12月29日起施行,于2012年10月26日修订1次,仅修改1条条文。该法第37条第1款规定,对刑满释放人员,当地人民政府帮助其安置生活。

[2]《反有组织犯罪法》第18条第2款规定,有组织犯罪的罪犯刑满释放后,司法行政机关应当会同有关部门落实安置帮教等必要措施,促进其顺利融入社会。

[3] 参见贾林:《新时代开创安置帮教工作新局面的探索与思考》,载《中国司法》2019年第4期。

性,注重问题导向、效果导向、目标导向。基于上述特征与困境,当前地域性犯罪治理亟须在系统观念指引下,探索从旧范式到新范式的转换的"科学的革命",即以源头治理、综合治理、协同治理、精准治理、数字治理等综合模式以达至最佳规制效果。

1. 坚持标本兼治的源头治理。地域是地域性犯罪绕不开的一道坎,源头治理主张从根本上对犯罪进行治理,通过"打早打小"及时阻断,避免犯罪继续发展、壮大。一是深刻把握政治性,以高站位的态度认识地域性犯罪,将地域性犯罪作为"心头之痛、心底之忧、心中之患",正视存在的问题、困难和挑战,绝不能因"案不在本地"而自我遮蔽、掩耳盗铃,切实提高犯罪治理的责任感和紧迫感,严格落实属地责任,实施重点地区整治,紧盯重点人群,把重点人员包管到位、外流人员管控到位、村居社区排查到位。二是筑牢地域经济发展根基。犯罪现象即社会现象,正如李斯特所言,"最好的社会政策就是最好的刑事政策",经济发展对犯罪具有稀释作用。在广东全省上下以"头号工程"的力度和势头推进"百千万工程"的背景下,要加快推进乡村全面振兴工作,谋划产业项目、优化乡村环境,努力解决农村剩余劳动力,同时注重完善收入分配制度,缩小城乡差距、地区差距和行业差距,遏制地域性犯罪的滋生与蔓延。三是加强主流文化的导向作用。法安天下、德润人心。犯罪是文化的具象化和实定化,不同类型的犯罪折射和蕴含不同的文化指令,有一定的历史渊源。[1] 找准地域性盗窃犯罪高发的文化根源,"弘扬社会主义法治精神,传承中华优秀传统文化","把社会主义核心价值观融入法治建设、融入社会发展、融入日常生活",努力铲除滋生犯罪亚文化的土壤。四是促进区域协调发展。立足于"中国式现代化是全体人民共同富裕的现代化"之全局、大局,再也不能"最富在广东、最穷也在广东",当地域性犯罪输出地治理陷入困境与危机之时,上级应及时果断出手,推动更多法治力量向引导和疏导端用力。于流入地而言,应在思维认知上跳出地方主义与本位主义的逻辑困境,以积极主动的态度顺应区域协调发展的实践需求,主动帮助输出地做好犯罪防控工作,同题共答,画好同心圆。

2. 坚持宽严相济的综合治理。宽严相济刑事政策肩负预防犯罪和控制犯罪的总体功能。该宽则宽,当严则严、宽严有度,"以严厉的眼光对事,以悲悯的眼光看人",打击、孤立极少数,教育、感化和挽救绝大多数。一是轻其所轻、从宽处理。对于情节轻微的盗窃犯罪行为不入罪处理,对于初犯、偶犯,多作不起诉处理或多适

---

[1] 参见王红敬:《社会治理能力现代化视域下地域性外流犯罪治理》,载《江西警察学院学报》2022年第1期。

用缓刑,建立梯次递进的行刑衔接处罚体系。国外实证研究表明,缓刑是预防累犯、再犯的重要措施。[1] 二是重其所重、从严打击。对于累犯、再犯,要严厉打击,能捕则捕,能诉则诉。探索中国式"三振出局规则"[2],转向对未来犯罪的预防、对未来危险的控制。三是由案及治。强化盗窃犯罪案件的证据审查、积极提前介入引导侦查取证,有力开展立案监督,纠正漏罪漏犯,更加注重追赃挽损、打财断血,让"罪"与"赃"无所遁形,彻底摧毁地域性犯罪的资金链条。同时,刑事司法就像一面镜子,可以站在"旁观者清"的角度,看到整个社会的轮廓。针对照出的疏漏问题与薄弱环节,要以三书一函、情况反映、调研报告等形式,引起党委政府、社会各界的重视和关注,以"小切口"撬动"大治理",从深层次预防和减少犯罪。

3. 坚持共建共享的协同治理。司法不是万能的,地域性犯罪是一项复杂的社会系统工程,要走出运动性打击之路径依赖,回归社会治理、日常治理之本位,需要社会各界共同参与、共同防御、共治共享。一是进一步强化政法协同。凝聚法律职业共同体的理念,促进侦、捕、诉、审、执各环节观念统一、司法尺度和证明标准统一,实现行动协同、同向发力。二是进一步强化政务协同。推动构建"党委领导、部门协同、社会参与、法治保障"的治理体系,强化协调联动,形成打击整治合力,推进犯罪治理工作向"职权整合化""职责清晰化""经验制度化"的方向发展,扭转"各自为政""各自为战"所导致的重叠和真空区域。要以点带面、全链条打击,既要紧盯盗销燃油犯罪分子,也要打击黑车维修点、改装车点、黑加油站(点),堵塞销赃渠道。健全违法犯罪线索移交机制,形成"上下理顺、左右协调、沟通顺畅、运转高效"的共同监管执法机制。建立"全景敞视"地域性违法犯罪数据库,通过专题实证研究、学术征文、合理化建议、建立人才库等多种方式,为犯罪治理供智力支持。只有实事求是,以问题为导向开展实证研究,不断拓宽研究的向度、深度、广度,才能真正认识与弄清地域性的结构。三是进一步强化社会协同,具化行业责任与公众参与。强化重点区域(高速服务区、工业园、建筑工地)的巡查与企业的人防、技防措施;科学设置举报奖金等方式,鼓励主动举报,从受益"帮凶"变为群众"侦探"。全面落实"谁执法,谁普法"的普法责任制,深化反盗窃宣传与思想引导,针对下游非法购销柴油问题,深入物流企业、建筑工地的司机群体开展针对

---

〔1〕 参见张明楷:《犯罪的成立范围与处罚范围的分离》,载《东方法学》2022 年第 4 期。

〔2〕 "三振出局"原则于 20 世纪 90 年代引入美国刑事法中,以加利福尼亚州颁布的"三振出局法"为例,当一个人第二次犯重罪时,其刑期将增加一倍;第三次犯重罪时,至少被判处 25 年以上乃至终身监禁;第三次如果犯轻罪,则授权法官决定是否将轻罪转化为重罪。

性普法宣传。

4. 坚持对症下药的精准治理。精准治理包括对接精准、方法精准、技术精准、对象精准等。盗窃具有成瘾性，遵循帕累托法则，即人人耳熟能详的"二八定律"，80%的盗窃犯罪是20%的人实施的，这20%即为累犯、再犯。抓好这20%的关键少数即可以创造80%的效益。一是教育更完整。要"寓教"于诉判，注重诉讼程序中针对性预防，如实质化提审、法庭教育、文书释法说理等，实现犯罪行为人的"主观之刑"回归国家确定的"客观之刑"[1]。认罪认罚从宽制度不应异化为"流水作业"，认罪认罚表明犯罪嫌疑人甘愿服法，再犯危险性较低。要对"自愿性"和"真诚悔罪"实质化认定，防止以"假意悔罪"来换取"从宽"利益，更要杜绝"强迫认罪"，以免致犯罪嫌疑人抱怨司法不公正、加深对社会的敌视。二是改造更具针对性。要从"把人管住"向"把人教育好"转变，探索更加丰富、更加个性、更加实用的方法，切实提升罪犯的教育矫正效果。如针对病理性盗窃瘾癖采取医学治愈、叙事疗法等新方式。三是帮扶更有效。推动司法行政部门、民政、人社等部门加强对刑满释放人员的安置帮教，逐一评估建档，在教育、心理辅导、技能培训、社会关系改善等方面提供帮扶，引导解决生活出路问题。四是防控更适时。对于3次以上的惯犯，如探索《反有组织犯罪法》规定的"报告个人财产及日常活动"[2]，域外"梅根法案"[3]规定的"公布个人信息"等做法。五是探索前科封存制度。"堵而抑之，不如疏而导之"，在党的二十届三中全会提出"坚持正确人权观""建立轻微犯罪记录封存制度"的背景下，激励越自律的罪犯越早获得法律的自由、道德的恢复。引导公众淡化报应观，破除对前科人员的"一日行窃，终生是贼"的歧视，创造宽容的社会环境，释放国家权力引导向善、向上、向美的积极作用。

5. 坚持科技赋能的数字治理。"数化万物，万物皆数"，党的二十届三中全会报告全文出现"数字"二字有12处。面对扑面而来的数字社会，要跟上时代发展步伐、把握历史重要机遇，以数字革命、新质生产力驱动犯罪治理提质增效。一是强化数据思维、数字理念。完善与公安机关、司法行政部门的数据共享机制，克服长

---

[1] 参见王志强:《重新犯罪实证研究》，载《中国人民公安大学学报（社会科学版）》2010年第5期。

[2] 《反有组织犯罪法》第19条规定，对因组织、领导黑社会性质组织被判处刑罚的人员，设区的市级以上公安机关可以决定其自刑罚执行完毕之日起，按照国家有关规定向公安机关报告个人财产及日常活动。报告期限不超过5年。

[3] 美国的《梅根法案》是一部为预防犯罪发生而制定的法规，通过公布有性犯罪前科的危险人物的信息，让整个地区来监视犯罪者。

期存在的信息孤岛、单打独斗、效率低下问题。通过筛查、数据整合、对碰,发现盗窃线索、重点人员、重点领域、重点环节,促进实现"数字赋能治理"。二是数字赋能区域协作。"异地出动、流窜作案是地域性犯罪嫌疑人的惯用伎俩,也是难以受到有效打击的重要原因"[1],要利用数字赋能实现跨区域盗窃案件联动打击,建立健全跨区域司法协作机制、互动交流机制,改变各区域分别立案、各自侦办,实现对累犯、惯犯、漏罪、漏犯的精准打击。要"跨出管辖顾大局",在区域经济一体化过程中,建立健全政法协作机制、互动交流机制,以政法合力促进更广泛层面的综合治理、体系治理,实现"一域突破、全省共享"。不断优化跨部门大数据办案平台功能,为实现跨区运用、联动打击、协同治理奠定基础。最后完善实施区域协调发展战略机制最关键、最需要的是将一个协调各方利益的组织机构和对接平台作为催化角色,去激发、整合以及构建、主导协同治理的过程。

四、结　语

无论是自然现象还是社会现象,都具有一定的地域性特征,犹如大漠风光与江南水乡、雪山高原与岛屿风情、北方人的粗犷豪迈与南方人的细腻柔情。"乡村"从法律定义上看,就是一个具有多重功能的地域综合体,空间不仅是社会关系和行为的容器,而且是社会关系和行为的要素,民谣有道"一方水土养一方人"。地域性犯罪是推进乡村全面振兴过程必须面对的问题,绝不能因为"地域性"极易产生犯罪标签与污名效应而"掩耳盗铃"。唯有深刻揭示乡土社会某一特定类型犯罪的生成模式、发展趋势、成因特点及其与乡村振兴的关系,才能制定出切实有效的治理策略,才能彻底助力摆脱"野火烧不尽,春风吹又生""割了一茬又生一茬"的循环怪圈与历史困境,才能做到在共同富裕的路上不让一个人掉队、不让一个地区掉队。国家法律与社会现实之间错综复杂的关系,在基层有着更直接、生动、鲜明的反映和体现。[2] 希冀有更多的眼光、更多的资源,向下扎根,沉潜到大国之基、县乡深处,俯瞰更为丰富、更为复杂的基层问题与乡村治理,打破主流视野的局限,开拓更为多元的视角和广阔的空间。同时,在方法论上更加注重由抽象到具体、由思辨到实证的转化,将观察、归纳、演绎、验证有机地结合,因为在基层一旦陷入抽象,就容易

---

[1] 谌光武、罗国文:《社会转型时期湖南地域性犯罪之现状分析与对策研究》,载《湖南警察学院学报》2014年第6期。

[2] 参见苏力:《送法下乡:中国基层司法制度研究》,中国政法大学出版社2000年版,第10页。

沦为腐败与异化。例如,"创新"变成为了创新而创新,成了基层最大的形式主义,[1]"讲政治"变成包罗万象的"大口袋",呈现为一种背离常识的样式,根本无法捕捉到乡村犯罪治理这一公共议题背后的实际需要。

---

[1] 参见杨华:《县乡中国:县域治理现代化》,中国人民大学出版社2022年版,第155页。

审前社会调查及其存在问题剖析

刘 蔚*

引 言

社区矫正作为一种非监禁刑罚执行方式,近年来在中国刑事司法体系中逐渐占据重要地位。其核心目标是通过社会化的矫正手段,帮助罪犯重新融入社会,降低再犯罪率,同时缓解监狱系统的压力。然而,实践中部分矫正对象屡次违规甚至重新犯罪的现象,暴露了审前社会调查的不足。正如法国社会学家埃米尔·涂尔干所言:"刑罚的目的不仅是惩罚,更是社会关系的修复。"[1]审前社会调查作为社区矫正的"第一道防线",其科学性与严谨性直接决定了矫正效果。本文以长宁司法所的实践为例,结合理论与数据,深入探讨审前社会调查的重要性及现存问题,并提出改进建议。

社区矫正的合法性源于《社区矫正法》,其中第18条明确规定:"社区矫正决定机关应当根据调查评估意见,决定是否适用社区矫正。"审前社会调查的法律地位由此确立。美国犯罪学家罗伯特·马丁森在《矫正治疗的有效性》中指出,矫正计划的成功依赖于对个体风险的精准评估[2],而审前社会调查正是这一评估的核心工具。其内容通常包括个人背景、家庭支持、社会关系、心理状态及再犯风险等维度,旨在为司法决策提供科学依据。

一、数据分析:审前社会调查的效能镜像

在解析长宁县长宁司法所2022年至2024年间社区矫正对象的数据时(见表

---

* 作者单位:四川省宜宾市长宁县司法局。

[1] [法]埃米尔·涂尔干:《社会分工论》,渠敬东译,商务印书馆2020年版,第89页。

[2] Martinson, R., *What Works? —Questions and Answers About Prison Reform*, The Public Interest, 35: 22 – 54(1974).

1),一系列数字如镜像般清晰地反映了审前社会调查的关键作用。据统计,该所共接收社区矫正对象291人,其中已完成矫正并解除181人,当前在册管理对象仍有110人。值得注意的是,这291名对象中,有62人次因违规违纪受到了处罚,而这一现象在未经审前社会调查或评估为不适用的"特殊群体"中尤为突出。具体而言,训诫对象中该比例高达53%,警告对象更是攀升至68%,提请撤销缓刑的更是达到了惊人的75%,重新犯罪人员中此比例竟为100%。这一系列数据,不仅令人警醒,更凸显了审前社会调查在预防违规违纪、降低重新犯罪率方面的不可替代性。这一结果印证了英国学者安德鲁·阿什沃思的观点:"缺乏风险评估的社区矫正,无异于将社会置于不可控的威胁之下。"[1]

表1 长宁司法所矫正对象违规行为与审前调查关联性(2022—2024年)

违规类型	未调查或评估不适用比例/%
训诫	53
警告	68
提请撤销缓刑	75
重新犯罪	100

二、审前社会调查:深度价值的挖掘

自2022年以来,长宁司法所共完成了219件审前社会调查工作,这些调查不仅为决策者提供了详尽、准确的信息支撑,还极大地促进了社区矫正决策的科学性与精准性。这些高质量的调查报告,不仅涵盖了矫正对象的个人基本信息、家庭状况、社会关系,更深入挖掘了其犯罪根源、心理特征、再犯风险等深层次因素,为制定个性化矫正方案奠定了坚实的基础。它们如同精密的指南针,指引着社区矫正工作朝着更加有效、更加人性化的方向迈进。例如,长宁司法所完成的219份调查报告中,30%的案例揭示了家庭监管缺失与再犯风险的正相关性。德国犯罪学家汉斯·约阿希姆·施耐德认为:"犯罪行为的根源往往嵌入于个体的社会网络中。"[2]

---

[1] Ashworth, A., *Sentencing and Criminal Justice*, Cambridge University Press, p.176(2015).
[2] Schneider, H. J., *Kriminologie*, Walter de Gruyter, p.204(1987).

三、特殊群体的聚焦与应对策略

在社区矫正的广阔舞台上,涉毒、涉赌等特殊群体以及重新犯罪高风险对象无疑是最令人瞩目的焦点。这些群体不仅考验着社区矫正的监管能力,也对社会的和谐稳定构成了潜在威胁。因此,针对这些特殊群体制定专门的评估标准与干预措施,显得尤为迫切。通过深化审前社会调查的维度与广度,我们可以更加精准地识别出这些高风险对象,为他们量身定制个性化的矫正方案,提供更为有效的支持与帮助。针对此类群体,应制定专项评估标准,例如引入心理测评工具(如 LSI – R 风险评估量表),并结合家庭干预计划,以提升矫正效果。

四、案例分享

(一)未经调查案例

社区矫正对象安某强,男,1988 年生人,籍贯四川省长宁县。有吸毒史,无业,亲人长期在外地生活,一人独自生活缺乏亲属监管,长期租住于酒店,生活来源不明,在未进行审前社会调查的情况下,2022 年 8 月 12 日因开设赌场罪被绍兴市越城区人民法院判处有期徒刑 1 年 2 个月,缓刑 2 年,根据其自身情况,其在本辖区无收入来源,家属不协助监管,村组社区干部对其不了解不熟悉不能协助司法机关进行监管,属于"不适用社区矫正"的人员。其独居、无业且缺乏亲属监管的背景,本应通过审前调查被识别为高风险群体,但因调查缺位,最终导致多次违规并被收监。

后在矫正期间该矫正对象于 2023 年 3 月因人机分离脱离监管被给予训诫处罚一次;2023 年 8 月因继续违反管理规定被给予警告处罚一次;2023 年 9 月因继续违反管理规定被给予警告处罚一次;2023 年 11 月 20 日经两次警告仍不改正再次人机分离脱离监管,被提请撤销缓刑。于 2023 年 12 月 15 日,被长宁县人民法院裁定撤销缓刑收监执行。

(二)未成年案例

以长宁县四名聚众斗殴的青少年为例,审前调查发现其共同特征包括辍学、无业、家庭教育缺失及多次治安处罚史。

社区矫正对象燕某,男,汉族,2002 年 7 月 7 日生,高中文化,户籍所在地:长宁县老翁镇长河村 5 组 9 号,居住地长宁县长宁镇万元小区 13 栋 4 单元 9 号。因聚众斗殴罪于 2020 年 9 月 2 日被长宁县人民法院判处有期徒刑 1 年 7 个月缓刑 2 年 6 个月。

社区矫正对象刘某,男,汉族,2002 年 6 月 22 日生,高中文化,户籍所在地:长

理论研究

宁县长宁镇村子村3组79号,居住地长宁县长宁镇村子村3组79号。因聚众斗殴罪于2020年9月2日被长宁县人民法院判处有期徒刑1年8个月缓刑3年。

社区矫正对象曾某,男,汉族,2002年1月3日生,高中文化,户籍所在地:长宁县长宁镇农利村五组36号,居住地长宁县长宁镇农利村五组36号。因聚众斗殴罪于2020年9月2日被长宁县人民法院判处有期徒刑1年5个月缓刑2年6个月。

社区矫正对象罗某,男,汉族,2002年11月9日生,初中文化,户籍所在地:长宁县长宁镇村子村1组20号,居住地长宁县长宁镇村子村1组20号。因聚众斗殴罪于2020年9月2日被长宁县人民法院判处有期徒刑1年10个月缓刑3年。

燕某因其所谓的"女友"被刘某骚扰,决定与刘某在长宁镇竹韵广场谈判,其邀约曾某等同行并携带甩棍、刀具等,刘某搭同朋友罗某等人赴约,双方在赴约地点直接开始动手斗殴,最后造成双方均不同程度受伤。经对以上4名同案犯的社会审前调查,4名犯罪嫌疑人的社会关系复杂、家庭教育缺失、无监护人监管、性格冲动有多次治安处罚经历、均辍学在社会游荡,无业,无经济来源,司法所调查小组就作出该4名犯罪嫌疑人不适宜纳入社区矫正的判断。

后法院未采信审前调查意见,在入矫后该案件中四名社区矫正对象中三人因多次违反法律法规被提请撤销缓刑。

(三)涉毒涉黑案例

涉毒人员的矫正困境,矫正对象周某,曾因贩毒罪被判处有期徒刑,之后因开设赌场罪被判处缓刑。审前调查显示其长期接触吸毒圈层,且无稳定收入来源。尽管司法所建议不适用社区矫正,法院仍采纳缓刑。矫正期间,周某因参与毒品交易在司法所协助下被公安机关抓获最终被撤销缓刑。此案例凸显了法院对高风险意见的忽视,以及涉毒人员再犯的复杂性。

五、国际经验借鉴:日本"保护观察制度"

中日社会调查制度对比如表2所示。

表2 中日社会调查制度对比

对比维度	日本(少年司法社会调查)	中国(审前社会调查)
适用对象	仅限未满20岁的违法少年	可能适用缓刑、假释的成年及未成年被告人
调查阶段	审判前(家庭法院审理阶段)	审判前(法院量刑前)

续表

对比维度	日本（少年司法社会调查）	中国（审前社会调查）
执行主体	保护观察所（法务省下属机构）	司法行政机关（社区矫正机构）
调查侧重点	少年的"要保护性"（教育、更生需求）	被告人的"社会危险性"（再犯风险）
法律后果	直接影响是否判处保护观察、送少年院等	影响缓刑、假释的适用
与后续矫正衔接	调查机构直接负责后续保护观察执行	调查机构（社区矫正机构）负责后续社区矫正

日本的保护观察制度要求对所有缓刑犯进行为期6个月的审前社会调查，内容包括就业支持、心理辅导及家庭关系修复。数据显示，该制度使再犯率降低了27%。[1]这一经验表明，强化审前调查的深度与后续支持机制，可显著提升矫正成效。

六、存在的问题与反思

（一）在实际工作中，关于社区矫正审前社会调查的现状

一是社区矫正决策机关在选择委托案件时存在随意性。从2022年开始，检察机关要求公安机关对所有报送的案件都必须提交审前调查评估意见。但对于某些犯罪，如"危险驾驶罪"，进行委托调查可能是不必要的，这导致了社区矫正的数量与委托调查的数量之间的严重失衡。

二是法院对调查评估意见的采纳率存在主观性。实际中，对于建议适用社区矫正的评估意见，法院的采信率较高；但对于不建议适用的意见，采信率则相对较低。这种选择性的采纳可能导致一些高风险的罪犯被纳入社区矫正，为后续的监管带来隐患。

三是社区矫正机构的执法水平逐渐提高。近年来，省市县层面多次对社区矫正工作人员进行了规范化和标准化的培训，使他们在审前社会调查中能够更准确地了解被调查者的个人表现、家庭背景等重要信息。这有助于制定更为个性化的矫正方案，有效预防社区矫正对象的再犯行为。

（二）审前社会调查的重要性不言而喻，但实践中仍存在诸多挑战

一是法律强制力不足，《社区矫正法》未将审前调查设为强制程序，导致部分案

---

[1] 参见日本法务省：《保护观察统计年报》2021年第45期。

件（如危险驾驶罪）被随意豁免。学者王利明指出："程序漏洞是司法实践中最易被忽视的'隐形杀手'。"[1]

二是风险评估工具滞后,当前风险评估多依赖定性分析,缺乏量化工具。加拿大学者詹姆斯·邦塔开发的"静态—动态风险模型"可为此提供参考,通过结合历史数据与动态行为监测,提升预测精度。

三是跨部门协作不畅,公安机关、法院与司法所的信息共享机制尚未完善。以长宁县为例,2023年因居住地核实错误导致重复委托的案件占比12%,浪费了有限的司法资源。

（三）针对问题,提出建议和路径优化

1. 立法完善与强制程序化

建议修订《社区矫正法实施细则》,明确"审前调查为缓刑裁决的前置程序",并扩大强制调查范围至涉毒、涉暴等高风险案件。需明确社区矫正调查评估的委托范围和标准;以司法解释或地方性法规的形式明确社区矫正调查评估的范围,进一步区分细化"应当"和"可以"委托调查评估的被告人、罪犯或者案件类型,社区矫正决定机关应把审前调查评估作为裁决前必须进行的前置程序,将贩毒吸毒人员、精神病人、赌博、盗窃等和重新犯罪高风险的犯罪嫌疑人的调查评估意见作为证据给予采纳,对调查评估意见的不予采信情况,应当依法在相关法律文书中说明。

2. 引入科学风险评估体系

推广使用LSI-R量表与动态监测系统,建立"风险—需求—反应"（RNR）模型,实现分类管理。要准确核实调查对象的居住地,避免重复委托;委托机关在委托调查评估之前先进行经常性居住地核实,不能一律以户籍所在地作为社区矫正执行地委托调查评估,社区矫正决定机关应当先确定社区矫正执行地,再委托当地社区矫正机构进行调查评估,以避免出现重复委托、双重委托等情况发生,缓解调查时限压力的同时节约人力、物力。

3. 构建跨部门协同平台

由县级社区矫正委员会牵头,建立公检法司数据共享平台,确保居住地核实、调查委托等流程无缝衔接。应加强县区社区矫正委员会的功能,定期召开会议解决实际问题;定期召开社区矫正委员会议,针对调查评估中存在的难点、堵点痛点问题,统筹做好公、检、法、司协调配合,疏通交接、流转程序,研究切实可行的解决

---

[1] 王利明:《司法改革与程序正义》,中国政法大学出版社2020年版,第112页。

办法,做到各司其职、各负其责,依法有序推进和规范社区矫正工作,保障刑事判决、刑事裁定和暂予监外执行决定的正确执行,提高教育矫正质量,促进社区矫正对象顺利融入社会。

4.专业化队伍建设

定期开展调查人员培训,内容涵盖心理学、社会学及法律实务。参考香港特别行政区"惩教署社工制度"[1],引入社会工作者参与调查,提升报告的专业性。提升专业队伍的培训和素质,确保调查评估的准确性和专业性。审前调查评估业务人员素质,直接影响着评鉴意见的质量。从事审前调查评估的队伍,既要加强理论研究,又要注重以理论指导工作实践,推动审前调查评估工作的科学发展。

因此,要加强对调查人员的培训工作,针对调查程序、操作规范和评估报告出具等进行系统化的培训。提升调查评估工作人员的专业素质,提高调查报告的评估质量。同时,还应加大社会工作者及志愿者的日常培训,使他们可以更好地发挥辅助作用。

结　语

综上所述,审前社会调查在社区矫正工作中具有举足轻重的地位。它不仅关乎矫正决策的科学性与准确性,更直接影响到矫正对象的未来走向与社会的和谐稳定。因此,我们应高度重视审前社会调查的实施与完善,特别是要针对特殊群体制定更加细致、有效的评估与干预策略。审前社会调查是社区矫正成功的基石,其价值不仅在于信息收集,更在于风险预警与社会支持网络的构建。正如社会学家安东尼·吉登斯所言:"现代司法的核心是通过制度设计实现风险控制。"[2]面对当前挑战,需从立法、技术、协作等多维度入手,推动审前调查的科学化与规范化。唯有如此,社区矫正才能真正实现"矫正一人,平安一方"的社会效益。

---

[1] 参见香港惩教:《社区矫正年度报告》2022年第33期。
[2] Giddens, A., *Modernity and Self-Identity*, Stanford University Press, p.156(1991).

机构队伍建设

优化社区矫正专门执法队伍建设
助力基层治理体系现代化

萧楚薇[*]

摘　要：近几年,各种社会矛盾和问题相互叠加、集中呈现,社区矫正对象作为特殊人群,生活在开放的社区环境中,存在多种诱发再犯罪的因素。随着我国司法体制改革的深入推进,罪犯假释的比例还将进一步扩大,社区矫正对象的人数不断增长,但社区矫正专门执法队伍未加强,可见面临的形势任务将会更加艰巨。因此,在国家大力开展社区矫正工作这种大背景下,更应优化社区矫正专门执法队伍建设,推动社区矫正工作真正融入基层社会治理体系,促进社区矫正工作高质量发展。

关键词：社区矫正;专门执法队伍建设;基层社会治理体系;社区矫正对象

社区矫正是与监禁刑相对应的一种非监禁刑。将被判处管制、宣告缓刑、假释和暂予监外执行的罪犯置于社区,依法实行监督管理与教育帮扶。社区矫正对象作为特殊人群,同时具备罪犯和社会人的双重属性,一直都是社会治理的重点和难点。近几年,在严峻复杂的宏观经济形势、艰巨繁重的改革发展任务和新冠疫情的影响下,各种社会矛盾和问题相互叠加、集中呈现,社区矫正对象作为特殊人群,生活在开放的社区环境中,存在多种诱发再犯罪的因素。随着我国司法体制改革的深入推进,罪犯假释的比例还将进一步扩大,社区矫正对象的人数不断增长,但社区矫正专门执法队伍未加强,可见面临的形势任务将会更加艰巨。社区矫正工作的开展情况,直接关系到人民群众生命财产安全以及社会的长治久安。因此,在国

---

[*] 作者单位:四川省宜宾市高县社区矫正管理局。

家大力开展社区矫正工作这种大背景下,更应优化社区矫正专门执法队伍建设,以严监管、强规范、保稳定、促回归为目标,不断提升社区矫正的专业化、规范化、社会化、信息化、实战化工作水平,进一步增强社区矫正对象融入社会的信心,进一步降低社区矫正对象脱漏管和重新犯罪人数,推动社区矫正工作真正融入基层社会治理体系,促进社区矫正工作高质量发展。本文以四川省G县为例,就优化社区矫正专门执法队伍建设助力基层治理体系现代化进行浅显思考与探索。

一、G县社区矫正现状

(一)G县社区矫正发展情况

G县社区矫正工作于2012年7月在县司法局开始试点。2013年3月,G县司法局设立县社区矫正执法大队,社区矫正与安置帮教股实行"两块牌子,一套人马"的管理体制。2020年7月,随着我国社区矫正领域首部专门性法律《社区矫正法》正式实施,G县社区矫正工作开启法治化新时代。2021年6月,G县社区矫正管理局正式挂牌成立并独立开展工作,社区矫正管理局授权委托司法所开展社区矫正工作的机制全面建成,确保了社区矫正工作的合法性。2021年12月,G县社区矫正委员会依法成立。自此,社区矫正工作由"单打独斗"变为"合成作战",各成员单位根据自身职责开展社区矫正工作。

(二)社区矫正工作机制建设情况

一是机构建设方面。2020年7月,我国社区矫正领域首部专门性法律《社区矫正法》正式实施。2021年6月,G县社区矫正管理局依法挂牌成立并独立开展工作,社区矫正管理局授权委托司法所开展社区矫正工作的机制全面建成,确保了社区矫正工作的合法性。二是组织领导方面。2021年12月,G县依法成立G县社区矫正委员会,由G县县委常委、政法委书记任主任,G县政府分管副县长、县公安局局长任常务副主任,G县县委政法委、县法院、县检察院、县委编办、县公安局、县司法局、县教育体育局、县民政局、县财政局、县人力资源社会保障局、县农业农村局、县卫生健康局、县市场监管局、县乡村振兴局、县税务局、县总工会、团县委、县妇联共18个单位及13个镇为成员单位。三是协同配合方面。2021年12月,G县县委、县政府印发《G县社区矫正委员会成员单位名单及职能职责》,各成员单位根据自身职责开展社区矫正工作,形成党委政府统一领导、司法行政机关主管、社区矫正机构具体实施、相关部门密切配合、社会力量广泛参与、检察机关法律监督的领导体制和工作机制。2022年12月,G县社区矫正委员会第一次会议召开,会上对委员会各成员单位职能职责作了进一步强调,随后按照会议要求,各镇分别成立了镇社区矫正委员,社区矫正基层治理县镇实体平台网络架构初步搭建完成。

(三)社区矫正队伍执法力量情况

1. 执法力量总体情况

实有人数35人:编制数17人,辅助人员18人。性别结构:男性人数15人,女性人数20人。年龄情况:平均年龄38岁,其中20~34岁19人,35~49岁11人,50岁及以上5人(见图1)。学历结构:大专及以下人数22人,本科人数12人,硕士人数1人(见图2)。专业结构:法学专业人数6人,社会学专业人数1人,其他专业人数28人。分管领导为县司法局党组成员、副局长。

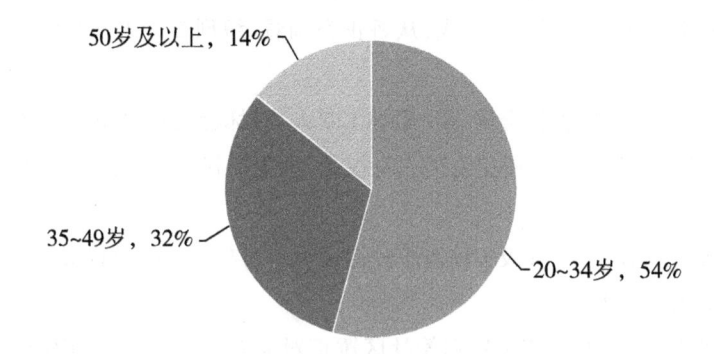

图1 社区矫正专门执法队伍年龄情况

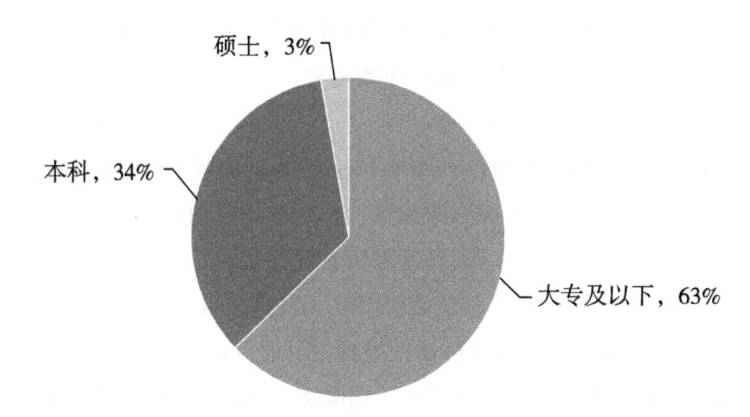

图2 社区矫正专门执法队伍学历结构

2. 一线执法力量情况

G县社区矫正管理局5人,以3专1警1辅模式配置人员(包括实际工作人员2人、临退休人员1人、宜宾监狱派驻民警1人、辅助人员1人)。全县13个镇中10

个镇按照"1+1"模式配置人员（正式工作人员1人，辅助人员1人），另外庆符、文江、来复3个镇，因占地面积较大、管辖人数较多，按照"1+2"模式配置人员（正式工作人员1人，辅助人员2人）。

司法所工作人员担负社区矫正、法治宣传、人民调解、法律援助、安置帮教、合法性审查等繁重的工作任务，未实现社区矫正执法队伍专职化。

（四）社区矫正对象基本情况

G县辖13个镇，218个村社区，总面积1323平方公里，总人口50万余人。截至2023年5月底，G县累计接收社区矫正对象1898人，累计解矫1626人，累计撤销缓刑12人，累计对暂予监外执行罪犯收监执行6人。

目前在册社区矫正对象275人，从矫正类别看，缓刑263人、假释6人、暂予监外执行6人。

从犯罪类型看，妨害社会管理秩序类126人，破坏社会主义市场经济秩序类26人，危害公共安全类76人，侵犯公民人身权利、民主权利类31人，侵犯财产类6人，其他10人。

从管理等级看，以严管级实施监管的社区矫正对象78人，以普管级实施监管的社区矫正对象197人。

从列管人数看，2019年全年列管社区矫正对象合计343人。2020年全年列管社区矫正对象合计364人。2021年全年列管社区矫正对象合计425人。2022年全年列管社区矫正对象合计444人。截至2023年5月31日，列管社区矫正对象合计352人。G县社区矫正对象人数呈明显递增趋势。

（五）社区矫正工作保障情况

G县严格按照四川省财政厅、四川省司法厅关于加强社区矫正经费保障的意见将社区矫正专项经费纳入本级财政预算，自2019年起，根据社区矫正对象人数，由县财政部门按1400元/（人·年）标准保障县司法局社区矫正专项经费。根据社区矫正工作发展形势和要求，G县于2019年12月建成社区矫正中心，主体建筑面积达200平方米，各功能室涵盖社区矫正报到室、办公室、教育培训室、监控指挥室、心理咨询室、宣告室、警务联络室、驻检室、档案室。2022年，G县以创建"智慧矫正中心"为目标，组建工作专班，落实经费保障，细化创建措施，改造升级办公场所，采购专业设备。现G县社区矫正中心主体建筑面积300余平方米，各功能室满足"三区十七室"要求，配置自助报到终端、VR教育终端、移动执法车等，满足音视频会议、远程视频督察等需求，社区矫正工作信息化、智能化得到了全面提升。

目前,社区矫正工作人员无统一执法服装。

二、社区矫正专门执法队伍建设存在的问题

(一)协作不够

社区矫正工作机制决定了社区矫正工作是一项多部门协作配合的工作,但现实中该项工作并未得到相关部门、镇、村(社区)的重视,认为社区矫正是政法部门甚至只是司法行政一家的事,具体体现在协助司法行政机关对社区矫正对象开展监督管理和教育帮扶中部门职责不清、各单位之间的配合协作还不健全。目前,政法系统跨部门办案平台已投入使用,但仍存在法、检、公、司各部门信息交流渠道不畅的问题,如检察院委托调查评估暂时还不能通过跨部门办案平台推送到司法局;法定不予出境备案表、社区矫正对象基本信息表和解矫文书等目前还不能通过平台移送到公安局;社区矫正相关文书暂时还不能通过平台移送到检察院等问题。相关部门之间信息不对称,信息资源不能及时共享,给工作造成被动。仍然存在追逃难、收监难等问题,且是出了问题,再找相应部门,再协调相关职能,造成了"头痛医头、脚痛医脚"的被动局面。

(二)队伍不强

经过长时间的建设,G县社区矫正工作队伍得到了极大地增强,但随着社区矫正对象的范围扩大、人数不断攀升,而G县社区矫正执法队伍在人员配备上仍不能满足相关矫正业务的需要,主要表现在人员不足和专门从事社区矫正的高素质人才较为缺乏,基层司法所大多面临一名社区矫正工作人员管理几十名社区矫正对象的局面。社区矫正法律性、政策性、专业性要求高,但社区矫正工作人员还不具备开展工作所需要的法学、教育学、社会心理学等方面的知识。且乡镇司法所人员配置少,导致社区矫正工作精力不足。目前大多数司法所配置为"1+1"模式:1名司法所工作人员,1名司法辅助人员。以G县为例,G县目前在册社区矫正对象275名,其中人数分布较多的有庆符司法所70人,文江司法所54人,文江司法所26人,同比其余10个镇(正式工作人员1人,辅助人员1人),以上3个所均按照"1+2"模式配置人员(正式工作人员1人,辅助人员2人),但司法所工作人员担负社区矫正、法治宣传、人民调解、法律援助、安置帮教、合法性审查等繁重的工作任务,同时还需要积极参与辖区中心工作,方方面面都要顾及,工作纷繁复杂、千头万绪,很难把更多的时间和精力投入社区矫正工作中。司法所工作人员身兼数职,日常工作常依靠网格员和志愿者开展,但缺乏相应经费保障,乡镇合并后导致司法所辖区

面积大,社区矫正对象人数呈逐年递增趋势,工作难以做细、做深。

(三)经费保障不足

根据四川省财政厅、四川省司法厅颁布的《关于进一步加强社区矫正经费保障工作的意见》(川财行〔2015〕238号)的要求,G县财政将社区矫正工作经费纳入了预算,保障了社区矫正工作的顺利开展。长期以来,村社区实际参与了社区矫正的相关监管和教育工作,但2020年7月《社区矫正法》实施,根据相关要求,居民委员会、村民委员会和其他社会组织依法协助社区矫正机构开展工作所需的经费应当按照规定列入社区矫正机构本级政府预算。但因县财政还未将此项工作经费保障落实,导致村社区参与社区矫正的积极性不高。

三、优化社区矫正专门执法队伍建设的对策建议

(一)进一步加强社区矫正工作的衔接配合

发挥社区矫正委员会办公室牵头抓总作用,协调督促各社区矫正委员会成员单位解决工作中的困难和问题、落实社区矫正委员会会议议定事项和工作部署要求,切实履行社区矫正工作指导管理、组织实施等职责任务。加强社区矫正委员会各成员单位特别是与公、检、法之间的沟通,在日常工作中发现问题及时反馈给对应部门,立即进行整改。

(二)探索社区矫正"队建制"建设

在人员编制保障到位的前提下,在社区矫正执法大队下设若干社区矫正执法中队,统一名称和职责,每个中队承担一个片区社区矫正日常工作,将镇司法所职能和社区矫正执法中队工作职能分离,社区矫正执法中队作为县社区矫正管理局的派出机构,承担本片区社区矫正日常工作,实行中队长负责制,由中队长统筹安排片区内社区矫正工作,片区内司法所工作人员由中队长统一管理、统一安排、统一调配。社区矫正执法中队长负责辖区内所有社区矫正工作的审批,组织开展对非监禁服刑人员的管理、教育和帮助。实现"专职机构做专门的事"的目标。

(三)加大经费保障力度,广泛动员社会力量参与

加强与财政、民政等相关部门的沟通协调,建立村(居)民委员会依法协助开展社区矫正工作的长效机制,为村(居)民委员会协助参与社区矫正提供经费保障和政策支持。将村社区依法协助社区矫正机构开展社区矫正工作所需经费,列入当地社区矫正机构本级政府预算;落实社区矫正工作经费,对村社区协助开展社区矫正工作给予适当经费补助。积极推行政府购买社区矫正服务工作,建立社区矫正

社会工作者和社会志愿者队伍,协助做好社区矫正对象的教育矫正、社会适应性帮扶等工作。

(四)构建"智慧矫正"体系,提升执法司法规范化水平

运用信息化设备,提高社区矫正信息化水平,稳步推进"智慧矫正"建设,实现从人防到技防的转变。紧扣数字政府建设,运用政法系统跨部门办案平台打通部门之间信息壁垒,实现社区矫正对象管理信息互联互通,提高执法效率。积极整合公安天网、政法雪亮工程的有效资源,形成手机号码定位、微信实时位置共享、天网、雪亮工程多位一体的监督管理模式,攻克社区矫正对象行踪监管难题,提升社区矫正工作管理效能。

基于心理契约的社区矫正工作者队伍建设[*]

连春亮[**]

摘 要: 社区矫正工作者的心理契约是一种隐性的、非正式的充分理解与默契配合的关系,是以承诺、信任和知觉为基础的信念体系。心理契约的结构包括了发展性责任、规范性责任和人际性责任。心理契约具有调动社区矫正工作的积极性、主动性、自觉性和创造性,保持对社区矫正组织的满意度、忠诚度和归属感,规范社区矫正工作者的行为方式等作用。目前,社区矫正工作者心理契约存在待遇差、薪酬低、缺乏安全感;职业取向价值认同低;培训与发展的机会少;缺少职业晋升的渠道等失范现象。因此,建设优秀的社区矫正文化,建构人本化的管理制度和激励制度,强化社区矫正组织和社区矫正工作者双向沟通,建立互信的人际关系,为社区矫正工作者提供培训与发展的机会等,都是巩固双方心理契约关系的重要途径。

关键词: 社区矫正;社区矫正工作者;心理契约

社区矫正工作具有刑事执行的法律属性和社会工作的特性,参与这一工作的社区矫正工作者的范围相对比较广泛。依据《社区矫正法》的规定,直接参与社区矫正工作的人员主要有:基层司法局社区矫正机构工作人员、受委托司法所从事社区矫正工作人员、从事社区矫正工作的社会工作者、村(居)民委员会协助社区矫正机构工作人员、企事业单位参与社区矫正工作人员、参与社区矫正工作的社会组织和志愿者等。在这里,社区矫正工作者主要是指直接从事社区矫正工作的社区矫正

---

[*] 国家社会科学基金项目:全国哲学社会科学办公室2021年度一般项目"自由刑执行衔接机制研究"(批准号:21BFX010)的中期成果。

[**] 作者单位:河南司法警官职业学院。

机构工作人员、司法所工作人员和社会工作者。社区矫正组织是指直接从事社区矫正管理工作的司法行政机关和社区矫正机构。

一、社区矫正工作者心理契约的结构、内容和作用

社区矫正工作者的心理契约不仅是一个复杂的心理结构,而且是一种隐性的、非正式的充分理解与默契配合的关系,是以承诺、信任和知觉为基础的信念体系。因此,不仅存在一个复杂的结构体系,而且有丰富的内在要素,在社区矫正工作中发挥有形契约所不具有的作用。

(一)社区矫正工作者心理契约的概念和结构

心理契约"是时刻存在于任何个体与组织之间的一系列并未被明文规定的期望与相互默契,是个人与组织之间内在的隐形的相互协议"[1],即"未书面化的契约"。在社区矫正中,社区矫正组织与社区矫正工作者之间的关系,除了法律法规、制度规范、行为规则、双方协议等以书面形式规定的内容之外,还存在合意的、隐含的、默契的心理契约。对于社区矫正工作者来说,无论是从主观思想的期望层面,还是从自己的职业生涯规划层面,都要对自己承担的社区矫正工作在如何依法履行法定职责、奉献自己的聪明才智、展现自己的才华等责任义务方面,进行充分认知,并做出自己的主观判断,而且期望社区矫正组织为自己的付出和取得的成就给予回报,使自己得到充分发展的机会。一般来说,社区矫正工作者都会基于这样的思维路径和行为方式,在社区矫正工作中表现出来。由此,社区矫正工作者的心理契约,是指社区矫正组织与社区矫正工作者在社区矫正工作中,双方所感知和期望的权力(权利)、责任和义务。在社区矫正心理契约研究中,可表述为社区矫正组织责任和社区矫正工作者责任。

国内学者关于心理契约结构的研究,主要以陈加州、李原等人为代表。陈加州、凌文铨、方俐洛将国外研究者的交易型和关系型两维结构说称作"现实责任"和"发展责任"[2];李原则主张心理契约结构的三维说,归纳为规范性责任、人际性责任和发展性责任[3]。当然,在国内外学者的研究中,还有将心理契约结构划分为

---

[1] 朱仙玲、姚国荣:《心理契约:研究评述及展望》,载《广东石油化工学院学报》2019年第6期。

[2] 陈加洲、凌文铨、方俐洛:《员工心理契约结构维度的探索与验证》,载《科学学与科学技术管理》2004年第3期。

[3] 参见李原:《员工心理契约的结构及相关因素研究》,首都师范大学2002年博士学位论文,第3~36页。

交易型、关系型、平衡型和变动型的四维结构说[1]和多维结构说等。笔者结合社区矫正心理契约关系的特性,以李原的三维结构说为分析视角进行研究。

第一,社区矫正的规范性责任,主要是指社区矫正组织为社区矫正工作者提供的以经济利益、物质条件和精神追求为主导的外部要素,社区矫正工作者依据《刑法》《刑事诉讼法》《社区矫正法》,以及《社区矫正法实施办法》等法律法规、社区矫正规章制度和行为规则的基本要求,圆满完成社区矫正组织规定的工作任务。

第二,社区矫正的人际性责任,主要是指社区矫正组织在对社区矫正工作者的管理过程中,应以人文关怀为导向,以情感为根基,以引导为关键,把社区矫正工作者设定为有思想、有理性的人,对于自己的职业生涯,不仅有既定的人生目标,而且对自己在社区矫正的位置有一个基本的预测,因此,在心理契约起点上,社区矫正工作者有独立的预期目标和规划,在书面契约的约束和心理契约的引导下,社区矫正组织为社区矫正工作者提供良好的工作条件和人际环境。

第三,社区矫正的发展性责任,主要是指在建构社区矫正组织和社区矫正工作者的心理契约关系时,应以社区矫正工作者的职业理想和职业追求为导向,以发展为保障,以契约激励机制的实现为主线,对社区矫正组织在维护社会安全和秩序、犯罪治理等社会价值、社会地位方面予以肯定;为社区矫正工作者在荣誉获得、职务晋升、成就动机和自我价值实现、社会尊重和认可等方面提供更为广阔的发展空间。

(二)社区矫正工作者心理契约的内容

对于心理契约内容的研究,国内外学者对不同的团体,从不同的视角,研究的心理契约内容在包括的要素上有很大差异。笔者依据心理契约的本质和研究的价值导向认为,一般而言,"心理契约包含以下七个方面的期望:良好的工作环境,任务与职业取向的吻合,安全与归属感,报酬,价值认同,培训与发展的机会,晋升"[2]。在社区矫正组织和社区矫正工作者的心理契约关系中,彼此双方都对对方有不同的主观认知、心理期待和心理承诺,笔者将国内外学者对心理期望的研究结果,结合社区矫正的工作特质,认为社区矫正工作者对社区矫正组织的期望,包括优厚的福利待遇、自由平等的关系、稳定的政策、公平公正的考核标准和激励体

---

[1] 参见邹循豪、陈艳、祝娅:《心理契约理论研究现状与展望》,载《长沙大学学报》2014年第6期。

[2] 杨斌:《基于心理契约理论的国有企业职工管理模式研究》,天津大学2013年硕士学位论文,第9页。

系、充分的尊重、获得发展的机会、获得培训与学习的机会、良好的社区矫正环境和关系氛围、解决生活中的实际困难等。社区矫正组织对社区矫正工作者的期望主要体现在职业道德、职业能力和职业态度上,包括对社区矫正组织与社区矫正对象负责、工作勤奋、忠于职守、具备充分的实务能力、对社区矫正知识与技能储备充分、具备完善的学习能力和创新能力、具备团队合作能力、对工作认真负责、具有高度的职业道德、遵守社区矫正的各项规章制度。有敬业精神和奉献精神、能够团结同事、具备创新精神、敢于竞争、具备集体荣誉感等。

(三)社区矫正工作者心理契约的作用

社区矫正工作者心理契约的作用,主要表现在:第一,可以充分调动社区矫正工作者的积极性、主动性、自觉性和创造性。社区矫正工作者主要工作之一是对社区矫正对象的矫正教育,是需要有基本的业务知识储备的,所以说,社区矫正工作者是知识型的工作人员,其心理需求最主要的特征是特别重视成就激励和职业发展前景,期望自己的劳动能够得到社区矫正组织和社会公众的认可、肯定,同时,获得丰厚的报酬以体现自我价值。这种心理期望和内心需求,会成为心理契约的重要支配力量,为使期望得以实现,就会激活内在的动力,激发社区矫正工作者在工作中的积极性、主动性、自觉性和创造性。第二,可以保持社区矫正工作者对社区矫正组织的满意度、忠诚度和归属感。社区矫正工作者通过对社区矫正工作的全面感知和认知,如果对社区矫正组织的期望值和工作实际相匹配,社区矫正工作者对于社区矫正工作的满意度就高;如果社区矫正工作者的期望值和工作实际差距大,则满意度就低。同样,满意度与对社区矫正组织的忠诚度紧密相关,满意度越高,社区矫正工作者对社区矫正组织越信任,随之就提高了对社区矫正组织的信任度,就会在内心产生归属感。第三,规范社区矫正工作者的行为方式。由于心理契约是内心对责任与义务的承诺,无形的信念对社区矫正工作者的行为发挥有形的影响,促使社区矫正工作者的外在行为按照法律法规、规章制度和行为规则的要求来约束自己,以自己的模范行为对社区矫正对象导之以行。

二、社区矫正工作者心理契约失范表现

社区矫正工作者心理契约失范主要表现为社区矫正组织和社区矫正工作者之间的心理契约内容不一致,难以达成合意,心理契约背离和破裂,以及社区矫正工作者不能接受和认同社区矫正组织的价值观念、制度规范和行为准则,对社区矫正工作的职业价值认同度低等。这些失范因素直接影响社区矫正组织和社区矫正工

作者之间的心理契约关系。

(一)待遇差,薪酬低,缺乏安全感

在社区矫正工作中,社区矫正工作者是由多元主体构成的复杂群体,不同的参与主体有不同的社会身份、工作职责和薪酬制度,享有不同的薪酬待遇。主要有：一是社区矫正机构中具有公务员身份的社区矫正工作者。这类社区矫正工作者因为具有公务员身份,在薪酬待遇诉求方面,所比较的对象是其他机关的同等身份的人员。县级社区矫正机构只是县级司法局的一个部门,即使在县级司法局设立社区矫正局,也是由司法局的副局长担任社区矫正局的局长。虽然工资待遇和其他机关相差不大,但是在工作环境、福利水平、晋升机会等待遇上,远远低于其他机关。二是社区矫正机构中属于事业编制身份的社区矫正工作者。事业编制身份的社区矫正工作者的薪酬水平,因编制的性质不同,与公务员相比,同在社区矫正机构工作,不仅工作量大,任务重,而且获得的薪酬远远低于公务员。三是社会服务机构委派和司法局招聘到社区矫正组织工作的社区矫正工作者。这类社区矫正工作者的人事组织关系并不在社区矫正机构,而是在社会服务机构或人事代理机构,只是被委派到社区矫正机构从事社区矫正工作,薪酬待遇完全依赖于社会服务机构的发展状况和人事代理机构制定的标准。据笔者调查,在南方经济发达地区,一个被委派的社区矫正工作者的工资待遇每月在3000~4000元,而在中部和西部经济欠发达地区,一个被委派的社区矫正工作者的工资待遇每月仅仅在1500~3000元不等。这样的薪酬待遇在当地连维持基本的生存都十分困难,产生不安全感也在情理之中了。社区矫正工作者付出的努力与所得到报酬不一致,致使他们从心里对社区矫正工作表现出厌烦情绪和抵触情绪,对社区矫正组织质疑的态度,信任度降低,不满意度上升,导致心理期望降低。

(二)职业取向价值认同低

在社区矫正的职业取向价值认同上,社区矫正组织对社区矫正工作关注的重点是对社区矫正对象的严格执法和监督管理,偏好于社区矫正对象重新犯罪的控制;社区矫正工作者依据法定的职能,更多的职责是对社区矫正对象的矫正教育,二者之间还缺乏一个职业价值认同和共同愿景,导致彼此难以建立起相互信赖、互相理解、相互尊重的心理契约关系。反过来,职业价值认同和共同愿景又是双方建立良好心理契约、增进社区矫正文化凝聚力和促进社区矫正发展目标的重要保证。在这样的情况下,职业价值认同就成为社区矫正组织和社区矫正工作者之间的黏合剂。所以说,无论是双方心理契约关系的建立,还是心理契约内容的调整、修复和重置，都离不开职业价值认同这一关键要素。双方只有达成了职业价值认同，才会使社区矫正组织和社区矫正工作者拉近彼此之间的心理距离，达成共同的心理期望；才会使社区矫正工作者对社区矫正组织产生归属感，才能建立起社区矫正工作的责任感。特别是社会服务机构委派到社区矫正组织的社会工作者，大多是以社会服务机构和社区矫正组织的服务合同期为工作周期的，合同到期不再续约以后，就可能被委派到其他签约机构工作。这样，社区矫正工作的职业价值认同感就特别低。在他们看来，社区矫正组织并不是自己的工作单位，容易产生功利主义思想，只是把社区矫正工作作为获得报酬养家糊口的工具，并没有职业归属感，更没有把社区矫正工作作为自己的价值追求和终身事业。所以说，建立社区矫正组织和社区矫正工作者之间的职业价值认同是达成心理契约的保证。

（三）培训与发展的机会少

我国的社区矫正工作是在无知识储备、无基本队伍、无制度设计的前提下开始试点的，存在先天不足。虽然已过去了20多年，但是，目前的社区矫正工作者学历背景十分复杂，真正具有法学、社会学、教育学、心理学等专业背景的人寥寥无几，具有社区矫正专业知识的人更是屈指可数。社区矫正工作者在缺乏基础理论知识指导的情况下，只能在实际工作中摸索社区矫正工作规律，积累基本经验。在这样的情况下，对社区矫正工作者的专业知识培训就显得特别重要，就成为解决专业知识储备、指导实际工作和解决工作中疑难问题的主要途径。但是，目前存在的主要问题有：一是社区矫正机构中具有公务员身份和属于事业编制身份的社区矫正工作者很少，工作任务重，尤其是司法所从事社区矫正工作人员，不仅要从事社区矫正工作，而且还要从事人民调解、法治宣传、公共法律服务、安置帮教等工作，基本没有机会参加社区矫正的专业知识培训。二是社会服务机构委派和司法局招聘到社区矫正组织工作的社区矫正工作者，由于隶属关系和身份性质问题，他们不属于社区矫正组织教育培训的范畴，社区矫正组织不愿花费人力、财力对其进行培训。同时，由于受制度设计的限制，这类社区矫正工作者基本没有职业发展的机会。

（四）缺少职业晋升的渠道

在社区矫正组织和社区矫正工作者的心理契约关系中，社区矫正组织很少关注各类社区矫正工作者的职业生涯规划。从社区矫正工作者的职业诉求来看，自身职业生涯发展愿景占有很重要的位置，特别是职业晋升是社区矫正工作者职业成就感、自我价值等的重要表现形式。社区矫正组织在社区矫正工作中，更多的是重视对社区矫正对象的监督管理的安全和再犯罪风险的管理与控制，常常会忽略社区矫正工作者的职业生涯规划。在职位晋升方面,由于社区矫正组织还是以工龄长短、资历水平、人脉关系等为职位晋升的依据,严重挫伤了社区矫正工作者的积极性和主动性。同时,由于基层的社区矫正机构编制架构低,使社区矫正工作者的职位晋升渠道非常狭窄,看不到希望,致使社区矫正工作者在工作中感到迷茫、困惑和无助,失去了奋斗的方向和目标,长此以往,使社区矫正工作者没有了开拓创新的激情和斗志,只是机械地、被动地应付自己的工作。

三、社区矫正工作者心理契约的建构策略

社区矫正组织和社区矫正工作者心理契约关系具有浓厚的主观色彩,是心理结构动态变化的结果。对于社区矫正工作者心理契约的建构而言,社区矫正组织建设优秀的社区矫正文化、人本化的管理制度和动态式管理的激励机制,强化社区矫正组织和社区矫正工作者双向沟通,建立互信的人际关系,为社区矫正工作者提供培训与发展的机会等,都是巩固双方心理契约关系的重要途径。

(一)建设优秀的社区矫正文化,以文化人

社区矫正文化是社区矫正机构在社区矫正的实践过程中,根据社区矫正工作的要求,以监督管理、教育帮扶的价值观念为核心,并接受社会传统文化的影响所形成和建立起来的一整套法律法规、价值观念、道德规范、组织纪律、规章制度、行为方式和精神风貌,以及以物质形态体现文化内涵的综合体。

实践证明,优秀的、健康的社区矫正文化直接或间接地、有形或无形地对社区矫正工作者产生以文化人的影响作用,主导社区矫正工作的发展方向。对于社区矫正工作者而言,社区矫正优秀文化中的价值观念、意识形态、诚信体系、法律意识、法治精神、制度规范、心理秩序、行为准则、文化符号等,都对社区矫正工作者的心理与行为起着认知作用、约束作用、规范作用、引领作用、凝聚作用、激励作用和教育作用。在社区矫正工作的过程中,社区矫正工作者所坚守的基本原则、基本理念、价值取向等,会成为社区矫正工作中的精神支柱,渗透到社区矫正工作的各个环节。同时,充满文化氛围的社区环境、和谐平等的人际关系、公平公正的激励体系、科学规范的考核标准等,都是社区矫正工作者心理契约的内容,直接影响社区矫正工作者对社区矫正工作的满意度与忠诚度,影响社区矫正工作者的工作积极性。因此,建设优秀的社区矫正文化,是建立社区矫正组织和社区矫正工作者良好心理契约关系的重要内容。只有这样,才能使社区矫正工作者的聪明才智得到充分发挥,劳动成果得到认可与尊重,自我价值和精神追求得以实现。

(二)建立新型的社区矫正工作者管理制度

提升社区矫正工作者对社区矫正工作的满意度和忠诚度的重要途径之一,就是依据社区矫正工作者的职业特点和心理需求,建立新型的社区矫正工作者管理制度。这些制度主要包括以下内容:

第一,建立人本化的管理制度。人本化管理制度的核心是以制度管理人,以人文精神引领人,把社区矫正工作者作为管理的主体,满足社区矫正工作者在社会价值和精神追求上的需求,尊重和指导社区矫正工作者的全面发展。在制度建设上,做到各项制度规范和行为规则,都有利于社区矫正工作者的工作开展和职业发展,给予社区矫正工作者充分的话语权,这样,才能保持社区矫正组织和社区矫正工作者之间的心理契约的平衡,为建立良好的心理契约关系奠定基础,激发社区矫正工作者的积极性和主动性。

第二,建立动态式管理的激励制度。良好的激励机制能够激活社区矫正工作者的工作主动性和创造性。社区矫正组织应根据社区矫正工作者个性特征、职业属性和内心需求,既要建立以薪酬待遇为激励目标的激励制度,也要建立以精神追求和成就成果为激励目标的激励制度,以此使社区矫正工作者不断改进工作方式方法,不断开拓创新,从而获得满足感和成就感。其中最主要的是建立多元化的公平公正的绩效考核评估体系,细化绩效考核指标,促进社区矫正工作者的成长和进步。

第三,建立培养式管理的职业晋升制度。这一制度的核心是以社区矫正工作者的职业生涯规划为导向,以未来发展前景为目标,科学设计社区矫正工作者的职业晋升路径。实践证明,缺乏职业发展前景或者职业晋升通道狭窄,都会导致社区矫正工作者心理契约内容的变更和调整,甚至会产生心理期望的背离。因此,在社区矫正工作者职业晋升制度的设计上,应重点关注以下几点:一是重点关注社区矫正工作者的职业生涯发展愿景,指导社区矫正工作者完善职业规划体系。特别是社区矫正工作者个人的进步、专业的成长和未来发展的需求,使社区矫正工作者的职业生涯发展目标能够逐步地推进,并保持动态平衡。二是社区矫正组织要善于改革创新,在社区矫正工作者职位晋升体制机制中融入新思想、新思维和新元素,建构社区矫正工作者选拔录用、岗位调整、职位晋升、工资加薪等方面新体制,真正体现公平性和合理性,使整个人力资源管理机制科学化。三是从精神上支持社区矫正工作者确立职业生涯发展目标。只有这样,才能使社区矫正组织和社区矫正工作者保持平衡和和谐的心理契约关系,从而提高社区矫正工作者的组织归属感。

(三) 强化双向沟通,增强互信和职业取向价值认同

社区矫正组织和社区矫正工作者的心理契约关系,是一个隐性的、默契的双向关系,要强化社区矫正工作者的心理契约关系形态,就需做到以下几点:

第一,强化社区矫正组织和社区矫正工作者的双向沟通,提高对心理契约内容和心理期望的认知,准确明晰双方的期望和义务。同时,还要通过不断的真诚的沟通,把握双方心理期望的发展变化,并根据变化情况,适时地对自己的心理契约内容进行动态地调整、修订。只有这样,社区矫正组织和社区矫正工作者之间才会依据对方的期望,建立起达成合意的心理契约。

第二,增强社区矫正组织和社区矫正工作者之间的信任,夯实双方心理契约关系基础,控制心理契约违背的风险。实践证明,信任是维护社区矫正组织和社区矫正工作者之间心理契约的基石,没有信任就没有坚实的心理契约关系。因此,社区矫正组织出台稳定的社区矫正政策,完善双方相互支持的心理契约制度,关照社区矫正工作者的切身利益和职业发展诉求,强化双方的心理契约关系的管理,形成民主的、平等的管理关系,构建充分信任的人际关系,才能增进社区矫正工作者对社区矫正组织的忠诚度。

第三,强化社区矫正工作者职业取向价值认同。职业取向价值认同是指社区矫正工作者对社区矫正职业的社会价值、自我发展价值、社会功能价值等,在主观判断和评估的基础上,认为是有价值和有意义的,并对社区矫正工作在个人发展机会、薪酬待遇、社区工作环境、职位声望与权力等方面,作出肯定性的综合评价。职业取向价值认同是社区矫正组织和社区矫正工作者之间建立心理契约关系的基础。如果社区矫正工作者对社区矫正工作不认同或认同度很低,那么,社区矫正组织和社区矫正工作者就很难建立起坚实的心理契约关系。其中,在社区矫正工作者的角色期望和心理认知中,从事社区矫正工作的幸福感、成就感、事业心与向上力、社会地位、获得感、职业倾向、职业角色期待等,都是社区矫正工作者心理契约关系中职业取向价值认同的重要因素。

(四) 为社区矫正工作者提供培训与发展的机会

一般来说,社区矫正工作者进入社区矫正工作,职业生涯过程要经过角色确认、角色适应、角色成熟、角色提升、角色衰退5个阶段。角色确认期是社区矫正工作者对社区矫正工作的基本认知阶段,也就是对社区矫正工作的熟悉阶段,只有充分了解和掌握工作流程,能够胜任基本的工作需求,才是心理契约的初步建构阶段。角色适应期是指经过一定阶段的实际工作,已经掌握了社区矫正工作的基本

技巧,积累了一定的经验。在这一阶段,社区矫正工作者在工作中需要解决各种各样的矛盾,处理工作中各种各样的问题,因此,这一时期是最需要为社区矫正工作者提供培训的时期。通过培训,社区矫正组织为社区矫正工作者提供一个知识积累的平台,帮助和指导社区矫正工作者定位职业发展的目标,使社区矫正工作者的职业发展目标和社区矫正组织发展目标有机结合起来。在这一阶段之后,社区矫正组织就需要建立长效的社区矫正工作者培训机制,制订职业发展培训规划,加大培训资金投入力度,定期或不定期对社区矫正工作者进行专业培训,不断地对其充电和更新知识储备,使其知识结构和工作技能不断适应社区矫正工作的需要。在角色成熟期和角色提升期,随着心理契约关系的日益紧密和对社区矫正组织满意度和忠诚度的提升,社区矫正工作者为了充分发挥自己的创造性和提升工作效率,就会产生强烈的教育培训的愿望与内心需求,社区矫正组织就需要在每个阶段,提供不同内容和不同形式的培训。如果忽略了这一点,就会使社区矫正工作者过早进入角色衰退期。在角色衰退这一时期,如果社区矫正工作者的教育培训的心理期望得不到满足,社区矫正组织和社区矫正工作者的心理契约关系就会出现松动,可能使社区矫正工作者产生失望、焦虑等负面情绪,导致二者心理契约关系的破裂。

在社区矫正工作者职业生涯的5个时期中,除了角色确认期和角色衰退期之外,在角色适应期、角色成熟期和角色提升期,社区矫正组织要特别关注社区矫正工作者职业晋升制度的设计,建构上下畅通、左右联通的无障碍职业生涯发展通道,在考核奖惩、职务升降、薪酬增减、待遇层次等方面,做到客观、公正和及时,以此强化社区矫正工作者的成就感和拓展社区矫正工作者的职业发展空间。

我国社区矫正电子定位监管适用的困境及纾解

陈立立[*]

摘　要：《社区矫正法》实施以来，我国社区矫正的目的开始由政策性转向规范性，且在理论和实践的探索中逐步形成了具有中国特色的社区矫正制度。其中，《社区矫正法》第29条关于电子定位监管的规定在实践中取得较好的成效，同时也面临一些困难。文章通过对比我国社区矫正电子定位装置试点试行阶段的相应政策，结合现阶段实践现况，指出了适用电子定位监管时亟须释明的一些宏观、笼统的法律问题及实践难题，并给出了相应的完善建议，希冀能为我国电子定位监管更好适用提供一些参考。

关键词：社区矫正；电子定位装置；电子定位监管

一、引言

《社区矫正法》出台以来，社区矫正中脱管、漏管人数大幅减少，再犯罪率大幅降低，帮助一批又一批社区矫正对象实现再社会化。社区矫正电子定位监管在实践中适用效率与成效显著的同时，着眼于该制度更长远、更有利的发展，需要对《社区矫正法》第29条第1款中5种情形的覆盖程度、细化程度进行思考，对评估、延长和保密机制进行可操作性完善，对矫正对象佩戴电子定位装置过程中的心理进行疏导，对不同人身危险性的矫正对象实施差别化、针对性矫正。本文立足于《社区矫正法》第29条，兼顾理论与实践分析，提出更好地发挥电子定位监管在我国社区矫正工作中的作用的完善建议。

---

[*] 作者单位：贵州大学法学院。

二、我国社区矫正电子定位监管适用概述

根据《社区矫正法实施办法》(以下简称《社矫实施办法》)第37条的规定,我国社区矫正电子定位监管仅指使用电子定位装置,不包括使用手机等设备,即"运用卫星等定位技术,能对社区矫正对象进行定位等监管,并具有防拆、防爆、防水等性能的专门的电子设备"。实践中常用的电子定位装置有电子腕带、电子脚环等。

(一)立法沿革

2016年12月1日公布的《社区矫正法(征求意见稿)》第23条提出"可以对符合条件的社区矫正人员进行电子定位",该规定奠定了后续立法中细化规定电子定位监管适用条件的基调。再到《社区矫正法(草案一次审议稿)》将电子定位监管的规定权限授予社区矫正主管机关,《社区矫正法(草案二次审议稿)》第30条明确规定了电子定位监管的3种适用情形,《社区矫正法(草案三次审议稿)》第29条进一步明确了使用电子定位的条件、程序和期限,并增加了两种适用情形,该条文最终成为了《社区矫正法》第29条的内容。

(二)适用情形与条件

《社区矫正法》第29条第1款规定电子定位监管装置的适用仅限于5种情形,即"违反人民法院禁止令"、"无正当理由,未经批准离开所居住的市、县"、"拒不按照规定报告自己的活动情况,被给予警告"、"违反监督管理规定,被给予治安管理处罚"以及"拟提请撤销缓刑、假释或者暂予监外执行收监执行"。

因此,笔者认为可以将电子定位装置的适用定位为一种外延清晰的补救性最后手段。[1] 原因如下:第一,《社区矫正法》第29条条文外延清晰,相比于该法出台前各省规定不一的情形作出了统一调整,明确规定只有所述5种情形适用电子定位装置,没有设置兜底条款。第二,电子定位装置适用之条件相比于该法出台前的"预防性""常规性",向"补救性"转型,该条文规定的5种情形都是社区矫正对象先违反了监督管理规定,为加强监督管理才事后佩戴电子定位装置的补救措施。第三,电子定位监管的适用是一种最后手段。根据《社区矫正法》第28条规定的社区矫正现有监管与惩戒措施,在撤销缓刑或假释、收监执行暂予监外执行之前,存在训诫、警告、治安处罚3种惩戒措施,《社矫实施办法》中对这3种措施的适用情形大多明确规定了"应予"情形,而《社区矫正法》中对于电子定位监管的适用仅在

---

[1] 参见赵冠男:《"补救性最后手段"——社区矫正中电子定位监管之应用》,载《刑事法评论》2021年第2期。

第 28 条中规定了"可以"情形。因此，结合各法律条文，可以得出电子定位监管是位于 3 种惩戒措施后、收监执行前的最后手段。

三、我国社区矫正电子定位监管实践现况及成效

（一）实践现况分析

根据司法部社区矫正管理局的相关统计，在《社区矫正法》未生效之前，截至 2019 年年底，全国共对约 58.3 万名社区矫正对象实行了定位管理（采用手机与腕带相结合），约占在册社区矫正对象的 85.2%。[1] 其中，共有约 4.1 万名社区矫正对象佩戴了电子定位装置，占比约为 7%。《社区矫正法》生效以来，采用佩戴电子定位装置监管的对象却逐年下降，2020 年仅有 3132 名，2021 年仅有 1345 名，2022 年仅有 1069 名。[2]

笔者认为造成使用电子定位装置进行监管的人数大幅下降的原因有以下几点：第一，《社区矫正法》的出台打破了试点试行期间各地电子定位监管实践中较自由的模式。过去比较有代表性的如广东省，该省采用"一刀切"模式，即采取普通管理、重点管理或特殊管理的社区矫正人员，均应当接受电子定位监管。[3] 再如，上海市，该市规定社区矫正机构应当对人民法院要求或建议、公安机关和鉴于管理机关决定暂予监外执行的对象进行电子监管；可以对 3 个月以内的新入矫人员适用电子监管；3 个月后，只有对"再犯风险较高或监管比较困难""禁止令执行期间""违反管理规定而被警告""受到治安管理处罚而未收监"的 4 类对象才使用电子定位监管。[4] 相比之下，《社区矫正法》中明确限定了使用电子定位监管的 5 种情形，导致电子定位监管适用条件被严格限缩，使用电子定位装置进行监管的人数下降。第二，《社区矫正法》的出台结束了试点试行期间对电子定位装置和手机定位进行混用、界限不清的监管模式。王利荣教授认为，手机定位与电子定位均为社区矫正的"电子监控手段"，[5] 2014 年最高人民法院、最高人民检察院、公安部、司法部《关

---

[1] 参见司法部：《司法部关于政协十三届全国委员会第二次会议第 1269 号（政治法律类 106 号）提案答复的函》，载司法部官网，http://www.moj.gov.cn/pub/sfbgw/zwxxgk/fdzdgknr/fdzdgknrjyta/201911/t20191125_208275.html。

[2] 参见冯康：《我国社区矫正电子定位适用的实践与思考》，载《中国法治》2023 年第 9 期。

[3] 参见广东省司法厅《关于社区矫正人员考核及分类管理的暂行规定》第 6 条、第 7 条、第 8 条。

[4] 参见上海市《本市社区服刑人员电子实时监督管理暂行规定》第 3 条、第 5 条、第 6 条、第 10 条、第 11 条、第 12 条。

[5] 参见王利荣：《行刑一体化视野下的矫正体制架构——写在〈社区矫正法〉征求意见之际》，载《当代法学》2017 年第 6 期。

于全面推进社区矫正工作的意见》规定:"充分利用现代科技手段,进一步推广手机定位、电子腕带等信息技术在监管中的应用,提高监管的可靠性和有效性。"由此可见,过去在理论及实践中均将手机定位与电子定位不作区分地混淆使用,而《社区矫正法》出台后,《社矫实施办法》中明确给出了电子定位装置的概念,并排除了手机定位,结束了二者混用的局面。因此,电子定位监管成为一种区别于日常监督管理方式且独立的加强监督管理方式,使用其进行监管的人数也当然下降。第三,《社区矫正法》规范了电子定位监管适用的程序。在试点试行期间,对于使用电子定位监管在期限上比较灵活,审批和评估程序上也比较宽松。《社区矫正法》则规定使用期限不得超过3个月,且其使用、延长均须得到县级司法行政部门负责人批准,其延长须经评估且每次不得超过3个月。因此,法律的强制性规定使适用该制度的门槛更高了,使用电子定位进行监管的人数也随之减少。

(二) 实践成效

第一,从矫正效果上看,《社区矫正法》将电子定位监管的适用严格化、规范化,更好地帮助犯罪人再社会化,且尽量使犯罪人不再重新犯罪。一方面,由于谨慎使用电子定位装置进行监管,替代"一刀切"式等适用模式,方便了社矫对象的生活、保护了社矫对象作为社会主体的自尊心,从而增强了社矫对象积极矫正的信心。另一方面,将电子定位监管区别于普通的手机定位监管,也对矫正对象产生一定程度的震慑,使社矫对象为了不佩戴电子定位装置限制自己的生活,从而更好地约束自己的行为。

第二,从司法效率上看,在《社区矫正法》出台以前,社区矫正专职队伍工作力量不足、执法力量薄弱的问题比较突出。截至2019年年底,我国专职社区矫正工作人员与社区矫正对象之间的平均配比为1:55,基层社区矫正工作人员长期处于超负荷的工作状态中。自《社区矫正法》出台后,电子定位监管依靠其定位的准确性以及不可随意摘取的特殊功能,缓解了社区矫正工作力量薄弱的问题,也在一定程度上解决了传统的手机定位监管中出现的"人机分离"问题,使社区矫正效率更高、成效更显著。

四、我国社区矫正电子定位监管面临的困境

(一)相关立法宏观、笼统

《社区矫正法》实施以来,第29条作为外延清晰的补救性最后手段,在助力社区矫正工作取得一定积极成效的同时,也暴露出了一些问题。立足于法律条文本身，其中存在一些可能影响实践操作的因素。

第一，《社区矫正法》第 29 条第 1 款仅明确给出 5 种使用电子定位监管的情形且没有设置兜底条款，但是这 5 种情形使用场景减少，使全国在册矫正对象中适用该手段进行加强监督管理的人数太少，存在一些盲点和死角，可能削弱社区矫正机构的日常监管能力。同时，这 5 种情形的人身危险性存在显著不同，但是法律中并没有对其进行区分，只是笼统地规定可以适用。

第二，《社区矫正法》第 29 条第 2 款中规定对于延长使用期限的评估及延长期限规定模糊，对怎么评估、谁来评估，缺乏相关规定，对延长期限的上限也没有相关规定。笔者认为，虽然立法有必要给法官留下一些自由心证的"口子"，但在社区矫正这种日常化的监管机构中，由于工作力量薄弱，可能会有基层社区矫正机构工作人员为了省事，规避评估过程，对一些入矫时人身危险性较高的矫正对象，无论其在第一个电子定位监管阶段表现如何，均不断延长其继续适用电子定位监管的期限。这种情况可能会使电子定位监管又与手机定位混淆，使电子定位监管失去其原本意义，还可能会打击原本人身危险性就高的矫正对象的自尊、自信，使矫正效果大打折扣。

第三，《社区矫正法》第 29 条第 3 款中笼统规定对个人信息应当保密，但是对保密缺乏具体化规定，例如谁来批准、谁来收集、谁来监督？数字化时代，科技在助力法律执行的同时，不可避免地会涉及对个人信息进行收集、使用，确保收集到的信息用于法定场景中，这是人道主义要求。《社区矫正法》第 29 条第 3 款作为宏观的禁止性规定，使在实践中由于缺乏明确的实施细则该规定难免被忽视。

(二) 滋生负面心理问题

一方面，电子定位监管在缓解执法力量薄弱的问题、提高监管效率的同时，一定程度上也减少了与矫正对象当面沟通的次数，使实践中基层矫正存在形式化的问题，可能会导致矫正对象滋生一些负面心理问题且不能得到及时的沟通疏导。

另一方面，社区矫正电子定位监管过程中，产生一些负面心理影响的分为两类人群。第一，对于一些罪责感和主动性意识差的缓刑矫正对象，因其并未真正服刑过，对于电子定位监管持无所谓态度，更有甚者认为犯罪成本不过如此，因而减轻了罪责感，自我约束能力也较差。相反，对于一些假释的矫正对象，其配合度就较高。第二，对于一些自卑和羞耻心较强的矫正对象，其在佩戴电子定位装置后会产生较大的心理压力，很难主动融入社会，实现再社会化。孙培梁教授曾调查过，佩戴电子定位装置的人群在矫正期间，倾向于穿长袖长裤而避免腕带、脚环暴露在大众之下。[1] 激进的矫正对象可能会因为这种负面心理实施更严重的违反监管规定的行为或者其他违法犯罪行为。若这两种负面心理得不到较好的疏导,矫正效果会大打折扣,矫正目的也很难实现。

(三)技术及成本问题

一方面,实践中相关机构配发的电子定位装置电池容量较小,若不及时充电可能会导致监控中断。[2] 再者,尽管相对于可能"人机分离"的手机定位来说,电子定位装置的使用已经减少了很多脱管、漏管的情形,但 GPS 信号在一些地方仍会短暂出现不稳定的现象。

另一方面,由于目前全国使用电子定位监管的矫正对象年均仅千余人,而社区矫正的费用是由各级财政负担,一些地方因系统开发费用、终端购买费用、运行和维护费用等投入成本与使用人数之间不成正比而不愿意进行建设。

五、我国社区矫正电子定位监管完善建议

(一)坚持"人权保障"的治理理念

"人权保障"理念,就是要保障社区矫正对象在刑罚执行过程中的人权。

第一,在采用电子定位装置监管的过程中,收集矫正对象的个人信息在程序上应当合法合规,且应当严格履行保密义务,确保仅将该信息用于加强社区矫正监督管理。具体而言,首先,因为该信息是服务于社区矫正工作的,社区矫正机构通过实施监控最先掌握相关个人信息,因而应当先明确收集主体为社区矫正机构;其次,增加审批前置程序,即在每次使用之前由使用的工作人员向县级司法行政部门负责人书面提出批准,确保信息使用于社区矫正工作;最后,《社区矫正法》出台后,检察机关对电子定位监管和矫正对象的合法权益具有监督和保护作用,因而还应当规定监督主体为检察机关,环环相扣,尽可能减少个人信息泄露、滥用的风险。

第二,对采用电子定位监管的矫正对象,应当制定比普通矫正对象更有关注性和针对性的心理矫治方案,一是对电子定位监管的矫正对象违反监管规定之原因进行针对性心理沟通,探索其已经作为矫正对象却再次违反规定的心理原因;二是对电子定位监管的矫正对象区别于普通矫正对象,佩戴电子定位装置的不同进行心理疏导,在矫正过程中健全其人格。

---

[1] 参见孙培梁:《社区矫正信息化》,华中科技大学出版社2013年版,第312页。
[2] 参见吴真:《社区矫正中使用电子监控的理论与效果分析》,载《犯罪研究》2018年第2期。

第三,对于未成年人矫正对象,由于其多为因受到教唆、利诱而犯罪,其人身危险性相比于犯同样罪的成年人较低,矫正过程中配合度相对较高,矫正成效也容易提高。因此,应当综合考虑其生活、学习、就业等需要,遵守"一案一策"原则,最大限度地帮助未成年人矫正对象再社会化,谨慎适用电子定位监管。

(二)健全电子定位适用的延期评估机制

由于适用评估机制是针对仍有必要继续使用电子定位监管的矫正对象,笔者认为针对需延长期限的矫正对象也应当制定"一案一策"的评估方案,从而更精准地实施个案矫正。首先,结合底层的犯罪原因,准确查找矫正对象再次违反监管规则的原因;其次,准确二次评估矫正对象现阶段的危险等级;最后,通过评估,针对性地制定个案延长矫正期间的矫正方案,该方案可以与延长之前的矫正方案不同,关键在于使延长期间的矫正成效得以提升。

对于评估主体,笔者建议可以规定为《社区矫正法》第25条中的"矫正小组"[1]。因为矫正小组可以由司法所、居民或村民委员会人员,矫正对象的监护人、家庭成员、单位、学校的人员等组成,这些人多为与矫正对象生活关系密切、了解矫正对象矫正情况的人,除监护人与家庭成员外,其他多为能提供客观矫正事实的人员,相比于单纯由矫正机构给出评估结果的客观性更强、参考价值更大。

(三)完善电子定位监管的适用情形

《社区矫正法》第29条第1款规定的5种适用情形,都侧重于对违反监督管理规定行为的消极防卫、事后补救,没有事前预防的相关规定;同时,这5种情形中第四种和第五种情形的矫正对象危险性要高于前3种情形,但法律中没有作区分,只是笼统地规定都可以适用电子定位监管。

首先,笔者认为可以适当增加一项积极预防的情形,引入前文所述的评估标准和评估主体,也严格对矫正对象在入矫一段时间后作一个全面的综合性评估,及时对风险较高的矫正对象采取电子定位监管。规定在矫正过程中,矫正小组对入矫一个月后的矫正对象作出评估,如有证据证明矫正对象虽未达到《社区矫正法》第29条明确规定的5种违反监督管理规定的情形,或者已经轻度违反了监管规定,确

---

[1] 《社区矫正法》第25条规定:"社区矫正机构应当根据社区矫正对象的情况,为其确定矫正小组,负责落实相应的矫正方案。根据需要,矫正小组可以由司法所、居民委员会、村民委员会的人员,社区矫正对象的监护人、家庭成员,所在单位或者就读学校的人员以及社会工作者、志愿者等组成。社区矫正对象为女性的,矫正小组中应有女性成员。"

实存在较高监管风险,未来极有可能做出高度违反监督管理规定的行为,则可以对矫正对象进行电子定位监管,监管期限不得超过3个月。同样地,在电子定位监管的过程中,如果社区矫正机构发现矫正对象实际没有严重风险,不需要继续使用,则应当立即予以解除。

其次,笔者认为可以根据人身危险程度的高低对《社区矫正法》第29条第1款规定的5种情形进行细化。[1] 具体来说,第一种和第二种情形中,矫正对象轻微违反了禁止令或未经批准脱离监管,在经过教育后再犯率低,因而人身危险性低。第三种情形下的矫正对象大多由于比较散漫而不按时主动汇报自身情况,在社区矫正机构工作人员批评教育后,大多能改正。因此,可以将前三种情形划分为低风险。实践中对于第四种情形的矫正对象,工作人员一般会先对轻度违反监管规定的矫正对象进行训诫、警告,对仍不悔改、继续实施违反监管规定行为的,才会提请公安机关给出治安管理处罚。相比之下,此种情形的矫正对象配合度较低、人身危险性高于前3种。因此,可以将第四种情形划分为中风险。第五种情形中,矫正对象违反规定达到情节严重的程度,即符合《社矫实施办法》第25条和第26条的情形[2],才会拟撤销缓刑、假释、收监执行,其人身危险性最高。因此,可以将第五种情形划分为高风险。具体而言,根据所划分的风险级别,细化电子定位监管的适用条款,可以将使用期限由1个月、2个月、3个月逐级递增。这种按层级划分的使用方式更加符合罪责刑相适应的刑法原则,也能在一定程度上节约司法资源。

六、结语

在社会发展日新月异的今天,科技发展也在为法律的综合之治赋能,社区矫正电子定位监管缓解了过去矫正工作中工作力量薄弱、矫正效果不佳的问题。凡法律,皆有滞后性,只有坚持马克思主义在社区矫正理论中国化时代化研究过程中的指导地位,坚持"以人民为中心"的治理理念,在动态发展中寻求适用电子定位监管

---

[1] 参见刘志伟、涂龙科等:《中国社区矫正立法专题研究》,中国人民公安大学出版社2017年版,第174页。

[2]《社矫实施办法》第25条规定:"未经执行地县级社区矫正机构批准,社区矫正对象不得接触其犯罪案件中的被害人、控告人、举报人,不得接触同案犯等可能诱发其再犯罪的人。"

《社矫实施办法》第26条规定:"社区矫正对象未经批准不得离开所居住市、县。确有正当理由需要离开的,应当经执行地县级社区矫正机构或者受委托的司法所批准。社区矫正对象外出的正当理由是指就医、就学、参与诉讼、处理家庭或者工作重要事务等。前款规定的市是指直辖市的城市市区、设区的市的城市市区和县级市的辖区。在设区的同一市内跨区活动的,不属于离开所居住的市、县。"

的平衡规则,才能使社区矫正工作在瞬息万变的数字经济时代中滚滚向前。最后,也希冀该刍议能为立法、执法部门在完善及适用《社区矫正法》第 29 条的过程中提供一丝一缕的思路。

司法社工人才队伍建设路径优化研究

陈鹏悦*

摘　要：自党的十六届六中全会作出有关宏大社会队伍建设的决定以来，各级政府结合自身具体情况积极地进行了社工人才队伍的建设。而司法社工人才队伍作为其中非常重要的组成部分，是我国社会福利往适度普惠型方向发展的必然选择。基于此，本文主要针对司法社工人才队伍建设路径的优化进行了详细的分析，希望能够对相关人员有所帮助。

关键词：司法社工；人才队伍；建设路径；优化

引　言

虽然我国当前在司法社工的内涵上还没有一个统一的认知，不过其工作领域已经基本确定，例如法治宣传、社区矫正以及法律援助等。从广义的角度上来说，参与司法社工的人员具体可以分为司法行政系统工作人员、社会工作者以及社会志愿者这三大类，而本文主要针对后面这方面进行了详细的分析，具体如下。

一、当前司法社工人才队伍建设中主要存在的问题

（一）社工岗位设置不足

虽然从全国范围来看，各地司法社工人员的专业岗位表现出不断增长的趋势，但是就当前社会对这一工作的需求量来说还是远远不够的。我国当前很多社工专业毕业生从事这一工作的就业情况并不是很理想，而导致这一问题出现的主要原

---

* 作者单位：吉林司法警官职业学院。

因还是岗位设置不足。[1] 因为受到传统行政体制的影响,我国政府面对各种社会矛盾,基本是应用行政手段来处理的,不需要专业的人员介入,进而对于社工岗位的设置就不怎么重视了。随着法治社会的不断深入,政府职能逐渐朝着服务型的方向转变,不过因为我国社会体制改革还是处于刚起步的阶段,所以专业社工的作用难以得到充分发挥。

（二）司法社工人员专业素质不高

社工不仅是一门职业,还是一门专业。司法社工在实际开展过程中应该时刻秉持着"助人自助"这一理念,并且得严格地遵循个体差异的服务意识,这是一项需要应用系统且成熟的方法学体系当作支撑的智力活动。例如在社区矫正工作开展的过程中,司法社工人员便需要应用专业的技巧、知识等对服刑人员进行科学的矫正教育,这一过程对于专业化的要求非常高。虽然我国当前司法社工从业者的学历普遍较高,不过具备社工等专业背景的比例却较低。就我国整体情况来看,社工人员专业人才总数在不断增长,并且全国各地高等院校纷纷增设社工专业。但是这样的人才基数依旧不能很好地满足我国社会工作的需求,并且社工人才的流失情况还非常严重,对于我国司法社会人才队伍的建设极为不利。

二、司法社工人才队伍建设路径优化的有效措施

（一）健全司法社工制度

要想更好地优化司法社工人才队伍的建设路径,首先得有完善的相关制度。具体来说,需要健全司法社工组织建设机制和内部管理制度,还得明确司法社工的职能分工以及功能定位等。在司法社工发展过程中,政府有着不可替代的作用,甚至可以说直接决定其发展命脉。因此,在公共服务项目的财政预算中,还需要注重"政府购买服务"体制的建立,明确社会组织和政府各自的权限、职能以及职责,并且应用各种有效措施来进一步强化政府各个方面的职能。[2] 对于政府来说,应该规范和鼓励社工组织的发展,并且不断地进行司法社工制度体系的建立和完善,结合具体情况制定可行性高的准入制度,以此来为司法社工人才队伍建设提供有力的制度保障。

---

[1] 参见贺励:《健全体制机制是加强社会工作人才队伍建设的现实路径》,载《理论月刊》2008年第7期。

[2] 参见张琳慧、杜逸涵:《人力资源视角下社会工作人才队伍建设问题与对策研究》,载《环球市场》2016年第11期。

(二)加强司法社工的职业教育

司法社工的专业化和职业化推进与高校教育发展以及人才培育机制有着非常紧密的联系。一方面是对在岗人员进行专业的培训;另一方面是高校通过开设这一专业,可以培养大批高水平高素质的司法社工专业人才。我国很多地区都有开设司法社工方向的专业的高校,其最为主要的目的就是培养司法领域的复合型高素质人才,不过这类人才的培养机制和未来职业之间存在一定的矛盾,具体可以通过行政的力量进行处理,例如从现有司法工作人员中进行培训转化等。[1]而要想更好地满足各个层次司法社工群体的需求,还需要强化在职培训,以此来促使司法社工人才队伍的素质进一步提升。此外,还可以邀请社会专业人才开展业务方面的培训,这样有助于提升司法社工的适应性。

(三)合理增设司法社工岗位

我国当前存在社工专业人才就业率低以及人才流失严重等问题,而司法实践又需要很多的司法社工实务,进而使司法社工人才供求存在着严重不均衡的问题。社工人才目前已经被列入我国专业人才目录中,同时还设置了层次分明的职称,对于每一层次的职称也有明确的要求,以便更好地适应实践工作中各方面的需求。总的来说,司法社工在行业中的重要性越来越明显,所以相关部门应该结合当地需要合理增设岗位,具体可以从以下几方面着手:首先,在内部行政系统中进行开发,例如安置帮教社工以及禁毒社工等;其次,可以向社会公开招录;最后,直接购买民间司法社工组织的服务。而对于人才大量流失的情况,则需要合理地建立完善的激励机制,政府也应该加大这方面的投入,尽量吸引更多高素质高水平的社工人才,最大限度地减少人才的流失。

结 语

要想促使司法社工人才队伍更好地建设,我们首先得积极地进行司法社会工作项目体系的建立,同时还得充分地考虑到服务产品的需求。然后在此基础上结合社工组织规范化建设标准以及工作职业各方面的要求积极引进人才培育发展组织,最终达成理想的建设目标,为广大人民提供更好的司法服务,促使社会更加和谐。

---

[1] 参见袁英宽:《广州司法社工人才队伍建设"三部曲"》,载《中国社会工作》2015年第7期。

教育帮扶

社区矫正帮扶问题研究*
——《社区矫正法》基础上的延伸

肖乾利* 尤 美**

摘 要：对轻微罪犯实施非监禁、轻缓化处置，是20世纪80年代以来世界各国刑罚发展的主导方向。尽管《社区矫正法》对帮扶主体、运行机制等内容作了系统规定，但目前我国社区矫正帮扶领域还存在理念落后、制度排斥、项目虚化等缺陷。笔者认为应通过树立刑罚人道理念，修缮法律制度，激励企业参与，实现公平就业等举措实现帮扶途径的优化。

关键词：社区矫正；帮扶；《社区矫正法》；公平就业

对轻微罪犯实施以惩罚性为基础，以恢复性为核心，以重返社会为目的的社区矫正，是一项重要的刑事执行制度。[1] 作为世界范围内第一部由国家立法机关编撰的有关社区矫正的专门性法律，《社区矫正法》[2]推进我国社区矫正工作规范化、专业化、法治化并促使国家犯罪治理体系和犯罪治理能力现代化迈出了关键性的一步。社区矫正包括监督管理、教育帮扶两项工作。"人类任何行为，包括犯罪，都是性格和情况，或者说个人和环境这两个因素的产物。"因此，国家在惩戒犯罪人的同时，负有促进他们重返社会的义务与责任。为此，《社区矫正法》没有遵循矫正部门所倡导的"制服效应"，而是在淡化"监督管理"的基础上浓墨"教育帮扶"，用9

---

* 本文为四川省高校人文社科重点研究基地——社区矫正研究中心2021年度重点项目"《社区矫正法》修改问题研究"（编号：SQJZ202103）的阶段性成果。

* 作者单位：宜宾学院法学院。

** 作者单位：四川轻化工大学。

〔1〕 参见王顺安：《从刑罚执行到刑事执行——谈对社区矫正性质的认识》，载《河南司法警官职业学院学报》2020年第2期。

〔2〕 参见吴宗宪：《社区矫正史上的重要里程碑》，载《犯罪与研究》2020年第3期。

个条文专章规定"教育帮扶",凸显了社区矫正的恢复性价值。

一、社区矫正"帮扶"之境外经验

国外社区矫正工作通常囊括为"监督"与"帮助"。从历史嬗变视角审视,社区矫正(特别是缓刑)最初产生时,是以"帮助"社区罪犯为主要特色的。

(一)"帮助"之前的需求评估

"帮助"社区矫正对象,通常要遵循一定程序。其中,首要的是进行"需求评估"。北美、英国还通过研究,设计出了评估需求的专门量表。例如,威斯康星州矫治局编制的"当事人需要评估"(Assessment of Client Needs)量表。[1] 评估内容从瘾癖戒除、心理疏导到吃穿住行等无所不包。需求评估目的在于掌握社区矫正对象心理需求基础,便于采取有针对性的矫正项目与举措。

(二)帮助内容广泛,特别强调就业帮助、职业技能培训

国外社区矫正"帮助",涵盖经济、就业、就学、社会交往、心理矫治等多方面,既包括物质帮助,也包括借助宗教力量的"精神帮助",但特别强调就业帮助与职业技能培训。

社区矫正对象无法就业,会增加重新犯罪概率。美国犯罪学家特伦斯·肖恩波利与 R.L. 克里斯汀森在对 1000 名生于费城的男子所进行的纵贯研究中也发现,失业对于犯罪活动的增多具有即时或短期性刺激效果,两者之间具有互相作用、互相强化的关系。[2] 因此,就业帮助是预防重新犯罪的重要手段。

国外相关学者普遍认为,对包括社区矫正对象在内的刑释人员提供技能培训和就业帮助,是预防他们重新犯罪的重要手段。为此,不少国家,如德国推行"日间假释"制度(白天走出监狱,晚上回到监狱,使罪犯逐步过渡到自由状态),[3] 爱尔兰还为社区矫正对象提供免费 1—3 个月的职业技能培训,美国在早期设立"感化院",用于训练矫正对象的劳动技能。20 世纪 60 年代美国许多州的社区矫正机构与私人的矫正处遇机构合作,帮助训练矫正对象劳动技能,并经常组织模拟招

---

[1] 参见吴宗宪:《社区矫正比较研究(上)》,中国人民大学出版社 2011 年版,第 378 页。

[2] 参见李光勇:《社区矫正人员帮扶现状、困境与对策调查研究》,载《中国刑事法杂志》2013 年第 4 期。

[3] 参见《赫内斯获得日间假释》,载齐鲁晚报数字报刊,https://epaper.qlwb.com.cn/qlwb/content/20150103/ArticelA15004FM.htm。

聘会。[1]

（三）项目化经营、市场化运作

美国社区矫正的项目设置是目前世界上最先进且最具有代表性的制度。美国的社区矫正项目主要分为四大类：一是干预类项目，针对性犯罪者、未成年罪犯、家庭暴力罪犯；二是改造类项目，包括学历教育与生活技能项目、职业教育与工作项目、认知行为治疗项目；三是药物滥用的管理与治疗项目，主要针对因毒品犯罪者，包括脱瘾治疗、社区毒瘾治疗、美沙酮维持治疗等；四是管控和惩戒项目，包括矫正训练营以及各类中间制裁项目，诸如居家监禁、强化监管、日报告、电子监控等。总的来看，各个州的社区矫正项目都相当多样化，且具有针对性。

如何对社区罪犯进行管理？境外不少国家进行了探索。例如，英国法务部罪犯管理局自2014年通过政府购买服务方式在全国设立了21家社区更生公司，将一般风险罪犯和低度风险罪犯交由社区更生公司管理。[2]社区更生公司与罪犯管理局是合同关系，没有行政隶属关系，公司在人财物方面独立运作。又如，美国迪兰西街社区矫正中心，是一家提供社区矫正服务的私人矫正机构，除了提供心理辅导等专业化服务外，还拥有餐厅、书店、搬运公司、家居店等产业，为社区矫正对象提供融入社会的机会。[3]在社会力量参与社区矫正帮扶方面，市场化运作特征十分明显。通过市场化运作，调动了全社会的相关力量，调动了一切可以利用的社会公共资源，使矫正工作能够有条不紊地进行。这种合作模式更容易激发非政府组织的活力，将灵活高效的多元化服务参与到社区矫正工作中。

（四）强调社会力量参与

社区矫正需要惩罚性，但更需要社会保护和社会支持网络。因为它不仅能够降低司法成本，还能有效促进社区矫正对象融入社会，学会自律，防止再犯罪。

引导普通民众对社区矫正对象提供帮助，发挥民间力量作用，是美国、日本社区矫正制度的特色。在美国各州，设立了若干个生活技能中心和安置资源处，为出监后的假释犯提供临时食宿，并提供职业介绍、咨询辅导、技能培训等服务，帮助他

---

[1] 参见周健宇：《社区矫正人员教育帮扶体系比较研究》，法律出版社2020年版，第136～138页。

[2] 参见刘强、武玉红等：《社区矫正制度惩罚机制完善研究》，中国人民公安大学出版社2016年版，第69页。

[3] 参见颜九红：《美国社区矫正的成功典范——迪兰西街矫正中心》，载《北京政法职业学院学报》2005年第2期。

们顺利回归社会。[1] 在日本大约有101个由私营企业经营的矫正援助馆,如日本妇女组建的"矫正援助妇女联合会",日本青年组织的"大哥哥大姐姐运动"。[2] 这些社会组织都无偿为社区矫正对象提供物质和精神上的帮助,同时,他们对于社区服刑人员的矫正针对性也较强,会更多地站在矫正人员的角度保障其权益。

在我国香港特别行政区,民营机构运营中途宿舍及免费的戒毒中心等,协助刑释人士在过渡期应对生活困难。服务过程体现了"弱标签化":社区矫正社会工作服务单位大多不会提及"帮扶""改造""矫正"等字眼,因为顾忌到社区矫正对象并不愿意被打上标签成为特殊人群"被帮扶"。[3]

二、《社区矫正法》关于"帮扶"规定之解读

针对社区矫正对象回归社会通常面临的思维紊乱、生活救助与情感依赖等问题,《社区矫正法》第35条至第43条构建了多元化的教育帮扶(以下简称帮扶)体系。

(一)帮扶主体:政府主导,部门参与,社会协同

《社区矫正法》第35条第1款规定,"县级以上地方人民政府及其有关部门应当……组织动员社会力量参与教育帮扶工作"。第8条第3款规定,"地方人民政府根据需要设置社区矫正委员会,负责统筹协调和指导本行政区域内的社区矫正工作";第37条规定,"社区矫正机构可以协调有关部门和单位,……开展职业技能培训、就业指导";第38条规定,居(村)委会"可以引导志愿者和社区群众,……进行必要的教育帮扶";第39条特别强调,"社区矫正对象的监护人、家庭成员,所在单位或者就读学校应当协助社区矫正机构做好对社区矫正对象的教育"。在此,《社区矫正法》构建了党委政府统一领导,司法行政部门组织实施,社区矫正机构具体执行,公检法等相关部门协调配合,社会力量广泛参与的帮扶机制。将各级党委、政府、有关部门、企业事业单位、工青妇等人民团体、居(村)委会以及社会力量均纳入了社区矫正帮扶主体。这一机制清晰划分了社区矫正工作的领导主体、承担主体、协助主体与参与主体。尤其值得注意的是,居(村)委会以及矫正对象的工

---

[1] 参见林仲书:《美国伊利诺伊州的社区矫正工作及启示》,载《中国司法》2011年第2期。
[2] 参见冯建仓、闫佳:《国外社区服刑人员权利保障对我国的借鉴》,载《犯罪与改造研究》2017年第7期。
[3] 参见梁建雄:《平衡帮扶与发展——香港特别行政区社区矫正社会工作对内地的启示》,载《中国社会工作》2019年第7期。

作单位、保证人、家属,以往是作为社区矫正志愿者,而根据《社区矫正法》,前述人员参与社区矫正工作是法定义务。体现了社区矫正的目的在于通过帮扶让矫正对象实现回归社会的立法意图。

(二)帮扶原则:因"需"而个别化

《社区矫正法》第36条规定,对社区矫正对象应"进行法治、道德等教育","应当根据其……实际情况,充分考虑其工作和生活情况,因人施教"。在此,废止了2012年《社区矫正实施办法》中关于每月不低于8小时教育学习,每月不少于8小时社区服务的硬性规定,体现了社区矫正不过度干预矫正对象工作与生活的原则,要"因矫情而异",强调教育的效果与精准,强调因人施教。

《社区矫正法》第42条规定,"社区矫正机构可以……组织其参加公益活动"。该条将"社区服务"改为"公益活动",并取消了"每月不少于8小时"的"标配"规定。[1] 这一重大变化是对理论界"公益劳动不是社区矫正对象应当承担的一项刑事强制义务,仅仅是社区矫正对象接受教育矫正的一个途径和方式"[2]的肯定;凸显了社区劳动的目的是培育社区矫正对象的社会责任,本质是帮扶手段,而非此前实践中的管理手段。

《社区矫正法》第43条规定,"社区矫正对象可以按照国家有关规定申请社会救助、参加社会保险、获得法律援助,社区矫正机构应当给予必要的协助。"该法还强调应帮助"在校学生完成学业",在此构建了广泛的帮扶内容。

(三)运行机制:队伍建设专业化,社会支持多元化,项目委托市场化

针对实践中从事帮扶工作的大多不是专业人士的情况,《社区矫正法》明确规定,社区矫正机构"应当配备具有法律等专业知识的专门国家工作人员履行监督管理和教育帮扶等执法职责","组织具有法律、教育、心理、社会工作等专业知识或者实践经验的社会工作者开展社区矫正相关工作",强化了队伍的专业化建设;同时,明确了居(村)委会、就职单位或就读学校以及其他企事业单位、社会组织、志愿者等社会力量依法参与社区矫正受法律保护的多元化社会支持机制。《社区矫正法》第40条对社区矫正机构实施项目委托和市场化公开择优购买社会服务予以了规定,该条规定吸收了国外经验。

---

[1] 参见杨维立:《公益劳动服务应成为社区矫正"标配"》,载《宁波日报》2019年12月23日,第8版。

[2] 蔡雅奇:《社区矫正公益劳动并非刑事义务》,载《检察日报》2013年2月18日,第6版。

（四）帮扶保障机制

《社区矫正法》第8条第3款明确规定"地方人民政府根据需要设立社区矫正委员会，负责统筹协调和指导本行政区域内的社区矫正工作"，这一组织协调机制对因地制宜充分利用地方资源优势开展帮扶提供了重要保障。第41条规定，"国家鼓励企业事业单位、社会组织为社区矫正对象提供就业岗位和职业技能培训。招用符合条件的社区矫正对象的企业，按照规定享受国家优惠政策"。这些规范保障帮扶工作可以获得所需的场地、岗位、培训机会等条件。同时，《社区矫正法》第6条要求各级人民政府保障社区矫正经费，并特别明确规定居（村）委会和其他组织依法协助社区矫正工作所需经费列入社区矫正机构本级政府预算。这一立法规定一定程度上解决了长期以来社会力量参与社区矫正工作主动性和积极性较差的问题，有利于建立社会支持的长效机制。

《社区矫正法》施行后，为保障社区矫正对象合法权益，优化涉企社区矫正对象营商环境，各地社区矫正机构遵循"不过度干预原则"，对有经常性跨区域或经营性外出请假需求的社区矫正对象，均放宽请假理由，拓宽活动范围，简化批准程序，力图既保障企业复工复产，又保证监管落实到位。

在前述帮扶体系的牵引下，社区矫正帮扶工作产生了较大变化。例如，在《社区矫正法》施行3年多时，就有58万人次社区矫正对象接受就业或就学指导。[1]一些地方，实现了社区矫正对象心理帮助的全覆盖，[2]既减轻了社区矫正机构的工作负荷，又实现了专业的事由专业的人实施。

诚然，《社区矫正法》在帮扶领域还存有盲点，如未明确第25条所规定的矫正小组中应包含多少位居（村）委会人员、社区矫正对象的监护人、保证人、家庭成员等参与主体，吸纳进矫正小组的参与主体应针对社区矫正对象的不同情况扮演何种角色与承担何种责任，以及角色定位不明确，职责义务不清晰，从而难以对社区矫正人员有针对性地开展精细化的矫正工作，但至少明确了帮扶的框架性方向与原则。

---

〔1〕 参见陈丽艳：《社区矫正法实施三年来58万人次社区矫正对象接受就业或就学指导》，载千龙网，https://china.qianlong.com/2023/0705/8065139.shtml。

〔2〕 如四川省宜宾市江安县社区矫正机构，通过与社会心理服务中心签订心理辅导合作协议，由心理专家团队"一对一"开展"线上心理测评＋线下心理矫治"，实现社区矫正对象入矫、矫正中、解矫心理帮扶全覆盖。

三、现行社区矫正帮扶中的突出问题

尽管《社区矫正法》对帮扶进行了美妙设计,但基于多方面缘由,施行中还存在不少问题。

(一)普遍存在"重监管,轻帮扶"现象

受传统报应刑思想的影响,部分社区矫正执法人员依然把社区当成了"没有围墙的监狱",模仿监狱管理模式,只求"把人盯住""不脱管漏管""不重新犯罪",而轻视对社区矫正对象的帮扶工作。普遍采用手机定位或定位装置,且采取一定到底、一戴到底的方式进行活动范围监管。这样的思路显然也是源自监狱。在司法行政机关的思维中,法律中的不得离开所居住的市县的规定,就相当于给矫正对象划定了无形的高墙,擅自越界就等于监狱罪犯越狱,如果未经批准离开所居住的市县即可认定为脱离监管。不少地方除家庭重大变故、看病就医两类事由外,一概不批准外出请假。加之,帮扶没有专门的法律规定,缺乏应有的强制力,使帮扶措施难以落实到位,帮扶在社区矫正中处于"说起来重要、做起来次要、忙起来不要"的虚化状态。[1]

从基层社区矫正工作考核体系指标设计来看,"在有关社区矫正的官方报道领域,矫正政绩观主导社区矫正的政策方向——主要关注重新犯罪率"[2]。课题组在对四川省F县司法局的调研中发现,该县将社区矫正对象重新犯罪率不超过0.1%作为评价标准,一旦超过0.1%,矫正对象所在司法所在社区矫正效果评价中直接被评价为"不合格"。F县社区矫正效果考评细则规定,考核内容包括4项,满分为100分。其中,监管工作占35分,帮扶工作占15分,档案管理占30分,组织保障占20分。可见,"监管中心主义"至今仍然存有市场。

(二)帮扶项目缺乏靶向性、有效性

基层社区矫正机构在落实帮扶活动时通常采用以下方式:一是司法所所长或工作人员亲自充当"帮扶者"身份,为社区矫正对象讲解法律、时事政策,提供临时救助;二是司法所装备法律法规和相关书籍,让社区矫正对象到司法所学习并书写读书笔记或者心得体会;三是司法所聘请社区律师或专家为社区矫正对象开展专题讲座或活动;四是外包第三方组织,由第三方组织为社区矫正对象开展教育帮扶

---

[1] 参见马灵喜:《社区矫正教育研究》,载《中国司法》2015年第6期。

[2] 任文启:《西部地区青少年矫正工作的实践、困境与反思》,载《上海青年管理干部学院学报》2013年第4期。

活动,如成都温江区的黄大姐保洁服务有限公司。[1] 虽然,社区矫正机构认真、努力地组织帮扶,但差不多都是同一个学习内容的"打包"、同一种方式的临时救助,没有考虑不同矫正对象的需求。

同时,教育帮扶采用"我说你听""我命令你服从"的模式,在"教育"的双方之间缺乏互动性,受教育方难以产生"心悦诚服"之后的行为改善。此外,还存在对社区矫正对象生活与工作规划的教育不足,家庭关系修复辅导不足,挫折教育不足,同时,因缺乏统一的教材,更多的是依靠基层自身探索与实践,教育质量难以有效把握与评估。社区矫正工作人员尽管在教育帮扶中能秉持人本化的矫正理念,能以平等的人格和对人权的尊重、人性的关爱来对待社区矫正对象,但社区矫正对象内在的需求未受到足够的重视。这种被动接受方式,导致帮扶效果的"真实性、适应性和持续性难以确定"[2],没有关注社区矫正对象的犯因性需求,[3]尤其是,农民工社区矫正对象外出务工的需求、未成年社区矫正对象就学的需求、老年社区矫正对象身体健康的需求等。心理矫治可以打开社区矫正对象心结,但一些地方实施人人检测,过分夸大心理矫治的功效。在内容上,实践中所采取的心理矫治措施主要是心理健康教育和心理测评,较少开展心理咨询与治疗工作,心理测评结果的应用价值也没有真正发挥出来。

(三)社区矫正对象面临较多制度排斥

在社会救助方面,经济困难的社区矫正对象一旦就业,"低保"资格即丧失,即使就业收入低于"低保"收益在养老保险方面,社区矫正期间达到法定退休年龄的,需要延迟到矫正期满才能办理退休手续,享受养老保险;退休后进入社区矫正的,虽然可以继续领取养老保险金,但不参加调整。[4] 前述规定,使社区矫正对象遭遇经济压力。

实践中,用人单位在录用员工之前通常会要求应聘者出具公安机关开具的"无犯罪记录证明",使社区矫正对象遭遇就业瓶颈。用人单位变相地以其他理由不予

---

[1] 参见《成都黄大姐保洁服务有限公司董事长倾情社区矫正感恩回馈社会》,载http://www.scsf.gov.cn/sftzww/c671751/201801/742bec917d2543fb9be2b7f01fc21a56.shtml。

[2] 戴艳玲:《社区服刑人员教育矫正在探索中前行》,载《犯罪与改造研究》2017年第9期。

[3] 参见姜祖桢、宋秋英、张凯:《社区服刑人员矫正效果及其相关因素实证分析》,载《中国司法》2017年第5期。

[4] 参见原劳动和社会保障部《关于退休人员被判刑后有关养老保险待遇问题的复函》(劳社厅函〔2001〕44号)和《关于对劳社厅函〔2001〕44号补充说明的函》(劳社厅函〔2003〕315号)对被判处管制、有期徒刑宣告缓刑和监外执行、假释的退休人员的养老金发放进行了规定,可以继续发放。

以聘用或者利用地位优势损害社区矫正对象合法权益的事例比比皆是。犯罪记录不仅影响社区矫正对象自身,还影响到其亲属。早在 2016 年,深圳市政府部门约谈网约车平台所公布的 1661 名为刑事犯罪前科人员的网约车司机的消息,引发了社会强烈反响,[1]社会公众难以接受网约车司机的前科记录。针对缅北电诈罪犯,一些地区在判处刑事责任的同时,对罪犯子女就学实施限制。[2] 犯罪记录有助于观察犯罪人适用刑罚的效果,但未实施任何犯罪行为的公民因亲属为前科人员而受到职业限制,这违反了罪责自负原则。

有前科者因自身违法犯罪行为已经受到与之相适应的法律惩罚,这是正义的体现;让一个已经受过处罚的人在合法的情况下,继续承受该违法犯罪行为带来的种种不利,将有失公正。[3] 这是无形的再次处罚,实际为罪刑不均衡。烙印在身,犯罪人若是滋生出永无出头之日的情绪,绝望之际难以控制再次犯罪,被贴上无法撕下的"犯罪人"标签的初犯者最终将被推上再次犯罪的歧路。

(四)帮扶队伍建设长期欠账

由于社区矫正机构建设的缺失,社区矫正工作被长期交由司法所承担。而司法所受制于乡镇站所的建制,本身就面临人员不足的问题,更不可能配备职业培训、心理治疗以及专业社会工作者。部分地方虽然为司法所配备了社工,但身份和作用等同于一般单位中以劳务派遣方式聘任的辅助人员,并非按照社会工作原理开展工作。加之,我国现行法律、法规、规范性文件中一些同社区矫正不协调、不适应的规定长期得不到修改,加大了帮扶工作开展的难度。例如,我国《劳动法》第 25 条第 4 项规定,劳动者被依法追究刑事责任的,用人单位可以解除劳动合同;教育部《普通高等学校学生管理规定》(教育部令第 41 号)第 52 条第 2 项规定,学生触犯国家法律,构成刑事犯罪的,学校可以给予开除学籍处分。但是一些地方上的普通高中学籍管理规定中,依然存在对被判刑的学生可以开除的条款。而要对这些法律、规章、规范性文件的协调修改,没有司法部、司法厅两级的协调介入,是难以实现的。

(五)帮扶价值目标出现严重错位

由于司法行政部门在开展社区矫正工作时更看重对社区矫正对象的人身管

---

[1] 参见《深圳通报"专车"平台管理五大问题将清理不合格司机和车辆》,载新华社网,http://www.gov.cn/xinwen/2016-03/29/content_5059591.htm。

[2] 2020 年福建省对涉电诈人员提出"十个一律"措施,其中凡是参与电信网络新型违法犯罪嫌疑人的子女,一律在城区学校就读时予以招生入学限制。

[3] 参见刘小楠:《反就业歧视的策略与方法》,法律出版社 2011 年版,第 148 页。

控,因此帮扶教育和公益劳动也异化为管控和惩罚措施,严管的多学多干,宽管的少学少干。

社区矫正,源于"恢复性司法"理念,本意是避免监禁刑的弊害,让轻罪、不至于危害社会的罪犯在社会上接受监督考察,同时采取一定帮助此类罪犯回归正常社会生活的教育帮扶措施来修复此类罪犯社会关系,促使此类罪犯回归社会。而社区矫正实践中,还是较多强调对社区矫正对象的人身管控,有的还盲目照搬监狱经验,如计分考核,惩罚式的学习劳动。监狱的计分考核制度是以减刑、假释为抓手的,而社区矫正的减刑本身受到严格限制:缓刑罪犯除重大立功外没有减刑空间;管制罪犯本身数量极少,如何操作减刑至今没有明确规定;而假释、暂予监外执行更谈不上减刑。这种没有抓手的计分考核显然是毫无意义的。而所谓社区矫正的学习劳动不同于监狱的劳动改造,本身并非惩罚,也违反了罪刑法定原则,同社区矫正修复社会关系,回归社会的理念完全背道而驰。

四、社区矫正帮扶工作的建议

中国的社区矫正该如何行走,必须从20年社区矫正试点实践和规范文本的轨迹来审视。在城乡二元经济结构存在及"农村第三部门"缺失的语境下,无法复制发达国家的帮扶模式,需要探索本土化之路,构建中国式社区矫正现代化。

(一)树立刑罚人道理念

社区矫正的价值就在于"以教育帮扶为主要手段来矫正犯罪人的心理和行为恶习,促使其回归社会,而不是惩罚犯罪"[1],即"惩罚为恢复,监督为回归"。因此,在社区矫正担负的监督管理、教育帮扶任务中,监督管理是基础,教育帮扶是核心。因为罪犯回归社会的不仅是沉重的肉身,更是那一直在寻找精神家园的迷茫的心灵。而心灵的扶正,必须仰仗帮扶教育。

随着刑事理念的进步,国家在刑事执行过程中的角色也随之变化,国家对罪犯不再是绝对的"命令—服从"关系,而发展为一种法律上的权利义务关系。为此,国家应祛除对刑罚的崇拜与依赖,转变社会治理理念,树立"共建共治共享"的社会治理理念;社区矫正机构应理性对待社区矫正对象,克服以报应为主题的"重刑主义"而树立"刑罚人道"理念;社会公众应消解偏差性认知而重塑认同理念,给予社区矫正对象重新回归社会的机会。

---

[1] 贾宇:《社区矫正导论》,知识产权出版社2010年版,第33页。

（二）实施"精准"帮扶,避免随意性

在对社区矫正对象进行帮扶之前,应有一个精准的需求评估,以明白社区矫正对象究竟需要什么？犯罪学研究发现：一些因素往往与持续性犯罪密切相关,如薪酬收入低,住房条件差,就业不稳定,滥用药物或酗酒,与家人关系紧张,心理障碍,在家庭或学校受过严厉而反复无常的纪律惩戒等。而这些因素在很大程度上表明了犯罪人的心理需求,它们可以为社区矫正工作者的矫正介入提供重要参考。

需求评估不同于风险评估。风险评估的目的是认识社区矫正对象的人身危险性差异,从而采取差异化的有效监管措施,以保护社会安全；而需求评估是通过找寻社区矫正对象的帮扶需求,以便采取针对性项目,为社区矫正对象回归社会创造条件。我们通过调研发现,西部农村社区矫正对象中至少20%是文盲,虽然他们愿意接受教育学习,但不识字,无法书写,无法阅读,甚至口头表达也有一定障碍。如果社区矫正工作人员缺乏对这些情形的知悉,显然难以实施有针对性、个性化、精准性的帮教。为此,教育的内容,应由单向强制灌输向"个性需求导向"转变；社区服务项目由"简单劳动型"向"多元需求型"转变,要有相匹配的社区服务项目供社区矫正对象选择；帮扶内容由"传统救助"向"按需帮扶"转变,并及时制定个别化帮扶措施。

（三）激励企业参与社区矫正帮扶

就业不仅能获得收入,还能使人合理利用时间,增强成就感与价值感。企业是提供就业岗位的源泉。目前,需要倡导企业发挥社会责任,引导有良知、有善心的企业家们积极参与到社区矫正对象的就业帮扶中来；同时,企业接纳社区矫正对象,面临一定的人身危险性和劳动生产率降低的风险,需要接受法律、政策、税收减免、财政资金补助等方面的支持。此外,还可以借鉴"新疆经验",对社区矫正对象实施免费的职业技能与文化培训,并推荐到当地企业就业。所谓"新疆经验",即新疆政府依照有关法律法规,在新疆和田、喀什等地开办职业技能教育培训中心,对被恐怖主义和极端主义愚弄的违法群众,以职业技能培训的方式,展开源头治理。〔1〕此外,还可以鼓励职业技术院校参与社区矫正对象的职业技能培训。鉴于当前社会重视证书,重视学历的实际,社区矫正对象还需要社会、企业承认的职业技能证书、学历证书,作为解除矫正后就业的"敲门砖"。职业技术院校作为社区矫正对象职业培训的重要阵地,可以帮助社区矫正对象了解最新就业方针,选择热门

---

〔1〕 参见《就新疆反恐维稳情况及开展职业技能教育培训工作答记者问》,载《人民公安报》2018年10月17日,第2版。

职业,合理调整薪酬预期,培训就业技能,获得职业技能证书,这些既是职业技术院校的社会责任,也能弥补计划生育政策带来的生源不足的问题。司法行政部门与职业技术院校共建职业教育体系,既可以充分满足社区矫正对象种类繁多的就业需求,又在一定程度上缓解了司法行政部门自建职业教育软硬件欠缺的问题。[1]

在当前,最为紧迫的是借助立法,强调"公平就业"。在美国,联邦和州的法律通常会要求各机构或企业不能仅仅因为求职者犯罪人身份而拒绝雇用,一些州的《矫正法》或《公平雇佣法》以及联邦《1963年民权法》为之提供了法律依据,目的是帮助矫正对象及其家庭解决生存问题并防止矫正对象重新犯罪。如果雇主违反了该规定,求职的矫正对象可以起诉雇主就业歧视。另外,任何时候只要是雇员伤害了所在企业或企业外的第三方,雇主都必须基于过失雇用而直接对受害的第三方承担责任。为避免雇主因此不愿意雇用犯罪人,美国一些州推出了一些具体规定,规定雇主在尽到法律规定的一些基本的背景检查义务后雇用矫正对象,可以免除雇主通常应该承担的雇佣责任。这种制度刺激了雇主聘用矫正对象的积极性。[2]美国的一些州为避免犯罪记录对刑释人员造成负面影响,尝试将一些刑释人员的犯罪记录全部或部分去掉,并完全恢复他们的公民权。此类制度刺激了雇主聘用刑释人员的积极性,有利于刑释人员就业和社会安定。

2014年司法部等六部委联合颁行的《关于组织社会力量参与社区矫正工作的意见》规定"提供社区矫正服务的社会组织符合规定条件的可以享受相应的税收优惠政策"。但遗憾的是,该意见基于规范性文件的效力层级较低,实践中缺乏执行力度。笔者认为,在此不仅需要提升该意见法律效力层级,还应借鉴《企业所得税法》关于企业吸收残疾人就业的做法。根据《企业所得税法》第30条,企业安置残疾人员及国家鼓励安置的其他就业人员所支付的工资,可以在计算应纳税所得额时加计扣除。《企业所得税法实施条例》第96条第1款还进一步规定:"企业安置残疾人员的,在按照支付给残疾职工工资据实扣除的基础上,按照支付给残疾职工工资的100%加计扣除。"如果允许吸收社区矫正对象就业的企业,享受接收残疾人就业的税收优惠,势必会对吸收社区矫正对象就业的企业产生激励。笔者认为,可以行政法规或地方规章的形式,将《企业所得税法》第30条中的"国家鼓励安置

---

〔1〕 参见周健宇:《社区矫正人员教育帮扶体系比较研究》,法律出版社2020年版,第136~138页。

〔2〕 参见施余兵:《论美国刑满释放人员就业安置中的雇主过失雇佣制度》,载《中国司法》2009年第2期。

的其他就业人员"扩大到"社区矫正对象",给予安置企业税收减免,以此激励对社区矫正对象的就业安置。

(四)发挥农村的乡土优势

"法律最终要和居民的宗教、性癖、财富、人口、贸易、风俗、习惯相适应"[1]。在国家制定法之外,传统的民族习惯法、地方风俗习惯未必就是野蛮的、低俗的、非理性的,因此在社区矫正的实践过程中,有必要发展具有区域特色,与地方文化、民族风俗习惯相适应的社区矫正计划。

农村是乡土社会,在社区结构、文化传递、家族制度、道德观念及世俗规范方面有显著的地域特征。将社区矫正推广到农村,不能单纯地照搬照抄城市的管理模式,应充分考虑并重视城乡习俗、文化、观念等诸多方面的不同点。农村是熟人社会,这一点与城市的陌生人社会完全不同。城市的陌生人社会强调的是规则意识,而农村的熟人社会则注重情感,所以农村地区的社区矫正必须结合农村社会特有的优势条件,突出乡土特色。首先,要发挥传统礼治的积极作用,礼始于教化,使人服膺,敬畏秩序,进而守法;其次,要重视家规族规的作用,利用族中有威望的长者,监督帮助矫正对象守规自律;最后,要尊重农村居民对家族声誉的重视,农村生活的非私密性容易暴露矫正对象的犯罪历史,从而株连家族声誉,为防止矫正对象矫正环境恶化,社区矫正应适当隐晦。

特别是在西部民族地区,需要探索帮扶之路。民族地区社区矫正对象中,吸毒犯罪占有较大比例。如果社区矫正对象吸毒或有艾滋病,那么对他们的矫正将会面临行为矫正、戒毒治疗和健康恢复等多重任务。在彝族地区,这类特殊需要犯罪人所占比例较高,但现有的社区矫正机构没有专门设计有针对性的个性矫正模式。从戒毒模式来看,当前主要采取强制性戒毒模式与自愿戒毒模式,即根据吸毒成瘾者的具体情况,对毒瘾较深的送戒毒所强制戒毒,对自愿戒毒的,由吸毒者自行到戒毒医疗机构接受戒毒治疗或由公安机关责令吸毒者接受社区戒毒。借鉴国外有关做法,社区戒毒完全可以与社区矫正结合起来。特别针对彝族地区犯罪的特殊性,在建设社区矫正机构的同时,扩展社区戒毒机构功能,这样更利于这类特殊需要群体顺利回归社会,增强社区矫正的帮扶效果,从而实现社区矫正的纵深发展。[2] 与此同时,彝族传统刑事习惯法与国家法相背离,按照彝族传统习惯法,既

---

[1] 参见[法]孟德斯鸠:《论法的精神》(上册),张雁深译,商务印书馆1982年版,第7页。

[2] 参见唐文娟:《彝族聚居区推行社区矫正的困境与出路——基于凉山彝族社区矫正的试点分析》,载《贵州民族研究》2014年第1期。

可以调解民事纠纷，也可以调解刑事案件，在民间发生刑事案件后，可以不追究刑事责任，以赔偿解决。而如果按照国家法追究了刑事责任，没有赔偿，则可能被习惯法行使"二次司法"。因此，社区矫正制度作为国家正式制度在彝区推行，首先需要解决的是与彝族习惯法的矛盾。应探索具有民族特色的个性化矫正模式。其一，可以尝试彝族聚居区传统矫正模式与社区矫正的融合，如利用家支力量促使矫正人员的自我约束与自我规范。其二，重视发挥彝族社会"地方精英"的作用，继续探索针对彝族罪犯的特殊矫正工作方法，可以吸收部分"德古"、"毕摩"[1]融入社区矫正机构，如扩大"德古"对矫正对象的帮教工作，利用以毕摩文化为代表的精神强制力实现对罪犯的矫正。其三，可以结合彝族聚居区犯罪实际，对犯罪人进行恰当分类，探索设计特殊需要犯罪人的社区矫正，如将社区戒毒与社区矫正结合。[2]

（五）修缮法律，革新帮扶制度

习近平总书记强调，要积极回应人民群众新要求新期待，系统研究谋划和解决法治领域人民群众反映强烈的突出问题，不断增强人民群众获得感、幸福感、安全感，用法治保障人民安居乐业。[3] 为此，用"陈旧"的规范来约束、限制"新时代的公民"，显得有些不合时宜。现行法律中有关前科记录、就业地域限制、职业选择限制（有的限制为终身，如公务员等特殊职业和会计从业资格、法律从业资格等；有的限制为一定年限，如对担任公司董事、监事、高级管理人员的限制是刑期执行期满后5年）、政治审查等的制度，对社区矫正对象的工作与生活造成了极其严重的干预，不断压缩社区矫正对象的就业与生存空间。如何在"罪犯+劳动者"这一特殊定位之间找到一个"黄金平衡点"，合理地规范社区矫正对象权利的授予与限制，进而实现惩戒和保护的双重作用，这是当前亟待解决的立法问题。笔者认为，在当前宽严相济的刑事政策下，急需建立轻罪前科分类消灭制度。可以借鉴既有的未成年人犯罪前科消灭制度，构建成年人轻罪前科消灭制度。主要内容包括：一是设置前科的时效。对于普通犯罪可设置前科的时效为5年；在犯罪人刑罚执行完毕之日起5年内未再犯罪，即消灭前科，免除前科报告义务，消除犯罪人及其亲属的就业限制。对于危害国家安全犯罪、恐怖活动犯罪、黑社会性质组织犯罪、毒品犯罪的犯

---

[1] "毕摩"是彝语音译，是通晓古彝文、彝族民间宗教仪式活动的主持者和组织者，是彝族宗教和信仰的代表人物。

[2] 参见唐文娟：《彝族聚居区推行社区矫正的困境与出路——基于凉山彝族社区矫正的试点分析》，载《贵州民族研究》2014年第1期。

[3] 参见中国法学会：《习近平法治思想的重大理论创新》，载《求是》2025年第1期。

罪人,前科的时效为终身。二是轻罪前科分类消灭,犯罪前科消灭对犯罪人本人及其亲属产生法律效果。例如,建议对缓刑考验期满的犯罪人设置一年的消灭前科的考验期限。在缓刑考验期满后一年内无违法犯罪记录,即消灭前科。适用缓刑可反映出犯罪人的人身危险性较小,犯罪人在缓刑考验期内通过考验,原判刑罚不再执行;在消灭前科的一年考验期内无违法犯罪记录,充分说明犯罪人人身危险性基本消除,消灭前科不会产生负面效果。前科消灭,包括注销犯罪记录,免除前科报告义务。从刑法上讲,不再因有犯罪前科而对犯罪人再次犯罪从重量刑。从社会实践来看,任何企事业单位、机关、团体、社会组织和个人,不得歧视前科被消灭的人或者给予前科被消灭的人不公正的待遇。

结　语

国家犯罪治理体系现代化需要政府、市场和社会的多方协作参与,社会治理不再是政府单方责任,社会参与对于激发国民的家国情怀,培育公民的社会责任感不可或缺。如何在政府主导与社会多方主体参与之间进行有效平衡,如何在刑事惩罚与帮扶之间调整均衡,如何大力培育社会力量,激发社会组织活力,形成国家与社会在社区矫正实践中的良性互动、互利共赢的良好局面,对推进社区矫正工作常态化、法治化和社会化进程意义重大。

社区矫正事业的蓬勃发展在我国虽然得到了政策与规范性文件的回应,但现实中还面临诸多问题,尤其是农村地区的帮扶。英国著名人类学家弗雷泽说:"一个时代对于新知识积累的总和所贡献的数量很小,一个人所能增添的数量就更少了;忽视那些已经大量积累起来的知识,吹嘘我们自己可能增加上去的点滴知识,这种做法除了不知感恩以外,还暴露出愚蠢或不诚实。"[1]因此,笔者认为社区矫正对象帮扶路径之探索,依然是理论界创新和实务界探索结合起来共同积累的过程。

---

[1] [英]詹·弗雷泽著,刘魁立编:《金枝精要——巫术与宗教之研究》,上海文艺出版社2001年版,第243页。

社区矫正心理矫正模式实务研究
——基于 M 省社区矫正基层工作数据分析

江世杰[*]　莫黄泰[**]　黄文辉[***]　欧阳子瑶[****]

摘　要：当前社区矫正心理矫正工作处于探索阶段，存在矫正体系不全、专业人才缺乏、软硬件设施不足、矫正效果不佳等问题，尚未形成针对社区矫正对象这一特殊群体的矫正模式。社区矫正对象的心理评估和专业教育帮扶尚未形成体系。本文基于社区矫正对象心理测评数据工作，努力探索"系统化、科学化、专业化"的社区矫正心理矫正工作机制，简述在工作实践中的经验及成效，为建立健全社区矫正的再犯罪风险评估提供参考。

关键词：心理矫正；社区矫正对象；心理评估；教育帮扶；再犯罪风险评估

一、研究综述

（一）心理矫正在社区矫正中的应用发展

社区矫正是与监禁刑罚对应的一种非监禁刑事执行方式，是指将符合法定条件的罪犯置于社区内，[1]由专门的国家机关在相关的社会团体和民间组织以及社会志愿者的协助下，在判决、裁定或决定确定的期限内，通过思想改造和劳动改造，

---

[*]　作者单位：广东顾德心理机构。
[**]　作者单位：广东顾德心理机构。
[***]　作者单位：广东顾德心理机构。
[****]　作者单位：广东省东莞市人民医院（南方医科大学第十附属医院）。
〔1〕　参见孟红云：《社区矫正研究》，四川大学 2006 年硕士学位论文，第 1 页。

矫正罪犯犯罪心理和行为恶习,促使罪犯顺利融入社会的刑事执行活动。[1]

心理矫正是指依据心理学的原理与技术,综合运用心理健康教育、心理测量与评估、心理咨询与疏导、心理危机干预及心理疾病转介等方法和手段,了解社区矫正对象的心理问题,帮助社区矫正对象调整改善不良认知,消除心理障碍,减少负面情绪,增强适应社会能力,提高教育矫正质量和效果的矫正措施。[2]

心理咨询与疏导是针对社区矫正对象的个性特点、心理问题、不良行为等进行科学有效的干预,心理健康教育则主要是通过开展心理健康教育,举办心理讲座等方式,提高社区矫正对象的心理素质和心理健康水平。[3]

心理测量与评估通过专业的心理测量和评估工具,对矫正对象的心理状况进行全面的测量和评估,为后续的心理矫正工作提供科学依据。[4]

1. 国外发展现状

随着心理学的发展,自20世纪50年代后期到60年代初期,心理学理论中的认知行为治疗也被应用到犯罪现象中。[5]

从1970年开始,心理动力学的相关应用与研究,一直活跃在犯罪治疗当中,尤其是广泛应用于咨询和团体治疗。[6]

美国在社区矫正工作中使用的代币强化法和家庭治疗的相关方法,在一定程度上促进了社区矫正对象的心理健康,特别是使社区矫正对象的再犯罪风险得到显著降低。[7]

2. 国内应用现状

2002年8月,上海市正式在普陀区曹杨街道、徐汇区斜土街道和闸北区宝山街道启动社区矫正试点工作。[8] 2003年6月,北京市决定在东城区、房山区和密云

---

[1] 参见孙玉:《以山东省为例浅谈我国社区矫正的现状、问题及其完善》,中国政法大学2024年硕士学位论文,第7页。

[2] 参见 SF/T 0055—2019. 社区矫正术语,司法部,2019,第7页。

[3] 参见杨征军:《社区矫正心理咨询与心理治疗》,载《福建政法管理干部学院学报》2008年第4期。

[4] 参见[美]Lewis R. Aiken:《心理测量与评估》,张厚粲、黎坚译,北京师范大学出版社2006年版,第151页。

[5] 参见陆畅:《认知治疗理论在大学生心理健康教育中应用的实验研究》,内蒙古师范大学2006年硕士学位论文,第1页。

[6] 参见丁雅芬:《浅析亚隆团体心理咨询与治疗模式》,载《心理技术与应用》2014年第11期。

[7] 参见董震:《美国现代社区矫正制度研究》,安徽大学2017年硕士学位论文,第12页。

[8] 参见竺琪君:《探索刑罚制度改革 依法规范社区矫正——上海市徐汇区司法局有效推进社区矫正试点工作》,载《中国法律:中英文版》2004年第6期。

县的47个街道和乡镇大范围开展罪犯社区矫正试点工作。[1] 同年7月,最高人民法院、最高人民检察院、公安部、司法部联合印发《关于开展社区矫正试点工作的通知》(已失效),并确定在北京、天津、上海、江苏、浙江、山东等6个省(市)范围内开展社区矫正试点工作。[2] 2005年1月,最高人民法院、最高人民检察院、公安部、司法部联合印发《关于扩大社区矫正试点范围的通知》(已失效),将广东、河北等12个省(市)列为第二批社区矫正试点地区。[3]

各地在试点工作中形成了各具特色的社区矫正模式,其中,心理矫正工作也在实践中开始大放异彩。各模式有:注重健康导向、平等关系,着眼于发展与潜力开发的发展模式;注重病理导向、医患关系,着眼于疾病治疗,重视技术运用的医疗模式;注重思想导向、教导关系,着眼于执行安全,重视探测不良思想的改造模式;注重心理决定导向、训导关系,着眼于全员参与,重视传统经验和日常训练的训导模式等。[4]

此外,根据《社区矫正法》第24条和第40条,各地社区矫正机构也在积极推动社会力量参与到社区矫正的心理矫正工作中。如福建省福州市鼓楼司法局以心理测评、帮教小组和一对一咨询的形式进行了探索;[5] 湖北省武汉市蔡甸区司法局联合专业社会组织打造"社矫心课堂";[6] 江西省九江市永修县司法局鼓励全体干部职工参与心理咨询师培训,储备专业化实战人才。[7]

广东省各地结合实际,开展各具特色的心理矫正项目,为项目开展做积极探索。如深圳市福田区"心泉计划"[8]、东莞市茶山镇"彩虹心桥"等,通过心理矫正"线上+线下"闭环系统,对社区矫正对象全面进行线上多维心理测评及再犯罪风险评估,帮助社区矫正工作人员掌握社区矫正对象心理健康情况及再犯罪风险,实

---

[1] 参见司左军:《我国社区矫正工作研究》,中国政法大学2011年硕士学位论文,第5页。
[2] 参见王志强:《论"社区矫正"在我国的构建与完善》,载《法制与社会》2007年第9期。
[3] 参见丛林:《社区矫正的比较研究》,四川大学2007年硕士学位论文,第37页。
[4] 参见章恩友、于海霞:《论罪犯心理矫治的模式选择》,载《河南司法警官职业学院学报》2004年第2期。
[5] 参见《福州市鼓楼区司法局社区矫正对象线上教育及心理辅导服务采购项目成交公告》,载中国政府采购网2023年8月29日,https://www.ccgp.gov.cn/。
[6] 参见《蔡甸区开展社区矫正专项业务培训》,载武汉市司法局网2023年10月18日,https://sfj.wuhan.gov.cn/。
[7] 参见《永修县司法局举办社区矫正执法规范化建设业务培训班》,载永修县人民政府网2023年7月4日,https://www.yongxiu.gov.cn/。
[8] 《福田区打造体系化心理矫治"心泉计划"》,载深圳市福田区司法局网2018年9月20日,https://sf.sz.gov.cn/。

现帮教力量多元化和教育矫正人性化。[1]

除社区矫正领域外,党中央对社会心理服务工作高度重视,要求以社会心理服务体系建设作为重要抓手,将心理健康服务融入社会治理体系、精神文明建设,融入平安中国、健康中国建设,推进国家治理体系和治理能力现代化。[2] 党的十九大提出"加强社会心理服务体系建设,培育自尊自信、理性平和、积极向上的社会心态"。[3] 2018年国家卫生健康委、中央政法委、司法部等10部委《关于印发全国社会心理服务体系建设试点工作方案的通知》,将社区矫正对象的心理矫正列为全国社会服务心理体系建设的重要内容,提出试点地区政法委、卫生健康委、民政、公安等部门要建立健全基层综合管理小组,结合矛盾纠纷多元化解,完善流浪乞讨人员、公安监所被监管人员、服刑人员、社区矫正人员、刑满释放人员、强制隔离戒毒人员、社区戒毒社区康复人员、参加戒毒药物维持治疗人员和自愿戒毒人员等特殊人群心理沟通机制,做好矛盾突出、生活失意、心态失衡、行为失常人群及性格偏执人员的心理疏导和干预。

(二)社区矫正心理矫正的主要特点

从性质上看,目前我国的心理咨询多属于心理健康咨询和医学心理咨询,可以把这两方面的心理咨询看成是一般心理咨询。[4] 显然,社区矫正对象的心理矫正工作与一般心理咨询工作,虽然有密切联系,却也有明显不同的特点。

1. 对象特定性

心理矫正适用于被判处管制,宣告缓刑,裁定假释,暂予监外执行的4种特定身份的人员,其中罪行较轻、主观恶性不大的未成年犯、老弱病残犯、女犯,以及罪行较轻的初犯、过失犯等是心理矫正工作的关注对象。[5] 因此在具体的社区矫正对象心理矫正中需要针对对象的特定性而制定心理矫正目标和计划,以达到较好的效果。

2. 工作专业性

针对社区矫正对象这一特殊群体,心理咨询师不仅要具备心理方面的专业知

---

[1] 参见《"智慧矫正"的茶山样本》,载东莞阳光网2020年11月15日,https://www.sun0769.com/。

[2] 参见闫洪丰:《"数"解社会心理服务体系》,载《心理与健康》2021年第4期。

[3] 闫洪丰:《关于全国社会心理服务体系试点方案文件的解读》,载《心理与健康》2019年第4期。

[4] 参见梁宝勇:《从两种咨询模式看我国心理咨询师的培养》,载《心理科学》2004年第27期。

[5] 参见孙亚非、李珍苹、赖敏荣:《社区矫正中的检察监督》,载《中国司法》2006年第4期。

识和技能,更应该具备社区矫正方面的专业知识,或对社区矫正对象心理有一定的了解。

3. 内容特殊性

心理矫正工作帮助社区矫正对象消除不良心理,解决他们的心理问题,促进他们渐次培养起健康心理。针对社区矫正对象的特定身份,心理咨询的内容会有一些不同。例如,在社区矫正对象心理矫正工作实践中经常遇到的问题主要有社会适应性问题、家庭关系问题、人际关系问题、情绪管理与控制问题、压力管理与化解问题等。

二、社区矫正心理矫正现状分析

本文基于M省的心理矫正项目,对项目实施情况及收集的各类数据、测评结果进行全方位的数据分析,主要包括以下几个方面:

1. 对欠发达地区社区矫正心理矫正工作目前的工作模式、人员匹配、技能掌握和认知观念进行组织分析;

2. 根据线上心理数据分析M省欠发达地区社区矫正对象的社会学背景信息、人格和心理健康;

3. 从犯罪类别分析M省欠发达地区社区矫正对象的心理状况,如躯体化症状、强迫症状、抑郁症状、敌对症状、偏执症状的深入分析,抑郁症与偏执症的相关性对比和未成年人社区矫正对象与成年人社区矫正对象的对比分析。

由于M省区域发展不平衡现状,欠发达地区在社区矫正工作中尤其是教育及心理矫正方面普遍存在工作力量不足,专业程度不高,经费保障困难等问题。长期以来,欠发达地区社区矫正工作人员致力于确保社区矫正安全稳定,但在教育矫正的针对性、有效性以及心理矫正的普及率方面与发达地区有较大差距,制约着M省社区矫正工作整体水平。

(一)工作模式

心理矫正工作不规范。当前M省欠发达地区社区矫正机构和司法所的心理矫正工作还处于自我摸索、自我积累经验的阶段,没有形成统一的、可供复制的操作流程,基层司法所缺少规范的操作标准,导致司法所心理矫正工作进展参差不齐,各方面标准还有待商榷。绝大部分司法所在实际开展心理工作的时候,止步于心理测评和一对一谈话,从形式上开展心理工作,对社区矫正对象的针对性心理帮扶工作仍停留在起步阶段。

(二)人员匹配

1. 心理专业人员缺乏

据统计,M省欠发达地区社区矫正机构和司法所约1500名专职社区矫正工作人员中,心理专业或者有心理咨询师职业资格的仅10人,占比不足1%,受限于经费等因素,各地购买专业服务比较少。2022年,当地财政安排经费用于购买社会服务实施心理矫正方面项目的县(市、区)58个,仅占全省建制县(市、区)的47.5%,发达地区地级市基本全覆盖,欠发达地区仅有30个县(市、区),不到整个地区的1/3,单个项目经费基本不足5万元。在此情况下,司法所的人员力量要履行繁杂的工作任务,很难实现社区矫正执行人员的专职化。在不得不开展心理矫正工作时,他们往往走形式或采用"土办法"劝和的方式,缺乏专业的心理矫正技术和技巧,没有真正发挥心理矫正的辅助作用。

2. 工作者专业化程度不高并缺乏一定的矫正知识

M省欠发达地区社区矫正机构和司法所中,负责心理矫正板块的工作人员没有法学、社会学、心理学等相关专业的背景,缺乏针对矫正对象的心理矫正的专业工作者。尤其是矫正对象形成的监狱人格,对于不少心理矫正专业人员来说很陌生,导致会对这些社区矫正对象的心理问题作出错误的判断和心理评估。

(三)技能掌握

1. 心理评估还不精准且覆盖群体不全面

目前,社区矫正对象心理测评主要使用精神健康症状自评量表、艾森克人格问卷、明尼苏达多项人格问卷、卡特尔人格因素测验、爱德华个性偏好量表、中国犯罪心理测试个性分测试等通用量表,还没有针对社区矫正对象特定人群的专用量表;且当前社区矫正对象存在年龄跨度大,认知水平参差不齐,文化水平不一的问题,部分社区矫正对象心理测评时配合度不高,伪装自己真实的心理活动,增加心理评估难度;同时地方次文化衍生,如语言、时代变迁与生活习俗的差异,以及文盲、法盲等,可能增加心理评估的难度,造成评估分析精准度不高。

2. 心理矫正内容类别单一且简单

据了解,欠发达地区社区矫正机构和司法所开展的心理矫正工作缺少针对犯罪心理、病态心理以及行为恶习的有效处理,部分第三方机构的心理服务仅局限在坐班、值班的工作室内,无法"走进来"、"走出去",不具有帮扶性和针对性,无法满足预防犯罪和降低再犯罪风险的工作需要。

3. 心理矫正与矫正教育区分不清、边界模糊

M省欠发达地区社区矫正机构和司法所在实施矫正工作过程中，容易将心理矫正与矫正教育混为一谈。重点关注社区矫正对象在法律、道德、文化、技术知识上的教育与培养，而未进一步关注不同社区矫正对象心理状况以及心理需求的差异，遵循平等、尊重原则，走进社区矫正对象内心，帮助社区矫正对象树立正确的价值观，使社区矫正对象清醒地认识到自己行为的错误，从而更好地预防犯罪和回归社会。

4. 心理矫正工作信息化、智能化程度不高

心理测评的结果准确性依赖于社区矫正对象主观的高度配合和客观的真实表达，但往往新入矫的社区矫正对象抵触意识强烈，对心理测评存在偏见，敷衍了事，造成测验数据不真实，测评结果没意义，心理测评结果陷入失真泥潭；且心理测评主要为人工模式，手工录入测评结果，查询、记录、归档等时间长，工作效率低；还缺乏心理数据分析能力，不能做到安全风险预警预判。

（四）认知观念

1. 对心理工作的认识程度不足

目前欠发达地区社区矫正机构和司法所的心理板块工作人员主要是社工、心理咨询师和志愿者，专业素质参差不齐，且部分社区矫正机构对心理矫正不够重视，对心理工作存在敷衍了事和走形式的心理，甚至个别机构认为心理工作的成效性较低乃至认为心理工作一无是处，成为开展系统性、规范性和专业性的心理矫正工作的较大阻碍。同时，心理工作区别于震撼教育和普法教育工作，更重视对社区矫正对象的人文关怀和心灵交流，而不是一味地充当严肃、不近人情的"执法者角色"。

2. 现实层面的思维局限较大

目前欠发达地区社区矫正机构和司法所在开展心理矫正工作时，仅局限于司法系统的工作中，跨部门之间的联动较少，亦未能联动其他政府部门进行资源整合和政策引导，从而未在经费投入有限的实际情况下进行有效的资源共享和利用。

三、线上数据分析

本文依托专业心理矫正业务工作，为欠发达地区2021年新入矫且项目启动时尚未解除（终止）矫正的社区矫正对象和项目启动时剩余矫正期限不少于3个月的在册社区矫正对象开展线上一般性初筛评估。截至2022年年底，已对33,392名社

区矫正对象开展线上初筛评估,并已完成全部数据结果分析。评估结果均反馈社区矫正机构和司法所,为加强监管和针对性教育矫正提供专业建议。

(一)社会学背景信息分析

1. 从性别来看,男性犯罪的可能性远大于女性。从矫正期限时间长短来看,矫正期限1年至3年的占比最高,为44.54%,其次为在矫时间6个月至1年的社区矫正对象,占比为22.93%(见表1)。

表1 M省社区矫正对象部分情况统计

项目	性别		在矫时间					
	男性	女性	0—6个月	6个月—1年	1—3年	3—5年	5—10年	10年以上
人数/人	28,041	5351	4878	7657	14,873	5816	97	71
百分比/%	83.98	16.02	14.61	22.93	44.54	17.42	0.29	0.21

2. 从年龄结构来看,犯罪人员在整体年龄结构上,人数呈现两端少、中间多的情况,18~35岁的犯罪人占数量呈上升趋势,35~65岁的犯罪人员数量呈下降趋势。数据表明社区矫正对象中的青壮年是预防重新犯罪和监控的重点(见图1)。而随着年龄的增大,个体的经济稳定性、社会化程度与社会支持系统在逐步趋于完善,且个体的身体素质也随着年龄增大而下降,因而犯罪人数呈现下降趋势。

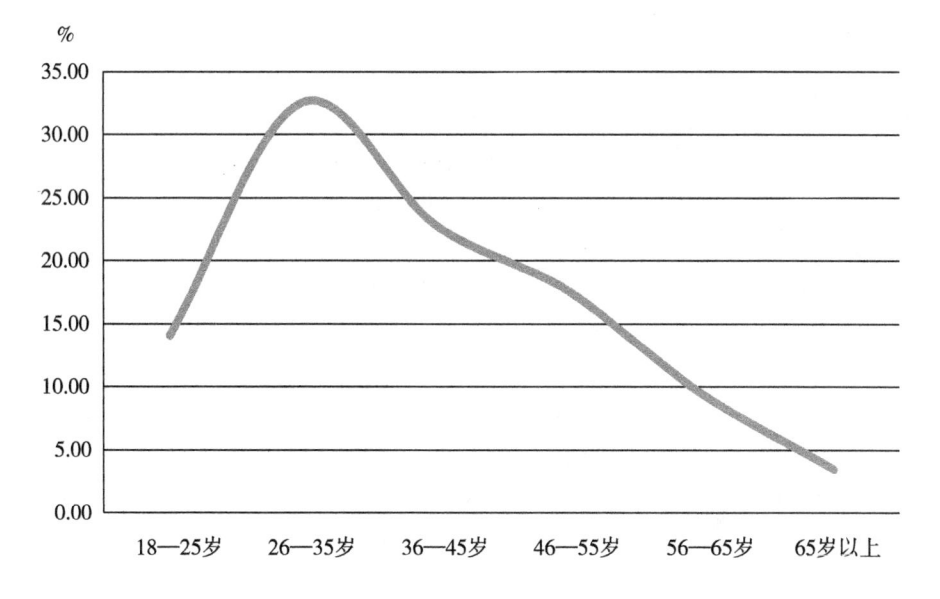

图1 社区矫正对象年龄统计

3. 从社区矫正对象的矫正类别来看,判处缓刑的社区矫正对象占比最高,为 97.39%,暂予监外执行、假释和管制分别占比 1.51%、0.96% 和 0.14%(见图 2)。其中判处管制的主要罪名为寻衅滋事罪和故意伤害罪,均属情绪稳定性较差的罪名。

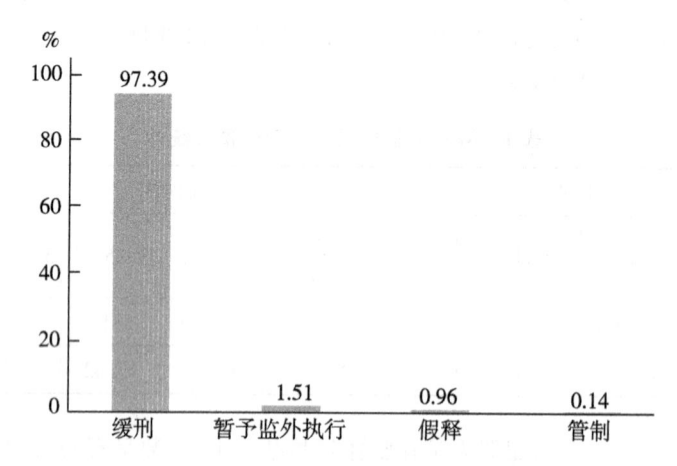

图 2 社区矫正对象矫正类别统计

4. 从犯罪罪名分析,诈骗罪、开设赌场罪、交通肇事罪、危险驾驶罪、故意伤害罪、盗窃罪、非法经营罪与寻衅滋事罪人数比较多(见图 3)。这表明 M 省社区矫正中经济型犯罪、交通类犯罪与冲动型犯罪是社区矫正对象的主要犯罪类型。

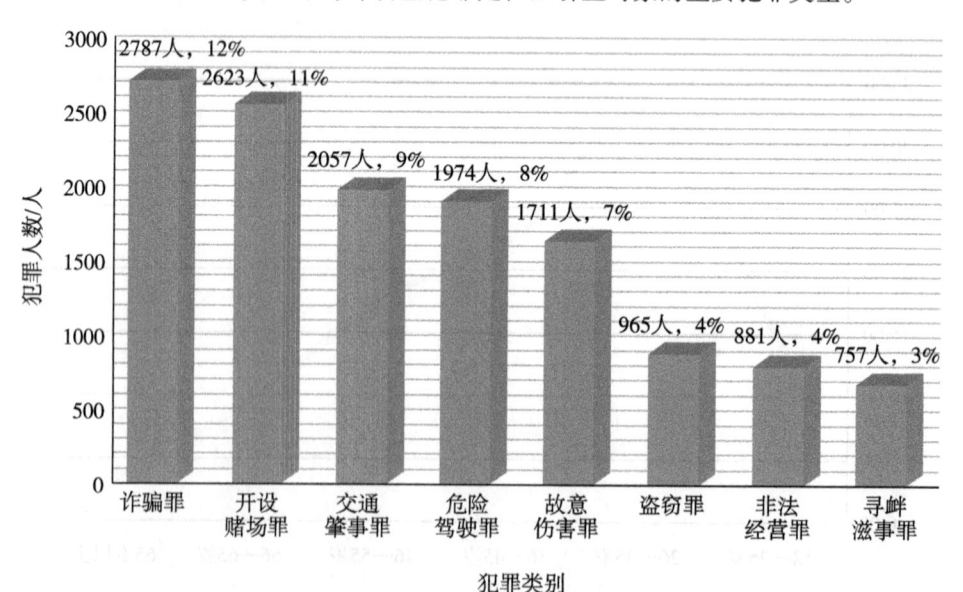

图 3 社区矫正对象犯罪类型、人数、百分比统计

5. 从社区矫正对象的学历来看,初中学历和小学学历占比最大,分别是 51.31% 和 16.41%。其次分别是高中学历和大专学历,本科及以上学历社区矫正对象占比较小(见图4)。由此可知,除文盲和法盲等特殊群体,随着教育学习的提升,社会化程度的增加,可在一定程度上降低犯罪率。

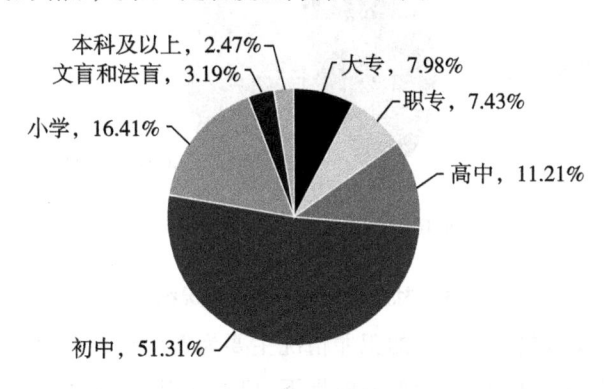

图4　社区矫正对象学历统计

6. 从社区矫正对象的经济收入来看,剔除不愿自我报告的社区矫正对象的数据占比,M省欠发达地区的社区矫正对象中,月收入1000元及以下的占比18.19%;1001—3000元,占比31.63%;3001—5000元,占比30.17%,低收入群体为主要的犯罪群体,与欠发达地区社区矫正对象的主要犯罪类型为经济型犯罪较高重合(见图5)。

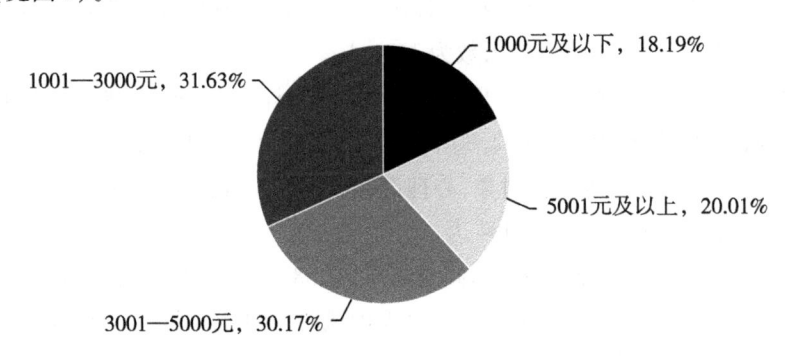

图5　社区矫正对象个人月收入统计

7. 从社区矫正对象的职业类型来看,剔除不愿自我报告的社区矫正对象的数据占比,M省欠发达地区的社区矫正对象的职业占比从高到低分别主要是其他(30.76%)、工人(19.00%)、无业人员(18.04%)和农民(15.30%)(见图6)。从对职业类型的常规收入观念判断,属于低学历、低收入群体,契合前文的学历分析和经济收入分析。

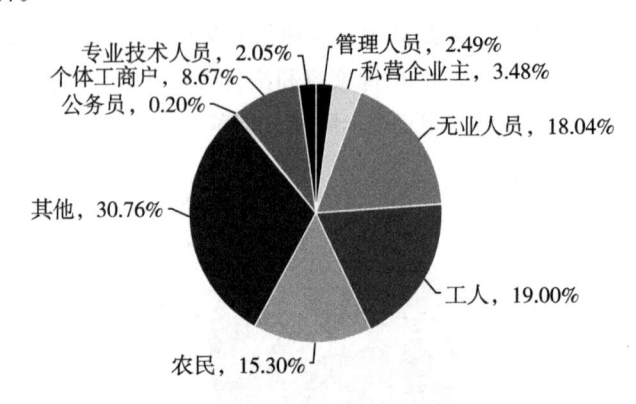

图6 社区矫正对象就业情况统计

综上所述,M省欠发达地区的犯罪情况主要为青壮年男性的经济型犯罪和冲动型犯罪。在收入较低、学历较低的前提下,想要获得更好的经济收入,社区矫正对象可供选择的社会资源较少,且因低学历水平,在做决定的时候有更多的情绪化因素,无法客观地看待和分析事件背后的利弊,仅考虑当前和一时的得失,从而走上违法犯罪的道路。

(二)心理数据分析

1. 线上心理评估整体数据分析。EPQ人格测评中有29,798名(89.24%)社区矫正对象是低风险,2117名(6.34%)社区矫正对象是中风险,1477名(4.42%)社区矫正对象是高风险,综合异常人数为3594人。

通过对社区矫正对象进行心理健康状况症状自评量表(SCL—90)测试,心理健康状况为正常的有30,998名(92.80%)社区矫正对象,心理健康状况为亚健康的有1316名(3.94%)社区矫正对象,心理健康状况为不佳的有1088名(3.26%)社区矫正对象,综合异常人数为2404人。

通过对社区矫正对象进行行为倾向测评,有58名(0.17%)社区矫正对象为低风险,32,981名(98.77%)社区矫正对象为中风险,353名(1.06%)社区矫正对象为高风险(见表2)。

表2 社区矫正对象心理测评统计

项目	EPQ（风险等级）			SCL—90（心理健康状况）			行为倾向（风险等级）		
	低	中	高	正常	亚健康	不佳	低	中	高
人数/人	29,798	2117	1477	30,988	1316	1088	58	32,981	353
百分比/%	89.24	6.34	4.42	92.80	3.94	3.26	0.17	98.77	1.06

2.线上EPQ人格测评数据进一步分析。相较于低风险人群，中高风险人群在性格外向、情绪稳定性低上有着更高的占比。这说明在M省欠发达地区，中高风险人群有性格外向、情绪稳定性低的人格特质，情绪稳定性低也对应着欠发达地区的冲动型犯罪。并且相较于低风险人群，中高风险人群更加不掩饰自身的情绪、意图，愿意更加直截了当地表达自己（见表3）。

表3 社区矫正对象EPQ人格测评（原始分）统计

维度	类别	低风险人群		中高风险人群	
		人数/人	占比/%	人数/人	占比/%
内外向	性格内向	5051	16.95	24	0.66
	性格的内外倾向不明显	21,888	73.46	1711	47.60
	性格外向	2858	9.59	1860	51.74
神经质	情绪稳定性高	15,205	51.03	3	0.08
	情绪稳定性一般	13,826	46.40	1589	44.20
	情绪稳定性低	766	2.57	2003	55.72
精神质	倔强性弱	23,892	80.18	1063	29.59
	倔强性一般	5906	19.82	2528	70.33
	倔强性强	0	0	3	0.08
掩饰性	掩饰性低	3233	10.85	1697	47.23
	掩饰性一般	19,002	63.77	1576	43.84
	掩饰性高	7563	25.38	321	8.93

3.线上SCL—90心理健康状况症状测评数据进一步分析。在心理健康上，相比于健康人群，亚健康的社区矫正对象在强迫症状和抑郁症状上呈现阳性，即存在

强迫行为和抑郁状态,人际关系敏感上分值也接近2分(阳性)(见表4)。结合社区矫正对象社会关系和工作生活面临的困境可知,执行社区矫正给社区矫正对象带来了一定的人际关系敏感和负面的抑郁状态,他们害怕别人对自己的讨论并担心罪名对自己目前和将来的影响,从而心理健康状况下降。此外,心理状况不佳的社区矫正对象人数为1088人,平均各症状都呈现阳性状态,需要进一步筛查和重点关注。

表4 社区矫正对象 SCL—90 心理健康状况症状统计

心理健康状况	躯体化	强迫症状	人际关系敏感	抑郁	焦虑	敌对	恐怖	偏执	精神病性	其他
健康	1.17	1.33	1.19	1.17	1.15	1.12	1.10	1.12	1.17	1.27
亚健康	1.96	2.22	1.97	2.03	1.94	1.70	1.71	1.73	1.85	2.18
不佳	2.73	2.88	2.74	2.86	2.81	2.48	2.51	2.47	2.59	2.91

(三)社区矫正对象心理状况分析

对符合 M 省欠发达地区新入矫条件的社区矫正对象进行 EPQ 人格测评和 SCL—90 心理健康测评,将社区矫正对象被判的罪名按暴力类犯罪、财产类犯罪、交通类犯罪、职务类犯罪和其他类犯罪进行划分。此外针对女性犯罪和未成年人犯罪的相关心理也做深入分析。对所有社区矫正对象在躯体化症状、强迫症状、人际关系敏感、抑郁、焦虑、敌对、恐怖、偏执、精神病性等9个心理健康维度进行深度数据分析,结果如表5所示。

表5 社区矫正对象在各心理测评维度的数值

类别	F	p	是否显著差异
人际关系敏感	$F(4,19154)=0.77$	$p=0.543$	未呈现显著差异
焦虑	$F(4,19154)=1.13$	$p=0.341$	未呈现显著差异
恐怖	$F(4,19154)=1.45$	$p=0.215$	未呈现显著差异
精神病性	$F(4,19154)=0.88$	$p=0.477$	未呈现显著差异
躯体化	$F(4,19154)=10.38$	$p<0.001$	呈现显著差异
强迫症状	$F(4,19154)=2.57$	$p=0.036$	呈现显著差异
抑郁	$F(4,19154)=4.82$	$p<0.001$	呈现显著差异
敌对	$F(4,19154)=4.50$	$p=0.001$	呈现显著差异
偏执	$F(4,19154)=3.12$	$p=0.014$	呈现显著差异

注:F 为方差分析,p 值检验是否呈现显著差异,如 $p<0.05$,意为在该维度上的心理因子,具有显著差异。

1. 躯体化的差异性

利用统计学的事后检验结果(LSD)发现,暴力类犯罪、财产类犯罪、交通类犯罪和职务类犯罪的社区矫正对象在心理因素导致的躯体化症状上,与其他类犯罪的社区矫正对象之间差异显著,即暴力类犯罪、财产类犯罪、交通类犯罪和职务类犯罪的社区矫正对象比其他未列明犯罪类别的人存在更多的躯体化症状的心理问题。

司法所工作人员在日常对暴力类犯罪、财产类犯罪、交通类犯罪和职务类犯罪的社区矫正对象进行管理时,可注意该类群体是否相比于其他未列明犯罪类别的社区矫正对象,存在更多的躯体化症状的异常倾向。

2. 强迫症状的差异性

利用统计学的事后检验结果发现,暴力类犯罪、财产类犯罪和交通类犯罪的社区矫正对象在心理因素导致的强迫症状上,与其他类犯罪的社区矫正对象之间差异显著,即暴力类犯罪、财产类犯罪和交通类犯罪的社区矫正对象比其他未列明犯罪类别的人存在更多的强迫症状的心理问题。

司法所工作人员在日常对暴力类犯罪、财产类犯罪和交通类犯罪的社区矫正对象进行管理时,可注意该类群体是否相比于其他未列明犯罪类别的社区矫正对象,存在更多的强迫症状的异常倾向。此外,职务类犯罪和其他类犯罪之间差异不显著,即这类犯罪的社区矫正对象在强迫症状上,与其他类犯罪的社区矫正对象不存在更多的异常倾向。

3. 抑郁症状的差异性

利用统计学的事后检验结果发现,交通类犯罪和职务类犯罪的社区矫正对象在心理因素导致的抑郁症状上,与其他类犯罪的社区矫正对象之间差异显著,即交通类犯罪和职务类犯罪的社区矫正对象比其他未列明犯罪类别的人存在更多的抑郁症状的心理问题。

司法所工作人员在日常对交通类犯罪和职务类犯罪的社区矫正对象进行管理时,可注意该类群体是否相比于其他未列明犯罪类别的社区矫正对象,存在更多的抑郁症状的异常倾向。此外,暴力类犯罪、财产类犯罪和其他类犯罪之间差异不显著,即这类犯罪的社区矫正对象在抑郁症状上,与其他类犯罪的社区矫正对象不存在更多的异常倾向。

4. 敌对症状的差异性

利用统计学的事后检验结果发现,仅暴力类犯罪的社区矫正对象在心理因素导致的敌对症状上,与其他类犯罪的社区矫正对象之间差异显著,即暴力类犯罪的社区矫正对象比其他未列明犯罪类别的人存在更多的敌对症状的心理问题。

司法所工作人员在日常对暴力类犯罪的社区矫正对象进行管理时,可注意该类群体是否相比于其他未列明犯罪类别的社区矫正对象,存在更多的敌对症状的异常倾向。此外,财产类犯罪、交通类犯罪、职务类犯罪和其他类犯罪之间差异不显著,即不存在更多的异常倾向。

5. 偏执症状的差异性

利用统计学的事后检验结果发现,仅暴力类犯罪的社区矫正对象在心理因素导致的偏执症状上,与其他类犯罪的社区矫正对象之间差异显著,即暴力类犯罪的社区矫正对象比其他未列明犯罪类别的人存在更多的偏执症状的心理问题。

司法所工作人员在日常对暴力类犯罪的社区矫正对象进行管理时,可注意该类群体是否相比于其他未列明犯罪类别的社区矫正对象,存在更多的偏执症状的异常倾向。此外,财产类犯罪、交通类犯罪、职务类犯罪和其他类犯罪之间差异不显著,即不存在更多的异常倾向。

6. 抑郁与偏执症状的相关性对比(见表6)

表6 抑郁与偏执症状的相关性对比

类别	抑郁与偏执的相关系数
暴力类犯罪	0.82
财产类犯罪	0.76
交通类犯罪	0.77
职务类犯罪	0.75
其他类犯罪	0.75

注:相关系数的绝对值在0.3以下是无直线相关,0.3以上是直线相关,0.3~0.5是低度相关,0.5~0.8是中度相关,0.8以上是高度相关。

利用统计学的相关性研究发现,暴力类犯罪的社区矫正对象在抑郁与偏执的关联性问题上,相关系数为0.82,属高度相关。财产类犯罪、交通类犯罪、职务类犯罪和其他类犯罪的社区矫正对象在抑郁与偏执的关联性问题上,相关系数的均值为0.758,为中度相关。由此可推测,暴力类犯罪的社区矫正对象,因其自身在偏执维度上与其他类别的社区矫正对象呈现显著性差异,所以暴力类犯罪的社区矫正对象在情绪稳定性和遇事处理解决问题的单一性上,会加强抑郁与偏执的相关性、关联性。

7.未成年人与成年人社区矫正对象对比

未成年人与成年人社区矫正对象对比,仅躯体化症状与成年人社区矫正对象未呈现显著差异(见表7)。

表7　未成年人与成年人社区矫正对象在心理健康测评维度对比

类别	F	p	是否显著差异
躯体化	$t=-0.97$	$p=0.334$	未呈现显著差异
强迫症状	$t=2.02$	$p=0.043$	呈现显著差异
人际关系敏感	$t=6.27$	$p<0.001$	呈现显著差异
抑郁	$t=3.17$	$p=0.002$	呈现显著差异
焦虑	$t=3.67$	$p<0.001$	呈现显著差异
敌对	$t=6.24$	$p<0.001$	呈现显著差异
恐怖	$t=5.31$	$p<0.001$	呈现显著差异
偏执	$t=5.74$	$p<0.001$	呈现显著差异
精神病性	$t=3.17$	$p=0.002$	呈现显著差异
其他	$t=2.18$	$p=0.030$	呈现显著差异
内外向	$t=2.15$	$p=0.032$	呈现显著差异
神经质	$t=13.22$	$p<0.001$	呈现显著差异
精神质	$t=15.33$	$p<0.001$	呈现显著差异
掩饰性	$t=-12.76$	$p<0.001$	呈现显著差异

注:F为双总体t检验,p值检验是否呈现显著差异,如$p<0.05$,意为在该维度上的心理因子,具有显著差异。

本文利用统计学的双总体t检验研究发现,除在躯体化症状上未成年人与成年人社区矫正对象无显著差异以外,在其余心理健康症状如强迫症状、人际关系敏感、抑郁、焦虑、敌对、恐怖、偏执、精神病性、内外向、神经质、精神质和掩饰性上,均呈现显著差异,即司法所在日常监管过程中,需对未成年社区矫正对象进行特别关注。这也为宏观政策上关注未成年人社区矫正对象提供数据支持。

四、对策建议

运用心理学原理、心理测评技术分析判断犯罪原因,筛查再犯罪风险较高的社区矫正对象,从社区矫正对象犯罪成因中的心理需求层面介入,有针对性地开展心理健康教育和心理矫正,帮助社区矫正对象正确认识自我,努力改造自我,克服心理障碍,消除心理阴影,增强家庭责任感和社会责任感,帮助社区矫正对象顺利融入社会,预防和减少再犯罪。

(一)构建一个工作模式

1. 线上心理分析

(1)审前调查阶段评估调查对象的社会危害程度与再犯罪风险。综合分析得出调查对象是否适合社区矫正的建议,给出标准化参考依据供供法院裁定,规范审前调查结论。

(2)社区矫正对象入矫时进行再犯罪风险自我测评、心理健康与人格特质测评。结合审前调查信息中影响犯罪行为的因素进行综合分析与判断,测算出社区矫正对象可能再犯罪的分值。

(3)建立矫正对象的心理档案。心理档案是心理矫正工作的一项重要内容,通过心理档案可结合矫正对象的成长经历、家庭环境、受教育情况等对矫正对象进行了解,包括:心理测试的问卷与分析资料;兴趣爱好与行为习惯的记录;确定的危险等级和层次;心理矫正计划,矫正措施的记载;情绪变化特点,以及情绪周期记载;能反映矫正对象心理健康的文字、图表与音像等专门性材料。心理档案可以作为评估矫正对象心理状况的有效依据,方便了解矫正对象,提高了矫正效果。

(4)社区矫正对象执行矫正时每月进行动态风险评估。社区矫正对象在矫期间,每月进行一次动态风险评估,并将评估结果录入系统,自动以月为单位生成再犯罪风险动态曲线图,分析再犯罪可能性趋势,供监管预案参考。

(5)社区矫正对象解矫时进行社会适应性风险评估。根据评估结果作出相应的社会适应性风险结论,为安置帮教提供参考性建议。

(6)再犯罪高风险预警与跟踪管理。对再犯罪风险较高的社区矫正对象予以标注做出特别提示,为社区矫正工作提供预警信息。

2. 线下心理矫正

(1)入矫集中进行心理教育与心理测评。为新入矫的社区矫正对象安排社区矫正集中教育,并集中进行风险评估心理测评,提供专业的分析评估报告;报告中有相应的具体建议与分级管理方案,并随社区矫正对象其他资料一起,统一用于建立心理档案。

(2)精准排查再犯罪高风险社区矫正对象。对该类对象与监管中具有抗拒、对抗等行为的对象,进一步采用人工方式排查确认,精准定位高风险对象,以便采取相应矫正方案。其间运用心理询问与沟通技巧,通过调阅档案,与社区矫正对象电话沟通、面谈、上门走访等方式,综合判断社区矫正对象再犯罪的可能性,排查报告为工作档案的组成部分。

（3）对重点社区矫正对象开展心理矫正。对该类心理或人格所导致的再犯罪风险较高的社区矫正对象进行一对一的个案心理矫正,对未成年人社区矫正对象开展立体模式心理矫正,条件允许的情况下将家庭纳入矫正工作小组,改善家庭教育观念和模式。

（4）对有需要的社区矫正对象提供心理咨询服务。心理工作组对有需要的社区矫正对象开展个案心理辅导与团体心理辅导,调整社区矫正对象心态、家庭结构等,帮助社区矫正对象树立正确人生价值观,协助进行职业规划,帮助社区矫正对象顺利回归社会。

（5）社区矫正对象集中教育活动与讲座。对社区矫正对象进行系列心理讲座、培训等,采用座谈、团体辅导、心理拓展等形式,定期开展集中教育系列活动。

（6）对即将解矫的社区矫正对象进行社会适应性风险评估及解矫指导。由心理工作组对解矫人员就身心状态予以针对性的指导,对解矫人员未来的人生、职业走向予以精确又开放的指引,为安置帮教解矫人员提供参考性建议。

（7）遭遇突发性社会事件或紧急事件的心理干预。当遭遇突发性社会事件或紧急事件时,由心理专家团队提供相应的危机心理干预服务,避免伤害进一步升级,减轻或避免不必要的伤害或财产损失,降低不良社会影响。

（8）组织开展心理知识宣传活动。针对社区矫正涉及的心理内容进行社会性宣传工作,使公众了解社区矫正心理服务工作,使矫正人员被更多地接纳。

（9）组织开展及辅助相关工作人员开展系列帮扶课程。包括但不限于党性时政课程、警示教育课程、法律常识课程、公民道德课程、心理重建课程、就业创业课程等。

心理矫正中,社区矫正心理咨询师需同时扮演"心理咨询师"和"警察"的角色,既要关心、尊重被排查者,又要能捕捉到被排查者具有再犯罪高风险的潜在因素;通过听取社区矫正对象对特定问题的回答以及观察社区矫正对象微表情和微行为,来了解社区矫正对象生活工作近况,现实困难,是否撒谎或隐瞒,心理压力级别,消极情绪来源等要素,进而综合判断社区矫正对象的再犯罪风险。

(二)强化四维支持策略

1. 场所建设

按照司法部《社区矫正中心建设规范》之要求,建设心理辅导室和宣泄室,严格配备制度牌、计算机、沙盘、音乐放松椅、心理健康自助系统、互动投影系统、音响、传声器、打印机、宣泄挂图、宣泄墙和宣泄人等软硬件设施,在物理环境上给社区矫正对象提供必要的便利和相对稳定、安全和放松的环境。

2. 流程规范

严格按照心理矫正入矫报告、在矫和解矫等社区矫正流程开展信息收集,心理评估,建立心理健康档案,线下心理矫正,动态风险评估,评估与分类管理的衔接和心理健康教育等工作,规范每一项工作的流程化步骤和细节,落实相应的管理措施。

3. 专业培训

一线工作人员大多缺乏必要的心理学专业知识和技能,心理相关的工作过分依赖心理咨询师,故需提高一线工作人员的心理专业水平,应将心理矫正相关知识深入社区矫正的每一个环节,对工作人员进行心理健康知识教育和心理团体辅导、个性化辅导等培训。此外,由司法所工作人员、相关社会团体和社会志愿者三部分组成,并在省市—县区—镇街司法所三层级设置。第一级为市(省)社区矫正工作部门建立的心理干预督导中心,主要承担心理干预工作的规划、培训、管理、监督等工作。第二级为各区县心理干预工作室,配备专职或兼职的心理干预人员,负责全面系统地开展心理矫正工作。第三级为各街镇心理干预辅导人员或联络员,主要负责管理矫正对象的心理档案,发现并及时反应矫正对象的心理变化情况,开展心理干预活动。

4. 提高认识

以市级为单位,成立心理矫正站点,宣传心理学以及心理健康知识,鼓励社区矫正对象接受心理疏导和帮助。矫正工作人员掌握社区矫正对象的心理状态。平时可以收集社区矫正对象的相关资料,充实社区矫正对象的心理档案,更好地解决社区矫正对象的心结,进而达到提高社区矫正对象对心理学的认识,解决社区矫正对象心理困境和问题的目的。

(三)突出六项具体措施

1. 心理评估

对社区矫正对象的心理评估,应通过会谈法、观察法、心理测验法、实验法和产品分析法等综合评估方法来开展。社区矫正对象心理健康评估，是指心理咨询师根据心理测验的结果，结合会谈、调查、观察等所得到的多方面的资料，对被评估的社区矫正对象的心理特征作出有意义的解释和科学的价值判断。应规范包含对社区矫正对象的资料收集、结构性面谈、心理测评、综合评估与形成报告等心理评估的操作化程序。

2. 心理辅导

社区矫正工作人员运用心理学的理论和方法，以一对一的个体心理辅导与一对多的团体心理辅导形式，有针对性地解决社区矫正对象的社会适应问题、家庭关系问题、人际关系问题、情绪管理与控制问题、压力管理与化解问题，帮助有心理问题的社区矫正对象发现自身的问题及根源，消除不良心理，解决心理问题，改变原有的认识结构和不良的行为模式，促进社区矫正对象逐渐培养起健康心理，以提高社区矫正对象顺利融入社会，预防和减少犯罪的信心和能力。

3. 心理健康教育

社区矫正对象的心理健康教育工作，要经历预防、维持和促进的过程。开展心理健康教育，可使社区矫正工作人员掌握心理学的基础常识，了解感知、记忆、思维、情感、意志等心理过程，掌握动机、需要、能力、气质、性格、自我意识等个性心理方面的基础知识，对人的心理的实质有正确的认识；可使社区矫正对象充分了解意志对心理行为的调节作用，懂得意志品质对心理健康产生的影响，了解自身在意志品质缺陷方面的具体表现及克服方法，增强心理承受能力，培养优良的意志品质。

4. 心理危机干预

社区矫正对象心理危机干预，是指在矫期间，社区矫正对象由于人格缺陷或意外事件的压力，而产生严重紧张、焦虑、抑郁、愤怒等负面情绪体验，对此通过急诊访问或劝导开展紧急心理干预以避免事件恶化，从而减少社区矫正对象逃跑脱管、自伤自残、自杀等潜在的危险应激状态以及降低和产生社会负面影响。

5. 未成年人心理矫正工作

未成年人作为犯罪的特殊人群，具有不同于成年人的身心发展特征和犯罪成因。社区矫正工作人员在促进未成年人社区矫正对象回归社会和重返校园等工作中，须结合未成年人社区矫正对象的心理特点，在注意未成年人的隐私保护的前提下，通过教育引导和家庭共同配合等，组织小组辅导与训练，对家庭教育进行干预，以减少对未成年人社区矫正对象的伤害。

6. 中高风险对象的矫正工作

针对中高风险社区矫正对象制订心理矫正方案,以社区矫正对象的犯罪心理与消除心理障碍和行为恶习为主要工作视角,促使社区矫正对象形成守法心理与良好行为;并通过一对一咨询、一对多团体辅导、小组工作等发现该类群体的闪光点,较多地采用鼓励、奖赏等积极强化的方法进行矫正,预防恶性事件和突发事件。

五、经典案例

(一)案例一

1. 基本信息

李某,35 岁,因盗窃罪而接受社区矫正。在矫正期间,李某面临社会融入困难、自卑心理、就业压力以及家庭关系紧张等多方面挑战。这些挑战不仅影响李某日常生活,更对李某心理健康造成潜在威胁。为有效帮助李某应对挑战,促进李某顺利融入社会,社区矫正工作小组(以下简称工作小组)结合认知行为疗法(CBT)与社会支持理论,制订了一套全面、科学且具有针对性的个性化心理矫正方案。该方案旨在通过深入分析李某具体情况,明确李某心理问题的性质以提出切实可行的解决措施,并在多方面共同努力下,帮助李某重建自信,恢复积极的生活态度,实现社会融入。

2. 个人背景分析

李某,单亲家庭,母亲年迈且健康状况不佳。在犯罪前,李某曾有过多次失业经历,缺乏稳定收入来源,犯罪动机部分源于经济压力和对社会不满。同时,由于犯罪记录,李某亦面临就业碰壁的困难。此外,李某与家人的关系也因犯罪事件而变得紧张。

3. 初步评估

(1)心理健康标准评估

根据心理健康相关标准,工作小组从认知、情感和行为 3 个方面对李某的心理状况进行评估。

认知方面:李某对自己的未来持悲观态度,缺乏自信。

情感方面:李某常常感到焦虑、沮丧和孤独。

行为方面:李某表现出社交退缩、逃避现实等倾向。

这些表现都表明李某的心理健康状况不佳,需要专业的心理干预和支持。

(2)社会功能评估

从社会功能角度来看,李某在社区矫正期间面临多方面的挑战。首先,由于犯罪记录,许多企业对李某持谨慎态度,李某就业择业的广阔性受到一定影响。其次,李某感到自己无法与他人建立信任关系,导致社交圈子狭窄,社交和社会活动受到一定影响。此外,李某与家人的关系紧张,缺乏家庭支持。这些社会功能不仅影响李某的日常生活,也阻碍他顺利融入社会的进程。

(3)认知行为评估

李某在认知和行为方面存在一些问题,如对自己的能力和价值持有负面评价,导致在面对挑战时缺乏自信。同时,李某可能形成了一种消极的行为模式,如逃避现实、社交退缩等。这些认知偏差和行为模式不仅影响他的社会功能,还可能对他的心理健康产生长远的不良影响。

(4)问题总结

综上所述,工作小组得出以下结论:李某目前的问题属于严重心理问题,李某所面临的社会融入困难、自卑心理、就业压力以及家庭关系紧张等问题都对他的心理健康产生显著影响,并构成李某顺利融入社会的障碍。

4. 解决方案:认知行为疗法与社会支持理论结合

(1)认知行为疗法解决方案

认知重构:帮助李某识别并挑战自己的负面思维。例如,当他认为自己"一无是处"或"无法融入社会"时,工作小组引导他寻找反例或证据来反驳这些想法。同时,工作小组帮助李某学会用更积极、更现实的视角来看待自己的处境和未来,建立更积极的自我认同和自信心。

行为激活:鼓励李某参与更多积极的活动,如社区服务、职业培训、兴趣小组等。这些活动不仅能帮助他分散注意力,减轻焦虑情绪,还能提升社交能力和自我价值感。同时,工作小组帮助李某制定合理的生活计划和目标,逐步培养他的自律性和责任感。

情绪管理:教会李某有效的情绪调节技巧,如深呼吸、放松训练、正念冥想等。这些技巧可以帮助他在面对压力和挑战时保持冷静和理智。同时,工作小组引导李某学会表达自己的情感和需求,以及如何处理冲突和挫折等情境。通过情绪管理训练,工作小组可以帮助李某更好地控制自己的情绪,避免情绪失控对他的生活造成不良影响。

社交技能训练:工作小组组织了一些小组活动或社交技能训练课程。例如,工作小组教李某如何与他人建立良好的关系,如何表达自己的观点和感受,如何处理冲突和拒绝等。同时,鼓励他参与一些社交活动,如聚会、社区活动等,让李某有机会与他人互动和合作。通过训练和活动,提升李某社交技能,增强他的社交自信心。

(2)社会支持理论解决方案

建立社会支持网络:为改善李某的社会融入困难,工作小组帮助他建立社会支持网络。首先,工作小组联系社区组织、志愿者团体等,为李某提供志愿服务和社区参与的机会。通过这些活动,李某可以与他人建立联系,拓展社交圈子。同时,工作小组鼓励他加入一些兴趣小组或职业协会,与志同道合的人交流和学习。这些社会支持网络可以为李某提供情感上的支持和帮助,增强他的归属感和自我价值感。

家庭关系修复:针对李某与家人的关系紧张问题,工作小组组织了一些家庭咨询或调解活动。通过专业的心理咨询师的帮助,工作小组引导李某和家人共同面对问题,寻找解决方案。同时,可以鼓励李某主动与家人沟通,表达自己的感受和需求,以及愿意改变和努力的决心。通过这些努力,工作小组帮助李某修复了与家人的关系,重建家庭支持网络。

职业培训与就业指导:为解决李某的就业压力问题,工作小组提供职业培训和就业指导服务。首先,工作小组根据李某的兴趣和特长,为他提供相关的职业技能培训,提升他的就业竞争力。同时,工作小组也与用人单位建立合作关系,为李某提供就业机会和推荐服务。通过这些努力,工作小组帮助李某找到了稳定的工作,减轻了经济压力。

心理健康教育与支持:工作小组为李某提供持续的心理健康教育和支持。包括定期心理咨询、心理健康讲座、互助小组等活动。通过这些活动,工作小组帮助李某了解心理健康的重要性,学会自我调节和管理情绪的技巧,以及如何处理生活中的挑战和困难。同时工作小组为李某提供情感上的支持和陪伴,让他感受到社会的温暖和关怀。

综上所述,通过认知行为疗法与社会支持理论的结合应用,工作小组为李某提供了全面、科学且具有针对性的心理健康干预计划。这些解决方案旨在帮助李某克服社会融入困难、自卑心理、就业压力以及家庭关系紧张等问题,实现顺利融入社会的目标。同时需要明确,李某的心理问题需要得到长期的关注和干预,不能期望通过短期的努力就能完全解决。因此,需要持续为李某提供支持和帮助,确保他能够顺利融入社会并过上健康、幸福的生活。

(二) 案例二

1. 基本信息

基本情况:小强(化名),男,15岁,因故意伤害罪被判处缓刑。自述因在微信群里受到挑衅,与同伴相约打架,并在冲突中捅伤对方。

事件经过:小强及其同伴在微信群里持续一周受到对方的侮辱和挑衅,最终相约在某校门口打架。在冲突中,小强用手锁住对方的头,导致对方受伤。

家庭背景:小强父母就该犯罪事件并未对小强过多责骂。小强小时候由奶奶抚养,直至爷爷去世。小强与父母之间沟通较少,但认为父母对自己挺好。小强家中还有弟弟和妹妹,分别读初一和五年级。

社交与情感:小强有女朋友,已同居一年,但女方父母并不知情。双方父母都在现场的情况下,小强会有明显的避嫌表现。

教育经历:小强换过3个学校,目前就读中专市场营销专业。他认为自己17年来的生活平淡无奇,犯罪事件给自己带来很多麻烦,并认为判决过重。

2. 心理健康评估标准

主观世界的统一性原则:小强在描述事件经过时,能够清晰地回忆和表述自己的行为和感受,表明小强主观世界与客观世界之间保持着一定的统一性。然而,他在认知上存在的偏差和情绪调节能力的不足可能影响这种统一性的程度。

心理活动的内在协调性原则:小强在受到挑衅和侮辱时,情绪迅速升级并失去冷静判断的能力,这表明小强心理活动在内在协调性方面存在不足。他无法有效地管理自己的情绪和认知,导致行为失控。

人格相对稳定性原则:小强在描述自己17年的生活时,认为生活平淡无奇,并对自己犯下的罪行感到后悔。这表明小强人格在整体上保持着一定的稳定性。然而,他在面对挫折和冲突时采取的暴力行为可能反映出人格中某些不稳定的因素。

心理活动的效率标准:小强在犯罪事件中的行为表现出明显的冲动性和攻击性,这影响他心理活动的效率。他无法有效地应对挫折和冲突,导致行为失控并造成严重后果。

根据以上分析,可以认为小强目前存在一定的心理健康问题,但尚未达到严重心理问题的程度。他在认知、情绪调节和社交技能方面存在不足,但这些问题可以通过专业的心理咨询和干预得到改善。同时,小强对自己犯下的罪行感到后悔,并认为判决过重,这表明他具有一定的自我反省能力和道德意识。

3. 认知行为疗法视角

认知偏差：小强在受到挑衅和侮辱时，未能理性评估形势，而是选择暴力回应。这反映出他在认知上存在偏差，即过度解读对方的挑衅，将此视为对自身尊严的严重挑战，从而产生强烈的愤怒和报复心理。

情绪调节能力不足：小强在受到挑衅后，情绪迅速升级，失去冷静判断的能力。这表明他在情绪调节方面存在不足，无法有效地管理自己的情绪，导致在冲动之下做出犯罪行为。

社交技能缺失：小强在处理与同伴和对手的关系时，缺乏有效的社交技能。他选择通过暴力来解决问题，而不是通过沟通、协商等和平方式。这反映出他在社交技能方面的缺失，无法有效地处理人际关系中的冲突和矛盾。

4. 犯罪心理学视角

发展型心理因素：小强处于青春期，生理和心理都在快速发展，但尚未成熟。他在这个阶段对自我认同、同伴关系和社会地位有强烈的追求。当受到挑衅和侮辱时，他试图通过暴力来维护自己的尊严和地位，这体现了青春期特有的冲动性和攻击性。

模仿与学习：小强可能受到周围不良环境的影响，通过模仿和学习他人的暴力行为来解决问题。这种模仿和学习过程可能加剧他的攻击性倾向，导致他更容易采取暴力手段来应对冲突。

5. 客体关系发展理论视角

客体关系不良：小强与父母之间的沟通较少，家庭环境中缺乏有效的情感支持和引导。这种不良的客体关系可能导致他在面对挫折和冲突时缺乏应对能力，转而寻求暴力来解决问题。

认同危机：小强在青春期面临自我认同的危机，他试图通过暴力行为来证明自己的价值和存在感。这种认同危机可能源于他对自我形象的模糊认识和对社会地位的渴望。

6. 咨询方案建议

通过对小强犯罪心理成因的深入分析，我们可以发现认知偏差，情绪调节能力不足，社交技能缺失以及不良的客体关系等因素在小强犯罪行为中发挥重要作用。针对这些问题，我们提出综合运用认知行为疗法、犯罪心理学的发展型心理因素知识以及客体关系的发展理论进行干预的咨询方案。

(1) 认知行为疗法干预

认知重构：帮助小强识别和纠正认知偏差，通过理性思考来评估形势和应对挑衅。教会他如何以更积极、合理的方式解读他人的行为和言语，避免过度解读和产生愤怒情绪。

情绪调节训练：通过呼吸练习、放松训练等方法帮助小强提高情绪调节能力。教会他如何在面对挫折和冲突时保持冷静和理性，避免情绪失控导致行为失控。

社交技能培养：通过角色扮演、模拟情境等方法帮助小强提高社交技能。教会他如何有效地与他人沟通以及协商和解决问题，避免采取暴力手段来应对冲突。

(2) 客体关系发展理论

家庭干预：邀请小强父母参与咨询过程，帮助他们建立更有效的沟通方式和家庭规则。通过家庭咨询和治疗，增强家庭成员之间的理解和支持，为小强提供一个更加稳定和健康的家庭环境。

亲子关系修复：帮助小强与父母之间建立更亲密的亲子关系。通过共同活动和情感交流，增强彼此之间的信任和理解。同时，引导小强父母关注孩子的情感需求和心理变化，及时给予支持和引导。

(3) 综合干预措施

法律教育：以法律讲座、案例分析等方式帮助小强增强法律意识，了解犯罪行为的严重后果。同时，引导他反思自己的行为并认识到改正错误的重要性。

职业规划：帮助小强明确自己的职业目标和兴趣方向，制定可行的职业规划。通过职业培训、实习等提高小强职业技能和就业竞争力，增强小强自信心和成就感。

社交支持：鼓励小强积极参与社交活动，结交正面影响的朋友。通过参加兴趣小组、志愿者活动等拓展社交圈子，建立积极健康的人际关系。

上述认知重构、情绪调节训练、社交技能培养以及家庭干预等措施，可以帮助小强改善心理健康状况，提高应对挫折和冲突的能力，并预防未来可能出现的犯罪行为。

排斥与认同:生态系统视角下社区矫正对象身份建构研究

付　珣[*]

摘　要:社区矫正对象囿于过往经历,在不同情境中遭受着社会排斥,帮助他们进行身份建构摆脱困境是实现身份认同的重要一环。生态系统视角下,社区矫正对象的身份建构受他者认同与自我认同两个层面的影响,他们因过去的行为被司法评价贴上标签,被排斥在广泛的社会关系之外,通过封闭自我进行反抗,却又在不断否认抗争、妥协让步中接受且内化污名。明确社会排斥对社区矫正对象再社会化的影响,借助社会工作专业服务与社区矫正制度的实践推进,帮助社区矫正对象进行身份重塑,减轻社会排斥产生的外在压力,同时增强社区矫正对象自我认同的内驱动力,以便社区矫正对象更好地回归家庭与社会。

关键词:生态系统视角;身份建构;社区矫正对象;社会工作

一、问题提出

身份常被描述成心灵的归属感,这种归属感暗示了所属群体的价值、背景与看法。[1] 对于"身份"一词的界定被视为研究的起点,而要深入研究个体身份,还需要把它放置在具体的时空场景,从社会关系的运行、个体与群体或组织的关系互动来加以分析。[2] 因此,身份是确认个体归属于某个群体的自我认知,是建构"自

---

[*] 作者单位:宜宾学院法学与公共管理学院。
[1] 参见何洪涛:《从身份认同看英国工业化进程中的贵族》,载《兰州学刊》2010年第4期。
[2] 参见于春洋、于亚旭:《从双分联动到多态重叠:个体身份研究范式转向》,载《新疆大学学报(哲学·人文社会科学版)》2022年第50期。

我"的重要符号。[1] 对于诉诸暴力侵害他人权益被司法审判的特殊群体来说,因实施过违法犯罪的行为,不免遭受着个体身份污名化后的社会排斥,而社会排斥的出现,是人的行为在社会规则作用下呈现出的与社会融入的矛盾。对待特殊群体,传统的社会规则划定了一个界限:正常的人与不正常的人,[2] 这样的规则划定把犯罪的人区隔在主流语境之外,他们面临社会不同网络层级的排斥,进而感受到与主流社会的隔绝以及不被社会大众接纳的孤独感与无助感,导致他们的社会融入困难,社会互动急剧减少。如果社会排斥情境反复出现,这种长期固有的排斥可能会威胁到社区矫正对象的自我,进而影响到他们的身心健康且无法朝向积极方向发展。由此可见,污名引发的社会排斥势必会阻碍社区矫正对象探索自我同一性的发展,成为社区矫正对象自我认同的一大掣肘。而社区矫正对象有强烈的社会认同需求,帮助社区矫正对象建构身份,满足社区矫正对象进行再社会化的需求,成为保护社区矫正对象权益需要解决的困境。

现有研究鲜有提及社区矫正对象的身份问题。无论从何角度,重塑社区矫正对象的身份对社区矫正对象回归家庭与进行再社会化都具有重要的意义,并且促使该群体能够不断寻求生命的真谛,正视自身的价值,转变生活的轨迹,建立健康的社会关系网,获得充足的信心,从而积极融入社会,这是针对社区矫正对象形成良性社会互动的核心之义。

二、研究综述

(一)社区矫正对象的特殊性:污名生成的社会排斥

法国学者 Rene Lenoir 最早提出"社会排斥"这一概念,用以阐述社会边缘群体被排斥而处于未被社会保障的特定状态,而这些未被保障的群体包括越轨行为者、边缘人、反社会者、社会不适应者、吸食毒品者和多问题家庭等。[3] 显然,排斥与特殊群体存在一定关联,有学者提出通过寻找社会排斥发生的原因与社会动力机制从而解决社会性、系统性的特殊群体问题。[4] 研究表明,社会排斥不会是单方面因素独立作用的结果,而是多种因素综合作用而成。不同的被排斥对象的产生会有

---

[1] See Deaux K, *Reconstructing Social Identity*, Personality and Social Psychology Bulletin, 1993, 19(1):4-12.
[2] 参见[英]安东尼·吉登斯、[英]菲利普萨顿:《社会学》(第8版),李康译,北京大学出版社2021年版,第652、656页。
[3] 参见熊光清:《欧洲的社会排斥理论与反社会排斥实践》,载《国际论坛》2008年第1期。
[4] 参见殷铭:《社会排斥的系统性、结构性及其价值支撑》,载《中州学刊》2018年第10期。

一个主要性的生成原因。[1]

与其他社会身份相比,社区矫正对象的身份存在一定的特殊性。社区矫正是与监禁矫正相对的行刑方式,是促进社区矫正对象顺利回归社会的非监禁刑罚执行活动。[2] 社区矫正对象回归社会是去污名、去排斥的一种重要形式,但社区矫正对象作为服刑人员,被贴上特殊身份标签,而这样的身份标签不断被"污名化"。戈夫曼在《污名——受损身份管理札记》一书中指出,污名是令人丢脸的特征,并且受到情境的排斥。有学者指出"矫正对象作为具有污名的特征者,遭受着经济、情感、思想、劳动力市场、家庭、社会关系网络等多维度的社会排斥"[3]。社会大众受到朴素的刑罚思想影响,认为有污名的人都不是好人。当我们接受了这样的假设,我们会借助各种各样的歧视减少与社区矫正对象的接触,将对社区矫正对象身份差异的敌意合理化,也就是说污名使社区矫正对象受到社会不同层级的排斥成立。

社区矫正对象回归社会进行再社会化关乎人与人之间的互动,因此,社区矫正对象自身形象的塑造,需要通过与他人的互动来实现,聚焦社会关系的修复,减轻社会排斥带来的困境。社区矫正对象后置性身份的前提是以"己"为中心,破坏了以"群体"为中心正常运行的社会关系,从而和自己建立社会关系的那一群人里形成一轮轮波纹的"差序格局"。[4] 社区矫正对象需要在"差序格局"中不间断地修复受损的社会关系。有研究者提出,"社区矫正对象生活在以自己为中心的社会关系中,他们的社会关系系统因实施了犯罪行为而被打破,很难在这一生态系统中达到平衡"[5]。由于社会关系的破坏,社区矫正对象在社会融入的过程中会受到诸多的不确定因素影响而面临种种挑战,这极易导致他们产生社会疏离。[6] 社区矫正对象的弱势性与群体的同质性决定了他们建构的社会关系网存在差序,社区矫正对象无力在良性的社会运转中获得有效支持。在富于伸缩性的网络里,社区矫正对象因身份的特殊性而受到的社会排斥依然存在。

尽管社区矫正对象对重新融入社会有着迫切的需求,但因"罪犯"污名、个人道

---

〔1〕 参见景晓芬:《"社会排斥"理论研究综述》,载《甘肃理论学刊》2004年第2期。
〔2〕 参见吴宗宪:《社区矫正导论》,中国人民大学出版社2020年版,第5页。
〔3〕 井世洁:《社区矫正青少年社会排斥成因初探》,载《青少年犯罪问题》2012年第4期。
〔4〕 参见费孝通:《乡土中国》,北京联合出版公司2021年版,第26~27页。
〔5〕 杨帆:《社区矫正生态系统主体间的消减与共生研究》,载《广西大学学报(哲学社会科学版)》2020年第42期。
〔6〕 参见杨彩云:《流动性体验与差序化认同:基于社区服刑人员的实证研究》,载《社会科学》2018年第5期。

德污名、社会层级污名等司法标签下产生的污名,他们不得不承受来自社会各方面的歧视。因身份的特殊性而形成的社会不平等,形塑了社区矫正对象的社会排斥和境遇。

(二)社区矫正对象的身份认同与身份建构

社区矫正对象因污名而受到的社会排斥,致使社区矫正对象的身份认同和社会融入面临危机。身份认同是主体对自身身份或角色的合法性确认,对身份或角色的共识及这种共识对社会关系的影响。[1] 在社会学领域,社会认同理论强调在不同情境下与他人进行互动,需要尽可能地做到多元了解,以此形成身份认同。对于特殊群体的身份认同,需要不断通过与所处社会环境中的他人互动完成身份建构。建构主义强调,身份建构过程中应以群体的自然属性为基础,不同情境下形成的互动过程和建构属性的集合,在多次的互动中将身份固定下来,而身份的变化取决于自我定位或他者认可的改变,[2] 即基于某个群体的共同意识,从而加强身份定位。目前学界对社区矫正对象身份建构研究尚不充分,有研究表示社区矫正对象双重身份带来的焦虑以及社会在交往互动中对他们展现的选择性亲和与疏离,都会加剧社区矫正对象的身份困惑,应在制度、市场、社会3种主要规训空间中进行身份建构。[3] 本研究中的身份认同是主体对社会身份和自我认同的感知觉,社区矫正对象再社会化的身份认同是由社会、文化、环境等多种因素相互影响而形成的身份建构。有学者从身份建构主义出发,认定身份不是既定的,[4] 生态系统视角下的社区矫正对象身份建构的结果是根据不同情境身份的变化而变化的,认同社区矫正对象的主流社会身份,不仅指出在社会规则运行下认同社区矫正对象与正常人相关的角色和行为规范,也表明将司法标签撕下后社区矫正对象融入主流群体的欲望指向正常以及行使符合主流社会行为的方式变得积极向上。受到主体的社会角色和社会价值观影响,社区矫正对象的身份建构是社区矫正对象通过社会的正向认同和认识自我、建构自我等行为塑造而成。

目前针对身份认同和身份建构的研究集中于特殊群体。比如,农民工群体市

---

〔1〕 参见张淑华、李海莹、刘芳:《身份认同研究综述》,载《心理研究》2012年第5期。
〔2〕 参见胡学雷:《身份建构与利益转变——明治维新后日本身份变化的建构主义分析》,载《东北亚论坛》2002年第2期。
〔3〕 参见杨彩云:《流动性体验与差序化认同:基于社区服刑人员的实证研究》,载《社会科学》2018年第5期。
〔4〕 参见秦亚青:《文化与国际社会:建构主义国际关系理论研究》,知识出版社2006年版,第24页。

民身份的缺位导致生存和发展条件差,如何顺应时代发展完成身份认同;[1]父权制度下的女性再生产角色与身份认同中的身份建构实践;[2]同性恋群体如何在社会认同机制运行下实现社会认同与自我认同的互动。[3] 与以上群体相比,社区矫正对象具有身份的特殊性。首先,在制度运行方面,社区矫正对象遭遇身份认同危机是因为现行规定中存在不少具有牵连色彩的犯罪附随后果,[4]对某些权利的剥夺在对象上延伸至罪犯或有前科者本人及其家庭成员或亲属。[5]罪犯身份使得他们在再社会化中面临家庭、社会的冲突,对身份建构产生影响。其次,在职业发展方面,进入劳动市场标志着社区矫正对象从犯罪亚文化向主流文化转变。但对社区矫正对象形成的元刻板印象威胁社区矫正对象身份认同,并且消极的归属感也会阻碍他们的亲社会行为。[6] 社区矫正对象的自我会在反复出现的冲突情境下影响他们的归属感,罪犯的身份使他们在职业生涯中面临职业角色冲突,从而对身份建构产生影响。最后,在社会福利方面,有学者表示"与社会主流群体相比,这类被边缘化的群体住房条件差,没有什么补贴;在职培训、工资福利、社区服务等方面都与主流群体存在较大差异"。[7]社区矫正对象的身份建构在权利和机会的剥夺中出现危机。

社区矫正对象这类特殊的群体,正在遭受社会福利制度的排斥、职业歧视等这类导致他们无法正常生活的偏见。基于此,社区矫正对象的身份认同与身份建构就显得尤为重要。对于社区矫正对象而言,身份建构意味着什么?如何在污名与社会排斥中建立社区矫正对象的身份认同并完成身份建构?本文从社会排斥和身份认同的维度出发,旨在了解社区矫正对象在生态系统视角下的身份建构,剖析身份认同、社会排斥与社会融入压力和回归社会之间的联结。

---

[1] 参见郭开元:《新生代农民工犯罪状况调查报告》,载《青少年犯罪问题》2011年第4期。

[2] 参见马冬玲:《流动女性的身份认同研究综述》,载《浙江学刊》2009年第5期。

[3] 参见刘靖、王伊欢:《同性恋者身份认同研究综述》,载《中国农业大学学报(社会科学版)》2011年第28期。

[4] 参见王志远:《犯罪控制策略视野下犯罪附随后果制度的优化研究》,载《清华法学》2023年第17期。

[5] 参见张庆立:《隐形之罚:犯罪附随后果的法治化重构》,载《苏州大学学报(哲学社会科学版)》2024年第45期。

[6] 参见杨宝琰、柳玉姣:《元刻板印象威胁对县城农村高中生学校归属感的影响:身份认同整合和自我肯定的作用机制》,载《心理发展与教育》2023年第5期。

[7] 屈奇:《社会排斥与闲散青少年违法犯罪》,载《理论导刊》2010年第9期。

三、研究方法

（一）研究对象

本研究选取 G 市 X 区 L 司法所的社区矫正对象作为研究对象，该司法所中的社区矫正对象类型较多。访谈对象包括 8 名社区矫正对象，分别是 6 名缓刑人员和 2 名假释人员；在年龄方面，处于 20～45 岁；在学历方面，包含本科、大专在读、高中、初中学历。这些社区矫正对象存在一定的差异，使访谈对象具有一定代表性。

（二）资料收集

本研究采用结构式和半结构式的访谈方式收集资料，同时，查阅了每位社区服刑人员的矫正计划书、风险评估表、谈话笔录、书面思想汇报等资料，通过分阶段访谈抽取 8 名社区矫正对象进行深度访谈，考察他们在生态系统中的社会互动，以及这些互动对他们身份重构的影响。借助他们的回答分析在不同情境下社区矫正对象在社会互动中的因素分析与意义建构，从而为这类特殊群体开展从社会排斥到身份认同的身份建构提供有力支撑。

四、生态系统视角：社会互动情境下的具象障碍

为了预防犯罪，维护社会稳定和谐，司法实践中考虑实际情况，对恶性不深、犯罪情节轻微的罪犯开展社区矫正，使他们顺利回归家庭、社会以及进行再社会化是社区矫正的重要环节。但是，"犯罪"这一身份污名使他们回归社会受阻，无论是进入学校还是职场，抑或不同层级的社会系统等，都将遭受排斥。

（一）社会排斥：日常情境中的身份剥离

社会排斥最早是针对贫困问题的研究，现在的社会排斥研究社会政策、弱势群体等方面。[1] 社区矫正对象作为社会弱势群体，囿于过往经历蒙受身份污名，因此遭受社会排斥，在政治、经济、教育、就业、社会福利、人际关系等方面都有所体现，严重影响社区矫正对象对主流社会的认同，[2] 但他们又有强烈的身份认同，来自他者与自我的认同。

首先，社区矫正对象在学校中在人际交往方面遭受排斥。学校归属感能让社

---

[1] 参见景晓芬：《"社会排斥"理论研究综述》，载《甘肃理论学刊》2004 年第 2 期。

[2] 参见屈奇：《社会排斥与闲散青少年违法犯罪》，载《理论导刊》2010 年第 9 期。

区矫正对象体验到回归学校的幸福感与学有所成的获得感,而学校环境下形成的排斥可能导致他们面临学习能力减弱,遭受校园霸凌以及校园融入难等问题;此外,因犯罪的经历,学校老师与家长对他们缺乏基本信任,认为他们是学校环境中的风险因子,慢慢地他们与朋友的关系也变得疏远,社会交往变少,社会交友圈变小,他们难以在校园环境中开展正常的人际交往活动。

我现在不知道要如何面对别人,因为担心和害怕,我不清楚别人会怎么看待我,我不敢一个人走在路上,也不想参加社区的活动,以前胆小,现在更不晓得自己要怎么生活了。(社区矫正对象C)

我还能重新开始吗,我和以前学校里面的好朋友已经没有联系了,他的家人让他不要和我耍,说我是罪犯,不是什么好人。(社区矫正对象N)

其次,社区矫正对象在就业中受到职业歧视。就业环境排斥可能导致失业、贫穷和社会关系弱等问题。社区矫正对象被贴上了"越轨者"的身份标签,而这样的身份标签是贬低性和耻辱性,[1]具有明显的不被信任、不受欢迎属性。不仅如此,《公司法》强调,经济犯罪或被剥夺政治权利的罪犯,不能担任公司的高级管理人员;《公务员法》规定,因犯罪受过刑事处罚的不得录用为公务员。社区矫正对象因身份的特殊性就业的选择机会偏少,择业局限性较大。

找工作就是一道很难过的坎,想找一个好的工作,去好的单位,不仅要政审,还要你开无犯罪证明,工作机会就一直在错过。好不容易去了一个新的工作环境,别人晓得了过去的事情,就开始疏远我,领导找我谈话,要辞退我。(社区矫正对象Z)

最后,社区矫正对象所在的生态系统中,家人、亲属、朋友以及社会大众的朴素的刑罚主义思想根深蒂固,对犯罪的人都存在抵触心理。[2] 社会认同度与接纳度低,致使他们社会融入压力大,加深了对自我的怀疑;与此同时,他们对自身是否能顺利回归家庭、社会产生怀疑,在负面印记影响下加速自我封闭,在再社会化的过程中仍困难重重。

因为我犯罪,我家人的那些朋友都不怎么来往了,我知道那些朋友肯定是觉得我这个人的行为很丢人,也不想和我爸妈接触,我爸妈他们也没有什么交际圈了,别人躲着我们一家人。(社区矫正对象L)

---

〔1〕 参见井世洁:《社区矫正青少年社会排斥成因初探》,载《青少年犯罪问题》2012年第4期。

〔2〕 参见高飞:《社区矫正对象的社会排斥分析——基于广州市某社区矫正试点的个案分析》,载《思想战线》2010年第36期。

(二)污名内化:司法标签下的逃避对抗

过去诉诸非法手段来满足自我需求的违法行为在通过司法判定后产生的身份污名使社区矫正对象"遭受"多维度的社会排斥。他们想要通过重构身份来修复受损的社会网络,而排斥与攻击的重复发生使他们难以进行身份建构,导致他们再次实施违法行为来对抗污名,而这样的方式非但无效,更是自伤。

首先,社区矫正对象通过逃避、隐藏自己来抵抗身份污名,越是不想承受身份污名,越是逃避。他们处于矛盾冲突阶段,加之有过犯罪经历,他们的情感相对来说比较敏感脆弱,司法标签下的身份污名使他们很难展现"真实的自我",他们隐藏自身的需求,而以"虚构的自我"来应对外界。他们不想再承受污名,通过封闭自我进行反抗,配合矫正仅是为了"规避"刑事责任,并未真正解决问题,再犯可能性增加。

都远离我嘛,知道我之前进去过,哪有真正的朋友,我进去还不是因为帮他,讲哥们义气嘛,知道我犯罪了,都不会来接触我。真没意思……(社区矫正对象W)

其次,社区矫正对象存在污名内化现象,认为自己没有尊严,一直处于低自尊的状态,模糊自我意识。"犯罪者"的标签会让他们一直"丢脸",他们在重新认知自己的时候会有一个特殊的问题,即变得越来越不赞成自我。[1] 而这种自我否定,又导致了越来越重的污名内化现象,令他们失去了转变的动机,也没有了再社会化的动力,俗称"摆烂",即他们认为没有改变现状的能力,也没有改变的想法,表现出"认命"的态度。

我想回去上班,不想让家里面的人再担心我了,但是我还有机会吗,亲戚朋友肯定会看不起我,像我这样的人,谁还愿意接近。(社区矫正对象H)

最后,社区矫正对象进行自我污名。因为过去的经历被贴上了标签,他们通过否认与抗争开启再社会化的进程,却在公众对自身"异己"身份的看法中让步、妥协,又在妥协中滋生对身份的负面认知,不断接受并内化,进行自我污名。

其实我还挺想联系过去的朋友,但是他们和他们的家人肯定是不愿看到我,像我这种人,也没人会喜欢,但是能和我这种人成为朋友的,又懂我的,很多人又说他们人不好,我觉得现在只有我们懂对方,我也不需要和那些觉得自己多好的人一起,我就低他们一等吗?(社区矫正对象P)

---

[1] 参见[美]欧文·戈夫曼:《污名——受损身份管理札记》,宋立宏译,商务印书馆2009年版,第48页。

五、身份建构：社区矫正对象的身份认同

（一）司法社会工作服务体系的引入情境

1. 服务需求：身份污名与现实情境间的界限消弭

社区矫正不是惩罚，而是挽救；不是关注犯罪行为本身，而是关注案件行为人。社区矫正围绕社会福利制度，消弭身份污名下"不正常的人"与现实社会中"正常人"的界限，通过教育、挽救等帮扶服务，增强对弱势群体的关照，消除身份污名引起的群体隔离和社会排斥。社区矫正帮扶阶段处于社区矫正对象身份建构的关口，如果社区矫正对象进行错误地自我定位，则不可避免地会增加再犯的风险。

在社会工作服务实践中，社会工作者借助专业的理论与价值观念，把潜在的服务对象转变为现有的服务对象，并与之建立良好的专业关系，提供科学、专业的服务。社会工作者以专业性开启互动，社区矫正对象能感受到社会工作者与其他司法工作人员不同。社会工作者能够接纳他们并且不会因为他们的特殊身份对他们进行批判，这使社区矫正对象能够体会到社会工作者给予的关心与关怀，从而提升他们自身的价值感与尊严感。同时，通过增强抗逆力，使社区矫正对象获得良好适应和功能发展，以此健康应对处于不利风险和危机压力。[1] 因此，他们不再以被外界强化的污名身份自居，恢复自信开始再社会化。社会排斥并不单纯是人们被排斥的结果，也可能是人们自我排斥所造成的。[2] 自我接纳需要借助专业的方式与专业的人员，专业社会工作者以平等尊重与真诚陪伴的方式提供帮扶服务，使社区矫正对象重新认识自我并积极地融入社会。

一开始，我不知道什么是社工，说会为我提供专业服务，慢慢他们真的有帮助我去解决一些问题，我内心压力很大，想要去工作，害怕被歧视，他们不仅不会看不起我，还会帮助我去解决问题，给我输入很多信心，给我勇气。（社区矫正对象 K）

2. 服务供给：道德规范的内化与身份认同的定位

戈夫曼曾指出被污名化的人们会采用"抱团"的方式互助争取自身权益，而过去有着偏差行为的这类群体，若采用此方式，则会引发新的危机。为了减少再犯的可能性，社会工作者应加强对社区矫正对象的帮扶，让社区矫正对象认识到道德高

---

[1] 参见姚进忠：《残疾人家庭抗逆力的多重表征与社会工作实践路向》，载《中国社会工作研究》2020年第1期。

[2] 参见[英]安东尼·吉登斯、[英]菲利普·萨顿：《社会学》（第8版），李康译，北京大学出版社2021年版，第652、656页。

于法律甚至是自我利益的高层准则,并且基于内化的道德准则以及遵从理性思维践行合乎法律以及道德规范的行为,以此加深对身份的整合。社区矫正对象实现再社会化即个体通过道德内化与强化走向身份认同整合。

我以前很多不理解不懂的地方,现在已经有了答案,在他们的鼓励下提升内在的道德标准,做一个真正对社会有用的人。(社区矫正对象C)

身份认同整合在歧视知觉中起到内在转化和外在保护的作用,外界环境对社区矫正对象的歧视是个体所不能改变的,通过加强身份认同的整合,缓解社区矫正对象在再社会化过程中产生的孤独感与自我怀疑。[1] 通过一系列的互动与服务,社会工作者以专业的方式传递对社区矫正对象身份认同的积极信号,为社区矫正对象提供优质的情绪价值服务,不仅维护他们的尊严,而且相信他们是可以积极面对生活的个体,还用行动践行着对他们身份重构的支持,形成辐射社区矫正对象的"非亲缘性社会支持网络"。社会工作通过链接各方资源帮助社区矫正对象解决遇到的问题,实现社区矫正对象的身份重构:为他们搭建学校互动交流学习的平台,链接就业资源,加大就业培训力度,提升专业技能,开展成长小组提升抗逆力,建构面对未来的勇气,帮助他们解决最基本的需求。社会工作采用服务供给的方式,帮助社区矫正对象进行身份认同。

他们带我们做活动,那些活动都好有意义啊,上次小L发脾气,但是社工不仅没有生气,还积极去和他沟通,不仅包容我们,还给我带来了好多幸福感。而且,他们都是第一时间出现,从来没有埋怨过我们,真的就是我们的姐姐。(社区矫正对象M)

(二)社区矫正制度的实践推进

司法工作人员与社区矫正对象是管理者与被管理者的关系,社区矫正制度目的在于确保社区矫正对象遵守矫正期间的相关法律规定,但鲜少以精细化的方式帮助社区矫正对象身份认同与自我成长。

我们这里的人都很自卑的,警方、检察院、法官都比我们高一等,罪犯哪里有尊严,重新开始难。(社区矫正对象S)

了解了社区矫正后,一开始以为很自由,后来才发现去哪里都要报备,安装电子定位装置,不安不行。(社区矫正对象Y)

不难看出,并非所有的社区矫正对象都在积极地接受矫正帮扶,他们表现出服

---

[1] 参见杨彩云:《歧视知觉对社区矫正对象社会疏离的影响机制研究——基于身份认同整合和社会支持的中介效应》,载《浙江工商大学学报》2022年第3期。

从与接受规训很多时候仅是配合司法工作人员完成任务,而这些事务性的工作加重了他们对自我的怀疑。因此,采用观察、监督、保护和矫正的方式,对社区矫正对象开展学习、劳动、培训等有针对性的帮扶,在社区矫正制度的实践中帮助社区矫正对象获得自我认同是迫切的。

想找个好点的工作难,都限制我们,我也是读过书的人,现在没有任何竞争力。(社区矫正对象W)

社区矫正对象身份建构,应在社会公正的原则下进行。社会公正原则反映的是人们社会关系合理合序的问题,即社会中人们享受权利和承担义务的同等性和一致性的问题。针对社区矫正对象,应该体现程序公正,在社会资源分配过程中,保障每个人的社会竞争性的公正。[1] 现行的法律法规中对社区矫正对象还存在降低竞争性的规定,不仅会影响社区矫正对象行使未被剥夺的权利,也会增加社区矫正对象在工作、生活中被排斥的可能性,使社区矫正对象的社会竞争性无法得以体现。《社区矫正法》第34条第1款规定:"开展社区矫正工作,应当保障社区矫正对象的合法权益。社区矫正的措施和方法应当避免对社区矫正对象的正常工作和生活造成不必要的影响。"《社区矫正法》第4条第2款规定:"社区矫正对象依法享有的人身权利、财产权利和其他权利不受侵犯,在就业、就学和享受社会保障等方面不受歧视。"因此,在社区矫正制度框架下应给予社区矫正对象改过自新的机会。而社区矫正人权保障工作应具备专业化的内涵,但传统的社区矫正工作专业人才匮乏,导致社区矫正工作在教育、矫正、预防等方面的功能难以实现,甚至大部分社区矫正对象仍感觉"自卑"以及对如何走向未来还没有清晰的方向。基于对社区矫正对象的人权保障考虑,可以引入司法社会服务体系推动社区矫正对象"学校化"和"职业化",这是一种对特殊主体的人权保障类型与行动。[2] 另外,搭建社区矫正专业化队伍,积极推进社区矫正制度实践,从而实现对社区矫正对象的人权保障,增强社区矫正对象身份认同,修正消极行为,在社区矫正制度整体框架中开展社区矫正对象身份建构,解决社区矫正对象受到社会歧视的问题,帮助他们融入社会。

---

〔1〕 参见贾东桥:《论社会公正》,载《福建论坛(经济社会版)》1996年第5期。
〔2〕 参见贡太雷、苏春景:《服刑未成年人教育矫正与人权保障》,载《中国特殊教育》2019年第10期。

六、结　语

司法领域特殊群体的再社会化是对自我的重新界定与身份重塑的过程,但在实际生活中,社区矫正对象在不同社会互动情境下,因特殊身份遭受外部的排斥与区隔。在社会发展进程中,也正是因为存在的具象窒碍,社会对特殊群体生成了负面认知,而这样负面的他者认同,不仅会影响社区矫正对象对自我的认同,也影响着他们社会身份的建构。从社会工作视角来看,应关注社区矫正对象本身,同时,应将他们放置在整个生态系统中,聚焦于社区矫正的社会内涵,建立良好的专业关系,用平等、尊重的方式引导他们转变非理性认知,从而改变自身的越轨行为;链接各种资源,帮助他们提升自身的能力;调解家庭关系,赋能他们的家人,为他们回归家庭提供良好的环境。同时,在社区矫正制度框架下和实践模式中,践行社会公正原则,实现对社区矫正对象的人权保障。明确社会排斥与身份污名对社区矫正对象的影响,通过社会工作的专业服务与社区矫正制度的实践模式,转变他者认同与自我认同使社区矫正对象进行身份重构,实现再社会化。

社会工作视角下罪错青少年教育帮扶体系构建路径的研究*

雷大霞**

摘　要：近年来，随着青少年偏差行为和违法犯罪问题日益引起社会关注，罪错青少年教育帮扶成为学界和实践领域的重要议题。宜宾市作为四川省的重要区域，因经济快速发展与社会转型的交织效应，罪错青少年的教育帮扶问题研究尤为重要。本文通过对宜宾市罪错青少年群体的行为特征、成因及社会生态环境的综合分析，在社会工作视角下，深入探讨当前帮扶体系，并提出优化建议，构建以"多方协作、精准干预、社会支持"为核心的教育帮扶体系模型。本文旨在为宜宾市罪错青少年教育帮扶体系的完善提供理论支持与实践指导，也为区域性青少年犯罪预防和教育帮扶模式提供经验。

关键词：罪错青少年；教育帮扶体系；宜宾市；社会工作；社会支持模型

近年来，随着社会经济的快速发展和城镇化进程的加速，青少年犯罪与偏差行为问题日益引起社会广泛关注。这一问题不仅威胁到社会的稳定与安全，也对青少年个体的成长与社会化进程产生了深远的负面影响。研究表明，未成年阶段的非法行为如果未能得到及时且有效矫正，极有可能演化成更为严重的犯罪行为，对社会造成更大的危害。[1] 青少年是社会发展的希望与未来，青少年行为偏差问题

---

* 本文为四川省高校人文社科重点研究基地——社区矫正研究中心2024年度研究一般项目"宜宾市罪错青少年教育帮扶体系的构建研究"（编号：SQJZ202407）的阶段性成果。
** 作者单位：宜宾学院法学与公共管理学院。
〔1〕See Reidy D E et al., *Measurement of Ddverse Childhood Experiences*：*It Matters*, American Journal of Preventive Medicine, 2021, 61(6)：821-830.

的解决直接关系到国家的社会治理能力和长远发展目标。青少年罪错行为通常被细致地划分为"罪"与"错"两大层面。其中,"罪"特指那些严重触犯刑法,带有显著社会危害性的行为,情节之严重,往往引起社会的广泛关注。而"错"的范围则更为宽泛,包括虽触犯刑法但尚未构成犯罪的行为,违反其他法律规定的举止,以及那些虽未触及法律底线但已属越轨的行为。这些"错"的行为,虽然社会危害性相对较小,但仍需引起社会的关注和干预。[1]

进一步研究指出,对未成年人的教育和矫治工作应贯穿从普通预防教育到专门矫治教育的全过程,应对罪错未成年人开展全流程服务,教育和矫治并重。[2]

在社会工作视角下,帮助罪错青少年回归社会,重建行为规范成为社会治理和教育干预领域的重点议题。宜宾市作为经济发展较快的地区,在罪错青少年的教育帮扶中面临着复杂多样的需求。一方面,罪错青少年的行为特征和心理状态具有个体差异性,亟须精准化和个性化的干预措施;另一方面,家庭、学校、社区和多部门协作能力的提升对构建完善的帮扶体系具有重要意义。在社会工作专业视角下,宜宾市需要构建科学、系统、高效的教育帮扶体系,以满足罪错青少年的成长需求。本研究立足于社会工作学科的专业视角,结合教育学、心理学等多学科理论,系统分析宜宾市罪错青少年群体的行为特征及成因,丰富罪错青少年帮扶领域的学术研究内容。同时,在实践层面,提出以"多方协作、精准干预、社会支持"为核心的教育帮扶体系模型,旨在为罪错青少年的健康成长和社会的长远发展提供有效经验支持。

一、罪错青少年群体现状

(一)罪错青少年的人口统计特征

调研数据显示,宜宾市罪错青少年主要集中在13岁至17岁,初中和高中阶段的学生占据大多数。这一年龄段的青少年正处于青春期,是生理发育和心理成熟的重要阶段。由于认知能力尚未完全发展,加之情绪控制能力较弱,他们更容易受到外界环境的影响,从而可能出现行为偏差或失范现象。此外,这一阶段的青少年法治意识相对薄弱,对法律规范的理解和遵守能力有限,自控能力较弱。在面对社会环境的压力和诱惑时,他们可能会缺乏足够的应对策略,从而导致行为失当。针

---

[1] 参见李宜:《罪错青少年:一个概念的界定》,载《山西青年职业学院学报》2019年第4期。
[2] 参见张世华:《从普通预防教育到专门矫治教育:社会工作视角下的预防未成年人犯罪》,载《中国社会工作》2021年第1期。

对这一群体特点,实施适龄的预防性教育和干预性帮扶措施,能够更好地帮助青少年健康成长。

(二)罪错青少年行为偏差的成因分析

1. 监护功能的不足与家庭教育方式的局限

家庭作为青少年成长的重要环境,结构和功能对青少年的行为与心理发展具有深远影响。在宜宾市,部分罪错青少年可能来自单亲家庭或离异家庭,在这些家庭中,由于情感支持不足或监护功能薄弱,青少年可能感到缺乏安全感。此外,一些家庭存在教育方式的局限性,例如,对子女行为问题的干预不及时或教育方式过于严厉,这可能会加剧青少年叛逆心理,从而对青少年行为产生负面影响。优化家庭教育方式,增强家庭监护能力,是改善青少年行为问题的重要环节。

2. 学校支持的不足与校园欺凌现象的影响

学校作为青少年社会化的重要场所,教育与管理模式对学生的成长具有重要作用。部分学校由于资源有限或关注重点不同,对学业困难或表现不佳的学生在支持和辅导上可能存在一定不足。这可能会让部分学生感到被忽视,进而产生挫败感。此外,在个别学校中,校园欺凌现象偶有发生,这对受害学生和实施欺凌行为的学生都可能造成心理与行为上的负面影响。提升学校教育支持能力,特别是提高在心理辅导与行为干预方面的投入,可以为学生营造更加包容与关爱的成长环境。

3. 社会文化环境的影响与社区支持的不足

社会文化环境对青少年行为模式具有重要作用。一些青少年可能受到不良网络内容、低俗文化或不健康团体的影响,出现行为偏差。例如,社交媒体中传播的暴力模仿行为可能使青少年对某些行为产生错误认知。此外,在部分社区中,青少年活动与服务设施的建设相对不足,这可能影响青少年获得正向的行为引导与支持。通过完善社区支持体系,增加青少年参与积极活动的机会,可以有效地为他们营造更健康的成长环境。

二、罪错青少年教育帮扶教育体系现状

近年来,宜宾市在罪错青少年教育帮扶方面开展了一系列工作,并取得了一定成效,但在具体实施过程中仍有提升空间,特别是在政策执行、资源整合、专业队伍建设及社会支持体系等方面还存在进一步完善的可能性。这些问题在一定程度上为区域性青少年犯罪防治工作指出了新的改进方向。

（一）帮扶政策执行需要进一步细化

在罪错青少年帮扶工作中，应根据每个对象的不同特点，采取更加个性化的帮教措施。[1] 宜宾市现有的罪错青少年帮扶政策在宏观指导层面已经取得了一定成效，但在实际操作中，个性化实施细则的建立仍需进一步完善。首先，在政策设计上需要进一步平衡普适性与个性化需求之间的关系。当前政策对于不同年龄段和犯罪类型的青少年的多样化需求的针对性还需加强，特别是在个体差异较大的情况下，制定更加精准的教育干预措施显得尤为重要。

其次，个性化帮扶方案的探索空间仍然需要增大。对于因情感缺失而产生行为偏差的青少年，在帮扶过程中有时未能充分考虑其心理需求和行为动机，优化这方面的工作将有助于提升帮扶效果。

（二）资源整合的协同性有待增强

罪错青少年教育帮扶工作涉及多个部门的协作，在宜宾市，多部门协同机制正在逐步建立，但仍有进一步深化的空间。首先，教育、司法和社会服务等部门的协作机制需要进一步完善。在学生行为偏差的早期识别和干预方面，教育部门与司法部门和社会服务机构的信息共享可以更加流畅，从而提高资源的利用效率。其次，跨部门合作的职责划分需要进一步明确。当青少年同时面临心理健康问题和法律问题时，各部门的具体责任可以更加清晰，以更好地形成工作合力。此外，资源分配的均衡性仍需加强。城区的社区矫正机构和青少年保护中心相对集中，而乡镇和农村地区的相关资源配置相对薄弱，特别是在心理支持、法律援助及职业技能培训等领域，这些差距在未来工作中有较大的改进空间。

（三）专业队伍建设亟须进一步强化

在未成年人临界预防工作中，实践中应优先运用社会工作方法，充分展现心理咨询师与社会工作者的亲和力及人文关怀精神，最大限度地实现对高危未成年人的教育引导、情感支持与挽救帮扶。[2] 同时，社会工作者与少年司法部门之间的有效合作可以在帮助涉罪未成年人转变方面发挥关键作用，不仅能够降低再犯风险，还能够促进涉罪未成年人顺利回归社会。[3] 在宜宾市，罪错青少年帮扶工作的专

---

〔1〕 参见张宏波：《未成年人临界预防工作探究——以天津市某区人民检察院临界预防工作为实证分析》，载《法制与社会》2018 年第 36 期。

〔2〕 参见常锋、钟图：《"高危未成年人"临界预防帮教模式探索——未成年人临界预防研讨会观点综述》，载《人民检察》2018 年第 10 期。

〔3〕 参见席小华：《社会工作在少年司法场域的嵌入性发展——以 B 市实践为例》，载《青年研究》2017 年第 6 期。

业化程度正在逐步提升，但专业队伍的数量与能力建设仍有较大的优化空间。一方面，专业社会工作者和心理咨询师的数量有待进一步增加，宜宾市在人力资源配置上有进一步扩充的潜力。另一方面，现有从业者的专业能力建设需要持续深化。一些社会工作者和心理咨询师在心理辅导与行为矫正方面的技能仍有提升空间。例如，在处理家庭暴力问题导致青少年偏差行为的个案时，加强专业培训与经验交流，将更好地提高帮扶工作的实效性。

（四）社会支持体系尚需进一步完善

社会支持体系是罪错青少年教育帮扶的重要基础。宜宾市在此领域的探索仍有进一步拓展的空间。首先，家庭、学校和社区之间的联动机制可以进一步加强。当学生在校内表现出异常时，学校与家庭之间的沟通可以更加紧密，而家庭在提升监护能力和强化支持功能方面也可获得更多的指导和帮助。其次，社区支持功能的建设可以更加全面。一些社区在青少年活动场地建设、设施配置和专职工作者数量方面仍有提升的空间，同时，社区居民对罪错青少年的接纳度还需通过宣传和教育活动进一步提高。此外，公众参与的广度和深度仍有待加强。尽管部分公益组织和志愿者已积极参与帮扶工作，但资源整合与专业指导的力度还可以进一步强化。

在法律支持体系方面，干预措施的多样性仍有待丰富。目前对轻微违法青少年的后续教育支持较为薄弱，而增加教育性和预防性手段，可以有效降低复犯率。未来宜宾市可进一步完善法律支持体系，增强教育与司法的结合，从而实现对罪错青少年的更全面保护与帮扶。

三、社会工作视角下罪错青少年教育帮扶体系的构建路径

构建科学、系统、高效的罪错青少年教育帮扶体系是宜宾市社会治理的重要课题。这一体系的构建需要综合多方面资源，结合个性化帮扶、家庭支持、学校教育、社区服务以及跨部门合作等多维度措施，形成科学、系统、协同的综合干预模式。基于罪错青少年的行为特点和现实需求，结合社会工作视角，推动全方位、多层次的教育帮扶体系建设。

（一）建立个性化教育帮扶方案

社会工作视角强调从生态系统理论出发，通过全面评估青少年的成长环境、心理状态和行为偏差的深层次原因，设计符合个体需求的帮扶计划。基于生态系统理论框架，有研究深入探讨了个案管理在高危未成年人预防工作中的应用及服务

成效,详细分析了个案管理在预防未成年人犯罪中的实际运用情况,并对个案管理效果进行了客观评估与深入反思。[1]

个性化教育帮扶是针对罪错青少年实施精准干预的重要策略。首先,应通过专业社会工作者对青少年进行详细的需求评估,全面了解青少年成长环境、心理状态及犯罪行为背后的深层原因。在此基础上,量身定制帮扶计划。帮扶计划应涵盖行为矫正、心理支持、学业辅导、职业培训等多个维度,确保能够全面满足罪错青少年的发展需求。

在具体实施中,社会工作者可建立青少年行为档案,细化干预目标,并制定切实可行的个案管理方案。例如,对因家庭暴力问题而产生行为偏差的青少年,可通过家庭关系调适与行为习惯养成计划,帮助恢复正常的生活模式。与此同时,心理干预是个性化帮扶方案的核心环节,应通过心理健康评估和辅导,帮助青少年调节负面情绪,形成健康的心理状态。可采用认知行为疗法(CBT)、情绪管理训练等方法,从深层次改善青少年的认知与行为。此外,为提升罪错青少年的社会适应能力,还应提供技术性强、适应市场需求的职业技能培训。例如,可针对电子商务、烹饪、电工等领域开展专项培训,并与本地企业合作,提供实习和就业机会,增强青少年的经济独立性和社会融入感。

(二)强化家庭支持功能

家庭是青少年成长的第一环境,家庭支持功能直接关系罪错青少年行为的矫正效果。因此,提升家庭支持功能是教育帮扶体系中的重要一环。在社会工作视角下,家庭支持功能可以通过亲职教育和家庭辅导服务来实现。

1. 亲职教育

亲职教育是强化家庭支持功能的有效手段,通过对家长开展系统的培训,帮助家长掌握科学的教育理念和方法。可以针对亲子沟通技巧、青少年心理发展特征、家庭危机管理等主题,以线上线下结合的方式开设家长培训课程,增强家长对青少年问题行为的识别和干预能力。此外,还可通过社区活动,增进家长与社区的互动,形成家庭与社区联动支持的机制。

2. 家庭辅导服务

家庭辅导服务是修复亲子关系的重要措施。可通过专业社会工作者与心理咨询师的介入,或采用家庭会谈、角色扮演和心理疗法等方式,缓解家庭内部的冲突

---

[1] 参见张银娟:《高危未成年人临界预防服务的个案管理应用研究——基于武汉市"守护明天"项目》,中南民族大学2020年硕士学位论文,第10页。

与矛盾。对于单亲家庭或离异家庭中情感支持功能薄弱的问题，可通过个案辅导和团体活动，帮助家长和青少年重新建立良好的亲子互动。针对贫困家庭，宜宾市还可以提供额外的经济支持和教育资源，帮助家长改善家庭环境，为青少年创造更有利的成长条件。

（三）优化学校教育干预措施

学校是青少年社会化的重要场所，是罪错青少年教育帮扶的核心阵地之一。优化学校内部支持体系，不仅能够有效预防青少年偏差行为的发生，还可以为有问题行为的学生提供及时的干预和支持。首先，应增设校内社会工作岗位，每所学校至少应配备一名专业心理咨询师和一名社会工作者，负责跟踪学生的成长动态，并与家长和教师保持密切沟通。其次，应建立早期识别机制，通过定期心理测试、教师观察和同伴反馈，及时发现学生的行为异常并采取干预措施。此外，还需推广生命教育课程，通过模拟法庭、社会服务体验等实践活动，培养青少年的法治观念和道德意识。在教学中，应注重融入心理健康教育和行为管理技巧，帮助学生更好地应对学业压力和社会挑战。

（四）提升社区支持作用

社区是社会工作的服务载体，社区功能的提升对于罪错青少年帮扶至关重要。宜宾市应加强社区服务中心建设，为青少年提供多元化的活动和支持服务。可设置心理辅导室、职业技能培训室和娱乐活动区，为青少年提供安全、丰富的活动场所。此外，应根据社区青少年的具体需求，设计个性化的帮扶项目，如兴趣小组、志愿服务和公益活动，增强青少年的归属感和社会融入感。

志愿者是社区支持中的重要力量。宜宾市可以通过志愿者培训和组织活动，动员更多社区成员参与青少年帮扶工作。同时，可设立专门的青少年志愿服务队伍，帮助他们开展课后辅导、技能培训和情感支持工作。另外，通过社区宣传和媒体报道，提升公众对罪错青少年的关注和接纳度，营造更加包容和友善的社区氛围。

（五）加强多方协作机制

社会工作强调多方协作与资源整合，通过整合教育、司法、社会服务与企业资源，形成罪错青少年帮扶的合力。在政府预防未成年人犯罪工作机构的全面统筹下，应促进普通学校、教师、基层群众自治组织、家长以及专门学校之间的紧密协作,形成一股合力,从而有效提升预防工作的效率。[1] 罪错青少年的教育帮扶工作需要教育、司法、社会服务和企业等多方力量的共同参与。首先,在实践中,社会工作者可作为跨部门协作的桥梁,推动教育部门与司法机关的信息共享,确保罪错青少年在接受司法处理后的教育衔接与服务连续性。其次,应引入企业和公益组织的资源,设立专门的青少年帮扶基金,用于支持职业培训、心理辅导和社会活动。此外,多方协作还需注重公众参与的重要性。通过社区宣传和社会动员,增强公众对罪错青少年的关注和接纳度,减少社会对罪错青少年污名化的现象。可开展社会教育活动和公益项目,向公众传递正确的帮扶理念,推动社会力量的积极参与。

四、结 语

罪错青少年教育帮扶工作不仅关乎青少年个人的成长与发展,也关系到家庭和社会的长远福祉。通过完善地方立法,强化专业服务,优化资源整合和促进多方协作,宜宾市可以逐步建立起一套科学、系统、高效的教育帮扶体系;通过整合资源,创新模式和优化服务,宜宾市可以逐步建立起具有区域特色的教育帮扶体系。不仅能有效帮助罪错青少年纠正行为偏差,还能为地方社会治理的优化提供实践经验,促进社会和谐与长远发展。未来,应进一步加强理论研究与实践创新,在政策、技术和服务模式上不断优化,推动罪错青少年帮扶工作的深入发展,为实现社会的全面进步和可持续发展奠定坚实基础。

---

[1] 参见周少华、王传斌:《未成年人临界预防制度研究》,载《青少年犯罪问题》2020年第2期。

老年社区矫正对象教育帮扶问题研究*
——基于司法行政案件分析

张红艳**

摘　要：随着人口老龄化加剧，老年社区矫正对象数量不断增加。老年社区矫正对象普遍存在文化程度偏低，法律意识淡薄，心理上极易因犯罪陷入焦虑和抑郁等负面情绪的情况。目前，针对老年社区矫正对象的教育帮扶工作存在教育帮扶队伍建设滞后，教育帮扶内容与形式单一，社会力量参与不足等问题，传统的教育帮扶难以满足老年社区矫正对象的特殊需求。为此，应加强矫正队伍专业化建设，优化教育帮扶内容与形式，健全社会力量参与机制体系，推动老年社区矫正教育帮扶工作科学化、人性化发展。

关键词：老年人；社区矫正；教育帮扶；司法行政案件

一、问题的提出

在社区矫正工作体系中，老年社区矫正对象作为特殊群体，教育帮扶工作的质量与成效，不仅关乎个体的改造与回归，更影响着社会的和谐与稳定。在社区矫正语境下的老年犯罪人，是指被判处属于社区矫正范围的非监禁刑或者适用属于社区矫正的其他刑罚执行方法的年满60周岁的公民。[1] 笔者在中国裁判文书网上

---

* 基金项目：本文系社区矫正研究中心项目"基于人口异质性的循证分类社区矫正研究"（项目编号：SQJZ2022-01）、四川省儿童保护与发展研究中心项目"未成年社区矫正对象心理矫正机制循证研究"（项目编号：ETBH2022-YB004）、基层司法能力研究中心项目"循证分类社区矫正制度研究"（项目编号：JCSF 2023-14）、西华大学研究生科创竞赛培育项目"乡村振兴视角下农村老年长期照护服务标准化供给路径研究"的阶段性研究成果。

** 作者单位：西华大学法学与社会学学院。

〔1〕 参见吴宗宪：《老年犯罪人社区矫正论》，载《中国司法》2011年第8期。

以"社区矫正""老年人犯罪"为关键词,案例类型限定为"刑事案件",文书类型限定为"判决书",起始时间不限,截止时间限定为 2024 年 11 月 22 日进行检索。经筛选和去除重复案件,最终选取了对老年人犯罪实行社区矫正的案件的裁判文书总计 228 篇,全部纳入分析。[1] 根据选取的案例,可以得出社区矫正下的老年人犯罪具有如下特点。

1.男性犯罪人数高于女性,犯罪年龄集中在 66 岁至 70 岁。如图 1 所示,从性别上看,男性老年人犯罪人数占比为 81.96%,女性占比为 18.04%,男性犯罪人数显著高于女性。从年龄上看,两类老年人的犯罪人数高峰均出现在 66 岁至 70 岁年龄段,其中,在该年龄段的男性老年人犯罪人数占男性老年人总犯罪人数的 35.85%;在该年龄段的女性老年人犯罪人数占女性老年人总犯罪人数的 54.29%;此外,随着年龄的增加,男性和女性老年人犯罪人数均逐步减少。

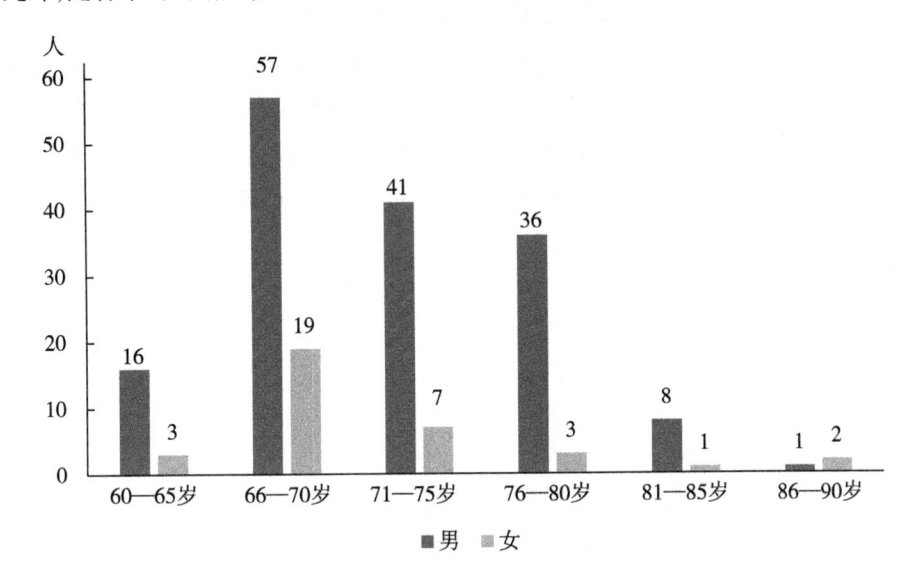

图 1 老年被告人性别及犯罪年龄分布情况

2.农村老年人犯罪居多。由图 2 可见,老年被告人群体的职业分布呈现出明显的集中趋势。其中,农民占比最高,达到了 78.65%,几乎占据了整个老年被告人群体的 3/4;其次是无业群体,占比为 12.50%;紧随其后的是个体工商户和退休职工,两者合计占比仅为 6.78%;最少的群体是务工人员,仅占 2.08%。

---

〔1〕 此处统计的社区矫正下的老年人犯罪特点数据均包括一案中的共同犯罪人。另,对每一项数据的统计均排除了案件中对该项数据未注明的情况。

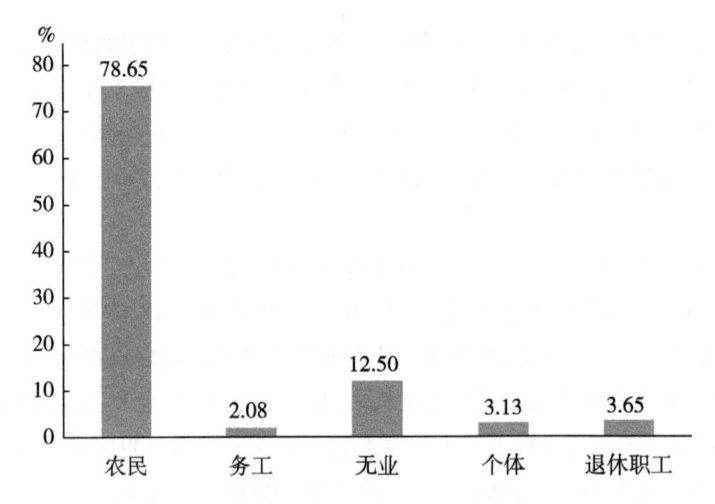

```
        %
     80      78.65
     70
     60
     50
     40
     30
     20
                              12.50
     10           2.08                 3.13    3.65
      0
           农民    务工    无业    个体   退休职工
```

图2　老年被告人职业分布情况

3. 老年犯罪群体文化程度普遍偏低。如图3所示,老年被告人的文化程度分布呈现出明显的低文化程度集中趋势。其中,文盲人数为65人,占比为32.83%,小学文化人数为92人,占比为46.46%,两类群体合计占比高达79.29%。相比之下,较高文化程度者较少,初中文化人数为33人,占比为16.67%;高中文化和中专文化者共计8人,占比仅为4.05%。

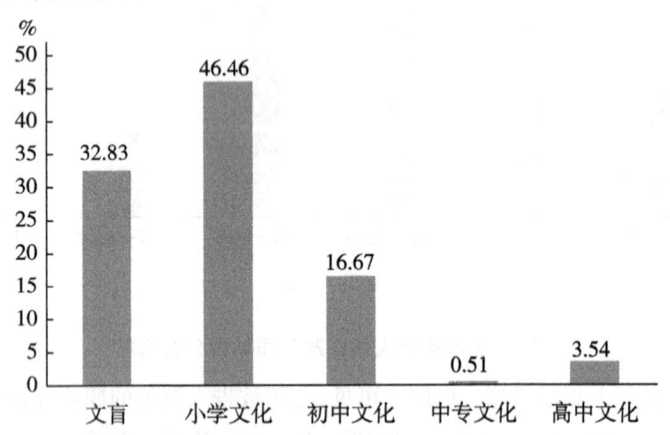

```
        %
     50          46.46
     45
     40
     35
     30   32.83
     25
     20
     15               16.67
     10
      5                          0.51    3.54
      0
          文盲  小学文化 初中文化 中专文化 高中文化
```

图3　老年被告人文化程度分布情况

4. 犯罪类型较为集中。如图4所示,妨害社会管理秩序罪是老年被告人犯罪中的主要犯罪类型,人数高达83人,占比为33.07%;第二是危害公共安全罪,为70人,占比为27.89%;第三是侵犯公民人身权利、民主权利罪,为65人,占比为25.90%。从具体罪名来看,如表1所示,老年被告人涉及最多的罪名为故意伤害罪,多达61人,占比为24.30%,人数远远高于其他犯罪。其次为非法持有、私藏枪支、弹药罪,涉案人数为18人,占比为7.17%。涉案人数排在第三位的是交通肇事罪和非法种植毒品原植物罪,均有17人,占比各为6.77%。

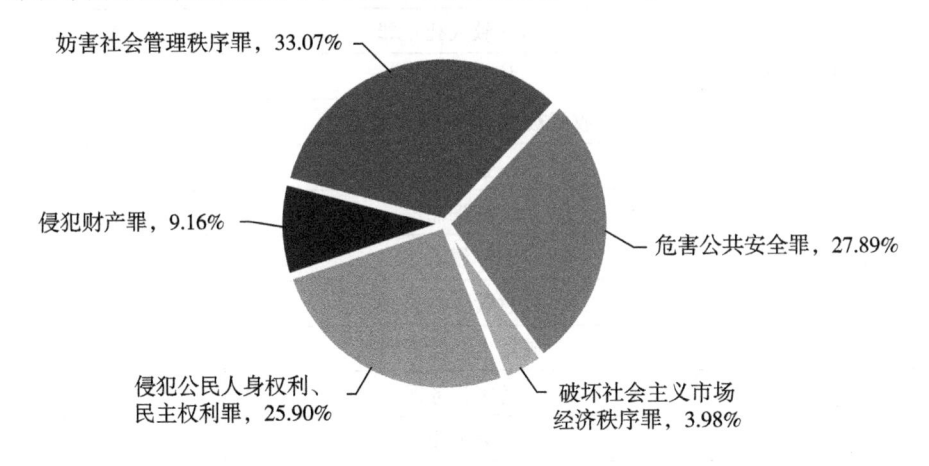

图4 老年被告人罪名分布情况

妨害社会管理秩序罪,33.07%
侵犯财产罪,9.16%
侵犯公民人身权利、民主权利罪,25.90%
破坏社会主义市场经济秩序罪,3.98%
危害公共安全罪,27.89%

表1 老年被告人具体罪名分布情况

犯罪类型	具体罪名	人数/人
危害公共安全罪	放火罪	3
	失火罪	14
	过失以危险方法危害公共安全罪	1
	非法制造、买卖枪支、弹药、爆炸物罪	6
	非法持有、私藏枪支、弹药罪	18
	交通肇事罪	17
	危险驾驶罪	10
	重大劳动安全事故罪	1
破坏社会主义市场经济秩序罪	生产、销售、提供假药罪	1
	生产、销售有毒、有害食品罪	3
	合同诈骗罪	1
	非法吸收公众存款罪	4
	非法转让、倒卖土地使用权罪	1

续表

犯罪类型	具体罪名	人数/人
侵犯公民人身权利、民主权利罪	故意杀人罪	1
	过失致人死亡罪	2
	故意伤害罪	61
	收买被拐卖的妇女、儿童罪	1
侵犯财产罪	盗窃罪	11
	诈骗罪	6
	职务侵占罪	3
	故意毁坏财物罪	1
	破坏生产经营罪	2
妨害社会管理秩序罪	妨害公务罪	6
	袭警罪	1
	伪造事业单位印章罪	1
	伪造、变造、买卖身份证件罪	1
	赌博罪	1
	开设赌场罪	4
	掩饰、隐瞒犯罪所得、犯罪所得收益罪	1
	拒不执行判决、裁定罪	1
	污染环境罪	1
	危害珍贵、濒危野生动物罪	2
	非法捕捞水产品罪	4
	非法狩猎罪	8
	非法占用农用地罪	5
	非法采矿罪	1
	危害国家重点保护植物罪	3
	滥伐林木罪	16
	走私、贩卖、运输、制造毒品罪	3
	非法持有毒品罪	1
	非法种植毒品原植物罪	17
	引诱、容留、介绍卖淫罪	6

由此可见,尽管老年群体面临身体机能、认知能力和社会适应能力衰退的情况,但由于长期处于社会边缘,法律意识淡薄等因素,仍会实施犯罪。老年群体的独特犯罪特点也使得老年社区矫正对象在教育帮扶方面有不同于普通社区矫正对象的需求,而传统的矫正手段难以在老年群体中发挥理想的效果。因此,如何有效对老年社区矫正对象开展教育帮扶成为当下社区矫正领域亟待解决的问题。

随着社区矫正工作的不断推进,老年社区矫正对象这一特殊群体逐渐受到关注。通过检索现有文章,发现现有关于老年社区矫正对象教育帮扶问题的研究集中在如下几个方面。首先是对老年社区矫正对象特征的研究。张邦铺认为,老年社区矫正对象同时具有老年公民和社区矫正对象的双重身份,这种双重性易导致老年社区矫正对象角色定位偏差,进而产生心理状况失衡,出现自卑、抑郁等消极情绪。[1] 陈芳指出多数老年社区矫正人员文化层次偏低,法律意识淡薄,且孤寡老人占比较大;同时,与一般社区矫正人员相比,他们中过失犯罪及利用退休前职务犯罪的比例呈上升趋势。[2] 其次是对老年犯罪人适用社区矫正的研究。郭晓红在分析老年犯监禁刑的弊端的基础上,认为应该对老年犯罪人多适用非监禁刑,并扩大社会矫正的适用范围,以符合老年人的身心特点。[3] 吴宗宪通过阐述对老年犯罪人实行社区矫正具有的重要意义,进而提出对老年犯罪人实行社区矫正的基本前提就是对符合条件的老年犯罪人判处非监禁刑和适用非监禁措施。[4] 张娜立足于老年犯非监禁执行社会化的理论基础,提出老年犯非监禁执行社会化构想,包括建立观护制度和建立针对老年犯的社区矫正。[5] 张慧聪通过分析老年犯适用社区矫正的必要性,指出对老年人适用社区矫正有利于老年犯罪人的教育改造,能够避免监禁执行带来的弊端,同时符合我国矜老恤幼的社会传统及刑罚人道等思想理念。[6] 最后是对老年社区矫正对象教育帮扶问题的研究。郭晓红鉴于社区矫正的发展形势,认为对老年罪犯设立不同于成年人的社区矫正项目迫在眉睫,对此可以引入国外行之有效的、适合老年人的项目并实现本土化;同时需要注意控制公益劳

---

[1] 参见张邦铺:《人口异质性对分类矫正的影响及其循证对策——兼评〈循证社区矫正研究——基于人口异质性的分类矫正〉》,载《绵阳师范学院学报》2022年第6期。

[2] 参见陈芳:《如何开展对老年社区矫正人员的管理教育》,载《人民调解》2012年第5期。

[3] 参见郭晓红:《试论老年犯处遇制度的改革》,载《河北法学》2011年第7期。

[4] 参见吴宗宪:《老年犯罪人社区矫正论》,载《中国司法》2011年第8期。

[5] 参见张娜:《老年犯非监禁执行模式的法理学思考》,载《中共山西省直机关党校学报》2012年第4期。

[6] 参见张慧聪:《论我国老年犯的社区矫正》,载《周口师范学院学报》2013年第1期。

动强度,选择有教育意义的项目。[1] 吴宗宪提出对老年犯罪人的教育矫正内容包括开展法制教育以及根据老年犯罪人的具体情况和存在的问题进行针对性的教育矫正。[2] 李高峰基于老年人心理和身体特点,指出对老年社区矫正人员的教育要以法制教育为主要内容,谨慎考虑开展公益劳动。[3] 荣建芬等剖析了社区矫正分类教育的现状与问题,进而提出应结合老年社区矫正对象的犯罪类型、年龄、心理特点、物质和精神需求,根据刑期长短、犯罪罪名等对老年社区矫正对象进行分类教育。[4] 张慧聪通过阐述老年犯适用社区矫正的必要性,强调对老年人矫正的重点应集中在法制教育上,而不像普通成年犯重点在思想文化、职业技能和生活教育等方面。[5] 冯建仓关注到老年社区服刑人员普遍疾病较多的情况,提出在帮扶中要着力解决他们看病就医的实际困难。[6] 张蕾等在"积极老龄观"的背景下,对中国老年社区矫正帮困扶助工作进行反思,进而提出不能仅仅把老年人视为需要物质帮助的客体,而应注重转变对老年人真实需求的认知,挖掘其潜力,构建长效体系,为他们提供实现自我价值的平台,促进再社会化。[7]

通过上述分析可以得出,现有研究多从宏观视角探讨老年社区矫正对象,缺乏基于个性化视角的深入分析;在老年社区矫正对象的教育帮扶问题上,现有研究大多停留在理论层面的阐述,对于具体的教育帮扶内容,尚未进行细致探讨,涉及具体的老年社区矫正教育帮扶实际情况的研究更是凤毛麟角。如此一来,既有研究未能充分关注到老年社区矫正对象在心理状态、文化程度以及具体需求等方面存在的差异,也并未深入探究如何针对老年社区矫正对象的多样性特点开展个性化的教育帮扶工作。本文基于老年社区矫正对象的特点,通过对司法行政案件进行分析,揭示老年社区矫正对象教育帮扶工作中存在的问题及成因,结合老年社区矫正对象的现实境遇,探索适合老年社区矫正对象的教育帮扶措施,推动老年社区矫正对象的教育帮扶工作朝着更加科学化、人性化的方向发展。

---

[1] 参见郭晓红:《试论老年犯处遇制度的改革》,载《河北法学》2011年第1期。
[2] 参见吴宗宪:《老年犯罪人社区矫正论》,载《中国司法》2011年第8期。
[3] 参见李高峰:《社区矫正的司法适用探究——以社区矫正对象为视角》,载《贵州警官职业学院学报》2012年第6期。
[4] 参见荣建芬、宋丽红、董亚楠:《天津市社区矫正分类教育的实践与思考》,载《中国法治》2023年第4期。
[5] 参见张慧聪:《论我国老年犯的社区矫正》,载《周口师范学院学报》2013年第1期。
[6] 参见冯建仓:《特殊群体社区服刑人员的特殊权利保护初探》,载《中国司法》2018年第11期。
[7] 参见张蕾、夏苗:《"积极老龄观"背景下对老年社区矫正对象帮困扶助工作研究》,载《社区矫正理论与实践》2023年第2期。

二、老年社区矫正对象司法行政案件分析

在总结老年社区矫正对象犯罪特点,并剖析现有研究的不足之处的基础上,有必要进一步分析具体的司法行政案件,以揭示老年社区矫正对象在教育帮扶工作中面临的具体挑战。为此,笔者在司法行政(法律服务)案例库中选择社区矫正工作案例为检索对象;检索关键字包括"老年人""老人""教育""帮扶"。经筛选和去除重复案件,最终选取了有关老年社区矫正对象的司法行政案件总计31件,全部纳入分析。

(一)老年社区矫正对象情况

1. 老年社区矫正对象文化程度偏低。如表2所示,通过对31件司法行政案件中的老年社区矫正对象学历进行统计,排除未注明老年人学历的案件,可以得出,老年社区矫正对象的受教育程度分为3个类别,分别为文盲、小学和高中。其中,老年社区矫正对象为文盲的有12人,占比最大,为85.72%;而小学和高中学历的均为1人,占比各为7.14%。由此可见,老年社区矫正对象的受教育程度普遍较低。

表2 老年社区矫正对象文化程度分布情况

文化程度	文盲	小学	高中
人数/人	12	1	1
占比/%	85.72	7.14	7.14

2. 男性老年社区矫正对象居多,老年社区矫正对象集中在60~65岁。由图5可知,在性别方面,男性老年社区矫正对象数量明显高于女性老年社区矫正对象。

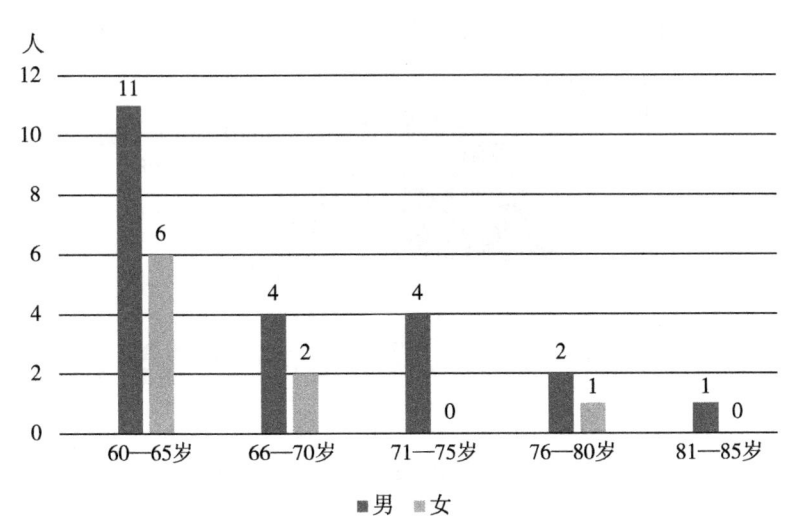

图5 老年社区矫正对象性别及年龄分布情况

具体来说,男性占 70.97%,女性仅占 29.03%。在年龄方面,无论是男性群体还是女性群体,老年社区矫正对象的年龄均集中在 60—65 岁。

3. 老年社区矫正对象多患有非精神类疾病。如表 3 所示,在 31 件老年社区矫正司法行政案件中,经统计 25 人中患有非精神类疾病的老年人高达 19 人,占比为 76%;患有精神类疾病的老年人有 4 人,占比为 16%;而健康的老年人仅为 2 人,占比为 8%。这些数据表明,绝大多数老年社区矫正对象存在着健康问题,其中非精神类疾病占比最大,而在非精神类疾病中,以心脏病和高血压为主,这成为老年社区矫正对象面临的主要健康挑战。

表 3 老年社区矫正对象身体状况

身体状况	健康	非精神类疾病	精神类疾病
人数/人	2	19	4
占比/%	8	76	16

4. 老年社区矫正对象涉及的罪名分布较为集中。从老年社区矫正对象的罪名分布情况来看,主要涉及以下几类犯罪:破坏社会主义市场经济秩序罪占比最高,共有 9 人,约占 29.03%;其次是侵犯公民人身权利、民主权利罪,共有 7 人,占 22.58%;紧随其后的是危害公共安全罪和妨害社会管理秩序罪,均为 6 人,各占 19.35%;最后,侵犯财产罪有 3 人,占比 9.68%(见图 6)。整体来看,老年社区矫正对象的罪名分布较为多样,涉及经济犯罪、暴力犯罪、公共安全犯罪等领域。从具体罪名来看,由表 4 可知,以非法吸收公众存款罪和交通肇事罪为主,分别占 16.13%、12.90%。

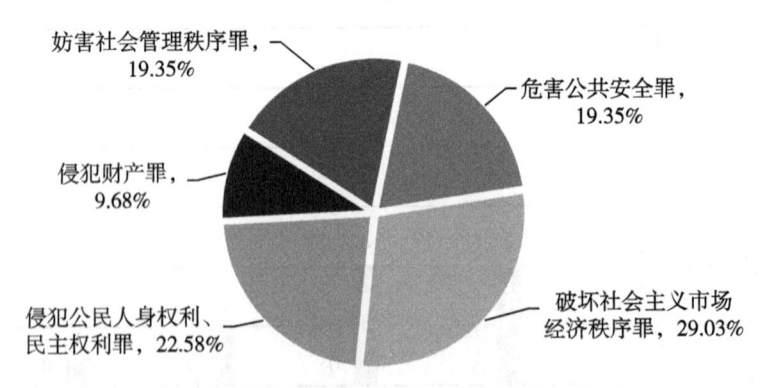

图 6 老年社区矫正对象罪名分布情况

表4 老年社区矫正对象具体罪名分布情况

犯罪类型	具体罪名	人数/人
危害公共安全罪	失火罪	1
	非法持有枪支罪	1
	交通肇事罪	4
破坏社会主义市场经济秩序罪	生产、销售、提供假药罪	2
	非法吸收公众存款罪	5
	销售假冒注册商标的商品罪	1
	虚开增值税发票罪	1
侵犯公民人身权利、民主权利罪	收买被拐卖的妇女罪	1
	拐卖儿童罪	1
	过失致人死亡罪	2
	虐待被看护人罪	1
	故意伤害罪	1
	遗弃罪	1
侵犯财产罪	盗窃罪	2
	诈骗罪	1
妨害社会管理秩序罪	寻衅滋事罪	1
	组织、领导传销活动罪	1
	毁灭证据罪	1
	盗掘古文化遗址罪	1
	滥伐林木罪	1
	非法狩猎罪	1

（二）老年社区矫正对象教育帮扶工作情况

1.老年社区矫正对象矫正小组成员情况。对31件司法行政案件进行梳理可得,对老年社区矫正对象进行教育帮扶的矫正小组成员可分为司法所工作人员、民警、居（村）民委员会人员、具有专业知识的人员、社会工作者、志愿者、家庭成员。根据参与程度排序:第一,在所有案例中,司法所工作人员都参与其中,占比为100%。第二,居（村）民委员会人员在13件案例中参与了矫正工作,占比为

68.42%。第三,在12件案例中,民警参与了矫正工作,占比为63.16%。第四,老年社区矫正对象的家庭成员在10件案例中出现,占比约为52.63%;其中,常见的家庭成员包括配偶、父母、子女等。第五,志愿者在8个案例中参与了矫正工作,占比为42.11%。第六,社会工作者在7件案例中作为矫正小组成员,占比为36.84%。第七,在2件案例中,具有专业知识的人员作为矫正小组成员参与矫正工作,占比为10.53%。

2. 社会力量参与教育帮扶情况。从案例中可以总结出社区矫正工作中社会力量参与教育帮扶的情况。首先,一些地区通过志愿者团队组织活动对老年矫正对象实施教育帮扶。如在对社区矫正对象蔡某依法实施教育矫正案例[1]中,上海市帮教志愿者协会黄丝带项目定期组织社会知名人士组成的志愿者团队开展针对蔡某的小组帮教。其次,部分地区通过社会组织和慈善救助等渠道,为老年社区矫正对象或其家庭提供经济帮助。如在对社区服刑人员何某依法依政策开展社会适应性帮扶案例[2]中,司法所通过社会组织、慈善救助等多种渠道,适当对何某及其家庭进行经济帮助,并介绍务工信息。此外,针对部分案例,司法所邀请检察院工作人员、律师、心理专家等具有专业知识的人员对老年社区矫正对象进行针对性教育、心理指导等。如在对社区矫正对象沈某某依法实施教育矫正案[3]中,司法所邀请崇明区人民检察院驻某镇检察室工作人员对沈某某开展有针对性的个别教育活动;同时还邀请律师对沈某某开展非法集资专项教育。

3. 老年社区矫正对象矫正教育情况。结合案例可以发现,对老年人实行的教育矫正主要包括集中教育、个别教育、社区服务、思想汇报、定期报告等内容。对老年社区矫正对象的集中教育或个别教育,主要涉及公民道德规范、心理健康、法律常识、日常行为规范等。在社区服务方面,部分司法所组织老年社区矫正对象参与敬老院公益劳动;另有部分司法所引导老年社区矫正对象加入义工组织,开展环境卫生整治、孤儿院捐助等公益活动;还有一些司法所组织老年社区矫正对象参与社区禁毒宣传、护河保洁等志愿服务活动。此外,司法所会根据老年人的身体状况,

---

[1] 案例来源:司法行政(法律服务)案例库之"对社区矫正对象蔡某依法实施教育矫正",案例编号为SHSJJZ1570600114。

[2] 案例来源:司法行政(法律服务)案例库之"对社区服刑人员何某依法依政策开展社会适应性帮扶",案例编号为SDSJKB1536030565。

[3] 案例来源:司法行政(法律服务)案例库之"对社区矫正对象沈某某依法实施教育矫正",案例编号为SHSJJZ1559801703。

决定是否组织其参加社区服务。如在对社区服刑人员李某依法实施社区矫正案例[1]中,司法所考虑到李某已经年满60岁,且身体状况不好,免除李某定期参加社区服务的义务。在思想汇报、定期报告方面,司法所根据老年人的自身情况,组织汇报和报告时间。如在重庆市合川区对缓刑社区矫正对象蒋某某依法开展教育帮扶案例[2]中,蒋某某文化程度低,年龄大,不会使用智能手机,司法所免去蒋某某社区矫正App签到要求,改为手写日记,但蒋某某仍须按时进行电话汇报或到司法所当面报告。

4. 老年社区矫正对象矫正帮扶情况。由案例可知,对老年社区矫正对象的帮扶主要包括职业培训,落实最低生活保障,开展临时性救助,就业指导,落实社会保险,发放慰问品等内容。帮困扶助是社区矫正工作的重要措施之一,社区矫正机构结合社区矫正对象的实际困难情况,给予社区矫正对象社会适应性的帮助,为社区矫正对象顺利回归社会做好衔接工作。在31件司法行政案件中,社区矫正机构在对老年社区矫正对象教育帮扶过程中,根据实际困难,对老年社区矫正对象帮助落实低保4人次,组织职业培训3人次,落实社会保险2人次,开展临时性救助8人次,指导就业4人次,发放慰问品5人次。

三、老年社区矫正对象教育帮扶存在的问题

(一)老年社区矫正对象教育帮扶的工作队伍建设滞后

首先,教育帮扶工作队伍专业化力量不足。从上述案例统计中可以发现,大多数矫正小组主要由司法所干部、社区民警、居(村)民委员会人员组成,缺乏心理专家、医疗专家、法律专家等具有专业知识的人员的参与。老年社区矫正对象往往面临身体健康问题、心理困扰等诸多挑战,而现有的矫正队伍并没有相应的专业力量来帮助他们有效应对这些困难。例如,在上海市长宁区司法局对社区服刑人员陈某依法实施教育矫正案例[3]中,陈某在接受矫正教育期间被确诊患有脑萎缩、肺气肿、肝病以及结肠多发息肉等多种疾病,因术后恢复不佳,痛苦万分。又如,在对

---

[1] 案例来源:司法行政(法律服务)案例库之"对社区服刑人员李某依法实施社区矫正",案例编号为CQSSSJ1529397220。

[2] 案例来源:司法行政(法律服务)案例库之"重庆市合川区对缓刑社区矫正对象蒋某某依法开展教育帮扶",案例编号为CQSJJXBF1631096621。

[3] 案例来源:司法行政(法律服务)案例库之"上海市长宁区司法局对社区服刑人员陈某依法实施教育矫正",案例编号为SHSJJZ1530252569。

社区服刑人员旷某某依法接收入矫案例[1]中,旷某某自幼患有间歇性精神疾病,在面临社区矫正时表现出强烈的抗拒情绪,不仅对执法人员存在较大程度的抵触,且明确表示拒绝接受社区矫正,甚至要求直接收监,而该矫正小组由司法所所长、派出所民警、村委会干部组成,缺少具有心理学知识的专业人员和相关精神疾病类的医疗专业人员,这在一定程度上给教育帮扶工作的开展带来了挑战。由此可见,在老年社区矫正对象的教育帮扶过程中,现有矫正小组在医疗支持、心理疏导等专业帮助方面存在明显短板,现有矫正队伍难以充分满足老年社区矫正对象的特殊需求。

其次,家庭成员的参与不充分。矫正小组的工作通常依赖成员的支持,包括家庭成员的配合与参与,家庭成员的参与对个性化教育和心理支持具有积极作用。然而,在许多案例中,家庭成员的参与程度较低。例如,在对社区服刑人员胡某依法实施社区矫正案例[2]中,胡某的妻子作为矫正小组成员参与其中。然而胡某的妻子为文盲,且长期患病服药,缺乏劳动能力,这样的身体状况和文化水平使胡某的妻子在社区矫正工作中的作用受到限制,难以有效参与到对胡某的教育和帮扶工作中。又如,在江西省九江市浔阳区对缓刑社区矫正对象饶某某依法实施教育矫正案例[3]中,饶某某早年离异,有一个女儿,但其女儿并不在本地工作,尽管如此,矫正小组成员仍包括饶某某的女儿。此种情况下,家属距离和工作繁忙会对饶某某的教育帮扶工作造成一定影响,限制家属在矫正小组中的实际作用。这些案例表明,家庭成员的健康状况、地理位置和参与意愿等因素,直接影响了他们在社区矫正工作中的贡献和效果。当家庭成员无法充分参与教育帮扶时,老年社区矫正对象便难以获取来自家庭层面的有力支持,进而在很大程度上阻碍教育帮扶工作的全面推进与深入开展。

(二)老年社区矫正对象教育帮扶的内容与形式单一

在矫正教育方面,目前,针对老年社区矫正对象的矫正教育主要集中在公民道德规范、法律常识、日常行为规范等基础性内容上。虽然这些教育内容对于提高老年人的法治意识和社会适应能力有一定的帮助,但由于较为抽象和理论化,对于文

---

[1] 案例来源:司法行政(法律服务)案例库之"对社区服刑人员旷某某依法接收入矫",案例编号为 CQSJJJ1547108387。

[2] 案例来源:司法行政(法律服务)案例库之"对社区服刑人员胡某依法实施社区矫正",案例编号为 JSSSSJ1539161525。

[3] 案例来源:司法行政(法律服务)案例库之"江西省九江市浔阳区对缓刑社区矫正对象饶某某依法实施教育矫正",案例编号为 JXSJJDGL1670378287。

化水平较低,认知能力不足的老年人而言,难以起到实际的教育效果。再者,当前对老年社区矫正对象的集中教育主要以集中授课为主,形式较为单一和枯燥,难以有效吸引老年人的注意力。此外,对老年社区矫正对象的矫正教育仍是按照普通社区矫正对象的模式,如长时间集中授课、过多的文字教材、标准化的讲解方式等,并未充分考虑某些在视力、听力、记忆力等方面衰退的老年人,缺乏对老年社区矫正对象个体差异的精准识别,导致部分老年人无法充分参与到教育过程中。

在矫正帮扶方面,尽管司法行政部门为老年社区矫正对象提供了职业培训、最低生活保障、社会保险、就业指导等一系列帮助措施,但这些帮扶的覆盖面仍显不足。在31件案例中,只有少数老年矫正对象享受到了低保和职业培训等帮扶,职业培训的次数也有限,仅为3人次。此外,这些帮扶措施虽然为部分矫正对象提供了必要的经济支持和帮助,但往往是短期性的,缺乏可持续性。对于许多老年社区矫正对象而言,尤其是生活困难或健康状况较差的老年人,短期的救助和支持难以满足他们长期的生活需求,一旦帮扶结束,矫正对象可能再次陷入生活困境,无法从根本上实现经济独立与社会融入,这无疑削弱了帮扶工作的长期成效,不利于老年社区矫正对象真正回归社会。

综上所述,针对老年社区矫正对象的教育帮扶在内容和形式上具有单一性,无法有效满足老年矫正对象的多样化需求。

(三)老年社区矫正对象教育帮扶的社会力量参与程度不足

社会力量的参与对老年社区矫正对象的教育帮扶注入了重要活力,但在覆盖面、资源整合和持续性等方面仍存在不足。从案例中可以看出,社会力量的参与往往具有地区和资源上的局限性。部分地区社会力量参与度高,如上海、江西等地多引入社会力量参与;而在经济较为落后或偏远地区,社会力量的介入明显不足。这种不均衡导致老年社区矫正对象在不同地区接受帮扶的资源和机会存在较大差异,影响了帮扶的普惠性和公平性。

四、老年社区矫正对象教育帮扶完善建议

(一)加强矫正队伍的多元化与专业化建设

教育帮扶是与社区矫正的终极目标定位——促进矫正对象顺利回归社会,成为具有健全人格的守法公民——联系最为紧密的任务,直接关系到矫正对象重新

融入社会的能力和持续性。[1]

随着年龄的增长,老年社区矫正对象往往患有多种疾病,心理上极易因犯罪陷入焦虑、抑郁等负面情绪,文化水平普遍较低,法律意识淡薄。为此,司法所应引入具有心理学、医学、法学、社会工作等方面专业知识的人员,形成多元化的教育帮扶团队,以便更好地应对老年社区矫正对象在健康、心理和法律等方面的多样化需求,为他们顺利完成矫正,回归社会奠定坚实基础。另外,为提升老年社区矫正对象的教育帮扶质量,应对现有的矫正小组成员定期组织专业培训,通过开设专业课程,举办专家讲座,进行经验交流等提升他们在心理疏导、职业培训等方面的能力,增强他们对老年社区矫正对象特殊需求的理解与应对能力,为高质量的教育帮扶工作提供有力保障。

对于家庭成员参与不充分的问题,除上述的培训措施外,社区矫正机构应加强与老年社区矫正对象家庭成员的沟通与联系,定期走访,组织家属座谈会,向他们普及社区矫正教育帮扶的相关知识和重要性,让家庭成员明确自己在教育帮扶过程中的角色和责任。通过这种方式,可以提高家庭成员对社区矫正教育帮扶工作的认同感和积极性,进而更好地推动教育帮扶工作顺利进行。同时,对于面临特殊困难的家庭成员,社区矫正机构应提供必要的支持,如经济帮助、就业指导等,使他们能够在不增加过重负担的情况下更好地参与到矫正工作中。此外,对于受地理位置限制的家庭成员,可利用现代信息技术,如视频通话、语音聊天等方式,让他们能够远程参与到教育帮扶工作中,定期与老年社区矫正对象进行沟通交流。如此一来,不仅能维持家庭成员之间的情感联系,也能增强老年社区矫正对象的社会归属感和家庭支持感,有助于推动教育帮扶工作的顺利进行。

(二)根据老年社区矫正对象的特性优化教育帮扶的内容与形式

教育刑论的刑罚要求依据犯罪人的个性采取相应的方法,使犯罪人再社会化,只要与犯罪人的特性相应,且适合犯罪人成为社会人,教育刑的方法就没有限制。[2]

在教育内容方面,首先,应根据老年社区矫正对象的特点和实际需求,丰富教育内容的种类和增加深度。社区矫正机构可以在教授公民道德规范、法律常识等的基础上,增加与老年人生活相关的实际内容,如健康生活、职业技能、情感疏导等

---

[1] 参见王希、刘双阳:《社区矫正精准矫治模式的理论基础与实践展开》,载《南大法学》2022年第5期。

[2] 参见张明楷:《刑法的基本立场》,商务印书馆2019年版,第36~37页。

方面的内容,以帮助老年社区矫正对象更好地适应社会。其次,考虑到老年人的认知水平和文化程度,应采用更加生活化、具体化的教育方式,以便他们能够更加直观地理解和应用教育内容。具体而言,应减少长时间的集中授课,采用短时段、高频率的教育方式,如观看法治节目,开展翻转课堂,表演节目等,既能提高老年人的参与感,又能避免过长时间的学习带来的疲劳感。针对老年人视力、听力、记忆力等方面的衰退,可以利用现代技术手段,如提供语音辅导、视觉辅助工具等,帮助老年社区矫正对象更好地进行学习。

在矫正帮扶方面,现有的帮扶措施虽然在物质帮助、经济支持等层面上有所涉及,但在覆盖面和持续性上存在较大不足。因此,可以通过长期跟踪和定期回访的方式,及时了解老年社区矫正对象的最新需求和阶段性成效,灵活调整帮扶措施。对于缺乏劳动能力的老年社区矫正对象,采取落实低保,完善社会保险等个性化支持策略,保障他们的正常生活;对于有劳动能力的老年社区矫正对象,应组织职业技能培训,开展就业指导,帮助寻找适合老年人的就业岗位,避免他们因年龄和健康问题而被社会边缘化。

(三)健全社会力量参与机制

社会力量不应过多地承担行政化的监督辅助工作,而应充分发挥私人部门和志愿部门的专业化优势,为社区矫正对象提供精准有效的教育帮扶。[1] 针对目前社会力量参与老年社区矫正教育帮扶不足的问题,首先,可根据不同地区老年社区矫正对象数量、矫正对象的实际需求,科学合理地调配资源。尤其对于经济落后或偏远地区,要加大资源倾斜力度。通过设立社区矫正专项经费,借助财政转移支付这一重要手段,将经济发达地区的部分财政资金调配至这些地区,用于购买社区矫正相关的社会服务,让更多社会力量参与到老年社区矫正对象的教育帮扶中。其次,要加大政策支持力度。政府可出台税收优惠、财政补贴、项目奖励等政策,激发社会力量参与老年社区矫正对象教育帮扶的积极性。具体而言,根据企事业单位或社会组织开展教育帮扶项目的规模、服务老年社区矫正对象的数量以及教育帮扶效果进行评估,按照评估结果划分不同等级,给予企事业单位或社会组织相应的财政补贴。此外,对于那些积极投身老年社区矫正对象教育帮扶工作,为老年社区矫正对象及其家庭成员提供职业培训、就业岗位以及物质援助的企事业单位或社会组织,政府部门可以给予税收优惠,以吸引更多社会力量投身到老年社区矫正对

---

[1] 参见喻少如、窦峥:《社会治理共同体视域下社会力量参与社区矫正的模式转型》,载《中国人民公安大学学报(社会科学版)》2022年第4期。

象的教育帮扶工作中,助力老年社区矫正对象更好地回归社会。

结　语

在人口老龄化日益加剧的背景下,老年社区矫正对象已成为社区矫正工作中不可忽视的群体。老年社区矫正对象绝非社会的负担,而是宝贵的资源。[1] 他们拥有丰富的人生阅历和生活经验,这些独特的经历和智慧是社会发展的宝贵财富,因此,通过教育帮扶引导老年社区矫正对象实现自我价值的再创造,具有深远的社会意义。

然而,目前老年社区矫正对象教育帮扶工作面临诸多挑战。从工作队伍来看,专业化力量不足,心理、医疗、法律等领域专业人员参与较少,家庭成员参与也不够充分;在教育帮扶内容与形式上,存在内容单一、形式枯燥的问题,难以满足老年群体多样化需求;此外,社会力量的参与程度有限,且各地差异较大,影响了教育帮扶工作的普惠性。基于此,亟须从多方面着手改进。一方面,应加强矫正队伍专业化建设,引入专业人才,增强与家庭成员的沟通合作;另一方面,应根据老年群体的特点和需求,不断优化教育帮扶的内容与形式,以提高教育帮扶工作的针对性和有效性。同时,要健全社会力量参与机制,吸引更多社会力量投身到老年社区矫正对象的教育帮扶工作中,共同推动老年社区矫正对象的教育帮扶工作迈向新台阶,助力老年社区矫正对象更好地回归社会。

---

〔1〕 参见张蕾、夏苗:《"积极老龄观"背景下对老年社区矫正对象帮困扶助工作研究》,载《社区矫正理论与实践》2023 年第 2 期。

未成年人社区矫正

未成年人社区矫正中监护人责任问题探究*

赵豫宁** 陈 珊***

摘 要：近年来未成年人犯罪率相较以往呈现逐步增长的趋势，我国刑法亦对未成年人刑事责任年龄进行了下调，但除部分恶性案件外，未成年人犯罪情节较轻，社会危害性相对较低，具备较强的可矫正性。对此，2020年7月1日正式施行的《社区矫正法》采用专门章节对未成年人社区矫正问题作出了规定。而矫正过程中，未成年人的监护人对矫正效果发挥着重要作用，但因立法不够细化，适用范围较窄等原因，相关规定在实践中仍然面临一些问题。本文深入分析我国未成年人社区矫正制度在实践中的应用困境，并进一步考察了美国和英国在未成年人社区矫正方面的有益经验以从中得到启示，旨在探究未成年人社区矫正过程中监护人的责任与义务，以期能够为我国未成年人社区矫正制度的改进提供理论支持和实践指导，更好地发挥教育效果，促进司法公正和社会和谐。

关键词：未成年人；社区矫正；监护人责任

"社区矫正"的概念最早来源于英、美等国。由于我国一直采用以监禁刑为代表的传统行刑方式，我国的社区矫正制度起步时间较晚，从2003年开始进行试点，在取得实效后才在全国范围内推行。根据2020年7月1日正式施行的《社区矫正法》可知，社区矫正适用于被判处管制、宣告缓刑、假释和暂予监外执行的情况，对

---

* 基金项目：本文系社区矫正研究中心项目"基于人口异质性的循证分类社区矫正研究"（项目编号：SQJZ2022-01）、四川省儿童保护与发展研究中心项目"未成年社区矫正对象心理矫正机制循证研究"（项目编号：ETBH2022-YB004）、基层司法能力研究中心项目"循证分类社区矫正制度研究"（项目编号：JCSF 2023）的阶段性研究成果。

** 作者单位：西华大学法学与社会学学院。

*** 作者单位：西华大学法学与社会学学院。

矫正对象应当正确监督管理、教育帮扶，以促进矫正对象通过矫正后重新融入社会，预防和减少犯罪。

而未成年人社区矫正主要是针对那些因犯罪行为被法院依法判处刑罚并需要执行社区矫正的未成年人，通过国家专门机构和社会团体、志愿者的介入，将未成年人置于社区中进行教育改正，该矫正措施与我国传统的监禁刑相区分，属于一种非监禁性刑罚执行方式。[1] 它要求犯罪行为人的罪行较轻，具有悔罪表现，且通过社区矫正能够达到教育、感化、挽救的目的。但相较而言，未成年人是一个特殊群体，他们的自我辨认和自我控制能力较低，心智尚不成熟，犯罪行为的主观恶性相对较小，因此需要充分考虑到他们的身心发展特点、他们未来改正过错的潜力以及各种权益的保护等，实施更具针对性的矫正措施。

一、未成年人社区矫正中有关监护人责任的问题

近年来，我国未成年人犯罪逐渐呈现年龄低龄化、手段残忍化的趋势，[2] 而未成年人实施犯罪的各类原因中家庭环境因素占据相当一部分比例，或是家人过度溺爱，或是单亲家庭，或是监护人互相推诿责任等极端情况。监护人家庭正确教育方式的缺失极易导致处在青春叛逆期的未成年人出现严重的逆反心理，他们可能会在学校、社会中接触不良群体，沾染陋习，抑或希望以极端方式引起家人注意，单纯寻求刺激等，继而走上犯罪的道路。社区矫正制度是对这部分未成年人的特殊保护，而社区矫正的决定并非由法院单方作出，同时需要家长签署缓刑担保。在这种情况下，大部分监护人会选择同意签署，并对缓刑期间以及后续过程承担监护责任，履行教育保护义务作出承诺。但具体到实行过程中，由于缺乏具体法律制度规制和监管，这些内容可能最终只会流于形式。加之家庭本身存在的既有问题，未成年人与监护人的矛盾可能进一步激化，使未成年人逆反心理更加严重，适得其反。[3] 具体而言，我国未成年人社区矫正过程中存在以下监护人责任相关问题。

1. 监护人对制度认知欠缺

监护人对未成年人社区矫正制度具备正确认知是达到良好矫正效果的基础，

---

[1] 参见庞小玉、王洪涛：《论我国社区矫正制度存在的问题及完善路径》，载《哈尔滨师范大学社会科学学报》2019年第6期。

[2] 参见胡发清：《现代治理视域下我国未成年社区矫正制度的现状、困境及其完善进路》，载《预防青少年犯罪研究》2023年第5期。

[3] 参见开金英：《未成年人社区矫正法律问题研究——以马鞍山市花山区为调研对象》，安徽工业大学2019年硕士学位论文。

但部分监护人可能因对社区矫正制度的具体内容及要求缺乏深入了解,难以有效协助社区矫正机构对被监护人实施必要的监管和教育措施。这种认知上的不足不仅限制了监护人在矫正过程中的积极作用,还可能导致监护人无法正确履行监护职责。例如,监护人可能不了解如何平衡监督与关爱,如何在确保被监护人遵守规定的同时,给予被监护人必要的支持和引导。这种法律知识的匮乏直接影响了社区矫正制度的实施效果,使被监护人在矫正期间难以获得全面而有效的帮助,从而影响了被监护人顺利回归社会的进程。因此,加强监护人对社区矫正制度的认知和法律知识教育显得尤为重要。

2. 监护人参与度不足

在未成年人社区矫正过程中,监护人的角色至关重要,相较于成年社区矫正对象,未成年人对家庭的依附程度更高,[1]监护人不仅是未成年人的第一责任人,也是未成年人行为矫正和心理辅导的重要参与者。但目前监护人的参与度普遍不足,在社区矫正过程中未能充分发挥家庭的帮教作用。由于缺乏有效的激励和约束机制,许多监护人虽然认识到自己在社区矫正中的地位和角色,但他们在矫正过程中的参与度和积极性不高;并且部分监护人和对应社区矫正机构之间缺乏有效的沟通,难以落实矫正要求或准确反馈矫正情况,对整体矫正工作造成不利影响。为了提升监护人的参与度,有必要建立一套完善的监护人培训和指导体系,通过法律法规明确监护人在社区矫正中的权利和义务,同时提供必要的支持和资源,如心理咨询、法律援助等,以增强监护人的责任意识和参与意愿。

3. 监护人责任界定模糊

在未成年社区矫正过程中,家庭的监护教育是十分重要的部分,但是当前我国在未成年人社区矫正中对监护人的责任界定较为模糊,缺乏具体的操作指南和责任追究机制。这种模糊性导致监护人在实际矫正过程中难以明确自己的职责范围,也难以有效地配合社区矫正机构的工作;同时《社区矫正法》在我国法律体系中处于弱势地位,实践中相关单位也很难发挥实际作用,难以形成相应的强制约束力。为了解决这一问题,需要通过立法明确监护人在未成年人社区矫正中的具体责任,包括监督未成年人的日常行为,配合社区矫正机构的矫正计划,参与未成年人的教育和心理辅导等。同时,还应建立相应的责任追究机制,对于未能履行监护责任的监护人,应依法追究责任,以确保监护人责任的有效落实。

---

[1] 参见田兴洪、蒋晓宇:《未成年社区矫正工作现状、问题与对策》,载《社区矫正理论与实践》2024年第3卷第1期。

4. 社区矫正体系不健全

未成年人社区矫正的成功很大程度上依赖于有关工作人员、监护人的支持和配合，但目前我国对社区矫正的支持体系尚不健全。未成年人社区矫正对象存在个体差异和多样化需求，需要针对每名社区矫正对象的实际情况进行个别化矫正，[1]但许多监护人自身文化素质不高，或缺乏专业的知识和科学的教育理念，面对未成年人犯错的情况对未成年人过于溺爱或过于严苛，以至于难以有效地对未成年人进行矫正和教育。此外，监护人在经济、时间和情感上的支持也往往不足，这直接影响了社区矫正的效果。为了改善这一状况，需要建立一个全方位的监护人支持体系，包括提供专业的培训和指导，建立监护人互助网络，提供经济援助和心理支持等。这些措施可以帮助监护人提升自身的矫正能力，增强对未成年人社区矫正的信心和决心，从而提高社区矫正的整体效果。

二、监护人责任的法律基础

2020年7月1日，《社区矫正法》正式施行，其中第七章以7条法律条文作出未成年人社区矫正特别规定，第53条提到未成年人社区矫正对象的监护人应当履行监护职责以及怠于和拒不履行监护职责时的处理方式。但整体规定较为笼统简单，并未对监护人责任内容及处理方式进行进一步明确。

《民法典》中有关监护人的内容主要规定于总则编第二章，其中第34条和第35条提到监护人的职责是代理被监护人实施民事法律行为，保护被监护人的人身权利、财产权利等，以及未成年人的监护人在作出与被监护人利益有关的决定时应当考虑未成年人年龄和智力状况并尊重未成年人真实意愿。

另外，《未成年人保护法》第二章和《家庭教育促进法》第二章对未成年人的监护人责任进行了更为明确的规定，并且对不得实施的行为进行了列明，但这些内容主要针对未实施犯罪行为的普通青少年群体以及其基本生活层面。

由上述内容可知，我国现行法律规定中有关未成年人监护人责任的内容架构较为完善，可以对青少年整体适用，但对接受社区矫正的这部分未成年人群体及其监护人缺乏针对性。而未成年人社区矫正制度的对象本身具有特殊性，需要在现有法律制度框架内采取针对性的矫正方式，比如加强对个人隐私的保护、教育和对就业权益的保障，尤其是增进作为监护人的正确引导教育，以期更好地帮助矫正后

---

[1] 参见袁红丽、宋丽红、董亚楠：《未成年人社区矫正实践与制度研究》，载《中国法治》2024年第7期。

的未成年人回归社会,真正在矫正过程中落实监护人责任制度举足轻重。

三、未成年人社区矫正中监护制度完善建议

(一)案例引入

例如,《最高人民法院发布九起未成年人权益司法保护典型案例》之"未成年被告人邹某寻衅滋事及家庭教育令案"。未成年人邹某的父母因工作原因,长期以来疏忽了对邹某的管教及关照,同时缺乏正确实施家庭教育的方法,导致邹某开始接触到社会中的不良青年,最终因与多人打架斗殴构成寻衅滋事罪并被判处相应徒刑。结合邹某及其家庭情况,法院向邹某的父母签发了"家庭教育令",责令邹某的父母定期接受家庭教育指导,并联合检察、公安、司法、教育等部门成立了"家庭教育爱心指导站",帮助家庭教育失职的监护人树立监护意识,使监护人意识到自身的主体责任和义务,积极履行职责,以更好地帮助犯罪未成年人进行改造。[1] 这种"家庭教育令""家庭教育爱心指导站"的模式对于未成年人社区矫正制度也有很重要的参考意义,应当得到推广并适用。

又如,《以案释法|对未成年社区矫正对象汪某依法实施教育矫正》一文中的案例,未成年人矫正对象汪某因贩卖毒品罪被判处相应徒刑并决定缓刑。汪某在成长过程中一直缺乏父母的关爱,并且难以得到监护人的正确思想引导,加之自身法律意识淡薄,受他人影响而走上犯罪道路。相关社区矫正工作人员为汪某及其监护人制定了针对性的改善方案,邀请他们共同参与社工开展的亲子活动,帮助监护人了解如何有效与孩子沟通,加强家庭成员之间的良性互动。[2] 由此可知,家庭成员的教育陪伴对社区矫正效果影响重大,监护人只有承担起相应的责任义务,才能协助矫正人员重建健康的心态,顺利度过矫正期,在建立良好性格和心理的基础上避免再次实施违法犯罪行为。

(二)具体措施

社区矫正制度本身就需要广泛动员社会各方面的力量积极参与,各司其职。尤其是对于未成年人社区矫正对象,不仅需要公、检、法等专职司法机构和矫正工作人员的参与,更需要监护人承担起应有的责任。具体而言可从以下几个方面进行完善。

---

[1] 参见人民法院新闻传媒总社:《最高人民法院发布九起未成年人权益司法保护典型案例》[2022-03-01]。

[2] 参见揭阳司法:《以案释法|对未成年社区矫正对象汪某依法实施教育矫正》[2020-06-10]。

1. 明确监护人责任义务,加强贯彻落实

关于监护人责任界定方面的问题,需要从法律层面进行明确。应在《社区矫正法》等相关法律法规中明确规定监护人在未成年人社区矫正中的具体责任和义务,如监督未成年人遵守法律法规,定期参与并配合社区矫正机构的工作,协助工作人员进行矫正计划的针对性制定和执行等;建立监护人责任评估机制,对监护人参与协助矫正的情况进行定期检查评估,并根据评估结果给予相应的指导和支持;对于未能履行责任的监护人,应依法严厉追究法律责任,通过法律手段强制监护人承担抚养、管教等义务并强化监护人责任意识。"监护不仅是一种权利,更是一种职责",通过这些措施,可以明确监护人在未成年人社区矫正中的责任,提高矫正工作的效率和效果。

2. 加强法律教育,提高监护人参与度

关于监护人参与度不足,认知不够的问题,需要通过立法明确监护人在未成年人社区矫正中的权利和义务,并且加强教育宣传,增强监护人对自身责任的正确认识。建立监护人培训机制,提供专业的法律知识、心理健康和教育方面的培训,提升监护人的责任意识和参与协助矫正的能力;社区矫正机构应与监护人建立定期沟通机制,共同制定和评估矫正计划,确保矫正措施的有效推进与实施;[1]鼓励并监督监护人参与社区服务和教育活动,通过实践活动提升监护人的社会责任感和教育能力。期望通过上述措施,能够提升监护人在未成年人社区矫正过程中的参与度,不仅使未成年人得到矫正,也让监护人学习到正确管教子女的方法。

3. 评估监护教育条件,介入家庭治疗模式

对于未成年人而言,家庭是成长的重要场所,对未成年人独立人格、价值观及行为习惯的养成至关重要。[2]而结合我国《社区矫正法》的规定和相关现实情况,应当根据未成年人社区矫正对象和家庭监护教育条件采取针对性的矫正措施。"家庭治疗"概念首次出现于美国,它是指通过由家庭治疗师改变家庭内部环境中成员之间不良的交往模式,改善家庭成员中个体的心理和行为问题。[3] 由于家庭

---

[1] 参见廖声兰、谢义帅:《既"矫"又"治":未成年人社区矫正的问题分析与诊治》,载《司法警官职业教育研究》2024年第1期。

[2] 参见李岚林:《"柔性"矫正:未成年人社区矫正的理论溯源与实践路径》,载《河北法学》2020年第38卷第10期。

[3] 参见[美]米歇尔·尼科尔斯:《家庭治疗基础——心理咨询与治疗系列》,林丹华等译,中国轻工业出版社2005年版,第7页。

成员之间具备强关联性和依赖性,个人行为改变可能影响整体,因此社区矫正工作人员通过对矫正对象及其家庭情况进行评估,视具体情况介入。可通过对矫正对象本人、监护人及共同生活的家庭成员等采取各种干预策略等,改善不良的家庭教养方式和成员间的不良问题,帮助增进未成年社区矫正对象对家庭的正向依附以及加强监护人等对未成年人社区矫正对象的正确教导,进而促进矫正对象能更好地回归家庭,走向社会。

4. 提高社会参与度,构建监护人支持体系

针对社区矫正支持体系不健全的问题,实践中可以采取以下对策。建立监护人支持网络,包括社区、专业机构和志愿者组织等多方面的资源,为监护人提供必要且及时的信息、咨询和帮助;社区矫正人员不仅应参与对未成年人社区矫正对象的教育,也应定期对监护人进行培训,传授正确的教育方式并适当加以考核;[1]提供经济援助和心理支持,减轻监护人在经济和情感上的压力,帮助他们更好地履行监护职责。此外,还可以开展监护人互助小组活动,组织监护人与矫正对象的亲子互动等,通过经验分享和情感支持,增强监护人及其子女之间的联系和合作。期望通过这些措施,能够构建一个全方位的监护人支持体系,为监护人提供必要的支持和帮助,提高监护人在未成年人社区矫正方面的能力和作用。

四、结 语

青少年时期正是未成年人身心发育的关键时期,这个阶段离不开监护人、学校、社会等多方的配合引导,尤其是对于误入歧途的未成年人,更应该结合实际情况进行针对性的教育。目前,我国在完善未成年人社区矫正工作方面已经采取了一定措施并取得了显著成效,但仍然存在一定不足和进步空间。

社区矫正不仅是为了矫正犯罪,而且应注重结合矫正对象的年龄特征、身心发育等特点进行心理疏导与权益保障,而监护人在这个过程中应当发挥重要作用。应坚持贯彻"教育、感化、挽救"的方针,坚持"教育为主、惩罚为辅"的原则,充分落实监护人责任,保障未成年人权益,构建更完善有实效的未成年人社区矫正制度。

---

〔1〕 参见常艺博:《未成年人犯罪持续增长态势下未成年社区矫正的现实困境及对策》,载《预防青少年犯罪研究》2024年第3期。

从嵌入式走向合作式：社区矫正新模式下未成年人社区矫正社会支持网络的构建探究

李秋嬬*

摘　要：《社区矫正法》专章规定了未成年人社区矫正工作，强调要重视保护未成年人的合法权益，但是未成年人社区矫正工作如何适应新发展格局，各部门如何协同落实、做优未成年人社区矫正工作，发挥社区矫正改造未成年人的应有作用，帮助未成年人社区矫正对象尽快融入社会不够明确。本文从社会支持网络视角切入，确立社会支持网络的组成与构建模式，并明确该模式是强化未成年人社区矫正工作的重要进路。本文基于社会支持网络视角，提出从"嵌入式"转向"合作式"的社区矫正新模式，通过构建家庭、学校、邻里、社会组织及跨部门联动的多元化支持网络，改善未成年人社区矫正对象的成长环境与社会融入路径。具体策略包括：强化家庭教育指导，推行"优秀传统文化＋社区矫正"模式；依托"伙伴同行"计划与特色项目增强归属感；整合司法、教育、社工等资源，完善跨区域协作机制；引入"智慧矫正"技术提升监管效能。研究强调，需通过协同治理与技术创新，实现未成年人社区矫正工作的高质量发展，为预防重新犯罪、促进社会融入提供系统性解决方案。

关键词：合作式；社区矫正；未成年人；社会支持网络

2020年7月1日《社区矫正法》正式实施，对于推进社区矫正工作制度化、规范化、专业化具有重大意义。鉴于未成年人社区矫正的特殊性，《社区矫正法实施办法》第55条第1款明确，未成年人的矫正方案要结合未成年人年龄、心理特征、犯罪

＊ 作者单位：广西壮族自治区玉林市博白县人民法院。

原因等情况制定。

一、未成年人犯罪状况

根据最高人民检察院《未成年人检察工作白皮书(2014—2019)》《未成年人检察工作白皮书(2022)》,列明以下数据(见图1)。[1]

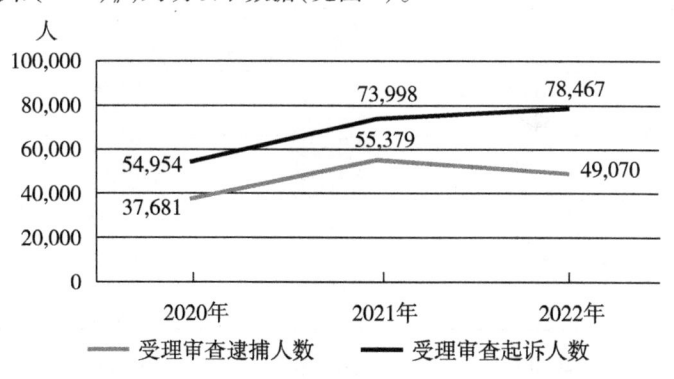

图1　2020~2022年未成年人涉嫌犯罪情况

如图1所示,2020年至2022年,未成年人犯罪总体呈上升趋势,未成年人保护形势仍显严峻。

如图2所示,未成年人重新犯罪率呈持续下降趋势,教育挽救工作有一定成效。

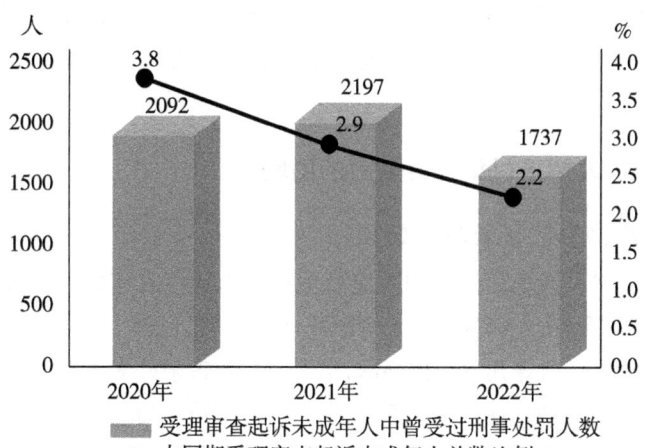

图2　2020~2022年未成年人重新犯罪情况

[1] 参见最高人民检察院发布《未成年人检察工作白皮书(2022)》,载最高人民检察院官网,https://www.spp.gov.cn/spp/xwfbh/wsfbt/202306/t20230601_615967.shtml#1。

如图3所示,未成年人犯罪附条件不起诉率呈上升趋势,适用人数逐年增加,适用质量持续向好。

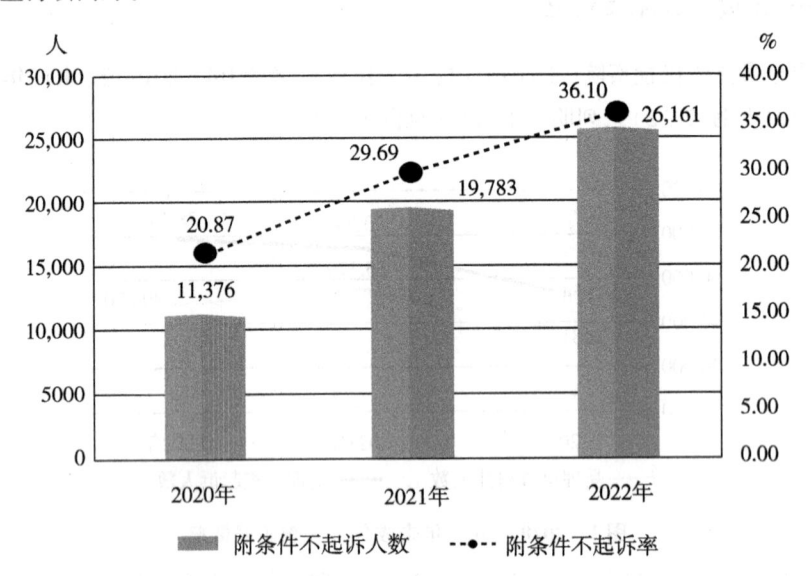

图3 2020～2022年未成年人犯罪附条件不起诉人数和附条件不起诉率

社区矫正作为挽救未成年人的重要方式,如何发挥好作用,做好未成年人社区矫正对象分类管理工作,使未成年人社区矫正对象重返社会,显得尤为重要和迫切。

二、未成年人矫正对象社会融入的困境

(一)家庭、家风、家教指导缺位

法律规定,父母或者其他监护人应当承担对未成年人实施家庭教育的第一责任。城市化背景下,在人口从农村大规模流向城镇的过程中,大多数流动父母将未成年子女留在家乡,留守儿童规模高涨,给家庭教育带来许多挑战。[1] 家庭法治教育是预防未成年人犯罪,保护未成年人免受侵害的第一道防线。在基层司法实践中,工作人员发现很多未成年人矫正对象的家庭问题一直未得到妥善解决。家庭教育的缺失,家庭关系的不和谐,家庭支持过于薄弱,成为未成年人走向歧途的重

---

〔1〕 参见段成荣、吕利丹、王宗萍:《城市化背景下农村留守儿童的家庭教育与学校教育》,载《北京大学教育评论》2014年第12期。

要诱因。

1. 家庭结构失调，教育缺失

未成年人社区矫正对象的家庭情况复杂，包括离婚、遗弃、父母分居等情况。其中，单亲家庭环境对未成年人犯罪影响比较大。[1] 家庭破裂导致家庭教育功能失调，父母无暇顾及子女教育。在未成年人罪犯中，双亲感情失和、争斗不断以及他们与父母间关系紧张的比例远高于父母离婚的比例。在这种环境中，未成年人心理结构内部容易产生矛盾，表现出逆反、盲目模仿等不良心理倾向，形成较为脆弱的性格。

未成年人社区矫正对象常常处于低社会经济地位，成绩、个人品质、心理健康等方面都受到许多影响。[2] 教养方式呈现出高压、混乱、严厉等特点，此环境中的未成年人对父母的态度为不认同、不尊重，从父母亲处未获取到心理上的适当交流，成长路上的引导更是无从谈起。在此环境中的未成年人几乎未体验过温暖与支持，心理图式和社会脚本容易充满敌意。[3] 因长期生活在家庭功能积极性较低的环境，未成年人的行为和认知难以良好地形成。许多未成年人为了消解重新融入社会带来的压力而酗酒，导致社会适应不良，衍生出心理不健康等问题和行为。[4]

2. 家庭经济状况不佳

一些未成年人社区矫正对象来自经济收入较低家庭，父母往往是"生存型"父母。首先，未成年人易因家庭经济收入不佳，进而从外部寻找物质保障，从而走上盗窃罪或者信用卡诈骗罪等类型的犯罪道路。其次，家庭经济收入低高度影响父母开展良好的教养实践，父母难以提供社会或情感支持，并且容易对孩子的暴力倾向持忽视态度。最后，未成年人难以得到一个良好的成长环境，多数就读于教学质量较低的乡村学校或农民工学校，自我控制能力较弱，常接触到校园暴力和社会暴力，反社会的概率增加。

（二）教育教学工作的淡漠

法律规定，社区矫正对象的就业、就学等方面的权利受到保障。实践中，未成

---

[1] 参见[英]Ronald Blackburn：《犯罪行为心理学》，吴宗宪、刘邦惠等译，中国轻工业出版社2000年版，第45~78页。

[2] 参见周宗奎等：《农村留守儿童心理发展与教育问题》，载《北京师范大学学报（社会科学版）》2005年第1期。

[3] See Palmer E J, *Perceptions of Parenting*, Social Cognition and Delinquency, Clinical Psychology and Psychotherapy, 2000, 7, p. 303 – 309.

[4] See Ruchkin V V, Eisemann M, Koposov R A. et al., *Family Functioning*, *Parental Rearing and Behavioural Problems in Delinquents*, Clinical Psychology and Psychotherapy, 2000, 7, p. 310 – 319.

年社区矫正对象在就学、就业等方面合法权益屡受侵害。究其根本,多数未成年人矫正对象学习成绩不佳,有不良的行为习惯,有些学校认为这样的学生影响同学的正常学习和生活,管理难度大,影响升学率;有的校方得知学生为社区矫正对象后,不同意未成年人矫正对象继续就读,欲将未成年人矫正对象劝退并通知其父母将其接走;社会对未成年人矫正对象存在刻板印象,一些学生家长为了使自己的子女有良好的成长和教育环境,会对未成年人社区矫正对象入学进行干预,有些学校不得已劝退未成年人矫正对象。

(三)社交断裂或者错位,传统社会观念不接纳

滕尼斯认为,共同体是基于地缘、血缘形成的组织群体,如家庭、村落、社区等,共同体中的个体彼此扮演着不同的角色,进行亲密的互动,彼此依赖和信任。[1] 未成年人矫正对象的社交需求是社会化的重要组成部分,对于他们心理健康发展和稳步融入社会具有重要的影响。但是,从未成年人矫正对象进入矫正阶段起,社交圈常显示断裂、错位状态。

首先,监督管理制度对于人身自由有一定的限制,在此情况下,基于地缘、趣缘、业缘等组成的关系较易松动,原先的正常社交无法继续维系。[2] 其次,受我国传统文化与社会观念的影响,大部分社区矫正对象被标签化。社会舆论对社区矫正对象进行负面评价,以及未成年人矫正对象自身的自我怀疑,导致了未成年人矫正对象无法接近及亲近其他社交群体。部分未成年人矫正对象在接受矫正后搬离原来的居住地,原因就是逃避负面的舆论压力。最后,家庭经济或者家庭环境依旧显示低支持度,未成年人矫正对象感受不到家庭归属感,他们将时间消磨在网吧、KTV以及吸烟喝酒等行为上来打发时间,在不良亲朋好友的错误引导下,为重走犯罪道路留下隐患。[3]

(四)经济状况不佳

未成年人矫正对象的原生家庭无法给予未成年人矫正对象太多经济上的支持。原生家庭收入较低,导致未成年人矫正对象会面临过早步入社会,身体健康未受到重视,心理方面比较脆弱等情形。有些未成年人矫正对象虽然找到工作,但受

---

[1] 参见高瑞平等:《共同体的界定、内涵及其生成——共同体研究综述》,载《科学学与科学技术管理》2010年第10期。

[2] 参见王天瑞:《青少年社区矫正对象社会融入的困境与出路——以社会支持网络为视角》,载《河南司法警官职业学院学报》2022年第20期。

[3] 参见胡宇轩:《未成年人初次吸食毒品原因的实证研究——以云南省W戒毒所为例》,云南师范大学2018年硕士学位论文,第45~78页。

教育程度较低,收入来源不足以供给当前的开支。物质需求与实际收入的差距,使未成年人矫正对象可能重新走上犯罪道路。有些未成年人在城市中被"边缘化"的经历会使其产生漂泊感、心理疲惫或心理扭曲,进而导致大量短期行为、颓废行为、反社会行为,以及享乐主义或极端个人主义等非理性行为。[1]

(五)各部门合力未形成,未成年人权益无法保障

有关法律明文要求政府有关部门、司法机关、人民团体、学校、家庭、城市居民委员会等部门需为未成年人身心健康发展提供良好的社会环境。虽然《未成年人保护法》总则给出了政府有关部门和机构对预防未成年人犯罪进行共同参与、相互配合,但实践中各部门所采用的预防未成年人犯罪对策大多属于本部门工作范围内,整合合力未形成。

三、探索路径:改善未成年人矫正对象社会融入困境

(一)改善未成年人矫正对象的家庭环境

在未成年人社区矫正的过程中,大部分矫正对象由于年龄较小和收入较低,难以与原生家庭隔离,故家庭环境和与父母之间的关系对于未成年人矫正对象影响极大。对此,应构建情感与经济支持——家庭支持网络。家庭是每个人生活最基本的社会单位,也是个人情感的依托和归属,家庭对于每个人的影响是至关重要的。家庭作为参与社区矫正的重要主体之一,在实际工作过程中对未成年人矫正对象主要起了道德引导和亲情感化等作用。家庭参与社区矫正的意义体现在两个方面:一是协助司法所对矫正对象进行监管;二是家属的接纳和包容能够提高矫正对象的教育矫正成效,帮助矫正对象更好地回归和融入社会。[2]

在未成年人逐步融入社会的过程中,有些未成年人的家长综合素养、教育能力、为人处世能力亟待提升。社区矫正机构可通过召开未成年人社区矫正对象家庭教育座谈会,开设家庭教育指导课堂、家长成长课等,就如何正确开展家庭教育以及如何高质量陪伴孩子给家长们支招,从根源上引导家长履行教育职责,从而有效护航涉罪未成年人顺利回归社会。检察院未成年人刑事检察部门可通过"督促监护令+家庭教育指导"的方式督促监护人积极履行监护责任,引导监护人重视家

---

[1] 参见陈曦、钟华:《压力、负面情绪与中国流动儿童的越轨行为》,载《青少年犯罪问题》2012年第5期。

[2] 参见付立华、石文乐:《社会支持视阈下社区矫正中的家庭参与》,载《东岳论丛》2022年第7期。

庭教育，提升教育理念，反思教育方法，正确处理亲子关系。

（二）构建知识教化支持网络

学校提供的情感支持和知识教化是帮助未成年人矫正对象融入社会的重要力量。其一，未成年人矫正对象与老师、同学之间如果能够形成稳固信赖关系，对于矫正大有裨益。特别是对于一些家庭关系不良、短期内难以改善的未成年人矫正对象，老师、同学对他们改善社交障碍有极大帮助，信赖感、安全感可以提升他们的抗挫能力。其二，学校体系化地进行的道德、知识教育，可助力未成年人矫正对象形成良好的世界观、人生观和价值观，掌握适应社会阶段中必备的谋生技能，为顺利融入社会提供有效的保障。

（三）构建邻里支持网络，开展特色项目

构建邻里网络。良好的邻里关系会帮助未成年人矫正对象更好地融入集体和社会，培养感恩的品质和增强本领回馈社会的想法。在实践中，未成年人矫正对象可通过服务他人、服务社会，以自身努力传播"正能量"，产生被社会所需要的价值感。可运用邻里网络策略，邀请未成年人矫正对象加入朋辈支持类小组，积极参加中秋、春节工作坊等活动，进一步巩固未成年人矫正对象的邻里网络支持，促进未成年人矫正对象正向转变。

开展未成年人特色矫正项目。通过"伙伴同行"计划，发挥社会支持网络中各个支撑元素的作用，提高未成年人矫正对象的责任感和归属感、社会适应能力与生存能力。"伙伴同行"未成年人社区矫正帮扶计划项目通过与各镇街司法所建立矫治帮扶小组，了解调研各镇街司法所社区矫正工作的实际情况及未成年人社区矫正对象的犯罪类型、犯罪特点、教育及家庭背景、分布区域、年龄阶段、矫正类别及措施等情况。通过走访，全方位地了解、掌握所在区域未成年人社区矫正工作，为后续评估矫正对象实际需求，有效整合社区资源并制定个别化矫正方案奠定良好的基础，促进实现矫正效益的优化。

打造"优秀传统文化+社区矫正"模式。在社区矫正中，构建"文化矫正"体系，实现优秀传统文化教育的有效传承与时代发展。加强红色爱国主义思想教育，组织未成年人社区矫正对象观看党史教育视频，开展党史知识测试，参观党史展览，举办爱国主义红色教育讲座，鼓励未成年人社区矫正对象从党史中学习经验与智慧，从而激发家国情怀，提高政治感悟。围绕中华传统文化的发展，设置传统文化课程，唤醒未成年人社区矫正对象的文化基因，增强文化认同感。通过开展认识中国传统经典诗词诵读课堂、古文字书法课堂、古琴文化赏析课堂，让未成年人社矫正对象进一步认识和了解传统文化,增添文化自信。

(四)社会救助与就业就学支持——构建社会组织与企事业单位支持网络

构建志愿者支持网络。近年来,志愿者贡献的力量有效缓解了司法行政系统人力资源不足,社会工作经验匮乏的矛盾。志愿者专业领域涵盖人文社会科学、教育学、法学、心理学等,可在未成年人矫正过程中发挥所长。未成年人社区矫正群体大多有自卑心理,畏惧过于官方严肃的接触,对较亲近的志愿者更容易接受。在实践中,表现良好的部分社区矫正对象还会化身新时代文明实践志愿者,形成良性循环。

落实"六个一"措施。一是组建一个矫正小组。根据未成年人社区矫正对象实际情况和个性特点,组建一个"7+1"矫正小组,除工作人员、监护人、社区民警等成员外,另吸收熟悉未成年人身心特点的心理咨询师、教育专家等参加。二是量身定做一个矫正方案。针对未成年人社区矫正对象心智不成熟、容易冲动等特征,制定个性化矫正方案,坚持一人一策。在矫正目标上,注重思想帮教、行为帮控、困难帮扶;在矫正内容上,侧重法治、社会责任感、心理健康教育和行为训练养成;在矫正方法上,加强"震撼"教育、现身说法,加强与监护人定期联系,促使未成年人社区矫正对象矫正不良认知和行为,积极面对挑战。三是上好入矫第一课。矫正小组联合有关部门,依法做好未成年人社区矫正对象的入矫宣告,并通过组织观看"震撼教育"专题片,签订相关保证书等规定动作,强化未成年人社区矫正对象身份意识和遵纪守法意识。四是强化一对一心理辅导。落实"三个必须",即入矫时必须开展心理测评,在矫时有负面情绪或不良行为倾向必须开展心理疏导,解矫时必须进行心理评估。积极引入心理专家参与未成年人社区矫正工作,有效预防重新犯罪,如依托心理干预心理预警司法社工项目,为未成年人社区矫正对象提供专业的心理测评筛查,并一一建立心理健康档案。实施省级心理矫正项目,开通24小时心理援助热线,聘请专业机构对未成年人社区矫正对象进行心理健康服务。五是开展一系列主题教育。积极推进"每月一主题"教育,结合重大节日、纪念日以及客家、儒家等传统文化,组织未成年人社区矫正对象开展"我是中国人""先烈在我心""共沐法治阳光"等主题教育。六是编制一套专门教材。编印《社区矫正教育学习读本》,其中专章编辑"未成年人政策保护"、亲子教育、"弟子规"国学教育等未成年人专题内容。加强线上教育,在社区矫正远程教育平台学习板块中专门设置未成年人社区矫正对象教育板块,提高未成年人社区矫正对象教育矫正的针对性、有效性。

(五) 发挥"部门联动"合力提升矫正工作质效

构建官方社会支持网络,加强协作与配合。《社区矫正法》第56条规定,共产主义青年团、妇女联合会、未成年人保护组织应当依法协助社区矫正机构做好未成年人社区矫正工作。未成年人社区矫正是一项综合性高、系统性强的工作,需要政府其他相关职能部门在司法行政系统的组织协同下形成通力合作的大格局。

建立联席会议制度,加强部门协作。区矫正办每年年初召开联席会议,公检法司各部门相关人员参与会议,会议通报前一年工作情况和交流新一年工作思想。平时遇到重大问题需要会商会办,立即召开联席会议,共同研究解决社区矫正工作中遇到的疑难问题,更好地加强部门间的协作配合,进一步完善矫正工作机制。司法厅、团委可联合各大学开展地区未成年人社区矫正帮扶计划,通过建立结对帮扶关系,引进优质社工资源协助地区开展未成年人社区矫正工作。组建大数据与司法社会工作教学研究团队,团队包括信息学、心理学、监狱学、社会学等跨学科合作的专家和社工、一线矫正工作者。专家团队可以为社区矫正案例库和数据库的建设提供专业指导,利用专业优势和实践经验为采集的案例设计科学化的矫正策略和矫正项目。在区司法局矫正中心,设立公检法联络室,实现检察院对社区矫正流程的全方位监督。通过矫正监管平台数据共享,实现部门间的信息互通和信息共享,防止发生信息不对称和共享不及时引发的脱漏管现象。指定专人与法院刑庭对接,推进政法协同一体化建设,提高一体化办案系统的有效协同。指定专人与法院执行庭对接,及时获取社区服刑人员司法拘留情况。加强司法所和派出所日常信息核查机制,明确责任分工,做到信息互通,构建常态化共管机制,努力实现"无缝监管"。

四、从嵌入式走向合作式:协同打造跨区域未成年人社区矫正监督一体化

下好机制创新"先手棋",实现"1+1+1>3"效果。完善检察协作框架,与各检察机关会签《关于建立跨区域检察机关未成年人检察一体化协作机制的协议》,重点从未成年人刑事检察、法治进校园、未成年人公益诉讼三大领域加强协作,为未成年人检察区域合作机制提供地方实践样本。细化未成年人社区矫正重点项目,建立未成年人社区矫正中交付执行、变更居住地、收监等检察协同机制,细化跨区域社区未成年服刑人员请假制度及人员流动异地监管机制,建立更为通畅的未成年人社区矫正管理监督跨区域一体化模式。

开辟特色项目"试验田"。构建跨域联动平台,通过跨区域检察机关、司法局,结合《社区矫正法》《社区矫正法实施办法》,会签《跨区域生态绿色一体化发展示范区未成年人社区矫正和检察监督工作协作实施细则》,搭建区域内未成年人社区矫正协作一体化平台。以该实施细则为框架,落实专业工作室、特色教育矫正、心理支持与亲职教育4个重点矫正项目。如在跨区域司法局社区矫正中心设立"青苹果工作室",作为未成年人社区矫正工作专门联系点;跨区域共同成立社区矫正讲师团,开设法治教育、文化教育、职业技术教育课堂;依托地缘优势共建社区矫正教育基地,融合文化、公益、心理疏通、爱国教育等不同主题元素,为跨区域未成年人社区矫正对象提供多元教育矫正课程。[1]

打好司法协作"组合拳",解锁"线上线下"联通。开发运行全国跨域检察数据一体化邮件系统,有力保障刑事执行检察中"异地受理"、"信息共享"和"监督一体化"等创新工作。定期举办跨区域社区矫正对象未成年子女关爱活动。例如,通过放生鱼苗体验活动,感受保护示范区生态平衡的重要性;通过聆听抗疫前线护士长援鄂事迹,感受民族精神力量。召开未成年人社区矫正工作专题推进会,重点就未成年人社区矫正的特别规定作交流和研讨,制定全域未成年人社区矫正工作实施方案,推进未成年人社区矫正专业化和社会化的融合。

"智慧矫正"+治理。推进与法院之间的社区矫正业务信息化联网,加强省司法厅与省高级人民法院沟通联系,编制与法院对接流程图、与法院联网数据清单,做好系统升级改造,数据对接联调,基础设施部署等工作,从省级层面实现数据自动交互,业务自动流转,解决信息沟通不畅,"人到文书未到"等问题,补齐省平台基础数据反复录入,易出现漏项,错填等短板。同时,省平台与省检察院、省市场监督局、省人社厅、省民政厅等相关信息化平台做好数据互联互通工作,提升社区矫正工作的智能化水平。

强化"智慧矫正"技术应用。在矫正信息资源库的基础上建立数据中台,汇聚各部门数据,利用可视化分析、视频分析、语音分析、数据挖掘等技术,通过大数据分析、非结构化数据处理等手段进行基础数据分析、定位数据分析、矫正对象行为分析、矫正对象心理分析、社会危害性分析等智能研判预警,支撑智能管理与决策。

强化新领域"智慧矫正"技术探索。探索区块链技术应用,建立"区块链+社区

---

[1] 参见付立华:《大数据推动社会治理迈向"社会智理"——以社区矫正领域为例》,载《山东师范大学学报(社会科学版)》2022年第4期。

矫正"联动平台,在建成的社区矫正私有链基础上,积极推动公检法司联盟链建设,纵向对接各级社区矫正信息系统,横向对接法院、检察院、公安机关、人力资源社会保障、市场监督、金融保险等部门信息系统,实现公检法司及相关政府部门相关信息互联互通互信。立足社区矫正工作特点,依托信息管理平台,加强"智慧矫正"信息化体系建设,有序推进"智慧矫正中心"创建,打造"共享、共治、慧治"社区矫正新格局。[1]

结　语

目前,我国《社区矫正法》立法明确对未成年人社区矫正工作开展予以规定,为未成年人社区矫正工作开展提供了前进的方向和实践指南。[2] 但是,现实推行中尚存在一些问题值得探讨,许多规则需要明确、细化和完善。本文以社会支持网络为视角,对当前未成年人社区矫正对象社会融入之困境及成因进行检视梳理,提出用社会支持网络路径完善新发展格局下未成年人社区矫正对象社会融入模式,以期对推进未成年人社区矫正对象社会融入有所帮助。

---

[1] 参见李海涛:《唤回迷失心灵　重塑美好人生——赤峰市司法局社区矫正工作纪实》,载《内蒙古法制报(汉)》2022年1月11日,第4版。

[2] 参见郭海英等:《积极青少年发展:理论、应用与未来展望》,载《北京师范大学学报(社会科学版)》2017年第6期。

未成年人社区矫正工作问题研究

符明月*

摘　要：社区矫正是近年来我国刑事法学实务界及理论界关注的热点议题之一。作为非监禁刑罚执行方式，社区矫正在教育帮扶矫正对象的同时有效降低了刑罚执行成本，是刑事司法文明化、人道化的重要表征。近年来，我国的社区矫正工作取得了不错的成效，极大降低了司法成本，充分体现了社会主义法治的优越性。但随着司法实务的推进与加强未成年人权益保护的需求的增加，我国未成年人社区矫正制度也逐渐暴露出了一些问题。在立法上存在适用对象狭窄，制度缺乏人性化等不足；相关矫正活动也陷入社会力量参与不足，机构建设滞后，专业队伍缺乏等实践困境。基于此，我国有必要从理论与实践双视角观察、梳理当前未成年人社区矫正存在的问题，并在此基础上探讨优化方案，进而推动未成年人社区矫正制度的发展。

关键词：未成年人社区矫正；非监禁刑；教育帮扶；矫正对象

一、研究背景与研究意义

（一）研究背景

社区矫正是与监禁矫正相对应的行刑方式，属于非监禁刑。社区矫正是指将符合法定条件的罪犯置于社区内，由专门的国家机关在相关的团体、组织和个人的协助下，矫正罪犯犯罪心理和行为恶习，促使罪犯形成健康的社会人格，使罪犯最终能够以普通社会成员的身份重新回归社会。

"社区矫正"一词最早可以追溯到美国。自1973年美国颁布世界上第一部社

---

* 作者单位：福建农林大学公共管理与法学院。

区矫正法开始,社区矫正制度在世界各国内逐渐得到推广。目前,部分发达国家已经形成了契合自身特色的社区矫正模式,且已发展得较为成熟,为其他各国提供了可借鉴的范本与经验。我国社区矫正虽然起步较晚,但好在立法速度较快。我国的社区矫正工作开始于2003年7月10日由最高人民法院、最高人民检察院、公安部和司法部联合发布的《关于开展社区矫正试点工作的通知》(已失效)。此后,我国的社区矫正工作得到迅速发展,覆盖面不断扩大,顺利完成了从首批试点到扩大试点范围的过渡,并在实践中不断纵向推进,最终于2009确定在全国范围内推行社区矫正工作。2019年12月,我国正式通过了《社区矫正法》,标志着我国社区矫正进入全面立法阶段。[1]

我国社区矫正工作从进行试点至今,无论是在机构设置、模式探索方面,还是在队伍建设等方面都积累了丰富的经验。但由于我国社区矫正发展历史短暂,目前积累的资源无法满足社会发展的需求与法治建设的需要。实践中伴随着未成年人权益保护的需求不断增加,我国社区矫正制度在立法上存在的适用对象狭窄,人性化制度建设不足等问题暴露出来,并在实践中面临社会力量参与不足,机构建设滞后等困境。对于刑事法学界而言,全面观察当前未成年人社区矫正的运作现状,理性梳理社区矫正制度存在的问题,并在此基础上探讨相关的优化方案,已迫在眉睫。

(二)研究意义

社区矫正是近年来我国刑事法学实务界及理论界关注的热点议题之一。相较于传统的监禁刑,社区矫正蕴含了人文关怀、司法成本、公平正义等重要诉讼价值目标,是刑事司法文明化与科学化的重要表现,也更适用于未成年人这一特殊群体。社区矫正体现了刑罚谦抑性精神,将教育帮扶与惩罚犯罪相融合,既降低了刑罚执行成本,又有利于未成年人罪犯重新回归社会,符合国际上刑罚人道主义精神和行刑社会化的要求。优化矫正模式,完善制度建设是推进我国法治化建设的必然要求。本文通过立法与实践双视角观察、梳理我国未成年人社区矫正工作存在的不足,并针对性地提出解决对策,为社区矫正制度在我国的全面均衡发展提供助益。

二、社区矫正的理论基础

在我国,传统的刑罚观念一直具有较为浓厚的监禁性和重刑主义色彩。历史

---

[1] 参见王瑜:《我国社区矫正工作主体的困境与出路》,载《领导科学论坛》2022年第9期。

上虽然出现过"慎刑恤囚""明刑弼教"等进步法律思想,但未从根本上脱离报应刑罚观念。作为社会主义国家,我国在吸收借鉴人类社会的文明成果后,总结自身的立法与实践经验,取其精华,去其糟粕,在刑罚执行理念上逐渐从监禁刑主义向非监禁刑主义的刑罚思想过渡。为了更深入地认识社区矫正的本质和功能,首先有必要梳理、分析社区矫正理论基础的主流观点。

(一)教育刑理论

18世纪的古典主义犯罪学派主张刑罚的逻辑起点是报应。报应刑理论假设人都是"理性"的,即具有明辨是非的能力,而犯罪行为正是"理性人"在明知何为对错的情况下权衡风险与收益后作出的不当选择,因此应当受到道义上的非难与法律上的谴责。与之相对应的教育刑理论最早由德国著名刑法学家李斯特提出,核心理念为刑罚的本质是教育而非惩罚。根据教育刑理论的观点,犯罪行为的发生是不良的社会环境导致的,而非单纯受主观意志和个人品性影响,正是贫困、失业、文化水平等客观因素的影响决定了人必然会走向犯罪。因此,不仅应当根据犯罪人的具体情况进行教育改造,使犯罪人尽快回归并融入社会,而且应根据犯罪人的社会危险性程度适用相应的刑罚,使犯罪人罪责刑相适应。立足于该理论,可综合评析未成年人犯罪的动机、原因、性质等特征,从而选择更有利于实现教育改造目的的非监禁刑。

虽然教育刑理论将教育改造犯罪人视为刑罚的唯一属性,彻底否认了刑罚的惩罚性功能及预防性功能,具有一定的缺陷,但是相较于传统的报应刑仍具不容忽视的历史进步性和人道主义色彩,在较大程度上肯定了犯罪人的可改造性和再社会化的可能性。因此,教育刑理论的合理内容被西方各国广泛采纳,为社区矫正制度的建设与完善奠定了理论基础和前提。[1] 从我国《社区矫正法》第1条可知,"提高教育矫正质量,促进社区矫正对象顺利融入社会,预防和减少犯罪"是我国社区矫正的立法宗旨,这正是借鉴了教育刑理论的产物。

(二)标签理论

标签理论是犯罪社会学的分支学说,最初是用以探讨犯罪人是如何逐渐走向更为严重的犯罪之路的。核心理念是应当通过改造社会来重塑罪犯,只有改变人们对于罪犯的消极化看法才能解决犯罪问题,去标签化的过程也是使罪犯对自身和社会重新产生正面看法的过程。在传统的刑罚执行中,对罪犯采取监禁等刑罚

---

[1] 参见李岚林:《"柔性"矫正:未成年人社区矫正的理论溯源与实践路径》,载《河北法学》2020年第10期。

具有明显的标签化色彩,给罪犯打上了深刻的犯罪烙印,使罪犯的身心与社会隔绝,割裂了罪犯与学校、家庭和社会的联系。根据犯罪学标签理论的观点,当罪犯被施予强大的社会舆论压力时,容易产生"破罐子破摔"的负面情绪,容易觉得自己永远是罪犯,不利于后期的改造和重归社会,这点在身心尚未完全发育成熟的未成年人身上更应引起重视与思考。

因此,社区矫正作为一种非监禁刑的刑罚执行方式,有利于淡化未成年罪犯的心理烙印。充分利用社区资源对未成年人进行改造,既能起到惩罚教育作用,也能削弱社会对未成年人罪犯的标签化印象,有利于实现未成年人的再改造和社会化。

(三)行刑社会化理念

马克思曾提出人性复归理论,强调社会性是人的本质属性。罪犯虽具有人身危害性,但也应当享有人之所以为人的人权,在特定情况下享有回归社会的权利。基于保护弱者的理念,对待未成年人罪犯更加应当适用该理念。随着人类文明的发展,行刑方式逐渐文明化、社会化。行刑社会化理念认为所有罪犯都是可复归的,监狱作为监禁刑的适用场所,割裂了罪犯与外界的联系,存在一系列弊端。因此,应当将罪犯放置于社区中进行教育矫正,通过整合社区资源来帮助犯罪人员重新获得认同感和自信,加强罪犯与社区之间的联系,从而使罪犯回归并融入社会,减少再犯罪的产生。

因此,在行刑社会化理念的影响下,社区矫正制度在未成年人犯罪案件中得到了广泛的推广,顺应刑罚发展的时代潮流,更有利于实现对未成年人的保护与教育改造的刑罚目的。

(四)刑罚谦抑性原则

刑罚作为保障社会的最后一道防线,具有明显的谦抑性,也称必要性,即只有当其他法律方式不足以惩罚罪犯时,方能启动刑罚执行方式。倘若采取他种方式便能起到惩罚犯罪,保障权益的效果,便不能发动刑罚。换言之,刑罚只能作为最后的补充性、保障性惩戒措施而存在。

受到刑罚谦抑性原则的影响,世界上众多国家的刑罚体系发生变化,以缓刑、假释、暂予监外执行等主要形式为代表的非监禁刑得到了广泛的应用,刑罚逐渐从监禁刑走向非监禁刑,社区矫正制度应运而生。

(五)恢复性司法理念

托尼·马歇尔在《恢复性司法概要》一文中明确指出,刑罚的首要目的不在于惩罚罪犯,而在于尽力弥补对被害人及社区产生的不良影响。罪犯作为社区的一员,犯罪行为是社区不良关系的产物。因此,社区和社区成员也应当对犯罪行为负责,为罪犯的再改造和社会化提供必要的帮助。恢复性司法理念强调运用社区资源对罪犯进行教育矫正,为社区矫正制度的设立奠定了思想与理论基础。[1]

综上,在教育刑理论、标签理论、行刑社会化理念、刑罚谦抑性原则和恢复性司法理念等理论基础的影响下,社区矫正制度得到了国际社会上越来越多国家和地区的认可与采纳,刑罚方式逐渐向轻缓化、社会化过渡,在未成年人犯罪案件中也得到了更广泛的适用。

三、我国未成年人社区矫正的问题观察

从2009年最高人民法院、最高人民检察院、公安部、司法部《关于在全国试行社区矫正工作的意见》(已失效)的出台到2019年12月《社区矫正法》的正式通过,我国社区矫正制度的立法工作迈上了更高台阶,相关的立法空白得到填补,我国正式踏上社区矫正法治化的新征程。但是,我国尚未出台关于未成年人社区矫正制度的专门法律,相比发达国家和地区的社区矫正立法及实践,我国未成年人社区矫正工作仍存在一些问题。

(一)适用对象较为狭窄

根据《社区矫正法》的规定,我国社区矫正的对象主要包括四大类人群:(1)被判处管制的;(2)被宣告缓刑的;(3)被暂予监外执行的,其中包括有严重疾病需要保外就医的,怀孕或者正在哺乳自己婴儿的妇女,生活不能自理,适用暂予监外执行不致危害社会的;(4)被裁定假释的。

然而,随着非监禁刑在刑罚领域内适用范围的扩张,众多学者意识到我国社区矫正立法中存在适用对象较为狭隘的不足,对于这四类罪犯之外的其他对象是否适用社区矫正,学术界一直存在较大分歧与争议。总体来说,我国在社区矫正适用对象上存在的不足主要体现为适用范围过于狭窄,适用条件过于严格等。有学理观点提出,为了使社区矫正发展成更为开放的非监禁刑刑事处罚方法,社区矫正对象还应当吸纳被剥夺政治权利的罪犯、诉讼分流人员、不构成犯罪的违法行为人等。

首先,关于被剥夺政治权利的罪犯是否适用社区矫正制度,早在2003年最高人

---

[1] 参见贾冰:《T市D区社区矫正的困境与对策研究》,山东农业大学2022年硕士学位论文,第8页。

民法院、最高人民检察院、公安部和司法部联合发布的《关于开展社区矫正试点工作的通知》(已失效)就给予了明确的肯定。然而,2011年《刑法修正案(八)》规定社区矫正时却以缺乏适用的必要性为由而未采纳这一规定,导致被剥夺政治权利的罪犯被排除在社区矫正的适用对象之外。实践表明,被剥夺政治权利罪犯无法适用社区矫正的这一规定并没有全面、正确地理解社区矫正制度的内涵与功能,也导致了相关机构在理解和适用该条规定时僵化地理解社区矫正制度。事实上,就我国现阶段的社区矫正工作而言,被剥夺政治权利的罪犯与上述四类社区矫正的适用对象一样,也存在回归社会的现实需要,这就必然需要国家和社会给予救助与帮扶。依据《刑事诉讼法》的规定,被剥夺政治权利的罪犯由公安机关监督管理。然而公安机关作为我国重要的执法机关,承担着繁重的社会管理任务,例如,刑事案件的侦查、社会治安的管理等,通常没有精力或不愿把精力投入在罪犯监督管理上,这也直接导致了公安机关对罪犯的监督管理实际上有名无实。因此,将剥夺政治权利罪犯列入社区矫正的适用对象范围,既可以有效地分担公安机关的工作压力,也能扩大社区矫正的适用对象,明确社区矫正的性质和定位,符合现实的需求。[1]

其次,关于诉前分流人员、不构成犯罪的违法行为人等是否适用社区矫正的问题也可参考以上关于被剥夺政治权利的罪犯的适用理由,同时结合社区矫正制度的理论基础加以分析论证。不难发现,刑罚观念的变迁、执法人道主义和行刑社会化精神的深化,对社区矫正制度的适用对象提出了新的要求。参考发达国家和地区的立法经验可知,社区矫正的适用对象较为宽泛,在特别需要时,社区矫正机构还会针对特殊人员制定独特的社区矫正计划,体现了"因人制宜"的社区矫正理念,我国可在处理未成年人违法犯罪案件时对此进行借鉴。

(二)未成年人社区矫正制度不够人性化

从社区矫正的适用前提来看,罪犯主观上具有过错,应当受到道义的非难;客观上违反了法律的强制性规定,应当受到法律的制裁。然而,在我国的司法工作中,存在采用统一的标准对待不同年龄层的罪犯的问题,容易导致未成年人在违法犯罪后受到过于严重的刑罚处罚,甚至产生监狱型人格,不利于未成年人的身心健康发展与罪后的教育矫正工作。实践表明,传统监禁刑对未成年人罪犯容易造成不良的负面影响,诸如未成年人罪犯会在监狱中受到成年罪犯欺凌,习得不良习

---

[1] 参见郑丽萍:《互构关系中社区矫正对象与性质定位研究》,载《中国法学》2020年第1期。

惯,出狱后再犯罪率高等问题。因此,实有必要对未成年人罪犯进行区别对待,因人制宜地采取独特的社区矫正模式。

从未成年人自身的特点来看,近些年我国未成年人罪犯呈现低龄化、暴力化、团体化的特点。[1] 然而,未成年人与成年人由于生理、心理的发展状况不同,在法律意义上存在质的差别,运用成年人的司法标准处理未成年人有居高临下、以强凌弱之感。实践表明,未成年人犯罪源于不良社会环境的影响,从这个意义上讲,未成年人罪犯既是加害者,也是受害者,由于心智不成熟,社会化不足,难以完全通过自由的意志作出理性的判断。因此,针对未成年人罪犯不能采取与成年人罪犯相同的社区矫正理念和措施,且应当由国家、社会和家庭承担一部分的责任。

(三)未成年人社区矫正对象社会融入存在困难

随着社区矫正制度的不断发展,部分社区矫正对象在个人情感、家庭关系与就业等方面陷入困境,难以重新融入社会,其中,未成年人社区矫正对象表现得尤为突出。

第一,个人身份边缘化问题。虽然社区矫正对象可以像正常人一样在社区生活,但是,由于依旧受到社区矫正机构的管理,难免产生与监狱服刑的罪犯一样的心理。例如,在日常的生活中,矫正对象要定期向社区矫正机构做思想汇报,接受思想教育以及手机电子定位监控等。因此,在矫正对象尤其是未成年人的潜意识里,个人的行动依旧受矫正机构的管控,认为自己与常人不同,感觉自己在社会中属于"另类",这种强烈的心理暗示使他们对自身的认同感降低,从而产生对社会的抵触与排斥。

第二,家庭情感缺失与自卑感加强问题。家庭是公民情感的港湾,对社会的稳定和秩序的维护起重要作用。然而,矫正对象由于受到社区矫正的管控,容易产生对家庭与家人的愧疚之感,甚至想逃离家庭,从而降低与家人的交流,导致情感的缺失。在长期得不到家人的理解与支持的情况下,矫正对象更加感觉自己已经被社会与家庭所抛弃,会产生强烈的自卑情绪,难以恢复与家庭、社会的正常联系。

第三,交往意愿降低,社会参与度减少问题。实践表明,许多矫正对象在接受社区矫正后长期选择待在家里不出门。一方面是由于害怕与他人相处而变得越发敏感,担心自身的犯罪经历遭受他人的歧视与排斥而选择通过网络社交平台消遣自己内心的孤独,从而不愿参与线下的社会活动,因此恶性发展;另一方面是由于

---

[1] 参见井世洁、陈玉莹:《我国未成年人社区矫正的理念基础与制度构建刍议》,载《犯罪研究》2020年第1期。

社区矫正对象被判刑以后,被贴上有犯罪前科的标签,容易受到用人单位的排斥,难以取得用人单位的信任,从而会产生就业上的困难,陷入物质的困境,最终难以重新融入社会。

(四)社会力量参与不足

社区矫正作为政府和社会力量共同参与的刑罚执行方式,不仅具有惩罚和教育的社会属性,还具有再社会化的功能,社会力量的广泛参与是内在要求。其中,司法行政机关是社区矫正工作的"掌舵者",社会参与力量是"划桨者"。通过此种分工,可以转变社区矫正工作的体系,极大地减轻社区矫正机构的负担。[1]

然而,由于我国社区矫正工作发展较快,社区矫正工作缺乏人员积累,且存在"重国家、轻社会"的观念,因此存在社会力量参与不足的问题。[2] 调查表明,在众多基层司法所中,只有一名社区矫正的工作人员,且该工作人员身兼多职,需要完成法制宣传、人民调解、法律援助等任务,事实上无暇顾及社区矫正的工作。与此同时,我国司法实践中轻罪发生率上涨,适用缓刑、假释的数量随之相应提高,导致对社区矫正的需求不断增加,出现了"供不应求"的现象。[3] 因此,我国有必要提高社区矫正的社会参与力量,以缓解当前的现实需求。

(五)机构建设滞后

社区矫正适用于刑罚领域,当然具有惩罚性和强制性的显著特征。然而,在我国的社区矫正工作中,社区矫正机构要承担众多具有服务性质的工作,如人民调解、普法宣传、法律服务等,与社区矫正的刑罚执行性质有较大的冲突,且难以满足未成年人犯罪率上升的现实需求。因此,我国社区矫正规定由司法所作为社区矫正最基层的管理机构是制度设计上的一个失误,不符合社区矫正队伍正规化、专业化、职业化的发展要求,很难直接体现社区矫正工作的严肃性与权威性,降低和减弱社区矫正工作的效率与效果。[4]

(六)专业化队伍建设缺失

专业性是工作质量的前提与保障,有利于维护法律的尊严与司法的公正。虽

---

[1] 参见喻少如、窦峥:《社会治理共同体视域下社会力量参与社区矫正的模式转型》,载《中国人民公安大学学报(社会科学版)》2022年第4期。

[2] 参见刘常庆、凌依依:《未成年社区矫正人员社会支持存在的问题及完善》,载《犯罪研究》2020年第1期。

[3] 参见翟中东、孙霞:《〈社区矫正法〉实施两年来若干问题的思考》,载《犯罪与改造研究》2022年第9期。

[4] 参见贾冰:《T市D区社区矫正的困境与对策研究》,山东农业大学2022年硕士学位论文。

然我国在立法上明确规定了司法所是社区矫正工作的主管机构,但由于司法所长期从事服务性工作,缺乏相关的刑罚执行经验,因此无法实现社区矫正所欲达到的社会效果,难以发挥刑罚的威慑效力。

首先,未成年人社区矫正作为一项多元化的工作,涉及对矫正对象的心理指导以及就业、升学等多方面、多层次的管理和教育。这些专业性较强的工作要求社区矫正工作人员不仅应当具有相应的法学专业背景,还应当具有社会学、管理学、心理学等多方面的综合素质。换言之,社区矫正对工作人员提出了"质"的要求,只有提升专业化水平,才能更好地对矫正对象采取针对性的矫正措施,实现矫正工作的社会效益。显然,目前我国社区矫正机构的工作人员并没有满足此要求。

其次,未成年人社区矫正是一项任务重、责任大的工作,而制度的保障是刺激人才主观能动性和积极性的重要因素。现实中,我国的社区矫正工作人员尚未得到充分的职业保障,且没有专门的晋升渠道和经费支持,这难以激发社区矫正工作人员工作热情,使社区矫正工作人员积极为社区矫正工作贡献力量。这就直接导致了我国社区矫正工作难以留住人才,最终造成矫正队伍的不稳定。[1]

四、我国未成年人社区矫正的制度完善

(一)扩大社区矫正适用对象

目前我国社区矫正的适用对象仅限于被判处管制、宣告缓刑、暂予监外执行、裁定假释4类罪犯。这极大地限制了社区矫正的适用范围,无法满足非监禁刑未来的发展需求。因此,为了使社区矫正发展成更为开放的非监禁刑执行方法,我国应当结合社区矫正的性质与定位,全面、正确地理解社区矫正的适用宗旨,适当扩大社区矫正的适用对象。

同时,应当在加强对社区矫正适用对象的理解这一前提下,在符合法定条件时,将罪行轻微,主观恶性不大的未成年犯、老病残犯、初犯、过失犯等作为重点对象,优先适用非监禁刑,实施社区矫正。通过此种途径,可以有效地扩大非监禁刑的适用范围,既符合罪责刑相适应的刑法原则,又可结合不同罪犯的特殊情况加以实施相应的刑罚,顺应执法人性化与行刑社会化的刑罚发展潮流,也满足未成年人社区矫正工作的现实需求。[2]

---

[1] 参见王瑜:《我国社区矫正工作主体的困境与出路》,载《领导科学论坛》2022年第9期。

[2] 参见郑丽萍:《互构关系中社区矫正对象与性质定位研究》,载《中国法学》2020年第1期。

(二)优化矫正模式

社区矫正起源于海洋法系国家,经过长期的实践积累,已经形成较为成熟的理论体系与实践方式。其中以发达国家的3种社区矫正模式为代表。

第一,以美国、加拿大为代表的公众保护模式。公众保护模式下的社区矫正工作以保护公众安全为基本出发点。特点是社区矫正适用对象广泛;具有丰富的社区矫正种类以匹配不同罪犯;具有完善的人员和经费保障;具有专门统一的社区矫正决定和执行机关。此模式强调,保护公众安全的最佳方式是让罪犯重新安全回归社会,成为守法公民。第二,以英国为代表的刑罚模式。刑罚模式将社区矫正作为独立的刑种应用于刑罚体系中。特点是社区矫正依法院的命令开展,例如,缓刑令、宵禁令、社区服务令、检测令等,法官可以根据犯罪人的具体情况运用各种社区矫正令实行精准有效的矫正。此种模式被英国广泛应用于未成年人社区矫正工作,且取得了不错的成效。第三,以日本为代表的更生保护模式。更生保护模式注重对矫正对象的保护和救济,增加矫正对象与社会的联系,以帮助矫正对象重新顺利回归社会。特点是有完善的处置制度和明确的执行机构,适用对象广泛。

相比之下,我国社区矫正的理论和实践研究尚有漫漫长路需要走。立足于我国社区矫正的本土经验,以北京和上海两地为代表的社区矫正模式为我国的社区矫正工作提供了模范。首先,"北京模式"立足于北京实际情况,建设的"阳光中途之家"极具北京特色,不仅为社区矫正对象提供矫正教育、心理辅导、技术培训,还为"三无人员"提供暂时性食宿等过渡性安置服务。其次,"上海模式"是一种主要依靠社会力量开展社区矫正工作的模式,按照政府主导推动,社团自主运作,社会多方参与的总体工作思路,充分发挥社会多方主体在社区矫正工作中的作用,有效促进了社区矫正工作的顺利开展,具有突出的示范意义。[1]

因此,我国可通过总结国内与国外的典型模式,取其精华、去其糟粕,在北京模式、上海模式、西方国家的主要三大模式之下运用提取公因式的方法去寻找共性优点,并结合我国的具体国情,在各地因地制宜开展未成年人社区矫正工作,探索适应未成年人罪犯自身特点,同时具有中国特色、实践特色、时代特色的社区矫正新模式。

(三)建构个别化矫正方案

我国《社区矫正法》强调分类管理、个别化矫正原则。在矫正实践中,未成年人

---

[1] 参见贾冰:《T市D区社区矫正的困境与对策研究》,山东农业大学2022年硕士学位论文,第6页。

是社区矫正的重点适用对象之一,我国有必要结合未成年人的身心、生理特点,建构"因人制宜"的矫正方案。学者李岚林以"教育刑主义"、"国家亲权"和"儿童利益最大化"等理论作为制定未成年人的"柔性"矫正方案的逻辑起点和理论依据。《联合国少年司法最低限度标准规则》第19条也明确规定"把少年投入监禁机关始终是万不得已的处理方法,其期限应是尽可能的最短时间"。本文认为,在制定针对未成年人的具体的矫正方案时,应遵循以下几个方面的原则:

1. 尊重和保障人权原则

近年来,我国未成年人犯罪呈现低龄化、暴力化、团体化趋势。未成年人心智尚未成熟,缺乏足够的认知能力和正确的是非观念,容易受周围环境的影响而一时误入歧途,但是主观恶意一般不大,可塑性强。如果任由监禁刑的适用,将会给未成年人的人生打下不可磨灭的犯罪烙印,无疑会对未成年人的身心健康乃至未来的前途命运都产生极大的影响。因此,实行社区矫正可以让未成年人与封闭的监狱生活隔离开,通过利用社区的资源对未成年人进行矫正教育,避免未成年人形成监狱型人格。

2004年我国《宪法修正案》明确规定"国家尊重和保障人权",标志着我国公民的基本权利得到实质性扩张。因此,未成年人的基本人权理应得到应有的权利保障。针对犯罪的未成年人,在社区矫正的整个过程中必须强调尊重和保证未成年人应有的权利,例如,生命健康权、受教育权、获得国家赔偿的权利和人格权等多方面的基本权利。通过此种方式,能在惩罚未成年人罪犯的同时,保障未成年人罪犯基本的生活与需求,维护未成年人罪犯人格尊严。

2. 教育为主、惩罚为辅原则

我国现有的关于未成年人的立法,都明确强调了在处理未成年人违法犯罪工作中应当遵循教育为主、惩罚为辅这一基本指导原则。未成年人由于心理、智力等方面发育尚未成熟,容易受到社会不良环境的影响,因此从这一角度来讲,他们既是犯罪行为人,也是不良环境的受害者。

首先,在社区矫正工作中,应当对未成年人与成年人分开进行矫正,同时根据未成年人的年龄、心理、智力、家庭背景、成长经历等方面的具体情况采取针对性的矫正措施。应当坚持教育为主、惩罚为辅原则对未成年人进行正确的引导与潜移默化的教育,帮助未成年人重新树立正确的三观,构建健全的人格。通过此种方式,一方面可以避免未成年人再犯罪,另一方面也可以实现对未成年人的保护。

其次,在进行社区矫正工作时,相关的工作人员应当对在履职过程中知悉的未成年人信息予以保密，避免未成年人罪犯遭受标签化、污名化的社会排斥，产生心理阴影，从而影响未成年人罪犯未来的升学、就业和正常生活；通过此种非监禁的方式挽救失足少年，帮助未成年人重新回归社会并融入社会，避免过早被刑罚打上犯罪的烙印，背负沉重的心理负担度过未来的人生道路。[1]

3. 多方主体共同参与原则

未成年人犯罪不仅是未成年人自身的责任，也是关系到家庭、社会和国家的重大问题。因此，在对未成年人进行社区矫正的过程中，应当充分发挥多方主体的作用，共同为未成年人重塑健康人格构建良好的外部环境。

首先，社区矫正机构可对犯罪的未成年人进行家访，对未成年人家庭结构、家庭氛围和父母的管教方式等方面进行综合评估，在此基础上寻找未成年人犯罪的诱因与根源，从而对症下药，采取针对性的矫正措施。因此，社区矫正机构可从以上几个方面与未成年人社区矫正对象的家庭成员协商矫正对策，帮助未成年人增进与家庭的情感依恋。

其次，社区矫正机构可通过鼓励未成年人社区矫正对象参与社区活动而提高未成年人社区矫正对象对社会的认同感，帮助未成年人社区矫正对象适应新的社会环境，对所在的社区产生归属感。例如，通过帮助未成年人社区矫正对象升学就业，结交朋友，培养新技能和兴趣爱好等，使未成年人社区矫正对象重新建立与朋友、同学、老师之间的亲密关系，树立正确的认知和信念，重新融入社会，减少再次实施犯罪行为的可能性。

最后，社会矫正机构应当帮助未成年人重塑角色认同，树立坚定的理想信念。在进行社区矫正工作的过程中，社区矫正的参与人员应当注意从思想上对未成年人进行矫正教育，使未成年人罪犯形成正确的价值观，产生内在的自我驱动力，从而自觉抵制外在不良环境的影响，避免再犯罪的发生。同时，应当加强社会的宣传教育，避免社会对未成年人罪犯产生负面排斥从而使未成年人罪犯污名化、标签化，预防未成年人罪犯在社会的压力下一步步从首犯走向累犯、惯犯的无尽深渊。未成年人内在的驱动与社会多方主体的外在支持，可以有效地淡化未成年人的犯罪标签，充分发挥社区矫正制度的优越性。[2]

---

〔1〕 参见李岚林：《"柔性"矫正：未成年人社区矫正的理论溯源与实践路径》，载《河北法学》2020年第10期。

〔2〕 参见张素敏、刘正远：《未成年人社区矫正适用的实践困境及消解路径》，载《河南司法警官职业学院学报》2022年第3期。

(四）加强机构建设

社区矫正工作有效开展的前提是具有专业、有责任心的社区矫正机构。根据我国《社区矫正法》，社区矫正机构是县级以上人民政府根据实际工作需要设置的，合理的机构设置是社区矫正能够顺利开展的首要前提。

首先，我们可以在结合自身发展特点的前提下借鉴国外成熟的经验。例如，在英国，监狱局和缓刑局被合并为罪犯管理局，起到了积极的管理作用；在美国大部分州，设立了直接管理罪犯的惩教局，主要管理监狱和社区服刑人员。因此，我国可以在国家和省级层面建立矫正局或者刑罚执行局统筹管理社区矫正工作。[1] 必要时，可设立针对未成年人的专门社区矫正机构，以满足对未成年人的权益保护需求。其次，我们应当因各地区的社区矫正工作开展的实际情况制宜，赋予各地区一定的自主权和灵活性，而不是一味地要求制度、机制、规定在全国范围内统一。对于一些可以统一的问题，一定要在法律中明确规定，以让各地区有充足的法律依据开展工作。对于一些不宜统一标准的内容，法律应该给出基本框架，同时允许各地在基本框架下制定适合本地区的制度和规定。

（五）提高矫正参与人的准入门槛

未成年人社区矫正是一项融合法学、社会管理学、心理学为一体的工作，极具严肃性与专业性，因此，应当为相关工作人员制定较高的准入门槛。

首先，应当提高招聘标准。在选拔社区矫正工作人员时，应当综合考虑各方面的素质和专业基础，并根据实际情况提出更多具体化的标准，吸纳具有多学科知识背景的人才，使未成年人社区矫正工作队伍的结构更加合理、专业。其次，应当建立完善的考核机制，定期考察工作人员的工作质量，加强监督管理，使未成年人社区矫正工作成为一项专业、高质量、职业化的工作。[2]

五、结　论

随着社会文明程度的不断提高，行刑方式也必将越发文明化与合理化，社区矫正是刑罚人道精神和行刑社会化的产物。未成年人社区矫正制度的完善有利于完善我国的刑罚执行体系；有利于节约司法资源，减少监狱在修建、维持、运作方面耗费的大量成本；有利于实现对未成年人罪犯的惩罚与教育改造双效益，达到维持社会安定的效果；有利于因人制宜，为挽救未成年人罪犯提供有效途径，避免未成年

---

〔1〕　参见王瑜：《我国社区矫正工作主体的困境与出路》，载《领导科学论坛》2022年第9期。
〔2〕　参见连春亮：《社区矫正法治化的逻辑预设》，载《宜宾学院学报》2022年第10期。

人罪犯形成监狱人格。实践表明,我国社区矫正从试点、定点再到全面推行,实现了不断深入纵向发展。我们还应当在汲取其他发达国家与地区的成功经验的基础上,探索出符合我国基本国情,符合中国特色社会主义要求的未成年人社区矫正新模式!

标签理论应用于未成年人社区矫正工作的思考

明 秀[*] 刘 薇[**]

摘 要：标签理论对未成年社区矫正对象会产生双重影响——既可能激发正面改造动力，也可能引发负面抵触情绪。本文认为精准识别与分类标签，制定个性化矫正方案及建立有效评估反馈机制在实践中极具重要性，合理运用标签理论能够显著提升未成年人社区矫正工作的成效，帮助未成年人社区矫正对象摆脱消极标签束缚，实现自我价值的重塑。同时，针对该理论在实施过程中面临的问题和挑战，本文提出了加强专业培训，建立协作机制，深化社会宣传等对策建议。

关键词：标签理论；未成年人社区矫正；自我认知；个性化矫正

一、标签理论与未成年人社区矫正工作的关联

（一）标签理论概述

在当今社会，未成年人犯罪问题已引起广泛关注，背后的复杂性和多样性使传统的矫正方法面临挑战。因此，探索更为有效和科学的矫正方法显得尤为重要。标签理论（labeling theory，又称标定理论、贴标签论）主张，行为人变为罪犯的主要原因是社会给行为人贴上了"越轨者"的标签。所谓"贴标签"，就是立法者、司法者、社会舆论把某些个体定义为"越轨者"的过程。该理论的代表人物贝克（H. Becker）和利莫特（Edwin M. Lemert）认为，社会给确有一定越轨行为的人贴标签，反而刺激、加强或者促成了被标签者的恶性转化，被标签者从而进行更多的犯罪活

---

[*] 作者单位：武汉警官职业学院。
[**] 作者单位：武汉警官职业学院。

动。[1]标签理论，作为一种融合心理学和社会学元素的理论框架，为我们重新审视和解决未成年人社区矫正中的问题提供了独特的视角。

标签理论，着重强调了社会环境和他人评价对个体行为的重要影响。这一理论认为，个体在成长和社会化的过程中，会不断地从周围环境中接收到各种评价和标签，这些标签不仅反映了社会对个体的看法和期望，更在深层次上影响着个体的自我认知和行为模式。[2]通过深入了解和应用这一理论，我们可以更好地帮助未成年人摆脱负面标签的束缚，实现自我成长和正向发展。在实际操作中，我们不仅需要关注未成年人的犯罪行为本身，更需要关注他们背后的心理需求和社会环境，从而提供更具针对性和人性化的支持和帮助。

（二）贴标签对未成年人社区矫正对象的影响

2019年最高人民检察院下发《2018—2022年检察改革工作规划》，提出要"深化涉罪未成年人的教育感化挽救工作，探索建立罪错未成年人临界预防、家庭教育、分级处遇和保护处分制度"。2020年《社区矫正法》与《社区矫正法实施办法》施行，规范了未成年人社区矫正期间的身份信息保密体系，为未成年人顺利重返社会而不被歧视提供了相对充分的制度保障。这些制度安排体现了去标签化的理念导向，强调对涉罪未成年人给予更多正向引导与保护，避免涉罪未成年人因犯罪记录而被社会过早定性。在社区矫正工作中，合理运用标签理论，是促进未成年人积极改造和自我提升的重要途径。贴标签在未成年人社区矫正工作中的重要性显著，影响主要体现在两个方面：首先，积极的标签能有效激发未成年社区矫正对象的正向驱动力，助力未成年社区矫正对象改造与自我成长。在社区矫正工作实践中，赋予未成年人诸如"表现良好""进步显著"等积极标签，能强化未成年人自信心与归属感，由此唤醒未成年人内在积极潜能，塑造有益的自我认知，提升他们参与社区矫正事务的热情，最终推动他们向积极方向转变并实现自我提升。其次，消极的标签极易在未成年社区矫正对象心中诱发自卑、逆反等不良情绪。一旦被贴上"问题少年""罪犯"这类消极标签，未成年人便可能承受巨大心理压力。这些负面标签不但会让他们陷入消沉情绪的泥沼，还可能产生逆反心理，与社会形成对抗，进而使反社会行为越发严重。在社区矫正工作中，这种消极影响格外显著，毕竟未成年人心理防线较为脆弱，且正处于人格塑造的重要节点。

---

〔1〕参见梅传强主编：《犯罪心理学》（第4版），中国法制出版社2022年版，第40~41页。

〔2〕参见胡脑：《标签理论对理解学生成长中教育评价语言的影响》，载《新课程（下）》2014年第10期。

(三)标签理论在未成年人社区矫正工作中的适用性

标签理论在未成年人社区矫正工作中表现出比较高的适用性,这主要体现在以下几个方面:

一是标签理论为深入剖析未成年人犯罪行为的形成机制提供了新的视角。传统的犯罪学理论存在局限性,常常只是片面地从个体所具有的性格、心理等因素,抑或单纯从社会环境的宏观层面,如社会阶层差异、社区环境优劣等单一角度出发,去阐释犯罪行为产生的缘由。标签理论则凸显了社会标签所蕴含的影响力。当未成年人被贴上特定的标签后,这种标签会作用于他们的自我认知体系,干扰他们对自身的定位与评价,进而左右他们的行为决策与方向选择。这一独特的理论视角,能够助力我们突破以往的认知局限,以一种更为全面、系统且深入的方式去探究未成年人究竟是因何而一步步踏上犯罪的道路,以及他们在被社会打上"犯罪者"这一沉重烙印之后,在心理上、行为上会发生怎样的连锁反应,如何在外界的偏见与自我的怀疑中,逐渐迷失方向,进而深陷犯罪的泥沼无法自拔。[1]让我们能在应对未成年人犯罪问题上有更为深刻的思考与更具针对性的举措。

二是标签理论强调了社会环境和个人认知与个体行为的相互作用。这意味着在社区矫正工作中,我们不能仅仅将未成年人视为被动的接受者,而应该看到他们与环境的互动关系。这样的互动不但会对他们的行为抉择造成影响,同时也为拟定行之有效的矫正方案提供了理论依据。《社区矫正法》第13条规定,"国家鼓励、支持企业事业单位、社会组织、志愿者等社会力量依法参与社区矫正工作"。引入社会力量,为社区矫正对象提供多元化的帮助和支持,有助于改变他们被社会孤立和排斥的状态,减少犯罪标签所带来的社会隔离感,促进他们积极改造和重新融入社会。

三是合理运用标签理论,可以引导社会舆论和公众态度,为未成年人社区矫正营造良好的外部环境。《社区矫正法》第1条规定,"为了推进和规范社区矫正工作,保障刑事判决、刑事裁定和暂予监外执行决定的正确执行,提高教育矫正质量,促进社区矫正对象顺利融入社会,预防和减少犯罪,根据宪法,制定本法"。社区矫正不仅仅是对社区矫正对象犯罪行为的惩罚,更注重通过矫正帮助社区矫正对象去除犯罪标签,重新融入社会,避免因被贴上"罪犯"标签而产生负面的自我认同,进而再次陷入犯罪泥沼。通过改变公众对未成年人罪犯的刻板印象,减少公众对

---

[1] 参见周季云:《浅谈犯罪记录封存制度》,载《中国—东盟博览》2013年第1期。

他们的歧视和排斥，可以为他们提供更多的社会支持和机会，从而降低再犯率；通过进行正面的引导和教育，帮助他们重新建立积极的自我形象和社会角色。

二、标签理论在未成年人社区矫正中的具体应用

（一）准确做好标签的界定识别与分类

在未成年人社区矫正工作中，对未成年人的各类标签进行准确界定识别和分类，是一项至关重要的基础性工作。这些标签包含他们不同的犯罪类型、犯罪动机、家庭背景、教育背景等多种信息。通过深入分析研判这些标签，可以帮助我们从未成年人涉及犯罪的性质、类型、轻重程度、动机原因等多个维度，全面了解未成年人犯罪行为及背后的关键原因。例如，暴力犯罪、财产犯罪或毒品犯罪等不同犯罪，背后的动因和影响因素可能截然不同。对为生活所迫、心理失衡或受他人诱导等犯罪动机进行深入了解，才可能找到触发犯罪行为的深层次原因。家庭环境、父母的教育方式、个人受教育程度及经历等不同，都可能对未成年人矫正对象的行为模式和价值观产生重要影响，对于设计有效的心理干预措施至关重要。

对未成年矫正对象各自标签进行准确界定识别和细致分类，可以帮助工作人员尽可能全面地了解矫正对象犯罪背后的深层次原因和不同的社会需求、个人需求，从而可以更加科学地制定矫正计划，为每个人量身定制更为精准的矫正方案，提高矫正工作的针对性和实效性。

（二）科学制定和实施具有针对性的矫正方案

《社区矫正法》第24条规定，"社区矫正机构应当根据裁判内容和社区矫正对象的性别、年龄、心理特点、健康状况、犯罪原因、犯罪类型、犯罪情节、悔罪表现等情况，制定有针对性的矫正方案，实现分类管理、个别化矫正。矫正方案应当根据社区矫正对象的表现等情况相应调整"，体现了对社区矫正对象的个性化关注。通过准确界定识别并分类标签，结合每个未成年人矫正对象的具体情况，科学制定和实施具有针对性、个性化的矫正方案，是未成年人社区矫正工作的核心环节。制定有针对性的矫正方案需要社区矫正工作者深入了解每一个未成年矫正对象的具体情况。对于那些因家庭环境因素而犯罪的未成年人，矫正方案应聚焦于强化家庭干预与心理辅导措施，如实施定期家庭访问，提供专业心理咨询服务等，旨在促进家庭成员间的有效沟通，化解家庭矛盾，协助未成年人应对内心困惑与心理创伤，从而培养未成年人健康的心态与行为模式；针对因缺乏教育及就业机会而误入歧途的未成年人，矫正方案应侧重于提供职业培训及学历提升途径，培养未成年人上

进心与责任感,鼓励他们参与多样化的职业技能培训或学历教育项目,以提升文化素养,弥补教育短板,掌握专业技能,增强就业竞争力,为顺利回归社会奠定坚实基础。针对不同背景和需求的未成年社区矫正对象制定有针对性的个性化矫正方案,需要矫正工作人员具备高度的专业素养和敏锐的洞察力,能够准确把握每个未成年社区矫正对象的特点和需求,从而制定出既科学又实用的矫正方案。实施个性化的矫正方案,能够更有效地助力未成年人摆脱负面标签的束缚,重塑积极向上的自我形象。

在执行这些有针对性的矫正方案时,应高度重视消除未成年矫正对象因违法犯罪行为而被贴上"少年犯""坏孩子"等消极标签所受到的负面影响,这一过程不仅需要社区矫正工作人员的爱心、耐心和细心,更需要社会各界的支持和配合,共同为这些特定未成年人的成长和改造营造有利的环境。

(三)科学评估与反馈社区矫正效果

建立科学的评估体系和反馈机制是确保矫正工作持续改进和优化的重要保障,矫正效果的评估与反馈是确保标签理论在未成年人社区矫正中有效应用的关键环节。通过定期对未成年人的改造情况、心理变化,特别是矫正效果进行科学评估,可以及时发现存在的问题和不足,并针对性地调整改进矫正策略,增强矫正方案的针对性和实效性。同时,通过建立有效的反馈机制可以收集来自各方的意见和建议,为矫正工作的改进提供有益的参考。这不仅有助于确保标签理论的有效运用,提升矫正工作的成效,还有助于增强矫正工作者的工作积极性和创新意识,不仅体现了对未成年矫正对象的深切关怀和负责任态度,也是社区矫正工作不断进步和完善的追求所在。

在矫正过程中,通过专业的心理测试和行为观察,矫正工作人员可以及时了解掌握未成年社区矫正对象的思想动态、情绪状态以及改造进展。例如,可以运用量表、问卷等工具来量化评估他们的心理状态,结合对他们日常行为的观察和记录,形成全面的评估报告。这些评估结果不仅为矫正方案的调整提供了依据,还有助于工作人员及时发现并应对可能出现的问题。[1] 基于评估结果,社区矫正工作人员需要及时调整矫正方案。如果发现原方案未能达到预期效果,或者未成年社区矫正对象出现了新的问题,就应立即重新审视并修改矫正计划。这种调整可能涉及加强某些方面的心理辅导,提供更多社会技能培训,或者改变与未成年人的沟通

---

[1] 参见王燕飞:《中国社区矫正实证研究》,法律出版社2023年版,第114~117页。

方式等。

除了对未成年人社区矫正工作进行科学评估和及时调整外,建立有效的结果反馈机制也是不可或缺的。这一机制应包括社会舆论和公众意见的收集与分析,借助定期的公开讨论会、问卷调查及社交媒体互动等多元化渠道,广泛收集社会各界的意见与建议,以便及时调整工作策略,进而提升矫正工作的社会影响力与公众认可度。在矫正效果的评估与反馈过程中,应加强对相关数据的深入分析与比对工作。通过对比不同时间段的评估数据,可以清晰地看到未成年人在矫正过程中的变化和进步。这些数据不仅可以用来衡量矫正工作的成效,还可以为未来的矫正实践提供宝贵的经验和参考。

三、标签理论应用中面临的问题及对策

(一)标签理论应用中面临的困难和问题

标签理论虽然在实践应用中取得了明显成效,但同时也遇到了一些现实困难和问题,主要源于标签界定识别的专业性、矫正方案实施的复杂性和社会舆论的多样性。

一是在标签界定识别及分类方面,这项工作要求矫正工作人员具备深厚的专业素质和丰富的实践经验。然而现实情况却是,由于矫正工作人员的专业背景、专业能力和经验水平参差不齐,存在较大的不平衡,标签界定识别的准确性和全面性有待提高,一些重要的标签可能被忽视或误判,从而影响后续矫正方案的科学制定和有效实施。

二是在矫正方案的制定和实施过程中,一些方案过于理论化,看似严谨全面,实则在具体执行过程中困难重重。例如,一些方案中设定的心理辅导课程的教学内容与方式过于学术化,没有结合未成年人的认知水平与兴趣特点,导致他们在参与过程中难以理解和吸收,进而产生抵触情绪。每个未成年人都有着不同的家庭背景、成长经历、性格特征以及犯罪成因。那些缺乏实际可操作性的方案,却未能充分考虑到这些因素,只是机械地套用一般性理论,无法真正触及他们内心深处的问题根源,从而严重影响了对未成年人矫正对象改造进程的稳步推进,最终导致矫正工作难以达成预期的目标,无法实现对未成年人矫正对象的有效改造与重塑。

三是由于未成年人社区矫正工作涉及如法律、刑罚执行、教育培训、心理矫治、就业和社会保障等多部门、多领域的协作,因此需要建立有效的跨部门协商协调机制。然而在现实中,由于各部门之间在工作理念和目标上存在差异导致沟通不畅,

政策或者行业规定存在壁垒导致协调难度大等原因,一份具有针对性和实效性的矫正方案有时无法得到顺利执行。

四是社会舆论和公众态度对未成年人社区矫正工作的影响也不容忽视。尽管标签理论强调要以积极、正面的态度看待未成年人矫正对象的改造过程,但在现实生活中,公众对未成年人犯罪行为往往持抵触和歧视态度。这种负面的社会舆论不仅会影响未成年人矫正对象的自我认知和心理健康,还可能阻碍他们重新融入社会的进程。

(二)应对困难和问题的对策建议

标签理论在应用中遇到的这些困难和问题,是前进中出现的困难,是发展中遇到的问题。为了应对这些困难和问题,笔者认为可以从以下几个方面采取相应的对策和措施。

一是着重提升社区矫正工作人员的综合素质与专业能力。

在社区矫正工作中,工作人员作为核心执行力量,素养与能力直接关乎矫正成效。正如霍华德·贝克尔在著作《局外人:越轨的社会学研究》中所提及的,社会标签的界定与运用需要精准的判断与把握,这就要求社区矫正工作人员具备扎实的专业知识基础与敏锐的洞察能力。为此,需强化教育培训体系建设,例如,定期组织工作人员参加专业知识讲座、学术研讨会等,深入学习犯罪学、心理学、社会学等多学科知识,使工作人员理论水平得以显著提升。同时,积极开展实践交流活动,构建社区矫正工作人员交流平台,分享各地成功案例与实践经验,促进相互学习与借鉴。[1] 通过模拟演练、实地观摩等方式,让工作人员在实践情境中不断锤炼业务能力,丰富实践经验,掌握如心理疏导技巧、行为矫正方法等专业实战技能,从而确保在标签界定识别分类过程中,能够依据未成年人的犯罪行为、心理状态、家庭背景等多方面因素进行准确判断与分类,为制订精准有效的矫正方案奠定坚实基础。

进一步优化矫正方案的设计与实施流程至关重要。应以未成年人的实际需求为导向,深入调研了解未成年人个体差异、兴趣爱好、成长经历等,使矫正方案更具针对性与可操作性。[2] 避免方案设计仅停留在理论层面,陷入纸上谈兵的困境。如在矫正方案实施过程中,根据未成年人的实时反馈与实际进展情况及时调整方案内容,确保方案与未成年人的实际情况紧密结合。通过这种方式,不仅能够提高

---

[1] 参见刘斌志:《论社区矫正社会工作者的核心能力及培育策略》,载《河南警察学院学报》2019年第1期。

[2] 参见吴艳华主编:《社区矫正对象心理矫治》,中国政法大学出版社2023年版,第27~34页。

社区矫正工作质量与效果,使未成年人在矫正过程中真正实现思想与行为的转变,同时也有助于增强社区矫正工作人员的职业认同感与工作进取心。当看到自己的工作切实对未成年人产生积极影响时,工作人员会更加认可自身职业价值,进而以更饱满的热情投入社区矫正工作,形成良性循环,推动社区矫正工作不断迈上新台阶。

二是建立完善的跨部门、跨领域的协调协作机制。

未成年人社区矫正工作是一项复杂且系统的社会工程,绝非单一部门能够独立承担并达成良好成效。正如法国社会学家涂尔干在《社会分工论》中所强调的社会整合与协作对于社会稳定和个体发展的重要性,未成年人社区矫正工作离不开多个部门和领域的齐抓共管和通力协作。从司法行政部门到教育机构,从社会组织到家庭单位,每个主体都在这一工作体系中扮演独特且不可或缺的角色。例如,司法行政部门负责整体的矫正工作规划与执行监督,教育部门则专注于保障未成年矫正对象的受教育权利并提供相应的教育资源与支持,社会组织能够带来丰富的社会力量与专业服务资源,家庭更是未成年人成长与矫正过程中的关键环境因素。通过建立完善有效的协调协作机制和信息共享平台,能够打破部门之间的壁垒,促进各部门之间的资源整合和协同作战。

在实际操作中,可借鉴一些地区在社区矫正工作中所采用的多部门联合工作小组模式,定期召开多部门联席会议,共同商讨矫正方案的制定与执行细节,及时交流工作进展并反馈问题。各部门在信息共享平台上实时更新与共享未成年矫正对象的相关信息,如司法行政部门上传矫正过程中未成年矫正对象的表现记录与执法情况,教育部门反馈未成年矫正对象学业进展与心理测评结果,社会组织分享社会融入活动的成效与观察记录等。这样的协作机制能够形成强大的工作合力,避免资源的重复浪费与工作的相互掣肘,从而不断提高矫正工作效率,确保矫正方案顺利执行,有效提升矫正工作成效,最终为未成年矫正对象重新回归社会并健康成长创造更为有利的综合环境。

三是加强社会宣传和舆论引导工作。

在现代社会语境下,社会舆论与公众认知对于任何一项公共事务的开展都有着深远的影响力。德国学者哈贝马斯在《公共领域的结构转型》中说,公共领域中的交流与共识形成能够左右社会政策的实施效果。未成年人社区矫正工作同样如此,成功与否在很大程度上取决于社会环境的友好程度。

加强与社会各界的沟通和宣传是营造良好社会环境的关键举措。一方面,可以通过举办各类社区矫正主题的公益讲座、社区宣传活动等,向公众普及未成年人犯罪的复杂性以及社区矫正工作的必要性。例如,借鉴澳大利亚在社区矫正宣传中的经验,制作生动形象的宣传手册和视频资料,展示成功的矫正案例以及未成年人改过自新后的积极变化,让公众直观地了解到这项工作的积极意义。[1] 另一方面,利用社交媒体平台、新闻媒体等渠道,发布关于未成年人社区矫正工作的专业解读文章和深度报道,邀请专家学者进行线上答疑解惑,以提升公众的认知水平。

引导公众以更加积极、正面的态度认识未成年人社区矫正工作的重要性,是减少偏见和歧视现象的核心任务。当社会大众能够理解未成年人犯罪往往是多种因素交织的结果时,如家庭环境的不稳定、社会教育资源的不均衡以及青少年时期心理的脆弱性等,他们便更有可能摒弃片面的看法。通过开展"社区矫正开放日"等活动,邀请普通民众走进社区矫正场所,近距离观察矫正工作的开展,亲身体验矫正工作人员的努力以及未成年人在矫正过程中的努力与改变,从而增强公众对这项工作的认同感与支持度。

只有当整个社会形成积极支持未成年人社区矫正工作的良好氛围,才能为未成年人的改造和成长提供有力的社会支持。企业能够更愿意为有就业意愿的未成年矫正对象提供实习和就业机会,教育机构能够毫无偏见地接纳他们继续学业或提供职业技能培训,社区居民能够以包容的心态接纳他们重新融入社区生活。如此一来,未成年人社区矫正工作便能在良好的社会土壤中蓬勃发展,助力更多未成年人走向新生,成为对社会有益的公民。

结　语

标签理论在未成年人社区矫正领域的应用即将步入新的发展阶段,迎来诸多机遇。在当下新时代的大背景之下,未成年人犯罪展现出了前所未有的新特点与新挑战。而与此同时,整个社会对未成年人犯罪问题的重视程度与日俱增,并且在相关矫正工作方面所积累的实践经验也越发丰富。基于这样的良好态势,标签理论在未成年人社区矫正工作中的应用无疑具备了极为广阔的前景与潜力。因此,我们理应将理论研究与实践探索紧密且深入地相互结合起来,持续不断地加大标签理论在未成年人社区矫正应用方面的研究与实践力度,进一步深入挖掘标签理论的内在深刻内涵以及所蕴含的宝贵价值,坚持不懈地摸索该理论在未成年人社

---

[1] 参见许晨夕:《青少年社区矫正与恢复性少年司法:澳大利亚和新西兰经验及启示》,载《预防青少年犯罪研究》2018年第2期。

区矫正实践过程中的高效应用模式，更加精准地去剖析未成年矫正对象走上犯罪道路的成因以及探寻最为适宜的矫正路径，持续推陈出新并逐步健全矫正工作所采用的方式方法以及应对策略，持之以恒地提升矫正工作所取得的实际成效，最终助力未成年矫正对象能够尽快地回归正常社会生活，顺利地重新融入社会大家庭。

社会力量介入

社区矫正工作创新路径与社会力量融合问题研究

高 航* 杨 健**

摘　要:社区矫正相较于监禁执行,最大的优势在于对社会资源的整合运用。2023年是社区矫正制度试点20周年与《社区矫正法》施行3周年,在社区矫正制度的发展过程中,社会力量发挥着重要作用,不断助推社区矫正向规范化、法治化方向前进。同时,依靠广大人民群众教育矫正罪犯,是"枫桥经验"的重要内容,社区矫正工作采取社会化的方式进行,更是应当充分调动社会各方面力量积极参与。我国的社区矫正工作,在司法体制改革和社会治理创新的探索和实践中,也逐步形成了党委和政府统一领导、司法行政部门组织实施、有关部门密切配合、社会力量广泛参与的工作格局。据此,探索社区矫正工作创新路径,进一步融合社会力量,是我国治理能力现代化的必然要求。

关键词:社区矫正;社会力量;相互融合;协同治理

在当下社会治理的多元格局中,社区矫正工作显得尤为关键。它不仅是刑罚执行的一种方式,更是促使罪犯重新融入社会的重要途径。然而,传统的社区矫正模式已难以满足日益复杂的社会需求,因此,探索创新路径,促进社区矫正与社会力量融合,成了摆在我们面前的重要课题。社区矫正工作的创新,意味着在坚持刑罚执行基本原则的同时,要更加注重人性化管理和个性化矫治。这需要我们从理念、制度、方法等多个层面进行深入思考和实践探索。同时,社区矫正与社会融合问题紧密相连,二者相互促进、相互影响。社会融合要求我们在社区矫正工作中更

---

* 作者单位:福建省漳州市中级人民法院。
** 作者单位:福建省漳州市中级人民法院。

加注重社会力量的参与[1],以及罪犯的改造与社会重新融入的有效衔接。

一、实证扫描:社区矫正工作现状与社会力量定位分析

社区矫正作为一种刑罚执行制度,旨在通过非监禁的方式,对犯罪分子进行教育、改造和矫治,帮助他们重新融入社会。这一制度自实施以来,在减少监狱人口、节约司法资源、促进罪犯改造等方面发挥了积极作用。然而,随着社会的不断发展和犯罪形势的日益复杂,社区矫正工作也面临着诸多挑战和困境。

(一)社区矫正的基本概念与功能

社区矫正是指将符合条件的罪犯放在社区内,由专门的国家机关在相关社会团体和民间组织以及社会志愿者的协助下,在判决、裁定或决定确定的期限内,矫正罪犯的犯罪心理和行为恶习,并促进其顺利回归社会的非监禁刑罚执行活动。它强调对罪犯的人性化管理和社会化矫治,旨在通过教育、感化、挽救等手段,帮助罪犯改过自新,重新成为守法公民。[2] 社区矫正的功能主要体现在以下几个方面:第一,减轻监狱负担,节约司法资源;第二,避免交叉感染,降低重新犯罪率;第三,促进罪犯与社会的联系和沟通,增强其社会责任感;第四,为罪犯提供多元化的矫治手段和个性化的矫治方案,提高矫治效果。

(二)当前社区矫正工作面临的主要挑战

尽管社区矫正制度在理论上具有诸多优势,但在实际操作中仍面临着诸多挑战。首先,社区矫正工作的人力资源紧张,专业人员数量不足,导致工作难以深入开展;其次,社区矫正工作的经费保障不足,制约了工作的正常开展和运行;再次,社区矫正工作的社会认知度不高,公众对社区矫正的理解和支持有限;最后,社区矫正工作的法律制度尚不完善,存在诸多法律空白和漏洞。此外,随着社会的快速发展和变化,新型犯罪不断涌现,犯罪构成日益复杂,给社区矫正工作带来了新的挑战。例如,网络的普及使部分罪犯在社区矫正期间仍能通过网络实施犯罪行为;毒品犯罪的增多则使部分罪犯在社区矫正期间面临更大的复吸风险。[3]

(三)传统矫正模式的局限性与困境

传统的社区矫正模式主要注重对罪犯的监管和控制,而忽视了对罪犯的教育

---

[1] 参见邹儒飞、唐天正:《优势视角下社会工作介入青少年社区矫正的现状及对策研究》,载《人力资源》2019年第14期。

[2] 参见王世洲:《现代刑罚目的理论与中国的选择》,载《法学研究》2003年第3期。

[3] 参见刘祎:《标签理论下青少年犯罪问题分析》,载《课程教育研究》2019年第25期。

和改造。这种模式在实践中暴露出诸多局限性和困境。首先,传统模式过于强调对罪犯的惩罚和威慑,而忽视了对其思想和行为的引导与教育;其次,传统模式缺乏针对性和个性化的矫治手段,难以满足不同类型罪犯的需求;最后,传统模式缺乏社会力量的参与和支持,使社区矫正工作难以形成合力。除此之外,传统模式还存在以下问题:一是矫正效果难以评估,无法科学衡量矫治成果;二是矫正过程中存在权力寻租和腐败现象,影响了工作的公正性和公信力;三是矫正机构设置不合理,导致工作效率低下和资源浪费。

(四)社会力量在社区矫正中的角色定位

社会力量是社区矫正的重要主体。《社区矫正法》第一章第3条确立了社区矫正"专门机关与社会力量相结合"的基本原则,形成了专门机关与社会力量共存的社区矫正实施主体结构。[1] 此外,《社区矫正法》为社会力量参与社区矫正明确了经费来源、激励制度、参与范围以及政策支持等一系列规定,为社会力量有效参与社区矫正提供了制度保障。《关于组织社会力量参与社区矫正工作的意见》中对社会力量的具体内涵进行了厘清,即包含社工机构、社会组织、基层群众性自治组织、企事业单位、志愿者以及矫正小组等社会主体。[2] 社会力量的主体地位在法律规范层面得到了明确肯定。

社会力量是社区矫正法治化的重要支撑。一方面,社区矫正植根于社区这个兼具公共性、关联性与非正式组织性等多重属性的社会生活共同体。作为社会有机体的最基本单元,社区居委会是社会力量中的基层群众性自治组织。另一方面,只有用法治保障社会力量的参与权利,用法治完善社会力量的参与程序,用法治提升社会力量的参与热情,才能为社区矫正的法治化进程筑牢坚实基础。

社会力量广泛参与是基层社会治理的内在要求。国家治理体系和治理能力现代化的宏大命题中蕴含着基层社会治理的建设要求,社区矫正是刑事司法在基层社会治理领域的关键一环。社区矫正效果如何,直接关系到矫正对象的再犯罪率,进而影响到基层社会稳定与人民群众的幸福安全。社区矫正的核心在于对矫正对象的再社会化,再社会化的内涵包括矫正对象与社区之间信任关系的重建、矫正对象家庭关系的恢复与职业能力的获取等内容。社会力量具有对矫正对象而言平等的柔性与温度,更易于矫正对象接受教育帮扶与改造。因此,社会力量的广泛参与

---

[1] 参见王爱立、姜爱东主编:《中华人民共和国社区矫正法释义》,中国民主法制出版社2020年版,第31页。

[2] 参见赵靓:《社工介入未成年犯罪人社区矫正问题探析》,载《江苏社会科学》2017年第6期。

不仅契合了共建共治共享的基层社会治理理念,更有利于缓解社会大众对矫正对象的歧视与偏见,促使其被家庭以及社会重新接纳。

二、发展前景:社区矫正工作的创新路径

(一)理念创新:从惩罚到矫正与再社会化的转变

传统的社区矫正理念往往将罪犯视为社会的对立面,强调通过严厉的惩罚来达到改造罪犯的目的。然而,这种理念忽视了罪犯的心理需求和社会融入的重要性。理念创新的首要任务是摒弃"重刑主义"思维,转变到重视罪犯心理矫正和再社会化的方向。[1] 这意味着社区矫正工作不应仅局限于对罪犯行为的规范和制约,而应更加注重对罪犯内心世界的关注和引导。在理念创新的过程中,社区矫正工作者需要树立"以人为本"的理念,尊重罪犯的人格尊严和合法权益。[2] 通过心理疏导、教育引导等手段,帮助罪犯认识到自己的错误,增强自我矫正的意愿和能力。同时,社区矫正工作还应注重罪犯的社会融入,通过职业培训、就业指导等措施,帮助罪犯重新融入社会,减少其再犯罪的可能性。

(二)方法创新:多元化矫正手段的运用

随着社区矫正理念的转变,矫正方法也需要不断创新和多元化。传统的社区矫正方法往往侧重于对犯罪者的限制和监控,而现代社区矫正则更加注重对犯罪者的引导和教育。为实现这一目标,社区矫正工作应综合运用多种矫正手段,如心理咨询、行为矫正、文化教育等,以满足犯罪者的多元化需求。在心理咨询方面,社区矫正工作可以引入专业的心理咨询师,为犯罪者提供个性化的心理咨询服务,帮助他们解决心理问题,增强自我认知和自我控制能力。在行为矫正方面,社区矫正工作可以通过制定明确的行为规范和奖惩机制,引导犯罪者养成良好的行为习惯。[3] 同时,文化教育也是社区矫正工作的重要方面,通过提供教育培训和文化活动等方式,帮助犯罪者提升文化素养和技能水平,为他们重新融入社会打下坚实的基础。

(三)机制创新:构建协同高效的社区矫正体系

除了理念和方法的创新外,机制创新也是社区矫正工作的重要方面。在传统

---

[1] 参见陈国华:《高墙之内——近距离看刑与罚》,清华大学出版社2018年版,第28~80页。

[2] 参见姜爱东:《关于我国社区矫正工作发展形势与今后的工作任务》,载《社区矫正理论与实践》2022年第1期。

[3] 参见翟中东:《降低重新犯罪危险的新范式——项目矫正》,中国法制出版社2022年版,第37页。

的社区矫正体系中,往往存在多头管理、资源浪费和沟通不畅等问题。为解决这些问题,社区矫正工作需要构建协同高效的矫正体系。在这一创新过程中,应注重不同部门和机构之间的沟通与协作。例如,社区矫正机构应与公安、检察院、法院等相关部门建立紧密的合作关系,共同制订和执行矫正计划。同时,社区矫正机构还应与社区、学校、企事业单位等社会组织建立合作关系,为犯罪者提供更多的教育、培训和就业机会。

此外,为提高社区矫正工作的效率和质量,还应建立完善的评估和监督机制。通过定期对犯罪者的矫正进展进行评估和反馈,及时发现和解决问题。同时,通过对社区矫正工作的监督和考核,确保各项计划和措施得到有效执行。在构建协同高效的社区矫正体系的过程中,应注重发挥科技手段的作用。例如,可以利用信息技术手段建立社区矫正信息管理系统,实现信息共享和数据分析,提高工作效率和准确性。同时,还可以利用大数据、人工智能等先进技术对犯罪者的矫正进展进行预测和评估,为制定个性化的矫正方案提供科学依据。

三、制度价值:社区矫正与社会融合的同一性

(一)社会融合对社区矫正工作的影响

社会融合是一个多维度的过程,涉及个体或群体在社会经济、文化、心理等各个方面的全面参与和整合。在社区矫正的语境下,社会融合不仅关乎矫正对象个人的再社会化过程,也会对社区矫正工作的效果和质量产生深远影响。社区矫正的初衷是通过非监禁的方式帮助犯罪者改正错误、重新融入社会。在这一过程中,社区作为矫正对象回归社会的重要舞台,其融合程度直接影响着矫正的成效。[1]一个对矫正对象包容、接纳的社会环境,能够促进其积极转变,减少再犯罪的可能性。相反,如果社会对矫正对象存在偏见和歧视,则可能加剧其边缘化,增加矫正的难度。

社会融合对社区矫正工作的具体影响表现在以下几个方面:首先,良好的社会融合有助于提升社区矫正对象的自信心和归属感。当社区矫正对象感受到社会的接纳和支持时,他们更有可能产生积极的自我认知,从而更加主动地参与到矫正过程中。其次,社会融合有助于降低社区矫正对象的再犯率。研究表明,与社区紧密融合的社区矫正对象更有可能保持稳定的社交和工作关系,这些因素都有助于减

---

[1] 参见姜爱东:《〈社区矫正法〉具有里程碑意义》,载《人民调解》2020年第2期。

少再次犯罪的风险。最后,社会融合还能促进社区矫正工作的可持续发展。当社区矫正对象成功融入社会后,将成为社会的稳定力量,而非潜在的犯罪威胁,这有助于形成社区矫正与社会融合的良性循环。

(二)社区矫正对象的社会再融入问题

社区矫正对象的社会再融入问题是社区矫正工作中的核心议题之一。社会再融入不仅关乎社区矫正对象个人的福祉,也关系到社区的和谐稳定。然而,由于犯罪背景、社会偏见等多方面因素的影响,社区矫正对象在再融入社会的过程中往往面临着诸多挑战。[1] 在经济层面,许多社区矫正对象由于之前的犯罪行为导致经济受损,难以找到稳定的工作和收入来源。在文化和社会心理层面,他们可能遭受歧视和排斥,难以重新建立社交关系和网络。这些因素共同构成了社区矫正对象再融入社会的障碍。

为应对这些挑战,社区矫正工作需要采取综合性的措施。一方面,通过提供职业培训、就业指导等服务,帮助社区矫正对象提升就业竞争力,实现经济独立;另一方面,通过社区活动、心理咨询等方式,促进社区矫正对象与社会的交流和互动,增强其社会归属感和认同感。此外,社区矫正工作还应注重培养社区矫正对象的公民意识和责任感。通过参与社区服务、公益活动等方式,让其在实践中学习和践行社会规范,逐渐融入正常的社会生活中。

(三)社区矫正与社区建设的互动关系

社区矫正与社区建设之间存在密切的互动关系。一方面,社区矫正工作的有效开展离不开社区的支持和参与;另一方面,社区矫正工作也为社区建设提供了重要的资源和动力。社区矫正工作的成功很大程度上取决于社区的接纳程度和参与程度。[2] 一个和谐、包容的社区环境能够为矫正对象提供更好的融入条件,促进其积极转变。同时,社区居民的积极参与和支持也是社区矫正工作取得成效的关键。

首先,社区矫正工作有助于提升社区的整体安全感和稳定性。通过减少犯罪和违法行为的发生,社区矫正工作为社区居民创造了一个更加安全、和谐的生活环境。其次,社区矫正工作能够促进社区的多元共治和民主参与。在矫正过程中,社区矫正机构需要与社区居民、社会组织等多方主体进行沟通和协作,共同制订和执行矫正计划。这种多元共治的模式不仅有助于提升社区矫正工作的效果和质量,

---

〔1〕 参见刘强、武玉红:《社区矫正的性质为社区刑罚执行》,载《青少年犯罪问题》2020年第6期。

〔2〕 参见刘强、武玉红等:《社区矫正专业队伍工作现状的调查与思考》,载《河南司法警官职业学院学报》2019年第2期。

还能够增强社区居民的民主参与意识和能力。

(四)社会力量参与社区矫正的现实困境

社会力量与专门机关的资源与能力匹配差异过大。[1]《社区矫正法》明确了社区矫正工作"专社结合"的工作模式,即专门机关与社会力量相互配合,协同工作。然而以司法行政机关为代表的专门机关相较于社会力量而言处于显著的优势地位,具体体现在经费、人员、设备以及信息资源等方面。由此也在事实上形成了以专门机关为主导,社会力量为辅助的工作常态。专门机关通过国家强制力实现对矫正对象的监督管理与教育帮扶的双重目标,但社会力量本身具有其存在逻辑与运行规律,相比之下力量单薄,在以同样标准要求的情况下显得能力不足。

社会力量的长久参与机制尚需完善。社会力量参与社区矫正工作缺乏长期稳定的合理机制。社会力量在路径与资源上对专门机关存在不同程度的依赖,其参与的持续性与政策和政府财政紧密相关。私人部门很少主动聘用矫正对象作为员工,其大多依赖司法行政机关设立的专门基地或者项目等固定路径,且具有临时性与阶段性特征。志愿部门更是直接依赖于政府部门的财政支持。

社会力量参与矫正工作有待深入。在行政主导的语境下,社会力量参与的优势难以得到发挥。企业在司法行政机关的主导下被动接受矫正对象作为员工以解决其就业问题;社会工作者偏离心理疏导、行为治疗等专业化服务转而处理复杂的行政事务,凡此种种都并非社会力量有效参与的实践体现。法律层面对社会力量的参与持鼓励与引导的态度[2],但对于如何参与以及参与到何种程度却缺乏统一的认识与规范,以致社会力量的参与流于形式,难以深入。

四、路径构建:探索社区矫正与社会融合的有效衔接

社区矫正作为刑事司法体系的重要组成部分,旨在帮助犯罪者重新融入社会,减少再犯罪率,维护社会稳定。然而,社区矫正工作面临诸多挑战,其中之一便是如何促进社区矫正与社会融合。

(一)加强社区矫正工作人员的专业化培训

社区矫正工作的成功与否,很大程度上取决于社区矫正工作人员专业素养和能力的高低。因此,加强社区矫正工作人员的专业化培训至关重要。通过培训,社区矫正工作人员可以掌握社区矫正的基本理念、方法和技巧,提高工作效率和质

---

[1] 参见连春亮:《社区矫正工作面临的现实矛盾与破解路径》,载《天津法学》2021年第2期。
[2] 参见吴宗宪:《社会力量参与社区矫正的若干理论问题探讨》,载《法学评论》2008年第3期。

量。同时,培训还应注重培养社区矫正工作人员的沟通、心理疏导和应对突发事件的能力,以便更好地与社区矫正对象交流,了解其需求和困难,提供有针对性的帮助和支持。在专业化培训中,可以引入国内外先进的社区矫正理念和模式,结合本地实际情况进行创新和发展。[1] 此外,还可以邀请社区矫正领域的专家学者进行授课和指导,提高培训的针对性和实效性。通过不断加强专业化培训,可以打造一支高素质、专业化的社区矫正工作队伍,为社区矫正工作提供有力的人才保障。

适时评估社会力量参与效果,科学调适社区矫正计划方案。社会力量参与社区矫正工作浮于表面的缘由在于对参与效果的后续跟进工作缺失,参与效果意味着社会力量参与行为的助益性以及参与目标的实现程度。[2] 对参与效果进行适时评估并对矫正计划进行科学的调适是促进社会力量深度参与矫正工作的重要保障。分阶段对社会力量参与的情况进行评估可考虑借鉴法治观念、心理健康状况、道德素质与社会适应程度四个个案评估指标,评估后及时根据评估反馈的结果调适矫正方案,在个别化矫正的过程中保持矫正方案的针对性与灵活性。[3]

(二)深化社区矫正与社区、企事业单位的合作

社区矫正的成功实施离不开社区和企事业单位的支持与参与。因此,深化社区矫正与社区、企事业单位的合作是促进社会融合的重要途径。具体而言,可以通过建立社区矫正工作联席会议制度,定期邀请社区代表、企事业单位负责人等参与讨论和制定矫正计划,确保社区矫正工作符合社区和企事业单位的实际情况和需求。同时,社区矫正机构还可以与社区、企事业单位共同开展职业培训、就业指导、心理咨询等服务项目,帮助社区矫正对象提升就业能力和社会适应能力。[4] 此外,社区矫正机构还可以利用社区和企事业单位的资源优势,为社区矫正对象提供更多的社会实践和志愿服务机会,促进其与社会的互动和交流。

强化规范层面的制度供给,着力构建利益激励规则框架。社会力量参与的主动性不强、持久力不足的根源是缺乏制度层面的激励规则。首先,要积极推动社会志愿服务的地方立法,强化制度供给,促进社会工作者与志愿者参与社区矫正工作

---

[1] 参见徐肖东、李凤奎:《未成年犯不良交往矫正项目研究》,载《犯罪与改造研究》2018年第4期。

[2] 参见周勇:《矫正项目:教育改造的一种新思路》,载《中国司法》2010年第4期。

[3] 参见杨彩云:《歧视知觉对社区矫正对象社会疏离的影响机制研究——基于身份认同整合和社会支持的中介效应》,载《浙江工商大学学报》2022年第3期。

[4] 参见王希、刘双阳:《社区矫正精准矫治模式的理论基础与实践展开》,载《南大法学》2022年第5期。

的制度化、常态化,充分认可志愿服务的价值贡献,对有社区矫正服务经历的志愿者予以奖励,并扎实做好志愿者责任险保障工作。其次,要为企业建立获取人力资源的制度环境。企业是解决矫正对象技能培训与岗位供给的核心力量,单纯依靠政府的政策激励难以保障企业的持续性参与,应为企业营造可持续盈利的制度环境,支持其以市场化方式参与社区矫正。[1]

(三)建立健全社区矫正对象的社会支持网络

社区矫正对象在融入社会的过程中,面临着诸多困难和挑战。因此,建立健全社区矫正对象的社会支持网络至关重要。这包括提供经济援助、就业指导、心理咨询等多方面的支持。首先,可以设立专门的社区矫正对象援助基金,为经济困难的社区矫正对象提供必要的生活保障和救助。其次,与相关部门和机构合作,为社区矫正对象提供职业培训、创业扶持等就业服务,帮助他们提升就业竞争力。最后,应建立健全心理咨询和辅导机制,为社区矫正对象提供个性化的心理支持和辅导服务,帮助他们解决心理问题,增强自信心和社会适应能力。通过建立健全社会支持网络,社区矫正对象将能够感受到社会的关怀和支持,减少再犯的风险,更顺利地融入社会。

建立健全平等共商协作机制,做好资源匹配,实现共同目标。[2] 作为社区矫正工作的实施主体,专门机关应充分尊重社会力量的市场性与社会性价值,通过建立健全共商协作机制,完善双方沟通与协商渠道,为多方融合提供渠道,努力促进以企业为代表的私人部门、以社会工作为代表的志愿主体以及以专门机关为代表的公共部门在社区矫正工作中的作用的整合。

(四)创新社区矫正宣传教育方式,提升社会认同度

社区矫正工作作为法治社会建设的重要一环,其成功推进与社会的广泛理解和深度支持息息相关。[3] 鉴于此,如何创新社区矫正的宣传教育方式,进而提升其在社会中的认同度,就显得尤为重要。这不仅关乎社区矫正工作的长远发展,更是社会和谐稳定的重要保障。为达成这一目标,可以从两个方面着手。首先,加强社区矫正的宣传教育工作。利用广播、电视、报刊等传统媒体的广泛覆盖力,结合互

[1] 参见李光勇:《社区矫正人员帮扶现状、困境与对策调查研究》,载《中国刑事法杂志》2013年第4期。

[2] 参见张凯:《我国未成年人社区矫正工作的执行现状及推进路径——以我国社区矫正法相关规定为切入》,载《长白学刊》2021年第6期。

[3] 参见周明慧等:《社区矫正人员表达抑制与社会适应:抑郁的中介作用》,载《心理技术与应用》2021年第8期。

联网、微博、微信等新兴媒体的快速传播特性,全面深入地宣传社区矫正工作的深远意义和积极作用。此外,通过定期举办各类主题宣传教育活动,如法治讲座、道德讲堂等,不仅可以普及法律知识,还能有效提升公众的道德素养,为社区矫正工作营造良好的社会氛围。其次,应注重正面典型的挖掘和宣传。在社区矫正工作中,不乏成功矫正的案例和热心投入的志愿者等正面典型。他们的故事和经验,是对社区矫正工作最有力的证明和宣传。通过广泛传播这些正面典型的事迹,不仅可以消除公众对社区矫正工作的误解和偏见,更能激发社会各界对社区矫正工作的信任和参与热情,共同推动社区矫正工作的健康发展。

结　语

在社区矫正工作的持续探索中,创新路径与社会融合问题始终如影随形。本文通过深入分析社区矫正的现状与挑战,揭示出社会融合对于社区矫正工作的深远影响。在此基础上,笔者提出了一系列切实可行的实践措施,旨在推动社区矫正与社会融合的协同发展。展望未来,社区矫正工作仍需不断创新,以更加开放和包容的姿态拥抱社会变革。笔者相信,在全社会的共同努力下,社区矫正工作定能走出一条具有中国特色的创新之路,为构建和谐社会贡献力量。这份责任与担当,既是对社区矫正工作专业精神的考验,也是对人类文明进步的追求与坚守。

社区资源整合对戒毒矫正人员社区矫正的影响

陈鹏悦[*]

摘　要：社区矫正具有人性化和科学性特征，其能够在戒毒矫正教育中起到非常重要的作用，通过对社区资源的整合，借助更多的社会力量，引入更多的社会工作服务参与到社区矫正项目当中，可以有效地提升矫正人员的心理适应能力，帮助戒毒矫正人员更快地回归社会。基于此，本文主要对社区资源整合对戒毒矫正人员社区矫正的影响以及策略等进行了分析和探讨。

关键词：社区资源整合；戒毒矫正人员；社区矫正的影响

引　言

我国社会的和谐发展离不开以人为本的社会发展理念的指导，在这样的背景下，刑罚的执行制度将变得更加的理性化，而社区矫正就是其典型代表。社区矫正主要是指将符合缓刑、管制、假释以及暂予监外执行等法定条件的服刑人员安置于社区内，然后在国家机关所组织的民间组织、社会团体以及相关的社会志愿者的协助下，在服刑人员判决确定的期限内，帮助他们矫正犯罪心理以及行为恶习，从而使得他们可以重新回归社会的一种非监禁刑罚执行活动。社区矫正目前被广泛应用于戒毒人员的戒毒矫正当中，并取得了良好的效果。通过对社区资源的整合，可以充分地利用各种社会力量，为戒毒矫正人员提供更好的宽松、良好的矫正环境，进而提升社区矫正对戒毒矫正人员矫正的效果，帮助戒毒矫正人员顺利地回归社会。

---

[*] 作者单位：吉林司法警官职业学院。

一、社区资源整合对戒毒矫正人员社区矫正的影响

在我国的《社区矫正实施办法》(已失效)中明确规定,社区矫正要在社区矫正机构的组织指导下,由社会工作者或者志愿者参与到社区矫正工作当中。这就要求我国各级司法行政机关必须要将建立一个由党委和政府统一领导、相关部门积极配合及社会力量广泛参与的社区矫正领导体制和工作机制作为工作的重点。其中社会力量在社区矫正工作当中发挥着非常重要的作用,尤其是社会资源。[1] 社区资源的整合是指将社区相关的社会资源进行相互协调,并将其整合成一个整体,然后由社区对这些资源进行统一支配和动员的过程。比如,政府、社区组织、居民以及驻社区单位等不同社会主体所拥有的各类社会资源。通过对社区资源的整合,可以为戒毒矫正人员提供更加良好的社区矫正环境,进而有效地提升社区矫正的效果,更好地为戒毒人员进行心理和行为矫正,让他们可以更快地回归社会。由此可见,社区资源整合在戒毒矫正人员的社区矫正中的作用是不可忽视的。

二、社区资源整合对戒毒矫正人员社区矫正的策略

(一)引入社会工作服务参与社区矫正项目,提升戒毒矫正人员的心理适应能力

在戒毒矫正人员社区矫正的过程中,社会工作起着非常重要的作用。社会工作主要是指在科学的理论指导下,通过运用科学的知识、方法以及技巧来对社会问题进行有效的解决、对社会关系进行协调的能够促进社会和谐发展的专业助人服务活动。[2] 那么,在戒毒人员的社区矫正过程中要如何有效地运用社会工作提升社区矫正的质量和效果呢?这就需要引入更多的社会工作服务参与到社区矫正项目当中,同时使具有丰富的社会工作经验和专业的社会工作技巧的工作人员在戒毒人员的社区矫正过程扮演好中介、引导者以及评估者等重要的角色,以此来有效地提升戒毒人员社区矫正的效果,推动我国社区矫正事业的持续发展。

社区矫正最为主要的特征就是以社区为基础,同时依赖于社区,注重利用社会力量来对戒毒人员进行社区矫正。这就要求相关政府部门应当充分利用社会各界

---

〔1〕参见黄曼:《社区资源整合对戒毒矫正人员进行社区矫正的影响》,载《法制博览》2017年第33期。

〔2〕参见吴连芝、马晶芳:《关于强制隔离戒毒社区矫正机制构建的思考》,载《学园》2014年第33期。

的力量,并将各项社会资源进行整合,引入更多的社会服务参与到社区矫正项目当中。比如,政府部门可以和社区组织合作,开展社区矫正项目购买社会服务试点工作,为参与社区矫正的戒毒矫正人员提供心理辅导、心理测量、教育帮扶等专业服务。同时为每一位戒毒矫正人员建立相应的心理信息档案,对他们定期进行心理辅导和教育培训,以此来提升戒毒矫正人员的心理适应能力,帮助他们矫正吸毒犯罪的心理。另外,在对戒毒人员进行社区矫正的过程中,还应当逐渐地形成线上线下协调统一的工作模式,如开展线下门诊咨询、一对一咨询和线上网络咨询、电话咨询等心理咨询服务。[1] 同时建立完善的心理矫正评估标准体系,对戒毒人员的心理状态进行科学的评估,以此来为他们提供更加科学、有效的心理矫治服务,进而提升社区矫正对戒毒矫正人员的针对性和有效性。

相关政府部门还应当通过社会服务参与社区矫正项目,实现社区矫正工作人员"1+X"的模式,即号召各大高校的学生成为社会服务志愿者,由专业的心理咨询团队带领他们组建成社区矫正志愿者队伍,为戒毒矫正人员开办心理知识专题培训讲座,向他们介绍基础的心理学知识,并帮助他们解决各种常见的心理问题。还可以通过组织各种社会服务,引导戒毒人员参与到其中,帮助他们多与社会接触,以此来提升他们的心理适应能力,帮助他们更加顺利地回归社会。另外,在社区矫正过程中,还应当为戒毒矫正人员建立团体心理辅导小组的交流平台,促进戒毒矫正人员之间的相互沟通和交流,以此来有效地增强戒毒矫正人员的社会交往能力和人际沟通能力。

(二)整合多方资源,做好社区适应性帮助工作,帮助戒毒矫正人员重塑社会行为

社区矫正的主要目的是通过对戒毒矫正人员进行社会适应性帮扶、教育矫正以及监督管理等方式,来帮助他们矫正吸毒犯罪的心理和行为,从而将他们重新改造成遵纪守法的良好公民。因此,在对戒毒矫正人员进行社区矫正的过程中,相关政府部门应当将社会多方资源进行整合,并构建一个集"监督、教育、管理、服务"为一体的社区矫正中心,以此来确保社区矫正工作的有序开展,具体可以从以下几个方面实施。

第一,充分发挥法律的规范能力和作用。社区矫正的实质是执行刑罚,所以社区矫正工作的开展必须要坚持法制化、制度化以及规范化的原则。在中共中央《关

---

[1] 参见钱洪:《吸毒青少年社区矫正的社会工作介入——以无锡A街道为例》,南京农业大学2014年硕士学位论文,第5~6页。

于全面深化改革若干重大问题的决定》中就有这样一条规定,将劳动教养制度进行废除,对违法犯罪行为的惩治和矫正相关的法律进行不断完善,以此来使得社区矫正制度变得更加的完善,确保社区矫正工作能够有法可循。[1] 这就要求相关政府部门要将社区矫正服务的各项具体业务的工作制度进行不断完善,同时要求各级社区矫正工作人员加强对相关制度的学习,并在实际的社区矫正工作中将各项规章制度贯彻落实,以此来不断地提升社区矫正工作人员的法治思维,让他们在相关工作中可以利用法律途径来对各种利益问题进行协调和处理,从而不断地提升社区矫正工作人员的工作能力和专业素养,使社区矫正的行为变得更加规范,进一步为社区戒毒矫正人员提供更加优质的教育、帮助、服务。另外,对戒毒矫正人员进行监督和管理是社区矫正工作的重要内容。因此,相关政府一定要加强对戒毒人员社区矫正的监督管理工作,比如,实现分级管理和定期考核制度;对特殊戒毒矫正人员进行重点监督和管理;充分利用各种先进的信息技术,建立社区矫正信息管理平台,或者利用"电子围墙"技术对戒毒矫正人员进行定位监管,以此来提升社区矫正工作的现代化管理水平。

第二,充分发挥道德教化作用。在对戒毒矫正人员进行社区矫正的过程中,还应当将道德教化作用充分地发挥出来,以此来对戒毒矫正人员进行教育矫正。这就要求相关政府部门要将社区戒毒矫正人员的行为矫正和养成作为社区矫正工作的重点,同时将分段式教育作为对戒毒矫正人员进行教育的主要方式,并通过入矫教育、日常教育以及解矫教育等多种教育方式对戒毒矫正人员进行循序渐进的教育,以此来提升他们的法治意识、道德观念以及社会责任感。另外,在对戒毒矫正人员进行社区矫正的过程中,还要对他们加强人文和社会关怀,以此来让他们意识到自己的吸毒行为是错误的,并能够自觉地接受社区矫正过程中的相关管理和改造措施,从而确保社区矫正工作的顺利开展。

第三,做好社区适应性帮扶工作。为了帮助戒毒矫正人员顺利地回归社会,在对他们进行社区矫正工作的过程中,要以他们的实际需求为出发点,做好社区适应性帮扶工作,帮助他们重塑社会行为。这就要求社区矫正工作人员要加强对戒毒矫正人员的了解,并积极地帮助他们解决生活实际问题和困难,从而实现对戒毒矫正人员的有效帮扶。[2] 另外,相关政府部门也应当将社区矫正社会适应性帮助工

---

[1] 参见阮惠风、李阳辉、杨光:《吸毒人员社区戒毒矫正的理论与实践探索——以昆明市五华区为例》,载《云南警官学院学报》2009年第2期。

[2] 参见田青:《优势视角下的社区矫正研究》,燕山大学2017年硕士学位论文,第8~9页。

作纳入社会管理服务工作体系当中,并充分地调动社会各界的力量,对社区资源进行不断整合,同时组织政府工作人员、法律服务人员、法律义工、党员干部、社会志愿者、矫正志愿者等社会力量组建定向帮扶团队,根据不同的戒毒矫正人员开展相应的社会适应性帮扶工作,比如:为了帮助戒毒矫正人员在回归社会后能够找到适合他们的工作岗位,就根据他们的需求,在他们进行社区矫正期间,对他们进行就业辅导,以此来提升他们的再就业能力。此外,政府部门还应当鼓励当地企业积极地参与到戒毒矫正人员的社区矫正工作当中,让企业承担起相应的社会责任,整合企业力量,为社区戒毒矫正人员解决实际的困难,从而为社区矫正工作提供强大的助力。

结　语

通过对社区资源的整合能够有效地提升戒毒人员社区矫正的效果,提升戒毒人员的心理适应能力,重塑戒毒人员的社会行为,从而使他们能够正常地回归社会。因此,我国相关部门要不断加强对社区资源整合对戒毒矫正人员社区矫正影响的探索,并结合戒毒矫正人员的需求,通过对社区资源的整合,为每一位戒毒矫正人员提供个性化的矫正方法,以此来提升社区矫正的针对性和有效性,帮助戒毒矫正人员顺利矫正吸毒心理和行为,让他们能够更快地适应和回归社会,进而促进我国社会的和谐发展。

社区矫正小组废止论

孙　毅*

　　摘　要:《社区矫正法》第 25 条与第 12 条之间存在的不协调,是基于社区矫正小组存在的运行虚置、责任分担虚化,以及一定程度负面作用而产生的,建议取消《社区矫正法》关于建立矫正小组的规定,以减少不必要的工作流程。

　　关键词:《社区矫正法》;社区矫正小组;社区矫正机构;监督管理

《社区矫正法》第 25 条第 1 款规定:"社区矫正机构应当根据社区矫正对象的情况,为其确定矫正小组,负责落实相应的矫正方案。"对于社区矫正小组的成员,第 25 条第 2 款规定:"根据需要,矫正小组可以由司法所、居民委员会、村民委员会的人员,社区矫正对象的监护人、家庭成员,所在单位或者就读学校的人员以及社会工作者、志愿者等组成。社区矫正对象为女性的,矫正小组中应有女性成员。"一般认为,社区矫正小组的作用是立足社区、依靠社区,动员各种社会力量,促进公众参与对社区矫正人员的监管教育帮扶。[1]

但从实践来看,社区矫正工作的名称中虽然带有"社区"二字,但其执行的主体却为县级社区矫正机构,县级社区矫正机构又委托设置于乡、镇以及城市街道的司法所开展日常工作,其立足点主要在县乡两级,主要工作则由司法所承担,因此具体负责落实社区矫正及其方案的,也只能是司法所而非社区矫正小组。而社区、村级组织以及社区矫正对象家庭成员等也并不因为其为社区矫正小组成员而成为社区矫正工作的责任主体,其仅是依据《社区矫正法》第 12 条之规定协助社区矫正机

---

* 作者单位:山东省淄博市临淄区司法局金岭司法所。

〔1〕参见王爱立主编:《中华人民共和国社区矫正法解读》,中国法制出版社 2020 年版,第 147 页。

构做好社区矫正工作。从以上情形来看,《社区矫正法》第25条与第12条之间存在一定矛盾——对于司法所以外的其他社区矫正小组成员究竟是落实矫正方案的责任主体还是仅为协助者,出现了混淆不清的问题。而从实践中出现的各种情况来看,社区矫正小组中发挥工作职能且承担相应责任的只有司法所,其他成员只在司法所提出协助要求时才予以配合,有的甚至反其道而行之,配合违法违规的社区矫正对象欺骗司法所,导致司法所工作人员被追究刑事责任或者遭受政纪处分。

社区矫正小组的实际运行状态之所以同立法发生如此之大的偏差,原因是多方面的,既有历史因素,也有现实因素,更有同现行法律体系及现代法治原则难以契合等原因。本文尝试从社区矫正小组的起源以及实际运行中普遍存在的"虚置""虚化"问题入手,分析社区矫正小组制度存在的弊端以及设置该小组的立法目的难以实现的原因,对为什么不应当再保留社区矫正小组制度这一问题进行回答。

一、社区矫正小组制度的起源

虽然社区矫正小组经常被称为社区矫正制度的特色和实践经验的总结,但实际上,在社区矫正工作试点、试行时期颁布的《司法行政机关社区矫正工作暂行办法》(已失效)中并没有关于社区矫正小组的规定。在社区矫正试点、试行时期,一些省份也颁布了地方性社区矫正工作文件,如江苏省社区矫正工作领导小组于2004年印发的《江苏省社区矫正工作流程(试行)》(苏社矫〔2004〕2号)、山东省2007年印发的《山东省社区矫正工作实施细则(试行)》,但这些文件中也没有关于社区矫正小组的规定;有的地方文件虽然规定了社区矫正小组,但没有明确其组成人员,如2010年颁布的《江西省社区矫正工作暂行办法》第33条规定:"司法所应针对每名社区服刑人员成立专门的矫正小组,指定专人为矫正责任人。矫正责任人负责对矫正个案的组织和实施。"在江西省的规定中,虽然规定了社区矫正小组,但落实矫正个案的主体依然是"矫正责任人",而非社区矫正小组。第一次将社区矫正小组作为落实社区矫正方案的主体的,是2012年最高人民法院、最高人民检察院、公安部、司法部颁布的《社区矫正实施办法》(已失效),该办法第8条要求司法所应当为社区矫正人员确定专门的矫正小组,并规定"社会工作者和志愿者"以及"有关部门、村(居)民委员会、社区矫正人员所在单位、就读学校、家庭成员或者监护人、保证人"为社区矫正小组成员,还要求司法所应当根据小组成员所在单位和身份,明确各自的责任和义务,确保各项矫正措施的落实。

至于为什么要为社区矫正人员确定专门的矫正小组,司法部法制司、社区矫正管理局在《〈社区矫正实施办法〉解读(二)》中称:"在社区矫正试点试行工作中,各地对此进行了积极探索,普遍成立了社区矫正小组,吸收社区矫正人员的亲属、基层组织、所在单位或学校及有关单位的人员参加。这些人员与社区矫正人员有密切的联系,最贴近社区矫正人员,最能了解、掌握其思想动态和矫正情况,对提高社区矫正人员的教育改造质量发挥了积极的作用。"如前所述,在社区矫正试点、试行期间,司法部及一部分省份发布的社区矫正文件中并没有关于社区矫正小组的规定,那么为什么各地会不约而同地普遍成立社区矫正小组呢?其实,这并不是各地自行探索的结果,而是延续了公安机关对管制、缓刑、假释等5类罪犯的监督管理模式。公安部在1995年发布的《公安机关对被管制、剥夺政治权利、缓刑、假释、保外就医罪犯的监督管理规定》(中华人民共和国公安部令第23号)第4条中曾经规定,"公安机关收到人民法院对罪犯作出的管制、剥夺政治权利、缓刑、假释、保外就医的判决、裁定、决定或者监狱管理机关对罪犯批准保外就医的决定后,应当及时组成监督考察小组"。由于乡镇、街道司法所在承接社区矫正职能前从未从事过此类工作,因此只能延续公安派出所之前的做法,成立社区矫正小组就是延续下来的办法之一。因此所谓的社区矫正小组并非各地积极探索社区矫正工作方式的产物,而是继承自公安机关对5类罪犯进行监督管理时期的"监督考察小组"。

公安机关之所以要成立"监督考察小组",是出于需要在监督考察工作中体现"专群结合"的考虑,1995年公安部令第23号发布时施行的1979年《刑法》对缓刑罪犯规定的监督办法是"由公安机关交所在单位或者基层组织予以考察",虽然1997年《刑法》将其修改为"由公安机关考察,所在单位或者基层组织予以配合",但依然维持了所在单位及基层组织参与监督考察的要求。因此公安部令第23号并未在1997年《刑法》出台后对建立"监督考察小组"的规定进行修改。事实上,在这一时期由于公安机关没有专门机构负责对5类罪犯的监督考察,公安派出所由于职能多、警力有限,也不可能拿出专门人员负责这一工作,导致监督考察工作流于形式。而作为"监督考察小组"成员的5类罪犯所在单位、基层组织,更是没有专门人员或者机构负责这一工作,反而将5类罪犯视为"累赘""包袱",有的单位甚至对此类人员开除了事。[1]可以说,所谓"监督考察小组"实际上是名存实亡、从未发挥过应有作用的。而作为"监督考察小组"的延续的社区矫正小组,自然也不可避免地将其固有弊病带到了社区矫正工作中。

---

[1] 参见田鹏辉:《论我国缓刑制度中的考察主体》,载《学术交流》2005年第10期。

二、社区矫正小组在运行中的虚置问题

虽然《社区矫正法》第 25 条以列举的方式,规定了社区矫正小组成员除司法所人员外还可以包括村(居)民委员会人员,社区矫正对象的监护人、家庭成员,所在单位或者就读学校的人员以及社会工作者、志愿者等。但在实际工作中,社区矫正小组成员往往只包括司法所人员以及村(居)民委员会人员及矫正对象的监护人、家庭成员,很少邀请所在单位或者就读学校参加。即使组成了由司法所、村(居)民委员会工作人员及矫正对象的监护人或家庭成员三方组成的矫正小组,实际发挥作用的往往只有司法所工作人员。社区矫正对象出现再犯罪或者违反监督管理规定等情形时,被上级司法行政部门、检察机关、纪检监察机关追究责任的也只有司法所工作人员。即使社区矫正对象所在村(居)民委员会及其监护人、家庭成员不履行社区矫正责任书确定的职责,甚至协助社区矫正对象就其违反监督管理规定的行为欺瞒司法所,也不需要承担任何责任,社区矫正小组实际上处于虚置状态。具体而言,表现为以下几个方面。

(一)组成人员除司法所人员外均难以发挥作用

一般而言,在社区矫正对象到司法所报到时,司法所会要求其会同村(居)民委员会相关负责人、家庭成员(监护人、保证人)等一同到司法所办理入矫宣告手续、签订社区矫正责任书;解除社区矫正时,上述人员再到司法所进行解除社区矫正宣告,办理安置帮教手续。除此之外,社区矫正小组便再无其他作用。就社区矫正对象的家庭成员(监护人、保证人)而言,其与社区矫正对象为亲属关系,实际上是利益共同体,我国又有着"亲亲得相首匿"的法律文化传统,这就导致这类矫正小组成员根本不可能本着"大义灭亲"的原则,对社区矫正对象进行严格监督,即使是矫正对象实施了违反监督管理规定的行为,也只会帮助其"打掩护",不可能主动向司法所告发。

至于村(居)民委员会,作为村(居)民"自我管理、自我教育、自我服务"的基层群众性自治组织,[1]其本身并不具有对违法犯罪的村(居)民进行监督考察的能力,尤其是在 1997 年《刑法》将基层组织监督缓刑罪犯的职责删除后,其更是没有了任何对社区矫正对象进行监督的法定职责。实践中,村(居)民委员会承担的职

---

[1]《村民委员会组织法》第 2 条第 1 款规定:"村民委员会是村民自我管理、自我教育、自我服务的基层群众性自治组织,实行民主选举、民主决策、民主管理、民主监督。"《城市居民委员会组织法》第 2 条第 1 款规定:"居民委员会是居民自我管理、自我教育、自我服务的基层群众性自治组织。"

能庞杂,从开展党的组织工作、发展村集体经济、代缴社会保险、开展社会福利救助等,到处理村(居)民的投诉、管理村(社区)日常事务,工作十分繁忙,难以拿出专门的时间和人员去对社区矫正对象进行管理,只能在司法所的要求下提供必要的协助。也正因如此,1997年《刑法》才取消了基层组织监督考察缓刑罪犯的职能,改为配合公安机关开展工作。可以说,村(居)民委员会没有能力对辖区内的罪犯进行监督并及时报告监督考察机关,是已经被历史所证明且现实存在的事实。

社区矫正对象所在单位或者就读学校的人员以及社会工作者、志愿者等也是《社区矫正法》规定可参加社区矫正小组的人员。单位曾经是1979年《刑法》规定的缓刑罪犯的监督主体,但事实证明其难以承担监督罪犯是否遵守监督管理规定及遵纪守法的职责,故1997年《刑法》取消了其承担的监督考察职责,改为配合公安机关开展监督考察。同时,我国《公职人员政务处分法》第14条、《事业单位工作人员处分规定》第23条、《劳动合同法》第39条均将公职人员、事业单位工作人员、劳动者被判处刑罚、被追究刑事责任作为予以开除处分、解除劳动合同的法定情形之一,一旦发现本单位职工被追究刑事责任,单位往往会直接将其开除或者解除劳动合同了事,根本不可能派员参加社区矫正小组。就学校而言,我国《普通高等学校学生管理规定》(中华人民共和国教育部令第41号)第52条明确规定,学生"触犯国家法律,构成刑事犯罪的",学校可以给予开除学籍处分。而《未成年人学校保护规定》(中华人民共和国教育部令第50号)第12条只根据《义务教育法》明确了"义务教育学校不得开除或者变相开除学生",根据上述规定反推其义,即除义务教育学校外,其他学校均可开除严重违纪的学生,而构成刑事犯罪显然当属严重违纪之列。笔者2019年12月参加全国人大常委会法工委组织的某次与《社区矫正法》相关的会议时,就有从事未成年人司法工作的同志指出,他们在日常工作中往往不敢将正在上学的未成年人犯罪情况通知其所在学校,一旦通知,其必然会被开除。由此可见,除义务教育阶段的学校外,其他阶段的学校基本不可能派员参加社区矫正小组。

此外,社会工作者、志愿者的聘任和招募,取决于当地的经济发展水平和群众的精神境界,以目前的情况来说,除少数经济发达地区外,全国大部分地区都没有富余资金供司法行政机关购买社区矫正服务、聘任社会工作者。社会矫正志愿者更是招募困难,牺牲自己的时间来陪自己素不相识的罪犯度过短则2个月、长则5年甚至10年的社区矫正期间,是一般人难以接受的。而从社区矫正对象的角度来看,其接受司法所监督考察是法定义务,不得不接受,但素不相识的志愿者对其生活进行监督、干预则是难以接受的,强行引入志愿者不但不能缓和社会矛盾,甚至有可能滋生新的、不必要的矛盾。

(二)社区矫正小组的实质为司法所内部分工及外部协作

上海政法学院社区矫正研究中心曾对浦东新区社区矫正小组的工作模式进行实证研究,详细分析了矫正小组中司法所专职干部、社会工作者、公安派出所民警、社区矫正民警等成员的职责分工。根据其描述,司法所专职干部、社区矫正民警以及社会工作者的职能互有交叉,根据各自身份属性落实社区矫正监督管理和教育帮扶各项工作,属于单位内部分工范畴;而公安派出所民警则主要从部门间协作的角度参与社区矫正工作。至于村(居)民委员会、家庭成员以及其他参与者,则被归类于志愿者范畴,具体职能也语焉不详。[1] 上述研究很好地揭示了目前社区矫正小组的运行现状,即如果当地财力充沛,能够拿出资金购买社工组织提供的第三方服务,则可在司法所内配置社会工作者,从事教育帮扶类社区矫正;如果上级司法行政机关为司法所配置了监狱、戒毒所延伸从事社区矫正的民警,则该民警也可以协助司法所人员从事监督管理方面的工作;同时,公安机关可按照当地政策要求参与社区矫正工作。但如果当地没有资金聘请社会工作者,也没有长期稳定的驻司法所监狱、戒毒民警,与同级公安机关之间也没有建立协作关系,则上述分工中的所有工作均由司法所工作人员独自承担。

可以认为,上述社区矫正小组的工作分工,其实只是司法所在人员配置相对充足时的内部分工以及外部协作的结合,即使没有社区矫正小组这一形式,依然可以依据《社区矫正法》第10条关于社区矫正国家工作人员配备的规定,以及该法第11条至第13条中关于社会工作者、村(居)民委员会、其他社会力量参与社区矫正的规定得以运行。该研究对于村(居)民委员会、家庭成员以及其他参与者的作用语焉不详,也从侧面说明这些矫正小组成员在日常工作中其实并未发挥多少作用,吸收他们参加,只不过是为了满足社区矫正工作的形式要求以及体现地方特色和工作创新而已。例如研究中提到,浦东新区的社区矫正小组中还包括医师、老师、心理咨询师、禁毒社工、青少年社工、邻居好友和楼组长等,这些人要么有自己的工作单位,要么只是在社区中承担居民自治、邻里互助职能,在社区矫正工作中的定位为协助者,根本不可能作为稳定成员对特定社区矫正对象的矫正工作负责。而在邀请医师、老师、心理咨询师提供医疗、教育等服务时,其也不会只对单一社区矫正

---

〔1〕 参见上海政法学院社区矫正研究中心课题组:《浦东新区社区矫正小组工作模式实证研究》,载《犯罪与改造研究》2019年第10期。

对象提供服务,其服务的对象与其说是社区矫正对象,不如说是聘请其提供专业服务的司法所、社区矫正机构。

目前,唯一对社区矫正工作起作用的外部力量是社区或村组网格员,其承担了协助走访、组织公益活动等多项矫正任务。但需要注意的,其工作责任来源并非参加社区矫正小组,而是各级党委政法委将"协助开展社区矫正"纳入了网格化建设工作范围,其本质依然是一种外部协助,而非内部分工。

根据前文所述社区矫正小组实际运行状态及其实质可知,社区矫正小组中真正负责落实矫正方案的只有司法所工作人员,其他成员与其说是社区矫正工作的主体,不如说是起配合作用的矫正参与者,实质上并不具备社区矫正工作主体身份和职责。所谓的社区矫正小组在职能分担上徒具形式,并无实质意义。

三、社区矫正小组责任分担上的虚化问题

按照《社区矫正法》第 25 条的规定,社区矫正小组的职责为"负责落实相应的矫正方案"。从字面上理解,社区矫正小组似乎需要作为一个整体来对社区矫正方案的落实承担责任,但现实却绝非如此。实际上,自社区矫正小组制度诞生以来,为社区矫正方案的落实承担责任的,就只有司法所工作人员,其他参与者即使存在履职不到位甚至恶意干扰社区矫正工作的情况,都不需要承担任何责任。例如,在赵某某犯玩忽职守罪一案中,身为公主岭市某司法所所长的赵某某在发现社区矫正对象贾某脱离监管后,去找贾某妻子王某某调查贾某行踪,王某某称,贾某一直在公主岭市打工,赵某某出于同情,就轻信了贾某一直在公主岭市打工,没有离开执行地的说法,所以未向市司法局汇报,而是允许王某某代替贾某上交思想汇报。但实际上,贾某早已偷渡出境到缅甸联邦共和国从事走私、贩卖毒品的犯罪活动,走私、贩毒数量达 2978.886 克。最终,一审判决王某某犯玩忽职守罪,判处有期徒刑 3 年。[1] 该案中,赵某某的行为显然已经构成玩忽职守罪,但王某某身为社区矫正小组成员,为其丈夫脱离监管乃至偷渡至境外走私贩毒"打掩护"、欺骗司法所的行为却没有受到任何追究,而其所在的村(居)民委员会工作人员,也没有向司法所反映任何情况。

一般而言,社区矫正小组的核心成员为司法所工作人员、村(居)民委员会人员、矫正对象家庭成员,司法所同上述人员签订责任书,是社区矫正的必经程序。

---

〔1〕 参见吉林省梨树县人民法院刑事判决书,(2019)吉 0322 刑初 281 号。

《山东省社区矫正实施细则》第22条甚至规定,如果社区矫正小组无村(居)民委员会人员、监护人、保证人或家庭成员参加的,司法所要在档案中特别载明相关情况。上述规定足以证明现行的社区矫正体制对这些矫正小组成员是十分看重的,认为他们的存在是社区矫正工作不可或缺的。然而,这些不可或缺的矫正小组成员在不履行职责,甚至背弃职责后却不需要承担任何责任,似乎又说明他们并非不可或缺。尤其是社区矫正对象的监护人、保证人或家庭成员,不伙同社区矫正对象欺骗司法所就可算是模范履职,更不可能要求其承担其他责任。

综上可以得出结论,社区矫正小组整体并不对社区矫正工作负责,内部并不存在责任分担问题,所有责任均由司法所工作人员自行承担。社区矫正小组不但在分工上徒具形式,在责任分担上也不具有任何意义,事实上处于虚化状态。

四、社区矫正小组为什么难以实现工作分工和责任分担

社区矫正小组运行中出现的运行虚置、责任虚化问题,早就引起了学术界的注意。有学者指出:目前,我国《社区矫正法》等法律法规对参与主体在矫正小组中的角色定位没有明确规定。也就是说,为了帮助社区矫正人员顺利回归社会,参与主体需要以哪些不同的身份参与到社区矫正中来,在实际工作中没有明确要求。这使得我国的参与主体在参与社区矫正工作时存在粗放性、笼统性、模糊性等特征,难以适应社会力量参与社区矫正工作集约性、精准性、针对性等现实要求。为此,上述学者主张,应当将矫正小组成员明确划分为社区矫正对象的矫正监督人、矫正担保人、矫正责任人和矫正协助人等角色定位,明确这些角色没有履行相应职责应当承担的法律责任,并在日后修订《社区矫正法》时修改相应条款。[1]

上述学者关于强化小组成员责任以提高社区矫正小组运行效果的观点在司法行政机关内部也有一定代表性。如《河南省社区矫正工作细则》(豫司文〔2020〕122号)第49条中规定,"矫正小组成员不能履行责任、发挥作用的,应当及时予以调整",将调整撤换作为对不履行职责、不发挥作用的矫正小组进行问责的方式。然而,社区矫正小组内部分工和责任落实确有一定的难度。

1.与社区矫正执法活动的性质不符。社区矫正的性质虽然历来争论不休,但其作为国家专门机关对罪犯开展的执法活动应当是没有争议的。既然是国家专门机关开展的执法活动,那么不论是根据行政法还是刑事法原理,其都应当由国家机

---

[1] 参见田兴洪、蒋晓宇:《试论参与主体在矫正小组中的角色定位及法律责任》,载《宜宾学院学报》2020年第3期。

关及其工作人员执行，没有法律授权不可委之于他人。在我国《社区矫正法》已经明确规定社区矫正工作由社区矫正机构及受其委托的司法所承担的情况下，即使再建立一个所谓的社区矫正小组落实矫正方案，在其内部履行职责承担责任的，就必然只能是社区矫正机构及受其委托的司法所的工作人员，而不会是其他成员。如《河南省社区矫正工作细则》第49条第2句规定，"矫正小组须定期向社区矫正机构或受委托的司法所报告工作开展情况"，但一般而言，司法所应当派员参加矫正小组并担任组长，这就意味着司法所人员要代表小组定期向自己汇报自己工作的开展情况，这无疑就出现了逻辑错乱。

2. 责任自负原则是现代法治的基本原则，也是基础的法理学常识。社区矫正本质上是国家对缓刑等四类罪犯的监督管理活动，社区矫正机构、司法所对该活动履职尽责是法律赋予的权力和责任，但其他成员如村（居）民委员会人员、家庭成员等履行职责的依据仅是基于社区矫正对象的居住地及亲属关系等而产生的协助义务。这一协助义务来源于社区矫正对象承担的刑事责任，而非协助者自身的责任。如果法律强化上述人群对于社区矫正工作的法律责任，则是在事实上背弃了责任自负原则，这显然是不可取的，因此《社区矫正法》仅对上述人员参加社区矫正工作做了原则性规定，并未设定法律责任。

五、社区矫正小组制度的负面效应

社区矫正小组制度除存在上述问题外，还在工作实践中引发了一定的负面效应。例如，在决定机关作出社区矫正决定前的调查评估阶段，如果拟适用社区矫正的人是独自一人生活或者户籍地与居住地不一致，就很容易被社区矫正机构以"无同住亲属，无法组成矫正小组""非本地户籍，居住地基层组织不同意参加矫正小组"为由作出不同意适用社区矫正的结论或者退回委托材料，这实际上限制了缓刑、假释等制度的适用范围。又如，在社区矫正对象的家庭成员以双方关系不睦、工作忙为由不愿意到司法所签署矫正责任书的情况下，司法所工作人员还要多次登门拜访、反复劝说以获取其签字，但实际上这类成员根本不可能对社区矫正发挥任何正面作用，完全是无效劳动。

结　语

社区矫正小组制度并非社区矫正工作实践经验的总结，而是对过去公安机关监督缓刑等五类罪犯工作方式的简单延续。将社区矫正对象家庭成员及其所在的基层组织、工作单位人员等实际并不从事任何社区矫正具体工作、不承担任何工作责任的协助力量纳入矫正小组,必然导致社区矫正小组在实际运行过程中出现虚置、虚化等问题,对于这类问题也无法通过强化法律责任的方式予以解决。社区矫正工作中的外部协助问题也完全可以依据《社区矫正法》第11条至第13条关于社会参与以及其他关于部门协作的规定予以解决。因此,建议直接取消《社区矫正法》关于建立矫正小组的规定,以减少不必要的工作流程,克服其带来的负面效应,促进社区矫正工作朝着专业化、法治化方向更好地发展。

律师介入社区矫正路径研究*

岳璐洋**

  摘　要:律师在侦查阶段即可接受委托介入诉讼活动,但律师的参与往往停止在法庭最终宣判时,甚少深入执行阶段,这与刑罚执行的惩罚性排斥执行程序上的对抗力量相关。社区矫正作为执行方式之一也不可避免地呈现出律师缺位的现象,而随着对刑罚惩罚性的认知转变,社区矫正区别于监禁刑的性质以及实现社区矫正个别化的现实需求,都使社区矫正需要引入程序对抗,而律师因其立场与职业优势有其深入社区矫正的必要性。在此前提下,需要结合《律师法》第28条与《社区矫正法》寻找律师深入社区矫正的法律依据,而完善律师参与社区矫正的权利,仍需要在立法上做出将权利实质化的努力。

  关键词:执行;社区矫正;律师参与

  诉讼是一个"过程",并不仅局限于审判阶段,刑事诉讼在更广义的层面包括了立案、侦查、提起公诉、审判、执行整个司法制度运行过程或诉讼阶段。刑事诉讼在狭义上是指"审判过程",而广义上还包含执行程序。[1] 在整个广义的诉讼过程中,律师最早在犯罪嫌疑人第一次被侦查机关讯问或采取强制措施之日就可以接受委托,[2] 基本可以与犯罪嫌疑人同步进入诉讼活动之中,但在犯罪嫌疑人被宣判有罪之后,律师却甚少能够深度参与之后的执行环节。由此,律师作为被委托人在

---

* 基金项目:本文受中南财经政法大学中央高校基本科研业务费专项中研究生科研创新平台项目"社区矫正分类管理与个别化矫正原则的理论研究与实证考察"(编号:202410624)资金资助。

** 作者单位:中南财经政法大学法学院。

〔1〕 参见张建伟主编:《刑事诉讼法》,高等教育出版社2011年版,第5~6页。

〔2〕《刑事诉讼法》第34条第1款规定:"犯罪嫌疑人自被侦查机关第一次讯问或者采取强制措施之日起,有权委托辩护人;在侦查期间,只能委托律师作为辩护人。被告人有权随时委托辩护人。"

整个诉讼过程中呈现出与委托人"同进不同出"的局面。

社区矫正作为我国的执行方式之一,无疑也呈现出了一定的律师缺位现象,律师更多是依据《社区矫正法》第35条的规定,作为社会力量参与进社区矫正之中,为矫正对象普及法律知识。[1] 但这种参与方式实质上并不能发挥出律师的职业特性,大多数法律从业者如法学教授、法官等都可以为矫正对象在法律问题方面进行答疑解惑,因此,为什么社区矫正一定需要律师参与?律师如何参与才能发挥出其最大的职业优势?在现有的法律规范之下如何为律师参与社区矫正寻求法律依据?这些是下文将尝试探讨的问题。

一、执行阶段律师的缺位:程序对抗性的消失

在我国的诉讼程序中,"对抗"是必不可缺的一个要素。在侦查阶段,律师在犯罪嫌疑人第一次被讯问或采取强制措施之日便可以介入司法过程,保障犯罪嫌疑人的合法权益不受侵害。例如,监督公安机关对犯罪嫌疑人的羁押时间是否超过了法定期限等,从而对公安机关权力的行使形成一定程度上的制衡。在审查起诉阶段,当律师认为检察机关的审查起诉工作存在违法或不当之处时,可以通过提出辩护意见、申请调取证据、申请变更强制措施等方式,对检察机关的工作进行制约。在审查阶段,尽管我国诉讼模式以职权主义为主,但检察机关与辩护人对抗式的基本构造已基本形成,在规范层面已经具备了对抗式诉讼的基本特征,逐渐迈向中国式实质性的对抗式诉讼。[2] 即便这一对抗性在表现程度上并未达到英美法系国家诉讼双方的激烈冲突,但也存在双方力量的牵制或制衡。

在诉讼中引入对抗制因素早已成为世界诉讼改革的趋势,大陆法系的主要国家在"二战"后至21世纪前后也纷纷进行了对抗式方向的刑事司法改革。[3] 这种程序中牵制性对抗的存在,不仅是由于程序法治化越发受到强调,更多的在于对各方利益的平衡,促使权力的规范行使与犯罪嫌疑人或被告人合法权益的保障。自现代人权观念盛行以来,平等精神逐步深入人心,由此刑事诉讼中犯罪嫌疑人或被告人的地位逐渐被抬升,而其中所使用的手段主要是对程序公正的强调:通过在诉讼程序上赋予诉讼弱势方一定的权利与公权力相制衡,来达到一种对抗双方力量

---

[1]《社区矫正法》第35条规定,县级以上地方人民政府及其有关部门应当通过多种形式为教育帮扶社区矫正对象提供必要的场所和条件,组织动员社会力量参与教育帮扶工作。有关人民团体应当依法协助社区矫正机构做好教育帮扶工作。

[2] 参见胡铭:《对抗式诉讼与刑事庭审实质化》,载《法学》2016年第8期。

[3] 参见陈卫东、张月满:《对抗式诉讼模式研究》,载《中国法学》2009年第5期。

的相对均衡。

但问题在于,诉讼程序上的对抗仅停滞在审判完成的时点,庭前程序与庭审过程中一直存在的双方对垒却在进入执行阶段后戛然而止。律师作为具备法律职业素养且在庭前与庭中一直与权力机关(特别是检察机关)立场相对的一方,在执行阶段却缺少参与空间。司法实践中,律师在执行阶段的低参与率与相关法律授权的空白具有极大关系。律师在侦查、审查起诉以及庭审过程中的权利,如会见权、阅卷权、辩护权等在《刑事诉讼法》《律师法》等法律规范中都有明文体现,但在执行阶段律师的权利却在法律规范中寥寥无几。社区矫正作为执行方式之一,《社区矫正法》也只在第 48 条第 2 款中提及,在拟撤销缓刑、假释时,应当听取矫正对象委托的律师的意见。但这显然不足以使律师与权力机构处于相互制衡的地位。而在司法实践中,尽管执行并不属于司法裁判活动,执行阶段却切实存在许多程序性裁判,如行刑方式的变更等。[1] 目前,执行阶段的许多裁判案件并没有律师参与,许多撤销缓刑的案件也没有辩护人的参与,例如在罪犯林某某撤销缓刑一审案中,就没有辩护人的出现。[2] 针对现状,也有律师主张将刑事辩护权延伸至刑事执行领域具有一定的可能性。[3]

与律师难以参与执行过程的现状相反的是检察机关被法律赋予了监督刑罚执行过程的权力。[4] 但问题是,检察机关在此并未与刑罚执行机关形成对抗关系,而是立场相对居中。这一点在国家赔偿案件中便能体现出来,检察机关并非与赔偿请求人居于同一立场,在赔偿请求人崔某某因服刑人员路某某在监狱死亡申请福建省闽江监狱某某赔偿一案中,检察机关基于《刑事诉讼法》第 276 条所赋予的监督权,确认路某某系因病死亡,其死亡结果与闽江监狱无关,进而认可了闽江监狱作出不予赔偿的决定。[5] 此外,检察机关在执行期间甚至可能与服刑人员立场相对,例如当罪犯在执行期间能够依法予以减刑、假释时,检察院可以依据《刑事诉讼法》第 274 条的规定,认为法院减刑、假释的裁定不当,进而提出书面纠正意见。

对于监狱和其他执行机关,尽管依据《刑事诉讼法》第 275 条的规定,其可以对

---

〔1〕 参见陈瑞华:《司法权的性质——以刑事司法为范例的分析》,载《法学研究》2000 年第 5 期。

〔2〕 参见福建省古田县人民法院刑事裁定书,(2015)古刑执字第 2 号。

〔3〕 参见伍志锐:《律师参与社区矫正工作机制探究》,载《广西政法管理干部学院学报》2020 年第 5 期。

〔4〕 《刑事诉讼法》第 276 条规定:"人民检察院对执行机关执行刑罚的活动是否合法实行监督。如果发现有违法的情况,应当通知执行机关纠正。"

〔5〕 参见福建省高级人民法院赔偿委员会国家赔偿决定书,(2022)闽委赔 2 号。

判决是否有误作出主动认知,或者在罪犯提出申诉时做出一定行为,但也只是转请检察院或者原判法院处理,并没有也不能与罪犯立场高度绑定以及深度参与后续处理过程,更多是降低误判概率的一种机制。由此可见,目前在我国的刑罚执行阶段,公权力的制衡主体缺失,对抗性未能延伸进去。

那么,贯穿庭前与庭审过程中的程序对抗性为什么会消失于刑罚执行阶段呢?刑罚在某种意义上也是人类的一种文化活动,文化的产生总是脱离不了一定的社会背景,对文化的分析即"分析解释表面上神秘莫测的社会表达"[1]。刑罚,在我国的文化共识中长期以"惩罚性"为核心。惩罚性是刑罚的本质属性,表达对犯罪人的某种谴责,为惩罚而惩罚,这些都是"报应论"关于刑罚的基本立场。[2] 对惩罚性的强调不可避免地导致行刑的严苛乃至对罪犯权利保障的摒弃。有学者指出,中国传统社会不可能存在罪犯权利保障的问题,礼制之下,为了显明君臣父子间等级的"威",刑罚必然残酷,且还需公开行刑以威慑公众,虐待罪犯也具有道德上的基础。[3] 中国传统社会"以刑明威"的思想也渗透进了近现代社会,对罪犯进行严惩背后蕴含着人们所谓"刑罚越重,罪犯越少"的观念,坚信重刑的威慑可以达到维护社会安全、控制犯罪的目的。[4]

这种对刑罚执行"惩罚性"的强调同步地延伸到了社区矫正之中,我国一些学者主张社区矫正的性质也正是惩罚性。社区矫正的性质在我国相关理论中存在一些争议,但目前较为流行的观点是将社区矫正视作一种刑罚执行活动,因此主张其必然具有惩罚性。[5] 而对惩罚性的强调无疑意味着一种单方力量的压制、排斥异势力的救济,使罪犯或矫正对象处于一种相对封闭的程序之下以便不受干扰地保证对其惩罚的实现,这也就导致了刑罚执行环节没有对抗性因素存在的余地。

二、社区矫正为什么需要引入程序对抗性

程序对抗性在刑罚执行阶段的消失固然有其历史文化根源,但我国对刑罚惩罚性的认知在逐渐发生改变,这一改变也奠定了在刑罚执行阶段引入对抗性力量

---

[1] [美]克利福德·格尔茨:《文化的解释》,韩莉译,译林出版社2014年版,第5页。
[2] 参见何显兵:《社区刑罚研究》,群众出版社2005年版,第15~16页。
[3] 参见翟中东:《刑罚问题的社会学思考:方法及运用》,法律出版社2010年版,第206~210页。
[4] 这一观念不仅在我国曾流行,法国历史上也曾出台"安全与自由"法案,以加强对犯罪的镇压与加重刑罚来降低公众的不安全感。参见[法]罗贝尔·巴丹德:《为什么要废除死刑》,郭金灿译,新星出版社2017年版,第188~194页。
[5] 参见武玉红:《社区矫正管理模式研究》,中国法制出版社2011年版,第202页。

的基础。而社区矫正作为执行方式之一,其区别于传统监禁刑的特性与矫正个别化的现实需求,也使得社区矫正具有构建程序对抗性的需求。

(一)对刑罚惩罚性的认知转变要求匹配程序对抗性

对刑罚惩罚性的强调在近现代思想、经济、政治、社会等方面因素的影响下逐渐被其他观念所削弱。15世纪后启蒙思想家继承了古希腊、古罗马人道精神的精华,冲破了中世纪教会神学的束缚,提倡人的个性解放,以人为中心的思想迅速席卷全球,蔓延到监狱领域便使罪犯成为被关心、尊重的对象。[1] 人权观念,更具体而言,是对个人人格尊严的尊重冲击着刑罚惩罚性的绝对地位,罪犯的权利保障迈入公众视野。此外,我国改革开放时期,商品经济迅速发展,等价交换构成市场经济自由交换和竞争的基础,平等精神随着经济发展在我国公民心中被强化,同时,党的第十三次全国代表大会报告指出:"发展社会主义商品经济的过程,应该是建设社会主义民主政治的过程。"社会主义民主政治的建设进一步巩固了平等观念。平等观念渗入各种领域,包括刑罚的执行领域,罪犯作为平等个体享有人权的观念被公众接纳。此外,"刑罚越重,罪犯越少"的观念也被社会研究所颠覆。有学者通过实证研究证实,刑罚的严厉性与预防犯罪之间没有必然联系。[2] 现代心理学也指出,惩罚只能短暂地降低某一行为倾向,但可能要付出更大的潜在代价,比如团体的工作效率和满意感。[3] 由此,单纯的惩罚与报应已不能完全作为刑罚正当性的根据,合并主义立场兼顾报应刑论与预防刑论的优势,被各国刑法(包括我国)所采纳。[4]

刑罚惩罚性观念与对罪犯的权利保障观念此消彼长,而罪犯的权利无疑不能由决定与执行刑罚的机关来保障,这就要求在执行阶段引入与罪犯立场一致的对抗性力量,以实现制度构建与社会共识的匹配。

(二)社区矫正与监禁刑的不可通约:矫正对象再社会化的需要

社区矫正作为非监禁刑,其与监禁刑在执行方式与内容上的差别决定了其不同的制度设立目的,以及在社会中会产生不同的象征意义。19世纪末期,"罪犯需要矫正以防治重新犯罪"的观念在西方国家的刑事司法领域得到明确。[5] 这一点

---

[1] 参见翟中东:《刑罚问题的社会学思考:方法及运用》,法律出版社2010年版,第211页。
[2] 参见樊文:《犯罪控制的惩罚主义及其效果》,载《法学研究》2011年第3期。
[3] 参见[美]斯金纳:《科学与人类行为》,谭力海等译,华夏出版社1989年版,第171~178页。
[4] 参见张明楷:《责任刑与预防刑》,北京大学出版社2015年版,第77页。
[5] 参见翟中东:《刑罚问题的社会学思考:方法及运用》,法律出版社2010年版,第192页。

在我国最明显的体现就是实行社区矫正制度。与监狱相比,社区矫正在某些方面是更倾向于矫正与福利性质的矫正制度与方法。[1] 通过社区矫正,服刑人员的犯罪心理和行为恶习可以得以矫正,促进其顺利回归社会。[2] 这就意味着对矫正对象施以惩罚不是社区矫正的唯一目的,促使矫正对象顺利回归社会才是社区矫正的独特内容。此外,刑罚不仅是使罪犯承受痛苦,也可以被视为一种特殊的社会习俗,代表一种道德意义上的谴责,而社区矫正或罚金与监禁刑相比,所传递的谴责力度是不同的,甚至是不明确的。[3]

无论是社区矫正更侧重的矫正对象的再社会化,还是其更轻的谴责意义,都显现出其介于封闭监狱与开放社会之间的过渡性质,且是向着重新融入社会过渡。由此,对于许多由监禁状态进入社区矫正的罪犯来说,使其感到自己逐渐"回归正常"是社区矫正的一项重要内容,而如何达到这一目的,很重要的一点就是使罪犯清楚地感知到其不再是处于封闭监狱中"孤立无援"的状态、被迫受到单方强制力量的压制,而是可以得到他人的"支持",从而感受到己方力量的壮大,逐渐回归在法治国家中公民与公权力相对平等的状态。而这种被"支持"感的实现,就要求在社区矫正的程序中引入对抗性,以法律规范保障矫正对象平等地位的逐渐恢复。

(三)程序对抗性是实现社区矫正个别化的现实要求

社区矫正个别化是我国《社区矫正法》第 3 条所明确的原则,但矫正个别化的实现目前仍存在许多制度上的障碍,而程序上的力量制衡便是其一。一方面,矫正方案的个别化,高度依赖入矫前对入矫对象客观的社会调查评估,但目前对入矫对象的社会调查评估具有单方面性、片面性。例如,在饶某某盗窃刑罚与执行变更审查一案中,法院仅依据社区矫正管理局所出具的《调查评估意见书》(其表明"饶某某性格不好、急躁,和家人关系差,家人对他没有管控能力""有多次犯罪记录"等)就认定罪犯饶某某具有再犯罪可能性与社会危险性。[4] 社区矫正机构对矫正对象的评估往往是从其负面部分进行探寻与确认,缺失正面评价,立场不具有中立性,且由于社区矫正仍具有惩罚性质,与矫正对象立场相对,社区矫正机构也不可能成为中立机构。因此,对入矫对象的社会调查评估需要引入与入矫对象立场一致的

---

[1] 参见王顺安:《社区矫正的法律问题》,载《政法论坛》2004 年第 3 期。
[2] 参见陈兴良:《宽严相济刑事政策研究》,载《法学杂志》2006 年第 2 期。
[3] 参见[美]布鲁斯·N. 沃勒:《罪与罚:关于公正的 19 场激辩》,李立丰译,法律出版社 2021 年版,第 249 页。
[4] 参见四川省西充县人民法院不予暂予监外执行决定书,(2024)川 1325 刑更 10 号。

力量与社区矫正机构相平衡,从而提升社会调查评估结果的公正性。另一方面,在矫正过程中,对矫正对象的奖励机制缺乏落实保障。《社区矫正法》第28条规定了矫正对象若"认罪悔罪、遵守法律法规、服从监督管理、接受教育表现突出",则"应当"给予表扬,且该表扬可以作为认定其是否确有悔改表现的依据。但相比于认定矫正对象严重违反监督管理规定,对矫正对象有突出表现而应被表扬的认定在实践中更为模糊与灵活。因此,社区矫正机构在奖励方面具有更大的解释空间,所以需要与矫正对象立场一致的力量对该解释空间进行限制,以保障矫正对象受到应受的奖励,切实实现社区矫正过程的个别化。

三、引入的制衡力量为什么是律师?

尽管社区矫正在程序上需要构建对抗性、引入与权力机关相制衡的力量,但这一力量为什么应该是律师?也就是说,社区矫正为什么必须有律师加入?

一方面,现有的绝大多数社区矫正参与方都无法做到与矫正对象立场完全一致。其一,社区矫正机构以矫正与监管罪犯为核心目标,不可能以矫正对象的立场为其立场。"监狱管理者缺乏中立性,将使其无法成为保护监狱囚犯免受不必要的惩罚性剥夺的理想的机构代理人。"[1]同理,社区矫正机构作为刑罚执行机构也无法"自己监督自己"。其二,尽管检察机关被赋予了对社区矫正的监督权,但这一权利行使背后的立场是相对中立的,既要纠正社区矫正机构的违法现象,也要探查矫正对象在矫正期间的违法行为。此外,尽管《社区矫正法》第34条第2款规定了社区矫正对象认为其合法权益受到侵害的,有权向有关机关申诉、控告和检举,但矫正对象并不是法律职业者,有些权益即使受到侵害也不能察觉,而科层制下的人员在很多情况下宁愿被规则束缚,也不愿意承担裁量的风险,他们理性地计算以逃避惩罚与责任,确保安全。[2]这就使多数公权力机构内的人员没有积极争取矫正对象的利益的必要理由。除此之外,社会力量在社区矫正中的参与多是在教育帮扶方面,且面向的多是整个矫正对象群体,而非某个矫正对象,即便有可能进行"一对一"咨询,对矫正对象的帮助也只能停留在建议阶段。由此,具备法律职业素养的律师可以通过契约与矫正对象建立利益捆绑,形成一致立场。

律师可以接受矫正对象的委托与其形成紧密的契约关系,这种契约关系所形

---

〔1〕 [美]布鲁斯·N.沃勒:《罪与罚:关于公正的19场激辩》,李立丰译,法律出版社2021年版,第364页。

〔2〕 参见李佳:《实质法治与信任》,载《暨南学报(哲学社会科学版)》2014年第4期。

成的利益捆绑,使得律师必须投入精力钻研如何维护矫正对象的利益。为此,律师需要运用自己的专业知识和经验,确保矫正工作的合法性和规范性,对社区矫正机构的执行情况进行监督,保障矫正对象的合法权益。此外,如果矫正对象的委托律师与其一审或二审是同一律师,则该律师也会对矫正对象的情况更加熟悉,双方此前已经形成了一定的信任基础,因此双方的关系会因加入了信任因素而更加坚固。

另一方面,与矫正对象立场一致的监护人既游离于权力之外,又缺乏专业法律知识,实质上与矫正对象处于同一处境。因此,矫正对象需要的是一个类似"领袖"一样的人物为其提供专业指导,而律师可以基于其专业知识与实践经验担起这一职责,并可以基于他们之间的契约而对矫正对象权益的维护形成责任。"一个成熟的人(无论年纪大小),真诚而全心地对后果感到责任,按照责任伦理行事,然后在某一情况来临时说:'我再无旁顾;这就是我的立场。'"[1]律师的参与可以切实践行社区矫正个别化,为矫正对象提供精准的法律咨询与指导,帮助他们理解法律条文,明确自己的权利和义务,为他们在就业、就学、社会保障等方面提供建议,进而树立奋斗目标,完成心理调适,从而更加积极地配合社区矫正工作,减少重新犯罪的风险。

四、律师深入社区矫正的法律路径探究

社区矫正需要律师加入以在程序上达成制衡局面,但目前《社区矫正法》并未大量赋予律师在社区矫正中的权利,仅在第48条第2款明确规定,在对矫正对象拟撤销缓刑、假释时,律师的意见应被听取。因此,在现有的法律制度下,律师欲深入社区矫正应从何处寻找更多的法律依据呢?

(一)对《律师法》第28条的解读

《律师法》第28条划定了律师的业务范围,但似乎并没有将执行阶段的法律事务纳入其中。然而司法实践中却存在大量的执行异议、执行复议、撤销缓刑等裁定或判决,其中不乏律师作为代理人或辩护人参与其中的情况。因此,如何解读《律师法》第28条成为一个需要解决的问题。

对于执行阶段的其他非诉讼法律事务,律师可以以《律师法》第28条第5至7

---

[1] [德]韦伯:《学术与政治》,钱永祥等译,广西师范大学出版社2004年版,第272页。

项[1]为法律依据开展相关业务,但关于执行阶段的诉讼,却需要对《律师法》第28条进行进一步的解释。《律师法》第28条中与诉讼直接相关的便是第2、3项,这两项分别规定了律师可以从事民事案件、行政案件与刑事案件的诉讼活动。这里的"诉讼"显然区别于刑事诉讼法体系中的包括刑罚执行的诉讼全过程,而仅指法庭的审理活动。将执行阶段的诉讼活动纳入《律师法》第28条的规定中,可以将其分为民事执行案件、行政执行案件与刑事执行案件,并分别将这些案件纳入民事案件、行政案件与刑事案件之下即可。但此处需要解决的问题在于,《律师法》第28条第3项仅提及"犯罪嫌疑人、被告人"作为刑事案件的委托人,但在刑事案件中,进入执行阶段的被执行人大多数已被确认为"罪犯",不再是被告人,更不涉及犯罪嫌疑人,在我国相关执行类案件的司法文书中,也以"罪犯"一词对其进行身份上的载明。[2] 由此,律师依据《律师法》第28条第3项参与刑事执行案件的诉讼似乎存在规范上的障碍。但其实"被告人"即"被控告的人"。根据《布莱克法律词典》的解释,被告人即在民事诉讼中被起诉或在刑事诉讼中被指控的人。[3] 可见,被告人是一个在特定场景下出现的身份,即在诉讼活动中对特定人身份的特殊标明,因此即使是在一审、二审中被宣判有罪的罪犯,当其在执行阶段又进入诉讼活动时,其在新的诉讼活动中依然是处于一个被控告的地位,因此,仍然可以甚至应以"被告人"的身份对其进行标明。

(二)《律师法》第28条与《社区矫正法》的衔接

社区矫正的各个环节都会涉及矫正对象的权益保障,而律师对其权益进行维护需要有法可依。在目前《社区矫正法》对律师权利留有大片空白的情况下,可以结合《律师法》寻找律师深入社区矫正的法律依据,这就涉及《律师法》第28条与《社区矫正法》的衔接。

其一,律师可以依据《社区矫正法》第25条加入矫正小组为矫正对象提供《律师法》第28条第6项所规定的非诉法律服务。《社区矫正法》第25条虽然没有提及律师,但其第2款规定矫正小组可以由"志愿者等"组成,那么就为律师加入矫正小组留下了空间,而矫正小组负责矫正方案的落实,律师作为小组成员指导矫正

---

〔1〕《律师法》第28条规定:"律师可以从事下列业务:……(五)接受委托,参加调解、仲裁活动;(六)接受委托,提供非诉讼法律服务;(七)解答有关法律的询问、代写诉讼文书和有关法律事务的其他文书。"

〔2〕例如,"罪犯刘某某,男,1962年9月2日生,汉族"。参见江西省瑞金市人民法院刑事决定书,(2015)瑞刑执字第159号。

〔3〕See Bryan A. Garner, *Black's Law Dictionary*, West Press, 2009, p. 482.

对象积极配合矫正工作,争取在考核中获得奖励,同时也能深度了解矫正对象的矫正情况,更好地应对执行过程中的突发问题。其二,律师可以根据《社区矫正法》第35条的规定作为社会力量参与矫正对象的教育帮扶工作,为矫正对象解答法律困惑,这也贴合《律师法》第28条第7项"解答有关法律的询问"的业务规定。其三,对于拟被撤销缓刑、假释的矫正对象,《社区矫正法》第48条第2款为律师参与相关诉讼活动提供了直接法律依据,即便不开展诉讼活动,律师也可以依据《律师法》第28条第6项或第7项为矫正对象出具法律意见书。

(三)程序对抗性的构建需要将权利实质化

尽管通过《律师法》第28条与《社区矫正法》的衔接,能够使律师参与到社区矫正之中,但目前律师对矫正对象的权益维护途径仍较为间接,且对许多权益的保护律师仍旧鞭长莫及。对人权的呼吁不应徒有形式、落入虚言。而要真正实现律师与权力机关在程序上的对抗与制衡,需要以法律形式赋予律师实质上的权利,明确规定所有涉及罪犯利害的事项,律师都应有权利为其辩护或提供帮助。

在对矫正对象的调查评估阶段,律师应有权参与调查评估,避免对罪犯的社会危险性或对其所居住社区的影响有不恰当的夸大,影响矫正方案的制定。在矫正方案的制定阶段,律师应有权对矫正方案的合法性与合理性发表意见,确保矫正对象的人身权益未受侵害,没有对矫正对象的正常工作和生活造成不必要的影响。在矫正过程中,律师应有权对矫正过程进行监督,对因正常工作和生活需要经常性跨市、县活动而矫正机构不批准,矫正对象表现突出应受但未受表扬,对矫正对象使用电子定位装置超过3个月,泄露或非法使用矫正对象信息,限制或者变相限制社区矫正对象的人身自由等现象,律师应有权为矫正对象提出申诉、控告和检举。而在解矫或涉及执行变更阶段,律师应有权参与相关诉讼活动,并为矫正对象进行辩护。目前许多撤销缓刑的案件都没有辩护人的参与,律师在社区矫正中的权利未被实质化明晰应是原因之一。

五、结语

进入执行阶段后,律师的参与度显著下降,对刑罚惩罚性的强调使得诉讼程序不适宜延续与法庭审理阶段一样的激烈对抗,但人权观念的涌现,特别是社区矫正区别于监禁刑及致力于矫正对象再社会化的性质,以及实现社区矫正个别化的现实需求,都使社区矫正引入程序上的制度对抗具有一定的必要,而律师可以通过契约与矫正对象形成利益捆绑,运用其专业技能增强矫正对象一方的抗争力量。在法律依据上，尽管目前律师可以通过《律师法》第 28 条与《社区矫正法》的结合找到深入社区矫正的法律依据，但程序对抗性的真正实现仍需要立法将权利实质性地确定下来，而这还需要在未来、在实践中不断探索与积累。

论社区矫正视域下的"枫桥经验"引入与基层司法治理之融合

董浩晴[*] 马臣文[**]

摘 要:"枫桥经验"自产生后不断发展完善,其蕴含的"和谐"思维与新时代中国特色社会主义法治有契合之处。本文主要运用文献资料法对社区矫正视域下的"枫桥经验"引入与基层司法治理的融合之路进行研究,通过对文献资料进行分类总结,提出了社区矫正视域下引入"枫桥经验"与基层司法治理的关系、引入"枫桥经验"与基层司法治理融合的基本模式,以及在融合过程中面临的相应法律法规机制体系不健全、缺少程序保障和有效的监管方法等问题,并根据上述问题提出了因地制宜引入的"枫桥经验"与基层司法治理融合之道、健全社区矫正视域下"枫桥经验"与基层司法治理相融的经营机制、健全社区矫正基层司法治理的有效监管手段等具体路径,期望借助本文为社区矫正视域下的"枫桥经验"与基层司法治理的融合提供指导意见,提升基层司法管理水平,为人民群众提供一个祥和、平安、舒适的生活环境。

关键词:社区矫正;"枫桥经验";基层司法

一、引言

中国的经济已进入崭新时期,但当前经济社会蓬勃发展主要问题已经转化为人民日益增长的美好生活需要和不平衡不充分的发展之间的矛盾。这就对经济社会管理能力提出了新的需求。从经济社会的整体需求来看,当前中国地区经济发

---

[*] 作者单位:武汉警官职业学院。
[**] 作者单位:江苏司法警官职业学院。

展和城市经济发展之间的差距问题仍亟待解决,中国基层社会的管理能力也仍有很大提高空间。依法治理是依法治国理念在基层社会的具体落实,是中国全面依法治国的核心理论和基础。[1]

"枫桥经验"是中国基层社会管理的典型,是党领导人民创造的一整套行之有效的经济社会管理方法,是新时代政法综治战线的"金字招牌"。[2] 近年来,党中央、国务院把总结、提升和弘扬新时期"枫桥经验"作为指定的要点任务,并强调继续开展新时期"枫桥经验",加速推动基层社区管理现代化,着力打造更加高质量的和谐中国。由此可见,在全国范围内已确认"枫桥经验"是创新社区矫正、巩固社区治理、预防社会危险的一剂良药,决定在全国各地推行"枫桥经验",是体现社区管理先进程度,适应群众美好生活需求。[3]

在当前社会机制不断创新的大背景下,基层司法机关在我国法治实施中扮演至关重要的角色,怎样通过进一步深入落实习近平总书记对司法机关行政管理工作的重要指示精髓,将"枫桥经验"保持好、弘扬好,将党的群众路线贯穿好、执行好,进一步将"枫桥经验"与基层司法治理融合好,发挥基层司法机关在社区矫正中的重要功能,从而使社区矫正功能进一步得到有效发挥,成为当前亟待改善的重大问题。

二、社区矫正视域下我国基层司法治理的探索与发展

社区矫正是与监禁矫正相对的行刑方式,是指把符合法定条件的罪犯置于社区中,为保障刑事判决、刑事裁定和暂予监外执行决定的正确执行,提高教育矫正质量,促进社区矫正对象顺利融入社会的一种非监禁刑事执行制度。其核心思想是"少捕",问题不上交,依靠群众,用劝说斗争的方式制服搞破坏活动的四类人员。[4] 近年来,随着中国特色社会主义法治建设的日益深入以及受刑罚人道主义思想和刑罚谦抑性思想的影响,社区矫正这一刑事执行方式随之引起了更多人的

---

[1] 参见金越、胡晓军、郑艳:《社会力量参与社区矫正工作的模式与路径探索——基于"枫桥经验"传承与发展》,载《中国司法》2019年第7期。

[2] 廖万春:《新"枫桥经验"语境下基层司法参与基层社会治理的因由及路径》,载《社会科学家》2019年第3期。

[3] 参见刘磊:《通过典型推动基层治理模式变迁——"枫桥经验"研究的视角转换》,载《法学家》2019年第5期。

[4] 参见浙江省绍兴市司法局:《"枫桥经验"在基层司法行政工作中的传承与创新》,载《中国司法》2018年第7期。

重视。

(一)试点启动阶段(2000—2009年)

自2000年以来,学术界对社区矫正机制的研究不断深入,取得了丰硕的理论成果,这些研究主要围绕刑罚人道化理论、教育刑理论、复归理论等展开,探讨了社区矫正的核心理念和实践方式。有学者指出,社区矫正作为一种非监禁刑罚执行方式,有助于减轻监狱负担,促进罪犯重新融入社会,降低再犯罪率。具体成果包括:明确了社区矫正的法律地位和工作机制,提出了社区矫正对象的分类管理和个别化矫正方法,以及利用信息技术实现智慧矫正的创新思路。这些理论成果不仅丰富了我国基层司法治理的理论体系,也为社区矫正的实践提供了有力指导。

2003年7月,最高人民法院、最高人民检察院、公安部、司法部联合下发通知,决定在北京、天津、上海等6个省市试行社区矫正,标志着我国社区矫正制度的正式启动。这一阶段的探索主要集中在社区矫正的基本理念、工作机制和制度框架等方面。社区矫正试点工作启动后,我国开始探索建立以教育、改造、帮扶为主要内容的非监禁刑罚执行方式,这一理念的确立为后续的社区矫正实践提供了方向。

在试点阶段,各地司法行政机关积极探索社区矫正工作机制,包括建立社区矫正工作机构、明确工作职责、制定工作规范等,同时各地还积极开展社区矫正试点工作,为后续的全面推广积累经验。

(二)全面试行阶段(2009—2014年)

经过几年的试点探索,社区矫正制度在我国逐渐得到推广。2009年起,社区矫正制度在全国范围内试行,进一步扩大了试点范围,涵盖了更多的地区和罪犯,其深度和广度均达到了新的高度。全面试行阶段的首要特征就是试点范围的显著扩大,原先仅在少数地区试点的社区矫正制度,此时已经覆盖全国大部分地区和各类罪犯,无论是城市还是乡村,无论是成年人罪犯还是未成年人罪犯,都逐渐纳入了社区矫正的体系之中,这种全面覆盖的态势,使社区矫正制度在我国基层司法治理中的作用日益凸显,成为维护社会稳定、促进罪犯改造的重要力量。随着试点范围的扩大,社区矫正制度逐渐覆盖了全国大部分地区和各类罪犯,这一变化使社区矫正制度在我国基层司法治理中的作用日益凸显。

在全面试行阶段,各地司法行政机关在总结试点经验的基础上,不断完善社区矫正工作机制和管理制度,积极开展社区矫正工作交流和培训活动,提高了社区矫正工作的专业化水平,如2011年2月25日,《刑法修正案(八)》首次将社区矫正载入刑事立法;2012年3月1日施行的《社区矫正实施办法》,对社区矫正人员的活动、如组织、适用对象、矫治执行、机制、终止矫治等，制定了相应的细则；2012年3月14日修正的《刑事诉讼法》也对社区矫正作了规范。

（三）法律保障阶段（2014—2020年）

随着社区矫正实践的深入，我国开始加强社区矫正的法制化建设。2014年全面推进社区矫正工作后，社区矫正的法制化进程进一步加快。2019年12月28日，第十三届全国人民代表大会常务委员会第十五次会议通过《社区矫正法》，为社区矫正工作提供了法律保障。《社区矫正法》的颁布实施，标志着我国社区矫正工作进入了依法矫正的新时代。同年9月21日出台的《有关继续强化社区矫正业务相衔接配合管理的若干意见》，给社区矫正工作依法合理、规范运行提出了指导建议。在《社区矫正法》的指导下，各地司法行政机关进一步完善了社区矫正工作制度和管理规范。同时，还加强了社区矫正工作的监督管理和考核评估工作，确保了社区矫正工作的质量和效果。

在这一阶段，我国基层司法治理在社区矫正领域进行了大量的实践创新，这些创新不仅提高了社区矫正工作的效率和质量，还为我国的基层司法治理提供了新的思路和方向。各地司法行政机关积极探索创新社区矫正工作模式，如"社区矫正专员模式"、"区—街道"二级社区矫正法律服务网络等。这些模式的创新为社区矫正工作提供了有力的人才保障和组织保障。随着科技的发展和应用，我国基层司法治理在社区矫正领域也进行了技术创新，开始引入智能化矫正系统、建立电子监控平台等，提高了社区矫正工作的科技含量和信息化水平。

（四）精准矫治阶段（2020年至今）

《社区矫正法》实施后，我国基层司法治理开始注重精准矫治，以进一步提高社区矫正工作的针对性和实效性。各地司法行政机关根据社区矫正对象的犯罪性质、犯罪情节、社会危害性等因素，对其进行分类管理，这种分类管理方式有助于针对不同类别的社区矫正对象制定个性化的矫正方案，提高矫正效果。在分类管理的基础上，各地司法行政机关还积极探索个别化矫正方法。通过对社区矫正对象的心理、行为等方面的评估和分析，制订个性化的矫正计划，确保矫正工作的针对性和实效性。

随着信息技术的不断发展，我国基层司法治理在社区矫正领域也开始注重智慧矫正，智慧矫正通过运用大数据、云计算等先进技术，实现对社区矫正对象的智能化管理和服务。通过收集和分析社区矫正对象的相关数据，实现对社区矫正对象的精准评估和预测。这些数据可以包括社区矫正对象的犯罪记录、家庭背景、心理状态等,有助于制订更加科学、合理的矫正方案。借助信息技术手段,为社区矫正对象提供更加便捷、高效的服务。例如,通过在线平台提供法律咨询、心理辅导等服务,提高服务的覆盖面和效率。

三、社区矫正视域下的"枫桥经验"引入与基层司法治理的关系

"动员和依靠民众,坚持问题不上交,就地解决"的枫桥经验,是20世纪60年代浙江诸暨市枫桥镇首创的缓解基层矛盾纷争的办法,其核心是"走群众路线"。而"枫桥经验"自制定、推行至今已有了50多年的历史,而今仍在不断丰富与发展中。在新的历史时期,"枫桥经验"已逐渐成了社区综合治理的成功经验,将为基层司法治理工作提供重要指引[1]。而基层司法所的主要职能就是保障我国法制的统一公正执行,确保在整个社会实现公平正义。所以,在我国经济发展与社会变革后的利益多样化、社会关系复杂化等条件下,维护和平安定的社区周边环境,就成了基层司法所的一个主要职责。而作为与监狱矫正工作相对的行刑方式,社区矫正工作既是中国刑法制度实施的重要部分,又是基层司法保持和发扬好"枫桥经验"的重要环节[2]。

（一）社区矫正视域下的"枫桥经验"的引入与基层司法治理的价值相一致

"枫桥经验"的价值理念是以人为本,强调以无数个有公平权益的个体人为中心的社会发展,同时重视和保护每一位社区居民的根本权益。综观整个枫桥经验,都不难找到其以人民群众利益为主体的精神,而这也正是反映了其"以人为本"的核心、"人本"价值理念贯穿在整个"枫桥经验"的发展脉络与演变过程之中[3]。社区矫正对象在成为被监督者、被管理者后,必须承担遵守社区矫正制度的义务,但是,其所获得的权利并没有因此而被削弱。为了保证自身权益的完整落实,就有必要保障社区矫正对象的正当权益,我国的基层司法治理同样遵循"以人为本"的治理原则,基层司法治理工作既要保障好社区矫正对象的监督管理工作,又需要保护好社区矫正对象的正当权利,从而实现社区矫正制度管理的建设[4]。社区矫正视

---

〔1〕 参见徐彪、李荣楠、陈玉苹:《论枫桥经验与社区矫正检察监督》,载《中国检察官》2018年第17期。

〔2〕 参见彭新华、张芸、金庆微:《检察环节"枫桥经验"的历史回顾与实践启示——以绍兴市检察机关践行"枫桥经验"为视角》,载《中国检察官》2018年第17期。

〔3〕 参见浦雪章、董思毓:《检察机关运用"枫桥经验"参与社区治理》,载《法制与社会》2018年第33期。

〔4〕 参见马时明、徐祖华:《坚持发展"枫桥经验"全面推进社区矫正工作创新实践》,载《中国司法》2013年第7期。

域下的"枫桥经验"的引入与基层司法治理之融合，除了要充分考虑社会公众的安全性问题，在实施的阶段中还要以公共安全为主要考量因素，在进行社区矫正的同时还应充分维持并保障社会的总体平安。

（二）社区矫正视域下的"枫桥经验"的引入与基层司法治理的目标相一致

各级党组织和人民政府要深刻认识"枫桥经验"的重要性，把"枫桥经验"保持好、落实好，把党的人民群众道路保持好、落实好。保持与发扬"枫桥经验"同社区矫正体系一起，共同致力于解决基层问题争议、保持社会和谐安定、推动和谐全国构建的共同任务。[1] 基层司法治理与"枫桥经验"的目标相一致，都致力于全面完善社区矫正体系。基层司法治理的全面履行是国家机关进行综合治理与履行监护责任的重要体现，将符合法定条件的罪犯纳入社区进行教育矫正，既体现了刑事执行的严肃性，又动员了社会力量的积极参与，这对基层组织服务社区群众，促进社区矫正对象改恶从善、重新融入社区从而保障社会和谐稳定起到了积极的作用。

（三）"枫桥经验"的引入为完善社区矫正视域下基层司法治理提供重要经验

充分调动社会所有的积极因素，化消极因素为积极因素，是"枫桥经验"中最根本的方法，也是对社区矫正对象进行监督管理和教育矫正的最主要实践途径和价值遵循。为顺应我国现阶段社会主要矛盾的化解，政府必须在"法律治理、综合整治、源头管理"中，继续推行"枫桥经验"，为基层司法治理提供宝贵经验。在社区矫正方面，应由政府部门、社会各界对社区矫正对象进行"调适"与"疏导"，以促使其再次回归社区，从而促进其再社会化。事实证明，社区矫正这种刑事执行方式可以有效减少重新犯罪等社会现象的发生。据统计，目前我国社区矫正对象在矫正期内的重新违法犯罪率低，一般保持在0.2%以内。在对社区矫正工作各阶段依法进行监督的进程中，"枫桥经验"为完善社区矫正视域下基层司法治理提供了重要经验。因此，基层司法治理部门要广泛学习"枫桥经验"，探寻并掌握"枫桥经验"的具体实施方法，坚持监督管理与教育矫正相协调，防范社区矫正对象的脱管、漏管、重新违法等行为，维护社区矫正对象的人身安全、合法财产权益及申辩、投诉、控告、

---

[1] 参见陈立峰：《农村社区矫正模式的构建——以公共产品理论和枫桥经验为切入点》，载《经济视角》（下）2010年第6期。

举报等基本权利不受侵害,促进社区矫正对象投入长期安定有序的社区矫正工作中,获得法律知识培训和社会各层面的支持。[1]

四、社区矫正视域下"枫桥经验"引入与基层司法治理融合的基本模式

(一)"枫桥经验"的引入为基层司法治理提供格式化治理模式的依据

"枫桥经验"体现了现代犯罪预防与基层司法治理中的一些共性准则、社会准则及人文原则等,这些准则和原则也是当前社会良性运行机制中不能缺乏的基本要素。"枫桥经验"在我国历史及现实中具有重大创新性与发展意义,并对我国当代基层司法治理工作的开展有着重要的指导作用。"枫桥经验"的推广,是依托于我国的社会载体和人本化制度的思想,不仅符合了中华人民共和国经济社会建设40多年的历史现实,而且还有符合了国际社区关于预防犯罪、改变罪犯的经济社会补救性的政治思想的要求。[2]《联合国预防犯罪和刑事司法领域活动与文献纵览》一书中,对犯罪行为的社区预防这一整体性的社会工作曾提供过两个途径,一个是通过城市规划来实施的,另一个则是通过社区实践来预防犯罪。这一有关规定指出,这两个措施均考虑了危害居民犯罪行为的社会表现,进而使得提高社会环境稳定性和居民的生活质量有了获得进一步控制的可能。枫桥人近40年内的探索研究并得出社区预防矫治的方法,有赖于该区域农村社会的整体建设,以及由此带来的可以防范与遏制犯罪的条件——没有城市死角的硬性条件与民众参与管理的软性条件和社会自治的组织条件等。"枫桥经验"的创造性理念主要确立在两条基本方针上,一是社会自治原理,二是人性准则。"枫桥经验"的发展,得益于各种机构防治、宣传方法的创新、网络防治、社区矫正研究和发展等。而这些都离不开上述两个原理。"枫桥经验"中很关键的一项内容,是在刑法所规定的区域内进行群防众治,进行民间协调,法律宣传、矫治工作等。[3]"枫桥经验"和基层司法治理的融合,一是符合国家法律和当地出台的有关规章制度;二是属于村民自治的职责规定范围内;三是尊重了村规民约的合法性。"枫桥经验"能够长期有效,就在于它不只是一种预防的行为方法,也是一种预防的实践程序。50多年中,"枫桥经验"已逐

---

[1] 参见伊建仁:《枫桥经验的新内涵——浅析社区矫正工作与再犯罪预防》,载《公安教育》2014年第4期。

[2] 参见曾赟:《从枫桥经验透视中国农村社区矫正》,载《犯罪与改造研究》2006年第7期。

[3] 参见廖万春:《新"枫桥经验"语境下基层司法参与社会治理的因由与路径》,载《中山大学法律评论》2019年第17期。

步形成一套基层预防的组织系统。综上所述,"枫桥经验"的引入和基层司法治理的融合具备以下四个特征:一是具有自治性;二是具有稳定性;三是具有连续性;四是具有参与性。上述四个基本特征,是"枫桥经验"和基层司法治理融合的重要基础。因此,"枫桥经验"与基层司法治理的融合,提升了基层司法治理的综合性,也为基层司法治理提供了社区犯罪预防与矫治的基本模式。"枫桥经验"与基层司法治理的融合,更重要的意义在于它所具备的整体性和对社会治安问题的概括度。这并非某一个预防方面的融合,而是整体的社会管理模式的融合、防范经验的融合、协调经验的融合、社会改造经验的融合、培训经验等的融合,是从组织到行为的各种方式的融合。因此,对它的深入研究及格式化模式的推广,是深化"枫桥经验"与基层司法治理融合研究理论提升的重要路径。

(二)"枫桥经验"与基层司法治理融合的模式特征

"枫桥经验"与现代基层司法治理融合模式的本质特征就是民主管理,而现代犯罪学理论鼎盛时期的主要代表则是现代犯罪学开始将犯罪行为当成一个社会现象来探讨,特别是对职业行为、白领犯罪等不同交往理论的探讨,超越了社会阶级的界限,用了各种实证的方式与方法来探讨犯罪问题。在防止犯罪行为的课题上,则打破了传统司法流程与专业警官职权,而进一步拓展了社会自治防治的领域,并提供了现代化的社会心理矫治模式,以此达到了对犯罪理论和犯罪预防由传统民主理论探讨向现代民主管理实务研究的飞跃。[1] 枫桥管理和基层司法管理融合模式有着深刻的共性,主要是因为这一管理模式自始至终贯彻了民主管理的观念,这主要体现在犯罪预防、补救性管理的各项政策、方法、工作流程等上方面(见表1)。

表1 "枫桥经验"与基层司法治理融合模式的具体做法

机关单位	制度/体制	特征	做法
法院	两级治安民事纠纷调解中心	本质特征:民主治理 特征具象:公共性	以公安、司法为主,法庭、土管、工商等部门参与的镇乡管理处两级治安民事纠纷调解中心
检察院	四环指导法	本质特征:民主治理 特征具象:全程性	诉前环节普遍指导;诉时环节跟踪指导;诉中环节个别指导;诉后环节案例指导

---

[1] 参见汤冠华、潘晨雨:《以"枫桥经验"为例的民间规范对基层司法的完善作用研究》,载《民间法》2022年第29期。

续表

机关单位	制度/体制	特征	做法
公安机关	警务工作体制	本质特征:民主治理 特征具象:职责化、组织分工治理	1.派出所把面,警务区管法,警务点控村的警务工作体制。 2.实行错日勤务组队区分,工作协作,协警力量服务警务的警务进行机制
	正名制度	本质特征:民主治理 特征具象:实事求是	对确属查无实据的诬告、错告,邀请当地镇政府、执委会、党员、村民代表开现场会,当场公布调查情况与查处结果,回答质询
	网络管理	本质特征:民主治理 特征具象:广域信息民主	强化信息预警;构筑网络管理;扩大知情渠道
	四公开与三级公开	本质特征:民主治理 特征具象:公开监督	把各类刑事、治安案件的受理和立案时间、主办民警和调查进展情况、办案程序时限、办理结果和处理依据列入四公开范围;派出所电子显示屏、社区警室、村级警务栏三级公开

五、社区矫正视域下"枫桥经验"引入与基层司法治理融合过程中遇到的问题

（一）法律制度体系不完善

虽然"枫桥经验"的引入与基层司法治理融合机制有利于社区矫正工作的开展,但法律制度体系仍不健全,一定程度上削弱了社区矫正的执行,也影响了基层司法所对社区矫正职能的履行。社区矫正监督管理的主体也缺少综合执法权,职能协调衔接经常出现不准确、不一致的状况。按照社区矫正法的规定,由不具有刑罚执法权的司法部门直接担任指导管理、负责开展社区矫正工作,而对司法行政部门来说要产生效果,通常还需要先由人民法院判决被告人能否适用社区矫正,由公安机关对在矫正期间有违法行为的社区矫正对象采取治安管理处罚措施,由公安机关民警或者监狱民警押送被暂予监外执行的社区矫正对象到社区矫正机构报到,由检察机关对社区矫正对象的各项活动进行检察监督,这样的相互交叉错位很

易因职能协调衔接不准确、不同步，而产生脱管、漏管的情况。社会调查与评估常常成为判决、假释、暂予监外执行以及后期矫治工作实施的重要参考依据，但常常由于缺少必需的监督手段而产生了形式化、随意化、没有客观价值等社会问题。

（二）工作缺乏程序保障

《刑事诉讼法》虽然已经确定了人民检察院对社区矫正工作的执法监督，但是与此相配套的具体实施细则还没有建立，对人民检察院实施社区矫正监督的介入时机、具体程序、监管手段和司法结果也没有明文规定，使得"枫桥经验"与基层司法治理的融合在社区矫正工作中并没有程序保障。

由于"枫桥经验"的引入在基层司法治理过程中的配合机制不足，导致工作缺乏程序保障，一定程度上影响和阻碍了基层司法部门监督权的实施。另外，地方检察院对社区矫正工作的法律监督，往往从接受投诉、控告以及在监督检查发现中的违法活动开始介入，由于启动时机滞后，监督制度执行落后，不能实现有效防范违法犯罪行为，且容易造成部分社区矫正对象的失控、脱管、漏管。

（三）缺乏有效的监督方式

目前，"枫桥经验"的引入在基层司法治理中缺乏有效的监督方式。我国有关法律法规体系对社区矫正的基层司法治理工作仅做出了原则性规范，缺乏事先预测，且方法过于简单。虽然"枫桥经验"与基层司法治理的融合使公安机关、人民检察院能够更加准确、全面地了解社区矫正工作效果。[1]但如果在执法部门作出社区矫正决定之后未能及时通知给公安机关和人民检察院，公安机关和人民检察院也就无从掌握社区矫正对象的有关信息，与之相应的监督管理工作也将无从开展。针对在社区矫正中所出现的违规情况，《刑事诉讼法》和其他相关法律法规中所涉及的监督措施，也仅限于发出口头矫正建议意见、纠正违法通知书或检察建议书，而这些监督措施本身也缺乏司法约束力，仅依靠法律影响力在发挥着作用，这就使融合后的治理工作面临缺乏有效的监督的困难局面。

六、社区矫正视域下的"枫桥经验"引入与基层司法治理融合的创新路径

（一）因地制宜实行"枫桥经验"与基层司法治理融合之路

基层司法治理与"枫桥经验"融合之路的探索，需要根据各个地区不同的社会

---

〔1〕 参见余杨：《基层司法所社区矫正现实困境与对策研究》，河北大学2021年硕士学位论文，第32页。

经济环境,各个基层司法所对"枫桥经验"的接受和推广程度,和各个基层司法所的司法能力和司法水平来综合考虑。因此,要提高新时代"枫桥经验"在基层司法治理工作中运用的自洽程度,需要因地制宜地采取措施。

要对当地的经济情况、基层司法治理的基础设施、组织规模、人员的配备情况、群众的法律意识等进行深入的调查研究,找到适合当地基层社会环境和基层司法治理配置的"枫桥经验"模式。各地基层司法治理更要坚持以结果导向,定期总结融合探索的阶段性成果,通过总结经验、教训,探索更为健全完备的纠纷化解机制,总结过往的工作经验,弥补短板,从而更好地找到适合当地的融合模式。

(二)完善社区矫正视域下"枫桥经验"与基层司法治理融合的运行机制

完善融合运行机制,首先面临的是组织机构和人员配置的问题,因此需立足于"枫桥经验"与当前基层司法管理实践,针对当前社区矫正工作的开展现状和现实需求,探讨并形成一条切实可行的融合运行机制。可以通过整合基层司法所的内部资源,进一步强化与各部门机关间的联系、协调,研究形成"镇/街基层司法所+社区联系点的机制",在社区矫正对象相对集中的社区建立"社区司法机关联系点",并设有专门信箱或开设专门的举报电话、网络受理平台等方式,接受与社区矫正工作有关的投诉、检举,并及时处理有关社区矫正对象及亲属相关的法律咨询和投诉上访等工作。

(三)践行"枫桥经验",完善社区矫正基层司法治理的监督手段

我国法律目前对社区矫正对象的监督管理和教育矫正的具体程序的细化规范尚未作出统一规定,相应的监管刚性与实效性不足,因此社区矫正在基层司法管理中的方法和技术手段亟待进一步完善。一是需要明确基层司法部门具体的知情权,在立法中明确社区矫正实施主体的定期通报制度,由社区矫正执行机关定期向基层人民法院、人民检察院、公安机关等司法机关通报执行状况。二是需要设立社区矫正调查评估审批机制,赋予基层司法机关对社区矫正调查评估的审核权及社区权益主体对调查评估报告的异议权利,由基层司法机关接受申请并进行评估,以确保调查评估报告的客观性。三是要明晰基层司法机关纠正违规的具体程序,并赋予基层司法机关处分建议权。对于未将相关情形及时通报给基层司法机关,以及消极或者对抗国家法律监督实施的,则需要通过立法确定具体的后续处理对策或者处理程序。

实证与比较研究

我国社区矫正工作实施细则的比较研究
——基于22个省(区、市)政策文本的分析

顾晓浪[*]

摘　要：《社区矫正法》是《刑法》《刑事诉讼法》相关制度的延伸和配套，省级社区矫正工作实施细则更是贯彻落实《社区矫正法》和《社区矫正法实施办法》的有效补充，也是基层社区矫正执法实践工作的重要参考和基础。本文通过比较研究我国22个省(区、市)的社区矫正工作实施细则，运用文本分析法对实施细则的若干主要观点进行比较分析，揭示我国省级社区矫正实施细则现状，指出部分省份实施细则存在的差异性问题并从三个方面提出改进建议，以期为提高社区矫正工作实施细则制定的科学性和合理性提供参考和借鉴。

关键词：《社区矫正法》；实施办法；实施细则；比较法

一、研究缘起

2020年7月1日《社区矫正法》实施后，最高人民法院、最高人民检察院、公安部和司法部同步实施了《社区矫正法实施办法》。全国已有27个省份依据《社区矫正法》和《社区矫正法实施办法》制定了实施细则。本文通过对各省实施细则中存在的共性和差异性作进一步分析研究，以了解整体情况，找出各自特色，发现存在的问题。为进一步研究提出分析结论、改进建议并为未来展望找寻线索，也为我国各社区矫正主管单位修订完善法律法规政策提供参考。

已有的关于社区矫正工作实施细则的研究多从以下角度展开：一是遵照"现状—问题—建议"的模式从宏观层面整体把握这一命题。如费蓬煜在《中国中西部

---

[*] 作者单位：浙江省乔司监狱。

地区社区矫正的"民间法"阻滞因素及其破解》一文中提出了实施细则切入《社区矫正法》的路径和对策。二是从制度变迁的视角梳理这一命题的改革历程。如王顺安的《刍议创建社区矫正法学》一文从整体层面总结了社区矫正法治建设的历程。三是以地方实践为案例,通过调研对某地的政策执行情况予以评析。如顾晓浪的《关于拟假释罪犯社区矫正调查评估的思考——以〈中华人民共和国社区矫正法〉第 18 条规定为视角》一文以浙江省 QS 监狱为例提出《社区矫正法》关于调查评估的五大延伸思考;《论社区矫正对象受到行政处罚后引用兜底条款奖惩的规制》一文以浙江、江苏的两个处罚案例提出处罚兜底条款的四种规制手段。这些研究为该领域积累了丰富的成果,但对省级社区矫正工作实施细则文本进行分析比较的研究尚属空白。省级层面是怎样在新的刑事政策下统筹设计社区矫正工作实施细则的?这些政策在推进主体、实施机制与政策内容上又有着怎样的区域特征?本文就上述问题作出回答,以期为省级层面科学规范开展社区矫正工作,建立上下互动的社区矫正工作机制以及促进地方社区矫正制度创新提供参考。

二、样本整理和收集

本文选取我国 17 个省、2 个自治区及 3 个直辖市共 22 个省级行政单位公开发布的社区矫正工作实施细则为研究对象,因此样本选取具有一定的广泛性,详见表1。在文本资料收集方面,本研究在确定目标省级单位及其所辖区域的基础上,选择对应的各级人民政府、省高级人民法院、省人民检察院、省公安厅和司法厅等官方网站发布的最新政策文件。由于信息公开程度不同、发布渠道多样,需要对信息内容的有效性和真实性进行筛选和考证。最终,本研究将 22 个公开发布的省级社区矫正工作实施细则文本作为研究对象,文件类型具体包括《社区矫正法》和《社区矫正法实施办法》的实施细则等。

表1 各省级行政单位社区矫正工作实施细则的政策文本

序号	省级行政单位	实施时间	文件名称
1	河南	2020 年 8 月 20 日	《河南省社区矫正工作细则》
2	上海	2020 年 8 月 20 日	《关于贯彻落实〈中华人民共和国社区矫正法实施办法〉的实施细则》
3	福建	2020 年 9 月 28 日	《福建省贯彻〈中华人民共和国社区矫正法〉实施细则》

续表

序号	省级行政单位	实施时间	文件名称
4	安徽	2020年11月1日	《安徽省社区矫正工作实施细则》
5	山东	2020年10月13日 2023年9月1日	《山东省社区矫正实施细则(试行)》 《山东省社区矫正实施细则》
6	宁夏	2020年11月27日	《宁夏回族自治区社区矫正实施细则》
7	甘肃	2020年12月1日	《甘肃省社区矫正工作细则》
8	四川	2020年12月1日 2022年12月1日	《四川省社区矫正实施细则(试行)》(已失效) 《四川省社区矫正实施细则》
9	贵州	2020年12月31日	《贵州省社区矫正工作实施细则(试行)》
10	陕西	2021年1月1日	《陕西省社区矫正实施细则》
11	江西	2021年1月1日	《江西省社区矫正工作实施细则》
12	湖南	2021年3月15日	《湖南省社区矫正实施细则》
13	广西	2021年4月19日	《广西壮族自治区社区矫正工作细则》
14	山西	2021年7月1日	《山西省社区矫正实施细则》
15	海南	2021年7月1日	《海南省社区矫正实施细则》
16	广东	2021年8月27日	《广东省社区矫正实施细则》
17	重庆	2021年9月29日	《重庆市社区矫正实施细则》
18	北京	2022年1月1日	《关于贯彻落实〈中华人民共和国社区矫正法实施办法〉的实施细则》
19	吉林	2022年7月29日	《关于贯彻落实〈中华人民共和国社区矫正法实施办法〉的实施细则》
20	云南	2022年8月1日	《云南省贯彻〈中华人民共和国社区矫正法实施办法〉实施细则》
21	江苏	2023年1月1日	《江苏省社区矫正工作实施细则》
22	湖北	2023年9月1日	《湖北省社区矫正工作细则》

三、各省社区矫正工作实施细则若干主要观点的比较分析和建议[1]

(一)价值取向:立足本省社区矫正事业的科学规范发展,构建中国特色社区矫正体系

通过对各省实施细则中"总则"内容的文本分析,研究发现各省实施细则表现出以下几点共性:第一,在立法目的上,规范、推进、保障等关键词,以及《社区矫正法》和《社区矫正法实施办法》作为各省实施细则的立法依据频繁出现,显示出均不违背《社区矫正法》和《社区矫正法实施办法》导向前提的坚决执行。在此基础上,江西、广东、四川、北京和湖南将《刑法》和《刑事诉讼法》也作为实施细则制定的重要依据,充分对接《刑法》和《刑事诉讼法》刑事政策修正案的最新修订。第二,在基本立场上,坚持以党的基本理论、基本路线、基本方略为指导方向。在多个实施细则文本中都出现了类似表述,如宁夏的实施细则第一章"总则"第2条、江西的实施细则第一章"总则"第3条、湖北的工作细则第一章"总则"第2条和山西的实施细则第一章"总则"第2条均规定,社区矫正工作坚持党的绝对领导。第三,在职责分工上,各省实施细则对公安机关、人民法院、人民检察、司法行政机关、监狱管理机关均作出了明确的职责分工。第四,在机构和人员设置上,均提出要求设立社区矫正工作委员会,建立社区矫正机构,配备社区矫正工作人员等规定。

共性之外,也存在一定差异性。如各省的实施细则对社区矫正工作人员范畴的规定便有一定差异。《社区矫正法》第10条规定:"社区矫正机构应当配备具有法律等专业知识的专门国家工作人员(以下称社区矫正机构工作人员),履行监督管理、教育帮扶等执法职责。"第11条规定,"社区矫正机构根据需要,组织具有法律、教育、心理、社会工作等专业知识或者实践经验的社会工作者开展社区矫正相关工作。"第15条规定:"社区矫正机构工作人员和其他参与社区矫正工作的人员依法开展社区矫正工作,受法律保护。"从《社区矫正法》的释义上看,社区矫正工作人员主要指具有法律等专业知识的专门国家工作人员和其他参与社区矫正工作的人员两大类,未明确规定"其他参与社区矫正工作的人员"的范畴,《社区矫正法实施办法》也未作进一步明确,福建、广东、云南、广西、河南、山西和江西的实施细则或工作细则对此作出了不同的解读范畴(见表2),其余15个省份未作明确解读。

---

[1] 各省实施细则在制定过程中,存在较多共性和差异性,本文主要针对若干主要观点的共性和差异性进行分析。

表2 各省级行政单位社区矫正工作人员类别

省级行政单位	类别数量	社区矫正工作人员类别
福建	3	社区矫正机构工作人员;受委托履行社区矫正工作职责的司法所公务员;社区矫正社会工作者
广东	5	社区矫正机构工作人员;受委托司法所参与社区矫正工作人员;参与社区矫正工作的监狱和戒毒人民警察;社区矫正专职社会工作者;社区矫正志愿者
云南	6	社区矫正机构、受委托司法所从事社区矫正的国家工作人员;选派参与社区矫正工作的监狱(戒毒)人民警察;社会工作者;辅助人员;志愿者
广西	2	社区矫正机构工作人员;社区矫正专职社会工作者
河南	3	社区矫正机构工作人员;社区矫正专职社会工作者;社区矫正志愿者
山西	5	社区矫正机构工作人员(公务员);参与社区矫正工作的监狱戒毒民警;受委托履行社区矫正工作职责的司法所公务员;社区矫正中心事业编制人员;社区矫正社会工作者
江西	3	社区矫正机构工作人员;社区矫正日常机构工作人员;社区矫正社会工作者

社区矫正是一项系统性很强的非监禁刑事执行工作,由于社区矫正机构工作人员资源有限,为了保障社区矫正人员能够收到社区矫正的良好效果,就需要更多的社会力量参与其中。因此,国外社区矫正工作的开展非常注重依托和借助社会上各类矫正资源和志愿服务力量,这也是社区矫正与监禁矫正的区别。我国在《社区矫正法》实施后的社会矫正规划中,应当重视相关的社会力量的加入,充分发挥政府整合社会资源的职能优势,保障社区矫正制度的有效运行。各省解读时将社区矫正机构工作人员列入社区矫正工作人员并无异议,但在实施细则中还需要对其他参与社区矫正工作的人员的身份进行明确。实践中需要将社区矫正工作人员涉及的各项工作的性质进行分类,社区矫正机构工作人员是执法主体,受委托的司法所公务人员、社区矫正专职社会工作者、事业编工作人员在社区矫正工作中是日常工作主体,监狱戒毒人民警察、社区矫正志愿者是辅助人员。如江西对社区矫正工作人员概念的模糊界定解读和广西、河南等部分省级行政单位的极少分类解读都不利于社区矫正工作的规范开展。如山西、云南和广东等省级行政单位将更多

的参与社区矫正工作的人员纳入社区矫正工作人员中有一定的现实特殊性和意义。这些其他参与社区矫正工作的人员是社区矫正的具体工作执行者和承担者，在社区矫正工作中有着重要作用。因此，需要在实施细则规定中将更多的参与社区矫正工作的人员纳入社区矫正工作人员范畴，符合社区矫正非监禁刑罚执行工作的特殊性质。

（二）与时俱进：立足国家新刑事政策的修订，提升实施细则制定的契合性和衔接性

如2019年最高人民检察院和最高人民法院制定适用的认罪认罚从宽制度，对准确及时惩罚犯罪、强化人权司法保障、推动刑事案件繁简分流、节约司法资源、化解社会矛盾、推动国家治理体系和治理能力现代化，具有重要意义。《社区矫正法》第18条规定，社区矫正决定机关根据需要，可以委托社区矫正机构或者有关社会组织对被告人或者罪犯的社会危险性和对所居住社区的影响，进行调查评估，提出意见，供决定社区矫正时参考。居民委员会、村民委员会等组织应当提供必要的协助。社区矫正决定机关主要指人民法院、公安机关和监狱管理机关。虽然检察机关不是社区矫正决定机关，《社区矫正法》未将其纳入调查评估委托机关，但江苏、安徽、福建、广东、广西、海南、河南、湖南、吉林、重庆、宁夏、陕西、山西、上海、四川和云南的实施细则的相关规定，将检察机关纳入了委托机关范围，同时对委托情形进行了规定，检察机关委托调查评估主要是针对认罪认罚的犯罪嫌疑人，拟提出适用缓刑或者管制量刑建议的，可以委托社区矫正机构进行调查评估。主要依据是2019年10月11日颁布实施的《关于适用认罪认罚从宽制度的指导意见》和2020年11月5日颁布的《关于规范量刑程序若干问题的意见》（法发〔2020〕38号）的相关规定。其中《关于规范量刑程序若干问题的意见》第3条规定，对于可能判处管制、缓刑的案件，侦查机关、人民检察院、人民法院可以委托社区矫正机构或者有关社会组织进行调查评估，提出意见，供判处管制、缓刑时参考。社区矫正机构或者有关社会组织受到侦查机关、人民检察院或者人民法院调查评估的委托后，应当根据委托机关的要求依法进行调查，形成评估意见，并及时提交委托机关。对于没有委托进行调查评估或者判决前没有收到调查评估报告的，人民法院经审理认为被告人符合管制、缓刑适用条件的，可以依法判处管制、宣告缓刑。《关于适用认罪认罚从宽制度的指导意见》第36条指出：审查起诉阶段的社会调查。犯罪嫌疑人认罪认罚，人民检察院拟提出缓刑或者管制量刑建议的，可以及时委托犯罪嫌疑人居住地的社区矫正机构进行调查评估，也可以自行调查评估。人民检察院提起公诉

时,已收到调查材料的,应当将材料一并移送,未收到调查材料的,应当将委托文书随案移送;在提起公诉后收到调查材料的,应当及时移送人民法院。因此,各省级行政单位在今后社区矫正工作实施细则的修订过程中,需要紧密契合新的刑事政策,与贯彻落实修改后的《刑事诉讼法》相呼应,确保认罪认罚从宽制度正确、有效实施,实现紧密无缝衔接。

(三)立法溯源:充分考虑社区矫正法的立法意见,完善实施细则制定的操作性和灵活性

《社区矫正法实施办法》第 13 条规定,社区矫正决定机关对拟适用社区矫正的被告人、罪犯,需要调查其社会危险性和对所居住社区影响的,可以委托拟确定为执行地的社区矫正机构或者有关社会组织进行调查评估。社区矫正机构或者有关社会组织收到委托文书后应当及时通知执行地县级人民检察院。《社区矫正法》和《社区矫正法实施办法》只对调查评估作出了原则性规定,但未对社区矫正调查评估的具体实施办法作出明确规定。但北京、云南、四川、江苏、广西、福建、吉林、山东、湖南、河南、重庆、江西、陕西、上海、陕西和贵州的实施细则均规定调查评估应当委托进行:拟对罪犯提请假释的应当委托进行调查评估。《社区矫正法实施办法》第 5 条第 2 项规定,对执行机关报请假释的,人民法院审查执行机关移送的罪犯假释后对所居住社区影响的调查评估意见。该项规定明确规定,报请假释的案件委托调查评估的主体应该是刑罚执行机关,法院只负责审查执行机关移送的调查评估意见。有意见认为对于假释罪犯,也应与其他三类社区矫正对象一样,其调查评估应由人民法院来委托进行,因为《社区矫正法》第 18 条规定的是"社区矫正决定机关"可以委托进行调查评估,没有规定可以由刑罚执行机关委托。《社区矫正法》的征求意见稿第 18 条曾规定社区矫正决定机关"应当"委托社区矫正机构或者有关社区组织对被告人或者罪犯的社会危险性和对所居住社区的影响,进行调查评估,提出意见,供决定社区矫正时参考。《最高人民法院关于适用〈中华人民共和国刑事诉讼法〉的解释》(以下简称《刑事诉讼法解释》)第 535 条第 1 款第 5 项规定,人民法院受理假释案件,应当审查执行机关移送的罪犯假释后对所居住社区影响的调查评估报告。《最高人民法院关于减刑、假释案件审理程序的规定》第 2 条第 2 款规定,报请假释的,执行机关移送的材料中应当附有社区矫正机构或者基层组织关于罪犯假释后对所居住社区影响的调查评估报告。实践中对由执行机关委托调查评估的做法也是认可的。因此,最高人民法院建议,将"社区矫正决定机关应当委托"修改为"社区矫正决定机关根据需要,可以委托",得到了立法机关的采

纳。而且，实际上人民法院也并非社区矫正的唯一决定机关。所以，《社区矫正法实施办法》第5条第2项仍然规定，人民法院"对执行机关报请假释的，审查执行机关移送的罪犯假释后对所居住社区影响的调查评估意见"。由此可见，对于假释罪犯委托调查评估的主体还是刑罚执行机关。事实上，在裁定假释的案件中，由刑罚执行机关委托，更便于操作，因为监狱等执行机关直接对罪犯进行监管，对罪犯的情况比较了解，由执行机关来进行委托更有可行性。实践中，执行机关向人民法院报请减刑假释，往往都是成批次报送，法院也只好成批次地审理，案件量大、人数多，而且审理期限是在1个月以内，再强制要求必须由法院来委托调查评估，并不具有现实可行性。[1] 另外，个别省份增加了应当委托调查评估的情形，如北京的实施细则第15条规定了应当委托调查评估的另外五种特殊情形；云南的实施细则第11条和山东的实施细则第6条分别对应当委托调查评估的另外两种特殊情形进行了规定。对于这些特殊的罪犯，如多次贩毒的，重新犯罪可能性较大的，或者有可能存在较大社会危险性的，应当进行委托调查评估，这有利于提高适用社区矫正执行的科学性和准确性。正是基于实践中具体情况的复杂性、多样性，所以，《社区矫正法》和《社区矫正法实施办法》对这种"委托调查评估"规定为"可以"而不是"应当"为人民法院保留了一定的裁量权，为实践中复杂情况的处理保留了一定的灵活性。

（四）法治统一：不断完善社区矫正法立法留白，加强实施细则制定的统一性和严肃性

如执行地确定条件问题。执行地的确定主要涉及居住地和经常居住地的认定。《社区矫正法实施办法》第12条指出：对拟适用社区矫正的，社区矫正决定机关应当核实社区矫正对象的居住地。社区矫正对象在多个地方居住的，可以确定经常居住地为执行地。社区矫正对象的居住地是指其实际居住的县（市、区）。社区矫正对象的经常居住地是指其经常居住的，有固定住所、固定生活来源的县（市、区）。各省级行政单位实施细则的相关条款主要分为三类：一是多数省级行政单位，如四川、上海、陕西、云南、河南、吉林、江苏、海南、山西、北京、湖南、甘肃、贵州、重庆、山东、广东、湖北和广西的实施细则均对《社区矫正法实施办法》第12条规定

---

[1] 参见罗智勇、李慧涛：《关于〈社区矫正法〉实施中人民法院正确履职的若干思考》，载https://mp.weixin.qq.com/s?__biz=MzA4MjY4MzM1NA==&mid=2649867217&idx=1&sn=0a54a3acb91684d3730b118c6b4e0f7a&chksm=87849764b0f31e7219ff48d7401cc23f4848308fd93c8225774e18d917583d8cecb4631ad4d1&scene=27[2023-09-03]。

的"固定住所"和"固定生活来源"作出解读:"固定住所"是指有合法住所,且已经或者能够连续居住6个月以上的居所,包括自有、租赁、借住的房产等;"固定生活来源"是指有合法稳定的工作和相对固定的收入,或者家庭成员、近亲属以及其他人员愿意为其生活提供必须的经济支出。二是江西的实施细则在认定"固定住所"时规定了前置条件:居住地的认定需要满足"已经居住三个月以上"的条件,经常居住地的认定需要满足"已经居住六个月以上"的条件。三是宁夏的实施细则对"固定住所"的认定条件未明确设置持有、租赁、借住"能够连续居住六个月以上的居所"的条件。笔者认为,确定执行地可参见《劳动合同法》的相关规定,有合法住所,且已经或者能够连续居住6个月以上的居所,包括自有、租赁、借住的房产,可作为判定经常居住地的重要考量因素。2016年1月1日国务院施行的《居住证暂行条例》第2条规定,公民离开常住户口所在地,到其他城市居住半年以上,符合有合法稳定就业、合法稳定住所、连续就读条件之一的,可以依照该条例的规定申领居住证。对《社区矫正法》第17条规定和《社区矫正法实施办法》第12条的经常居住地的解读,可依广义理解来掌握,只要其有长期生活、工作、居住的意思和意愿或者居住的事实的,比如购房、租房、工作、结婚、生子、赡养老人、办养老保险等,就可确定该地为经常居住地,从而使其接受该地社区矫正机构的监管。这样,既方便了社区矫正对象的工作生活,又有利于社区矫正机构执行社区矫正刑罚。[1]

又如考核奖惩处罚情节认定。《社区矫正法》第28条规定,社区矫正机构根据社区矫正对象的表现,依照有关规定对其实施考核奖惩。社区矫正对象认罪悔罪、遵守法律法规、服从监督管理、接受教育表现突出的,应当给予表扬。社区矫正对象违反法律法规或者监督管理规定的,应当视情节依法给予训诫、警告、提请公安机关予以治安管理处罚,或者依法提请撤销缓刑、撤销假释、对暂予监外执行的收监执行。对社区矫正对象的考核结果,可以作为认定其是否确有悔改表现或者是否严重违反监督管理规定的依据。但是《社区矫正法实施办法》对处罚条款中出现的情节轻微、情节较重和情节严重三类情形如何认定没有作具体规定。关于处罚情节认定的问题,江西、安徽、海南、上海、吉林、北京、山东、山西、云南、陕西、甘肃、重庆、广西、贵州和福建等15个省级行政单位的实施细则均未对处罚条款的情节认定作出解读。《社区矫正法实施办法》共有5条9款涉及社区矫正处罚情节认定的条款,如果情节认定不准确,易导致社区矫正处罚训诫轻、警告重,提请撤销缓刑、

---

[1] 参见顾晓浪:《〈社区矫正法〉第十七条有关执行地问题的思考》,载《司法所工作》2021年第3期。

假释和对暂予监外执行收监执行过重等执法问题的产生，无法体现刑罚执行宽严相济的刑事政策。为此，需要对社区矫正处罚实践中的情节认定予以研究，以体现社区矫正非监禁刑罚执行的严肃性。对此，部分省份作出了一定解读，如江苏的实施细则第49条规定，社区矫正对象违反人民法院禁止令，执行地县级社区矫正机构依照《社区矫正法实施办法》第35条、第36条和第46条的规定，视情节给予警告、提请治安管理处罚或者提出撤销缓刑建议。社区矫正对象违反人民法院禁止令，具有下列情形之一的，应当认定为《社区矫正法实施办法》第46条规定的"情节严重"：(1)3次以上违反禁止令的；(2)因违反禁止令被治安管理处罚后，再次违反禁止令的；(3)违反禁止令，发生较为严重危害后果的；(4)其他情节严重的情形。第72条规定，社区矫正对象初次违反关于报告、会客、外出、迁居等规定，尚未造成危害后果的，可以认定为《社区矫正法实施办法》第34条第2项的"情节轻微"。第73条规定，执行地县级社区矫正机构决定警告时，社区矫正对象具有下列情形之一的，可以认定属于《社区矫正法实施办法》第35条第3项的"情节较重"：(1)初次违反关于报告、会客、外出、迁居等规定，经教育拒不承认错误，或者造成危害后果的；(2)两次以上违反关于报告、会客、外出、迁居等规定的。规定中情节认定的标准为基层县级社区矫正机构规范执法提供了有利条件。比如笔者曾在《论社区矫正对象受到行政处罚后引用兜底条款奖惩的规制》一文中提出：对缓刑类社区矫正对象和假释类社区矫正对象违反法律法规受到行政处罚的情形要依法"区别对待"，统一规制。主要依据《刑法》第77条第2款"被宣告缓刑的犯罪分子，在缓刑考验期限内，违反法律、行政法规或者国务院有关部门关于缓刑的监督管理规定，或者违反人民法院判决中的禁止令，情节严重的，应当撤销缓刑，执行原判刑罚"的规定以及《刑法》第86条第3款"被假释的犯罪分子，在假释考验期限内，有违反法律、行政法规或者国务院有关部门关于假释的监督管理规定的行为，尚未构成新的犯罪的，应当依照法定程序撤销假释，收监执行未执行完毕的刑罚"的规定。相比缓刑类社区矫正对象，假释类社区矫正对象的注意义务更重，虽然被提请撤销的情形更多，但是要对违反法律法规情节的严重程度予以准确规范认定，把握相当性原则，以充分体现依法"区别对待"，依法管理的法治精神与要求。

（五）地方色彩：充分结合社区矫正地方工作实践经验，凸显实施细则的人文性和地域性

各省在制定实施细则时部分条款极具地域特色。如北京的实施细则第51条规定，在社区矫正对象外出期间，执行地的区社区矫正机构、司法所应当通过电话通

信、实时视频等方式实施监督管理。执行地的区社区矫正机构根据需要,可以协商外出目的地社区矫正机构协助监督管理,并要求社区矫正对象在到达和离开时向当地社区矫正机构报告,接受监督管理。区社区矫正机构可以接受北京市以外的社区矫正机构委托,协助对请假来京社区矫正对象进行监督管理。区社区矫正机构、司法所在社区矫正对象报告后,可以通过通信、实地查访等方式协助监督管理,并将有关情况通过传真等方式书面通报执行地的县级社区矫正机构。规定考虑到了北京作为首都的地域特殊性,为跨省的社区矫正对象外出就医、就学等外出监管提供了有效手段。宁夏的实施细则规定了经常性跨市、县活动的特殊情形,其中第46条第2款规定,社区矫正对象因从事长途运输业务需离开居住地的,社区矫正机构和受委托司法所根据各自外出批准权限,按照外出目的地、沿途经过地临时划设其活动范围和区域。山西的实施细则根据产业特殊性规定了特殊免除情形,其中第34条第3款规定,社区矫正对象因从事井下开采、易燃易爆品制作管理等特殊职业,不能随身携带或者使用电子产品的,经执行地县级社区矫正机构审核,可以调整其签到的时间段。山东的实施细则(试行)版本在"附则"部分对社区矫正队建制管理模式和有关社会组织进行调查评估工作作出了规定,其中第105条规定,社区矫正机构实行队建制管理模式的,细则规定的司法所职责可以由社区矫正中队负责实施。河南的工作细则规定了专职社会工作者的配备比例,其中第一章总则第10条规定,县级社区矫正机构采取面向社会公开招聘的方式,按照与列管社区矫正对象总数1∶15的比例配备专职社会工作者作为社区矫正机构的辅助力量。

(六)注重细节:充分考量基层社区矫正机构执法实践,把握实施细则的可执行性和准确性

如对社区矫正调查评估的"社会危险性"和"对所居住社区的影响"两大条件的解读。《刑事诉讼法》第81条第1款指出:"对有证据证明有犯罪事实,可能判处徒刑以上刑罚的犯罪嫌疑人、被告人,采取取保候审尚不足以防止发生下列社会危险性的,应当予以逮捕:(一)可能实施新的犯罪的;(二)有危害国家安全、公共安全或者社会秩序的现实危险的;(三)可能毁灭、伪造证据,干扰证人作证或者串供的;(四)可能对被害人、举报人、控告人实施打击报复的;(五)企图自杀或者逃跑的。"《刑法》第72条第1款规定,宣告缓刑对所住社区没有重大不良影响并满足一定条件的可以宣告缓刑;第81条第3款规定,对犯罪分子决定假释时,应当考虑其假释后对所居住社区的影响。《山东省社区矫正实施细则》第10条中规定,

"县级社区矫正机构应当对调查材料进行综合分析评估后,出具评估意见。评估意见应当对被告人或者罪犯的社会危险性和对所居住社区的影响作出评价。根据需要,可以对被告人或者罪犯是否适合社区矫正提出意见。具有下列情形之一的,可以视为具有社会危险性:(1)扬言或者预备实施新的犯罪的;(2)企图自杀或者逃跑的;(3)可能对被害人、举报人、控告人实施打击报复的;(4)曾在社区矫正期间被收监执行的(因积极治疗、病情好转被收监执行的除外);(5)以犯罪所得为主要生活来源的;(6)有吸毒、赌博、暴力倾向等恶习的;(7)加入非法社团、组织的;(8)具有其他危害社会情形的。具有下列情形之一的,可以视为对所居住社区具有不良影响:(1)所在村(居)民委员会、工作单位或者就读学校根据其一贯表现情况认为不适合社区矫正的;(2)家庭成员、监护人或者近亲属不具备监管条件的;(3)拒不认罪悔罪或者犯罪前一贯表现较差或者犯罪行为影响恶劣的;(4)没有固定住所或者提供的住所证明材料明显不符合实际情况的;(5)没有固定生活来源的;(6)拟决定或者批准暂予监外执行的罪犯,保证人不具备保证条件的;(7)其他具有不良影响的情形。"山东的实施细则对调查评估的"社会危险性"和"对所居住社区的影响"的内容进行了明确延伸补充和解读界定,为县级社区矫正机构调查评估工作的准确开展提供了科学依据,对今后各省实施细则的修改的修订极具参考价值。

又如暂予监外执行病情复查周期的问题。《社区矫正法实施办法》第24条第2款规定,暂予监外执行的社区矫正对象应当每个月报告本人身体情况。保外就医的,应当到省级人民政府指定的医院检查,每3个月向执行地县级社区矫正机构、受委托的司法所提交病情复查情况。宁夏、江西、湖南、广东等省级行政单位的实施细则的规定均按照《社区矫正法实施办法》第24条的规定参照执行,而广西实施细则第61条、山东实施细则32条、重庆实施细则第51条、四川实施细则第104条、北京实施细则第43条、山西实施细则第36条、上海实施细则第48条、海南实施细则第73条、吉林实施细则第28条、安徽实施细则第32条、陕西实施细则第42条规定不仅要求保外就医的每3个月提交病情复查情况报告,还要求怀孕的社区矫正对象每月提交病情复查情况报告。《刑事诉讼法》第268条第1款规定,对暂予监外执行的罪犯,有下列情形之一的,应当及时收监:(1)发现不符合暂予监外执行条件的;(2)严重违反有关暂予监外执行监督管理规定的;(3)暂予监外执行的情形消失后,罪犯刑期未满的。对怀孕的社区矫正对象的病情复查情况报告要求每月提交,能及时有效地防止暂予监外执行情形消失但未被察觉的情况发生,有利于及时将不符合暂予监外执行的社区矫正对象及时收监执行,体现社区矫正执法的严肃性和规范性。四川的实施细则作出了怀孕的社区矫正对象分娩后报告的规定,其中第105条第2款规定,怀孕的社区矫正对象分娩的,应当在分娩后3日内向执行地县级社区矫正机构报告分娩情况,15日内向执行地县级社区矫正机构提供医院分娩证明,及时提交《出生医学证明》;无法提供《出生医学证明》的,应当进行亲子鉴定。这一规定更有利于提高怀孕的社区矫正对象的非监禁刑罚执行的准确性。

四、各省社区矫正工作实施细则修订整体分析和建议

（一）自上而下的政策对齐现象严重,应更加突出地方区域特性

通过对22个省（直辖市、自治区）的实施细则的规定和主要观点的比较,在各个章节内容安排上,样本省域都在不违背《社区矫正法》和《社区矫正法实施办法》导向的前提下结合自身实际情况作出了微调,显示出对《社区矫正法》和《社区矫正法实施办法》的积极拥护和坚决执行。但同时,各省域的实施细则文本中有着比较严重的照搬式重复、修饰式重复或组合式重复的现象。社区矫正法实施细则不是对《社区矫正法》和《社区矫正法实施办法》的改良,而是基于《社区矫正法》和《社区矫正法实施办法》的立法目的、立法宗旨、程序设计等内容的一种独立、全面的社区矫正制度设计,其制定目标是建立各地社区矫正法治体系。省级高级人民法院、省级人民检察院、省级公安厅和省级司法厅作为实施细则推进的关键角色,应当从自身社区矫正发展阶段出发,结合区域特色、发展定位、实践经验等地方现实条件量体裁衣,而不是一窝蜂地、抽象地只追求与《社区矫正法》或《社区矫正法实施办法》绝对的对应。如要对社区矫正对象的奖惩考核处罚情节认定标准问题作出探索,为基层县级社区矫正机构提供指引,体现社区矫正执法的规范性和严肃性。又如社区矫正调查评估内容的设置科学性问题,评估适用或者不适用办法问题,要为其提供科学的标准和评估方法。总之,要在贯彻落实《社区矫正法》和《社区矫正法实施办法》的同时提升与本省实际情况的契合性,摆脱政策模仿的桎梏,制定出有地域特色的、体现执法严肃规范的、基层社区矫正机构方便执行的实施细则。

（二）细则制定的技术规范有待提升,要使政策更具可执行性

在社区矫正工作实施细则的制定方面,《社区矫正法》和《社区矫正法实施办法》已规定具体的方向,同时也对一些争议内容、尚未定论的情况进行了立法留白,需要省级或者基层县社区矫正机构进一步实践探索。但如果省级社区矫正工作实施细则只是从宏观上作出具体规定,缺少具体实质性的内容,则会大大弱化实施细

则的实际指导意义和可执行性。各省级行政单位的实施细则是《社区矫正法》和《社区矫正法实施办法》的配套、延伸和拓展,多涉及县级社区矫正机构社区矫正执法层面,实施细则的制定水平不仅事关《社区矫正法》和《社区矫正法实施办法》的落地执行,更直接影响县级社区矫正机构的执法规范化水平。《社区矫正法》和《社区矫正法实施办法》对社区矫正制度进行了总体的设计,一些立法留白问题尚未明确,那么各省域在修订实施细则时最好采用"确认+补充"的方式加以规定,即先确认与《社区矫正法》和《社区矫正法实施办法》保持一致,再对《社区矫正法》和《社区矫正法实施办法》没有规定或者规定的不够详细的地方加以补充列举,这样才符合好的实施细则要"实现工具理性和价值理性相统一"的标准。因此,省级层面要主动强化责任担当,以更多元化、更接地气的措施将《社区矫正法》和《社区矫正法实施办法》的规定进行细化,注重细节性规定、程序性规定,增强实施细则的可执行性。

(三)与实施细则相配套的基础条件和基本能力建设滞后,需引起足够重视

《社区矫正法》第10条规定:社区矫正机构应当配备具有法律等专业知识的专门国家工作人员,履行监督管理、教育帮扶等执法职责。在社区矫正制度的实际实施过程中,社区矫正工作人员的素养参差不齐,客观上也对社区矫正制度的深入推进产生了不利的影响。在社区矫正工作人员的质量方面,目前社区矫正工作人员整体素质不高,难以满足社区矫正的专业需求,突出体现为相关专业技能匮乏。社区矫正工作不仅是执法工作,更是教育矫治犯罪人的社会性工作,因此它对社区矫正对象的教育改造和心理矫治具有很强的专业性要求。实践中,社区矫正工作人员不仅要强调法律素养,更要对相关的心理矫治、教育矫正、社会学等知识与综合技能进行加强。社区矫正工作人员作为具有公务员身份或类似职能的工作人员,应具有我国一般公务员应具有的职能条件。社区矫正工作人员是社区矫正工作的主要执行者,贯穿社区矫正工作的始终,社区矫正人员从接收到解矫都离不开他们的职能范围。鉴于此,可通过法律手段,规定今后社区矫正工作人员应具有相应的基础条件、基本能力和基本素养:首先,具备较强的人际沟通和协调能力;其次,拥有大学本科以上学历,具有法学、社会学、心理学、教育学等相关的专业背景;最后,满足基本的政治思想条件。如宁夏的实施细则第81条、四川的实施细则第134条、陕西的实施细则第48条和广西的工作细则第95条均指出:招用符合条件的社区矫正对象的企业,按照有关规定享受优惠政策。企业配套优惠政策如何享受,享受税收政策还是补贴政策等问题需要社区矫正机构加以足够重视并进行研究解决。

社区矫正对象平等就业权保障的现状及对策研究[*]

王淑君[*]　李海滨[**]

摘　要：《社区矫正法》明确了社区矫正机构监督管理、教育帮扶的执法职责。但是，囿于立法的缺失、传统文化观念的影响，社区矫正对象的平等就业权保障长期处于漠视状态，社区矫正对象的就业现状不理想，就业满意度低。平等就业权是形式平等就业权与实质平等就业权的统一，但社区矫正对象的实质平等就业权保障却不足，具体表现为就业歧视禁止规范、前科报告规范、职业禁止规范、就业安置措施等没有体现出"合理差别"与"特殊保护"。为了保障社区矫正对象实质平等就业权的实现，需要根据具体情况和实际需要采取适当、正当和必要的区别对待，以此消除形式上的平等对社区矫正对象采取的不合理限制，从而助力社区矫正对象顺利就业，回归社会。

关键词：就业歧视；前科报告；职业禁止；分类就业帮扶

"习近平总书记强调，就业是最基本的民生"，"加强困难群体就业兜底帮扶，消除影响平等就业的不合理限制和就业歧视，使人人都有通过勤奋劳动实现自身发展的机会。"[1]基于刑事前科而产生的歧视或不公正待遇依然不同程度地存在，使

---

[*]　基金项目：本文为2022年度四川省高校人文社会科学重点研究基地——社区矫正研究中心科研项目"前科报告制度下社区矫正对象就业平等权保护的实践研究"（编号：SQJZ2022-07）和2021年度四川省高校人文社会科学重点研究基地——社区矫正研究中心科研项目"社区矫正对象人身安全保护理论与实务研究"（编号：SQJZ2021-09）的研究成果。

[*]　作者单位：宜宾学院。

[**]　作者单位：宜宾学院。

[1]　俞家栋：《国务院关于就业工作情况的报告——2022年12月28日在第十三届全国人民代表大会常务委员会第三十八次会议上》，载中国人大网，http://www.npc.gov.cn/c2/c30834/202212/t20221229_320938.html。

得社区矫正对象在劳动力市场中常处于弱势地位。[1] 消除对社区矫正对象这一特殊群体平等就业的不合理限制和就业歧视，是实现人权保障理念、构建和谐劳动关系的生动体现。《中国统计年鉴2023》中的"人民法院审理刑事案件罪犯情况"统计显示，从1997年到2022年，我国刑事犯罪总人数增长幅度达170.00%，呈现出指数级增长态势。[2] 但是，立法的缺失、法理理念上的不足以及司法救济的不完善导致就业平等权在很大程度上还是一项停留在纸面上的权利。[3] 日益增长的前科人员平等就业需求与平等就业权益的保障之间的矛盾日益显著。如何消除平等就业的不合理限制和就业歧视，将社区矫正对象的平等就业权落在实处是一个无法逃避的问题。

一、社区矫正对象就业权保障的一般理论

（一）社区矫正对象平等就业权的概念界定

一直以来，我国的平等就业权仅停留在法律宣示层面与没有实质内涵的概念层面。[4] 我国《劳动法》《就业促进法》[5]虽然规定了劳动者享有平等就业的权利，但没有对平等就业权的概念及权利内容进行明确界定，这导致实践中平等就业权纠纷的认定存在分歧。[6] 有学者认为，平等就业权可以视为"平等"这一理念在就业权领域的自然延伸，[7]而"平等"可被定义为社会中每个成员都应当被赋予同样的机会及条件，以保证其享有相同的权利、承担同样的义务。此外，要把社会成员的个体差异纳入考量范围，并采取相应措施保障个人或群体享有充分的机会或资源，以达到实质平等。换言之，平等就业权就是在就业活动上的平等权，是形式

---

[1] 参见石慧：《我国有前科劳动者平等就业权的立法保护》，载《山东大学学报（哲学社会科学版）》2018年第1期。

[2] 参见《2023年中国统计年鉴"人民法院审理刑事案件罪犯情况"》，载https://www.stats.gov.cn/sj/ndsj/2023/indexch.htm，最后访问日期：2024年10月23日。

[3] 参见娄宇：《德国法上就业歧视的抗辩事由——兼论对我国的启示》，载《清华法学》2014年第4期。

[4] 参见李雄：《平等就业权法律保障制度研究》，法律出版社2016年版，第113页。

[5] 《劳动法》第3条第1款规定："劳动者享有平等就业和选择职业的权利、取得劳动报酬的权利、休息休假的权利、获得劳动安全卫生保护的权利、接受职业技能培训的权利、享受社会保险和福利的权利、提请劳动争议处理的权利以及法律规定的其他劳动权利。"《就业促进法》第3条规定："劳动者依法享有平等就业和自主择业的权利。劳动者就业，不因民族、种族、性别、宗教信仰等不同而受歧视。"

[6] 在北京关某怀孕歧视案中，由于缺少法律上的定义，一审、二审法官根据相关文件和词典，对平等就业权作出释义。

[7] 参见石慧：《欧盟平等就业权法律保护研究》，中国社会科学出版社2021年版，第1页。

平等就业权与实质平等就业权的统一。应包括依法保护劳动者在就业起点的平等权以及国家针对形式上的平等可能导致的事实上的不平等,并根据具体情况和实际需要采取适当、正当和必要的区别对待。[1] 综上,笔者从平等的概念出发,认为平等在就业权的内涵上延伸出两个维度:一方面,劳动者在招聘及劳动合同履行过程中应获得同等的待遇,不允许其因身份等因素的不同而受到歧视,即形式平等;另一方面,平等权的相对性客观上允许合理差别的存在,因此承认在一定范围内的合理差别,即实质平等。

《世界人权宣言》第2条第1款规定,人人有资格享有该宣言所载的一切权利和自由,不分种族、肤色、性别、语言、宗教、政治或其他见解、国籍或社会出身、财产、出生或其他身份等任何区别。而有前科劳动者所背负的刑事前科,应当作为"其他身份"的一种而受到"平等"要求的保护。[2] 由于社区矫正对象所背负的刑事前科对公共安全以及公共利益具有特殊意义,国家为了维护公共秩序、保障公共利益,可以对其就业资格施加一定合理限制,[3]这是实质平等就业权的要求。但是,我们也要意识到,社区矫正对象因为其背负的刑事前科,削弱了他们在劳动力市场中的竞争力,是就业中的"弱势群体",[4]为保障其平等就业的机会或资源,应对其采取特殊保护与扶持。

(二)保障社区矫正对象平等就业权的重要性

1. 符合人权保障的要求。2022年2月,习近平总书记在主持中共中央政治局就"中国人权发展道路"进行第三十七次集体学习时强调,党的十八大以来,我们坚持把尊重和保障人权作为治国理政的一项重要工作,推动我国人权事业取得历史性成就[5],而"推动实现更加充分、更高质量的就业"就是表现之一。劳动就业是公民满足生存权和发展权的根本前提,就业权益的保障是尊重和保障人权的重要内容。社区矫正对象是被判处刑罚的人,但其刑罚的内容仅是剥夺或限制人身自

---

〔1〕 参见林嘉、杨飞、林海权:《劳动就业法律问题研究》,中国劳动社会保障出版社2005年版,第125页。

〔2〕 参见石慧:《我国有前科劳动者平等就业权的立法保护》,载《山东大学学报(哲学社会科学版)》2018年第1期。

〔3〕 国际劳工组织《就业和职业歧视公约》第4条规定:"针对有正当理由被怀疑为或证实参与了有损国家安全活动的个人所采取的任何措施,都不应视为歧视。"

〔4〕 参见石慧:《我国有前科劳动者平等就业权的立法保护》,载《山东大学学报(哲学社会科学版)》2018年第1期。

〔5〕 参见《坚定不移走中国人权发展道路 更好推动我国人权事业发展》,载中国共产党新闻网2022年2月27日,http://jhsjk.people.cn/article/32360492。

由,而不包括其就业权益。[1]《社区矫正法》第4条明确要求,社区矫正工作应当尊重和保障人权。因此,国家依法对社区矫正对象实施监管和教育,必须以尊重和保障社区矫正对象的人权为基础,其中就包括社区矫正工作不得侵犯社区矫正对象的就业权益。尊重和保障人权已成为时代发展的主旋律,对社区矫正对象依法应当享有的就业权益加以保障是应有之义。

2. 降低再犯率,促进社会稳定的要求。司法部召开会议部署提升社区矫正质量预防和减少重新违法犯罪,会议强调,要全面提升社区矫正质量,有效预防和减少重新违法犯罪。就业率与再犯罪率之间存在一定的关联性。有研究者发现,在影响重新犯罪的因素中,就业因素位列第一。[2] 在一组针对再次犯罪者的调查中,57.5%的人认为导致再次犯罪的原因是失业问题,而认为是法律意识淡薄的仅占29.30%。[3] 就业权保障是维持社区矫正对象正常社会生活的根基。社区矫正对象如果难以就业或者收入无法满足生存要求,那么其悔罪程度很可能降低,其重新犯罪的概率将明显增大。[4] 但受前科身份及传统文化因素等影响,社区矫正对象的平等就业权保障被漠视,导致其失业、无业的现象普遍存在,这无疑加剧了社区矫正对象重新犯罪的风险。

3. 社区矫正对象再社会化的要求。再社会化是一个社会学的概念,是指通过道德和法律知识教育、培养劳动技能等方式,帮助社区矫正对象修复自身的道德观和价值观,重新获得良好的社会生存能力,促使他们回归到正常的社会生活和秩序之中。实质平等就业权要求对事实不平等进行合理的差别对待,国家对社区矫正对象就业的特殊保护和扶持就是在保障社区矫正对象的实质平等就业权。在就业帮扶的整个过程中,国家采取特殊措施促进社区矫正对象就业,使他们获得良好的社会生存能力,能够使其履行相应的社会职能,发挥个人的社会价值,重新建立法律意识,回归到正常的社会秩序中,实现其再社会化。

---

〔1〕 参见肖艳秋:《社区矫正对象就业权益的保障探析》,载《犯罪与改造研究》2021年第4期。

〔2〕 参见林胜亮:《教育帮扶对预防社区矫正对象再犯罪的影响研究——以G市为例》,广东财经大学2022年硕士学位论文,第13页。

〔3〕 参见邵玉婷:《限制有前科公民基本权利的边界研究》,上海人民出版社2021年版,第55~56页。

〔4〕 参见陈娜:《社区服刑人员悔罪程度及影响因素实证研究——基于上海的问卷调查》,载《法学论坛》2016年第5期。

二、社区矫正对象平等就业权保障的现状及原因分析

《社区矫正法》将社区矫正工作纳入法治化轨道,为社区矫正对象的权利保护提供了直接的法律依据。各地区也相继出台社区矫正工作的实施细则,对社区矫正对象的就业权保障作出规定,这些举措明显缓解了社区矫正对象就业难的问题。但从学者的调研数据来看[1](见表1),社区矫正对象就业状况并不理想。主要表现为:(1)就业率低、就业意愿高。社区矫正对象的失业比重在16.10%—61.54%,但其就业意愿最高达98.93%。虽然就业比重不高,但是大部分社区矫正对象都有就业意愿。(2)就业质量差。社区矫正对象就业类型以不稳定、体力劳动为主,比例最高达100.00%。(3)就业满意度低。在一组调研中,当问到"您对当前工作是否满意"时,60.00%的社区矫正对象直接回答"不满意"。[2] 就业问题不仅是顺利找到工作,还包括社区矫正对象的尊严等就业权益的保障。

表1 2020年至2024年社区矫正对象部分就业数据汇总

序号	未就业比重	有就业意愿比重	不稳定、体力劳动工作比重	初中及以下学历比重	因身份遭受社会歧视或影响工作比重
1	61.54%	84.62%	—	30.77%	38.50%
2	≈50.00%	≈67.00%	66.50%	≤68.90%	62.50%
3	≈50.00%	26.70%	48.90%	≤75.60%	17.10%

---

[1] 笔者以《社区矫正法》实施的2020年为始,截至2024年6月20日,在中国知网以"社区矫正对象就业"为主题进行检索,共搜到论文145篇,对其中数据比较完整的10篇进行了汇总分析,论文依次为:李心怡:《社会工作介入社区矫正对象就业问题的研究——以江西省J市X社区为例》,福州大学2020年硕士学位论文;李振东:《社会支持网络理论视角下社区矫正对象就业问题研究——以武汉市汉阳区为例》,华中师范大学2020年硕士学位论文;麦映琳:《社会互动理论视角下社区矫正对象再社会化问题研究——以广州市L区为例》,华南农业大学2020年硕士学位论文;钟婧:《女性社区矫正对象的再社会化研究——以W市为例》,中南财经政法大学2020年硕士学位论文;林俞甫:《文化视角下少数民族社区矫正对象的社会适应研究——以青海省D市为例》,上海师范大学2021年硕士学位论文;文智慧:《社区矫正对象平等就业权保障研究——以H省A市为例》,长沙理工大学2022年硕士学位论文;张瑜:《重新犯罪影响因素及预防对策的实证研究——以S省Y市监狱重新犯罪群体为样本》,西北政法大学2022年硕士学位论文;郭天昊:《G县社区矫正对象再社会化问题研究》,中共山东省委党校2022年硕士学位论文;杜美慧:《赋能视角下女性社区矫正对象就业能力提升小组研究》,井冈山大学2023年硕士学位论文;谢文澜:《积极心理学视角下社区矫正对象再就业对策探索》,载《犯罪与改造研究》2023年第3期。

[2] 参见李心怡:《社会工作介入社区矫正对象就业问题的研究——以江西省J市X社区为例》,福州大学2020年硕士学位论文,第15页。

续表

序号	未就业比重	有就业意愿比重	不稳定、体力劳动工作比重	初中及以下学历比重	因身份遭受社会歧视或影响工作比重
4	—	—	≈95.00%	36.00%	—
5	—	—	—	≈100.00%	—
6	16.10%	24.40%	≈36.46	44.90%	59.89%
7	20.60%	—	54.70%	—	86.10%
8	—	—	—	70.00%	83.00%
9	—	80.00%	100.00%	72.00%	—
10	43.93%	98.93%	56.32%	—	—

笔者从平等就业权内涵出发,发现社区矫正对象平等就业权主要在立法保护及特殊执法措施支持方面存在问题。

(一)存在严重的就业歧视现象

社区矫正对象因前科的经历,致使其在求职过程中面临严重的就业歧视,被原单位辞退,被新单位排斥,面临严重的就业危机。在对武汉市汉阳区的调研中,认为因为身份特殊而就业困难的社区矫正对象占62.50%。[1] 甚至社区矫正对象表示"受歧视我也挺难受,但我自己都觉得自己的身份尴尬"。也就是说,社区矫正对象自己都没有发觉这种社会歧视是不合理的,可见对社区矫正对象的歧视之深。

造成社区矫正对象就业歧视的原因主要有两个方面。一方面是缺乏制度性保障,我国关于反社区矫正对象就业歧视的法律规范非常凌乱,且多为宣示性、原则性的规定。《劳动法》《就业促进法》[2]等法律规范规定,劳动者就业不受歧视。《社区矫正法》、《河北省安置帮教刑满释放、解除劳动教养人员条例》(已失效)、

---

[1] 参见李振东:《社会支持网络理论视角下社区矫正对象就业问题研究——以武汉市汉阳区为例》,华中师范大学2020年硕士学位论文,第21页。

[2] 《就业促进法》第3条规定:"劳动者依法享有平等就业和自主择业的权利。劳动者就业,不因民族、种族、性别、宗教信仰等不同而受歧视。"《劳动法》第12条规定:"劳动者就业,不因民族、种族、性别、宗教信仰不同而受歧视。"

《上海市安置帮教工作规定》[1]等法律规范规定,社区矫正对象就业不受歧视。但"就业不受歧视"这一原则性的规定非常笼统、模糊,其对就业歧视的适用范围、认定标准、法律责任等没有作出明确的规定。因此,审判机关难以对劳动力市场中的就业歧视进行认定、追责,这在一定程度上无限放大了用人单位的用工自主权,前科成为用人单位拒绝雇佣社区矫正对象的理由,[2]严重影响了社区矫正对象就业的"形式平等"。另一方面是社会文化原因,在中国的传统文化观念中,"一朝犯罪,终生罪犯"。"耻辱"这种心理感受被中国古人发掘、升华,继而成为一种文化积淀,深刻影响着国人的行为。[3] 因此,有人认为社区矫正对象在社区中改造等于是将国家的法律当儿戏,社区矫正对象是对社会造成危害的人,司法机关与民间组织不应为他们解决就业问题。受此影响,社区矫正对象在就业时受到严重歧视,影响就业的"形式平等"。

(二)前科报告义务不合理

我国《刑法》在 1997 年修订时增设了前科报告制度,其规定受过刑事处罚的人负有前科报告义务,即有前科的劳动者在找工作时应主动向招聘单位报告其受过刑事处罚的情况。[4] 前科报告制度的立法原意是:在防范前科人员再次犯罪给单位造成损失的基础上,进一步对他们进行教育、监督,以起到辅助改造的作用。[5]但在实践中,因为前科报告义务规定不明确,司法适用认定标准不统一,[6]导致前科报告义务的适用过于宽泛,用人单位知情权的限度被过度放大,严重侵犯了社区矫正对象的就业权益。而为了进一步落实前科报告制度,最高人民法院、最高人民

---

[1] 《社区矫正法》第 4 条规定:"社区矫正对象应当依法接受社区矫正,服从监督管理。社区矫正工作应当依法进行,尊重和保障人权。社区矫正对象依法享有的人身权利、财产权利和其他权利不受侵犯,在就业、就学和享受社会保障等方面不受歧视。"《河北省安置帮教刑满释放、解除劳动教养人员条例》(已失效)第 3 条规定:"对刑释、解教人员,社会各界及安置单位不得歧视,在就业、就学、晋级、评奖等方面应当与其他公民同等对待。"《上海市安置帮教工作规定》第 11 条规定:"人力资源和社会保障等部门按照国家和本市关于促进就业有关规定,做好刑释解矫人员的就业指导、技能培训等相关工作,鼓励其自主创业、自谋职业。刑释解矫人员就业不受歧视,鼓励企业接收刑释矫教人员就业。"

[2] 参见邵玉婷:《前科就业限制的比例原则规制》,载《东方法学》2017 年第 3 期。

[3] 参见储琰:《社区矫正对象的嵌入困境》,载《犯罪研究》2013 年第 2 期。

[4] 《刑法》第 100 条第 1 款规定:"依法受过刑事处罚的人,在入伍、就业的时候,应当如实向有关单位报告自己曾受过刑事处罚,不得隐瞒。"

[5] 参见全国人大常委会法制工作委员会刑法室编:《中华人民共和国刑法条文说明、立法理由及相关规定》,北京大学出版社 2009 年版,第 134 页。

[6] 参见张穗雨:《劳动者前科信息保护研究——以完善前科报告义务为进路》,上海财经大学 2023 年硕士学位论文。

检察院、公安部、国家安全部、司法部联合出台了《关于建立犯罪人员犯罪记录制度的意见》。但该意见的实施,使前科报告制度背离了立法初衷。[1] 用人单位纷纷要求应聘者开具"无犯罪记录"证明,包括保洁、保安等行业,只要有犯罪记录就无法通过招聘,[2] 前科报告义务不合理地限制着社区矫正对象的就业资格。

此外,数以百计的法律规范规定了各类前科就业限制,构成了我国前科就业限制的基本法律体系。这些职业禁止的规定缺乏合理性与正当性,未考虑前科劳动者的主观恶性、所犯罪行与相关职业之间的关系等问题,[3] 在一定程度上损害了前科劳动者获得平等就业机会及平等就业待遇的权利,违反了实质平等就业权"合理差别"的要求。比如,《导游人员管理条例》中明确规定,受过刑事处罚的(过失犯罪的除外),不得颁发导游证。所以曾犯过危险驾驶罪的人不得从事导游活动。但是醉酒驾驶机动车的行为与导游岗位没有显著的逻辑性和关联性,这种职业禁止无法起到预防损害公共利益的目的。因此,如果职业禁止的规定缺乏合理性,仅依据前科的事实就在就业市场上将前科人员拒之门外,那么此规定就限制了社区矫正对象的就业资格,侵犯了社区矫正对象的平等就业权。

(三)权利救济方式"有名无实"

劳动抗辩权是指,劳动者享有的在劳动关系运行过程中拒绝用人单位的劳动请求或劳动指示的权利。在劳动指示违法或违约的情况下,除法律另有规定外,劳动者可以拒绝服从。[4] 但是,《劳动法》《劳动合同法》均作出规定,劳动者被依法追究刑事责任的,用人单位可以解除劳动合同。因此,社区矫正对象因前科经历而被用人单位解除劳动合同时失去了劳动抗辩权。[5] 此规则的适用直接剥夺了社区矫正对象的劳动抗辩权。在对前科就业歧视案件的裁判结果的分析中,在18起以劳动者隐瞒前科记录为由,主张合法解除劳动关系的案件中,法院支持了13起,支持率高达72.22%。[6] 在一些就业援助的岗位,对社区矫正对象没有限制,或者说就是为了帮助矫正对象等就业困难的群体而设置的,但在社区矫正对象成功应聘

---

[1] 参见王少帅:《论前科报告制度的优化路径》,载《潍坊学院学报》2022年第4期。
[2] 参见李光勇:《青年社区服刑人员就业歧视现状、原因与对策——基于D市三个区的调查》,载《中国青年研究》2013年第5期。
[3] 参见石慧:《我国有前科劳动者平等就业权的立法保护》,载《山东大学学报(哲学社会科学版)》2018年第1期。
[4] 参见吴万群:《劳动抗辩权初论》,载《法学杂志》2012年第3期。
[5] 参见闫佳、冯建仓:《社区矫正对象权利保护研究》,法律出版社2019年版,第148页。
[6] 参见侯进令:《前科就业歧视的规制研究》,深圳大学2020年硕士学位论文。

后,用人单位仍可以解除劳动合同;[1]甚至有单位因社区矫正对象在前面劳动合同履行中有刑事犯罪的前科而主张解除现在的劳动合同。[2] 众多案例的裁判结果表明,因社区矫正对象曾被依法追究刑事责任的前科,用人单位可以不承担任何责任地解除劳动合同已经成为一种带有偏见的共识。

通过"平等就业权纠纷"的案由提起民事诉讼进行权利救济"有名无实"。以"平等就业权纠纷"为案由,以"社区矫正"为关键词在北大法宝进行全文检索[3],经过筛选,与社区矫正对象"平等就业权纠纷"有关的案例为0。笔者认为之所以会出现这种情况,一方面是经济问题。部分社区矫正对象经济上相对困顿,迫于生存压力往往不会选择提起法律诉讼维护自身合法权益。另一方面是举证难的问题。民事案件的举证责任是"谁主张,谁举证",社区矫正对象因平等就业权受侵犯提起诉讼时,需提供相应的证据。但在实践中,社区矫正对象大多法律意识较淡薄,没有签订书面劳务合同的意识,也没有保留提供劳务证据的习惯,一旦提起诉讼大多不能举证。此外,实践中经常存在层层转包的情形,导致提供劳务者认为的"老板"往往并非法律上的雇主,而由于层层转包,并且转包的证据往往掌握在转包人手中,这导致在起诉时,社区矫正对象连被告都无法确定,更别说胜诉。因此,让社区矫正对象通过提起诉讼的方式维护自身的就业权益,收效甚微。

(四)就业帮扶工作呈现"乏力性"

《社区矫正法》明确规定,社区矫正机构具有对社区矫正对象进行就业帮扶的职责。[4] 实践中,社区矫正人员在接受社区矫正后,就业率有所提高,但绝对增量不明显。[5] 甚至在一组调研数据中,63.60%的刑满释放人员认为有关部门的帮助对其找工作完全没有作用。4.60%的人持不认可态度,认为帮教只是走过场、走形式,发挥不了实际作用。[6] 这说明社区矫正对直接促进就业的带动性不高,教育帮扶更注重形式,还难以提供良好的就业帮扶的保障。

首先,因社区矫正机构人员严重不足,存在"重监管、轻帮扶"的问题。根据司

---

[1] 参见山东省济南市章丘区人民法院民事判决书,(2022)鲁0114民初7519号。
[2] 参见天津市第一中级人民法院民事判决书,(2022)津01民终9290号。
[3] 以"平等就业权纠纷"为案由,以"社区矫正"为关键词在北大法宝进行全文检索,截至2024年10月16日共检索出3个案例,通过阅读发现,均和就业权纠纷无关。
[4] 参见《社区矫正法》第10条规定:"社区矫正机构……履行监督管理、教育帮扶等执法职责。"
[5] 参见钟婧:《女性社区矫正对象的再社会化研究——以W市为例》,中南财经政法大学2020年硕士学位论文,第11页。
[6] 参见张瑜:《重新犯罪影响因素及预防对策的实证研究——以S省Y市监狱重新犯罪群体为样本》,西北政法大学2022年硕士学位论文,第15页。

法部《关于印发〈司法所规范化建设三年行动方案(2022—2024年)〉的通知》，除了依法开展社区矫正相关工作之外，司法所还承担提供基层公共法律服务、推进基层普法依法治理等五项业务建设任务。但某些司法所却仅有一名司法所所长，并未配备专业工作人员。其在开展社区矫正工作时，只能保证基本的监管教育，对于矫正对象的法治教育、职业技能培训等其他需求，面临着有心无力的困境。[1] 其次，社区矫正对象的社会背景、家庭环境及自身情况各不相同，暂未能根据其具体情况进行精准就业帮扶。有的社区矫正对象参加普遍性的就业指导活动后，认为只是在提供情感支持，鼓励他们继续就业而已。最后，社区矫正对象的就业帮扶工作并未列入社区主要工作范围内。残疾人、老人等弱势群体的帮扶工作已经纳入社区常态化的工作机制中，而社区矫正对象这一群体明显没有受到社区足够的关注，这也能够解释为什么有53.80%和51.30%的调查者认为其没有接受过街道或社区的就业帮助。[2]

三、完善社区矫正对象就业平等权保障的对策

（一）明确就业歧视的范围，制定反就业歧视的规则性法律

为确保前科劳动者在劳动力市场中免受就业歧视及不公正待遇的损害，立法应当重视基于刑事前科而产生的歧视，[3] 制定权利义务明晰、操作性强的规则性法律，保障前科劳动者在就业过程中能够充分享有平等就业权。2003年以来，人大代表、政协委员纷纷在全国两会上提出尽快制定更具针对性和实效性的《反就业歧视法》。2009年，蔡定剑教授向全国人大递交了《反就业歧视法（专家意见稿）》，[4] 在这份专家意见稿里明确提到禁止对受过刑事处罚的劳动者的歧视。2016年，曹义孙委员也提出应制定一部反就业歧视领域的基本法律，以真正保障劳动者遭受就业歧视后能够获得有效救济。鉴于此，笔者认为制定反就业歧视的规则性法律是必要且可行的，并建议对就业歧视的适用范围、反就业歧视措施等进行明确规定，

---

[1] 参见徐丹：《生态系统视角下社区矫正对象再社会化问题研究——以S市C司法所矫正工作为例》，沈阳师范大学2021年硕士学位论文，第7页。

[2] 参见李振东：《社会支持网络理论视角下社区矫正对象就业问题研究——以武汉市汉阳区为例》，华中师范大学2020年硕士学位论文。

[3] 参见王彬：《限制有前科公民就业资格的刑理分析》，载《学术探索》2009年第6期。

[4] 参见《曹义孙委员：中国迫切需要制定〈反就业歧视法〉》，载财新网，https://topics.caixin.com/2016-03-06/100916619.html？ADUIN=610726596&ADSESSION=1457051388&ADTAG=CLIENT.QQ.5449_.0&ADPUBNO=26525。

为社区矫正对象就业平等权的保障提供法律依据。

此外,笔者认为社区矫正有关部门应摒弃重刑的惯性思维,重视就业帮扶,为社区矫正对象提供一个公平的就业环境。惩罚与改造是一体两翼,应当平衡把握。[1] 虽然社区矫正对象是被判处刑罚的人,但不能因为惩罚便漠视其合法权益,更不能用维护秩序的名义去牺牲权利,他们的权利应当得到尊重和保障。[2] 因此,社区矫正工作相关部门要尽力为前科人员营造宽松的社会氛围和公平的就业环境,宣传前科人员创业创新、自强自重的先进典型,积极为社会公众普及法治理念,提高公众的认知水平,与制度消除就业歧视形成合力。

(二)按照"轻重分轨模式",合理限制社区矫正对象的前科报告义务

前科报告制度具有强化威慑、补足效应、防卫社会等正面积极价值,但前科报告制度的设计存在一些缺憾,有必要对前科报告制度予以合理改造,进而发挥前科报告制度在促进犯罪治理中的价值。笔者认为,应该根据犯罪的轻重等级,逐步实现轻罪前科消灭;同时,体系化地理解法条要义,合理限制前科报告的范围,以此帮助社区矫正对象顺利就业,回归社会,实现就业权保障与公共利益保护之间的调和。

首先,以法定刑3年以下有期徒刑作为轻重罪等级划分的标准,以此明确轻罪前科消灭的适用范围。同时结合主观恶性、人身危险性、社会危害性、罪犯社区矫正期间的表现等因素进行综合考虑,评估他们重新犯罪的风险。比如,考虑到危害国家安全类、恐怖活动类、黑社会性质类、侵犯人身安全类及职务犯罪类犯罪法益保护的特殊性,对社会稳定以及国家安全产生的不利影响极大,具有严重的社会危害性,即便科处的刑罚较轻,也应当限制对其前科进行消灭。此外,要明确前科消灭的法律后果,前科消灭意味着消除前科人员的相关犯罪记录,不再履行《刑法》第100条的前科报告义务,公安部门能够为其开具无犯罪记录证明。

其次,对前科报告义务的理解要放在整个立法体系中进行,防止法律的相关条款被扩大适用。《刑法》第100条要结合《社区矫正法》《劳动法》《就业促进法》等法律进行体系化解释,前科报告义务的范围限制为与工作内容直接相关的刑罚情况,以此明确用人单位知情权的边界,平衡用人单位知情权与社区矫正对象就业权的冲突。社区矫正对象隐瞒与工作没有直接关系的处罚信息并不构成欺诈,用人单位也不能以此为由解除劳动合同。

---

〔1〕 参见刘强:《论社区矫正法律制度的发展创新空间》,载《犯罪研究》2020年第3期。
〔2〕 参见张晶:《走向启蒙——基于监狱·矫正的视角》,法律出版社2008年版,第104页。

（三）确立"重要的、有决定性的职业需要"标准，作为社区矫正对象平等就业权的抗辩事由

社区矫正对象平等就业权的保护并不是追求一律平等，而是追求合法合理的职业禁止规范界限。某些职业禁止规范超越了合理的界限，限制或剥夺了社区矫正对象的就业机会、就业资格，侵犯了社区矫正对象的就业权益。笔者认为，应在充分借鉴德国"重要的、有决定性的职业需要"[1]的基础上，确定职业禁止规范合理的界限，审慎地对职业禁止规范进行修改。

以"重要的、有决定性的职业需要"作为判断标准，审查行为人前科与限制从事职业的关联性。对行为人所犯罪行的手段、频率、状态、主观心理等内容与行业特点、职业特性等因素进行综合评估，只有在犯罪行为与职业内容和义务具有"直接、紧密的关联性和促进性"时才可进行相应的职业限制。[2] 比如，我国《种子法》第74条规定，因生产经营假种子犯罪被判处刑罚的，相关法定代表人、主管人员自刑罚执行完毕之日起5年内不得担任种子企业的法定代表人、高级管理人员。所求职业（种子企业的法定代表人、高级管理人员）与所犯罪行（生产经营假种子）存在直接相关性，《种子法》基于行为人罪行与限制从事职业之间的关联性作出职业禁止规定，符合"重要的、有决定性的职业需要"的要求。从域外的立法实践来看，有些国家以犯罪与受限制行业之间的关联关系对受限制的行业进行特别规定。[3] 如《德国刑法典》第44条规定，由于违反驾驶人员的义务或驾驶机动车时犯罪，法院禁止其在一定期限内驾驶任何或特定种类的机动车。[4] 此外，行为人罪行与限制从事职业之间的关联性应作为用人单位解除社区矫正对象劳动合同的标准之一，为社区矫正对象平等就业抗辩权提供法律依据。

（四）开展分类就业帮扶，创建各具特色的社区矫正品牌

目前常见的就业帮扶手段有两种：一种是面向社会整体发布的招聘信息，进行技能培训等就业帮扶措施，但这种帮扶容易流于形式。比如，有社区矫正对象反映，司法局曾联合J县技工学校为社区矫正对象设置技能培训班，但多是机械操作等工业技能，对于以农业为家计收入的农村社区矫正对象，很难学习此类技能，并

---

[1] 娄宇：《德国法上就业歧视的抗辩事由——兼论对我国的启示》，载《清华法学》2014年第4期。

[2] 参见李兰英、熊亚文：《刑事从业禁止制度的合宪性调控》，载《法学》2018年第10期。

[3] 参见邵玉婷：《前科就业限制的比例原则规制》，载《东方法学》2017年第3期。

[4] 参见徐久生、庄敬华：《德国刑法典》，中国方正出版社2004年版，第15页。

且在农村也无法找到"用武之地"。[1] 另一种是面向个案的就业帮扶措施。但是,这种个案精准帮扶的科学化与有效化依赖于全面、准确掌握和分析矫正对象的需求,并采取针对性的措施。而当前我国社区矫正工作仍存在专业人员力量薄弱,社会资源紧张等问题,无法在分析社区矫正对象就业需求的基础上一一进行就业帮扶。

笔者认为,分类就业帮扶的方式更有利于现阶段解决社区矫正对象的就业问题。笔者建议按照社区矫正对象的性别、年龄、犯罪类型、性格特点、管理等级、生活工作需求等划分类别,开展分类就业帮扶,针对性帮助社区矫正对象就业,同时以此为契机,创建特色的社区矫正品牌,实现就业帮扶活动的可持续性发展。

以教育帮扶为例,从调研数据看(见表1),社区矫正对象初中及以下学历比重在30.70%—100.00%,社区矫正对象受教育程度低,就业技能缺乏,导致其就业竞争力不足。针对这类群体,各地有关部门可以针对有需求的主体采取各类教育帮扶措施,提升社区矫正对象的就业率,形成就业帮扶品牌。比如,宁波市北仑区司法局与宁波开放大学北仑学院共建"教育创新研究基地",引入社区成人学校教学资源。[2] 杭州市上城区司法局推行社区矫正对象一年制初高中学历免费教育培训,目前全区矫正对象高中及以上学历覆盖率超过80.00%。[3] 台州市黄岩区司法局目前已完成高中学历教育等培训14批次,在册矫正对象就业率由69.27%上升至89.75%。[4] 浙江省各地结合各地资源采取不同的教育帮扶措施,创建"一市一品牌",不仅提高了社区矫正对象的就业率,也为就业帮扶活动的可持续性发展打下了基础。

最后,各地可将社区矫正对象的就业帮扶工作纳入地方矫正效果评估内容,并制定针对性强、实操性高的社区矫正帮教标准。法治建设的成效需要一种反思性机制对之予以科学评判,地方法治指数评估机制的出台因应了量化法治的时代需求。[5] 实践中,一些地方积极出台关于就业帮扶、教育帮扶的规范,为社区矫正工

---

[1] 参见刘洋:《县域社区矫正对象教育帮扶的路径研究——以A省J县基层司法所为例》,黑龙江大学2023年硕士学位论文,第11页。

[2] 参见《北仑区司法局推动矫正对象学历技能双提升教育帮扶见实效》,载浙江省司法厅网,https://sft.zj.gov.cn/art/2024/1/22/art_1659555_58938441.html。

[3] 参见《上城区司法局积极推进社区矫正对象学历技能"双提升"》,载浙江省司法厅网,http://sft.zj.gov.cn/art/2024/3/28/art_1659555_58938743.html。

[4] 参见《黄岩区司法局全力推进社区矫正教育帮扶工作改革创新》,载浙江省司法厅网,http://sft.zj.gov.cn/art/2024/4/1/art_1659555_58938754.html。

[5] 参见魏治勋:《地方法治指数评估的理论取向与技术方法》,载《法学》2023年第11期。

作提供了标准化依据。比如,四川省的《社区矫正教育矫正规范》《社区矫正社会服务工作规范》,湖北省的《湖北省就业创业培训补贴管理办法》等,均取得了良好的效果。各地方政府应建立就业帮扶的评价指标体系,通过指数的量化可以客观反映当地社区矫正对象就业权保障的状况,以考核压紧压实法治建设主体责任,推动就业帮扶工作不断创新。

县域社区矫正工作存在的问题与对策的实证调查
——以沿海某县社区矫正工作为例

朱建炉*

摘 要：社区矫正是贯彻宽严相济刑事司法政策，推进国家治理体系和治理能力现代化的一项重要工作。《社区矫正法》实施四周年以来，社区矫正工作沿着规范化、法治化轨道快速发展。特别是在推进国家治理体系和治理能力现代化进程中，社区矫正工作的进一步完善，在社会治理体系中发挥着更加积极的作用。但是，《社区矫正法》在实践运行中因政府部门及其工作人员不可避免地存在经济人理性和跨部门治理分散性的问题，导致社区矫正政策在执行中出现偏差、异化，影响贯彻执行效果。笔者通过对沿海某县社区矫正工作现状进行实证调查研究，从管理角度切入分析，提出整体性推进策略，以期推动处理好县域政府、部门、社会之间的关系，克服资源的浪费，以提高社区矫正工作效率和效果。

关键词：社区矫正；社会力量；社会治理；调查报告

引 言

当前，我国社区矫正工作依照《社区矫正法》及《社区矫正法实施办法》的深入开展，取得了新进展、新成效，但是社区矫正工作中的实践困境开始显现，需要带着问题意识对社区矫正工作深入调查研究。然而，由于社区矫正源于西方，在引进的过程中不可避免地存在着文化堕距，国内研究呈现法学、犯罪学、社会学、心理学等多学科交叉的特点。笔者试图从我国本土县域视野观察，通过对福建沿海某县社区矫正工作现状的实证调查，以管理学视角，着重关注政府内部部门与部门之间的

---

* 作者单位：福建省漳州市中级人民法院。

边界，分析其中存在的问题和原因，提出深化宣传教育、重塑政府职能、利用科技赋能、强化人财保障、融汇社会力量等对策建议，以期推动县域社区矫正工作提质增效，助力县域社会治理实现中国式现代化。

一、社区矫正理论源起及法律制度

社区矫正（community corrections）起源于美国、英国等西方国家的司法实践，本质是将罪犯置于社区，利用社区资源对其进行教育改造。[1] 社区矫正是行刑社会化的具体体现。由于各个国家和地区的法律对社区矫正的性质、定位、适用范围、管理模式和矫正方式的规定有所不同，对社区矫正的理解和认识也存在较大差异；目前，对社区矫正的概念尚没有统一的定义。"corrections"在英文翻译中具有修正和惩罚之义，我国最终将其确定为"矫正"之义，更加注重监管主体与罪犯之间的良性互动。我国多数学者认为，社区矫正是指社区矫正机构依法对非监禁刑罪犯在开放的社区中予以矫正的一系列活动的总和。根据《社区矫正法》的规定，我国社区矫正对象包括被判处管制、宣告缓刑、假释和暂予监外执行的四类罪犯，其最大特点就是以非监禁方式改造罪犯。

二、沿海某县社区矫正现状调查

福建省依法开展的社区矫正工作取得了较好成效，社区矫正工作是以县域社区矫正机构为主开展实施的，但是，不同县域之间也存在不平衡，笔者将以福建沿海某县作为调查研究对象。该县地处东南沿海，常住人口45万人，以农业生产为主，经济发展在所属市相对落后。该县的社区矫正工作基本现状如下。

（一）某县社区矫正工作基本情况

2023年，某县在册社区矫正对象493人，比2022年的488人增长约1%，分别为宣告缓刑478人，判处管制0人，假释9人，暂予监外执行6人，其中宣告缓刑人数约占97%。

某县司法局包括8个机关处室、15个基层司法所以及2个下属事业单位——县公证处和县社区矫正中心，在职人数53人。[2] 其中作为8个内设机构之一的社区矫正管理大队在职人数3人，县社区矫正中心在职人数2人，占县司法局在职总

---

[1] 参见高一飞、贺毓榕：《我国社区矫正制度的回顾与展望》，载《中国司法》2020年第8期。

[2] 笔者于2024年11月26日通过某县人民政府官网，查询到《2024年度福建省某县司法局部预算》载明的在职人员数据，并通过与县司法局相关工作人员咨询了解掌握了社区矫正对象人数等数据。

人数的约9.4%;在职53人中,持有社会工作职业资格证和具有心理学背景的均为0人,具有法学背景的有10人。县司法局自2020年首批招聘以来共招聘社区矫正社会工作者39人,其中法学专业的有8人,持有社会工作职业资格证和心理学专业的为9人。

2020年8月17日,某县成立县社区矫正委员会,并制定了《社区矫正委员会各成员单位职责》《社区矫正委员会工作规则》,明确委员会成员由县委宣传部、县委政法委员会、县法院、检察院、公安局、财政局、司法局等16个单位组成。县社区矫正委员会下设办公室,挂靠在司法局,具体负责日常工作,办公室主任由司法局局长兼任,办公室成员由司法局社区矫正管理大队人员组成。社区矫正委员会成员单位(以下简称成员单位)的主要联系沟通机制为原则上每年召开一次的成员单位会议,或者根据工作需要,临时召开全体会议或部分成员单位会议。此外,成员单位主要是基于具体个案的对接,包括电话交流、面对面交流以及召开小范围会议等。

(二)某县社区矫正工作开展情况

1. 县司法局使用统一的"省社区矫正一体化平台",录入社区矫正对象的人数等相关情况,上报信息材料到市司法局或者传递到基层司法所。县司法局还使用"社区矫正监管指挥中心远程监控系统"连线市司法局和各基层司法所,以通过视频连线指挥、观察基层社区矫正中心的情况。同时,社区矫正工作人员使用"矫务通"App,可以了解到社区矫正一体化平台上的内容,掌握社区矫正对象身在何处等具体情况。社区矫正对象则使用"在矫通"App,通过人脸识别等功能,进行签到、学习等。

2. 该县共建立6个社区矫正基地,分别是县某养猪专业合作社曙光安置就业基地、某镇敬老院社区服务基地、某镇社区矫正公益劳动基地、某镇木业有限公司社区矫正公益劳动基地、某县茶厂安置帮教基地、某乡家风家训馆。县司法局还通过政府购买服务的形式,与县健安社工机构联合开展心理健康服务。但是县社区矫正志愿者只包括存在于社会组织、矫正小组中的特定志愿者。

3. 社区矫正经费保障方面。近年来某县社区矫正经费支出决算分别为:2020年141.75万元,较上年决算数增加17.4万元,增长约14%,主要原因是2020年清退了社区矫正协理员,重新招聘了社会工作者,相关清退、招聘支出增加;2021年

99.24万元;2022年126.13万元;2023年127.46万元。[1]

三、沿海某县社区矫正工作中存在的问题

随着某县社区矫正工作的发展,无论是政府部门自身还是社区矫正对象群体,均存在着愈来愈明显的利益诉求多元化和差异化,跨政府部门问题也越来越多。但基于某县政府部门分工越来越精细,壁垒越来越森严,提供给社区矫正对象的服务也越来越呈现出分散化、碎片化特征,不能满足社区矫正对象的整体性需求,主要存在以下诸多问题。

(一)现代化矫正理念不强,社会氛围不足

理念指导行为。受中国几千年传统文化以及我国经济社会发展情况的影响,传统的刑罚报复观根深蒂固,大众普遍认为将罪犯予以关押,是罪犯罪有应得,这样才称得上是对罪犯的惩罚,而普遍缺失现代司法文明强调的刑罚教育引导理念,缺乏对社区矫正的认识,缺乏对社区矫正对象应有的宽容,更谈不上成为社区矫正志愿者,积极投身社区矫正实践。另外,不同人群对社区矫正的认识程度不同,哪怕是社区矫正工作人员也缺乏社区矫正的正确理念。目前,某县从事较多社区矫正工作的公检法司等单位及其工作人员对于社区矫正理念有一定的认识和体会,而其他12个成员单位及其工作人员对社区矫正的认识则没有那么深。政府作为社区矫正工作的主导部门,理应充分认识到社区矫正的重大意义并深刻认同,但现实情况并不理想。现阶段从事社区矫正的相关工作人员普遍不具备专业的社区矫正知识和技能,以致"重监督管理,轻教育帮扶"。至于非成员单位及社会组织、群众对社区矫正更是知之甚少,甚至是一无所知。因此,整个社会认识、理解和支持社区矫正工作的氛围仍不够浓厚,社区矫正缺乏基本的社会文化基础和心理认同。

(二)政府职能分散化,整体回应不够

1.社区矫正委员会的协调力不强。虽然某县成立了社区矫正委员会,但实际上只是社区矫正工作联席会议的更名,只是在形式上增加启用"某县社区矫正委员会"公章而已,成员单位与原有的16个单位相一致,成员单位职责与委员会的运行机制未发生实质性改变。社区矫正委员会下设的办公室,由于人员与司法局人员重叠,负责社区矫正委员会的日常工作亦非专职。另外,社区矫正委员会及其办公室开展常规统筹协调工作不多,协调成员单位参与社区矫正工作的权威性不足、能

---

[1] 笔者于2024年11月29日通过沿海某县人民政府官网,查询到了2021年度至2023年度某县司法局部门决算。

力不强。

2.成员单位的参与积极性不高。一是成员单位作为社区矫正委员会成员的意识不强。二是司法局争取有关部门支持的作用有限。社区矫正管理局与社区矫正委员会办公室是"一套人马、两块牌子",在实际履行社区矫正委员会办公室职责时,往往被认为是在履行社区矫正管理局的职责,导致职责混同,协调力散化弱化。三是作出缓刑决定的法院在裁判之外对社区矫正对象的矫正情况跟踪不及时不到位,对社区矫正工作整体参与度不够。四是检察院往往注重事后监督,明显具有滞后性。五是公安局参与矫正工作的积极性不高,社区矫正警务保障不足,使部分带有强制性的工作如对违法人员的治安处罚、对矫正对象的追捕和出境管控等,不能及时进行。六是民政、卫生等其他成员单位往往认为社区矫正主要是公检法司等政法单位的事情,参与意识和积极性不高。

3.成员单位衔接不顺畅。成员单位多达16个,各成员单位均存在衔接不顺畅的情况,尤其是公检法司4个强关联单位,具体如下：一是调查评估委托及运用不顺畅。根据《社区矫正法》的规定,法院可以根据需要委托司法局对拟判处缓刑的人员进行调查评估。实践中,法院将可能判处3年以下有期徒刑的案件大部分委托给司法局调查评估,导致调查评估工作量非必要加大。而法院是否采纳调查评估意见并不确定,在作出决定时也没有说明是否采纳及理由。二是社区矫正对象报到环节的脱漏。法院作出宣告缓刑的判决后,将裁判文书以邮寄的方式送达司法局,这会导致社区矫正对象报到时,社区矫正管理局仍未收到相关法律文书或者社区矫正对象未在规定时间内报到等问题。三是社区矫正对象违法信息沟通不顺畅。如社区矫正对象因违法行为被公安局独立发现并处罚后,社区矫正管理局并没有掌握该情况。四是暂予监外执行的社区矫正对象的病情复查缺乏司法鉴定支撑。五是未经常开展社区矫正工作的成员单位的工作衔接不顺畅问题更加突出。

(三)技术支撑乏力,信息交流不畅

在社区矫正工作过程中,无论是社区矫正对象的决定和接收,还是日常监督管理、教育帮扶、解矫,都涉及成员单位间的衔接和配合,而信息的有效交流传递是前提。

1.司法局在监管帮扶社区矫正对象时使用的技术手段不足。目前,社区矫正工作主要使用社区矫正监管指挥平台、"矫务通"App等手段实现对安装有"在矫通"App的社区矫正对象的日常学习、打卡报告等进行监督。而社区矫正监管指挥平台与"在矫通"App的签到记录无法实现数据同步,"矫务通"App无法对社区矫正对象的打卡记录进行实时查看。"在矫通"App 基于安卓系统开发,不能在苹果手机上安装,以致部分社区矫正对象未能安装"在矫通"App。而电话抽查存在只能听到声音却不能完全确定是否是社区矫正对象的情形。

2. 司法行政系统内的社区矫正信息管理系统封闭,未与政法委、法院、检察院、公安局等成员单位建立双方或者多方的信息共享平台。社区矫正信息的沟通大多还是通过电话交流、线下面谈、纸质文件送达等传统方式,交流的及时性、全面性不足。

(四)人力财力薄弱,基础保障不实

1. 社区矫正队伍配备不充足,专业化不强。目前,某县社区矫正队伍仍存在以下问题:一是队伍配备不足。某县社区矫正大队(社区矫正中心)没有固定专项编制,在职3人由司法局通过内部调剂,统筹安排,分别为1名分管副局长兼任社区矫正中心主任、1名社区矫正管理大队大队长、1名社区矫正管理大队副大队长。由于副局长分管司法局里的多块业务,投入社区矫正工作的精力相对有限,主要由大队长、副大队长处理日常社区矫正事务,人员极少,力量极弱。另外,根据前述人员情况,每个司法所的公务员和社会工作者只有4人,这4人承担着社区矫正、处理调解、普法宣传等多项司法所的职责,任务繁多,以致不能专职开展社区矫正工作。二是队伍专业性不强。在职53名司法局公务员和39名社会工作者中,只有18人具有法学背景,持社会工作职业资格证或者具有心理学背景的均为0人。另外,社区矫正工作人员在开展工作时无工作证、无专业制服,执法形象不够严肃,执法效果欠佳。三是队伍不够稳定。整个司法局的人员都必须服从全局工作需要,可能被交流、安排到其他岗位;社会工作者则由于招录数量有限,待遇与工作量不成正比,部分人员只当作是过渡性工作岗位,人员流动性大。笔者在某县司法局访谈时,多名社会工作者正准备考到法院或者检察院。

2. 社区矫正队伍职业认同感不高。无论是社区矫正公务员,还是社会工作者,更多地把社区矫正工作当成一份差事,还未将自己的职业同事业、工作和兴趣追求结合起来,造成内在激励不足。外在激励方面,司法局同为政法单位,却没有像公安局、法院、检察院一样的薪酬体制,社区矫正公务员的薪金待遇明显低于公检法;社会工作者的薪酬待遇也低于市场营利性组织,这导致一些人只把司法局当作"中转站",未能全身心投入工作中。约束机制方面,相关约束机制仍未能建立、跟进到位。

3. 经费保障不足。某县社区矫正经费保障主要还存在以下问题:一是总体保

障不足。随着相关刑事判决、裁定和决定的执行单位从公安机关变更为社区矫正机构,社区矫正工作正朝着更加细致、深入、全面的方向发展,所需经费必然增长。而目前只有司法局列有社区矫正专项经费,其他单位开展社区矫正的费用只能在原有科目上列支。二是仅有的司法局社区矫正专项经费仍明显不足。根据相关意见的规定,各县应建立按照社区矫正对象数量核定社区矫正经费的制度,原则上按照每人每年不低于3000元的标准列入当地财政预算。根据前述近年社区矫正经费的情况来看,某县社区矫正经费看似符合标准,但是考虑到39名社会工作者的156万元薪金也要从社区矫正经费中支出,就足见社区矫正专项经费明显跟不上实际工作的资金使用需要。三是上级财政补助匮乏。四是社区矫正专项经费主要投入了建设社区矫正的基础设施和设备上,几乎没有余额投入教育帮扶中。

（五）忽视社会力量,资源合力不强

某县的社区矫正工作吸收社会力量参与的程度明显不足。某县社区矫正对象与社会工作者的比例约为13∶1(493∶39),基本接近15∶1的比例要求。但总体上看,招聘的社会工作者数量仍显不足,专业背景缺乏,参与程度有限。截至2022年底,全国持证社会工作者共计93.1万人,其中社会工作师20.4万人,助理社会工作师72.5万人。[1] 如何将这些专业队伍吸收到县域社区矫正工作中来,值得思考和探索。此外,在购买服务方面,也缺乏对社区矫正服务项目的购买,这与某县社区矫正整体社会力量尚未真正发育,几乎没有专业社会组织、没有社区矫正志愿者等基础性问题不无关系。另外,社区矫正基地中也只有1个就业基地、1个服务基地,发挥教育帮扶作用有限。

四、沿海某县社区矫正工作存在问题的原因分析

社区矫正是一项综合性系统治理工程,在某县社区矫正存在的诸多问题中,有其基础性、共通性原因。

（一）传统农业大县,经济社会发展相对落后

某县属于传统农业大县,主要以种植、养殖为主,经济社会发展相对落后,以致政府的财政收入较低,当地老百姓的传统刑罚报复观念仍较强。一是某县孕育社会工作者专业人员、社会组织、社会志愿者的土壤不够肥沃,社会工作者专业人员为发挥专业优势往往首选到城市发展,具有法律专业背景的人员,为寻求更高限度

---

〔1〕 参见《2022年民政事业发展统计公报》,载民政部网2023年10月13日,http://www.mca.gov.cn/n156/n2679/c1662004999979995221/attr/306352.pdf。

的专业对口,较少把从事社区矫正工作作为职业首选项,对社区矫正的职业信仰不够坚定。整体薪酬待遇机制对社区矫正工作人员缺乏足够保障,招得到人却难留住人。社区矫正基地难以创造比社区矫正对象自身更优越的条件,来为其提供更专业、更全面的教育帮扶。二是某县社区矫正专项经费均源于当地财政,在以经济发展为中心的大背景下,社区矫正工作从整体上来看重要性相对不足,加上县财政统筹经费保障和上级财政补助收入缺乏,某县社区矫正专项经费总体保障不足。另外,由于"重监督管理、轻教育帮扶"思想仍未根除,投入教育帮扶的经费明显不足。

(二)信息技术应用有限,宣传教育不到位

整个社会以及政府部门对恢复性司法理念的认同程度仍不够深,传统的刑罚报复观念仍然具有较强的主导地位,对行刑社会化的整体认同感不足,对社区矫正更是缺乏深度认知和高度认同。这固然与社区矫正制度在我国发展的历史不长、制度概念不够明确、成熟有关,但也不得不看到相关成员单位更多的只是在《社区矫正法》颁布施行之际,阶段性地加大宣传力度,之后便不自觉地弱化放松,受众接受程度明显偏低,[1]社区矫正理念未深入人心,社会环境培养不足。[2] 在信息化、大数据发展的当下,社区矫正领域的信息技术投入、应用明显不够。从内部来看,某县已使用的社区矫正信息化平台、App 处于开发后的初步使用阶段,存在技术漏洞;加上一线使用者对技术设备存在的问题反映得不及时、不充分,以致漏洞未能及时补上。各单位对开发研究跨单位信息平台的重视不够,司法局在信息化建设方面也处于重视内部信息化建设阶段,未将注意力拓展到跨单位信息平台建设上。从外部来看,对社区矫正对象和群众的宣传往往停留在偶尔的发宣传册、流量相对较小的官网上报道,宣传不全面、宣传效果不理想,更遑论使社区矫正理念深入人心。

(三)社区矫正工作人员存在自利性思想

《社区矫正法》等法律法规虽已对公检法司等社区矫正关联部门的职责作了规定,但相关职责在具体落实过程中仍存在缺乏操作细则等问题。从某县《社区矫正委员会工作规则》来看,整个工作规则只有 8 条,原则性太强,规定内容不多不细。如对于社区矫正委员会联系机制的规定只有两条,规定的联系机制只有全部或者

---

〔1〕 参见王顺安、马聪:《〈社区矫正法〉实施三年来的问题与对策研究》,载《法制与经济》2024 年第 2 期。

〔2〕 参见谢群:《我国社区矫正队伍建设现状及对策研究》,载《法制博览》2024 年第 11 期。

部分成员单位的联席会议或者联络员会议。另外，社区矫正委员会办公室与社区矫正中心实际上几乎是"两块牌子、一套人马"，人员明显不足，社区矫正委员会办公室的职能虚化。

基于部门自利性思想，社区矫正工作通常以部门为界划分治理权责，各部门均有各自的目标，利益诉求也有差异，又因为社区矫正边界具有一定的模糊性和关联性，有的成员单位将社区矫正工作视为"可做可不做""可少做就少做"的内容，随意性大，以致成员单位互踢皮球，社区矫正工作偏离整体目标和整体公共利益。此外，社区矫正工作人员均具有不同程度的经济自利性，在时间、精力等资源有限的情况下，势必会考虑个人有限资源与社区矫正工作之间的平衡、薪酬待遇与工作投入之间的平衡、约束机制与工作风险之间的平衡。例如，根据《社区矫正法》的规定，采取社区矫正的措施和方法不得对社区矫正对象的正常工作和生活造成不必要的影响。为达到上述要求，做好做细社区矫正工作，必然要求进一步夯实工作基础，及时分析和研判矫正情况，才能做到精准矫正，而这其中对投入度的把握，则均由社区矫正工作人员自己控制。

五、完善沿海某县社区矫正工作的对策建议

立足于某县社区矫正的工作现状和实际条件，以推进社区矫正工作的长远发展，笔者在此提出以下几点对策建议。

（一）深化宣传教育，推动理念更新

1. 宣传者首先应树牢现代刑罚观。社区矫正属于刑事执行制度，社区矫正理念与刑罚观念密切相关，甚至可以说是源于刑罚观。传统刑罚报复观认为，犯罪就应得到惩罚，就应当让罪犯坐牢，让他们在监狱中教育改造，消除继续危害社会的危险。该观点侧重于体现刑罚的惩罚、震慑作用，但教育作用有限，对人性的良性塑造有限，特别是对于轻刑罪犯收效甚微，甚至会起到较多的负面作用。随着社会不断向文明化发展，宣传者应树立对罪犯合法权益予以保护的刑罚人权观、有利于社区矫正对象回归社会的行刑社会化理论、注重感化挽救的教育刑思想、恢复社会关系的现代文明刑罚观以体现对人权的保障，并应加大宣传，以扩大加深认同。

2. 强制监督管理与教育帮扶并重理念。社区矫正相较于监狱服刑的显著优势就是通过教育帮扶，可以更加人性化地改造社区矫正对象。在刑事执行从监禁刑转向非监禁刑的过渡阶段，在坚持监督管理的同时，应更着重强调教育帮扶理念，才能达到二者的实际并重。以人为本，注重教育帮扶，不仅体现在教育帮扶环节本身,也体现在监督管理环节,它要求尊重社区矫正对象的人格,保障他们的合法权益,关注他们的实际需要和切身利益,以真心、热心、耐心的态度积极地促进社区矫正对象的转变和发展。[1] 在教育帮扶中,也应认识到教育着重强调重塑矫正对象的生活理念和日常行为,帮扶的重点则在于帮助其克服生活中碰到的实际困难。

3. 全方位立体化加强宣传。认同与信任是整体性治理的基础,只有政府各部门、社区矫正对象、社会力量均认识到社区矫正工作的任务和目标,才能建立融合差异与整合利益的信任机制,发挥整体性效用。实际上,社区矫正是文明刑罚时代对犯罪的宽容,是社会公众对罪犯的宽容。实践中,应抓住社区矫正的宽容本质属性深入宣传,让民众认识到社区矫正对象主观恶性不大,不应放弃对他们的改造并应帮助他们重返社会。县委宣传部应以县融媒体中心为抓手,广泛整合报纸、官方网站、广播电视台、微信公众号等传统与新兴媒体,多角度宣传社区矫正制度及案例,营造人人知晓、人人认同社区矫正的良好氛围。在有社区矫正对象的社区悬挂宣传社区矫正有利于社区和谐的标语。同时,根据"谁执法,谁普法"普法责任制,公检法司等成员单位在开展社区矫正具体工作时,可利用矫正宣告、公开宣判等契机和工作优势,深化社区矫正知识普及和理念宣传。只有宣传教育越到位,公民社会培育越成熟,社区矫正共识度才会越高。

(二)重塑政府职能,推动机制创新

1. 重塑社区矫正委员会的卓越协调力。在现有体制下,不断加强和充分发挥社区矫正委员会的协调力,是整合社区矫正跨部门职能的可行性路径。一是细化某县《社区矫正委员会工作规则》,进一步明确、细化社区矫正委员会的议事协调职能,制定社区矫正委员会督促、协调成员单位依法履职尽责的具体方式、形式等。例如,将召开成员单位会议的时间修改为每年召开两次,探索除线下联席会议形式之外的线上形式;列举需要临时召开成员单位会议、联络员会议的具体情形等。二是将社区矫正委员会办公室设在县委政法委并配备专职人员。社区矫正委员会作为全县社区矫正工作的议事协调机构,其下设的办公室是社区矫正委员会工作运转、承上启下、联系左右和沟通内外的枢纽,具有不可替代的作用。在现有党政体制下,考虑到主要参与社区矫正工作的是公检法司4个单位,因此可将办公室设在政法委员会,并由政法委员会的人员专职组成,以从领导体制、人员力量等方面实际增强社区矫正委员会办公室的职能发挥。三是制定16个成员单位与社区矫正相

---

[1] 参见苏春景、赵茜:《中国与英国社区矫正教育比较分析》,载《比较教育研究》2016年第8期。

关的任务清单、责任清单、权力清单，进一步明晰成员单位权责，夯实协调基础。其中，由于社区矫正具有刑事执行功能，应适时扩大社区矫正管理局的职能编制，而不是与社区矫正管理大队挂同一牌子，这实际上与司法局的一般内设科室无异。

2. 以社区矫正对象需求为导向，提高整体性意识。一是社区矫正对于社区矫正对象来说，是由司法局、法院、公安局等"一个公权力主体"对其实施的一项综合性活动。普通的社区矫正对象对于政府不同单位的职责分工并不十分清楚，因此，要树立以社区矫正对象需求为导向的整体性服务理念，设立某县社区矫正服务中心窗口，提高政府对社区矫正对象的整体回应。例如，不断改善政府与社区矫正对象的交流形式，除通过"矫务通"App和"在矫通"App实施监督交流外，还可通过手机通话、视频连接、面对面线下交流等形式，加强有效互动，充分掌握社区矫正对象的实际动态和真实需求。成员单位之间也要加强协调配合，为社区矫正对象提供无缝衔接的监督管理和教育帮扶。二是以信任来提高整体性责任意识。相互信任主要是基于共同的特征、目标、身份或者已经被证明是可靠的经验，成员单位间的信任亦是如此。因此，成员单位要树立共同的社区矫正目标和理念，认识到防范社区矫正对象重新犯罪、恢复被犯罪所破坏的社会关系的共同目标。要增强社区矫正工作人员的身份认同感，克服执法身份模糊性。无论是社区矫正管理局中的工作人员，还是参与矫正工作中的法院、检察院、公安局等其他人员，都应强烈地认识到自己是一名社区矫正工作人员，为着共同的矫正目标而努力。

3. 制定双向多向联系机制，加强成员单位联动协调。整体性治理重视政府部门间的利益协调与合作。一是建立专项联系机制，尤其是法院与司法局。如建立司法局与法院间的"社区矫正调查评估制度""社区矫正交付矫正衔接制度"以明确调查评估的范围、调查评估意见的采纳等内容以及解决文书送达延迟等问题；建立司法局、法院、检察院间的"暂予监外执行社区矫正对象病情复查制度"以明确病情复查的程序、相关病历材料的采纳及委托司法鉴定等内容。探索如何从审理前、庭审中到审判后执行这一系列环节中，完善法院的"一条龙"式社区矫正工作。[1] 二是建立公检法司4单位季度联席会议，加强联系的频率和深度，共同探索实现社区矫正目标的具体路径、方法和需要解决的机制性困难。三是完善办公室联络员制度。列明需要召开各成员单位联络员会议的具体情形，实现日常社区矫正工作信息的快速交流与共享。四是建立经办人员联络制度。例如，建立社区矫正小组组

---

[1] 参见梁燕妮、杨柳青：《社区矫正与中国式法治现代化的融合路径研究——基于广西社区矫正研究会2023年学术年会的考察》，载《河南司法警官职业学院学报》2024年第2期。

长与主审法官、主办检察官、主办侦查人员的联络制度,以便矫正小组人员可以深入了解社区矫正对象在整个刑事诉讼过程中的表现情况、犯罪的起因等综合信息,加强各方意见交流交换,做到个别化精准矫正。

(三)利用科技赋能,提升信息化水平

社区矫正综合治理有赖于信息意识的牢固树立和信息技术的深度运用。

1. 社区矫正的工作人员应当树牢信息意识。以宣告缓刑的社区矫正对象为例,无论是公安局、检察院、法院分别对其行为进行侦查、审查起诉、定罪量刑,还是社区矫正机构对其进行监督管理和教育帮扶,整个过程中都应包括对社区矫正对象犯罪情况、个人心理特点、家庭情况等信息的获取,而在矫正前上述相关信息就已被前环节部门深度获取。因此,实现相关矫正信息在矫正前、中、后的有效甄别、传递,首先需要成员单位工作人员树牢信息获取、交流、传递意识。

2. 建立信息交流共享机制,实现信息有效传递共享。信息的交流传递依赖于有效的媒介。首先,完善司法行政机关系统内部的信息平台建设,实现平台间的信息对接控制。例如,继续开发升级"在矫通"等App,实现"在矫通"App可在苹果手机上安装,实现社区矫正工作人员可以通过"矫务通"App对社区矫正对象在"在矫通"App上的打卡记录进行查看。对社区矫正对象进行手机定位,建立电子围栏,实现越界告警提示。其次,争取党委支持,由政法委牵头开发成员单位之间的跨部门"社区矫正信息共享平台"大数据平台建设,及时、准确地传输、交换有关文书材料,全力推进"智慧矫正"建设。同时,基于社区矫正是社会治理体系的一部分,还应当将社区矫正监管指挥平台与综治网格化平台实现数据对接,纳入政法委掌握范围。最后,加强社区矫正工作人员与社区矫正对象的交流,充分收集信息综合评估再犯罪风险情况,以及时调整管理类别,完善个别化矫正方案。

3. 积极与上级汇报沟通,将该县"智慧矫正"建设纳入上级建设大局,争取成为示范单位。比如,社区矫正工作人员在开展分类管理、个别化矫正时,为准确识别差异性,可利用专业化的评估工具。我国的上海、北京等地也相继研发了社区矫正风险评估工具。作为县域,某县社区矫正管理局应当密切跟踪国内外评估工具的开发情况和省市运用情况,适时引入运用,提升社区矫正智慧化水平。

(四)强化人财保障,推动基础升级

队伍和经费往往具有基础性作用。加强社区矫正队伍建设,应着力从队伍的数量、专业化、稳定性等方面进行整合。社区矫正专项经费也应当以统筹保障。

1. 打造专业化、职业化的社区矫正工作队伍。一是社区矫正中心主任应由专人担任,防止多事务分身乏术。逐步剥离社区矫正中心工作人员的社区矫正委员会办公室人员身份,以增强专职性。二是建立常态化培训制度。针对法学背景人员少、无持社会工作职业资格证和心理学背景人员的情况,应着重加强社会工作知识和能力方面的培训,不断提高社区矫正工作人员的专业性,逐渐形成职业荣誉感,培育对社区矫正工作终身追求的职业信仰。三是塑造社区矫正专业执法形象、执法素质。建立社区矫正工作人员专项等级考试,走专业化职称晋升道路,为社区矫正工作人员制发配备统一工作证件和工作服装。四是吸纳公安局确定政法编制的经验,加强调研,充分论证,确定某县社区矫正工作需要的队伍编制数和社会工作者等辅助人员比例,长期坚持,不懈争取设置独立编制包括事业编制的社区矫正队伍。在此基础上,参考法官职务序列改革,逐渐建立完善包括考录、任职、考核、晋升、辞职、退休等一整套有别于一般公务员队伍管理的制度。五是适度提高薪资待遇,以减少人才流失,维持队伍稳定。

2. 强化激励与约束,构建主动性公务员体系。构建成员单位及其工作人员参与社区矫正的激励和约束机制,用制度来规范和引导成员单位分享社区矫正治理成果、分担社区矫正责任,发挥激励与约束的叠加效用。首先,要落实完善激励机制。激励机制有利于调动各方面的力量参与社区矫正。在优化薪酬待遇,建立薪酬自然增长机制的基础上,要更多地制定有效的非货币激励。[1] 一是强化落实跨单位关联职责的激励机制。将跨单位关联职责落实情况纳入各成员单位公务员绩效考核指标体系,充分做好成果运用与绩效资金、岗位调整、职务职级挂钩。二是设立社区矫正工作专项激励制度,提高身份认同感、责任感和成就感。例如,评选全市十佳社区矫正先进集体、先进个人,全市十佳社区矫正典型案例等。三是完善社区矫正激励形式。例如,召开成员单位大会进行表彰、奖励,扩大影响范围,增强荣誉感。其次,要落实完善约束机制。一是司法行政机关等成员单位应建立社区矫正工作自查自纠机制。二是加强外部监督。强化检察院的事前审查,事中、事后法律监督,引入社区矫正检察大数据法律监督,[2]促进社区矫正工作日常规范开展。加强党内监督,运用监督执纪"四种形态",尤其是第一、第二种形态,防范社区矫正工作人员误入歧途,坠入犯罪深渊,打造素质过硬的社区矫正队伍。

---

[1] 参见张冉:《相似还是不同?非营利部门与政府部门员工职业激励的跨部门比较》,载《管理评论》2013年第6期。

[2] 参见李伏、王睿:《社区矫正检察大数据法律监督实践——北京市朝阳区人民检察院社区矫正检察"破冰"之路》,载《北京政法职业学院学报》2024年第2期。

3. 落实经费统筹保障，保证经费使用到位。一是司法局等成员单位在开展社区矫正日常工作时，应进一步统计分析社区矫正对象人数等具体情况以及社会工作者待遇保障资金的需求，拟好社区矫正经费总体需求报告，积极向县财政争取资金支持，推动县财政将社会工作服务项目经费纳入预算，加大总体投入。二是公检法等社区矫正强关联单位，也应积极分析总结，逐步将社区矫正专项经费作为单独的支出科目，而不是纳入基础办案经费。三是建立省市县社区矫正经费专项统筹使用制度，制定社区矫正经费保障意见，以保证经济相对落后的某县获得充足的社区矫正专项经费，均衡不同县区的矫正工作水平。四是做好社区矫正工作经费的落实监督工作，实现专款专用、落实到位以及在监督管理与教育帮扶上的投入平衡。

(五)融汇社会力量，推动资源扩能

汇聚社会力量参与社区矫正工作是社区矫正制度本身的最大优势。社会力量没有政府机关色彩，社区服刑人员的抵触情绪较小，在帮扶的工作中容易带入教育矫正的效果，事半功倍。[1]

1. 司法局等成员单位应继续发挥主导、引导作用，为社会力量参与社区矫正搭建好平台。政府应承认并尊重社会力量，与社会良性互动，充分利用社区资源，培育发展社工组织等各类社会组织。司法局应主动加强与民政局的沟通交流，力促简化社会组织的审批程序和流程，降低社会组织的准入条件。乘着2023年3月中央社会工作部成立的大势，用好用足政府购买服务政策，加大力度购买社区矫正服务，巩固已有的社会力量参与社区矫正的渠道。跨区域购买社区矫正服务项目，鉴于目前某县社工组织缺乏等情况，可到附近市区寻找相关专业社工或社工组织，有针对性地提供心理疏导、行为纠偏等服务。

2. 引导基层自治组织、社区群众主动志愿参与。党的二十届三中全会提出推动志愿服务体系建设。社会志愿者以平等身份与社区矫正对象沟通交流，可以发挥技能优势开展管理、帮扶、矫治工作，能够发挥政府工作人员不可替代的优势。应在宣传教育引导认同社区矫正的基础上，培育公民的志愿服务精神和行为习惯，吸纳更多的社会成员成为志愿者，同时政府部门可采取一定的奖励激励机制和免费技能培训，进一步激发他们的主动奉献精神和主动工作能力。其中，指导矫正小组协助开展好社区矫正工作尤为重要。由于矫正小组由与社区矫正对象直接熟识

---

[1] 参见白海娟：《社区矫正帮扶工作的困境与出路》，载《宜宾学院学报》2020年第3期。

的村(居)委会人员、家人、同事、老师等组成,这些人员与社区矫正对象原本就具有天然的密切关系,了解、掌握社区矫正对象的成长经历和人际关系,可以更容易、更直接地影响社区矫正对象的思想和行为。

3. 及时制定企业事业单位、公益慈善组织参与社区矫正的鼓励政策,推进建设足以吸引社区矫正对象的就业安置、技能培训等基地。[1] 如部分侵财类社区矫正对象之所以犯罪是由于没有稳定工作,缺乏收入来源,而误入犯罪歧途,所以应针对不同社区矫正对象推荐其培训适合自己的技能,找到合适的就业岗位,以消除犯罪根源。针对提供就业岗位的企业,可按照国家有关规定落实税收优惠。

结　语

当下,我国进入轻罪时代新阶段,犯罪治理与社会治理并重,轻罪适用缓刑的比例增加、人数增多,社区矫正工作量不断增大,社区矫正工作在迅速发展,社区矫正实践需求巨大。然而,社区矫正工作的开展中仍存在诸多问题需要不断解决。笔者以东南沿海某县为例来分析县域社区矫正工作的现状、问题和原因,进而提出粗浅见解,抛砖引玉,期待法律同人共同探讨,不断完善政府各部门以及各方社会力量协同参与的解决举措,推动社区矫正制度和工作政策落地见效,助力县域社会治理一体化贯彻、差异化发展。

---

[1] 参见宁军妮:《基于综合视角下的社区矫正实践困境分析》,载《经济研究导刊》2018 年第 31 期。

基层社区矫正入矫机制研究

杨兴富*　刘家晨**

摘　要:本论文以泸州市龙马潭区社区矫正中心的实践为例,研究基层社区矫正入矫机制。阐述了龙马潭区在衔接交付、报到登记、入矫宣告、矫正方案制定等方面的现有机制及成效,分析了其面临的困境,包括衔接脱节、信息迷雾、宣告形式短板、方案刻板瓶颈等问题。提出了优化路径,如疏通衔接环节、驱散信息阴霾、做实宣告内核、打破方案僵局等措施。最后总结了研究成果并对未来基层社区矫正入矫机制进行了展望,强调应在技术应用、参与主体、教育内容和人才培养等方面不断优化创新。

关键词:基层社区矫正;入矫机制;优化路径;协同治理

一、问题的提出

随着时代的进步和社会需求的变化,法律体系持续优化和完善,趋向于更加细致和专业化。《社区矫正法》作为针对社区矫正领域的专门法律,自2020年7月1日起正式生效。作为一种特殊的刑罚执行方式,社区矫正与其他刑罚方式相比,其显著特点是具有非监禁性。目前,我国的社区矫正已经积累了20余年的经验,并形成了多种适应地方实际情况的发展模式。随着社区矫正工作的不断推进,涉及的矫正对象的数量也在显著增长,这引起了公众对矫正效果的广泛关注。[1]《社区矫正法》第36条第1款明确指出,社区矫正机构根据需要,对社区矫正对象进行法

---

* 作者单位:四川省筠连县人民检察院。
** 作者单位:西南医科大学法学院。
〔1〕参见刘强等:《2016—2019年社区矫正研究概况及发展趋势》,载《犯罪与改造研究》2020年第1期。

治、道德等教育,增强其法治观念,提高其道德素质和悔罪意识。目前,我国的社区矫正工作还比较粗犷,在社区矫正的专门化、个性化方面还不够精细。[1] 实践中,社区矫正工作往往侧重于针对不同犯罪类型的矫正对象,而对于矫正对象在不同阶段所面临的问题则缺乏系统性的干预,特别是在矫正初期未能给予足够的重视,这在一定程度上影响了社区矫正的整体效果。[2] 社区矫正作为刑罚执行活动在社区场景的实践,入矫机制起着至关重要的作用。一方面,它是刑罚执行的重要组成部分,对于维护社会稳定、促进罪犯改造具有重要意义。另一方面,入矫机制作为社区矫正的"基石",直接影响着后续矫正全程的走向。[3] 泸州市龙马潭区在社区矫正领域的积极探索创新,为我们深入研究基层入矫机制提供了鲜活样本,为研究基层入矫机制提供了丰富的实践经验。

二、社区矫正入矫现有机制及成效

(一)严谨规范衔接交付程序

1. 文书传递高效化

泸州市司法局协同法院、监狱等部门,构建起了紧密的文书移送网络。明确规定判决、裁定生效后10个工作日内,交付执行机关必须以机要专递或专人送达的方式,将完整、规范的法律文书,包括判决书、执行通知书、结案登记表等,送至罪犯居住地的社区矫正机构。在龙马潭区,依托司法行政专网搭建的电子文书传输"绿色通道",极大地缩短了文书周转时长,减少了错漏情况的发生。这一举措确保了信息的精准对接,为及时开展矫正工作筑牢了"信息根基"。例如,社区矫正人员报到须知中明确规定,社区矫正人员应在刑事判决生效或裁定、决定作出后或出监所之日起10日内持法律文书到县司法局报到,这与龙马潭区的规定相呼应,进一步强调了文书传递的及时性和重要性。

2. 人员交接紧密度高

被判处管制、宣告缓刑、假释或者暂予监外执行的罪犯自判决、裁定生效之日或者离开监所之日起就已经进入服刑期或者考验期,应当接受社区矫正。然而,由

---

[1] 参见郭健:《社区矫正法的几个基础性问题探析》,载《犯罪与改造研究》2022年第5期。
[2] 参见张楚:《社区矫正对象入矫初期角色适应的小组工作研究——基于南昌市X区社区矫正中心的实践》,江西财经大学2022年硕士学位论文。
[3] 参见黄明:《加强领导 精心组织 推动社区矫正工作全面深入发展》,载《中国司法》2009年第11期。

于罪犯仅有10天的时间到居住地的县级司法行政机关报到,如果在这段时间内未能按时报到并开始社区矫正,就可能产生一段监管上的"空窗期",这可能导致脱管或漏管等问题,应当引起足够重视。[1] 对于假释、暂予监外执行的罪犯,监狱与司法所采取"手递手"交接的方式,护送人员当面交付罪犯,并详细说明服刑表现、身体状况等情况。看守所对解回再审、收监执行也有完备的预案,全程留痕,责任清晰。此外,龙马潭区还探索构建了检警司社区矫正协作配合机制。在社会调查评估阶段,司法所及时到派出所核查被告人户籍及家庭人员信息,全面、准确地了解社区矫正对象现实表现情况,切实守牢社区矫正"入口关"。入矫后,司法所邀请社区民警参与日常监管,对进行违规违法行为的社区矫正对象开展谈话,共同夯实社区矫正执法工作底线。在执行地变更核查阶段,司法所及时与区检察院刑事执行检察官沟通,确保执行地变更符合法律规定,切实把好社区矫正"变更关"。同时,不定期走访重点社区矫正对象,及时掌握其思想动态,通过跟踪帮教提升社区矫正工作效果。

(二)精细管理报到登记环节

1. 按时报到约束机制完备

在社区矫正工作中,按时报到是对罪犯的重要约束机制。社区矫正管理工作规定罪犯自相关文书生效或离监所7日内需赴指定司法所报到,并且在报到前3日会通过短信、电话进行"双提醒"。这一举措确保了罪犯能够及时进入社区矫正程序,为后续的矫正工作奠定坚实的基础。

2. 信息采集全方位

社区矫正对象报到时,司法所会综合运用询问、问卷、实地走访等多种方式,全面采集身份、犯罪详情、家庭就业、社交关系等多维度信息,为其绘制一幅"立体画像"。全方位的信息采集有助于司法所深入了解社区矫正对象的情况,从而制定出更加个性化的矫正方案,提高矫正工作的针对性和有效性。

(三)多元主体协同参与入矫宣告工作

1. 多元主体联动聚合力

在龙马潭区的社区矫正工作中,司法所发挥着主责组织的作用。同时,检察院、公安部门、社区干部和家属共同参与,形成了"五位一体"的参与格局。

检察院对执法公正性进行监督,确保社区矫正工作在法律的框架内进行。通

---

[1] 参见顾顺生:《做好社区矫正交付执行衔接工作》,载《检察日报》2014年11月26日,第3版。

过对执法过程的监督,让社区矫正对象明确知道自己处于法律的监管之下,任何违规行为都将受到法律的制裁。

公安部门则警示违法后果,以实际案例向社区矫正对象展示违法犯罪的严重性。例如,在一些案例中,公安部门引用收监案例强调违反监管规定的法律后果,使新入矫人员对社区矫正有了更加深刻的认识,增强了全体社区矫正对象的服刑意识。

社区干部在入矫宣告中表达接纳立场。社区作为社区矫正对象生活的重要场所,社区干部的接纳和支持对于社区矫正对象的改造至关重要。

家属在社区矫正中给予社区矫正对象情感与监督承诺。家属的陪伴和支持是社区矫正对象改造的重要动力。在入矫宣告中,家属的泪劝可以让社区矫正对象深刻感受到家庭的温暖和期望,同时家属也承诺对社区矫正对象进行监督,共同促进社区矫正对象的改造。[1]

2. 宣告内容充实有效

入矫宣告的内容充实,旨在促进对社区矫正对象的警醒。宣告过程中庄重宣读矫正决定、纪律,明确社区矫正对象的权利和义务,阐释奖惩细则,让社区矫正对象清楚地了解自己在社区矫正期间的行为规范和后果。同时,入矫宣告还融入了本地案例以开展法治与服刑指导。通过本地案例的讲解,社区矫正对象能够更加深刻地认识到违法犯罪的后果,增强自我约束和改造的动力。

(四)量身定制矫正方案

在龙马潭区社区矫正工作中,矫正方案的制定首先应注重科学评估。综合报到登记环节收集的个人信息、入矫宣告过程中的表现以及常态化实地走访获取的家庭和社区情况等多方面信息,为全面评估社区矫正对象奠定基础。同时,通过社工专业访谈深入挖掘其行为模式背后的原因以及社会支持系统的状况。根据科学评估的结果,龙马潭区会为社区矫正对象匹配相应的教育、心理矫治和职业帮扶措施。对不同类型的社区矫正对象,制定分阶段的目标和具体措施。

龙马潭区司法局立足工作实际,积极创新社区矫正工作方法,以构建监管、教育和帮扶三大矫正体系,探索了龙马潭区社区矫正工作新模式。

一是坚持网格化管控。高标准打造社区矫正中心,实现执法、管理和教育的整合,构建了一个综合性的平台。逐步发展"1+3+X"的社区矫正模式,即以社区矫

---

[1] 参见吴艳君、姚方:《打开"心"墙带来新希望》,载《中国民政》2020年第14期。

正中心为核心,以司法所、社会组织和协助单位为支撑,动员社会力量广泛参与。通过线上线下的联动,建立起覆盖全区的网格化社区矫正网络。

二是坚持信息化管控。利用互联网技术,采用电话抽查、手机定位"双重监控",集中点名,备案监控等多种监管手段。推广科技监管手段,实施定期报到、参与教育和社区服务的指纹签到制度,配备社区矫正执法记录仪,建立社区矫正微信监管群,对外出的社区服刑人员实施手机和微信定位监控,及时发现并处理越界、未经批准外出等违规行为,有效预防脱管、漏管和虚管现象。

三是坚持人性化管控。对于年老体弱、犯罪性质相对较轻的矫正对象,提供上门教育服务。与相关部门协作,帮助社区服刑人员学习技能,依托泸州城建校组织就业培训,并推荐他们到安置帮教基地工作。[1]

三、社区矫正入矫机制面临的困境

(一)跨区域协作存在衔接脱节的隐患

1. 文书瑕疵频频出现

跨区域协作在社区矫正工作中至关重要,然而在实际操作中,外地交付机关与泸州市龙马潭区基层司法所之间的衔接却时常出现问题。外地交付机关的文书格式各异,有的刑期起止表述模糊,甚至还存在印章缺失的情况。这给泸州市龙马潭区基层司法所带来了极大的困扰,他们往往需要耗费大量的时间和精力去协调澄清这些问题。例如,在处理某起跨区域社区矫正案件时,司法所工作人员收到的文书格式与本地要求相差甚远,刑期起止时间难以确定,不得不通过多次与交付机关沟通,才得以明确相关信息。这种情况导致矫正启动延迟,严重影响了执法时效。[2]

2. 人员"脱轨"难题

虽然前文提及了一些常规的、具有一定科学性的监管手段,但在面对暂予监外执行罪犯因流动性大、易失联等特殊情况时,这些手段仍暴露出局限性。目前,基层追踪手段较为局限,主要依赖传统的走访和电话联系。然而在实际操作中,这些方法往往难以及时锁定罪犯位置。比如,某暂予监外执行罪犯因病情需要外出就

---

〔1〕 参见《龙马潭区司法局"三坚持"打造社区矫正龙马模式》,载泸州市司法局网2019年3月22日,https://sfj.luzhou.gov.cn/gzdt/qxdt/sqjz/content_589888。

〔2〕 参见文宏、林彬:《危机情境下跨区域协同治理的技术赋权机制》,载《华南师范大学学报(社会科学版)》2023年第2期。

医后失去联系,基层工作人员通过走访其家属和邻居,以及多次拨打电话,均未能寻获其下落,监管"真空"极大增加了再犯风险。

(二)入矫人员信息冗杂加大了入矫难度

1. 罪犯瞒报虚报信息偶发

在泸州市龙马潭区的社区矫正工作中,罪犯瞒报虚报财产及犯罪关联线索的情况时有发生,给矫正工作带来了诸多难题。例如,曾有诈骗犯出于隐私顾虑和逃避严惩心理,未如实交代境外藏匿的赃款,这不仅误导了矫正资源的合理配置,也严重阻碍了精准矫正的实施。这种行为使社区矫正工作人员难以全面了解罪犯的实际情况,无法制定出针对性强、切实有效的矫正方案,从而影响了矫正效果。

2. 洞察罪犯心理方面存在短板

目前,龙马潭区社区矫正工作在对罪犯的评估方面主要依赖人工问询和基础问卷等方式,这存在一定的局限性。对于一些深层的心理症结,如创伤后应激障碍致犯罪等情况,难以进行深入挖掘。同时,对于复杂的灰色社交关系也难以全面掌握。这种局限性影响了对社区矫正对象的全面评估,进而降低了矫正方案的科学性。[1] 例如,在实际工作中,可能由于未能及时发现社区矫正对象的心理问题,导致在矫正过程中出现突发情况,影响矫正工作的顺利进行。此外,对于灰色社交关系的不了解,也可能使社区矫正对象在矫正期间再次受到不良影响,增加再犯风险。

(三)入矫宣告形式有短板

1. 参与程度呈现程序化

部分社区事务繁杂、家属漠视,参与浮于表面,在一些宣告仪式中,社区代表匆忙离场、家属沉默不语,协同监督与支持沦为"走过场"。[2] 例如,在龙马潭区的部分入矫宣告现场,社区干部因社区事务的繁忙,往往在仪式未完全结束时就匆忙离场,而家属也因各种原因表现得较为冷漠,在整个过程中沉默不语。这种情况使入矫宣告的协同监督与支持作用不能真正发挥,仅成了一种形式上的流程。

2. 入矫教育浮于表面

在龙马潭区的入矫宣告仪式中,由于时间安排较为紧凑,法治教育往往只是照本宣科地宣读法律法规,服刑指导也缺乏针对性,只是泛泛而谈,没有根据社区矫

---

〔1〕 参见岳健、张帆:《社区矫正心理矫治工作的探索与实践》,载《中国司法》2015年第7期。

〔2〕 参见鲍宇科、葛白:《社会治理视角下社会力量参与社区矫正问题研究——以浙江省为例》,载《中国司法》2020年第11期。

正对象的具体犯罪情况、个人性格特点等进行深入分析和"对症下药"。这导致教育和指导难以真正触动社区矫正对象的灵魂，无法启迪他们自觉进行改造。在对一些经济犯罪的社区矫正对象进行宣告时，未能深入分析其犯罪心理和行为动机，只是简单地进行通用的法治教育和服刑指导，使这些社区矫正对象对自己的错误认识得不够深刻，难以真正投入改造中。[1]

（四）矫正方案刻板存在困境

1. 矫正队伍专业人才短缺

在龙马潭区基层司法所的社区矫正工作中，专业心理、社工人才的稀缺成为一大难题。目前，方案的制定往往依赖于工作人员的经验，缺乏专业视角对犯罪根源和行为逻辑的深入剖析。[2] 在处理一些复杂的犯罪案件时，由于缺乏专业心理知识，难以准确把握社区矫正对象的心理状态和行为动机，从而会影响矫正的深度和效果。这种"经验主义"的方式在一定程度上制约了社区矫正工作的发展，使矫正方案难以真正满足社区矫正对象的个性化需求。[3]

2. 矫正方案偶有滞后性

在社区矫正过程中，罪犯的家庭变故和失业等突发状况时有发生。然而，当前的信息反馈渠道不够畅通，更新机制也较为僵化。当出现这些变化时，矫正方案往往难以及时进行调整，这导致矫正的针对性大打折扣。[4] 例如，某社区矫正对象因家庭变故导致情绪低落，出现了违规行为，但由于信息反馈不及时，矫正方案未能及时调整，使矫正工作陷入被动。这种情况不仅影响了矫正效果，也增加了再犯风险。

四、社区矫正入矫机制优化路径

（一）优化入矫衔接机制

1. 革新文书标准提高文书处理效率

当前，跨区域协作在社区矫正工作中的重要性日益凸显，但外地交付机关与泸

---

[1] 参见王东萌、余蕊娅：《社区矫正的理想与现实——基于Y省Z司法所社区矫正工作的研究》，载《社区矫正理论与实践》2023年第1期。

[2] 参见欧建华：《白银区司法所社区矫正专业人才队伍建设研究》，西北师范大学2019年硕士学位论文。

[3] 参见陈雪松：《"智慧矫正"及其社区矫正队伍素养之提升》，载《广西政法管理干部学院学报》2024年第5期。

[4] 参见吴志强：《试论社区矫正工作中矫正方案的制定》，载《社区矫正理论与实践》2023年第2期。

州市龙马潭区基层司法所之间的文书衔接问题却时有发生。为解决这一问题，省级司法部门应发挥牵头作用，统一跨区域文书模板，细化填写规范，搭建全省文书电子交互平台。泸州市应积极融入区域协作，充分利用该平台实现一键审核、即时送达，从而提升文书流转时效。四川省司法厅统一规范社区矫正执法文书格式，其印发的《四川省社区矫正执法文书格式》，涵盖了社区矫正工作全流程，为各地社区矫正工作提供了规范的文书模板。在龙马潭区，可依据省级标准，对接收的文书进行严格审核，确保格式统一、内容完整，提高文书处理效率。

2. 社区矫正人员强化"网格化"管控

为进一步加强对社区矫正人员的管控，应深化公安司法联动。利用"天网"以及社区网格化管理，对暂予监外执行等高风险人员配备定位手环，实现实时追踪。龙马潭区其层司法局采取多举措提升社区矫正工作效率，加强信息化管控，采取电话抽查、手机定位、集中点验、报备监控等监管方式，有效防止了脱管、漏管和虚管情况的发生。同时，对于暂予监外执行的罪犯，应加强与监狱的交接管理，采取"手递手"交接方式，确保交接过程中信息准确、责任清晰。此外，还应探索构建检警司社区矫正协作配合机制，如龙马潭区小市司法所、区社区矫正执法大队邀请区检察院、区公安分局小市派出所召开社区矫正矫情研判共商会，在社会调查评估、日常监管、执行地变更核查等阶段共同协作，为暂予监外执行等高风险人员编织严密监管的"天罗地网"。[1]

(二) 畅通信息传递渠道

1. 平衡保密与信息共享天平

在龙马潭区社区矫正工作中，入矫伊始便要求社区矫正对象签订诚信承诺书，明确告知他们如实申报个人信息及相关情况的重要性。同时，设立失信惩戒机制，对于瞒报信息的社区矫正对象，将其纳入考核扣分范畴，并限制其享受处遇优惠。若社区矫正对象在财产申报或犯罪关联线索方面有所隐瞒，一旦被发现，便会在考核中扣除相应分数，从而影响其在矫正期间的处遇等级。这种方式可以激励社区矫正对象如实申报信息，为矫正工作夯实了信息真实的基础。

2. 打破数据采集壁垒

龙马潭区社区矫正中心积极引入智能心理测评终端和大数据社情分析软件，为全面了解社区矫正对象提供了科技支撑。智能心理测评终端能够通过专业的心

---

[1] 参见袁家德、李鹏飞：《网格化管理视域下的社区矫正创新研究》，载《学理论》2018年第6期。

理量表对社区矫正对象的心理状态进行量化评估,如焦虑、抑郁程度等,有助于发现潜在的心理问题。大数据社情分析软件则可以从宏观层面分析社区矫正对象所处的社会环境和社交关系,为矫正工作提供更全面的信息。此外,结合深度家访和社区暗查,工作人员能够深入了解社区矫正对象的家庭情况、生活习惯以及在社区中的表现,穿透表象、洞察实质。通过深度家访,工作人员可能发现社区矫正对象在家庭中的矛盾和问题,从而及时进行干预和调解;通过社区暗查,工作人员可能了解到社区矫正对象与不良人员的接触情况,以便及时采取相应的防范措施。这些多维度的信息采集方式为矫正工作"导航",为社区矫正对象精准"画像",为制定个性化的矫正方案提供了有力依据。

(三)强化入矫宣告实效

1. 建立合理有效的奖惩机制

建立社区干部、家属参与积分制,与社区治理奖励、家庭帮扶政策挂钩,调动其积极性,促使其深度融入宣告全程,发挥实质监督助力。具体而言,可以制定明确的积分规则,例如社区干部积极参与入矫宣告、对社区矫正对象进行日常监督和帮扶等行为可获得相应积分,这些积分可用于社区治理奖励的评选,如优秀社区工作者、先进社区集体等荣誉称号的评定,同时也可以为社区争取更多的资源和支持。对于家属而言,积极配合社区矫正工作、对社区矫正对象进行情感支持和监督等也可获得积分,这些积分可以转化为家庭帮扶政策的优惠,如在就业培训、医疗救助、子女教育等方面给予优先考虑或一定的补贴。通过这种方式,激励社区干部和家属更加积极地参与社区矫正宣告,为社区矫正对象的改造提供有力的支持和监督。

2. 邀请专家为宣告背书提质

邀请法学专家现场讲解、改造典型"现身说法",针对社区矫正对象的罪名、心理特点定制法治"套餐"、服刑"指南",以案例讲法理、以经验传心得,激发改造内驱力。一方面,邀请法学专家根据不同社区矫正对象的罪名进行深入剖析,讲解相关法律法规的具体规定和适用范围。对于经济犯罪的社区矫正对象,法学专家可以详细解读经济犯罪的法律条款、犯罪构成要件以及法律后果,让社区矫正对象清楚地认识到自己的行为所触犯的法律底线。同时,根据社区矫正对象的心理特点,定制个性化的法治"套餐"。对于存在焦虑、抑郁等心理问题的社区矫正对象,在法治教育中可以融入心理疏导的内容,帮助他们缓解心理压力,更好地接受矫正。另一方面,邀请改造典型"现身说法"。选择那些成功改造的社区矫正对象,让他们分享自己的改造经历和心得体会。这些改造典型可以结合自己的犯罪经历,以案例讲法理,让新入矫的社区矫正对象更加直观地感受到违法犯罪的后果。同时,他们还可以传授自己在改造过程中的经验和方法,为新入矫的社区矫正对象提供服刑"指南",激发他们的改造内驱力。

(四)打破矫正方案僵局:打造专业化队伍

1. 打造专业化人才队伍

加大基层司法所专业人才引进的力度,定期开展心理、社工技能培训,与高校、专业机构合作"借智",提升方案制定专业水准。在龙马潭区社区矫正工作中,人才"补给站"建设至关重要。首先,应积极引进专业心理和社工人才,充实基层司法所的矫正力量。可以通过制定优惠政策,吸引具有专业背景的人才投身社区矫正工作。例如,提供良好的薪资待遇、职业发展空间等,吸引优秀的心理和社工专业毕业生到基层司法所工作。其次,定期开展心理、社工技能培训。邀请高校专家、专业机构的资深人士为基层工作人员进行培训,提升他们在心理辅导和社工服务方面的专业技能。比如,举办社区矫正心理辅导培训班,讲授心理评估方法、干预技巧等;开展社工服务技能提升工作坊,分享案例经验,提高工作人员的问题解决能力。最后,与高校、专业机构合作"借智"。与当地高校的法学院、心理学院等建立合作关系,邀请高校教师参与社区矫正方案的制定和评估,为矫正工作提供专业的理论支持。与专业社工机构合作,引入专业社工参与社区矫正对象的帮扶和教育,提高矫正工作的专业性和实效性。

2. 利用数字化信息平台实时监督社区矫正对象动态

打造社区矫正信息"云平台",社区矫正对象动态实时上传、智能预警,依变故即时优化方案,确保矫正"有的放矢",全程适配社区矫正对象成长蜕变。为实现调整"实时化"跟进,龙马潭区应打造社区矫正信息"云平台",通过该平台,实现社区矫正对象动态实时上传。社区矫正对象的日常行为、思想变化、家庭情况等信息可以及时上传到云平台,工作人员能够随时掌握社区矫正对象的最新情况。同时,利用智能预警功能,当社区矫正对象出现异常行为或风险因素时,平台能够自动发出预警信号。例如,当社区矫正对象出现违规行为、情绪波动较大等情况时,平台及时预警,工作人员可以迅速采取相应措施。工作人员应依据社区矫正对象的变故及时优化方案。例如,当社区矫正对象发生家庭变故、失业等突发情况时,工作人员可以通过云平台及时了解情况,并迅速调整矫正方案。确保矫正方案始终"有的放矢",全程适配罪犯的成长蜕变。某社区矫正对象因家庭变故导致情绪低落,云平台及时预警后,工作人员迅速调整方案,增加心理辅导和家庭支持的内容,帮助社区矫正对象渡过难关。

五、结　语

社区矫正作为我国刑罚执行体系中的重要组成部分,对促进罪犯改造、维护社会稳定具有不可替代的作用。通过对泸州市龙马潭区社区矫正中心实践的深入研究,我们全面剖析了基层社区矫正入矫机制的现状、面临的困境以及优化路径,为推动社区矫正工作的发展提供了有益的参考。龙马潭区在社区矫正入矫机制上取得了一定成果,通过规范的程序和精细管理,提高了矫正工作的效率和质量,同时通过多元主体的参与和个性化矫正方案,增强了监管和教育效果。但是,仍存在跨区域协作不足、信息冗杂、入矫宣告形式化和矫正方案缺乏灵活性等问题。为了解决这些问题,可以通过优化入矫衔接机制,提高文书处理效率和人员监管;畅通信息传递,平衡保密与共享,确保信息的准确性;强化入矫宣告的实效,建立奖惩机制,提升宣告质量;建立专业队伍,利用数字化平台,实现矫正方案的科学制定和及时调整。通过不断优化和完善基层社区矫正入矫机制,我们有信心提高社区矫正的质量和效果,使更多社区矫正对象能够顺利回归社会,成为守法公民,从而为构建和谐社会、法治社会贡献积极力量。

检察监督

社区矫正检察监督的功能价值与路径优化

尹洪威[*]

摘　要：当前中国特色社会主义法治建设进入新阶段，对犯罪行为轻缓化处理已成为社会大势所趋。随着非监禁刑罚数量的逐年增多，我国引入了"社区矫正"作为部分犯罪轻缓化的处理方式，相对监禁刑罚，社区矫正作为非监禁刑罚执行方式，在我国刑罚执行的作用也日益凸显。本文从社区矫正制度入手，分别从社区矫正的渊源、发展历程、功能价值等方面进行分析，继而引出与之相应的检察监督，并分析检察监督在社区矫正工作中的价值考量与现实困境，提出了检察监督的路径优化，以期实现社区矫正和检察监督双提升。

关键词：社区矫正制度；检察监督；价值考量；现实困境；路径优化

一、渊源流变：社区矫正制度之渊源与沿革

一项法律制度的诞生，既归于社会内在需求，又归于法治探索实践，建于规范的法律文本。社区矫正作为一种"进口货""舶来品"，最早源于18世纪的西方，是指对符合一定条件的罪犯在社区中执行刑罚的非监禁制裁措施。[1] 其核心在于通过社会化、法治化的方式，对罪犯进行教育改造、行为矫治和帮扶救助，促进其顺利回归社会。其包含了刑罚的惩罚性，又强调修复性司法理念，旨在重塑罪犯社会适应能力，减少重新犯罪风险。社区矫正根源可追溯至19世纪末西方近代学派提出的行刑社会化理论，在各国探索刑罚制度创新的过程中，近代学派有学者批判监禁刑罚的弊端，主张通过非监禁刑罚措施和对罪犯人格改造的观点，强调对罪犯实行

---

[*] 作者单位：广东省云浮市罗定市人民检察院。
[1] [美]罗斯科·庞德：《法理学问题》，刘星译，法律出版社2004年版，第78页。

人道主义关怀和再社会化而非单纯的隔离,社区矫正制度由此发端。20世纪初,国外理论中对于罪犯再社会化思潮的兴起,社区矫正思想由孕育走向成熟,并逐渐从理论向立法层面渗透,并转化为刑罚执行工作实践。早期,我国法律规范未明确使用"社区矫正"这一概念,但刑罚制度中却包含了管制、缓刑、假释等与社区矫正理念相近的内容。直至20世纪初,我国开始引入"社区矫正",在引入该制度的过程中,我国并未草率直接引入并立法,而是采取"先试点后推广""先实践后立法"的审慎方针,构建起具有中国特色的社区矫正制度。经过20余年的探索与尝试,我国社区矫正从无到有、从稚嫩到成熟、从实践探索到建章立制,为教育转化罪犯、化解社会矛盾、维护社会稳定起到了重要作用。得益于我国刑罚制度的不断发展和探索,我国社区矫正制度经历了探索起步、局部试点、全面铺开、制度诞生的发展过程。

1. 探索起步（2002年前）

虽然当时我国刑罚制度中包含了管制、缓刑、假释等与社区矫正理念相近的内容,但立法不完善、司法内部分工不明确和传统司法理念影响,法律和司法解释对上述刑罚执行制度规定较为模糊,缺乏明确的执行主体和可操作性的法律依据。鉴于此,2002年,司法部组织专家学者对国内外的社区矫正制度进行调研,形成《关于改革和完善我国社区矫正制度的报告》,首次提出将社区矫正作为非监禁刑罚执行制度的改革方向[1],至此,"社区矫正制度"迈出了探索破局的第一步。

2. 试点部署（2023年）

2003年,"两高两部"联合下发《关于开展社区矫正试点工作的通知》,首次从制度层面对社区矫正定性为"刑罚执行方式"和"非监禁刑罚执行活动",明确其适用对象和任务。并将北京、天津等6个省市作为第一批开展社区矫正工作试点地区,正式拉开了社区矫正试点工作序幕。在首批试点过程中,试点地区结合本地实际,制订试点的具体方案,积极推进社区矫正工作的机构设置、队伍管理、业务开展、设施装备等方面的规范化和制度化建设。此后,试点范围不断扩大,各地在实践中不断探索和积累经验。

3. 全面铺开（2024—2011年）

2004年,司法部制发了《司法行政机关社区矫正工作暂行办法》,首次明确了社区矫正的执行主体是司法行政机关。后"两高两部"陆续发布《关于扩大社区矫正试点范围的通知》《关于在全国试行社区矫正工作的意见》等规范性文件,这些文件

---

[1] 参见张纯:《20年:社区矫正在探索中前行》,载《民主与法制周刊》2023年第23期。

为社区矫正在中国的建立和发展进行了有益的探索,并为社区矫正的立法化及深入开展积累了一定的经验。至此,社区矫正制度在我国全面铺开。

4.制度诞生(2011—2019年)

2011年,《刑法修正案(八)》明确规定了社区矫正适用对象,标志着我国在国家法律层面对社区矫正予以确认,为完善我国非监禁刑罚执行制度奠定了重要基础。2012年,"两高两部"联合制定的《社区矫正实施办法》进一步明确了社区矫正的对象、基本原则、执行主体、执行程序和适用范围,推动社区矫正制度实践规范化。2019年,《社区矫正法》正式颁布,具有中国特色的社区矫正法律体系落地施行,标志着我国社区矫正法律规范体系逐渐走向成熟,对推动我国社区矫正工作规范化、专业化、法治化具有重要意义。

二、功能分析:社区矫正制度的价值与问题剖析

从2003年试点至今,社区矫正制度已有20多年历程,不仅完成了"形"的塑造,还实现了"神"的铸就,社区矫正工作取得了显著成效。截至2024年上半年,我国累计接收社区矫正对象达748.5万人,其中在矫人数为75.6万人,解除矫正672.9万人,这些数据充分展示了社区矫正制度在新时代刑罚执行的重要作用。[1]它既是我国法律温和性的实践化体现,也是对宽严相济政策的理论传承,更是对习近平法治思想的贯彻落实,具有如下价值。

1.弥补传统刑罚制度的不足

传统刑罚以报应思想及赎罪思想为主,基于罪行均衡原则,犯罪之人必须入监服刑,才能达到公平正义理念。对此结果不分轻罪、重罪、微罪甚至未成年人犯,对于轻微犯罪、偶发犯罪及少年犯来说,有失公允,也违背了刑罚谦抑思想和教育挽救未成人犯的政策方针。社区矫正制度既可以让涉罪人员感受到刑罚的效果,又能使其不脱离原有的社会生活,通过专业人员的教育督导,促使其认罪悔过,以最经济的司法成本,达到教育预防及矫正的效果。

2.特别预防思想的落实

以德国学者李斯特为代表的学者认为,刑罚应不只是为回击犯罪,以施加犯人的痛苦来平衡其罪行,它应该是使犯人能够再度适应社会共同生活成为有用的人的有效工具,此一理论所强调的即是犯人的"再社会化"。其中有人将"再社会化"

---

[1] 参见李岚林:《着力健全新时代社会心理服务体系 全面提升社区矫正心理服务工作水平》,载《民主与法制周刊》2024年第32期。

定义为:"有意摒弃陈旧的价值观念和行为习惯,接受新的价值体系和行为准则。"〔1〕纵观我国近21年的社区矫正司法实践,总体呈现由刑罚执行向社区帮扶、刑罚工作向社会工作、强调监管向适度监管、标签化管理向人道主义管理的转变。

3. 有效降低刑罚执行的成本

基于"成本—效益"的经济学分析,刑事诉讼的"投入"与"产出"比应当尽量降低,应当尽量选择最低成本的方式,确保司法资源得到优化。传统的监狱羁押制度,监狱服刑人员过多、管理费用高昂、服刑人员刑满释放后的改造问题、再犯罪等问题,耗费大量的司法资源,同时"一人羁于囚,十人奔于途",连带一系列负面影响。社区矫正制度以助涉罪者复归社会为最主要目的,采用社会服务方式,结合社会力量,共同来改变涉罪者,避免使用可能产生昂贵成本的刑罚措施。政府"有限资源"与社会"无穷力量"相辅相成,不仅能够显著减少国家在刑罚执行方面的经济支出,而且并未削弱修复社会关系的效率,这与法律经济学的基本原则不谋而合。

与此同时,在社区矫正机构人员不足、规范自身不完善、群众的接受能力不够等多方面原因的影响下,社区矫正工作难免出现执法不规范,甚至违法犯罪的情况:例如存在监督管理流于形式,帮扶教育走过场,矫正对象再犯罪、脱管、漏管的现象时有发生,社会力量投入不够、检察监督不力等多种问题,影响了刑罚执行的效果。有学者归纳为"目标偏移、自我固化、功能定势"三个内卷化特质与"模板复制、自我退化、弱质平衡、自说自话"四个内卷化表现〔2〕。不同于高墙内的监禁执行的单一性、封闭性,社区矫正执行工作涉及的方面广泛且复杂,越是具有"惩罚性"与"教育性"、"多元性"与"广泛性"、"独立性"与"协同性",越是需要监督制衡,因此与之相应的社区矫正检察监督具有重要价值。

三、价值考量:四个层面分析检察监督在社区矫正工作中的作用

(一)政治层面:维护国家安全服务经济社会高质量发展的保证

落实总体国家安全观是习近平新时代中国特色社会主义思想的重要内容,维护社区稳定保障国家总体安全既是行政机关的首要任务,也是检察机关行使监督权,服务社会治理的应有之义。加强对社区矫正对象等特殊群体的管理,确保非监禁刑事执行活动顺利实施,一直以来是国家平安建设的重要工作内容。社区矫正检察监督,旨在促进各级人民法院、公安机关、社区矫正机构等部门规范开展社区矫正

---

〔1〕 [美]戴维波诺普:《社会学》,李强译,中国人民大学出版社2007年版,第185页。

〔2〕 参见连春亮:《我国社区矫正制度的"内卷化"及其破解之道》,载《犯罪改造》2020年第6期。

工作,推进在社区矫正调查评估、交付执行、监督管理、教育帮扶、考核奖惩、刑罚变更执行、解除和终止矫正等各环节做到无缝衔接,增强工作合力,保障监外刑罚的正确执行,促进社区矫正对象重新回归社会,预防和减少犯罪,以社区矫正法律监督高质量履职服务经济社会高质量发展。

(二)制度层面:检察机关贯彻执行法律规定的重大举措

中国特色社会主义法治建设进程,随着人民检察事业不断改革创新,为做优做强新时代法律监督,检察机关进行了一系列改革,深入贯彻社区矫正法律监督是深化习近平法治思想实践化和法治现代化的应有之义。尊重和保障人权是法治现代化的重要标志,也是社区矫正法的基本原则之一,社区矫正机构相对社区矫正对象处于天然强制地位,如果在该法律关系中,仅存在"监管—被监管"的二元关系,可能导致社区矫正对象正当权利被侵害。检察机关作为监督者介入该二元关系中,形成三方法律关系,有利于权力的相对平衡。社区矫正法律监督既是由法律监督职能派生的,也是检察机关以新方式、新视角贯彻国家法律规定执行法律监督的具体方式和途径。

(三)办案层面:完善国家监督体系的必然要求

要防止滥用权力,就必须以权力制约权力,与监禁刑相比,社区矫正更注重帮扶教育,惩罚性相对弱化,但依然限制了社区矫正对象的权利。有权力就有"寻租"空间,执法的滥用有可能导致社区矫正工作出现纸面服刑、脱管、漏管、虚管等情况发生。社区矫正检察监督也是办案,检察机关开展社区矫正检察监督就在于通过办案的规范化程序,审查发现监外执行活动中违法违规甚至犯罪的事实,并以证据形式固定下来,通过案件的办理作出处理决定,甚至追究相关人员责任,提升对社区矫正执行活动法律监督的公信权威。

(四)功能层面:检察机关参与社会治理的有效途径

随着社会发展现状和刑事司法现代化的需求,中国特色社会主义法治进入新时代,随着我国社会发展和形事司法现代化的不断推进,以往传统检察监督模式已不适应新时代检察机关服务社会治理的工作需求,也难以满足人民群众对司法公正、公平和正义的期待和要求。在法治新时代,人民群众不仅关注案件判决公不公平,更关注坏人是否受到应有惩罚,刑罚执行完毕后,罪犯是否改过自新,社区矫正对象的再社会化是否实现。检察机关加强对社区矫正工作监督,以"高质量办好每一个案件"的工作理念服务社会治理大局,"努力让人民群众在每一个司法案件中感受到公平正义"。有利于提高检察机关开展法律监督工作的社会关注度,积极回应了人民群众对新时代司法工作的新要求、新期待,为高质量社区矫正工作贡献检察力量。

四、问题导向:社区矫正检察监督面临的困境

当前,检察机关在履行法律监督职能时面临诸多挑战和问题,这些问题在一定程度上制约了检察监督效能的充分发挥,进而影响检察机关参与服务大局,参与社会综合治理的作用发挥。

(一)司法理念尚未转化

目前,我国刑事犯罪结构发生深刻变化,随着轻刑治理的不断深化,社区矫正对象也日益增加,这无疑对检察监督提出了更高的要求和更严格的考验。然而,受到传统报应观念和被动监督思维的影响,"重监管轻矫治""重打击轻保护"的现象依然存在,检察监督往往偏重刑罚执行的惩罚性,对社区矫正对象改造教育和人权保障关注不足。《社区矫正法》强调要根据矫正对象的个体特征和表现,考虑其工作和生活状况,实施个性化的教育。但实务中,关于个别矫正、心理辅导、教育帮扶,促进社区矫正对象改造的规定,在实践中尚没有得到很好的落实。检察机关对于如何监督矫正机构开展矫治改造、帮扶教育工作考虑不多,往往被动监督,导致思想上无法跟上《社区矫正法》的立法初衷。

(二)法律法规不够完善

一是社区矫正检察监督工作操作细则不完善。目前,检察机关开展社区矫正的法律依据和基本遵循源于《中华人民共和国社区矫正法》中关于"人民检察院依法对社区矫正工作实行法律监督。"的规定,但该规定只是原则性、提示性规定,并没有具体实操指引。而社区矫正检察监督涉及多个职能部门,具有开放性、人员流动性和监督事项广泛性的特点,缺乏具体的办案方法和工作流程,容易导致检察机关无法全面、科学地开展社区矫正法律监督工作。二是社区矫正配套保障制度尚不完善。尽管社区矫正法罗列了很多详细规定,在实际执行中,监督管理措施往往流于形式,缺乏必要的科学性和人文关怀,与目前社会治理体系存在不少冲突。如针对不同的社区矫正对象提出矫正方案?人员分类如何确定?社区矫正对象的表现如何评议?标准和方法如何?涉及重大立功、减刑如何处理?这些目前均没有具体操作指引或有关规定较为笼统。加上司法行政部门缺乏实质性执法权,很多措施需要其他部门配合。如果其他部门不予以配合,检察机关应如何进行监督?在没有有效的配套机制保障下,社区矫正工作的工作质量和检察监督效果均受到限制。

（三）检察监督工作相对滞后

社区矫正涉及多个环节和对象类型，环节方面包括调查评估、交付接收、监督管理、教育帮扶、考核奖惩、维权保障、解除矫正等；对象方面包括缓刑、管制、暂予监外执行、未成年人、职务犯罪、保外就医等不同类型罪犯。实践中，检察机关与司法行政机关缺乏有效的联络沟通机制，加上信息共享平台不健全，导致信息交流不畅，无法及时获取社区矫正信息，自然无法对社区矫正工作进行同步监督。加上检察机关在日常监督工作中往往只能进行事后材料审查、程序性监督、事后补充监督，加上检察机关未能长期直接面对社区矫正对象，发现违法违规线索困难，难以及时启动检察监督程序，导致检察监督一直处于滞后状态。

（四）检察监督刚性不足

虽然法律明确规定"检察机关对社区矫正工作的违法违规问题，应当提出检察监督意见予以纠正"。然而，这种监督权本质上是一种建议权，对于检察监督意见是否被采纳，相关职能部门是否会整改纠错，假如不采纳后，检察机关如何应对，当前法律法规缺乏明确规定。在此条件下，检察监督效果很大程度上取决于相关职能部门的"主管意愿"和自身纠错机制，这显然与法律监督机制的运行逻辑不符。此外，有意见认为，检察院反贪、反渎职能移交监察委后，检察机关的法律监督往往处于监督无效、形式主义的尴尬局面，加上检察监督意见缺乏强制力且没有惩罚性的法律规定为依托，一定程度上损害了检察监督的权威性和严肃性以及检察工作人员积极性。如对于社区矫正机构在监管过程中，假如存在违规违纪问题的时候，基层检察机关往往只能将线索移交纪委或者上级检察机关，对于案件是否涉及职务犯罪等深层次问题，并没有相关工作细则让基层检察人员深入调查，导致检察监督工作流于形式。

（五）部门协作衔接不畅、未形成合力

社区矫正工作涉及不同部门，需要不同职能部门衔接配合，虽然社区矫正法对参与社区矫正的部门职责作出了明确规定。但日常工作中，公安、检察、法院、司法、监狱、看守所等部门之间的协同配合并不顺畅，信息共享不足，业务衔接不紧密，难免出现检察监督不力的情况。有关职能部门日常沟通主要都是通过电话、文书进行，联席会议或者联签机制相对较少，加上相关职能部门之间分属不同分管领导，沟通成本高、协调难度大尚未形成有效工作合力，导致检察机关监督存在一定困难。如社区矫正对象因犯罪被公安机关采取刑事拘留，但该社区矫正对象不主动告知公安机关，公安机关未能核实其社区矫正对象身份，未能及时通知司法局和

检察机关,导致司法局多方寻找,检察机关也未能及时进行监督。又如法院办理暂予监外执行案件时,社区矫正机构对法院委托的调查评估作出不同意适用的意见,但法院不予采纳,依然对其暂予监外执行,社区矫正机构的调查评估形同虚设,浪费司法资源。

五、守正创新:社区矫正检察监督的路径优化

全面贯彻习近平法治思想,构建"宽严相济""恢复性司法""治罪与治理并重"的社区矫正检察监督模式,转变办案理念、完善相关法律规范、建立专业检察监督队伍、建立刚性纠错机制,积极探索数字赋能检察监督方式,全方位提升社区矫正监督的质量和效率,以实现社区矫正效果的最大化。

(一)理念转变维度:转变办案理念,实现检察监督实质化

一是转变办案理念,将社区矫正工作重心从惩罚犯罪向人权保障转变。社区矫正作为一种社会性、开放性的刑罚执行方式,体现了犯罪轻缓化、刑罚社会化的趋势。其对于提高罪犯改造质量、减少社区重新犯罪、促使社区矫正对象顺利融入社会,对我国社会治理具有重要作用。随着认罪认罚从宽制度的不断深化,宽严相济的刑事政策得到落实,犯罪轻缓化的社会趋势,越来越多的罪犯适用社区矫正。因此,检察机关需要转变办案理念,树立人权保障意识,以巡回检察为契机,督促社区矫正机构依法开展监督管理和教育帮扶工作,保障社区矫正对象的合法权益,实现惩罚性与恢复性相平衡。二是坚持依法办案原则,犯罪轻缓化处理并不意味轻微犯罪就不处理,直接发生在人民群众身边的小案更要坚守法治理念,任何情况下都不能突破法律底线。对于轻微犯罪要注意通过案件办理,突出沟通协调和矛盾化解,将案结事了贯彻案件办理的始终,提升人民群众对法治的感受,增强其对检察工作的认同感。

(二)完善机制维度:完善法律规范,实现检察监督制度化

一是完善法律法规,制定完善适应新时代社会治理特点的刑罚制裁体系。包括完善关于《刑法》第37条关于"训诫、责令具结悔过……等"非刑罚处罚体系的顶层设计,制定关于禁止执业、禁止进入、公益服务、社区劳动等适合犯罪轻缓化处理的刑罚制裁体系,这样既可以惩罚情节较轻的罪犯,又可以发挥预防犯罪、防止监禁场所交叉感染的作用。二是完善社区矫正制度体系。加强与公安、法院、司法等职能部门加强合作,优化完善社区矫正监督和管理,建立社区矫正对象权益保障机制、建立社区矫正工作联席会议机制、建立预警监督机制、建立综合治理考评机制、

延伸诉讼保障救济机制、建立反馈落实整改监督机制等,通过建章立制的方式增强社区矫正检察监督工作质效。

(三)队伍强化维度:加强检察队伍建设,实现监督专业化

一是建立专业化监督队伍。建立省、市级社区矫正检察监督人才库和专家人才库,对社区矫正进行检察监督时可以在这些人才库中抽取部分人员参加,确保检察监督专业性。二是加强检察人员党风廉政教育和履职能力建设。通过专家授课、典型案例、专题调研、专项培训等方式增强巡回检察人员的纪律意识,提高廉洁从检的能力和检察干警履职能力和水平。三是借助"外脑"优化办案。通过邀请人大代表、政协委员、人民监督员、职能部门工作人员、专家学者等人参与,组成"特邀检察官助理团队"参与到社区矫正检察监督中,发挥"外脑"专业优势,破除专业知识壁垒,提高检察监督的公信力和透明度。

(四)多角度监督维度:构建"检察+N"的检察监督模式,实现监督多元化

一是构建"检察+N"的社区矫正对象监管帮扶新模式。凝聚社区矫正帮扶合力,通过"检察+政府""检察+司法""检察+社会""检察+社工"的方式加强对社区矫正对象管理和教育帮扶工作。包括与妇联、教育、团委、民政、人社、市监等政府部门,与公安、司法、法院等司法部门,与学校、企业等社会团体,与社工、公益机构等组织签订相关协作机制,并定期召开联席会议,实现信息互通、资源共享、协调配合、实现共享共建共治的目标,助力社区矫正对象回归社会。二是构建新时代检察监督工作模式,形成派驻检察与巡回检察相结合的监督体系。派驻检察具有及时性、日常性、直观性的特点,巡回检察具有机动性、灵活性、专业性的优势,巡回检察通过聚集各地刑事执行检察人才共同参与破题,能更好地避免"监督盲区"防止派驻检察的"熟人模式","派驻+巡回"检察充分发挥了派驻检察的便利和巡回检察的优势,以新方式、新角度去挖掘社区矫正工作存在的问题,提升了法律监督质效。

(五)配套支持维度:建立刚性纠错机制,实现监督长效化

检察机关对社区矫正机构的监督,主要是通过发出口头纠正意见、纠正违法通知书、检察监督意见书或检察建议书等形式。然而检察机关提出的监督意见应具有权威性和实体性意义和具有强制执行力,以保障监督举措的落实执行。因此,要加强检察监督意见的法律地位,使监督意见具有法律强制力。一是要完善检察监督意见公开送达工作机制,积极探索邀请有关部门监督进行公开送达检察监督意见,对检察监督意见进行社会公示督促整改,从而强化检察监督意见的影响力。二

是积极争取当地党委、人大支持,将检察监督整改情况纳入依法行政考核内容,加强与政府、纪委、监察机关的沟通协调和协作配合,积极推动将检察建议纳入党委考核、人大监督和监委监督范畴,切实增强监督刚性,保障检察监督落到实处。三是强化检察监督意见的释法说理和整改措施,提升检察监督意见公信力。始终将释法说理贯穿于检察监督意见的制发、送达、跟踪问效等各个环节,健全完善公开宣告送达、公开听证等方式,让被建议单位和第三方充分参与,引导被监督单位正确认识检察监督意见,增强工作认同,强化落实责任和社会效果。四是积极开拓办案线索渠道。畅通控告申诉渠道,通过检察服务热线、巡回检察信箱等方式收集、分析违法违规线索,对违法违规线索及时跟进处理,对社区矫正工作中违法违规甚至涉及犯罪的人员,依法追究其法律责任,倒逼社区矫正工作人员办案规范化。

(六)工作创新维度:"检察+大数据"赋能,实现检察监督现代化

一是建立社区矫正工作共享平台。加强新软件、新技术的研发力度,将检察监督和规范执法相对接,打通法律监督和社区矫正执法的信息交流渠道,实现对社区矫正对象实时动态监控,针对社区矫正工作中的问题,做到提前预警、及时发现、即时纠正。二是积极开发和应用检察机关大数据监督模型,形成"检察监督+数据赋能""派驻+巡回+科技"的工作模式,以数字化、智能化方式破解业务难点。检察机关要在繁杂的社区矫正工作中检查出问题,就要有数字赋能思维,运用大数据检察模型可以通过技术手段了解公、检、法、司的办案信息平台的有关信息,实现数据共享,打破数据壁垒,通过跨部门数据的对比,了解掌握矫正机构的监管情况,从而发现违法违规线索,提升检察监督质效。三是突出检察监督与社会治理深入融合。结合社区矫正检察监督情况,及时发现社区矫正工作中影响地方舆情、社区治安、社会稳定方面的问题,除了督促社区矫正行政部门消除隐患、堵塞漏洞之外,充分发挥检察建议在溯源治理方面的独特优势,对办案中发现的共性、普遍性的社会问题,挖掘问题背后的原因,向当地党委、政府提出健全、创新管理机制的检察建议,从而优化法治环境,推动社会平安建设。四是坚持发展新时代"枫桥经验",将化解矛盾贯穿服务社会治理始终。依靠群众就地化解矛盾,构建多主体参与矛盾化解工作联动机制,根据案件的情节和矛盾化解最佳时机,组织公安、法院、人大、政协、基层组织等多方人员参与矛盾化解,纾解对抗情绪,为当地社会稳定贡献检察力量。

未成年人社区心理矫正检察监督问题与对策

陈金荣*

摘　要：心理矫正作为犯罪矫正的重要内容有专门的规定与要求，2020年实施的《社区矫正法》将未成年人社区矫正与成年犯罪惩处措施进行了区分，强调第一特征是年龄，社区心理矫正的重点在于对未成年人的认知改造和心智完善，使他们能有正确的认知。一切的改造都是为了心理构建和行为约束，使罪犯向着更好的方面改变，使罪犯的人格完整化。当前，社区心理矫正界限不清，心理专业人才匮乏，心理矫正项目较少、可行性较差、项目类型较单一，且严重缺乏针对性、缺少执行手段，有关社区心理矫正的配套方法更少。应对的方法包括进一步激活国内的一些潜在的未成年人社区心理矫正项目，加强我国传统的社区一对一心理咨询帮教；工读学校可改造成未成年人社区团体心理矫正教育基地；完善未成年人社区心理矫正评估体系，通过制定社区心理矫正评估体系，为矫正人员的日常工作提供有力帮助，制定出具有个性化特征的心理矫正措施，极大限度地减少再次犯罪的概率。完善我国未成年人社区矫正的法律法规及配套规章制度，强化检察机关对未成年人社区矫正的监督，建立健全未成年人社区矫正法律体系，设置符合未成年人身心特点的矫正项目，制定完善未成年人社区矫正评估体系。

关键词：未成年人；心理；社区矫正；对策

未成年人社区矫正是世界各国法律界共同关注的一个重要话题，也是我国构建和谐社会的一个重要课题，社区矫正作为与监禁相对的行刑方式，是保障社会稳

---

* 作者单位：河南省新郑市人民检察院。

定的一项基础性工作,也是帮人、育人实现"灵魂再塑"的社会系统工程。我国《社区矫正法》的正式施行,是我国首次就社区矫正工作进行的专门立法,心理矫正作为犯罪矫正的重要内容有了专门的规定与要求。这种情况下,怎样就未成年罪犯在社区矫正组织的协作下对其犯罪心理进行矫正,特别是检察机关怎样在社区心理矫正中行使好监督检察职能,就成为我们亟须探讨的课题。

一、未成年人社区心理矫正的背景

随着人类社会法律制度的不断完善,19世纪末西方国家的行刑改革浪潮迭起,社区矫正作为受行刑社会化思潮盛行影响而产生的一种刑事处罚舶来品备受追捧,近代法学派的学者们认为传统的监狱刑罚有害于犯罪人的健康与人格发展,希望通过非监禁方式的刑事处罚来促使犯罪人实现人格的重塑。通常人们认为最早是1876年美国纽约州进行了社区矫正立法,而现代社区矫正概念则源于"二战"后以法国著名法学家安塞尔为代表的新社会防卫论所倡导的非犯罪化和非刑罚化以及由此引申出的行刑社会化思想。[1]

长期以来,我国各地就社区心理矫正开展了各种形式的有益探索,《社区矫正法》第1条规定,为了推进和规范社区矫正工作,保障刑事判决、刑事裁定和暂予监外执行决定的正确执行,提高教育矫正质量,促进社区矫正对象顺利融入社会,预防和减少犯罪,根据宪法,制定该法。第2条规定,社区矫正的对象为被判处管制、宣告缓刑、假释和暂予监外执行的罪犯。

"未成年人"是一个法律上的概念,未成年人社区矫正是指将符合社区矫正条件的未成年人放置于社区,由司法机关在相关社会团体或者民间组织以及社会志愿者的协助下,在判决书、裁定书或决定书确定的期限内,矫正未成年罪犯的行为恶习和犯罪心理,从而避免监禁刑可能带来的"交叉感染"等副作用,以促进其顺利回归社会的一种非监禁刑罚执行制度。[2] 未成年人社区心理矫正属于社区矫正的一个重要部分,是社区矫正制度关注的一个特殊群体,体现在《社区矫正法》单设"未成年人社区矫正特别规定"一章。对未成年人来说,犯罪有着极其严重的负面影响,对其以后的发展,无论是身体上还是心理上的挑战都是巨大的。来自自身、家庭和社会的压力,往往使未成年罪犯面临更大的考验;而当其犯罪后,面对来自各方面的压力,恶意的警告会加重其对这个社会的不满和厌恶,善意的劝告甚至是

---

[1] 参见卢建平:《刑事政策与刑法》,中国人民公安大学出版社2004年版,第11页。
[2] 参见周国强:《社区矫正制度研究》,中国检察出版社2006年版,第2页。

安慰也可能会加重其内心的愧疚和不安,出现心理畸形的情况也是难以排除的,于是其内心可能更加矛盾,更加难辨是非,就更加难以融入社会,更加难以敞开心扉,甚至会有交流障碍,连像个正常人一样生活都难以做到,就更别说以后的发展了。在这样的情况下,如果实行传统的监禁,真的能够保证他们可以正常成长、发展,不会报复社会、形成再犯罪吗?各种档案记录,各种言语、行动辱骂,又加重了其心理障碍,心理障碍又会影响其行为,影响其生理活动。综上所述,社区心理矫正对于未成年罪犯的改造必不可少。

二、社区心理矫正中成年人与未成年人的区分

未成年人社区矫正工作虽已开展多年,但是国内的法律条例中仍旧没有将其与成年犯的惩处措施进行区分,成年犯的惩处措施并不适用于未成年人社区心理矫正工作。《社区矫正法》第52条明确规定"对未成年人的社区矫正,应当与成年人分别进行","社区矫正机构应当根据未成年社区矫正对象的年龄、心理特点、发育需要、成长经历、犯罪原因、家庭监护教育条件等情况,采取针对性的矫正措施"。

1. 年龄。就未成年人社区心理矫正而言,区别于成年人的第一特征就是年龄。首先,《未成年人保护法》第2条中明确提出,"未成年人是指未满十八周岁的公民"。其次,《刑法修正案(十一)》增加规定,"已满十二周岁不满十四周岁的人,犯故意杀人、故意伤害罪,致人死亡或者以特别残忍的手段致人重伤造成严重残疾,情节恶劣,经最高人民检察院核准追诉的,应当负刑事责任。"《刑法》第17条提出,年龄超过16周岁的公民在构成犯罪行为时必须承担相应的刑事责任,介于14—16周岁的罪犯应对特定的8项罪名承担法律责任,介于14—18周岁的犯罪分子可对其从轻惩处,由于年龄不满16周岁不予刑事惩处的,应要求其监护人严加管教,在迫不得已的情况下也可交由司法机关管教。最后,最高人民法院《关于审理未成年人刑事案件具体应用法律若干问题的解释》第1条中提出:"未成年人刑事案件,是指被各人实施被指控的犯罪时已满十四周岁不满十八周岁的案件。"基于年龄的原因适用社区心理矫正的未成年人少,我国法律将社区矫正定位为刑罚执行方式之一,其对象仅限于被判处管制、宣告缓刑、假释和暂予监外执行的罪犯。

2. 可塑。社区心理矫正的重点在于对罪犯的改造和完善,使他们能有正确的认知,而不是注重处罚和报复,一切的改造都是为了心理构建和行为约束,使罪犯向着更好的方面改变,使罪犯的人格完整化,使罪犯能够实现再社会化,即当他们回归社会的时候,没有胆怯,能够坦然面对,心理健康,积极向上。比利时犯罪学者凯特勒在研究未成年人犯罪时曾说"年龄是影响犯罪的最大因素之一"。受年龄小、社会阅历浅等因素的影响,未成年人发生违法犯罪行为时与其所处的年龄阶段的生理发展、心理变化有很大关系,由于其生理、心理及犯罪成因的特殊性,其三观还未成形或者还不够坚定,在每一个未成年犯罪人的心理活动中,他们一定是非常矛盾的,犯罪后带着对社会的持续不满,夹杂着自己内心的愧疚和不安,出于对其身心健康和人格发展的考虑,不宜采取监禁性刑罚措施。

3. 趋向。未成年犯罪人本身的特殊性要求在处理此类犯罪的过程中要贯彻恢复性司法,恢复性司法旨在恢复罪犯对被害人和社区所造成的损害,力求修复犯罪行为人与社会之间的联系,这与各国处理未成年人违法犯罪所遵循的保护、教育的刑事政策趋向是一致的。我国法律对未成年人违法犯罪的处罚,在《预防未成年人犯罪法》、《未成年人保护法》、《刑法》、《刑事诉讼法》及相关的司法解释中都明确要求以"教育为主、惩罚为辅",教育、挽救、感化原则在刑罚执行过程中则体现为对未成年罪犯执行非监禁刑罚的社区矫正。《联合国少年司法最低限度标准规则》即《北京规则》明确指出,"把少年投入监禁机关始终应是万不得已的处理办法,其期限应是尽可能最短的必要时间","应充分注意采取积极措施,这些措施涉及充分调动所有可能的资源,包括家庭、志愿人员及其他社区团体以及学校和其他社区机构,以便促进少年的幸福,减少根据法律进行干预的必要,并在他们触犯法律时对他们加以有效、公平及合乎人道的处理"。国际社会对青少年犯罪处置的主流早已趋向非刑事化、非监禁化和轻刑化,社区心理矫正正是这一趋向的集中体现,通过增强未成年违法犯罪人与受害者、社区的交流与联系,一方面使其意识到自己行为的危害性,另一方面有利于其身心发展和自身改造,保持与社会发展同步。

三、我国未成年人社区心理矫正制度的现状与不足

1. 我国未成年人社区矫正的法律依据及完善过程

过去我国对未成年犯罪人进行社区矫正的法理依据是《监狱法》,其中没有明确提及未成年犯罪人的心理矫正项目,仅提出了原则性刑罚改造内容,没有操作细则。司法部 2005 年颁布的《关于预防青少年违法犯罪工作的实施意见》中明确提出:"结合社区矫正工作试点,加强对社区服刑人员实行分类管理和分类教育,积极探索适合未成年服刑人员特点的社区矫正管理办法,全面掌握未成年社区矫正人员各方面的情况,结合实际制定有针对性的教育改造计划和措施,确保社区矫正的

效果。"2011年通过的《刑法修正案（八）》第2、13、17条中规定,判处管制、缓刑、假释的犯罪分子,在其考验期限内,依法实行社区矫正,这是我国首次将社区矫正纳入法律使社区矫正有了法律依据。2012年修正的《刑事诉讼法》增加了暂予监外执行的罪犯由社区矫正机构负责执行的内容。2019年颁布的《社区矫正法》不仅意味着社区矫正被正式纳入法律体系,对行政法规、部门规章以及地方性法规的实施具有指导意义,而且在刑罚执行方式中,其将逐渐占据越来越重要的地位。

从目前的实际情况来看,我国关于社区心理矫正的法律法规还不够完善,与其配套的规章制度仍无操作规范,社区心理矫正的统一性难以实现,其法律性质、运行程序和工作内容也难以具体用法律形式进行规范。所以,制定具有中国特色的社区心理矫正模式及有中国特色的社区矫正立法,促进未成年人社区心理矫正工作的规范化、制度化和科学化就成为亟待研究的问题。

2. 社区心理矫正界限不清,心理专业人才匮乏

社区心理矫正不同于其他平常的刑罚管理方式,由于其特殊的心理工作性质与服务对象,因此需要聘请特殊的心理专业工作人员采取特殊的心理工作方法进行协调和管理。而正是由于社区心理矫正界限不清,导致工作人员无法进行科学化、规范化的专业学习,进而导致进行社区矫正制度的人才匮乏,影响社区矫正工作的进程与发展。[1] 因此,尽管社区心理矫正有利于未成年人心理健康成长,但此种社区心理矫正专业人才的欠缺,导致矫治功效有所下降。从另一个方面来看,过于人性化、自由化、开放化的管理环境,也可能使一部分未成年人错误地理解刑罚的意义和进行社区矫正的真正目的,认为做错了事可能只是换个地方生活,对于自己的生活也没有什么太大的影响,使其难以产生和保有悔过之心,甚至促使其产生极端的想法,认为犯罪没有大过不是大事不会遭受过多惩罚,继而再次产生犯罪心理,再次实行犯罪。在这样的心理的驱使下,可能会产生更加严重的犯罪行为。同时,一起进行社区心理矫正的未成年人之间会互相影响,而这种不良心理极有可能对所有进行社区矫正的未成年人产生反面影响,进而一起危害社会,这无疑是非常可怕的。

3. 缺少个性化可操作的社区心理矫正项目

由于《社区矫正法》实施时间不长,其虽然提到了未成年人社区心理矫正工作

---

[1] 参见陈波:《未成年人社区矫正制度的完善》,载《青少年犯罪问题》2019年第1期。

的相关内容,如《社区矫正法》中对未成年人社区心理矫正的措施的制定作出强调,指出应制定和成年人不同的、与未成年人身心特征相符的措施。但是所规定的内容并不具体,在立法中没有对心理矫正项目进行合理界定,实际上无论是成年犯抑或未成年犯,均存在心理矫正项目较少、可行性较差、项目类型较单一的情况,且严重缺乏针对性。[1] 同时也缺少执行手段,有关社区心理矫正的配套方法则更少。结合国内当前的发展形势,仍然需要完善未成年人社区心理矫正制度,制定具有针对性的心理矫正项目。许多西方国家已采取了专门适用于未成年人的社区心理矫正管理制度和模式,并在防治未成年犯的问题上取得了很大成效。[2] 与此相比,我国目前的社区心理矫正制度中并没有适合未成年犯特点的专门心理矫正项目,与成年犯混同操作对于未成年犯的心理矫正工作极为不利,并且大大影响了社区心理矫正的效果。从发达国家和地区对未成年犯进行社区心理矫正的实践来看,在矫正机关接受社区矫正对象后,先要对其危险性以及需要结构进行心理评估。我国的社区心理矫正试点项目中均没有危险评估制度,多以定期谈话、心理咨询、社会帮教、参与社区公益劳动等感性认识替代科学的危险评估。因此,我们迫切需要一些针对未成年犯特点的社区矫正心理项目,因人因罪地进行心理矫正,这样才能真正起到帮助未成年犯回归社会的作用。

四、对完善我国未成年人社区心理矫正制度的构想

在国际未成年犯罪人的处遇中,非关押化贯穿于未成年人犯罪案件诉讼程序的始终,从初步接触、审前拘留、审判到审判后的处理,都强调剥夺和限制人身自由必须经过认真的考虑,而且只能是穷尽其他合适的对策后、万不得已的情况下才能采取的措施,并且这种措施应保持在最低的限度之内。[3] 这些指导思想对我们都有借鉴意义。

1. 设置符合未成年人身心特点的心理矫正项目

目前,我国未成年人社区矫正的主要项目有公益劳动、思想教育、法治教育、社会公德教育、技能培训、心理矫正以及就业指导、生活指导等。应努力完善未成年人社区心理矫正措施,尤其是针对未成年人的心理特色项目。一方面,应进一步激

---

[1] 参见武玉红:《社区矫正管理模式研究》,中国法制出版社2011年版,第70页。

[2] 参见吴宗宪:《刑事执行法学》,中国人民大学出版社2013年版,第301页。

[3] 参见叶青、叶瑛:《论国际化视野下的未成年人罪犯的司法保护》,载《青少年犯罪问题》2006年第4期。

活国内的一些潜在的未成年人社区心理矫正项目,加强我国传统的社区一对一心理咨询帮教;工读学校可改造成未成年人社区团体心理矫正教育基地。另一方面,导入国外一些现行的证明有效的未成年人社区心理矫正项目,并使其本土化。比如,可借鉴不同于我国缓期执行的美国缓刑体制、赔偿、社区服务、家中监禁、电子监控、养育家庭等。[1]

遵循刑事个别化的原则理念,依照服刑人员的犯罪特征、性格特征以及需求特征等进行合理选择,进而对未成年犯罪人进行系统的心理矫正与教育,对上学阶段的未成年罪犯进行心理矫正时,可走访各类教育组织,了解犯罪人的人际交往关系,并对此进行重点监管;针对被学校开除但是仍想回归校园的未成年罪犯,可将其推荐给教育机构;针对不想继续求学的未成年罪犯,可对其进行就业指导,或告诫其怎样进行人际交往,缓解他们心理上的压力,适当推荐相应的工作,为他们提供更多谋生的途径,正确引导他们的思想与行为。社区矫正单位应根据不同类型的未成年罪犯了解矫正与行为矫正以及社会技能训练等方面的需求,应用个性化的矫正措施,进而提高矫正效率。

2.制定完善未成年人社区心理矫正评估体系

现阶段,国内未成年人的犯罪率逐渐升高,且再次犯罪的概率也随之加大,而群众对于社区矫正理解的偏差,导致其难以接受这种开放性的刑罚方式。在他们的认知中,社区矫正等同于犯了罪不用进监狱,不用受到惩罚或者是在"家庭监狱"坐享清福,这样的思想导致群众对一些进行社区矫正的犯罪人抱有防范心理或者更强的警惕心理,认为本应在遥远的传统监狱里进行服刑的犯罪人,一瞬间就在自己眼皮子底下进行活动,可能会对自己的日常生活产生负面影响,进而带着担忧和不安的心情,对社区矫正的效果和处理方式持有观望态度。在这种心理的驱动下,群众、居民的配合度也一定不高。在这样的情况下,必将影响社区矫正的实施力度和效果。

针对这种认识应制定完善未成年人社区心理矫正评估体系。通过制定社区心理矫正评估体系,能够为矫正人员的日常工作提供有利帮助,以便于掌握未成年人服刑的基本状况,也可以制定出具有个性化特征的心理矫正措施,极大程度地减少再次犯罪的出现率。健全的心理评估体系必须要包含各个方面,具体包括判决前、矫正后及解除矫正前三个时期,把社区矫正定性在"行刑方式"这样一个狭义的概

---

[1] 参见刘大元、卢方:《未成年人社区矫正制度的构建与优化研究》,载《安徽农业大学学报(社会科学版)》2019年第5期。

念层面,不利于社区矫正这一新生事物的发展。国际上普遍的做法是将未成年罪犯在社区所接受的一切处遇措施都称为社区矫正,无论是审判前,还是审判后,甚至是已被释放。[1] 事实上,我国在办理未成年人案件时采取的社会帮教措施,也不仅局限于审判后的行刑中,在侦查、审查起诉、审判环节都有一些跟踪帮教措施。但是因为国内的技术水平有限,所以评估体系无法得以全面实施,在统计数据信息时可能存在很多困难之处。此外,矫正工作者为了方便,不愿意让自己的工作受到各项因素的制约。长此以往的话,未成年人罪犯在不同的矫正时期,其矫正效果无法得到有效体现,而矫正工作者也不能够按照实际状况进行适当的调整,最后的心理矫正工作也是趋于形式化,严重影响矫正效果。

3. 强化检察机关对未成年人社区心理矫正的监督

检察机关的基本职责就是监督检察。《社区矫正法》第8条第2款明确规定:"人民法院、人民检察院、公安机关和其他有关部门依照各自职责,依法做好社区矫正工作。人民检察院依法对社区矫正工作实行法律监督。"在我国所颁布的法律中,在对社区未成年人罪犯进行心理矫正时均应以"教育、感化、挽救"为主题,检察机关在行使职权时也应以此作为主题思想,将这一思想理念始终贯彻于检察工作,采取正确的司法监督方式进而促使未成年犯罪人得到教育和心理转化。检察机关在社区矫正工作中除了要担负心理矫正工作外,更多的是对司法机关、公安机关以及监狱等机构之间的工作衔接情况履行监督职能。对于可塑性强的未成年人,这种心理矫正方式具有改正的可行性与可能性,一个良好的环境对其实现健康心理成长有重要意义。换句话说,社区心理矫正模式弱化了传统的监狱的概念,放宽了传统监狱的封闭性教育方式,以塑造犯罪人新的、正常的人格为理念,最终促使他们成功回归社会,摆脱在自己身上的犯罪"标签"的影响,使犯罪人能够快速融入正常、健康的社会,同时也达到了预防其再次犯罪的目的,实现了犯罪者的自我发展。检察机关对未成年人社区矫正监督的主要内容,应该贯穿于整个矫正工作的始终。

4. 规范检察监督建立协同心理感化机制

检察机关在对社区矫正工作进行监督时,需要建立完善的内外一体的监督机制,对所有环节进行全面监控,防止出现检察监督疏漏。社区矫正作为刑罚轻缓化的体现,不能够被肆意应用,其适用对象只限于犯罪较轻、主观恶性小、未对社会造成严重危害、被免受刑罚处罚、附条件不起诉的涉罪未成年人,犯罪情节轻微的初

---

[1] 参见周国强:《社区矫正制度研究》,中国检察出版社2006年版,第2页。

犯一般危险性较小,并不会对社会造成严重的危害。对此类未成年人罪犯进行社区矫正更易于矫正成功。

  检察人员要加强与基层单位的交流,实时掌握未成年犯罪人的矫正情况,进而确保各项工作得以顺利执行。例如,构建完善的与共青团、妇联、工会、社区、街道办事处等社会团体组织联合制度体系等。尤其在终止执行阶段,由于社区矫正属于刑罚执行方式,对服刑人员的名誉权以及人身权均会产生不良影响。所以,对于满足解除条件的服刑人员必须要在第一时间结束对其进行的社区矫正。社区矫正对象矫正期满或者被赦免的,社区矫正机构应通知社区矫正决定机关,所在地的人民检察院、公安机关。检察机关与相关部门之间应构建工作联系体制与情况通报体制,针对社区矫正期间产生的问题可以通过检察建议等方式申请进行整改,进而加强与各个机关之间的沟通与交流,促进彼此之间的配合,保障社区矫正可以正常运行。

  综上所述,深入扎实地做好未成年人社区心理矫正工作对预防重新违法犯罪、保障社会和谐稳定具有重要的现实意义。尽管社区心理矫正制度仍存在一些需要细化完善之处,但是对于未成年犯罪人来说,这一制度为他们提供了改造的机会,仍然是一件大好事。所以完善未成年人社区心理矫正制度,从国家、社区和犯罪人本身优化社区矫正,使未成年犯罪人都能向着良好的方向发展,重新服务社会,为未成年人社区心理矫正制度的改革发展,构建中国化的未成年人社区矫正制度提供实践和理论参考,对于提高我国社区心理矫正工作服务水平都将具有一定的意义。

未成年人社区矫正检察监督现代化探究

宋 伟*

  摘 要:中共中央《关于加强新时代检察机关法律监督工作的意见》要求,"完善刑事执行和监管执法监督"。未成年人社区矫正是刑罚执行的一部分,有着自身独特的职能定位和价值取向。国家对未成年犯罪人的追责方式也趋于轻刑化、非刑罚化和非监禁化。对未成年人的社区矫正实施法律监督是检察机关监督的重要组成部分,应侧重于落实少年司法特殊政策、维护未成年犯罪人合法权益、促进未成年犯罪人顺利回归,以实现未成年人社区矫正的目标。当前,未成年人社区矫正检察监督工作存在监督理念未更新、协同机制不健全、监督质效有待提升、监督专业化能力建设不足等方面的问题,需进一步从更新理念、构建共治体系、优化监督模式、加强素能建设四个方面探究完善未成年人社区矫正检察监督现代化的工作路径,以不断加强对未成年社区矫正对象的监督与保护。

  关键词:未成年人;社区矫正;检察监督

  社区矫正制度有其独特的司法适用价值,在我国推动发展适用以来,集中体现了"正义""人道""效益"三方面价值,是新时代深入推进全面依法治国,实现社会治理体系和治理能力现代化的重要实践。为了加强对未成年人的特殊保护,我国《社区矫正法》专章设置了"未成年人社区矫正特别规定"。当前我国未成年人的刑事诉讼程序呈现轻刑化、非监禁刑的发展特征,对未成年犯罪人适用社区矫正成为主要趋势。基于未成年人身心发展特点和教育改造的需求,未成年人社区矫正执行程序应坚持少年司法理念,实行教育、感化、挽救的方针,坚持教育为主、惩罚为

---

* 作者单位:广西壮族自治区钟山县人民检察院。

辅的原则。我国检察机关作为刑罚执行程序的法律监督机关,也承担着对未成年人社区矫正执行特别程序的监督职责。提升对未成年人社区矫正检察监督的现代化水平,是保障未成年社区矫正对象顺利回归社会,确保实现矫正目的的必须途径。检察机关应强化未成年人社区矫正执行全环节的法律监督,依法规范参与社区矫正各主体的行为过程,针对当前未成年人社区矫正执行中的突出问题,从理念、体系、机制、能力等方面探索完善未成年人社区矫正检察监督现代化的路径,促进国家治理体系和治理能力现代化。

一、未成年人社区矫正检察监督的含义、基本功能及监督重点

(一)基本含义

对未成年社区矫正对象而言,既要保障社区矫正刑罚执行的规范进行,又要促使其顺利回归社会,这样才能最大限度地实现矫正目标。检察机关作为法律监督机关,应参与社区矫正执行的全环节,依法履行法律监督职责,促进提高社区矫正教育成效,促使未成年社区矫正对象顺利回归社会,从而推动社会和谐稳定发展。[1] 我国未成年人社区矫正检察监督是指,人民检察院根据宪法和法律授予的权力,通过提出纠正意见、检察建议等方式,依法对被执行社区矫正的未成年社区矫正对象在执行环节进行全过程监督,确保社区矫正执行的统一、正确实施,促进矫正质量和效果提升的法律监督活动。[2] 未成年人社区矫正检察监督现代化应适应我国未成年人司法工作形势发展的要求,结合现代未成年人司法理念和政策,深入推进制度体系创新完善,吸收未成年人司法文明发展的成果,提升未成年人社区矫正检察监督质效,以未成年人社区矫正检察监督现代化推动法治现代化,助推国家治理现代化。

(二)基本功能

为顺应新时代发展要求,我国《未成年人保护法》《预防未成年人犯罪法》进一步强化了检察机关的监督职能,检察机关应充分认识到其在未成年人司法保护工作新体制中的角色,完善未成年人社区矫正检察监督模式,全面充分发挥承载的法律监督职能。

---

[1] 参见师若楠:《我国未成年人社区矫正检察监督研究》,甘肃政法大学 2022 年硕士学位论文,第 15 页。

[2] 参见李清伟、马文静、朱红刚:《检察机关加强社区矫正监督工作路径研究——以基层社区矫正检察监督现状为视角》,载《北外法学》2022 年第 1 期。

1. 强化对执法司法行为的监督制约

刑罚作为法律中最严厉的惩罚手段，应通过强有力的监督来制约刑罚主体的执行权力的行使。社区矫正是一种非监禁刑罚执行措施，在一定程度上也限制了人身自由，理应通过制度约束权力的行使，防止刑罚执行权力被滥用，确保刑罚执行在法治的轨道内运行。[1] 在未成年人社区矫正执行程序中，检察机关主要通过加强监督来制约法院审判权、司法行政机关执行权、公安机关行政权的行使，保障未成年人社区矫正特别程序规定的统一、正确实施，防止权力的滥用。检察机关作为外部的法律监督力量，应当加强对未成年人社区矫正执法不规范情况的监督，防止执法权的滥用对未成年社区矫正对象合法权益的损害，同时最大限度地避免出现未成年社区矫正对象的脱管、漏管、再犯罪等问题，提升社区矫正执行工作成效。

2. 有利于充分尊重和保障人权

尊重和保障人权是我国刑事诉讼法的一项根本原则，当然适用于刑罚执行中的未成年人社区矫正。社区矫正机构应当依法准确行使职权，严格适用未成年人社区矫正执行相关程序规定，除了要遵循未成年人社区矫正特别程序要求，还要在未成年人社区矫正执行中全面贯彻少年司法理念，落实"教育为主、惩罚为辅"的原则，防止发生侵犯未成年社区矫正对象人权的情况发生。对于未成年社区矫正对象而言，其身心还不成熟，应特别关注和加强对其人身权、人格权、教育权等权益的保护。[2] 检察机关应加强法律监督，及时发现和纠正未成年社区矫正对象矫正执行中侵犯人权情况的发生，防止发生对未成年社区矫正对象人权的损害，强化对未成年社区矫正对象人权保障情况的监督。

3. 推进协同社会治理

与传统的未成年人监禁刑相比，未成年人社区矫正是一种社会化的行刑方式，参与未成年人社区矫正的主体更为广泛，除了司法机关，还涉及民政、团委、妇联、关工委、社会组织等单位及社会各界。检察机关要充分发挥法律监督职能，加强与外部其他相关单位的联动，能够加强对各参与社区矫正的职能机关及其工作人员的法律意识、保密教育等，防止因保密意识淡薄、衔接不到位等造成侵害未成年社区矫正对象合法权益的情况发生，这也有助于协调参与主体关系，强化沟通协调、

---

[1] 参见燕永辉、刘志敏：《未成年人社区矫正检察监督的现实困境及其完善》，载《宜宾学院学报》2024年第3期。

[2] 参见张红良、杨柳青、曹忠鲁：《未成年人社区矫正检察监督问题与对策》，载《中国检察官》2023年第11期。

衔接配合,完善多元化监管教育制度体系,提高矫正成效,形成工作合力,实现司法模式下社会治安综合治理工作的全面协同多元开展,有利于未成年社区矫正对象的再社会化,促进未成年人与社会之间关系的修复,提高社会综合治理工作效果。

4. 促进社会和谐与公平正义的实现

社区矫正的职能是惩罚和改造社区服刑人员,工作目标是通过对社区服刑人员的监督管理、教育矫治、行为矫治、心理矫正等途径,最大限度地防范和减少社区服刑人员重新违法犯罪,具有惩罚、教育、塑造、感化、控制等功能,有利于促进社会和谐稳定。检察机关对未成年人社区矫正工作进行法律监督,既是维护社会公平正义的需要,也是参与社会综合治理的基本要求。检察机关通过对不同执法主体在不同矫正执行环节履行监督职能,可以及时发现并纠正社区矫正执法不规范的行为,促进社区矫正机构依法正确履职,保障未成年社区矫正对象的合法权益,降低未成年社区矫正对象违法犯罪率,使矫正对象顺利解除社区矫正,回归社会正常生活。检察机关通过加强对社区矫正执法各个环节的法律监督,督促落实有效的矫正措施,在监督中贯彻教育、挽救、感化的方针,有利于化解社会矛盾、促进社会和谐。

(三)监督重点

1. 落实特殊司法政策

"教育、感化、挽救"是我国未成年人刑事司法的重要方针,体现在《未成年人保护法》《预防未成年人犯罪法》等法律规定中,"教育为主、惩罚为辅"的原则贯穿于未成年人刑事司法领域,凸显了少年司法制度的价值目标是未成年人特殊保护,也适用于刑罚执行程序。我国《社区矫正法》第七章专门对"未成年人社区矫正特别规定"作出了规定,充分体现了"教育、感化、挽救"方针和"教育为主、惩罚为辅"的原则,旨在强调惩罚只是未成年人刑事司法的辅助手段,教育和挽救才是根本目的。[1] 通过教育,可以促使未成年社区矫正对象转变思想,矫正恶习,培养新品德,使其成为遵纪守法的公民。因此,教育在未成年社区矫正对象刑罚执行中居于首要地位,起主导作用,贯穿于矫正工作始终。检察机关加强对未成年人社区矫正执行特别程序的法律监督,促进规范未成年人社区矫正执行程序,有利于更好地落实未成年人刑事司法特殊政策,更好地实现未成年社区矫正执行的工作目标。在未成年人社区矫正执行中,可以通过开展适合未成年人的有针对性的教育矫正措施

---

[1] 参见杨代勇:《理念与规范:未成年人社区矫正的优化路径探析》,载《上海公安学院学报》2021年第5期。

来进一步降低其未来再犯的可能性、矫治难度等。因此，加强对未成年人社区矫正执行的监督，就是对特别程序执行过程、矫正效果的法律监督，监督矫正执行、监督管理工作是否依法公正进行，矫正措施是否落实，可以推动社区矫正机构更好地执行未成年人社区矫正特别程序，促进未成年人刑事司法政策在社区矫正全部环节中的贯彻落实。

2. 维护合法权益

检察监督制度作为影响社区矫正成效的重要因素，是落实未成年人社区矫正工作的重要制度保障，对于充分保障未成年社区矫正对象的合法权益具有重要意义。未成年社区矫正对象难免在矫正过程中受到不公正或歧视对待，而为了保障社区矫正中的未成年人的合法权益，检察机关有责任通过履行法律监督职责充分维护其在矫正中的合法权益不受侵害。进入社区矫正程序的未成年人，由于身心不成熟，其具有一定的社会危险性和再犯可能性，检察机关应牢固树立"在办案中监督、在监督中办案"的监督理念，加大监督工作力度，及时发现矫正执行中的违法行为和侵害未成年社区矫正对象合法权益的违法行为，依法及时监督纠正，规范社区矫正机构人员的刑罚执行行为，充分发挥法律监督手段在社区矫正执行程序中的重要作用，不断提升监督质效，更好地促进对未成年社区矫正对象合法权益的保护。

3. 促进顺利回归社会

在未成年人刑罚执行过程中，未成年人社区矫正制度更能体现对刑罚特殊预防的目的。对未成年人进行社区矫正的根本目的不是强调惩罚，而是教育和挽救，是实现未成年人顺利回归社会的目标。检察机关依法对未成年人社区矫正的执行开展法律监督，更能体现刑罚的特殊预防目的。未成年人只有具备了社会主流价值观念和行为规范，才能更好地回归社会。未成年犯罪人受到错误社会价值观念和行为准则的影响，心智不够成熟，若在社区矫正期间对自己的犯罪行为的严重性认识不够深刻，容易出现再犯罪，因此其更需要进行心理教育干预。社区矫正机构是否及时针对未成年人开展有针对性的心理干预、法治教育、职业技能培训等矫正措施，以及如何提高矫正效果，都需要检察机关充分发挥法律监督作用，通过提出检察建议等方式，促进实现未成年社区矫正对象顺利回归社会的目标。对未成年人社区矫正进行检察监督是实现未成年犯罪人顺利回归社会这一目标的重要手段，未成年社区矫正对象再社会化目标的顺利实现也必须依靠有力的检察监督的制约。

二、未成年人社区矫正检察监督现状及存在的主要问题

(一) Z 县未成年人社区矫正检察监督现状

截至 2024 年 3 月,以广西壮族自治区 Z 县为例,辖区内在册未成年社区矫正对象共 11 名,文化程度为初中,从近 3 年的情况来看,未成年人社区矫正对象的数量整体呈上升趋势,所涉罪名主要有寻衅滋事罪、抢劫罪、介绍卖淫罪等。社区矫正执行中存在的问题主要表现为监护教育缺失,社会组织参与度不足,犯罪记录未及时封存,未成年人与成年人未分开进行社区矫正,未成年人矫正措施缺乏针对性、个性化,缺少专业人员等。针对未成年人社区矫正执行工作,检察部门共提出书面检察监督意见 1 件,开展日常检察 4 次,召开联席会议 2 次,尚未出台专门的未成年人社区矫正检察监督方面的制度文件。

(二) 存在的主要问题

1. 履职理念存在偏差

未成年人刑事检察业务范围和工作重心大多以刑事诉讼程序前端为主,对未成年人社区矫正刑事执行环节的日常监督还不够充分,对"最有利于未成年人"原则在认识上还存在偏差,对未成年人社区矫正的重要性认识不够,少数办案人员仍以一般性要求比照成年人社区矫正执行工作的思维和标准来开展未成年人社区矫正工作,将未成年人与成年人同等对待,未成年人特殊司法理念落实不到位,特别程序要求监督落实还不全面,对未成年人社区矫正执行特别程序精神把握不够,思想上对执行环节的重视程度不高,缺乏对未成年人社区矫正相关工作的足够重视和专业性认识,开展日常监督、专项监督工作的力度还不够大,未能体现对未成年人社区矫正检察监督工作的特别重视。

2. 协同治理工作机制不完善

我国《社区矫正法》虽然规定了团委、妇联、教育等部门在未成年人社区矫正执行中的作用,但在未成年人社区矫正执行实际工作中,团委、妇联等地方职能部门的参与程度还不够高,社区矫正机构与相关职能部门、司法社工、社会组织等联系不够紧密,沟通协调机制不够顺畅,在共同维护未成年人合法权益方面未形成常态化工作合力,缺少社会组织或专业司法社工的及时参与。未成年人社区矫正小组往往缺少专业人员的参与,对于未成年人的法治宣传教育、心理疏导和社会服务开展得不够,对检察机关的未成年人保护法律监督职责了解不多,主动参与协作配合的意识不强。检察机关在日常履职工作中推动各相关部门、社会组织参与

未成年人社区矫正协同治理的力度还不够,在社会治理方面的作用发挥得不全面充分。

3. 职能效用发挥不全面充分

在未成年人社区矫正检察监督中,检察机关存在监督不及时、不全面的情况。主要表现在发现问题的能力不强,系统治理的意识不强,监督意识较弱,对一些常见、反复发生的执法不规范问题习以为常,未能及时发现社区矫正执法不规范问题,对本应提出书面监督纠正意见的违法行为没有及时加以监督纠正,对应当提出社会治理检察建议的问题没有及时提出。此外,在加强对未成年人社区矫正执行工作的指导建议方面,有些检察机关未能给予足够的重视,存在不重视制度创新等情况,比如在维护未成年矫正对象的合法权益方面缺少足够经验及有效措施。[1]

4. 专业化队伍建设有待加强

随着未成年人检察业务统一集中办理模式的推进,从事未成年人社区矫正刑事执行检察工作的检察人员既要具备过硬的专业法律知识,又要掌握一定教育学、心理学等学科的知识,不断积累实践经验,才能更好地实现未成年人社区矫正工作的目标。对于大多数检察机关而言,很多从事未成年人社区矫正刑事执行的检察人员的履职能力还不能完全适应新时期未成年人刑事执行检察工作的需要,与新时代未成年人刑事执行检察工作的高标准要求还存在一定的差距,在提升专业能力、增强办案效果、创新工作机制、提高监督水平、强化教育帮教成效等方面需要持续加强。

三、推进未成年人社区矫正检察监督现代化的路径探索

(一)更新未成年人社区矫正检察监督工作理念

监督理念的更新是新时代检察机关开展社区矫正法律监督的观念保障。少年司法理念是指导少年司法包括未成年人检察制度设计和实际运作的理论基础和主导价值观,国家亲权、未成年人利益最大化和尊重未成年的观念作为少年司法的特殊理念应当贯穿于未成年人社区矫正检察监督工作中。

1. 注重全链条落实少年司法理念

以监督落实《社区矫正法》为基础,认真贯彻实施新修订的《未成年人保护法》《预防未成年人犯罪法》等法律法规,充分发挥法律的监督职能,坚持"教育、感化、

---

[1] 参见曹维维:《完善我国社区矫正检察监督机制研究》,广西师范大学2015年硕士学位论文,第25页。

挽救"方针和"教育为主、惩罚为辅"原则,准确把握未成年人司法的规律,增强一体化模式下执行环节的监督力量。聚焦未成年人社区矫正中的热点、难点,加强社会治理,促进未成年人司法保护体系更加健全完善。积极探索有别于成年人的未成年人社区矫正监督的新方法、新途径,从入矫到解矫全链条落实少年司法理念,努力从制度上完善监督体系,坚决克服"重配合轻制约"的执法观,依法正确履行监督职责。健全事前、事中、事后全程监督的工作机制,及时发现、纠正社区矫正工作中的违法行为,注重保障未成年社区矫正对象的权益。

2. 增强监管与矫正并重意识

检察机关在正确履行自身监督职能的同时,要重点关注社区矫正对象的心理矫正成效,并以使未成年社区矫正对象能够成功回归社会、降低再犯罪率为根本目标。在社区矫正检察监督工作中,监督者应更加关注未成年社区矫正对象的合法权益是否在执法中受到侵害,并且应尽量以"柔性监督"代替"刚性监督",以协商、建议、帮助等方式帮助未成年社区矫正对象顺利回归社会。新时代,检察机关要与时俱进地更新监督理念,主动融入国家治理体系和治理能力现代化进程,依法履职、维护司法公正,推进未成年人社区矫正检察监督体系和监督能力现代化建设、更好地以检察职能满足人民对美好生活的新期待。

3. 树立双赢、多赢、共赢的监督理念

将以往检察机关单向监督、片面监督的形式,转变为与被监督单位共同堵塞漏洞、协调建立后续机制、形成合作共赢的监督新形式,最大化发挥检察机关在法律监督中的积极作用。通过对社区矫正检察监督工作优化升级,把硬性监督变为良性互动,提升综合治理能力,促进相关单位长效机制的建立,与各司法机关共同维护社区矫正执行的公平正义,与各相关主体共同参与社区矫正工作,共同推进法律贯彻执行到位,共同推进全面依法治国,更好地落实我国《社区矫正法》关于未成年人特别程序的规定,共同承担起促进未成年社区矫正对象顺利回归社会的责任。

(二)构建未成年人社区矫正检察监督共治支持体系

1. 统筹推动未成年人社区矫正检察监督共治

检察机关在未成年人社区矫正执行中应注重刚性监督与柔性协作相结合,通过检察建议、纠正违法等多种方式,依法督促相关职能部门履职尽责,同时也要加强相互之间的协作。未成年人社区矫正工作是一项系统工程,需要公安、检察、法院、司法行政、团委、教育等相关部门密切协作配合,还要积极引入社会各方面的力量,充分发挥各个部门的优势、调动各个部门的资源。[1] 检察机关作为社区矫正执行工作的法律监督机关,要全面充分地发挥法律监督的功能,在社区矫正全过程均体现监督者的身份,充分发挥其在法律监督中的引导作用,统筹协调各相关单位形成工作合力,发挥各自作用,在工作思想和观念上不仅要强调与各相关单位的协作配合,更要强调对社区矫正执行工作持续性的监督、制约,同时要加强与其他各类监督之间的衔接配合,推动严密法治监督机制建设,发挥主观能动性,充分调动其他相关部门、社会组织参与未成年人社区矫正的主动性、积极性,共同做好未成年人社区矫正工作。

2. 完善社区矫正检察监督工作社会支持体系

积极推动未成年人社区矫正检察监督与社会化服务有效衔接、良性互动,践行最有利于未成年人原则,立足检察职能,积极推动未成年人社区矫正检察工作的社会支持体系建设,凝聚各方工作合力,推动未成年人司法理念在社区矫正执行工作中的落实,构建党委领导、政府负责、社会协同、公众参与、法治保障的共治格局,共建未成年人社区矫正检察环节社会治理共同体。[2] 发挥检察机关统筹主导的作用,与民政、团委、妇联等部门加强沟通协调,加强对社会组织的扶持,建立司法社会工作视野下的社区矫正新监督模式,与社会组织有效沟通协作,推动开展家庭教育指导、心理辅导、康复救助等专业服务,整合社会资源,起到"监督者"、"教育者"与"联络者"的作用,促进社会资源和社区力量在矫正工作中的聚合。支持培育、链接相关社会组织开展未成年人社区矫正社会帮教服务,促使社会组织提供心理疏导、法治教育等各种帮教服务,有针对性地开展不良行为干预、家庭教育指导、法治宣传教育等服务,组织具有法律、教育、心理、社会工作等专业知识或者实践经验的社会工作者广泛参与对未成年社区矫正对象的帮教。

3. 健全信息互通共享协作工作机制

强化社区矫正信息互通与联络工作,打造公安、检察、法院、司法行政等部门共建共享的信息平台,加强社区矫正工作的信息共享,其中包括未成年社区矫正对象底数、监管活动、处罚、教育、职业技能培训情况等信息,实现社区矫正工作的信息化与网络化管理。充分利用社区矫正信息管理系统和定位管理系统,搭建信息互通共享平台,发现问题即时沟通协调并加强配合,切实提高未成年人社区矫正各项

---

[1] 参见李志强、崔美娜:《检察视角下未成年人社区矫正问题研究》,载《上海公安学院学报》2021年第5期。

[2] 参见孙梅:《未成年人社区矫正问题研究》,安徽财经大学2022年硕士学位论文,第30页。

工作的效率,把社区矫正各个工作环节纳入系统监管模块,做到信息互通、动态监管和资源共享,实现对未成年人社区矫正执行活动监督的数据化、信息化、网络化。检察机关可以牵头与相关单位会商研讨,定期通报情况、总结经验,分析研判未成年人社区矫正工作形势,积极争取未成年人保护工作协调机构的重视与支持,促进社会支持资源高效整合、共建共享。

(三)优化未成年人社区矫正检察监督模式

1.健全立体多元化的检察监督模式

建立以日常检察为主,以巡回检察、专项检察为辅的检察监督模式。加强未成年人社区矫正日常检察,定期深入辖区内司法所,通过查阅执行工作档案、与未成年社区矫正对象谈话、走访相关单位等方式,及时发现解决未成年人社区矫正中存在的突出问题,切实加强对社区矫正决定、通知、交付、变更、解除各执行环节的法律监督。对于可能存在的同类普遍性不规范问题,可以通过开展专项检察,有针对性地采取措施予以纠正。同时,结合上级检察机关组织开展的社区矫正巡回检察活动,及时发现和纠正未成年人社区矫正执行中存在的问题,通过多元化监督模式提高社区矫正检察监督质效。在具体监督方式方法上,可以采取定期检察和不定期检察相结合、重点检察和全面检察相结合等方式进行;在监督重点内容方面,主要监督未成年社区矫正对象的矫正方案是否有针对性、个性化,措施是否有效,以及社区矫正机构和其他参与主体执法是否规范等重点内容。

2.实行个性化分类管理监督

以加强监督管理为基础,以教育和关爱为主导,以惩罚为辅助,切实提高社区矫正质效。根据未成年社区矫正对象的人身危险性、矫正期间表现、家庭监护情况等因素,将未成年社区矫正对象分别管理并实施不同程度的监督措施,实行分阶段教育管理监督,将教育矫正全程分为初始阶段、常规阶段和解矫前接管,明确不同阶段的监督目标、监督内容和监督方式,结合未成年社区矫正对象犯罪的类型特点,有针对性地开展个别化社区矫正监督。

3.主动借助数字化手段拓展监督方式

紧密围绕未成年人社区矫正执行工作的特点,积极借助大数据的新引擎,强力驱动未成年人社区矫正监督模式现代化,提高运用大数据开展法律监督的自觉性、积极性,探索"个案办理—类案监督—系统治理"的路径,助推提升监督质效。在日常办案与监督工作中,应与相关单位建立数据查询调取机制,借助大数据,明确监督侧重点,有针对性地获取未成年社区矫正对象的裁判、出行、日常监管、行政处罚等信息,强化对相关单位数据信息的收集与分析研判,通过数据建模与应用平台实现对数据的归集、比对、碰撞,自动分析筛选并推送出符合检察机关办案需要的案件监督线索,提升监督的准确性和针对性。

(四)加强未成年人社区矫正检察专业化队伍建设

1. 夯实专门机构、专业人员力量

坚持未成年人社区矫正检察监督由未成年人刑事检察部门或专门检察官统一办理,夯实专门机构或人员力量,完善"捕诉监防一体化"工作模式,主动适应未成年人社区矫正检察监督专业化、职业化建设的要求,在工作理念、工作目标、工作制度、工作评价上体现少年司法宗旨。由未成年人检察部门开展未成年人社区矫正检察监督,能够充分发挥其熟悉未成年身心特点的工作专长和办案优势,更好地教育、感化、挽救未成年社区矫正对象,更加注重落实特殊保护理念,严格监督未成年人社区矫正执行特别程序,将对未成年人的特殊方针、原则等贯彻于监督始终。积极整合现有检察机关上下级、同级、内部等人力资源,选择认同未成年人检察司法理念,具备过硬办案能力和帮教、沟通能力的检察官从事未成年人社区矫正检察工作,不断夯实专门队伍。

2. 加强多样化、专业化学习和培训

分级、分类实施未成年人社区矫正业务培训,大力开展多种形式的岗位练兵和业务竞赛等活动,有效推动以司法保护为核心的未成年人社区矫正检察队伍的能力建设,强化未成年人社区矫正业务技能培训,加强对法学、教育学、社会学、心理学等学科知识的学习培训,注重在工作实务中积累经验,积极培养未成年人社区矫正检察专家型人才,加强人才梯队培养,适当评选业务专家,充分发挥专家人才引领作用。此外,还可以适时组织业务专家、业务骨干赴工作相对滞后的地区进行指导帮扶,适当安排人员到上级检察机关跟班学习,开展不同地区检察机关未成年人社区矫正检察业务交流研讨,促进业务能力水平整体提升,实现不同地区未成年人社区矫正业务全面均衡发展。

3. 健全履职情况业绩考核评价制度

设置未成年人社区矫正检察监督履职业绩考核工作指标,该指标应体现未成年人检察工作规律和特点,涵盖基本业务职能,体现对未成年人的权益保护、教育感化、再犯罪预防成效。[1] 树立科学正确的案件质量评价指标导向,引导未成年

---

[1] 参见张寒玉:《未成年人检察工作考核评价机制的构建与完善》,载《青少年犯罪问题》2017年第2期。

社区矫正执行检察人员高质效办理每个案件,增强监督办案的"三个效果"的有机统一,重点对落实特殊程序、教育矫治、帮扶工作情况等内容进行评价,不断激励、提升未成年人社区矫正中检察人员的积极性和责任感,助力国家治理体系和治理能力现代化。

社区矫正检察监督优化路径研究

杨宇鹏*

  摘 要：在司法现代化的过程中，我国刑罚执行制度也在随之进行调整。推广应用社区矫正工作机制，是我国刑罚执行制度持续进步的一种体现，更是当前司法现代化的主流趋势。然而，从目前社区矫正检察监督的具体实际情况来看，存在问题较多，监督路径相对单一，监督体系不够完善，一定程度上不利于发挥社区矫正的作用。因此，应当针对社区矫正检察监督工作，着手进行优化路径研究，进而调整监督机制，完善监督体系，力求以检察监督保障并推动社区矫正工作的完善，为司法现代化贡献检察力量。

  关键词：社区矫正；检察监督；优化路径

  社区矫正，源于西方国家，自恢复性司法理论中产生，是完全不同于监禁刑罚的一种非监禁刑罚执行方式，主要要求社区参与，共同矫正社区矫正对象的行为、心理等问题，在节约司法资源的同时，促使社区矫正对象早日回归正常生活。社区矫正对于促进罪犯矫正改造、重新回归社会意义非凡。在我国，检察机关对社区矫正工作进行检察监督，一定程度上推动了社区矫正的进步和完善。然而，社区矫正检察监督工作仍面临着诸多问题与困境，如何充分发挥、完善检察机关的法律监督职能，使社区矫正工作达到理想目标，亟待研究探索。

一、社区矫正及社区矫正检察监督的发展现状

（一）我国社区矫正发展现状

  我国古代刑罚制度主要以肉刑为主，刑罚方式主要是在肉体方面使罪犯感受

---

 * 作者单位：四川省长宁县人民检察院。

到痛苦,使其不敢犯罪,从而实现教育矫正效果。19世纪30年代,部分西方法学家提出对罪犯实施人道主义改造,进行社会化矫正,从而使社区矫正思想逐渐走向成熟,进而转化为刑罚实践。社区矫正制度最早在美国开始进行探索,此后迅速发展,澳大利亚、日本、俄罗斯等国家均逐步开始推行社区矫正制度。

进入21世纪以来,我国提出了"宽严相济""建设和谐社会"等理念,社区矫正与其十分契合。社区矫正作为一种标本兼治、更加注重罪犯回归社会生活的刑罚执行手段,越来越受到重视。相较于发达国家,我国社区矫正工作起步时间较晚,但我国具有天然的组织优势,街道办事处、村民委员会、居民委员会等网格化管理体制,能够有效调动基层力量参与到社区矫正工作中,广泛动员居民委员会、企业事业单位等各方力量,形成对社区矫正对象的矫正合力。

2003年,最高人民法院、最高人民检察院、公安部、司法部联合发布《关于开展社区矫正试点工作的通知》(已失效),首先在6个省(市)实行社区矫正试点;2011年,《刑法修正案(八)》正式确定社区矫正执行方式,社区矫正制度正式确立;2020年,《社区矫正法》正式施行,我国社区矫正工作步入了法治化轨道。自2003年社区矫正工作试点,直至2020年《社区矫正法》正式施行,其价值和成效有目共睹。

我国社区矫正工作,呈现出由经济发达地区到经济欠发达地区,由城市区域到基层乡村的规律,效果较好的有"北京模式"和"上海模式"两种,"北京模式"更加注重管理性质,"上海模式"更加注重矫正性质。北京、上海作为发达城市,其注重社区矫正人才队伍建设,可投入的人、财、物更多,志愿者参与度更高,因此,能够对社区矫正对象的心理、行为等各方面进行全面矫正,能够使社区矫正充分发挥作用。目前,我国社区矫正由区县级社区矫正管理局承担接收社区矫正对象,对社区矫正对象严重违反规定的提出建议撤销缓刑、暂予监外执行等工作,乡镇司法所承担日常监管、矫治、谈心谈话等工作。由于基层区县与城市社区存在很大的经济文化差距,相比发达城市,基层区县的社区矫正工作较为不同,具体表现出监管地域广、群众文化程度低、生产方式单一、社会参与度低等特点。因此,社区矫正不能照搬"北京模式"和"上海模式",要因地制宜,结合本地环境。近年来,随着各地社区矫正制度的推广开展,社区矫正执行方式也暴露出了诸多问题和现实困境,迫切需要开展检察监督予以完善。

(二)我国社区矫正检察监督发展现状

2003年出台的《关于开展社区矫正试点工作的通知》,规定了检察机关对社区矫正实行法律监督,而《社区矫正法》为检察机关开展法律监督提供了依据和职责,社区矫正检察监督是监外执行检察的一种拓展和创新。社区矫正作为非监禁的刑罚执行方式,社区矫正对象均处在相对自由的社会环境中,脱管、漏管问题容易出现。而社区矫正机构在社区矫正对象严重违反规定时可向法院提出撤销缓刑、暂予监外执行等建议,工作人员的权力弹性较大。在此情况下,如若法律监督缺位,一方面,容易出现社区矫正对象脱管、漏管问题,社区矫正效果不佳;另一方面,也容易出现权利滥用问题,侵害社区矫正对象合法权益,难以保障社区矫正的效力和成果。因此,检察机关如何充分履行职能,切实解决目前社区矫正工作中存在的问题,推动社区矫正的矫正效果的实现,是提高社区矫正工作水平、提升检察监督质效的重中之重。

我国社区矫正检察监督发展时间较短,监督水平相对较低,具体执行过程中存在诸多问题。目前,检察监督在一定程度上提升了社区矫正的规范性和系统性,部分问题也得到了改善。然而,我们也要看到,社区矫正对象群体复杂而庞大,社区矫正工作发展时间也相对短暂,进行社区矫正检察监督工作时,要考虑当地的社会环境,针对当地实际因地制宜地开展工作,但也要达到对社区矫正对象基本的监管和矫正。因此,探索出适合基层的社区矫正检察监督制度,始终是检察机关刑事执行检察部门工作的重点和难点。

二、社区矫正检察监督的现实困境

我国社区矫正制度已运行了十多年,然而,中国特色社会主义道路下的社区矫正工作并无太多经验可供参考,整体发展水平相对有限。基于社区矫正发展的现实状况,社区矫正检察监督工作中同样存在诸多问题,未能很好地体现检察监督的成效。

(一)相关立法不明,难以落实权力制约

我国现行法律法规当中,有关社区矫正检察监督法律法规的原则性规定居多,并且零散分布在多个法律法规文件中,缺乏系统性的法律法规对其进行细化。《社区矫正实施办法》(已失效)关于检察监督的内容也不明确,并且法律位阶较低。各地出台的"社区矫正实施细则"内容不同,系统性和统一性不足。在目前的实际工作当中,检察机关向社区矫正机构发出检察建议书、纠正违法通知书时,往往只能援引原则性的规定,法律监督开展得不够具体。社区矫正检察监督立法不明,便难以真正落实权力制约,保护社区矫正对象的权益。因此,亟须制定一部统一的法律,来对社区矫正检察监督的相关工作进行详细规定。

（二）人员配置不足，难以保障监督力度

检察机关内部，存在认为侦查监督、公诉等工作更为重要的观念，人、财、物等资源长期倾斜在此类业务部门。刑事执行检察工作相对不受重视，人员配置不足以及素养能力较低的问题广泛存在。

一是人员配置与工作量不匹配。基层检察院未设置专门的刑事执行检察部门，刑事执行检察工作往往与案管、控申、法律政策研究等部门共同归为第三检察部，且均为兼职，临近退休的老同事较多，力量薄弱。刑事执行检察部门业务涵盖复杂，普遍存在"一人多岗"现象，工作人员要承担社区矫正检察监督工作，看守所、监狱检察工作，财产刑执行检察监督案件，办案量大，工作繁重，缺乏时间和精力用于社区矫正检察监督，往往力不从心，工作开展相对困难。二是社区矫正检察监督队伍人员的素养能力不能完全适应工作需要。社区矫正发展较快，变化也比较大，社区矫正检察监督队伍的业务能力和专业素养却提升缓慢，难以适应新形势下的新要求。

（三）信息不够对称，难以掌握具体情况

社区矫正对象的谈话记录、定期报告、考核奖惩等各项信息能充分体现社区矫正的矫正效果。全面掌握社区矫正对象信息，是开展好社区矫正检察监督的关键。目前，检察机关与社区矫正机构所掌握的信息不对称问题比较严重，检察机关的信息数据工作往往采用信息台账模式，对社区矫正对象的具体情况掌握不足，对数据的分析运用能力较差，难以发现数据中能够反映出的问题。

一是台账信息内容较少，覆盖面狭窄。目前刑事执行检察部门的社区矫正对象台账内容相对简单，往往仅登记各项基本信息，与社区矫正机构所掌握的信息不对称，能够反映社区矫正对象行为习惯、现实表现、心理变化和思想动态等情况的信息均未收集整理。二是信息收集滞后，无法实时更新。目前，检察机关一般每月与各单位进行数据核对，信息收集十分滞后，难以适应现实需要。随着经济的发展，人口流动性逐年增大，非监禁刑罚跨地区执行的情况不断增多。传统邮寄方式落后，花费时间长、送达效率低，甚至会出现法律文书丢失的情况。社区矫正机构本身掌握的信息不全、报送滞后，会导致检察机关对社区矫正对象的档案资料收集不全、基本情况掌握不清，易出现脱管、漏管问题进而导致检察监督不到位。

（四）监督刚性不强，难以保证检察效果

社区矫正检察监督能够制约社区矫正机构的权力，是保障社区矫正对象合法权益的有力措施，也是实现矫正效果、促使社区矫正对象回归社会的重要力量。然

而,我国目前的社区矫正检察监督工作开展方式比较单一,监督缺乏刚性,实际效果并不理想。

一是监督手段单一,不够多样化。检察机关针对社区矫正工作,可采取的检察监督手段仅有四种,即制发检察建议书、纠正违法通知书,以及口头检察建议、口头纠正违法。检察机关监督手段比较匮乏,开展方式不够立体,覆盖范围不够全面。二是监督刚性不足,缺乏约束力。部分社区矫正机构收到检察建议书、纠正违法通知书后,存在未作出相应整改的情况。在实际工作中,刑事执行检察部门提出整改意见后,有关问题长时间未进行整改、在后续检察中仍然存在的现象时有出现。检察机关的监督工作,是否能够真正达到监督效果,取决于被监督机关的自觉性,监督刚性不足则难以保障检察监督的效果。

(五)工作模式落后,难以适应现实要求

检察机关开展社区矫正检察监督的方式落后,习惯于参照对看守所、监狱的检察监督方式。社区矫正检察监督,需要更新工作模式,做到与时俱进,逐步构建完整的监督体系、确保监督质效。

一是检察监督参与的环节较少,存在监督盲区。社区矫正检察监督应当覆盖社区矫正的全过程,包括交付执行、监督矫正、解除矫正等各个方面。部分检察机关仅对其中部分工作内容开展检察监督,导致了监督盲区的出现。二是检察监督工作的开展不够深入。检察机关往往通过查阅社区矫正对象档案资料的方式开展检察监督,而档案资料中仅有学习记录、思想汇报等材料,内容较少且流于表面。检察机关与社区矫正对象谈心谈话的内容、频次也不够充足,致使社区矫正检察监督流于形式。

三、社区矫正检察监督的优化路径

发现问题、正视问题、不断改正、逐步完善,是我国社区矫正检察监督从稚嫩走向成熟的现实需要。为保障生效刑事裁判的执行、维护法律威严,检察机关需要不断加大社区矫正检察监督力度,通过多个路径优化检察监督工作,保证社区矫正效果,推动社区矫正检察监督工作向前发展。

(一)完善相关立法,细化具体规定

以法律形式明确规定社区矫正检察监督的内容和主体。将检察监督手段进行细化,明确检察建议书、纠正违法通知书的适用对象、法律效力等内容。通过立法,将检察机关的监督程序、方式和职责加以明确,从而更好地与社区矫正执行机构分工配合、互相监督。

社区矫正机构要细化社区矫正具体规定,对社区矫正对象进行个别化矫正和分类管理。对社会危害性不大、罪责较轻的社区矫正对象,进行较宽松的管理制度;对于正常生活和工作需要经常性跨县、市活动的社区矫正对象,根据情况适当简化审批程序;根据罪犯的犯罪性质、心理特征、家庭状况、社区环境等因素,结合社区矫正人员的工作经验、知识储备等进行类案分配,制定有针对性的矫正方案。

(二)优化队伍配置,强化监督力量

一是整合优化现有的检察工作人员配置。推进社区矫正检察监督专业化队伍建设,员额检察官和检察辅助人员之间通过"以一带多"的方式推进工作。同时,根据检察机关现有人员情况和现实需要,合理规划业务部门的分工,建立起集中统一的刑事执行检察体系,从而优化配置人力资源。加强内部岗位交流和部门间的协作沟通,在内部交流过程中,让有丰富办案经验的检察官参与到刑事执行检察队伍中,为刑事执行检察队伍引入前沿的办案理论和办案思想,提高刑事执行检察干警的整体监督能力。

二是采用团队化、合作化的工作模式。成立监所检察办案团队、社区矫正检察办案团队、财产刑执行检察办案团队等,不断提升刑事执行检察监督的专业性。各个团队之间要通力合作,相互借鉴工作经验,学习对方工作的创新之处,从而提高社区矫正检察监督工作水平。

三是引入专家参与,提高社区矫正检察监督的专业性。各地检察机关立足工作实践,不断积极探索,在刑事诉讼、公益诉讼等领域尝试了引入专家提供咨询服务,积累了丰富经验,为引入专家参与社区矫正检察监督提供了参考。为提高社区矫正检察监督的专业化水平,刑事执行检察部门也应积极尝试引入专家提供咨询。应当整合筛选现有的专家资源库,建立社区矫正检察监督咨询平台,针对不同的社区矫正对象,引入专家开展咨询,通过引入专家制度提供智力支持,完善社区矫正检察监督工作。

(三)加强数据建设,打破信息壁垒

一是建立社区矫正信息化平台。大数据时代为社区矫正检察监督提质增效带来了助力,对于刑事执行检察部门而言,提升社区矫正工作监督质效,解决基层检察机关的人力短缺问题,需要借助科技力量,建立大数据共享平台。平台的建立可以很大程度上打破社区矫正工作相关部门之间的信息壁垒,提高基层社区矫正检察监督的效率,节省检察监督所需的人力。为顺应当前大数据应用发展趋势,社区矫正信息化平台要求社区矫正相关单位将各自掌握的案件信息、执行信息、矫正信息等及时录入平台,平台信息包括个人资料、矫正方案、考核奖惩、定期汇报等内容。信息化平台囊括社区矫正全过程,从而实现系统化的监督管理,做到信息共享、实时更新、动态监督,并通过社区矫正信息化平台送达法律文书,避免因文书送达不及时导致的脱管、漏管现象。

二是加快社区矫正检察监督智能化建设。推进智能化技术在社区矫正检察监督中的应用,可运用大数据模型全面掌握辖区内现有社区矫正对象的情况,实现对脱管、漏管、收监执行等重大事件的实时动态监督,及时发现监督线索,提升检察监督的全面性与准确性。

三是建立跨地区信息通报制度。随着经济的不断发展,人员流动日渐频繁,跨地区监外执行罪犯的数量也随之增加。不同地区检察机关刑事执行检察部门之间,应当建立信息通报制度机制,加强跨地区沟通联系,实现社区矫正对象的信息互通共享。跨地区的监外执行罪犯被决定执行社区矫正时,应当及时通知执行地检察机关,执行地检察机关发现社区矫正对象出现严重违反规定、脱管、漏管、重新犯罪等情形,需要裁决地司法部门决定收监执行时,应当及时跨地区推送给裁决地检察机关。

(四)健全工作机制,提升监督质效

一是完善社区矫正检察监督方式。加大社区矫正巡回检察力度,明确巡回检察监督的开展方式、监督内容,将具体任务目标细化,并落实责任到人,保证巡回检察工作落到实处。完善巡回检察的考核机制,坚持开展巡回检察"回头看",对巡回检察工作成效进行评估,确保巡回检察工作做深做实、不流于表面。确立集中检察机制,检察机关刑事执行检察部门要定期集中开展社区矫正检察监督专项活动,明确检察监督工作的重点。集中检察的工作时间和人员要相对集中,重点要突出,目标要明确,以便于取得监督实效。

二是建立社区矫正联动机制。社区矫正的环节众多,涉及诸多部门,检察机关的监督范围较广,因此,应当建立社区矫正联动机制。建立联席会议制度,通过联席会议及时研究解决工作中存在的问题,加强沟通交流,提升协作配合能力。建立联动抽查机制,检察机关通过社区矫正信息管理平台、公安内网等,随机抽查服刑人员的手机定位和活动轨迹信息,全面掌握社区矫正对象的活动范围。建立联动衔接机制,加强检察机关与社区矫正各部门之间的协作配合、沟通衔接,对交付入矫、管理矫正、变更解矫等环节,严格按规定衔接到位。统一对社区矫正对象的管理要求,在常规管理标准统一的基础上,各部门根据各自掌握的情况开展讨论,针对不同社区矫正对象,制定个性化矫正方案。统一社区矫正档案资料工作要求,确保文书档案资料标准一致、衔接到位、整理规范,从而方便工作开展。

三是完善社区矫正工作机制。建立科学合理的社区矫正评估机制,根据相关评估结果,对矫正方案进行动态调整,利用科学合理的评估机制,客观真实地评定社区矫正的实际效果。建立社区矫正对象风险预警机制,督促社区矫正机构准确掌握辖区内社区矫正对象的实时动态与思想变化,及时发现社区矫正对象存在的各类问题、困难及思想变化等情况时,及时向检察机关通报,防患于未然。

(五)拓展监督模式,培育社会力量

一是广泛发动群众力量。社区矫正有别于监所服刑的标志是开放性的社区环境和民间力量的介入。检察机关应当鼓励、支持与社区矫正相关的志愿者组织、社区团体等的发展,并发动其参与到社区矫正检察监督当中,广泛利用群众力量加强对社区矫正对象和社区矫正机构的监督。根据乡镇和社区的经济状况及矫正对象的人数,在司法所所在的乡镇设立基层检察联络室和联络站,在对社区矫正过程中发现的损害社区矫正对象合法权益的行为及时向检察机关进行报告。发挥社区网格员制度的优势,依托网格化管理,让网格员参与到社区矫正检察监督当中,定期走访社区矫正对象所在片区的责任网格员,通过网格员来了解社区矫正对象近期的日常生活、心理动态、活动轨迹,从而开展检察监督。网格员扎根基层,更贴近,也更了解社区矫正对象,是开展社区矫正检察监督的一大助力。鼓励社区矫正对象所在社区的居民参与社区矫正检察监督,社区居民往往与社区矫正对象比较熟识、交情深厚,与社区矫正对象谈心聊天后可以起到一定的教育效果。

二是积极宣传社区矫正检察监督工作。检察机关应当充分认识到宣传工作对于检察监督的重要意义和作用,广泛利用自媒体、公众号、微博等手段,大力宣传社区矫正检察监督的相关知识和现实价值。同时,采用多种方式开展宣传,例如主动邀请人大代表、政协委员、人民监督员等人员参与社区矫正检察监督工作,通过多种形式向社会介绍社区矫正检察监督工作,提高民众对此项工作的认识和支持,提高社会对社区矫正对象的包容接纳程度,为社区矫正检察监督营造良好的社会氛围。

结　语

目前,社区矫正工作正在不断向前发展,对于司法现代化的重要性不言而喻,而基层的社区矫正工作以及检察机关对社区矫正的检察监督工作相对薄弱。社区矫正对象作为我国社会主义建设的一分子,对于他们的管理和矫正越来越受到重视。因此,我国结合国外社区矫正先进经验以及20年来本土社区矫正工作实践,对社区矫正工作进行了立法,从法律方面确立了社区矫正这种刑罚方式的地位,也对社区矫正工作、社区矫正检察监督工作提出了更高的要求。

然而,我国基层的社区矫正工作和检察监督工作距离社区矫正所追求的目标还有一定的差距。基层社区矫正工作相对缺乏社会认可,基层群众的参与度有限,政府的财政支持力度也有限;检察机关内部,相比于其他检察业务,一般对社区矫正检察监督工作的重视程度较低,缺乏强有力的监督队伍,缺乏统一规范的办案指导,监督刚性不足,监督渠道和方式单一,多种问题制约着社区矫正检察事业的发展,导致刑事执行检察干警的自我认同感不高,工作荣誉感不足,一部分人才流向了其他业务部门。

首先,基层刑事执行检察干警应当认识到自身的责任和使命,在现有的社区矫正工作环境下,积极探索,有所作为,在学习《社区矫正法》具体内容的同时,注重学习其背后的立法背景、立法精神,学习国外先进的监管、监督经验,向其他发达地区先进检察院学习取经。其次,争取检察机关内部的支持,建立沟通机制,在检察机关内部形成从入矫到解矫的监督合力,控告申诉部门或公诉部门在日常办案中发现社区矫正工作人员渎职犯罪线索时要及时通报刑事执行检察部门。最后,要结合本地实际加强社区矫正方面的法律宣传,得到基层群众的支持,提高社会参与度。

总之,检察机关刑事执行检察部门应当调整监督定位和理念、增强监督本领、注重监督配合、提升监督刚性、提升监督的信息化水平、创新监督方式,立足法律监督做好本职工作,积极推动社区矫正检察监督的发展,切实维护刑罚执行权威,为实现我国司法现代化尽一份力。

暂予监外执行案件听证程序研究

刘林玲*

摘　要：听证程序具有准司法性。将听证程序运用到暂予监外执行的决定（批准）、执行（收监执行）及检察监督中，是我国刑罚执行变更制度程序完善的新探索，是保障司法公正公开运行的方式创新。目前，暂予监外执行案件的听证中存在适用比例低、程序不规范、形式主义较重、听证员独立性不够等问题。要以司法为民和程序正义为出发点，以保障和维护当事人合法权益为落脚点，强化社会公众参与和检察法律监督，不断健全完善暂予监外执行案件听证程序。

关键词：暂予监外执行；听证；程序正义；法律监督

我国《刑事诉讼法》第 265 条规定了适用暂予监外执行的条件和要求，该条规定暂予监外执行的主要决定或批准机关是人民法院、监狱管理机关和公安机关。《社区矫正法》《社区矫正法实施办法》等规定对被判处暂予监外执行的罪犯依法实行社区矫正，主要执行机关是社区矫正机构及受其委托的司法所。根据法律的规定，依法对暂予监外执行的决定（批准）、交付、接收、监管、收监等活动开展监督的机关是检察机关。在坚持传统监督方式的基础上，为深化履行法律监督职责，2020 年 6 月 24 日最高人民检察院第十三届检察委员会第四十次会议通过《人民检察院审查案件听证工作规定》，进一步加强和规范了人民检察院以听证方式审查案件的工作流程。2023 年 5 月 28 日，最高人民法院、最高人民检察院、公安部、国家安全部、司法部、国家卫生健康委共同印发《关于进一步规范暂予监外执行工作的意见》，其中也明确了"监狱、看守所提请暂予监外执行，人民法院、公安机关、监狱管

---

* 作者单位：湖南省长沙市天心区人民检察院。

理机关决定或批准暂予监外执行,可以组织听证";"人民检察院经审查认为需要以听证方式办理暂予监外执行案件和收监执行监督案件的,人民法院、公安机关、监狱管理机关、监狱或者看守所应当予以协同配合提供支持"。将听证程序运用到暂予监外执行的决定(批准)、执行(收监执行)及检察监督中,是我国刑罚执行变更制度程序完善的新探索,也是为了保证和促进暂予监外执行案件的透明与公正。

一、暂予监外执行听证的概念厘清

暂予监外执行,是指对被判处无期徒刑、有期徒刑或者拘役的罪犯,本应在监狱或者看守所服刑的,但因符合法定情形,依照法定程序决定或批准后,暂时可以不在监狱等刑罚执行场所关押服刑,而由社区矫正机构执行监督管理,并将监外执行期间计入执行刑期的一种刑罚变更执行制度。

听证,是指庭审之外,由有权机关主持进行的、就争议事实等听取各方意见的制度、原则、程序、方法等内容的总和。[1]

暂予监外执行听证,是指对于被判处无期徒刑、有期徒刑或者拘役的罪犯,就其是否符合条件并能否予以暂予监外执行、是否需要收监执行等由有权机关主持,听证员和其他相关人员参加并开展陈述、进行质证辩论和发表意见等活动的过程。从概念表述上来看,暂予监外执行案件听证程序包括以下内容:一是由有权机关主持。在交付执行前,由交付执行的人民法院决定,召集和主持机关就是人民法院;在交付执行后,暂予监外执行由监狱或者看守所提出书面意见,报省级以上监狱管理机关或者设区的市一级以上的公安机关批准,因此在交付执行后,召集和主持机关是省级以上监狱管理机关或者设区的市一级以上的公安机关;在执行监督过程中,由国家法律监督机关即人民检察院负责召集和主持。二是参与听证程序的人员广泛。听证会参加人除听证员外,还可以包括案件当事人及其法定代理人、诉讼代理人、辩护人、第三人(如保证人)、相关办案人员、证人和鉴定人以及其他相关人员。从《关于进一步规范暂予监外执行工作的意见》的规定来看,还可以邀请人民法院、公安机关、监狱管理机关、监狱或者看守所、社区矫正机构等相关部门的人员参与。三是被听证的对象。被听证的除了被判处有期徒刑或者拘役但有严重疾病需要保外就医、怀孕或者正在哺乳自己婴儿、生活不能自理且适用暂予监外执行不致危害社会的罪犯,2012年修改的《刑事诉讼法》将暂予监外执行的适用对象有条

---

[1] 参见程绍燕:《刑事听证研究》,中国人民公安大学出版社2016年版,第10页。

件地扩大到了无期徒刑罪犯（被判处无期徒刑的怀孕或者正在哺乳自己婴儿的妇女），并明确将暂予监外执行对象纳入社区矫正对象的范围。此后修改的相关法律法规，仍然将此内容涵盖在内，并由社区矫正机构及受其委托的司法所负责实施社区矫正相关工作。四是听证程序是公开的。听证会之前，要制发方案和发布公告；听证过程中，各方要充分发表意见；听证结束后，结果依法告知各方，并要对是否采纳各方意见进行释法说理。

二、建立健全暂予监外执行案件听证程序的意义和必要性

（一）有利于"去行政化"而符合实质化办案的要求

以往，暂予监外执行的审查或裁决是否启动，法院或其他有权机关更多依赖的是监狱或者看守所等提供的材料，尤其是医院出具的病情诊断资料，其他案件当事人参与度不高或者没有参与，甚至被害人也不一定知晓实施侵害行为的罪犯可能或已经被予以暂予监外执行，审查或裁决是书面的、间接的甚至是秘密的，是法院或司法行政机关等内部行政化的审批或判断。设立和健全暂予监外执行案件听证程序，决定或批准机关等以听证方式审查办理案件，以客观中立立场邀请各方人员参与，当面听取当事人和其他相关人员意见，参考听证意见后依法作出裁决或处理，改变司法活动行政化审批弊病，是司法实质化办案以及直接言词原则的应然内涵。

（二）有利于程序公开而实现程序正义价值

听证在法律渊源上可追溯至英美法系上的"自然公正原则"和"正当法律程序"。[1] 英国法中的"自然公正原则"有两条核心规则：一是任何人不得做自己案件的法官，二是作出不利于他人的决定前听取对方意见。美国法的"正当法律程序"中强调："最低标准是：公民的权利义务将因为决定而受到影响时，在决定之前必须给予他知情和申辩的机会和权利。对于决定者而言，就是履行告知和听证的义务。"[2] 无论是决定或批准同意还是不同意予以暂予监外执行，都涉及非监禁刑的执行，影响的不仅是罪犯及其家属，还包括被害人、相关利害关系人、相关执行机关等。从听证启动、听证公告、听证评议到听证结论，听证员和广大群众参与，便有了一个规范化的载体和形式，是程序正义价值的体现。

---

[1] 杨惠基：《听证程序概论》，上海大学出版社1998年版，第10页。
[2] 张文显主编：《法理学》（第4版），高等教育出版社、北京大学出版社2011年版，第137页。

(三)有利于接受监督而促进办案质效

暂予监外执行是刑事执行活动中的一种刑罚执行变更方式,是对自由刑执行的变通。近几年舆论关注的"纸面服刑"反映的主要是暂予监外执行中出现的违规操作、监管不到位和司法腐败现象。暂予监外执行工作从决定、交付、接收到执行的各环节都可能存在因不透明、不公开易诱发权力寻租和权力滥用而受人诟病。建立健全暂予监外执行案件听证程序,一是有利于接受人民群众的监督,使案件当事人或利害关系人、人民监督员、听证员等均能够参与案件审查或决定的过程。二是有利于检察机关同步法律监督,改变暂予监外执行中的检察监督面临的书面审查、事后监督和被动监督的困境,从而能对公安、法院、看守所、监狱、社区矫正机构等各部门在暂予监外执行决定(批准)、交付、接收、监管、收监各个环节实行同步监督。三是有利于权力机关之间互相监督,决定主体的多元化和把握标准的不一致可能造成理解分歧和执行混乱,有权机关在暂予监外执行案件听证程序中互相充分参与和面对面表达是对司法权力进行的有形制衡和有效监督。

三、目前我国暂予监外执行案件听证工作中存在的问题

(一)对暂予监外执行案件适用听证程序的不多

根据规定,按照阶段和环节,有权开展暂予监外执行案件听证程序的主体单位包括人民法院、公安机关、监狱管理机关、人民检察院。从全国法院减刑、假释、暂予监外执行信息网公布的信息来看,自2014年12月1日起至2017年3月31日,共有595名罪犯被决定暂予监外执行,其中有399人保外就医,约占总人数的67.06%;怀孕或者哺乳婴儿的有164人,约占总人数的27.56%;生活不能自理的有32人,约占总人数的5.38%。法院对其中63名罪犯是否作出暂予监外执行决定采用了听证方式,约占总人数的10.59%。[1] 自2017年12月29日至2019年12月19日,共有830名罪犯进入裁决程序,其中651名罪犯被决定暂予监外执行,176名被收监执行,3名罪犯因裁决期间死亡而程序终止。法院对其中84名罪犯是否作出暂予监外执行决定采用了听证方式,适用听证程序裁决所占的比例约为10.12%。[2] 以江苏省监狱管理局为例,2020—2024年其分别办理暂予监外执行案

---

[1] 参见许芷浩:《暂予监外执行的实证研究》,载《江西警察学院学报》2017年第6期。

[2] 参见邱晗:《暂予监外执行听证程序构建研究》,中国人民公安大学2020年硕士学位论文,第14页。

件79件、73件、59件、99件、126件。[1] 而目前查询到公安机关、监狱管理机关对暂予监外执行的批准活动进行听证的报道也是极少的。自2020年6月24日最高人民检察院通过《人民检察院审查案件听证工作规定》后,又相继编发了检察听证的典型案例,但是在刑事执行检察领域尤其是对暂予监外执行决定审查或收监执行审查等监督中开展听证仍在探索阶段。

(二)各有权机关组织的听证程序尚不规范

目前来看,无论是法院、监狱管理部门还是公安机关、检察机关,开展暂予监外执行案件听证在程序上还存在很多不规范的地方:(1)听证没有完全按照要求做到3日前告知,听证公告等发布一般没有对外,主要是在有权机关内部的较小范围内进行。如监狱主要是在监狱内部的监区公告。(2)从理论和程序设置上来说,被害人及其近亲属与被暂予监外执行罪犯存在利害关系,应当享有参与、监督听证过程的权利。[2] 但是实践中被害人及利害关系人参与度非常低。(3)听证程序形式主义严重,缺乏真正的对抗性。听证针对的是事实认定、法律适用和案件处理等问题,主要由各方基于自己的立场对相关听证问题进行说明,而非类似庭审诉讼中进行的举证、质证和辩论。参与监外执行案件听证程序的比如社区矫正机构或者公安机关等,有时可能基于本位本职考虑而忽视对罪犯权利的保障。(4)暂予监外执行的罪犯主要是有严重疾病需要保外就医的、怀孕或者正在哺乳自己婴儿的或者是生活不能自理的,大部分涉及专业的医疗知识,尤其是严重疾病的判断和鉴定、生活不能自理的认定等都需要专业的医疗人员进行,而相关专业人员很少被邀请参与暂予监外执行案件听证程序,这会影响案件办理和决定作出的准确性和专业性。(5)听证结果的公开性不够。绝大部分听证案件并没有当场宣布听证结果,对是否采纳各方意见的释法说理也不够充分。

(三)听证员的代表性、专业性和独立性不够

各相关单位对听证员的选任没有统一标准和要求,面向社会,不限行业、职业、民族、性别等,听证员人选主要从人大代表、政协委员、人民监督员、特约监督员、专家学者、律师、街道社区、居民委员会、村民委员会、公益组织志愿者、行业协会等组织人员中选取产生。实践中,目前选任参与暂予监外执行案件听证程序较多的是人民监督员和学者,其中人民监督员以律师为主,听证员的代表性不够广泛。同

---

[1] 参见《江苏省监狱管理局政府信息公开年报》,载 https://jssjyglj.jiangsu.gov.cn/col/col30172/index.html。

[2] 参见章剑生:《现代行政法基本理论》,法律出版社2008年版,第397~401页。

时，暂予监外执行案件中大部分涉及专业的医疗知识，疑难、复杂案件中对应行业拥有专业技能和知识背景的听证员很少。条件不具备的基层单位如基层检察院一般尚未形成本单位的专门听证员库，在开展暂予监外执行案件听证前还需要向上级检察院申请[1]，程序启动便捷性不够，大大影响了承办人采用听证程序办案的积极性，也影响当事人听证权的行使。另外，部分听证员对组织和主持听证的有关机关及办案人员有依附性，对办案人员提出的倾向性处理意见无条件支持，主动履职主动性不强，独立发表意见不多，运用专业性背景知识和社会工作经验开展充分说理并促进矛盾纠纷化解的能力还远远不够。

四、健全完善暂予监外执行案件听证程序的设想

（一）加强思想认识，深刻认识到暂予监外执行案件听证程序的重要价值和意义

暂予监外执行案件听证程序是司法听证的重要组成，是刑事执行活动尤其是刑罚执行变更中保障司法公正公开的运行方法创新和重要程序设置。重视暂予监外执行案件听证程序，健全暂予监外执行案件听证程序，有利于促进事实认定符合客观真相、办案结果符合实体公正、办案过程符合程序公正的法律制度体系的完善。根据中共中央《关于全面推进依法治国若干重大问题的决定》中"推进严格司法""在司法调解、司法听证、涉诉信访等司法活动中保障人民群众参与""加强人权司法保障、强化诉讼过程中当事人和其他诉讼参与人的知情权、陈述权、辩护辩论权、申请权、申诉权的制度保障""加强对司法活动的监督"等工作的具体要求，暂予监外执行案件听证程序应当对标程序正义的标准，以司法为民为出发点，遵循依法原则、客观公正原则和司法公开原则，加强社会公众和检察机关的监督，保障当事人合法权益和表达诉求的机会。

（二）规范听证员选任

规范听证员选任，破除各有关单位对听证员选任的差异，既要统一听证员选任的条件和标准，又要统一听证员选任的范围。建立全省或全市统一的暂予监外执行案件听证员库，除了要符合与案件没有利害关系并同时具备拥护中华人民共和国宪法和法律、年满23周岁的中国公民、遵纪守法、品行良好、公道正派、具有正常

---

[1] 目前笔者所在区县检察院无本院的听证员库，需要向上级检察院申请。如启动人民监督员监督活动的程序就先后包括案件承办人书面申请、基层院四级审批、移送本院案管部门、本院案管部门加上《商请函》报送市级检察院案管部门、市级检察院案管部门与市级司法局商请确定选派人民监督员等。

履行职责的身体条件等条件外,建议将人大代表、政协委员、人民监督员、特约监督员、专家学者、律师、省级人民政府指定开展暂予监外执行病情诊断(妊娠检查)或病情复查医院的资深医护人员等作为暂予监外执行案件听证员选任的对象。在暂予监外执行案件可能涉及怀孕或哺乳期妇女以及患有严重疾病、生活不能自理的罪犯的基本生活保障、父母赡养、子女监护及抚养等问题的听证时,可以将民政部门、街道社区、居民委员会、村民委员会、公益组织等相关人员纳入听证员范围。对于暂予监外执行案件的听证员,还要开展履职前的培训,就我国刑事法律法规、暂予监外执行相关法律规定和政策要求、听证的具体工作规范和程序等进行专门培训。

(三)规范听证程序

一方面,根据听证案件的难易程度,兼顾效率与公平原则,可以将暂予监外执行案件的听证程序分为简易听证和普通听证两种。其中,对于怀孕或者哺乳婴儿的妇女是否可以适用暂予监外执行、是否需要收监执行的问题,考虑到对妊娠、生育或哺乳期的审查和判断比较容易,可以更多适用简易听证程序;对于涉及患有严重疾病需要保外就医或者生活不能自理的罪犯是否适用暂予监外执行的问题,一般适用普通听证程序。

另一方面,切实按照程序开展司法听证。有学者提出建议,我国应对暂予监外执行程序进行诉讼化改造[1],建立暂予监外执行的审判模式[2]。随着社会的发展和法律的演进,暂予监外执行案件听证程序,作为司法听证理念在刑罚变更执行领域中不断发展,其正式的运作形式应该是审判型听证或准司法式听证,即在听证的启动(无论是依申请还是依职权)、公告公开、组织主持、调查示证、质证辩论、评议、结果告知、权利救济等各环节均应遵循司法听证的基本精神和运作模式。如罪犯享有对是否予以暂予监外执行的申请权、申请专家辅助人、申请回避权、出示证据进行说明权、对其他各方的证据进行质证权、不同意见下的辩论权、听证结果的救济等权利;被害人及利害关系人享有获得通知(会前通知和结果通知等)、参与听证会、进行陈述和申辩、听证结果的救济等权利;听证员应享有听证程序推进权、听证阅卷权、听证询问权、听证评议权、听证案件处理的建议权等。

---

[1] 参见吴畅:《论暂予监外执行裁决程序的诉讼化——以交付执行前程序为视角的分析》,载《学术论坛》2017年第3期。

[2] 参见陈丽明:《审视与重塑:我国暂予监外执行审判模式之构建——以法院决定的暂予监外执行程序为视角》,载《法律适用》2015年第11期。

（四）强化听证监督与保障

在暂予监外执行案件办理的过程中,可能存在较大分歧或不同认识的是罪犯是否具有暂予监外执行必要性、是否具有社会危害性和再犯罪危险、是否属于严重疾病且短期内有生命危险、是否生活不能自理、是否属于恶意怀孕、鉴定标准是否合法合理、是否可以予以暂予监外执行等问题。听证程序中,各方在场、各种意见的表达,为法院、监狱、公安、检察等部门解决司法难题提供了智力帮助,也是对司法权力的制衡与监督,在一定程度上打开了暂予监外执行的"暗箱"。要强化对暂予监外执行案件听证程序的监督与保障,通过保障听证各方的参与权和独立充分发表意见的权利,广泛邀请更多群众和媒体参加听证的旁听,将听证员的意见作为依法处理案件的重要参考,以当场宣布决定并说明理由为暂予监外执行案件听证程序的原则等;通过对听证适用的考核与激励扩大听证程序的应用比例和应用效果;通过设置听证救济途径诸如对听证结果不服可以向上一级对应有关机关申诉或向有关纪检监察部门举报等确保听证的严肃性和公正性;贯彻中共中央《关于加强新时代检察机关法律监督工作的意见》,确保检察机关依法履行宪法、法律赋予的刑事执行和监管执法法律监督职责;通过法院、监狱、公安、检察等各部门对暂予监外执行及听证中常见多发问题的联席讨论、座谈交流,对交付执行与执行监管中存在的难点、重点、堵点的共商共议达成共识,共同促进法治化、规范化司法执法。